AF889089

Schriftenreihe Europäisches Recht, Politik und Wirtschaft

Herausgegeben von

Prof. (em) Dr. Dr. h.c. Jürgen Schwarze an der Universität Freiburg und Direktor des Europa-Instituts Freiburg e.V.

Band 383

Jan Wolters

Die rechtsstaatlichen Grenzen des 'more economic approach' im Lichte der europäischen Rechtsprechung

Eine Untersuchung des Handelns der Kommission auf dem Gebiet des europäischen Wettbewerbsrechts am Maßstab übergeordneter Vertrags- und Verfassungsgrundsätze

Nomos

Die Deutsche Nationalbibliothek verzeichnet diese Publikation in der Deutschen Nationalbibliografie; detaillierte bibliografische Daten sind im Internet über http://dnb.d-nb.de abrufbar.

Zugl.: Freiburg, Univ., Diss., 2013/2014

ISBN 978-3-8487-1736-1 (Print)

ISBN 978-3-8452-6084-6 (ePDF)

1. Auflage 2015
© Nomos Verlagsgesellschaft, Baden-Baden 2015. Printed in Germany. Alle Rechte, auch die des Nachdrucks von Auszügen, der fotomechanischen Wiedergabe und der Übersetzung, vorbehalten. Gedruckt auf alterungsbeständigem Papier.

Vorwort

Die vorliegende Arbeit wurde im Wintersemester 2013/2014 von der Rechtswissenschaftlichen Fakultät der Albert-Ludwigs-Universität Freiburg als Dissertation angenommen. Sie entstand während meiner Tätigkeit als wissenschaftlicher Mitarbeiter am Institut für Öffentliches Recht, Abteilung Europa- und Völkerrecht, der Universität Freiburg unter der Leitung von Professor em. Dr. Dr. h.c. Jürgen Schwarze und befindet sich hinsichtlich Rechtsprechung und Literatur auf dem Stand von September 2013.

Mein aufrichtiger Dank gilt meinem Doktorvater, Herrn Professor em. Dr. Dr. h.c. Jürgen Schwarze, der die Arbeit in ihrer Entstehung durch stetige Gesprächsbereitschaft und wertvolle Anregungen wohlwollend gefördert, zügig korrigiert und in diese Schriftenreihe aufgenommen hat. Herrn Professor Dr. Marc-Philippe Weller danke ich für die rasche Erstellung des Zweitgutachtens.

Frau Dr. Elisabeth Göttlinger und Herr Dr. Dominic Divivier haben mich bei den Schlusskorrekturen besonders unterstützt und damit maßgeblich zum Gelingen dieser Arbeit beigetragen. Ihnen und meinen weiteren Kollegen am Lehrstuhl, Herrn Dr. Jonas Hail und Herrn Dr. Benjamin Maier, die für Fachgespräche über Fragen des Europarechts stets bereitwillig zur Stelle waren, gilt mein herzlicher Dank.

Ich widme diese Arbeit meinen lieben Eltern.

Berlin, im Oktober 2014 Jan Wolters

Inhaltsverzeichnis

Abkürzungsverzeichnis

a.A.	anderer Ansicht
ABl.	Amtsblatt der Europäischen Gemeinschaften (ABl. C -Communication, ABl. L – Legislatio)
Abs.	Absatz
AEUV	Vertrag über die Arbeitsweise der Europäischen Union
a.F.	alte Fassung
amtl.	amtlich, amtliche(r)
Art.	Artikel
Aufl.	Auflage
BB	Betriebs-Berater (Zeitschrift)
Bd.	Band
bzw.	beziehungsweise
CLRev	Competition Law Review
CMLR	Common Market Law Review
CPI	Competition Policy International
d.h.	das heißt
EAGCP	European Advisory Group on Competition Policy
EC	European Community
EG	Europäische Gemeinschaft
EGKS	Europäische Gemeinschaft für Kohle und Stahl
EGV	Vertrag zur Gründung der Europäischen Gemeinschaft
ELRev	European Law Review
EIPRev	European Intellectual Property Review
etc.	et cetera
EU	Europäische Union
EuG	Gericht erster Instanz der Europäischen Gemeinschaften
EuGH	Gerichtshof der Europäischen Gemeinschaften
EuR	Europarecht (Zeitschrift)
EUV	Vertrag über die Europäische Union
EuZW	Europäische Zeitschrift für Wirtschaftsrecht

EWG	Europäische Wirtschaftsgemeinschaft
EWGV	Vertrag über die Gründung der Europäischen Wirtschaftsgemeinschaft
EWiR	Entscheidungen zum Wirtschaftsrecht
EWS	Europäisches Wirtschafts- und Steuerrecht
f.	folgende
ff.	fortfolgende
Fn.	Fußnote
Fordham Int.	Fordham International Law Journal
FS	Festschrift
GA	Generalanwalt
gem.	gemäß
ggf.	gegebenenfalls
GmbH	Gesellschaft mit beschränkter Haftung
GRUR	Gewerblicher Rechtsschutz und Urheberrecht
GRUR Int.	Gewerblicher Rechtsschutz und Urheberrecht, Internationaler Teil
h.M.	herrschende(n/r) Meinung
Hrsg.	Herausgeber
i.V.m.	in Verbindung mit
JCLE	Journal of Competition Law and Economics
lit.	litera (Buchstabe)
m.w.N.	mit weiteren Nachweisen
n.F.	neue(r) Fassung
NJW	Neue Juristische Wochenschrift (Zeitschrift)
Nr.	Nummer
OECD	Organisation for Economic Development and Co-operation
RabelsZ	Rabels Zeitschrift für ausländisches und internationales Privatrecht
RIW	Recht der internationalen Wirtschaft (Zeitschrift)
Rn.	Randnummer

Rs.	Rechtssache
Rspr.	Rechtsprechung
S.	Seite; Satz;
Slg.	Sammlung der Rechtsprechung des Gerichtshofs der Europäischen Gemeinschaften
st. Rspr.	ständige(n/r) Rechtsprechung
u.	und
u.a.	unter anderem; und andere
usw.	und so weiter
u.U.	unter Umständen
v.	versus
v.a.	vor allem
verb. Rs.	verbundene Rechtssache
vgl.	vergleiche
WBl.	Wirtschaftsrechtliche Blätter
WRP	Wettbewerb in Recht und Praxis (Zeitschrift)
WuW	Wirtschaft und Wettbewerb (Zeitschrift)
z.B.	zum Beispiel
ZeuS	Zeitschrift für europarechtliche Studien
ZHR	Zeitschrift für das gesamte Handelsrecht und Wirtschaftsrecht
ZWeR	Zeitschrift für Wettbewerbsrecht

Teil 1: Einleitung

A. Das Problem und seine Bedeutung

Die Europäische Kommission verfolgt seit Ende der neunziger Jahre einen wettbewerbspolitischen Ansatz, den sie selbst als „more economic approach“ bezeichnet. Diese Wettbewerbspolitik ist insbesondere unter drei Gesichtspunkten bemerkenswert: Im Hinblick auf seine *Reichweite* ist der Ansatz der Kommission der Sache nach umfassend. Er bezieht sich gleichermaßen auf die Vorschriften über Absprachen, Missbräuche und Zusammenschlusskontrollen. *Inhaltlich* unterscheiden sich die Auslegung und Anwendung der Wettbewerbsvorschriften in mehreren Punkten erheblich von der früheren Praxis der Kommission. Bemerkenswert ist zudem die *Art seiner Durchsetzung*. Im Zentrum stehen zahlreiche Leitlinien und Bekanntmachungen, in denen die Kommission ihr Verständnis von der Auslegung und Anwendung der Wettbewerbsregeln niederlegt. In der Praxis haben die Leitlinien der Kommission für die Beteiligten überragende Bedeutung. Faktisch sind sie damit ein überaus wirksames Mittel zur Verfolgung einer bestimmten Wettbewerbspolitik bei der Rechtsdurchsetzung. Obgleich der Ansatz des *more* economic approach in einer gewissen Kontinuität zur bisherigen Wettbewerbspolitik steht, erscheint es angesichts der bisherigen sachlich eher begrenzten wettbewerbspolitischen Veränderungen gerechtfertigt, von einem veritablen Leitbildwechsel in der Wettbewerbspolitik der Kommission zu sprechen. Da dieser angestrebte Politikwechsel ganz wesentlich von der Kommission ausgeht, sich der Begriff des more economic approach in den Wettbewerbsnormen des Vertrages indes nicht widerspiegelt, entsteht der Eindruck einer in der Vertragswirklichkeit besonders großen tatsächlichen Machtfülle der Kommission auf diesem Feld.

Aus rechtswissenschaftlicher Sicht stellt sich die Frage, inwieweit die Kommission frei ist bei der Formulierung und Durchsetzung eines so prononcierten wettbewerbspolitischen Paradigmenwechsels mit all seinen rechtlichen Implikationen oder, anders gewendet, welche rechtsstaatlichen Grenzen der Kommission hierbei gesetzt sind. Die Klärung dieser Frage ist nicht ohne rechtspraktische Bedeutung. Das europäische Wettbewerbsrecht ist ein wesentlicher Bestandteil des europäischen Binnenmarktes.[1] Seine wirksame Durchsetzung in der Praxis ist eine notwendige Voraussetzung für das Gelingen einer Union, die nach wie vor ganz wesentlich auf der Idee eines gemeinsamen Marktes mit freiem, unverfälschtem Wettbewerb gründet.[2]

Auf rechtstheoretischer Ebene stellt sich die prinzipielle Frage nach dem Ausmaß und den Grenzen der Ökonomisierung des Rechts der Europäischen Union. Einerseits liegt es auf der Hand, dass für die Gewährleistung einer wirksamen Durchsetzung des Wettbewerbsrechts gerade auch solche Ansätze in Betracht zu ziehen sind, die ihren Ausgangspunkt in der verstärkten Berücksichtigung wirtschaftswissenschaftlicher Erkenntnisse haben. Zahlreiche Beispiele in der Vergangenheit dokumentieren den besonderen Stellenwert der Einbeziehung vertieften ökonomischen Wissens für die erfolgreiche wettbewerbsrechtliche Bewältigung des in ständiger Entwicklung befindlichen Wirtschaftslebens im Binnenmarkt. Darüber hinaus leuchtet ohne weiteres ein, dass die Kommission als maßgebliche europäische Wettbewerbsbehörde einen gewissen Entscheidungs- und Gestaltungsspielraum benötigt, um die wirksame verwaltungsmäßige Durchsetzung der Wettbewerbsregeln auch im System dezentralisierter Kartellrechtsdurchsetzung zu gewährleisten. Indes liegt der Untersuchung das allgemeine Verständnis zugrunde, dass trotz der vielfältigen Einwirkungen der Ökonomie auf das Recht die Legitimität hoheitlich ausgeübter Regelungsgewalt in einer rechtsstaatlich verfassten Ordnung nur gewahrt wird, wenn die Eigengesetzlichkeiten des Rechts hinreichend Beachtung finden, denn der „Primat des Rechts bedeutet (zwar) nicht totale rechtliche Durchnormierung. Dort jedoch, wo rechtliche Normierungen bestehen, kommt dem Recht der Vorrang vor allen anderen Maßstäben zu“.[3] Vor diesem Hintergrund erscheint die rechtsstaatliche Determinierung einer Rechtsdurchsetzung unter der Vorherrschaft ökonomischer Erwägungen, wie sie der jüngeren Kommissionspolitik offenbar zugrunde liegt, einer eingehenden Untersuchung wert.

In engem Zusammenhang damit steht die Frage, wo die Grenzen zwischen rechtsstaatlicher Bindung einerseits und wettbewerbspolitischem und administrativem Gestaltungsspielraum der Kommission andererseits verlaufen. Insbesondere im Hinblick auf das sich so dynamisch entwickelnde Gebiet des

1 Vgl. *J. Schwarze*, Das Wirtschaftsrecht der Europäischen Union, Grundlagen, Gestaltungsformen, Grenzen, 2007, S. 99; *C.-D. Ehlermann*, The Contribution of EC Competition Policy to the Single Market, CMLRev 1992, S. 257 ff.

2 Vgl. das „Protokoll über den Binnenmarkt und Wettbewerb“, ABl. 2007, Nr. C 306, S. 156.

3 *K. Hesse*, Grundzüge des Verfassungsrechts der Bundesrepublik Deutschland, 20. Aufl., 1995, S. 87.

europäischen Wettbewerbsrechts liegt eine rechtswissenschaftliche Herausforderung darin, jene neuartigen Entwicklungen im institutionellen Machtgefüge der Union, die in der Wirklichkeit der Vertragsdurchführung zu beobachten sind, in ihren rechtsstaatlichen Implikationen zu erfassen und ihre rechtsstaatliche Einbindung zu gewährleisten, um den Primat des Rechts auch gegenüber solchen politischen Tendenzen zu sichern, in denen den Eigengesetzlichkeiten der Ökonomie stärker Rechnung getragen wird als dies in der Vergangenheit vorstellbar erschien.

Für die Überprüfung des Kommissionshandelns an rechtlichen Maßstäben rückt unweigerlich der Gerichtshof der Europäischen Union in den Blick. Bei der Herausbildung der Rechtsordnung der Union hat der Gerichtshof von Beginn an eine herausragende Rolle gespielt. Seine Rechtsprechung prägt ganz wesentlich sowohl das Verständnis der rechtsstaatlichen Prinzipien der Unionsrechtsordnung als auch der Wettbewerbsregeln der Verträge.[4] Aus diesem Grunde wird es dem Ziel einer möglichst realistischen Abbildung und damit der Sache gerecht, die Untersuchung der rechtsstaatlichen Grenzen des more economic approach im Lichte der europäischen Rechtsprechung vorzunehmen.

B. Festlegungen der Untersuchung

Wo diese rechtsstaatlichen Grenzen in der Rechtsprechung noch nicht hinreichend deutlich zutage treten, zieht sich die Untersuchung darauf zurück, Spannungsverhältnisse aufzuzeigen, die zwischen dem more economic approach und den übergeordneten Rechtssätzen bestehen. Die so gewonnenen Erkenntnisse mögen dann zumindest Aufschluss über den rechtlichen Spielraum geben, welcher der Kommission für eine an ökonomischen Gesichtspunkten orientierte Durchführung der Wettbewerbsregeln der Union in der Zukunft bleibt. Dabei wird der Herausarbeitung prinzipieller Linien der Vorrang eingeräumt vor einer ohnehin nur schwerlich zu erreichenden umfassenden Analyse im Detail. Die Untersuchung bezieht sich auf das Handeln der Kommissi-

4 Vgl. zur Bedeutung der Rechtsprechung für die Entfaltung der europäischen Rechtsordnung *F. G. Jacobs,* The Evolution of the European Legal Order, CMLRev 2004, S. 303 ff. Zur richterrechtlichen Herausbildung der allgemeinen Grundsätze des Verwaltungs- und Verfassungsrechts im Einzelnen *J. Schwarze*, Europäisches Verwaltungsrecht, 2. Aufl., 2005, S. LII ff. Zur grundlegenden Bedeutung der Rechtsprechung für die Herausbildung der gemeinschaftsrechtlichen Wettbewerbsordnung *E.-J. Mestmäcker/H. Schweitzer*, Europäisches Wettbewerbsrecht, 2. Aufl., 2004, S. 102 ff.

on bei der verwaltungsmäßigen Durchführung der Vorschriften über Kartellabsprachen, Art. 101 AEUV, den Missbrauch einer marktbeherrschenden Stellung, Art. 102 AEUV[5], sowie die Kontrolle von Zusammenschlüssen gem. VO (EG) Nr. 139/2004[6] und damit auf jene Wettbewerbsregeln, die sich an privatwirtschaftliche Unternehmen richten.[7] Hierzu dienen der Kommission neben den Entscheidungen, die sie im Einzelfall erlässt, vor allem Leitlinien und Bekanntmachungen.[8]

Eine wirksame Durchsetzung weit reichender wettbewerbspolitischer Neuerungen durch die Kommission ohne den Rückgriff auf Leitlinien und Bekanntmachungen ist praktisch nicht vorstellbar. Bezeichnenderweise richtet sich ein beträchtlicher Teil der rechtswissenschaftlichen Bedenken gegenüber dem more economic approach in erster Linie auf die Reichweite rechtsstaatlicher Bindung der Kommission beim Erlass abstrakter Regelungen unterhalb der Schwelle rechtlicher Verbindlichkeit. Daher wird die Frage nach den rechtsstaatlichen Grenzen beim Erlass von Leitlinien und Bekanntmachungen in die Untersuchung miteinbezogen.

Der erste Teil der Studie gilt der Erfassung der wesentlichen Sachaussagen des more economic approach sowie der Analyse seiner rechtserheblichen Aussagen. Als Orientierungspunkt mag an dieser Stelle die einleitende Passage im Gutachten der Beratungsgruppe der Kommission zur Ökonomisierung

5 Auf die vertraglichen Kartell- und Missbrauchsverbote wird im Folgenden auch dann mit der Nummerierung der Artikel Bezug genommen, die sie nach der Vertragsreform von Lissabon erhalten haben (Art. 101, Art. 102 AEUV), wenn sie sich im jeweiligen Zusammenhang auf Sachverhalte beziehen, in denen die bisherige Nummerierung galt (Art. 81, 82 EGV bzw. Art. 85, 86 EGV).

6 ABl. 2004, Nr. L 24, S. 1 ff.

7 Ähnliche Ansätze finden sich etwa im benachbarten Regelungsbereich des europäischen Beihilfenrechts, vgl. *L.-H. Röller,* Der ökonomische Ansatz in der europäischen Wettbewerbspolitik, in Monopolkommission (Hrsg.), Zukunftsperspektiven der Wettbewerbspolitik, 2005, S. 37, 43 f. sowie *J. Haucap,* The more economic approach to State aid control: A new institutional economic perspective: Comment, in D. Schmidtchen u. a. (Hrsg.), The more economic approach to European Competition Law, 2007, S. 345 ff.

8 Daneben erlässt die Kommission im Hinblick auf das Verbot kartellrechtswidriger Absprachen Gruppenfreistellungsverordnungen (GVOen), die ihrerseits geeignet sind, ihre wettbewerbspolitischen Vorstellungen durchzusetzen, hierzu *J. Schwarze,* Europäisches Wirtschaftsrecht, 2007, S. 105 f. Außerdem bildet die Mitwirkung an der Legislative, im Besonderen im Wege der Ausübung des alleinigen Initiativrechts, einen Rahmen, in dem die Kommission die Durchführung des Wettbewerbsrechts der Union nach ihren politischen Vorstellungen beeinflussen kann, hierzu etwa *U. Ehricke,* Die Doppelmacht der Kommission in Wettbewerbssachen, WuW 2008, S. 411. Diese Ebenen des Kommissionshandelns im Wettbewerbsrecht bleiben im Sinne einer weitgehenden Konzentration des Untersuchungsprogramms im Wesentlichen unberücksichtigt.

der Missbrauchskontrolle dienen: „In particular, we support an effects-based rather than a form-based approach to competition policy. Such an approach focuses on the presence of anti-competitive effects that harm consumers, and is based on the examination of each specific case, based on sound economics and grounded on facts.“[9] Außerdem soll untersucht werden, inwiefern die wettbewerbspolitischen Vorstellungen der Kommission tatsächlich bereits Eingang in die Praxis gefunden haben und welcher Mechanismen sie sich hierfür bedient. Der Prüfungsmaßstab der rechtsstaatlichen Grenzen, denen der zweite Untersuchungsabschnitt gewidmet ist, wird zweckmäßigerweise definiert als die Gesamtheit der übergeordneten Vertrags- und Verfassungsgrundsätze der Union. Dazu gehören zunächst die Vorschriften der Verträge, welche die Wettbewerbsverfassung der Union bilden.[10] Wegen ihrer herausragenden Bedeutung für die Herausbildung der europäischen Wettbewerbsverfassung ist die Wettbewerbskonzeption der Rechtsprechung wesentlicher Maßstab des more economic approach. Zu den übergeordneten Vertrags- und Verfassungsgrundsätzen rechnen weiterhin die rechtsstaatlichen Garantien, die die Unionsrechtsordnung den Unternehmen im Binnenmarkt gegenüber dem Handeln der Kommission gewährt. Hierbei spielen die allgemeinen Rechtsgrundsätze, wie sie die Rechtsprechung im Wege richterlicher Rechtsfortbildung entwickelt und konkretisiert hat, eine tragende Rolle.[11] Prinzipiell gehören zu diesen Garantien auch grundrechtliche Verbürgungen der Unionsrechtsordnung.[12] Obwohl es im Bereich des Wettbewerbsrechts auch über Fragen des Grundrechtsschutzes im Verwaltungsverfahren[13] hinaus Fälle geben mag, in denen grundrechtliche Wertungen den Ausschlag geben, liegt hier jedenfalls in der Praxis zur Auslegung und Anwendung der Wettbewerbsre-

9 Gutachten der *EAGCP*, An Economic Approach to Article 82 TFEU, 2005, abrufbar unter http://ec.europa.eu/dgs/competition/economist/eagcp_july_21_05.pdf, S. 2.

10 Vgl. nur *U. Everling*, Wirtschaftsverfassung und Richterrecht in der Europäischen Gemeinschaft, in U. Immenga u.a. (Hrsg.), für E.-J. Mestmäcker, 1996, S. 365-380.

11 Vgl. zur Rolle der allgemeinen Rechtsgrundsätze in der Europäischen Union *J. Gündisch*, Allgemeine Rechtsgrundsätze in der Rechtsprechung des Europäischen Gerichtshofs, in J. Schwarze (Hrsg.), Das Wirtschaftsrecht des Gemeinsamen Marktes in der aktuellen Rechtsentwicklung, 1983, S. 97 ff., und jüngst *J. Schwarze*, Zwischen Tradition und Zukunft: Die Rolle allgemeiner Rechtsgrundsätze im Recht der europäischen Union, DVBl 2011, S. 721 ff.

12 Zu den wirtschaftsverfassungsrechtlichen Garantien der Europäischen Union nur *J. Schwarze*, Europäisches Wirtschaftsrecht, 2007, S. 215 ff.

13 Hierzu *J. Schwarze/A. Weitbrecht*, Grundzüge des europäischen Kartellverfahrensrechts – Die Verordnung (EG) Nr. 1/2003, 2004, S. 70 f. Zum Grundrechtsschutz im Kartellverfahren der jüngeren Zeit vgl. *W. Frenz/T. Lülsdorf*, Aktuelles Kartellverfahrensrecht, EWS 2013, 171, 172.

geln nicht der Schwerpunkt ihres Anwendungsbereichs.[14] Im Sinne einer Konzentration des Prüfungsmaßstabes verzichtet die Untersuchung daher auf eine umfassende Überprüfung des more economic approach am Maßstab wirtschaftsgrundrechtlicher Gewährleistungen. Gesichtspunkte der ökonomischen oder ordnungspolitischen Sinnhaftigkeit des more economic approach sind nicht an sich Gegenstand der Untersuchung; sie werden aber dann untersuchungsrelevant, wenn sie ihrerseits Bestandteil von Rechtsnormen werden.[15]

Den Schwerpunkt der Untersuchung bildet eine eingehende Analyse der einschlägigen Rechtsprechung. Neben den Entscheidungen selbst rechnen die Schlussanträge der Generalanwälte insofern zu den primären Erkenntnisquellen, als sie bisweilen einen vertieften Einblick in jene Erwägungen gewähren, die der Fallentscheidung zugrunde liegen, ohne von den Gerichten ausdrücklich benannt zu werden. Eine solche Rechtsprechungsanalyse birgt die Gefahr, die Grenze zum Spekulativen zu überschreiten und aus der Verknüpfung von Momentaufnahmen voreilige Rückschlüsse zu ziehen. Aus diesem Grunde wird sich die Untersuchung zuweilen darauf beschränken, mögliche Deutungen aufzuzeigen. Am treffendsten lässt sich die der Rechtsprechungsanalyse zugrunde liegende Haltung gegenüber der Aussagekraft einzelner Gerichtsurteile vielleicht mit den Worten von Generalanwalt *Joseph Gand* veranschaulichen, nach dessen Einschätzung sich in der Rechtsprechung die Theorie nur nach und nach „aus einzelnen Pinselstrichen" zusammensetzen und aus dem Vergleich der Entscheidungen entnehmen lässt.[16] Aufgrund der zahlreichen denkbaren rechtsstaatlichen Grenzfälle kann die Rechtsprechungsanalyse nicht den Anspruch haben, diese in jeder Nuancierung darzustellen. Die vorliegende Untersuchung macht es sich vielmehr zur Aufgabe, anhand ausgewählter Beispielsfälle prinzipale rechtsstaatliche Kollisionslagen des more economic approach im systematischen Zusammenhang aufzuzeigen.

C. Vorgehensweise

Die Untersuchung erfolgt in drei Schritten. Abschnitt A beschreibt mit dem gegenwärtigen wettbewerbsrechtlichen Kontext des more economic approach und den Besonderheiten europäischer Wettbewerbsregeln sowie den Eigenar-

14 Vgl. *V. Skouris/D. Kraus*, MünchKommEUWettbR 2007, Einl., Rn. 277, 342 ff.

15 Vgl. zu diesem Maßstab als prinzipieller Grenze der Rechtskontrolle der Verwaltung *J. Schwarze*, Europäisches Verwaltungsrecht, 2. Aufl. 2005, S. 283, Fn. 13.

16 Schlussanträge zu verb. Rs. 5, 7, und 13 bis 24/66 Kampffmeyer u. a., Slg. 13, S. 367, zitiert in *J. Schwarze*, Die Befugnis zur Abstraktion im Europäischen Gemeinschaftsrecht, 1976, S. 23, Fn. 37.

ten ihrer institutionellen Durchführung die Grundlagen der Untersuchung. In Abschnitt B erfolgt eine Realanalyse der wettbewerbspolitischen und -rechtlichen Dimensionen des Kommissionsansatzes. In Abschnitt C werden die rechtsstaatlichen Grenzen des more economic approach im Lichte der jüngeren und jüngsten Rechtsprechung untersucht. Im Bemühen, die Komplexität des Untersuchungsgegenstandes möglichst zu reduzieren, wird die Rechtsprechungsanalyse in drei übergeordnete Fragenkreise gegliedert, die einerseits die Vereinbarkeit des Kommissionsansatzes mit der Wettbewerbskonzeption der Rechtsprechung und andererseits jene rechtlichen Grenzen betreffen, die die allgemeinen verwaltungsrechtlichen Prinzipien der Unionsrechtsordnung einer Ökonomisierung des Wettbewerbsrechts setzen. Abschließend richtet sich die Rechtsprechungsanalyse auf jene rechtsstaatlichen Begrenzungen, die für die Durchsetzung des more economic approach durch Leitlinien und Bekanntmachungen bestehen.

Teil 2: Untersuchung

D. Grundlagen

Die Auswahl der wesentlichen Grundlagen der Untersuchung richtet sich nach den Leitgedanken, dass ein aufgeworfenes Rechtsproblem nur unter Berücksichtigung des Gesamtzusammenhangs, in dem es steht, angemessen gelöst werden kann,[17] und dass das Recht erst aus dem Zusammenspiel der Einzelnorm und den zu seiner Anwendung berufenen Institutionen erwächst,[18] so dass neben dem gegenwärtigen wettbewerbsrechtlichen Kontext des more economic approach den Besonderheiten europäischer Wettbewerbsregeln sowie den Eigenarten ihrer institutionellen Durchführung Rechnung zu tragen ist.

I. Das europäische Wettbewerbsrecht als Gegenstand der Rechtsprechung

1. Wettbewerb als Regelungsgegenstand des Unionsrechts

Mit den Wettbewerbsregeln der Europäischen Union[19] stehen Rechtsnormen im Mittelpunkt der Untersuchung, die Besonderheiten im Hinblick auf Auslegung und Anwendung aufweisen. Mit dem Verbot wettbewerbswidriger Absprachen nach Art. 101 Abs. 1 AEUV sowie den Voraussetzungen ihrer Freistellung nach Abs. 3 und dem Verbot des Missbrauchs einer marktbeherrschenden Stellung gem. Art. 102 AEUV sind wesentliche Sachbestimmungen des europäischen Wettbewerbsrechts in den Verträgen selbst geregelt, und damit Gegenstand jener dynamischen Auslegung, die den Umgang der Gerichte mit der europäischen Vertragsordnung insgesamt kennzeichnet,[20] ent-

17 *U. Everling*, Das Europäische Gemeinschaftsrecht im Spannungsfeld von Politik und Wirtschaft, in ders. (Hrsg.), Das Europäische Gemeinschaftsrecht im Spannungsfeld von Politik und Wirtschaft, 1985, S. 81.

18 *K. Schmidt*, Die Zukunft der Kodifikationsidee, 1985, S. 68.

19 Zu den Quellen des EU-Kartellrechts *T. Ackermann*, Europäisches Kartellrecht, in K. Riesenhuber (Hrsg.), Europäische Methodenlehre, 2010, S. 633 ff.

20 Grundlegend *W. von Simson*, Das Recht in der EG, in E.-J. Mestmäcker u.a. (Hrsg.), Eine Ordnungspolitik für Europa, FS H. von der Groeben, 1987, S. 391 ff.; *T. Ackermann*, Europäisches Kartellrecht, in K. Riesenhuber (Hrsg.), Europäische Methodenlehre, 2010, S. 639.

sprechend dem Ansatz funktioneller Integration, „dessen Wesenszug es ist, den Organen der Gemeinschaft mit generalklauselartigen Normen, die aufgrund eines (nur) sehr allgemeinen Konsenses geschaffen wurden, eine breite Grundlage zu geben, auf der diese im Rahmen des institutionellen Entscheidungssystems im Sinne des Integrationszieles den Konsens auf immer konkretere Sachfragen und Wertentscheidungen erstrecken und vertiefen“.[21]

Angesichts der so zu beschreibenden Besonderheiten lassen sich den europäischen Wettbewerbsnormen selbst ihr Schutzgegenstand sowie Ausmaß und Grenzen der Einbeziehung ergebnisbezogener Tatbestandsmerkmale im Zuge einer umfassenden Ökonomisierung nicht ohne weiteres entnehmen.[22] Die Verträge beschränken sich darauf, die Union auf die Errichtung eines „Systems, das den Wettbewerb innerhalb des Binnenmarktes vor Verfälschungen schützt“ und auf den „Grundsatz einer offenen Marktwirtschaft mit freiem Wettbewerb“ zu verpflichten.[23] Die in den Art. 101 f. AEUV vertraglich vereinbarten Regeln bilden die Grundlage, auf der die genannten Vertragsziele erreicht werden, ohne dass sie ihrerseits den Schutzzweck des Wettbewerbsrechts ausdrücklich feststellen. Die zentralen Begriffe des Wettbewerbs und seiner Beschränkung werden in den Verträgen nicht abstrakt bestimmt.[24] Der Wille der Gründungsstaaten bei Abschluss der Verträge gibt keinen hinreichenden Aufschluss über das den Wettbewerbsregeln zugrunde liegende Wettbewerbsverständnis, welches für die Bestimmung des Schutzzwecks und die Auslegung der Wettbewerbsregeln herangezogen werden könnte.[25] Insge-

21 Vgl. zum Prinzip der funktionellen Integration *J. Schwarze*, Europäisches Wirtschaftsrecht, 2007, S. 31.

22 Zur wettbewerbstheoretischen Offenheit der Verträge vgl. *A. Hatje*, Kontrolldichte bei Maßnahmen der europäischen Wirtschaftsverwaltung, in J. Schwarze (Hrsg.), Verfahren und Rechtsschutz im Europäischen Wirtschaftsrecht, 2010, S. 134. Zu der normativen Ausgangslage und den Grenzen ihrer Aussagekraft über die Zulässigkeit einer ökonomischen Auslegung der vertraglichen Wettbewerbsregeln *T. Eilmansberger*, Neue Paradigmen, ZWeR 2009, S. 439 f.

23 Im Lissabonner Reformvertrag findet sich diese Zielbestimmung nicht mehr im Vertragstext selbst, sondern in einem Zusatzprotokoll (Protokoll Nr. 27, ABl. EG 2008 C 115/209). Dieses Protokoll ist rechtlich gleichrangig mit den Verträgen, so dass die Vertragsreform insofern keine Änderung am rechtlichen Stellenwert dieser Zielbestimmung bewirkt, vgl. *C.-D. Classen*, in T. Oppermann/C.-D. Classen/M. Nettesheim (Hrsg.), Europarecht, 5. Aufl. 2011, 359 f., S. 366.

24 *I. Brinker*, in J. Schwarze (Hrsg.), EU-Kommentar, 2012, Art. 101 AEUV, Rn. 39.

25 Vgl. nur *U. Everling*, Rechtsanwendungs- und Auslegungsgrundsätze des Gerichtshofs der Europäischen Gemeinschaften, in ders. (Hrsg.), Unterwegs zur Europäischen Union, 2001, S. 291, 293: „Es gibt kaum ein größeres Missverständnis über das Wesen der Gemeinschaft und ihr Recht sowie die dem Gerichtshof zugewiesene Aufgabe, als wenn die Vertragsauslegung auf den Stand der Vertragsverhandlungen und den angeblichen Willen der Gründerväter, der niemals eindeutig zu ermitteln ist,

samt handelt es sich bei den Wettbewerbsnormen vielmehr um solche Vertragsvorschriften, „die in einem Regelungsgebiet liegen, welches für eine abschließende Entscheidung auf Ebene der Verträge ein besonders hohes Maß an politischer Integration erfordert, und um Kompromissformeln um des übergeordneten Konsens willen, welche zu ihrer näheren Ausgestaltung den Organen im Rahmen einer ständig sich vertiefenden Integration anheimgegeben wurden“.[26]

Weitere grundlegende Eigenheiten der Wettbewerbsbestimmungen der Verträge ergeben sich aus ihrem sachlichen Regelungsgegenstand.[27] Auch diesem ist die Verwendung mitunter weitgehend unbestimmter Rechtsbegriffe geschuldet: „Da der Normgeber“ – so wurde im Hinblick auf die Sachzwänge wirtschaftsrechtlicher Normierung begründet – „von der Höhenlage seines Ordnungsplans aus die Individualität aller zu regelnden Einzelfälle auf Grund der besonderen Dynamik und Komplexität wirtschaftlicher Sachverhalte in der Regel weder erkennen noch bei seiner Rechtssetzung berücksichtigen kann (…), ist die abstrakte, d. h. die von den Umständen des Einzelfalles absehende Fassung rechtlicher Vorschriften als Instrument legislativer Gestaltung in diesem Bereich unverzichtbar.“[28]

Der hohe Grad inhaltlicher Unbestimmtheit der europäischen Wettbewerbsnormen spiegelt sich besonders in der Vorgehensweise der Kommission vor allem in den Anfangsjahren wider im Wege von Testentscheidungen zu typischerweise auftretenden Fällen den Gerichtshof zu einer grundsätzlichen Klärung besonders auslegungsbedürftiger Kartellvorschriften zu bewegen, um eine gesicherte Rechtsgrundlage für ihre zukünftige Entscheidungspraxis zu

festgeschrieben wird.“ Vgl. zu den divergierenden Grundpositionen der Gründungsstaaten *H. von der Groeben*, Der Einfluß liberaler Vorstellungen auf die Gründungsverträge der Europäischen Gemeinschaften, in ders. (Hrsg.), Die Europäische Gemeinschaft und die Herausforderungen unserer Zeit, 1987, S. 183-199.

26 *U. Everling*, Rechtsanwendungs- und Auslegungsgrundsätze des Gerichtshofs der Europäischen Gemeinschaften, in ders. (Hrsg.), Unterwegs zur Europäischen Union, 2001, S. 293. Vgl. grundlegend zu den Umständen, „die zu der anfänglichen Unbestimmtheit dessen zwangen, was zunächst in Form des Rechts ausgesagt werden konnte“, *W. von Simson*, Das Recht in der EG, in E.-J. Mestmäcker u. a. (Hrsg.), Eine Ordnungspolitik für Europa, FS H. von der Groeben, 1987, S. 391 ff.

27 Vgl. *E.-J. Mestmäcker*, Die Interdependenz von Recht und Ökonomie in der Wettbewerbspolitik, in Monopolkommission (Hrsg.), Zukunftsperspektiven der Wettbewerbspolitik, 2005, S. 19.

28 *J. Schwarze,* Abstraktion, S. 28 u. ders., Europäisches Verwaltungsrecht, 2. erw. Aufl. 2005, S. 345 f. Zur zunehmenden Komplexität wettbewerblicher und wettbewerbsrechtlicher Sachverhalte *M. Monti*, European Competition Policy for the 21st Century, Rede anlässl. der Conference on International Antitrust Law and Policy, Fordham Corporate Law Institute, New York, 20. Oktober 2000.

erreichen.[29] Dieser Eigenart ist ebenfalls der umfangreiche Einsatz von administrativen Durchführungserläuterungen unterhalb der Schwelle normativer Verbindlichkeit durch die Kommission in der Gestalt von Leitlinien, Mitteilungen und Bekanntmachungen geschuldet.[30]

Die sachspezifischen Eigenheiten des Wettbewerbsrechts wirken sich darüber hinaus dahingehend aus, dass auch die zur Durchsetzung der Normen berufenen Institutionen einerseits den Gesetzmäßigkeiten der Ökonomie in besonderer Weise in Auslegung und Anwendung Rechnung tragen müssen,[31] ohne aber andererseits die autonomen Geltungsansprüche des Rechts unberücksichtigt zu lassen. Bezeichnenderweise waren die Entscheidungen von Kommission und Gerichtshof bereits in den Anfangsjahren der Gemeinschaften von der Auseinandersetzung über die Grenzen der wettbewerbsrechtlichen Berücksichtigung ökonomischer Wertungen im Einzelfall geprägt.[32]

2. Rechtsstaatliche Einbindung der Kommission im Wettbewerbsrecht

Die rechtsstaatliche Einbindung der Kommission erfolgt auf dem Feld des Wettbewerbsrechts unter besonderen Vorzeichen, die sich ebenfalls aus den spezifischen Anforderungen des Regelungsgegenstandes sowie den Besonderheiten der vertraglichen Festlegung hoheitlicher Organisation in der supranational verfassten Rechtsordnung ergeben.[33] Die wirksame verwaltungsmä-

29 Zu der Praxis der sog. Testentscheidungen der Kommission, *J. Schwarze,* Europäisches Wirtschaftsrecht, 2007, S. 100 f.

30 Vgl. hierzu schon *J. Schwarze*, Abstraktion, S. 61 mit dem Beispiel der „Bagatellbekanntmachung" („Bekanntmachung vom 27. Mai 1970 über Vereinbarungen, Beschlüsse und aufeinander abgestimmte Verhaltensweisen von geringer Bedeutung, die nicht unter Artikel 85 Absatz 1 EWG fallen", ABl. 1970, Nr. C 64, S. 1), mit welcher die Kommission die Anwendungsvoraussetzungen des von der Rechtsprechung unbestimmt gefassten Kriterium der „Spürbarkeit der Wettbewerbsbeschränkung" konkretisiert.

31 Vgl. *T. Ackermann*, Europäisches Kartellrecht, in K. Riesenhuber (Hrsg.), Europäische Methodenlehre, S. 41 f. Insofern wird der Ansatz der Kommission selbst von den schärfsten Kritikern als „unauffällig" bezeichnet, vgl. *U. Immenga*, Der more economic approach als Wettbewerbspolitik, WuW 2006, S. 463.

32 Besonderen dokumentarischen Wert hat in dieser Hinsicht die frühe Entscheidung des Gerichtshofes in der Rs. 13/60, Ruhrkohlen-Verkaufsgesellschaften/Hohe Behörde der EGKS („Rueff"), Slg. 1962, S. 179 ff., in der der Gerichtshof prinzipiell zu entscheiden hatte, ob das Gemeinschaftsrecht auf die Verwirklichung des Wettbewerbsprinzips abziele. Vgl. dazu *J. Schwarze*, Europäisches Wirtschaftsrecht, 2007, S. 398.

33 Vgl. hierzu *J. Schwarze* (Hrsg.), Die rechtsstaatliche Einbindung der europäischen Wirtschaftsverwaltung, EuR Beiheft 2/2002, und aus demselben Band insbesondere

ßige Bewältigung komplexer wirtschaftlicher Sachfragen erfordert in modernen marktwirtschaftlich geordneten Volkswirtschaften administrative Gestaltungsspielräume in einem Ausmaß, welches die Bindungsfunktionen grundlegender rechtsstaatlicher Prinzipien vor besondere Herausforderungen stellt: Zu nennen sind hier die rechtsstaatlichen Erfordernisse effektiver gerichtlicher Verwaltungskontrolle und die Reichweite der Gesetzesbindung sowie die subjektiv-rechtlichen Verbürgungen der Rechtssicherheit.[34] Unter gewissen integrationsspezifischen Vorzeichen[35] kommen diese prinzipiellen Konfliktlagen rechtsstaatlicher Einbindung der Wirtschaftsverwaltung auch bei der Durchführung des europäischen Wettbewerbsrechts durch die Kommission zur Geltung.[36]

3. Der gegenwärtige wettbewerbsrechtliche Kontext der Ökonomisierung

Gemessen an den bisherigen – sachlich überwiegend begrenzten – Veränderungen auf dem Gebiet des Wettbewerbsrechts[37] stellen die Neuerungen der letzten Dekade nach Art und Maß eine grundlegende Reform dar.[38] Neben der Veränderung wesentlicher Funktionsprinzipien des europäischen Wettbewerbsregimes sowie der weit reichenden Reform von Verfahrens- und Sachregeln lässt sich eine Entwicklung in der Rechtsdurchsetzung ausmachen, an deren Endpunkt neben dem bisher überwiegend hoheitlichen Vollzug der Wettbewerbsregeln die private Rechtsdurchsetzung eine tragende Rolle spielen soll. Der more economic approach stellt mithin einen Teilaspekt einer umfassenden Modernisierung des europäischen Wettbewerbsrechts dar, wie sie

S. Kadelbach, Die rechtsstaatliche Einbindung der europäischen Wirtschaftsverwaltung, S. 7 ff.

34 Vgl. zu den wesentlichen rechtsstaatlichen Fragenkreisen gewandelter Anforderungen der Wirtschaftsverwaltung im modernen Wirtschaftsrecht *A. Kellerhals*, Wirtschaftsrecht und europäische Integration, 2006, S. 68 ff.

35 Zu den Gemeinsamkeiten und strukturellen Unterschieden im Hinblick auf den Regelungsbereich des Wettbewerbsrechts bereits *E.-J. Mestmäcker*, Europäisches Wettbewerbsrecht, 1974, S. 16 f.

36 Vgl. aus jüngerer Zeit *U. Immenga/T. Körber* (Hrsg.), Die Kommission zwischen Gestaltungsmacht und Rechtsbindung, 2012, sowie *A. Hatje*, Kontrolldichte bei Maßnahmen der europäischen Wirtschaftsverwaltung, in J. Schwarze (Hrsg.), Verfahren und Rechtsschutz im europäischen Wirtschaftsrecht, 2010, S. 124 f.

37 Vgl. zur bisherigen Entwicklung *J. P. Slot,* A View from the Mountain, 40 Years of Developments in EC Competition Law, CMLRev 2004, S. 443 ff.

38 Vgl. hierzu *J. Schwarze* (Hrsg.), Europäisches Wettbewerbsrecht im Wandel, 2001; *C.-D. Ehlermann*, The modernization of EC antitrust policy: a legal and cultural revolution, CMLRev 2000, S. 537 ff., und rückblickend *P. Behrens/E. Braun/C. Nowak* (Hrsg.), Europäisches Wettbewerbsrecht nach der Reform, 2006.

unter Federführung der Kommission durchgeführt wird.[39] „(I)t is important for me“ – so beschreibt der frühere Wettbewerbskommissar *Monti* den engen Zusammenhang der einzelnen Bestandteile der Modernisierung – „to stress that the proposed modernisation of Regulation 17 cannot be seen in isolation. It forms a part of a fundamental and comprehensive reform of community competition policy, affecting all its constituent parts, both substantive and procedural. There is a close interrelationship between the different elements which all aim to strengthen EC competition law. When assessing the White Paper proposal account must therefore be taken of the work that we are undertaking in the substantive field. Here I am thinking in particular of the new rules on vertical restraints and the draft texts in the field of horizontals, which mark a new departure based on a more economic approach.“[40]

Angesichts der hier zutage tretenden engen Einbindung des more economic approach in den größeren Kontext wettbewerbsrechtlicher Modernisierung gewinnt für die rechtliche Bewertung des more economic approach der Grundgedanke an Bedeutung, nach dem sich nur dann, wenn der Systemzusammenhang der einzelnen Rechtsebenen und Normen gewahrt ist, eine Neuregelung bewähren wird.[41]

a) Die Reform der Kartellrechtsdurchsetzung

Bisher waren die Einzelheiten zur verwaltungsmäßigen Durchführung der Art. 101 und 102 AEUV in der VO (EWG) Nr. 17/62 geregelt.[42] Mit der VO (EG) Nr. 1/2003[43] hat der Unionsgesetzgeber einen Systemwechsel bei der verwaltungsmäßigen Durchsetzung der Kartellnormen bewerkstelligt. Dieser betrifft zum einen die Neuregelung der Zuständigkeiten zur Durchsetzung des europä-

39 Vgl. zum Gesamtzusammenhang der Einzelaspekte *J. Basedow*, Entwicklungslinien des europäischen Rechts der Wettbewerbsbeschränkungen: Von der Dezentralisierung über die Ökonomisierung zur privaten Rechtsdurchsetzung, in S. Augenhofer (Hrsg.), Die Europäisierung des Kartell- und Lauterkeitsrechts, 2009, S. 1 ff., sowie *D. Gerber*, Two Forms of Modernization in European Competition Law, Fordham Int. 2007-2008, S. 1235 ff.

40 *M. Monti,* Rede anlässl. der UNICE Conference on Competition Policy Reform, Brüssel, 11. Mai 2000.

41 Zu diesem Leitgedanken als Maßstab wettbewerbsrechtlicher Refom *J. Schwarze/A. Weitbrecht*, Grundzüge des europäischen Kartellverfahrensrechts, 2004, S. 19.

42 *Erste Durchführungsverordnung zu den Artikeln 85 und 86 des Vertrags*, ABl. 1962, Nr. 13, S. 204 ff., im Folgenden VO 17/62.

43 Verordnung des Rates vom 16.12.2002 zur *Durchführung der in den Artikeln 81 und 82 des Vertrags niedergelegten Wettbewerbsregeln*, ABl. 2003, Nr. L 1, S. 1 ff., im Folgenden VO 1/2003.

ischen Kartellrechts, dessen rechtspolitisches Ziel in einer weitgehenden Dezentralisierung der hoheitlichen Durchsetzung des europäischen Kartellrechts liegt.[44] Anders als bisher führen heute in erster Linie die nationalen Wettbewerbsbehörden und Gerichte die Kartellregeln der Union durch.[45] Die Dezentralisierung der behördlichen Rechtsdurchsetzung geht mit einem Funktionswandel der Kommission als oberste Wettbewerbsbehörde einher.[46] Während sie bisher selbst in der Hauptsache mit der verwaltungsmäßigen Durchsetzung der Regeln über kartellrechtswidrige Absprachen befasst war, kommt ihr in der Regelungssystematik der neuen VO nun vorrangig eine Aufsichts- und Koordinierungsfunktion im Netzwerk der Kartellrechtsbehörden im Hinblick auf die Durchsetzung des europäischen Wettbewerbsrechts zu.[47] Zum einen soll sie beispielhafte und besondere Fälle aufgreifen, zum anderen die gemeinsame Wettbewerbspolitik des Regelungsverbundes der Wettbewerbsbehörden formulieren und so eine kohärente Rechtsanwendung sicherstellen.[48]

Die zweite wesentliche Änderung betrifft den Übergang vom System der Administrativausnahme zur Legalausnahme bei der Anwendung des Art. 101 Abs. 3 AEUV.[49] Während nach der alten Rechtslage die Freistellung vom Kartellverbot als konstitutive Entscheidung der Kommission erging,[50] wirkt die Freistellung heute ipso jure.[51] Der Antrag auf Freistellung ist damit einerseits nicht mehr notwendig, andererseits aber auch nur noch in sehr begrenzten Fällen möglich. Konzeptionelle Defizite des bisherigen Wettbewerbsregimes auf der Grundlage der VO (EWG) Nr. 17/62 hatten sich auf die kartell-

44 Hierzu *J. Schwarze/A. Weitbrecht*, Grundzüge des europäischen Kartellverfahrensrechts, 2004, S. 19, 98. Diese werfen allerdings auch die Frage auf, ob bei materieller Betrachtung die VO Nr. 1/2003 tatsächlich die Dezentralisierung fördert, oder ob die Neuregelungen nicht der Sache nach einer verstärkten Zentralisierung Vorschub leisten, die sie allerdings durch die Erfordernisse des Binnenmarktes mit einer kohärenten Wettbewerbsdurchsetzung gerechtfertigt sehen.

45 Vgl. Art. 5 VO Nr. 1/2003.

46 Vgl. zu den Aufgaben der Kommission im Wettbewerbsrecht heute im Überblick, *C.-D. Classen*, in T. Oppermann/C.-D. Classen/M. Nettesheim (Hrsg.), Europarecht, 5. Aufl. 2011, 357 ff.

47 Vgl. Art. 11 Abs. 6 VO 1/2003 und Erwägungsgrund Nr. 17 VO 1/2003; hierzu *J. Schwarze/A. Weitbrecht*, Grundzüge des europäischen Kartellverfahrensrechts, 2004, S. 170 ff.

48 Vgl. Erwägungsgrund Nr. 14 VO 1/2003.

49 Vgl. hierzu *R. Bechtold,* Maßstäbe der „Selbstveranlagung" nach Art. 81 Abs. 3 EG, WuW 2003, S. 343 ff.

50 Hierzu *I. Brinker*, in J. Schwarze (Hrsg.), EU-Kommentar, 2012, Art. 101, Rn. 79 f. Dies gilt allerdings nicht für den Fall, dass die Vereinbarung zu jenen rechnet, die bereits gruppenweise im Wege der Verordnung vom Verbot ausgenommen sind, vgl. unten, I.3.b).

51 Art. 1 Abs. 2 VO 1/2003, hierzu *I. Brinker*, in J. Schwarze (Hrsg.), EU-Kommentar, 2012, Art. 101, Rn. 79 ff.

rechtliche Praxis der Union in zunehmendem Maße beeinträchtigend ausgewirkt.[52] Die Regelungen der Administrativausnahme vom sehr weit interpretierten Kartellverbot nach Art. 101 Abs. 1 AEUV führten zu einer von der Kommission kaum zu bewältigenden Häufung von Freistellungsanträgen,[53] angesichts derer auch jene Verwaltungskapazitäten gebunden wurden, die für die Verfolgung von hardcore-Verstößen notwendigen waren. Darüber hinaus hatte die ausschließliche Befugnis der Kommission zur Erteilung von Freistellungen im Einzelfall nach Art. 101 Abs. 3 AEUV in der Praxis zur Folge, dass die nationalen Wettbewerbsbehörden trotz der gemeinschaftsweiten Geltung des Art. 101 AEUV in der Regel von der Anwendung des gemeinschaftlichen Kartellrechts absahen und ganz überwiegend ihr nationales Wettbewerbsrecht anwendeten, womit das der europäischen Kartellrechtsordnung zugrunde liegende Prinzip der kohärenten Anwendung weitgehend unterlaufen wurde.[54] Die Reform der Kartellverordnung war vor allem darauf gerichtet, die zugrunde liegenden konzeptionellen Defizite zu überwinden und das beschränkte Verwaltungspotenzial der Kommission angemessen zu berücksichtigen.[55] Insbesondere diese Neuerung traf auf nicht unerhebliche Kritik, in deren Mittelpunkt die Unvereinbarkeit der Legalausnahme mit den vertraglichen Vorgaben stand.[56] Neben dem Vorwurf der Unvereinbarkeit des Systems der Legalausnahme mit dem Primärrecht wurde eine unzulässige Verkürzung der Rechtssicherheit für die Unternehmen als Normadressaten geltend gemacht:[57]

52 Zum Hintergrund der Reform *J. Schwarze/A. Weitbrecht*, Grundzüge des europäischen Kartellverfahrensrechts, 2004, S. 23 ff.

53 Gegenmaßnahmen, wie der Erlass von Gruppenfreistellungen und der Einsatz sog. comfort letters änderten letztlich nichts an dem prinzipiellen Masseproblem, vgl. *J. Schwarze/A. Weitbrecht*, Grundzüge des europäischen Kartellverfahrensrechts, 2004, S. 24, 29, 98 ff.

54 *J. Schwarze/A. Weitbrecht*, Grundzüge des europäischen Kartellverfahrensrechts, 2004, S. 24.

55 *J. Schwarze/A. Weitbrecht*, Grundzüge des europäischen Kartellverfahrensrechts, 2004 S. 19. Diese weisen allerdings darauf hin, dass die Einführung eines Systems der Legalausnahme zur Bewältigung des Masseproblems zwar förderlich, aber nicht notwendige Voraussetzung war, S. 29.

56 Vgl. das Sondergutachten der Monopolkommission vom 16.09.1999, Kartellpolitische Wende in der Europäischen Union? – Zum Weißbuch der Kommission vom 28. April 1999. *Für* eine Vereinbarkeit mit den Vertragsregeln hingegen *J. Schwarze/A. Weitbrecht*, Grundzüge des europäischen Kartellverfahrensrechts, 2004, S. 30.

57 Vgl. *U. Immenga*, Eine Wende der gemeinschaftlichen Kartellpolitik? EuZW 1999, S. 609 ff.; *E.-J. Mestmäcker*, Versuch einer kartellpolitischen Wende in der EU, EuZW 1999, S. 523 ff.; *A. Deringer*, Stellungnahme zum Weißbuch der Europäischen Kommission über die Modernisierung der Vorschriften zur Anwendung der Art. 85 und 86 EG-Vertrag, EuZW 2000, S. 5 ff.

Neben dem Wegfall des Verwaltungsaufwandes zur Bewältigung der Freistellungsanträge besteht die bedeutendste praktische Konsequenz der Neuregelung darin, dass die Unternehmen das Risiko der rechtlichen Beurteilung ihres Verhaltens nunmehr selbst tragen.[58] Weiterhin richten sich Bedenken auf die Gefahren, die von einer weitgehenden Dezentralisierung der Rechtsdurchsetzung für die Einheitlichkeit des Regelvollzugs in der Wirklichkeit der Kartellrechtsanwendung durch 27 verschiedene Rechtssysteme ausgehen.[59] Obgleich der Verordnungsgeber sichtlich bemüht war, mit einer Reihe von Regelungen diese Gefahren zu bannen,[60] konnten die Bedenken nicht vollends ausgeräumt werden.[61] Heute hat sich die Neuregelung als Grundlage der ständigen Verwaltungspraxis der Kommission und der Mitgliedstaaten etabliert, wodurch die Frage ihrer Rechtmäßigkeit praktisch weitestgehend bedeutungslos geworden ist.[62] Mit der Legalausnahme hat der Gesetzgeber die rechtliche Grundlage für die Durchführung der Regelungen von Kartellverbot und Freistellung in einem einheitlichen Vorgang administrativer Rechtsanwendung geschaffen und dadurch eine wesentliche Vorbedingung für eine verstärkte wettbewerbsrechtliche Berücksichtigung wettbewerblicher Ambivalenzen von

58 Zu dieser Kritik an der Legalausnahme *S. Pelka*, Rechtssicherheit im europäischen Kartellverfahren? 2009, S. 138 ff. Das Risiko der Selbstveranlagung trifft die Unternehmen auch im Anwendungsbereich des Art. 82 EUV. Indes sind die praktischen Konsequenzen gering, da Einzelfreistellungen unter Art. 82 EUV auch bisher nicht möglich waren und die Möglichkeit zur Beantragung von Negativattesten von den Unternehmen nur äußerst selten genutzt wurde, *J. Schwarze/A. Weitbrecht*, Grundzüge des europäischen Kartellverfahrensrechts, 2004, S. 38, Fn. 70.

59 Vgl. *U. Immenga*, Coherence: a sacrifice to decentralisation? in C.-D. Ehlermann/I. Atanasiu (Hrsg.), The Modernisation of EU Antitrust Policy, European competition Law Annual 2000, S. 353, 356, mwN.

60 Im Zentrum der Bemühungen um eine einheitliche Rechtsanwendung steht die Errichtung eines Netzwerks der Europäischen Wettbewerbsbehörden auf Grundlage der VO 1/2003 sowie ergänzender Rechtsakte, vgl. etwa die gemeinsamen Erklärungen des Rates und der Kommission zur Arbeitsweise des Netzes der Wettbewerbsbehörden vom 10.12.2002, Dok. 15435/02 ADD 1 sowie die Bekanntmachung der Kommission über die Zusammenarbeit innerhalb des Netzes der Wettbewerbsbehörden, ABl. 2004, Nr. C 101, S. 43. Dazu etwa *S. Hossenfelder*, Verwaltungskooperation im Netzwerk der Europäischen Wettbewerbsbehörden (ECN), in J. P. Terhechte (Hrsg.), Internationales Kartell- und Fusionskontrollverfahrensrecht, 2008, Rn. 84 ff.

61 Kritisch zur Bewährung der Kartellrechtsreform etwa *P. Voet van Vormizeele*, Die Bewährung der Kartellrechtsreform durch die VO 1/2003 aus Unternehmenssicht in J. Schwarze (Hrsg.), Rechtsschutz und Wettbewerb in der neueren europäischen Rechtsentwicklung, 2010, S. 11 ff.

62 Für den Fortgang der Untersuchung ist indes zu beachten, dass ein Ansatz verstärkter Ökonomisierung der Rechtsanwendung sich jedenfalls auf dem Gebiet der Kartellabsprachen in ein Regelungssystem einfügen soll, welches seinerseits nennenswerten Bedenken hinsichtlich der Sicherstellung einer kohärenten Rechtsdurchsetzung und den Erfordernissen der Rechtssicherheit ausgesetzt ist.

Kartellabsprachen im Sinne einer verstärkt ökonomischen Betrachtung geschaffen.[63]

b) Reform des Freistellungsrechts

Die Kommission ist durch Verordnungen des Rates ermächtigt, Gruppen von Vereinbarungen im Wege der Verordnung vom Kartellverbot auszunehmen.[64] Unternehmensvereinbarungen, die die Freistellungsvoraussetzungen erfüllen, sind bereits von Gesetzes wegen vom Kartellverbot ausgenommen.[65] Unter Geltung der früheren Kartellrechtsverordnung hat die Kommission von dieser Möglichkeit umfassend Gebrauch gemacht, um die Masse der Freistellungsanträge zum Zwecke einer Entlastung der Verwaltungskapazitäten zu verringern.[66] Mit der Einführung des Systems der Legalausnahme ist diese Notwen-

63 Vgl. hierzu *W. Möschel*, Handlungsfreiheit und Effizienz, in C. Engel/W. Möschel (Hrsg.), Recht und spontane Ordnung, FS E.-J. Mestmäcker zum achtzigsten Geburtstag, 2006, S. 357. Für die rechtsstaatliche Beurteilung des more economic approach ist die Bedeutung dieser Regelung als Legitimationsgrundlage indes begrenzt. Auch wenn die VO Nr. 1/2003 in diesem Punkt als zulässige Konkretisierung der vertraglichen Bestimmungen gewertet wird, darf nicht übersehen werden, dass der Ansatz der Kommission in seiner konkreten Ausbildung deutlich über das hinausgeht, was in der gesetzlichen Neuregelung angelegt ist. *J. Schwarze/A. Weitbrecht,* Grundzüge des europäischen Kartellverfahrensrechts, 2004, S. 37 machen etwa darauf aufmerksam, dass die Beschränkung der Kommission auf verbraucherwohlfahrtsfördernde Effizienzen im Rahmen des Art. 101 Abs. 3 AEUV der Neuregelung nicht zu entnehmen ist. Insofern bleibt der more economic approach auch in diesem Aspekt einer Beurteilung nach den übergeordneten vertraglichen Grundsätzen zugänglich. Bezeichnenderweise wird in der Literatur mitunter vertreten, dass die Ökonomisierung des Art. 101 Abs. 3 AEUV ausschließlich auf der Grundlage von Leitlinien und Entscheidungen der Kommission verwirklicht wurde, vgl. etwa *A. Witt*, Is the more economic approach to EU merger Law really about more economics? CMLRev 2012, S. 217, 223.

64 Vgl. VO (EG) Nr. 11216/1999 des Rates, ABl. 1999, Nr. L 148, S. 5 für den Bereich der vertikalen Vereinbarungen sowie VO (EG) Nr. 2821/71 des Rates, ABl. 1971 Nr. L 285, S. 46 für den Bereich der horizontalen Vereinbarungen.

65 VO (EG) Nr. 1400/2002 der Kommission über die Anwendung von Art. 81 III des Vertrages auf Gruppen von vertikalen Vereinbarungen und aufeinander abgestimmte Verhaltensweisen im Kraftfahrzeugsektor (ABl. 2002 Nr. L 203/30) und VO (EU) Nr. 461/2010 (ABl. 2010 Nr. L 129/52); VO (EG) Nr. 772/2004 der Kommission über die Anwendung von Art. 81 III EG-Vertrag auf Gruppen von Technologietransfer-Vereinbarungen (ABl. 2004 Nr. L 123/11); VO (EU) Nr. 1217/2010 der Kommission über die Anwendung von Art. 101 Abs. 3 auf Gruppen von Vereinbarungen über Forschung und Entwicklung (ABl. 2010 Nr. L 335/36). Weitere Beispiele bei *I. Brinker*, in J. Schwarze (Hrsg.), EU-Kommentar, 2012, Art. 101, Rn. 19 f.

66 Vgl. oben Fn. 53.

digkeit entfallen.[67] Nach wie vor kommt den Gruppenfreistellungen als Orientierungshilfe für die beteiligten Unternehmen eine große praktische Bedeutung zu, da sie die Voraussetzungen der Freistellung wesentlich ausführlicher regeln als Art. 101 Abs. 3 AEUV,[68] weshalb die Kommission – auch mit Blick auf die Spielräume, die die Befugnis zur rechtssatzmäßigen Festlegung der Kommission zur wettbewerbsrechtlichen Gestaltung einräumt – im gegenwärtigen System der Kartellrechtsdurchsetzung an der Praxis festhält, die Voraussetzungen für die Freistellung von Gruppen von Absprachen im Wege der Verordnung zu regeln.[69]

Im Zuge der Kartellrechtsreform hat die Kommission das System der Gruppenfreistellungsverordnungen grundsätzlichen Änderungen unterzogen.[70] Während die ältere Generation der Verordnungen abschließende Kataloge kartellrechtlich unproblematischer und problematischer Vertragsklauseln detailliert festlegte, ist die Kommission heute angesichts der von Unternehmerseite beklagten unangemessenen Einengung der Freiheit vertraglicher Gestaltung zu einem Regelungssystem übergegangen, in dem nur noch die negativen Voraussetzungen der Freistellung in Gestalt von Listen verbotener Klauseln geregelt sind.[71] Die Kommission hat ihre Neuregelung des Gruppenfreistellungsrechts durch Verordnung und begleitende Leitlinien zum Anlass genommen, wesentliche Aspekte der ökonomisierten Betrachtung in das Kartellrecht einzuführen.[72]

67 Vgl. zur Rechtsnatur der Gruppenfreistellungsverordnungen im reformierten System der Kartellrechtsdurchsetzung *J. Schütz,* Gruppenfreistellungsverordnungen im System der unmittelbaren und integralen Anwendung des Art. 81 EGV, in I. Brinker/H. D. Scheuing/K. Stockmann (Hrsg.), Recht und Wettbewerb, FS für R. Bechtold, 2006, S. 455 ff.

68 Vgl. *I. Brinker,* in J. Schwarze (Hrsg.), EU-Kommentar, 2012, Art. 101 AEUV, Rn. 82.

69 Vgl. etwa VO (EU) Nr. 330/2010 der Kommission über die Anwendung von Art. 101 Abs. 3 auf Gruppen von vertikalen Vereinbarungen und aufeinander abgestimmten Verhaltensweisen, ABl. 2010, Nr. L 102, S. 1. Hierzu *I. Brinker*, Vertikale Wettbewerbsbeschränkungen der Kommission, in J. Schwarze (Hrsg.), Neuere Entwicklungen auf dem Gebiet des europäischen Wettbewerbsrechts, 1999, S. 59 ff.; *T. Ackermann*, Die neuen EG-Wettbewerbsregeln für vertikale Beschränkungen, EuZW 1999, S. 741 ff.

70 Hierzu und zum Folgenden *I. Brinker,* in J. Schwarze (Hrsg.), EU-Kommentar, 2012, Art. 101 AEUV, Rn. 83.

71 Hierzu *I. Brinker,* in J. Schwarze (Hrsg.), EU-Kommentar, 2012, Art. 101 AEUV, Rn. 83.

72 Vgl. zum more economic approach im Gruppenfreistellungsrecht *J. Drexl*, Wettbewerbsverfassung, in A. von Bogdandy/J. Bast (Hrsg.), Europäisches Verfassungsrecht, 2009, S. 919 f.

c) Die Reform der Fusionskontrolle

Die rechtlichen Grundlagen der europäischen Fusionskontrolle[73] waren in der jüngeren Vergangenheit ebenfalls Gegenstand weit reichender gesetzgeberischer Änderungen. Mit der VO (EG) Nr. 139/2004 des Rates[74] wurden neben nennenswerten verfahrensrechtlichen Reformen insbesondere die Sachregeln der Fusionskontrolle weitgehenden Änderungen unterworfen. Während bislang Zusammenschlüsse lediglich dann mit dem Gemeinsamen Markt unvereinbar waren, wenn sie eine beherrschende Stellung begründen oder verstärken, kann ein Zusammenschluss heute bereits dann untersagt werden, wenn er einen wirksamen Wettbewerb erheblich behindert.[75] Mit der gesetzlichen Regelung des SIEC-Tests wurde ein Tatbestandsmerkmal in das Fusionskontrollrecht aufgenommen, das es erlaubt, auch solche Fusionen zu untersagen, die unterhalb der Schwelle der Marktbeherrschung wettbewerbsschädigende Wirkungen hervorrufen. Damit wurde vertieften wettbewerbsökonomischen Einsichten Rechnung getragen, die solche Fusionen als wettbewerbsschädlich identifiziert hatten.[76]

Durch die verstärkte Einbeziehung vertiefter wirtschaftswissenschaftlicher Erkenntnisse schon auf der Ebene der Normgestaltung stellt die heutige Fusionskontrolle einen Aspekt des wettbewerbsrechtlichen Kontexts der Untersuchung dar, der mit dem more economic approach der Kommission im Hinblick auf dessen mögliche normative Grundlagen besonders ins Verhältnis zu setzen ist.[77] Im Zuge der Reform der Fusionskontrolle wurde außerdem ein Erwägungsgrund in die Verordnung aufgenommen, der die Kommission dazu anhält, ökonomischen Effizienzen, die aus dem Zusammenschluss resultieren

73 Während die eigentlichen kartellrechtlichen Regelungen bereits in die Gründungsverträge aufgenommen wurden, fand eine eigenständige fusionskontrollrechtliche Regelung erst 1989 im Wege einer Verordnung des Rates, (EWG) Nr. 4046/89 v. 21.12.1989, über die Kontrolle von Unternehmenszusammenschlüssen, ABl. 1989, Nr. L 395, S. 1, und damit auf einfachgesetzlicher Ebene Eingang in das Wettbewerbsrecht der Union.

74 Verordnung (EG) Nr. 139/2004 des Rates v. 20.01.2004, ABl. 2004, Nr. L 24, S. 1 ff.

75 Im engl. „Significant Impediment to Competition", kurz SIEC-Test. Dabei bildeten den rechtspolitischen Hintergrund der Neuregelung die rechtlichen Bedenken, ob der Marktbeherrschungstest der bisherigen Verordnung die Untersagung bestimmter wettbewerbspolitisch erwünschter Fusionen zu erfassen vermag, vgl. *L.-H. Röller/A. Strohm*, Ökonomische Analyse des Begriffs „Significant Impediment to Effective Competition", Rn. 11 f. Zu den weiteren Neuerungen im Zuge der Reform *J. Schwarze*, Europäisches Wirtschaftsrecht, 2007, S. 114 f.

76 Vgl. *L.-H. Röller/A. Strohm*, Ökonomische Analyse des Begriffs „Significant Impediment to Effective Competition", Rn. 5 ff.

77 Vgl. F.I.1.c).

könnten, bei dessen Überprüfung auf die Vereinbarkeit mit dem Gemeinsamen Markt Rechnung zu tragen.[78] Damit findet ein Beurteilungsmaßstab Eingang in den Zusammenhang gesetzlicher Normierung der Fusionskontrolle, dem im neuen wettbewerbspolitischen Ansatz der Kommission ein wichtiger Stellenwert zukommt. Hier stellt sich abermals die Frage nach möglichen gesetzlichen Grundlagen des more economic approach.[79]

d) Stärkung der privaten Rechtsdurchsetzung

Neben der hoheitlichen Durchsetzung, die bislang im Mittelpunkt der Verwirklichung der europäischen Kartellrechtsordnung stand, erfährt gegenwärtig die private Durchsetzung wettbewerbsrechtlicher Positionen eine nennenswerte rechtliche und rechtspolitische Aufwertung.[80] Auf rechtspolitischer Ebene ist in jüngerer Vergangenheit hier zunächst das Bestreben der Kommission festzustellen, durch eine gesetzliche Regelung die Möglichkeit zur privaten Rechtsdurchsetzung zu verbessern.[81] Ausdruck ihrer Bemühungen ist ein ent-

78 Erwägungsgrund Nr. 29 der VO (EG) Nr. 139/2004.

79 S.u. F.I.3.b).

80 *A. Weitbrecht/A. Gavil*, The Challenges of Economic Proof in a Decentralized and Privatized European Competition Policy System: Lessons from the American Experience, JCLE 2008; S. 177 ff.; *J. Basedow*, Entwicklungslinien des europäischen Rechts der Wettbewerbsbeschränkungen: Von der Dezentralisierung über die Ökonomisierung zur privaten Rechtsdurchsetzung, in S. Augenhofer (Hrsg.), Die Europäisierung des Kartell- und Lauterkeitsrechts, 2009, S. 1-14; *C. Jones*, After the Green Paper, The Third Devolution in European Competition Law and Private Enforcement, 2006 CLRev, S. 1-3. In der wettbewerbsrechtlichen Praxis spiegelt diese sich indes allenfalls in Ansätzen wider, vgl. GA *A. Geelhoed* in seinen Schlussanträgen zu der Rs. C-295/04, Manfredi, Slg. 2006, I-6619, Rn. 29: „Die privatrechtliche Durchsetzung in Europa (befindet sich) noch immer in einem frühen Stadium; sie hat jedenfalls eindeutig noch nicht den Umfang, der aus anderen Rechtsordnungen bekannt ist, insbesondere der der Vereinigten Staaten, wo ungefähr 90 % der Kartellverfahren von privaten Parteien eingeleitet werden. Innerhalb der Europäischen Union liegt der Akzent traditionell auf der öffentlich-rechtlichen Durchsetzung, sowohl durch die Europäische Kommission als auch durch nationale Behörden." Dies betrifft indes nur den Einsatz der Wettbewerbsregeln als „Schwert" durch private Kläger. Die Berufung auf den Verstoß des Verfahrensgegners gegen die Wettbewerbsbestimmungen einredehalber haben schon in der bisherigen gerichtlichen Praxis eine nennenswerte Bedeutung, vgl. *J. Drexl*, Zur Schadensersatzberechtigung unmittelbarer und mittelbarer Abnehmer im europäischen Kartelldeliktsrecht, in A. Heldrich u. a. (Hrsg.), FS C.-W. Canaris, 2007, Bd. I, S. 1339, 1342.

81 Vgl. etwa die Bekanntmachung der Kommission über die Behandlung von Beschwerden durch die Kommission gemäß Artikel 81 und 82 EG-Vertrag, ABl. 2004, Nr. C 101, S. 65 sowie die Rede der gegenwärtigen Wettbewerbskommissarin *N. Kroes*, Damages Actions for Breaches of EU Competition Rules: Realities and Po-

sprechendes Grünbuch von 2005[82], mit dem die Kommission das Ziel verfolgt, die „Haupthindernisse für ein effizienteres System der Schadensersatzklagen festzustellen und verschiedene Optionen für weitere Überlegungen und mögliche Maßnahmen zur Optimierung von Schadensersatzklagen" zu erörtern.[83] Mit diesen Überlegungen trug die Kommission den Erfordernissen Rechnung, die sich aus der Dezentralisierung der Kartellrechtsdurchsetzung im Zuge der VO 1/2003 ergeben.[84] Eine deutlich größere Bedeutung für die private Rechtsdurchsetzung hat die jüngere Rechtsprechung.[85] In seinen Urteilen zu den Rechtssachen *Courage* und *Manfredi* hat der EuGH festgestellt, dass das Unionsrecht dem Einzelnen einen Anspruch auf Ersatz des Schadens gegen ein Unternehmen gewährt, welches ihm diesen durch die Verletzung der Wettbewerbsvorschriften verursacht hat.[86]

II. Allgemeine Leitprinzipien der europäischen Rechtsprechung

In der Rechtsprechung haben sich allgemeine Prinzipien der Anwendung und Auslegung des Unionsrechts herausgebildet, die auch im Bereich des Wettbewerbsrechts zum Tragen kommen.[87] Die Gerichte der Union sind bestrebt, die Bestimmungen des Unionsrechts im Sinne größtmöglicher Wirksamkeit im Hinblick auf die Entfaltung der im Vertragssystem der Union angelegten Gesamtordnung auszulegen.[88] Im Bereich des Wettbewerbsrechts ist in jünge-

tentials, Rede anlässl. der Konferenz „La reparation du prejudice cause par une pratique anti-concurentielle en France et à l'étranger: bilan et perspectives", Cour de Cassation, Paris, 17. Oktober 2005.

82 Grünbuch der Kommission v. 19.12.2005 zu Schadensersatzklagen wegen Verletzung des EU-Wettbewerbsrechts, KOM(2005) 672 endgültig.

83 Grünbuch der Kommission v. 19.12.2005 zu Schadensersatzklagen wegen Verletzung des EU-Wettbewerbsrechts, KOM(2005) 672 endgültig, S. 4.

84 In Erwägungsgrund Nr. 7 weist VO 1/2003 auf die besondere Bedeutung der privaten Rechtsdurchsetzung im modernisierten Kartellrecht hin.

85 Vgl. hierzu umfassend *W. Wurmnest*, Schadensersatz wegen Verletzung des EU-Kartellrechts – Grundfragen und Entwicklungslinien, in O. Remien (Hrsg.), Schadensersatz im europäischen Privat- und Wirtschaftsrecht, 2011, S. 27 ff.

86 EuGH, Rs. C-453/99, Courage, Slg. 2001, I-6297, Rn. 26; EuGH, Rs. C-295/04, Manfredi, Slg. 2006, I-6619, Rn. 63; best. durch EuGH, Rs. C-360/09, Pfleiderer, Slg. 2011, I-5161, Rn. 28.

87 Vgl. *J. Schwarze*, Europäisches Verwaltungsrecht, 2. Aufl. 2005, S. 242 und *U. Everling*, Rechtsanwendungs- und Auslegungsgrundsätze des Gerichtshofes, in ders. (Hrsg.), Unterwegs zur Europäischen Union, 2001, S. 291, 300, sowie *F. G. Jacobs*, The Evolution of the European Legal Order, CMLrev 2004, S. 303 ff.

88 Vgl. allg. zur Bedeutung des effet utile als Auslegungsprinzip in der Rechtsprechung des Gerichtshofs *J. Schwarze*, in ders. (Hrsg.), EU-Kommentar, 2012, Art. 19 EUV, Rn. 38 und *M. Potacs*, Effet utile als Auslegungsgrundsatz, EuR 2009, 465 ff.

rer Zeit etwa die Zuerkennung eines Schadensersatzanspruchs Privater bei Verstößen gegen das europäische Wettbewerbsrecht beispielhaft für den besonderen Stellenwert des effet utile.[89] Der Leitgedanke der wirksamen Entfaltung der Unionsrechtsordnung tritt auch in dem Prinzip der Einheitlichkeit zutage, welches die möglichst gleichmäßige Verwirklichung des Unionsrechts in den Mitgliedstaaten zum Gegenstand hat.[90]

Eine besondere Bedeutung haben die Gerichte bei der Auslegung und Anwendung des Unionsrechts der Integration als dem überragenden Ziel der Verträge eingeräumt.[91] Der Schwerpunkt lag dabei seither – entsprechend dem Konzept der funktionellen Integration – auf der Verwirklichung des Gemeinsamen Marktes und später des Binnenmarktes.[92] Die Rechtsprechung hat bei der Interpretation der Vertragsnormen im Wege der teleologischen Argumentation regelmäßig solchen Auslegungen den Vorzug gewährt, die dem Ziel des Binnenmarktes in besonderer Weise Rechnung tragen.[93] In der Auslegung der wettbewerbsrechtlichen Vorschriften hat dieses Prinzip eine hervorgehobene Bedeutung.[94] Auf der Grundlage der vertraglichen Kartellregeln hat die Rechtsprechung von Beginn an solche unternehmerischen Verhaltensweisen streng sanktioniert, die die Verwirklichung und Offenhaltung des Binnenmarkts durch die Aufrichtung von Hindernissen für den gemeinschaftlichen Handel entlang der mitgliedstaatlichen Grenzen gefährden.[95]

89 Vgl. EuGH, Rs. C-295/04, Manfredi, Slg. 2006, I-6619, Rn. 61. Vgl. zur Bedeutung des „effet utile“ in der Rechtsprechung zum Wettbewerbsrecht *J. Azizi*, Aufgaben und Grenzen der europäischen Gerichtsbarkeit, in S. Griller (Hrsg.), Europäische Wirtschaftsverfassung de lege lata und ferenda, 2007, S. 92 f.

90 Zum Grundsatz der einheitlichen Anwendung, *J. Schwarze*, in ders. (Hrsg.), EU-Kommentar, 2012, Art. 19 EUV, Rn. 39 und auf dem Feld des Wettbewerbsrechts jüngst etwa die Schlussanträge der Generalanwältin *J. Kokott,* Schlussanträge in der Rs. C-8/08, T-Mobile Netherlands, Slg. 2009, I-4529, Rn. 83 ff.

91 Angesichts dieser eindeutigen Tendenz wurde der Gerichtshof bis in die jüngere Zeit als „Motor der Integration“ bezeichnet. Hierzu und zu der gegenläufigen Entwicklung in jüngerer Zeit *J. Schwarze,* in ders. (Hrsg.), EU-Kommentar, 2012, Art. 19 EUV, Rn. 37.

92 Vgl. zum Binnenmarkt als Grundlage der Europäischen Union nach dem Prinzip der funktionellen Integration *J. Schwarze*, Europäisches Wirtschaftsrecht, 2007, S. 27, 31, sowie bereits *H. von der Groeben*, Aufbaujahre der Europäischen Gemeinschaft, 1982, S. 57 ff.

93 Vgl. hierzu *J. Schwarze,* Europäisches Wirtschaftsrecht, 2007, S. 37 ff., mit zahlreichen Rechtsprechungsbeispielen.

94 Vgl. *H. von der Groeben*, EG-Wettbewerbsregeln und Wettbewerbspolitik als Instrumente der Europäischen Integration, in FS G. Hartmann, 1976, S. 105 ff.

95 Vgl. zur Rechtsprechung des Gerichtshofs zu den Wettbewerbsregeln im Hinblick auf die Sicherung des Gemeinsamen Marktes *U. Everling*, Wettbewerbskonzeption, in ders. (Hrsg.), Unterwegs zur Europäischen Union, 2001, S. 218 ff. Grundlegend zur Sicherung des Binnenmarktes als Schutzziel der gemeinschaftlichen Wettbe-

Ein weiteres Merkmal, das sich prinzipienhaft herausgebildet hat, ist das Bestreben der Gerichte, dem zu entscheidenden Fall gerecht zu werden.[96] Im Rahmen der Urteilsanalyse sind das Ergebnis und dessen Begründung mithin stets unter dem Vorbehalt der Einzelfallgerechtigkeit zu betrachten. Hier findet der an anderer Stelle eingeführte Gedanke Anwendung, dass sich in der Rechtsprechung die Theorie nur nach und nach „aus einzelnen Pinselstrichen" zusammensetze und das Gesamtbild häufig erst aus dem Vergleich zahlreicher Einzelentscheidungen sichtbar wird.

III. Funktionsbedingungen der Rechtsprechung im Wettbewerbsrecht

Zu den grundlegenden Voraussetzungen für die Ermittlung der rechtsstaatlichen Grenzen des more economic approach rechnen die besonderen Bedingungen, unter denen der Gerichtshof der Union seiner Aufgabe nachkommt, die Wahrung des Rechts bei der Auslegung und Anwendung der Verträge zu sichern.[97] Die europäischen Gerichte befassen sich im Wesentlichen in zwei Verfahren mit Wettbewerbssachen.[98] Im Wege der Nichtigkeitsklage können sich die betroffenen Unternehmen vor dem EuG[99] gegen die von der Kommission im Verfahren der Kartellaufsicht oder der Fusionskontrolle erlassenen Beschlüsse wehren.[100] Das Gericht überprüft die Beschlüsse auf der Grundla-

werbsbestimmungen, EuGH, verb. Rs. 56 u. 58/64, Grundig/Consten, Slg. 1966, S. 322; vgl. hierzu *E.-J. Mestmäcker*, Europäisches Wettbewerbsrecht, 1974, S. 177 ff.

96 Auf diesen Aspekt der Rechtsprechung weist *U. Everling,* Wettbewerbskonzeption, in ders. (Hrsg.), Unterwegs zur Europäischen Union, 2001, S. 212 f. hin.

97 Art. 19 Abs. 1 EUV, dazu *J. Schwarze,* in ders. (Hrsg.), EU Kommentar, 2012, Art. 19 EUV, Rn. 21 f., 30 f. Allg. *T. Danwitz*, Funktionsbedingungen der Rechtsprechung des europäischen Gerichtshofs, EuR 2008, S. 769.

98 Die Verfahren im Überblick bei *J. Schwarze*, in ders. (Hrsg.), EU-Kommentar 2012, Art. 19 EUV, Rn. 18. Zur verfahrensrechtlichen Seite der Rechtsprechung im Wettbewerbsrecht vgl. *U. Everling,* Zur Wettbewerbskonzeption in der neueren Rechtsprechung des Gerichtshofs der Europäischen Gemeinschaften, in ders. (Hrsg.), Unterwegs zur Europäischen Union, 2001, S. 212 f. Vgl. zu den Voraussetzungen der Rechtsprechung im reformierten System der Kartellrechtsdurchsetzung *C.-D. Ehlermann/I. Atanasiu*, The Modernisation of EC Antitrust Law: Consequences for the Future Role and Function of the EC Courts, ECLR 2002, S. 72 ff.

99 Zur Errichtung des Gerichts erster Instanz *U. Everling*, 50 Jahre Gerichtshof der Europäischen Gemeinschaften, DVBl 2002, S. 1293, 1294 und dessen Bedeutung im Wettbewerbsrecht *J. Temple Lang*, The Impact of the New Court of First Instance in EEC Antitrust and Trade Cases, Fordham ILJ 1988, S. 578.

100 Zu den Voraussetzungen der Nichtigkeitsklage im Einzelnen *J. Schwarze,* in ders. (Hrsg.), EU-Kommentar, 2012, Art. 263 AEUV, Rn. 1 ff. Vgl. zum Rechtsschutz der Unternehmen vor europäischen Gerichten im Wettbewerbsrecht *C.-D. Classen*, in T. Oppermann/C.-D. Classen/M. Nettesheim (Hrsg.), Europarecht, 5. Aufl. 2011, 359 f.

ge der in Art. 263 Abs. 2 verankerten Klagegründe.[101] Gegen die Entscheidung des Gerichts kann ein auf Rechtsfehler beschränktes Rechtsmittel beim Gerichtshof eingelegt werden.[102] Im Rahmen des Vorabentscheidungsverfahrens entscheidet der Gerichtshof auf Antrag mitgliedstaatlicher Gerichte über die Auslegung der Wettbewerbsregeln der Union.[103] In den Verfahren vor dem Gerichtshof nimmt der Generalanwalt zu den aufgeworfenen Rechtsfragen in Gestalt von Schlussanträgen Stellung.[104] Diese werden vom Gerichtshof berücksichtigt, ohne ihn jedoch zu binden.[105]

Die Entscheidungsfindung der europäischen Gerichte zeichnet sich angesichts der supranationalen Verfasstheit der Unionsrechtsordnung durch einige Besonderheiten aus, die bei der Urteilsanalyse zu berücksichtigen sind.[106] Gemäß den Regeln der Zusammensetzung stammen die an der Entscheidungsfindung beteiligten Richter aus – nunmehr 27 – verschiedenen Mitgliedstaaten und erfüllen damit ihre Aufgabe auf der Grundlage von zum Teil höchst unterschiedlichen rechts- und wirtschaftstheoretischen Vorverständnissen.[107] Dieser Umstand wirkt sich ganz besonders in wettbewerbsrechtlichen Fragestellungen aus, deren rechtliche Bewertung regelmäßig nicht ohne den Rekurs auf wirtschaftspolitische und -theoretische Grundannahmen auskommt.[108] Da die Praxis vom Streben der Gerichte nach Konsens geprägt ist,[109] manifestieren sich diese Besonderheiten in der mitunter sehr knapp ausfallenden Ur-

101 Zu den Klagegründen im Einzelnen *J. Schwarze,* in ders. (Hrsg.), EU-Kommentar, 2012, Art. 263 AEUV, Rn. 72 ff.

102 Vgl. *C. Böllhoff*, Das Rechtsmittelverfahren vor dem Gerichtshof der Europäischen Gemeinschaften. Verfahren, Prüfungsumfang und Kontrolldichte, 2001.

103 Vgl. allg. zum Vorabentscheidungsverfahren, *J. Schwarze*, in ders. (Hrsg.), EU-Kommentar 2012, Art. 267 AEUV, Rn. 1ff sowie zur Bedeutung des Vorabentscheidungsverfahrens in Wettbewerbssachen *U. Everling*, Wettbewerbskonzeption, in ders. (Hrsg.), Unterwegs zur Europäischen Union, 2001, S. 217.

104 Vgl. Art. 19 Abs. 2 EUV und hierzu ausführlich *J. Schwarze*, in ders. (Hrsg.), EU-Kommentar, 2012, Art. 19 EUV, Rn. 52; *ders.*, Art. 252 AEUV, Rn. 1 ff.

105 *J. Schwarze*, in ders. (Hrsg.), EU-Kommentar, 2012, Art. 19 EUV, Rn. 53.

106 Vgl. zum Folgenden grundlegend *U. Everling*, Der Gerichtshof als Entscheidungsinstanz – Probleme der europäischen Rechtsprechung aus richterlicher Sicht, in J. Schwarze (Hrsg.), Der Europäische Gerichtshof als Verfassungsgericht und Rechtsschutzinstanz, 1983, S. 173.

107 Art. 19 Abs. 2 EUV: „Der Gerichtshof besteht aus einem Richter je Mitgliedstaat. […] Das Gericht besteht aus mindestens einem Richter je Mitgliedstaat."

108 Vgl. *U. Everling*, Zur Wettbewerbskonzeption in der neueren Rechtsprechung des Gerichtshofs der Europäischen Gemeinschaften, in ders. (Hrsg.), Unterwegs zur Europäischen Union, 2001, S. 213 f.

109 Die Möglichkeit, eine Meinungsverschiedenheit in Ergebnis oder Begründung in einem abweichenden Votum zu dokumentieren, besteht nicht, vgl. *F. G. Jacobs*, Advocates General and Judges in the European Court of Justice, in O'Kefee u.a. (Hrsg.), Judicial Review in International Perspective, FS G. Slynn, 2000, S. 18, 19 f.

teilsbegründung sowie im vollständigen Verzicht auf rechtswissenschaftliche Belege.[110] Vor diesem Hintergrund kommt den Schlussanträgen der Generalanwälte für die Urteilsanalyse insofern eine besondere Bedeutung zu, als sie mitunter auch Aufschluss über weitergehende rechtliche Erwägungen geben, die nicht in der Urteilsbegründung erscheinen.[111]

Die Gerichte können dem more economic approach der Kommission nur in dem Maße Grenzen setzen, in dem sie zu einer Nachprüfung der wettbewerbsrechtlichen Praxis der Kommission befugt sind.[112] Für die Untersuchung der rechtsstaatlichen Grenzen haben daher Ausmaß und Grenzen der gerichtlichen Verwaltungskontrolle gegenüber Wettbewerbsentscheidungen der Kommission in der Nichtigkeitsklage entscheidenden Stellenwert.[113] Das Gericht prüft neben der Einhaltung der Verfahrensregeln und der Richtigkeit und Vollständigkeit der Tatsachenfeststellungen der Kommission die Auslegung der herangezogenen Wettbewerbsregeln auf der Grundlage der Klagegründe des Art. 263 Abs. 2 AEUV umfassend nach.[114]

Als Einzelausbildung des an anderer Stelle dargelegten Problemkreises der rechtsstaatlichen Einbindung der Wirtschaftsverwaltung stellt sich im Zusammenhang gerichtlicher Kontrolle die Frage, in welchem Ausmaß die Verwaltung gegenüber schwierigen ökonomischen Bewertungsfragen über solche Entscheidungsspielräume verfügt, die einer umfassenden gerichtlichen Kon-

110 Vgl. zur Technik der Urteilsbegründung *U. Everling*, Zur Begründung der Urteile des Gerichthofs der Europäischen Union, EuR 1994, S. 378.

111 Zur Aussagekraft der Schlussanträge und deren Grenzen *E.-J. Mestmäcker*, Europäisches Wettbewerbsrecht, 1974, S. 38; *C. O. Lenz*, Das Amt des Generalanwalts am Europäischen Gerichtshof, in O. Due/M. Lutter/J. Schwarze (Hrsg.), FS U. Everling, 1995, S. 719-727.

112 Vgl. zu Rechtsbindung und Bindungslockerung der Verwaltung in der Rechtsordnung der Europäischen Union *J. Schwarze*, Europäisches Verwaltungsrecht, 2. Auflage 2005, S. 193 ff. und mit Beispielen aus dem Wettbewerbsrecht, S. 344 ff.

113 Während die strenge Nachprüfung der Auslegung der heranzuziehenden Vorschriften die Haltung der Gerichte von Anbeginn geprägt hat (vgl. *J. Schwarze*, Europäisches Verwaltungsrecht, 2. Aufl. 2005, S. 348, 363), hat erst mit der Errichtung des Gerichts erster Instanz eine Praxis eingesetzt, die Befugnis zur umfassenden Tatsachennachprüfung voll auszuschöpfen, vgl. hierzu *B. Vesterdorf*, The Court of First Instance of the European Communities after two full Years in Operation, CMLRev 1992, S. 897, 912. Vgl. demgegenüber *A. Deringer*, Statement zu einer Verfahrensreform beim Europäischen Gerichtshof, in J. Schwarze (Hrsg.), Fortentwicklung des Rechtsschutzes in der Europäischen Gemeinschaft, 1987, S. 211, 214, der eine unzureichende Feststellung und Würdigung von Tatsachen durch den Gerichtshof in Wettbewerbssachen rügt.

114 Vgl. zu den Klagegründen in ihrer Anwendung auf wettbewerbsrechtliche Maßnahmen der Kommission im Überblick *A. Fritzsche*, Ermessen und institutionelles Gleichgewicht, 2008, S. 21 ff.

trolle entzogen sind.[115] Im Wettbewerbsrecht gesteht die Rechtsprechung der Kommission administrative Entscheidungsfreiräume zu, in denen sie eine nur eingeschränkte Nachprüfung vornimmt.[116] Im Hinblick auf die rechtsstaatlichen Grenzen des more economic approach sind diese Spielräume der Kommission zu berücksichtigen. Sie bilden einen gewichtigen Aspekt der Gestaltungsfreiheit der Kommission, die den Ausgangspunkt für die Einführung eines verstärkt ökonomischen Ansatzes im Wettbewerbsrecht darstellt.[117] Um dennoch den rechtsstaatlichen Erfordernissen wirksamer Verwaltungskontrolle gerecht zu werden, prüft das Gericht die Einhaltung der Verfahrensgarantien sowie die Vollständigkeit und Richtigkeit der Tatsachenermittlung in diesen Fällen umso strenger nach.[118] Zuletzt lässt sich eine Entwicklung der jüngeren Rechtsprechung zu den Grundsätzen richterlicher Kontrolle und ihrer praktischen Handhabung feststellen, die im engen Zusammenhang mit der Ökonomisierung des Wettbewerbsrechts steht und damit selbst Gegenstand der Untersuchung ist.

E. Der more economic approach in der Realanalyse

In ihrem *Weißbuch über die Modernisierung der Vorschriften zur Anwendung der Art. 85 und 86 EG-Vertrag* aus dem Jahre 1999 erklärt die Kommission

115 Vgl. zu diesem Fragenkreis im Europarecht aus jüngerer Zeit *A. Hatje*, Kontrolldichte bei Maßnahmen der europäischen Wirtschaftsverwaltung, in J. Schwarze (Hrsg.), Verfahren und Rechtsschutz im europäischen Wirtschaftsrecht, 2010, S. 124 ff. Die europäische Rechtsprechung, der in dieser Hinsicht vorliegend gefolgt wird, trifft nicht die im deutschen Recht geläufige Unterscheidung zwischen Beurteilungsspielräumen auf Tatbestandsebene und Ermessen auf Rechtsfolgenebene, vgl. *U. Everling*, Der Europäische Gerichtshof als Entscheidungsinstanz – Probleme der europäischen Rechtsprechung aus richterlicher Sicht, in J. Schwarze (Hrsg.), Der Europäische Gerichtshof als Verfassungsgericht und Rechtsschutzinstanz, 1983, S. 137, u. *J. Schwarze*, Europäisches Verwaltungsrecht, 2. erw. Aufl. 2005, S. 281.

116 Vgl. im Überblick *C.-D. Classen,* in T. Oppermann/C.-D. Classen/M. Nettesheim, Europarecht, 5. Aufl. 2011, S. 359, und ausführlich *J. Schwarze*, Europäisches Verwaltungsrecht, 2. erw. Aufl. 2005, S. 283ff; *A. Hatje*, Kontrolldichte bei Maßnahmen der europäischen Wirtschaftsverwaltung, in J. Schwarze (Hrsg.), Verfahren und Rechtsschutz im europäischen Wirtschaftsrecht, 2010, S. 124 ff.

117 Vgl. aus jüngerer Zeit *U. Immenga/T. Körber* (Hrsg.), Die Kommission zwischen Gestaltungsmacht und Rechtsbindung, 2012.

118 Vgl. hierzu *J. Schwarze*, Strenge richterliche Verfahrenskontrolle bei weitem administrativem Ermessen – Anmerkungen zur Entscheidungspraxis der Gemeinschaftsgerichte auf dem Gebiet des europäischen Wirtschaftsrechts, in P. Fischer u.a. (Hrsg.), Die Welt im Spannungsfeld zwischen Regionalisierung und Globalisierung, FS H. F. Köck, 2009, S. 321 ff.

ihre wettbewerbspolitische Absicht, die wettbewerbsrechtliche Überprüfung unternehmerischen Handelns an einem more economic approach auszurichten.[119] Seither entwickelt die Kommission unter Bezugnahme auf diesen Begriff eine Programmatik der Rechtsdurchsetzung, die sich von der bisherigen Praxis deutlich abhebt. Der more economic approach in seiner gegenwärtigen Form ist Ergebnis einer schrittweisen Entwicklung, in der mehrere Ausgangsüberlegungen zusammengeführt wurden, wie die Hintergründe der Ökonomisierung zeigen. In der praktischen Umsetzung bleibt die Kommission mitunter deutlich hinter den wettbewerbspolitischen Zielsetzungen zurück. Dennoch sind heute wichtige Einzelaspekte der Ökonomisierung in der Praxis der Rechtsdurchsetzung verankert, die den Ausgangspunkt bilden für die Untersuchung der rechtsstaatlichen Grenzen des more economic approach.

I. Die wettbewerbsrechtlichen Implikationen des Kommissionsansatzes

Den spezifischen Gesetzmäßigkeiten der Ökonomie kommt seit Anbeginn des gemeinschaftlichen Wettbewerbsrechts eine prägende Bedeutung nicht nur auf der Ebene vertraglicher und gesetzlicher Normierung, sondern auch bei deren Konkretisierung durch Auslegung und Anwendung zu.[120] Vor diesem Hintergrund haben die mit dem more economic approach formulierten Prinzipien der wettbewerbsrechtlichen Rechtsdurchsetzung – jedes für sich betrachtet – durchaus Vorläufer in der bisherigen Praxis.

In der spezifischen Verknüpfung dieser Einzelprinzipien und ihrer konsequenten Entfaltung in allen drei Bereichen des europäischen Rechts gegen private Wettbewerbsbeschränkungen liegt dem Ansatz der Kommission indes ein Gesamtsystem der Rechtsdurchsetzung zugrunde, welches in der Vergangenheit ohne Beispiel ist. Dies zeigt eine nuancierende Betrachtung der wettbewerbspolitischen Programmatik, die es zu diesem Zwecke unternimmt, die

119 ABl. 1999, Nr. C 132, S. 1, Rn. 78. Vgl. zur Modernisierung der gemeinschaftlichen Wettbewerbsregeln bereits den vormaligen Wettbewerbskommissar *K. van Miert,* in Die Zukunft der Wettbewerbspolitik in der EU, Referat im Rahmen der Vortragsreihe "Europa vor der Wirtschafts- und Währungsunion", 1997.

120 Hierzu *T. Ackermann*, Europäisches Kartellrecht, in K. Riesenhuber (Hrsg.), Europäische Methodenlehre, 2010, S. 641 f. Infolgedessen war auch die Bestimmung von Ausmaß und Grenzen ihrer rechtlicher Berücksichtigung in unterschiedlichen Einzelausprägungen Gegenstand zahlreicher Auseinandersetzungen der Rechtspraxis im Rahmen der Entfaltung der Wettbewerbsrechtsordnung der Gemeinschaften. Besonderen dokumentarischen Wert hat in dieser Hinsicht die frühe Entscheidung des Gerichtshofes in der Rs. 13/60, Ruhrkohlen-Verkaufsgesellschaften/Hohe Behörde der EGKS („Rueff"), Slg. 1962, S. 179 ff.; vgl. zu den wettbewerbsökonomischen Implikationen in diesem Fall *J. Schwarze,* Europäisches Wirtschaftsrecht, 2007, S. 398.

einzelnen Aussagen des more economic approach möglichst genau den verschiedenen Ebenen der Durchsetzung des Wettbewerbsrechts zuzuordnen. Zugleich wird deutlich, dass das wettbewerbspolitische Programm des more economic approach in seiner heutigen Gestalt weniger die Verwirklichung eines festgefügten Konzepts als vielmehr das Resultat einer stufenweisen Fortentwicklung verschiedener Leitgedanken ist und nach wie vor Interpretationsspielräume lässt, so dass die tatsächliche Reichweite der Ökonomisierung des europäischen Wettbewerbsrechts erst in ihrer praktischen Handhabung durch die Kommission – im Zusammenspiel mit der Rechtsprechung – zu ermessen ist.[121]

1. Der effects-based approach als Ausdruck eines administrativen Auslegungskonzepts

Der seinerzeit zuständige Kommissar *Mario Monti* beschrieb im Hinblick auf die zukünftige Durchführung des europäischen Wettbewerbsrechts das Ziel eines „shift to a more economic approach based on the effects on the market".[122] Das hier zum Ausdruck kommende Bestreben einer wettbewerbsrechtlichen Betrachtung orientiert an den Auswirkungen des jeweiligen unternehmerischen Verhaltens findet seither unter dem Begriff des „effects-based approach" als einem der Leitgedanken der Ökonomisierung Ausdruck in zahlreichen wettbewerbspolitischen Äußerungen der Kommission.[123] Dieser Leitgedanke kommt in der Programmatik der Kommission auf den verschiedenen Ebenen im System administrativer Durchsetzung des Wettbewerbsrechts der Union in unterschiedlichen Erscheinungsformen zum Tragen.

121 Zu den unterschiedlichen Verständnissen vom more economic approach *W.-H. Roth*, The „More Economic Approach" and the Rule of Law, in D. Schmidtchen/M. Albert/S. Voigt (Hrsg.), The More Economic Approach to European Competition Law, 2007, S. 37 f.

122 *M. Monti*, Perspectives of European Competition Law – a Survey, in FIW (Hrsg.), Zukunft der Wettbewerbsordnung und des Kartellrechts, 2001, S. 9 f.

123 Vgl. nur *N. Kroes*, Tackling Exclusionary Practices to avoid Exploitation of Market Power: Some preliminary Thoughts on the Policy Review of Article 82, Fordham International Law Journal 2006, S. 593, 596.

a) Der Schutzzweck des Wettbewerbsrechts im more economic approach: Konsumentenwohlfahrt und ökonomische Effizienzen

Im Verlauf der Ausbildung ihrer wettbewerbspolitischen Zielsetzung konkretisiert die Kommission den effects-based approach auf die Konsumentenwohlfahrt als die wesentliche Bezugsgröße einer auswirkungsbezogenen Betrachtung wettbewerblich relevanten unternehmerischen Verhaltens.[124] „Consumer welfare", so *Nellie Kroes*, die Nachfolgerin im Amt des Wettbewerbskommissars *Monti*, „is now well established as the standard the Commission applies when assessing mergers and infringements of the Treaty rules on cartels and monopolies".[125]

Die Ausrichtung der Wettbewerbspolitik an der Verbraucherwohlfahrt geht offenbar einher mit einem Verständniswandel vom gesetzlichen Schutzzweck der europäischen Wettbewerbsregeln.[126] Während die Kommission in ihren öffentlichen Stellungnahmen die Tatsache des Verständniswandels vom Schutzzweck nicht benennt, sprechen die Beiträge von Mitarbeitern der Kommission im Fachdiskurs eine deutliche Sprache: „Es geht", so fasst *Michael Albers*, seinerzeit Anhörungsbeauftragter der Generaldirektion Wettbewerb, die Haltung der Kommission zusammen, „bei dem more economic approach der europäischen Wettbewerbspolitik und -praxis um eine Akzentverschiebung in ihrer Wettbewerbspolitik *mit Folgen für den Schutzgegenstand des Wettbewerbsrechts* (H. d. V.) sowie die Anwendung seiner Verbotstatbe-

124 Vgl. *M. Monti*, EU Competition Policy after May 2004, Rede anlässl. der Fordham Annual Conference on International Antitrust Law and Policy, New York, 24. Oktober 2003, und *ders.* A Reformed Competition Policy: Achievements and Challenges for the Future, Rede im Center for European Reform, Brüssel, 28. Oktober 2004, sowie den damaligen Generaldirektor der DG Wettbewerb *M. Albers*, Der more economic approach bei Verdrängungsmissbräuchen, abrufbar auf der Internetseite der Kommission unter http://ec.europa.eu/competition/antitrust/art82/albers.pdf, S. 1.

125 *N. Kroes*, European Competition Policy – Delivering Better Markets and Better Choices, Rede anlässl. des European Consumer and Competition Day, London, 15. September 2005, und bereits *M. Monti*, The Future for Competition Policy in the European Union, Rede in der Merchant Taylor's Hall, London, 9. Juli 2001.

126 Diese Einschätzung bei *P. Behrens*, Abschied vom more economic approach? in S. Bechtold/J. Jickeli/M. Rohe (Hrsg.), Recht, Ordnung und Wettbewerb, zum 70. Geburtstag von W. Möschel, 2011, S. 115, 119 f.; *J. Drexl*, Wettbewerbsverfassung, in A. von Bogdandy/J. Bast (Hrsg.), Europäisches Verfassungsrecht, 2009, S. 941 f.; *F. Schuhmacher*, Ökonomisch orientierte Anwendung der Wettbewerbsregeln, in S. Griller (Hrsg.), Die europäische Wirtschaftsverfassung de lege lata und ferenda, 2007, S. 213 f.; *D. Zimmer*, Der rechtliche Rahmen für die Implementierung moderner ökonomischer Ansätze, WuW 2007, S. 1204 f.

stände."[127] Die hier zum Ausdruck kommende Auffassung vom Schutzzweck der Wettbewerbsregeln hebt sich deutlich ab von jenem Verständnis, das in der Vergangenheit sowohl die Praxis der Gerichte als auch der Kommission maßgeblich prägte.

Auch der bisherigen Praxis lag die Annahme zugrunde, dass eine wesentliche Funktion des Wettbewerbs in der Förderung der Verbraucherwohlfahrt bestehe, deren Schutz es in Anwendung der Wettbewerbsregeln zu verwirklichen gelte.[128] Nach dem bisherigen Verständnis kamen Belange der Verbraucherwohlfahrt indes nicht im Rahmen des gesetzlichen Schutzzwecks, sondern als übergeordnetes Ziel der Unionsverträge zum Tragen. „Wettbewerb" – so die Kommission in ihrem *Memorandum über das Aktionsprogramm der Gemeinschaft für die zweite Stufe* von 1962 – „bedeutet Wahlmöglichkeit für Produzenten, Händler und Verbraucher. Aufgabe der Wettbewerbspolitik ist es, diese Wahlmöglichkeiten sicherzustellen und darüber zu wachen, dass die Freiheit der wirtschaftlichen Betätigung nicht dazu missbraucht wird, das gleiche Freiheitsrecht anderer zu beseitigen."[129]

In ihrem Memorandum kommt ein Verständnis der Kommission zum Ausdruck, nach dem die Wettbewerbsregeln den Wettbewerbsprozess und die Aufrechterhaltung wettbewerbsfördernder Marktstrukturen als die wesentlichen Voraussetzungen des Wettbewerbs auch zugunsten des Verbrauchers schützen. Der Überzeugung, es bestehe eine besondere Schutzwürdigkeit des Wettbewerbsprozesses, liegt die Annahme zugrunde, durch den Schutz des Wettbewerbs und seiner Voraussetzungen sei das Ziel der Verbraucherwohlfahrt am ehesten zu erreichen.[130] Damit vertrat die Kommission in der Vergangenheit ein Rechtsverständnis, in dessen Mittelpunkt nicht der Schutz eines bestimmten Marktergebnisses nach Art eines ergebnisorientierten Wettbewerbsverständnisses, sondern der Erhalt der Funktionsbedingungen des

127 *M. Albers*, Der „more economic approach" bei Verdrängungsmissbräuchen, 2006, S. 3.

128 Vgl. EuGH, Rs. verb. Rs. 41/73, 43/73 u. 44/73, S. A. Génerale Sucrière, Slg. 1977, 445, Rn. 7; EuGH, Rs. 6/72, Continental Can, Slg. 1973, 215.

129 *Memorandum*, S. 5. Vgl. auch die Wettbewerbsberichte der Kommission von 1986, S. 11, und noch von 2000, S. 6.

130 Vgl. den ersten *Wettbewerbsbericht der Kommission* von 1972: „Competition is the best stimulant of economic activity since it guarantees the widest possible freedom of action to all", S. 12, und die Grundsatzerklärung des damaligen Wettbewerbskommissars *H. von der Groeben*, Competition in the Common Market, im Rahmen der Parlamentsdebatte um die Verordnung zur Durchführung von Art. 85 und 86 EGV, Straßburg, 19. Oktober 1961. Hierzu *P. Behrens*, Parallelhandelsbeschränkungen und Konsumentenwohlfahrt, ZWeR 2008, S. 20, 37 und *T. Eilmansberger*, Neue Paradigmen, ZWeR 2009, S. 440 f.

Wettbewerbs im Sinne einer ergebnisoffenen Wettbewerbskonzeption stand.[131]

Die besondere Bedeutung des Wettbewerbsprozesses und der Gewährleistung wettbewerbsfördernder marktstruktureller Gegebenheiten als wesentliche Elemente der bisherigen Schutzkonzeption von Gerichten und Kommission findet ihren Niederschlag in der Rechtsprechung in unterschiedlichen Ausprägungen.[132] Mit dem Selbstständigkeitspostulat etwa, nach dem sich die Abgrenzung von abgestimmtem unternehmerischen Verhalten nach Art. 101 Abs. 1 AEUV auf der einen und der autonomen Setzung von Wettbewerbsparametern auf der anderen Seite bestimmt, hat der Gerichtshof die besondere Bedeutung des störungsfreien Wettbewerbs als auslegungsleitendes Prinzip herangezogen.[133]

Die prinzipienhafte Bedeutung der Aufrechterhaltung wettbewerbsfördernder Marktstrukturen im Anwendungsbereich der Missbrauchskontrolle zeigte sich in der Vergangenheit besonders deutlich in solchen Entscheidungen der Gerichte, die schwierige Grenzfälle zur sachlichen Reichweite der vertraglichen Wettbewerbsregeln betrafen. In dem grundlegenden Urteil *Continental Can* etwa hatte der Gerichtshof zu entscheiden, ob ein Zusammenschluss durch Mehrheitsbeteiligung durch das marktbeherrschende Unternehmen einen Missbrauch darstelle.[134] Dies bejahte der Gerichtshof mit der Begründung, dass der vom Missbrauchsverbot geschützte Wettbewerb bereits bei einem Eingriff in die Struktur des tatsächlichen Wettbewerbs geschädigt sei.[135] Bis in die Gegenwart hat sich, ausgehend von dieser Grundentscheidung, eine Rechtspraxis etabliert, die auf dem Verständnis des wirksamen Wettbewerbs als dem Schutzziel des Wettbewerbsrechts der Europäischen Union beruht. Das Ausmaß der Unterschiede in der rechtlichen Bedeutung der Verbraucherwohlfahrt – vertragliche Zielbestimmung einerseits und alleinige Bezugsgröße des gesetzlichen Schutzzwecks andererseits – kommt am besten zum

131 Vgl. zu den wesentlichen Merkmalen ergebnisoffener und ergebnisorientierter Wettbewerbskonzepte *D. Zimmer*, Der rechtliche Rahmen für die Implementierung moderner ökonomischer Ansätze, WuW 2007, S. 1198 ff.

132 Vgl. zu der bisherigen Schutzkonzeption des Gerichtshofes *I. Brinker*, in J. Schwarze (Hrsg.), EU-Kommentar 2012, Art. 101 AUEV, Rn. 39 u. Art. 102 AEUV, Rn. 18; *H. Schröter*, in H. von der Groeben/J. Schwarze (Hrsg.), Art. 81 Abs. 1 EGV, Rn. 84 ff.

133 Vgl. zum Verbot der praktischen Zusammenarbeit anstelle des mit Risiken verbundenen Wettbewerbs, EuGH, Rs. C-89/85, Zellstoff, Slg. 1994, I-1307, Rn. 63. Zum Verbot der Fühlungnahme EuGH, Rs. 40/73, Suiker Unie, Slg. 1975, 1663, Rn. 173 f.

134 EuGH, Rs. 6/72 Continental Can, Slg. 1973, 215.

135 EuGH, Rs. 6/72 Continental Can, Slg. 1973, 246.

Ausdruck, wenn man sich vergegenwärtigt, dass bislang die Wettbewerbsregeln eingriffen, *weil* sie die Konsumentenwohlfahrt beeinträchtigt, während sie nach der wettbewerbspolitischen Absicht der Kommission nur dann zur Anwendung kommen, *wenn* die Konsumentenwohlfahrt beeinträchtigt ist.[136]

Die wettbewerbspolitische Programmatik der Kommission enthält demgegenüber keine dezidierten Aussagen zu ihrer zukünftigen Haltung gegenüber dem binnenmarktspezifischen Schutzzweck des Wettbewerbsrechts. Es ist davon auszugehen, dass die Kommission in dieser Hinsicht auch im Rahmen eines ökonomisierten Wettbewerbsrechts einstweilen an der bisherigen Einschätzung der hervorgehobenen Bedeutung des Prinzips der Binnenmarktsicherung festhält. Jedenfalls geht sie offenbar davon aus, dass die Politik der Ökonomisierung mit diesem Aspekt des bisherigen Rechtsverständnisses in Einklang zu bringen sei.[137]

b) Wettbewerbstheoretische Bezüge der Kommissionsprogrammatik: Die Wohlfahrtsökonomie der Chicagoer School of Antitrust Analysis

Das Ausmaß des so beschriebenen Verständniswandels vom gesetzlichen Schutzzweck der Wettbewerbsregeln in der Union wird außerdem besonders deutlich, wenn man das bisherige und das gegenwärtige Rechtsverständnis der Kommission unter wettbewerbstheoretischen Gesichtspunkten vergleicht.[138]

Die Gewährleistung der Freiheit der Wettbewerbsakteure und der Sicherung des Wettbewerbsprozesses, wie sie der bisherigen Praxis im Ausgangspunkt zugrunde lagen[139], sind die wesentlichen Postulate der Theorien des or-

136 Vgl. hierzu *T. Körber*, Parallelhandel mit Medikamenten, ZWeR 2007, S. 523.

137 Die Kommission hält auch in ihren wettbewerbspolitischen Verlautbarungen und in ihrer Leitlinienpolitik am Ziel der Binnenmarktintegration fest, vgl. etwa die Leitlinien zu Art. 101 Abs. 3, Rn. 13. Diese Einschätzung auch bei *J. Drexl*, Wettbewerbsverfassung, in A. von Bogdandy/J. Bast (Hrsg.), Europäisches Verfassungsrecht, 2009, S. 956. Krit. zu dieser Auffassung der Kommission *M. Motta*, Competition Policy 2009, S. 23.

138 Die wesentlichen wettbewerbskonzeptionellen Ansätze im Überblick bei *W. Kerber*, Zur Wettbewerbskonzeption im europäischen Wettbewerbsrecht, in H. Gröner (Hrsg.), Die europäische Integration als ordnungspolitische Aufgabe, 1993, S. 280 ff.

139 „Wettbewerb“, so die Kommission in ihrem *Memorandum über das Aktionsprogramm der Gemeinschaft für die zweite Stufe* von 1962, „bedeutet Wahlmöglichkeit für Produzenten, Händler und Verbraucher. Aufgabe der Wettbewerbspolitik ist es, diese Wahlmöglichkeiten sicherzustellen und darüber zu wachen, dass die Freiheit der wirtschaftlichen Betätigung nicht dazu missbraucht wird das gleiche Freiheitsrecht anderer zu beseitigen.“ S. 24.

doliberalen und des funktionsfähigen Wettbewerbs.[140] In der Vergangenheit legte die Praxis solche Maßstäben an, die aus diesem wettbewerbstheoretischen Grundverständnis hervorgingen.[141] Im Anwendungsbereich des Kartellverbotes ist eine deutliche Ausprägung beispielsweise in dem Verständnis zu sehen, welches den Begriff der Wettbewerbsbeschränkung maßgeblich geprägt hat. Bis in die Gegenwart war – in Übereinstimmung mit dem ordoliberalen Konzept der Wettbewerbsfreiheit[142] – der wesentliche Ausgangspunkt für die Bestimmung einer Wettbewerbsbeschränkung die Beeinträchtigung der Entscheidungsautonomie der Marktteilnehmer.[143] Ebenfalls ordoliberalen Ursprungs sind die theoretischen Grundlagen des Selbstständigkeitspostulats, nach welchem sich die Auslegung des Merkmals der „abgestimmten Verhaltensweise" orientiert.[144]

Im Bereich der Missbrauchskontrolle verwendet die Praxis gegenüber Behinderungsmissbräuchen mit dem Grundsatz des Leistungswettbewerbs ein Konzept, das im Ausgangspunkt ebenfalls auf den Freiheitsgedanken der ordoliberalen Wettbewerbstheorie zurückgeht, wenngleich dieser Gedanke in den Beurteilungsmaßstäben der Rechtsprechung zunehmend zugunsten der Aufrechterhaltung effektiver wettbewerblicher Strukturen zurückgetreten

140 Nach ordoliberalem Wettbewerbsverständnis wird der Schutz der Handlungsfreiheit aus deren maßgeblichen funktionalen Bedeutung für den Wettbewerbsprozess begründet. Grundlegend *W. Eucken*, Grundsätze der Wirtschaftspolitik, 1952, 7. Auflage, S. 178. Einen wesentlichen Begründungsansatz für den Schutz des Wettbewerbsprozesses liefert *F. A. von Hayek* mit dessen Funktion als Entdeckungsverfahren (Der Wettbewerb als Entdeckungsverfahren, 1968), nach dem die Ergebnisse des Wettbewerbs erst aus der prozesshaften Zusammenführung dezentralen Wissens zu ermitteln sind, und deren Vorwegnahme eine staatliche Anmaßung von Wissen bedeutet; vgl. *F. A. von Hayek*, Die Anmaßung von Wissen, in W. Kerber (Hrsg.), Die Anmaßung von Wissen, 1996, S. 14. Zum Entdeckungsverfahren als Grundlage des bisherigen Wettbewerbsverständnisses aus jüngerer Zeit *K. M. Meessen*, in U. Loewenheim/K. M. Meessen/A. Riesenkampff (Hrsg.), Kartellrecht, Bd. 1, 2005, S. 7.

141 Vgl. ausführlich zu den wettbewerbskonzeptionellen Bezügen des europäischen Wettbewerbsrechts *W. Kerber*, Wettbewerbskonzeption, in H. Gröner (Hrsg.), Die europäische Integration als ordnungspolitische Aufgabe, 1993, S. 292 ff.

142 Vgl. *W. Kerber*, Wettbewerbskonzeption, in H. Gröner (Hrsg.), Die europäische Integration als ordnungspolitische Aufgabe, 1993, S. 298.

143 Vgl. zum bisherigen, verhaltensorientierten Ansatz von Kommission und Gerichten auch *I. Brinker*, in J. Schwarze (Hrsg.), EU-Kommentar 2012, Art. 101 AEUV, Rn. 40.

144 Grundlegend EuGH, Rs. 40/73, Suiker Unie *u.a.*, Slg. 1975, S. 1965, wonach jeder Unternehmer „selbständig zu bestimmen hat, welche Politik er auf dem Gemeinsamen Markt betreiben und welche Bedingungen er seiner Kundschaft gewähren will". Vgl. zu den wettbewerbstheoretischen Bezügen des Selbständigkeitspostulats *N. Koch*, in E. Grabitz (Hrsg.), Kommentar zum EWG-Vertrag 1990, Art. 85, Rn. 67.

ist.[145] In der Fusionskontrolle hat sich die Praxis nach altem Recht durch die besondere Berücksichtigung marktstrukturorientierter Wettbewerbsparameter an solchen Grundannahmen orientiert, die der Theorie des funktionsfähigen Wettbewerbs und dem ordoliberalen Konzept des Schutzes der Wettbewerbsfreiheit vor der Marktmacht der fusionierenden Unternehmen zuzuordnen sind.[146] Diesem Verständnis entspricht es etwa, dass die Kommission einer Berücksichtigung ökonomischer Effizienzen fusionierender Unternehmen im Sinne der wohlfahrtsökonomischen Theorie in der Vergangenheit ablehnend gegenüberstand.[147]

Mit der Verbraucherwohlfahrt erhebt die Kommission eine Bezugsgröße zum Schutzzweck des Wettbewerbsrechts, die ihren wettbewerbstheoretischen Ursprung in der Chicago School of Antitrust Analysis – und damit in einem wettbewerbstheoretischen Grundverständnis – hat, welches in der Beurteilung unternehmerischer Verhaltensweisen in zahlreichen Aspekten zu erheblich abweichenden Ergebnissen der wettbewerblichen Bewertung kommt.[148] Im Mittelpunkt dieser Wettbewerbstheorie steht die Ausrichtung der Wettbewerbspolitik auf die Förderung wirtschaftlicher Effizienzen als der einzigen anzunehmenden Funktion des Wettbewerbs.[149] Zahlreiche solcher Erschei-

145 Vgl. zum Begriff des Leistungswettbewerbs *W. Eucken*, Grundsätze der Wirtschaftspolitik, 1952, 6. Auflage 1990, S. 42, und zum Leistungswettbewerb in der Missbrauchskontrolle, *F. Böhm*, Das Problem der privaten Macht, in ders. (Hrsg.), Reden und Schriften, 1960, S. 29. Zu den konzeptionellen Aspekten der bisherigen Praxis der Missbrauchskontrolle *W. Kerber*, Wettbewerbskonzeption, in H. Gröner (Hrsg.), Die europäische Integration als ordnungspolitische Aufgabe, 1993, S. 294 ff. Der Begriff des Leistungswettbewerbs wird allerdings von Kommission und Gerichten unter Gesichtspunkten konkretisiert, die eher dem Konzept des funktionsfähigen Wettbewerbs zuzuordnen sind, in dem Sinne, dass bei nicht wünschenswerten Marktergebnissen korrigierend eingegriffen wird.

146 Vgl. zu den theoretischen Grundlagen der Anwendungspraxis der europäischen Fusionskontrolle *W. Kerber*, Die Fusionskontrollpraxis und die Wettbewerbskonzeption der EG, 1994, nach dem die von der Kommission verwendeten Beurteilungskriterien erhebliche Parallelen zu wirtschaftswissenschaftlichen Arbeiten der Kantzenbachschen Schule aufweisen, S. 293, Fn. 44. Vgl. das Memorandum der Kommission (s. o. Fn. 136): „Aufgabe der Wettbewerbspolitik ist es, diese Wahlmöglichkeiten sicherzustellen und darüber zu wachen, dass die Freiheit der wirtschaftlichen Betätigung nicht dazu missbraucht wird, das gleiche Freiheitsrecht anderer zu beseitigen", S. 24.

147 Vgl. *W. Kerber*, Wettbewerbskonzeption, in H. Gröner (Hrsg.), Die europäische Integration als ordnungspolitische Aufgabe, 1993, S. 294.

148 Zu den gegenwärtigen wettbewerbstheoretischen Bezügen der Kommission zur Chicago School, insb. zur Orientierung an der Konsumentenwohlfahrt und den Grenzen der Gemeinsamkeit *A. Weitbrecht*, From Freiburg to Chicago and Beyond – the First 50 Years of European Competition Law, ECLR 2008, S. 81.

149 Grundlegend *R. H. Bork*, the Antitrust Paradox: A Policy at War with Itself, 1978, und *R. A. Posner*, Antitrust Law: An Economic Perspective, 1976.

nungsformen wettbewerbsrelevanten Verhaltens stellen sich vom Standpunkt der Effizienzorientierung betrachtet als Ausdruck erwünschten Wettbewerbs dar, die nach ordoliberaler Auffassung als wettbewerbsschädigend zu unterbinden wären.[150] Mit einer Ergebnisorientierung einerseits und einer Ergebnisoffenheit andererseits bilden die wettbewerbstheoretischen Bezüge der bisherigen und gegenwärtigen wettbewerbspolitischen Ansätze entgegengesetzte Positionen der Wettbewerbstheorie.

c) Tatbestand und Rechtfertigung der Wettbewerbsrechtsverletzung im more economic approach: Beeinträchtigung der Verbraucherwohlfahrt und Effizienzeinrede

Die wettbewerbspolitische Programmatik des effects-based approach der Kommission lässt den Schluss auf zwei wesentliche Veränderungen der tatbestandlichen Voraussetzungen der Wettbewerbsrechtsverletzung zu: Einerseits ist die Kommission dahingehend zu verstehen, dass das Vorliegen eines Verbraucherschadens Voraussetzung für die Tatbestandsmäßigkeit unternehmerischen Verhaltens und damit für das Eingreifen der Wettbewerbsregeln sei. Andererseits möchte die Kommission entsprechend dem Grundsatz der auswirkungsbezogenen Betrachtung in Zukunft solche wettbewerbsrechtlichen Beurteilungsmaßstäbe anlegen, die ausschließlich oder jedenfalls verstärkt marktergebnisbezogene Wettbewerbsparameter des jeweiligen Sachverhalts berücksichtigen.

Die hier vorgenommene Bewertung der Kommissionspolitik nach ihren wettbewerbsrechtlichen Implikationen ist indes nicht ohne weiteres möglich. Die zuletzt zitierte Äußerung der Wettbewerbskommissarin *Kroes* über die Verbraucherwohlfahrt als neuem „Standard"[151] verdeutlicht beispielhaft die grundsätzlichen Herausforderungen einer rechtsstaatlichen Untersuchung des

150 Vgl. hierzu *D. Zimmer*, Der rechtliche Rahmen für die Implementierung moderner ökonomischer Ansätze, WuW 2007, S. 1200, mit Beispielen aus dem Bereich der Fusionskontrolle nach *O. E. Williamson*, Economics as an Antitrust Defense: The Welfare Trade-offs, American Economic Review 1968, S. 18 ff. Die Chicago School bestreitet das Struktur-Verhaltens-Ergebnis-Paradigma, das dem Modell des funktionsfähigen Wettbewerbs zugrunde liegt; *W. Kerber*, Wettbewerbskonzeption, in H. Gröner (Hrsg.), Die europäische Integration als ordnungspolitische Aufgabe, 1993, S. 282.

151 S. o. I.1.a).

more economic approach:[152] Obwohl die ökonomisierte Betrachtungsweise offensichtlich mit einer erheblichen Abweichung von dem bisherigen Normverständnis der Wettbewerbsregeln einhergeht[153], verzichtet die Kommission weitestgehend darauf, den more economic approach wettbewerbsrechtlich zu qualifizieren. So bleibt bezeichnenderweise in der Aussage der Kommissarin offen, wie die Verbraucherwohlfahrt als „Standard" – d. h. als Maßstab der Beurteilung bei der Auslegung und Anwendung der Wettbewerbsvorschriften des Vertrags – berücksichtigt werden soll. Der Begriff „Standard" entspricht keiner gängigen Rechtskategorie, und es bleibt offen, ob hiermit die Verbraucherwohlfahrt als Vertragsziel, als gesetzlicher Schutzzweck der Wettbewerbsregeln, als Tatbestandsmerkmal, als zu berücksichtigender Wettbewerbsparameter im Rahmen der Rechtsanwendung oder als Gesichtspunkt der behördlichen Ermessensausübung angesprochen ist.[154]

Diese wettbewerbsrechtliche Mehrdeutigkeit ist im Vergleich zu früheren wettbewerbspolitischen Vorstößen der Kommission offenbar eine Besonderheit. Es wäre durchaus eine Vorgehensweise denkbar gewesen, nach der die Kommission sukzessive anhand konkreter Einzelfälle nach Art von Musterentscheidungen gezielt Spielräume für abweichende Auslegungen aufzeigt und unter Verweis auf deren wettbewerbspolitische Überlegenheit darauf hinwirkt, dass die Rechtsprechung diese Sichtweise mitträgt. Tatsächlich aber entsteht der Eindruck, dass die Kommission darum bemüht ist, sich bei der Verwirklichung ihrer wettbewerbspolitischen Programmatik solcher Sprachregelungen zu bedienen, die einer Überprüfung auf die Vereinbarkeit ihrer politischen Vorstellungen mit dem geltenden Wettbewerbsrecht gerade wenig zugänglich sind.[155]

Dessen ungeachtet wird man bei materieller Betrachtung in den programmatischen Aussagen der Kommission eine Rechtsauffassung erkennen kön-

152 Die „Verbraucherwohlfahrt als Standard" bei *N. Kroes*, European Competition Policy – Delivering Better Markets and Better Choices, Rede anlässl. des European Consumer and Competition Day, London, 15. September 2005.

153 Siehe auf Seiten der Kommission nur *M. Albers*, Der more economic approach bei Verdrängungsmissbräuchen, S. 3. Nach *T. Eilmansberger*, Neue Paradigmen, ZWeR 2009, S. 440, hat der Schutzzweck der Wettbewerbsregeln „bedeutende Implikationen für den Inhalt der zu diesem Schutze normierten Verbote".

154 Vgl. zur Mehrdeutigkeit des Kommissionsansatzes *P. Behrens*, Abschied vom more economic approach? in S. Bechtold/J. Jickeli/M. Rohe (Hrsg.), Recht, Ordnung und Wettbewerb, zum 70. Geburtstag von W. Möschel, 2011, S. 115, 119 f.

155 Bezeichnenderweise kommt *D. Zimmer* noch 2007 zu dem Ergebnis, dass „bis heute (..) nicht geklärt (ist), wie sich der von der Kommission verfolgte ´more economic approach´ zum geltenden Wettbewerbsrecht verhält", Der rechtliche Rahmen für die Implementierung moderner ökonomischer Ansätze, WuW 2007, S. 1204.

nen, nach der die Beeinträchtigung der Verbraucherwohlfahrt eine tatbestandliche Voraussetzung für das Vorliegen einer Wettbewerbsrechtsverletzung im Sinne des jeweiligen Regelungsbereichs ist.[156] In seltener Deutlichkeit bringt der einstmalige Generaldirektor der DG Wettbewerb *Michael Albers* dies im Rahmen eines Fachbeitrags zum Ausdruck: „Um dieses Ziel zu erreichen, sind die Wettbewerbsregeln *immer dann anzuwenden, wenn* (H.d.V.) die Auswirkungen einer wettbewerbsbeschränkenden Vereinbarung, eines Zusammenschlusses oder der Handlung eines Marktbeherrschers nachteilig für die davon betroffenen Verbraucher ist."[157]

Das so zutage tretende Normverständnis entfernt sich von der bisherigen Rechtspraxis.[158] Entsprechend dem Schutzzweck des wirksamen Wettbewerbs haben Kommission und Gerichte in der Vergangenheit Maßstäbe der Wettbewerbsrechtsverletzung[159] herausgebildet, an deren Ausgangspunkt regelmäßig die Beeinträchtigung der Entscheidungsautonomie der Marktteilnehmer sowie die Beeinträchtigung wettbewerbsfördernder Marktstrukturen standen.[160] So bestimmt sich das Vorliegen einer Wettbewerbsbeschränkung nach Art. 101 Abs. 1 nach den „Auswirkungen der Vereinbarung oder abgestimmten Verhaltensweise auf den aktuellen wie potenziellen Wettbewerb"[161] verstanden als „Prozess der Rivalität zwischen konkurrierenden Anbietern auf dem

156 *D. Zimmer*, Der rechtliche Rahmen für die Implementierung moderner ökonomischer Ansätze, WuW 2007, S. 1204; *T. Eilmansberger*, Neue Paradigmen, ZWeR 2009, S. 438; *U. Immenga,* Ökonomie und Recht in der europäischen Wettbewerbspolitik, ZWeR 2006, S. 355; *P. Behrens,* Abschied vom more economic approach? in S. Bechtold/J. Jickeli/M. Rohe (Hrsg.), Recht, Ordnung und Wettbewerb, zum 70. Geburtstag von W. Möschel, 2011, S. 115ff; *J. Drexl,* Wettbewerbsverfassung, in A. von Bogdandy/J. Bast (Hrsg.), Europäisches Verfassungsrecht, 2009, S. 948.

157 Der more economic approach bei Verdrängungsmissbräuchen, S. 2.

158 Zum Ausmaß der Veränderung *D. Zimmer*, Der rechtliche Rahmen für die Implementierung moderner ökonomischer Ansätze, WuW 2007, S. 1204, der von „einer Wende von kopernikanischer Bedeutung" spricht.

159 Ebenso hat dieses Grundverständnis Eingang in sämtliche anderen Verbotsvoraussetzungen gefunden. Ein besonders deutliches Beispiel bildet das Selbständigkeitspostulat, nach dem eine abgestimmte Verhaltensweise sich nach dem Grundsatz bemisst, dass jeder Unternehmer „selbständig zu bestimmen hat, welche Politik er auf dem Gemeinsamen Markt betreiben und welche Bedingungen er seiner Kundschaft gewähren will". Grundlegend hierzu EuGH, Rs. 40/73, Suiker Unie u. a., Slg. 1975, S. 1965.

160 Vgl. mit zahlreichen Einzelnachweisen *T. Eilmansberger*, Neue Paradigmen, ZWeR 2009, S. 441 f.

161 Vgl. EuGH, Rs. C-234/89, Delimitis/Henninger Bräu, Slg. 1991, I-935, Rn. 21, wobei nur solche Beschränkungen erfasst werden, die spürbar sind und sich nachhaltig auf den Gemeinsamen Markt auswirken. Vgl. EuGH, Rs. 56/66, Société technique minière, Slg. 1966, S. 281, 303 f., dazu *I. Brinker*, in J. Schwarze (Hrsg.), EU-Kommentar, 2012, Art. 101 AEUV, Rn. 39.

Markt".[162] Ebenfalls in Entsprechung zum bisherigen Schutzverständnis ist jenes Verhalten eines marktbeherrschenden Unternehmens missbräuchlich, das geeignet ist, die Wettbewerbsstruktur und damit den Wettbewerb an sich zu beeinträchtigen.[163] In der Fusionskontrolle ist die nach Marktanteilen und anderen strukturorientierten Wettbewerbsparametern zu ermittelnde Marktbeherrschung Ausdruck des Schutzes wirksamen Wettbewerbs.[164]

Nach dieser Rechtspraxis ist der Nachweis eines Verbraucherschadens in keinem der drei Regelungsbereiche privater Wettbewerbsbeschränkungen Voraussetzung für das Vorliegen einer Wettbewerbsrechtsverletzung. Mitunter hat der Gerichtshof dies ausdrücklich festgestellt. Im Urteil zur Rechtssache *Continental Can* formulierte der Gerichtshof einen Grundsatz, der über den Bereich der Missbrauchskontrolle hinaus für das Wettbewerbsrecht in der Vergangenheit uneingeschränkte Geltung hatte: „Artikel 82 EG findet nicht nur auf Verhaltensweisen Anwendung, die einen Verbraucherschaden hervorrufen, sondern auch auf solche, die sie mittelbar dadurch benachteiligen, dass sie einen Zustand wirksamen Wettbewerbs im Sinne von Artikel 3 Absatz 1 Buchstabe g EG beeinträchtigen."[165]

Besonders deutlich zeigt sich diese *wettbewerbs*bezogene Betrachtungsweise in der Rechtsprechung zu jenen Regelbeispielen des Missbrauchs nach

162 *T. Eilmansberger*, Neue Paradigmen, ZWeR 2009, S. 445.

163 In seinem Urteil zu der Rechtssache Continental Can genügt dem Gerichtshof für die Wettbewerbsrechtsverletzung in Art. 102 die Schädigung der Struktur des Wettbewerbs, Rs. 6/72, Slg. 1973, 215, Rn. 25. An diesem Grundsatz hat der Gerichtshof bis in die Gegenwart hinein festgehalten. Vgl. zu diesem Verständnis des Urteils in jüngerer Zeit *J. Drexl*, Wettbewerbsverfassung, in A. von Bogdandy/J. Bast (Hrsg.), Europäisches Verfassungsrecht, 2009, S. 914.

164 Vgl. zu den bisherigen Maßstäben wettbewerbsrechtlicher Beurteilung in der europäischen Fusionskontrolle im Überblick *W. Kerber*, Die Fusionskontrollpraxis und die Wettbewerbskonzeption der EG, 1994. Die Reform der Fusionskontrolle hat nicht zu einer Veränderung des Schutzzwecks des Fusionskontrollrechts geführt, da der Schutzzweck für das europäische Wettbewerbsrecht auf verfassungsrechtlicher Ebene bestimmt wird und damit der Verfügungsbefugnis des Unionsgesetzgebers entzogen ist. Mit dem SIEC-Test wurde der Tatbestand der Wettbewerbsrechtsverletzung im Bereich der Fusionskontrolle indessen unter Abrücken von einem reinen Marktstrukturansatz in einer Weise verändert, die es zulässt, negativen Auswirkungen einer Fusion auf den Wettbewerb auch unterhalb der Schwelle der Marktbeherrschung Rechnung zu tragen (vgl. Erwägungsgrund 25 zu VO Nr. 129/2004. Dazu *J. Drexl*, Wettbewerbsverfassung, in A. von Bogdandy/J. Bast (Hrsg.), Europäisches Verfassungsrecht, 2009, S. 923; *U. Böge*, Reform der Europäischen Fusionskontrolle, WuW 2004, S. 138, 144). Obschon damit eine wichtige gesetzliche Grundlage für eine verstärkt auswirkungsbezogene Betrachtungsweise geschaffen wurde, bedarf es keines Nachweises verbraucherschädigender Auswirkungen einer Fusion.

165 EuGH, Rs. 6/72, Continental Can, Slg. 1973, 215, Rn. 26; EuGH, Rs. 85/76 Hoffmann-La Roche, Slg. 1979, 461, Rn. 125.

Art. 102 Abs. 2 AEUV, in denen ein Verbraucherschaden im Normtext ausdrücklich verankert ist. Art. 102 Abs. 2 lit. b AEUV etwa sanktioniert die „Einschränkung der Erzeugung, des Absatzes oder der technischen Entwicklung zum Schaden der Verbraucher".[166] Selbst in diesem Fall hat der Gerichtshof das Vorliegen eines Verbraucherschadens darin gesehen, dass es die Maßnahmen des marktbeherrschenden Unternehmens – in diesem Fall ging es um die Rabattpolitik des Unternehmens – „seinen Wettbewerbern ohne objektive wirtschaftliche Rechtfertigung erschweren oder unmöglich machen, ihm Konkurrenz zu machen".[167] Auch dann, wenn eine Schädigung des Verbrauchers ausdrücklich in den Tatbestand einer Wettbewerbsrechtsverletzung einbezogen ist, so lässt sich diese Entscheidung verstehen, verlangt der Gerichtshof nur eine Einschränkung des wirksamen Wettbewerbs.[168]

Gewisse Vergleichspunkte zum more economic approach bestehen aber dennoch im geltenden Recht. Ausnahmsweise ist auch nach bisheriger Praxis ein marktergebnisbezogenes Verständnis der Wettbewerbsrechtsverletzung geboten. Nach Art. 101 Abs. 3 AEUV tritt etwa der Schutz des wirksamen Wettbewerbs hinter bestimmte, durch die Vereinbarung erzeugte Marktergebnisse zurück.[169] Ebenso bestimmt sich die Wettbewerbsrechtsverletzung im Rahmen des Ausbeutungsmissbrauchs nach dem Marktergebnis.[170] Abgesehen von derartigen, in ihrem Anwendungsbereich begrenzten Ausnahmefällen stellt bereits die Schädigung des Wettbewerbs in der einen oder anderen Ein-

166 In der Regel stellt sich diese Frage nicht, da nach st. Rspr. Rabatte und Prämien marktbeherrschender Unternehmen selbst dann gegen Artikel 102 verstoßen können, wenn sie keines der dort in Absatz 2 genannten Regelbeispiele erfüllen, vgl. nur EuGH, Rs. 85/76, Hoffmann-La Roche, Slg. 1979, 461, Rn. 91 und EuGH, Rs. 322/81, Michelin I, Slg. 1983, 3461, Rn. 70, in denen der Gerichtshof die Ausschlusswirkung von Rabatten am Maßstab des Art. 102 ganz allgemein prüft, ohne auf die einschlägigen Regelbeispiele einzugehen. In Einzelfällen hat der Gerichtshof aber diese Linie verlassen und maßgeblich auf die Regelbeispiele abgestellt, EuGH, Rs. 40/73, Suiker Unie u.a., Slg. 1975, 1663, Rn. 517ff, 526.

167 Vgl. in diesem Sinne das Urteil des EuGH, in der Rs. 40/73, Suiker Unie u. a., Slg. 1975, 1663, Rn. 526, das für die Einschränkung des Absatzes zum Schaden der Verbraucher i. S. d. Art.102 b durch ein Rabattsystem darauf abstellt, ob es geeignet ist „anderen Herstellern, und namentlich in anderen Mitgliedstaaten ansässigen Herstellern, die Möglichkeit abschnitt oder verkürzte, [dem marktbeherrschenden Unternehmen] beim Absatz [seines Produkts] Konkurrenz zu machen".

168 Dieses Beispiel bei GA' in *J. Kokott*, Schlussanträge in der Rs. C-95/04 P, British Airways, Slg. 2007, I-2331, Rn. 35, Fn. 32.

169 Allerdings auch nur dann, wenn ein Mindestmaß an verbleibendem Wettbewerb gewahrt ist, Art. 101 Abs. 3; dazu *T. Eilmansberger*, Neue Paradigmen, ZWeR 2009, S. 439 und *D. Zimmer*, Der rechtliche Rahmen für die Implementierung moderner ökonomischer Ansätze, WuW 2007, S. 1202.

170 Vgl. hierzu im Einzelnen *I. Brinker*, in J. Schwarze (Hrsg.), EU-Kommentar, Art. 102, Rn. 21.

zelausbildung die tatbestandliche Voraussetzung für das Eingreifen der Wettbewerbsregeln dar.

Neben der Verengung des Tatbestandes auf die Beeinträchtigung der Verbraucherwohlfahrt enthält der effects-based approach als zweites wesentliches Element des gegenwärtigen Normverständnisses der Kommission prinzipienhafte Aussagen über die Wettbewerbsparameter, an denen die Beeinträchtigung der Verbraucherwohlfahrt festzustellen ist: Der Auswirkungsansatz der Kommission ist so zu verstehen, dass überwiegend oder ausschließlich solche Aspekte des tatsächlichen Geschehens für die wettbewerbsrechtliche Beurteilung einer unternehmerischen Verhaltensweise herangezogen werden, die dessen Marktwirkungen abbilden. Hierin liegt ein Aspekt der Ökonomisierung der Rechtsdurchsetzung, welcher sich von der bisherigen wettbewerbsrechtlichen Praxis besonders deutlich abhebt.[171] Sowohl im Anwendungsbereich von Kartell- und Missbrauchsverbot als auch im Fusionskontrollrecht waren die Rechtsprechungsgrundsätze wettbewerbsrechtlicher Beurteilung so formuliert, dass die wettbewerbliche Analyse sich auf Inhalt und Form des Marktverhaltens bzw. auf die Struktur beschränken konnte, um eine Wettbewerbsverletzung nachzuweisen. Besonders deutlich kommen die Unterschiede zwischen verhaltens- und strukturorientierten Betrachtungsweisen einerseits und der Betrachtung marktwirkungsbezogener Wettbewerbsparameter andererseits in den Ausführungen der EAGCP im Gutachten zur Ökonomisierung der Missbrauchskontrolle zum Ausdruck: „The discussion and management of Article 82 cases“, so die Feststellung der Beratergruppe im Hinblick auf die bisherige Praxis, „are often organized by categories of conduct, such as predatory pricing, discrimination, fidelity rebates or tying. (...) An economics-based approach to the application of article 82 implies that the assessment of each specific case will not be undertaken on the basis of the form that a particular business practice takes (for example, exclusive dealing, tying etc.) but rather will be based on the assessment of the anti-competitive effects generated by business behaviour.“[172]

Eine weitere wettbewerbsrechtliche Implikation des effects-based approach ist auf der Ebene der Rechtfertigung von Wettbewerbsbeschränkungen angesiedelt. Entsprechend dem Leitgedanken des Schutzes der Verbraucherwohl-

171 Vgl. hierzu *J. Drexl*, Wettbewerbsverfassung, in A. von Bogdandy/J. Bast (Hrsg.), Europäisches Verfassungsrecht, 2009, S. 920, der von einem echten Paradigmenwechsel spricht.

172 *EAGCP* Gutachten, S. 3. Vgl. allg. zum Einfluss des Gutachtens auf die Leitlinien der Kommission *U. Immenga/E.-J. Mestmäcker*, in dies. (Hrsg.), Europäisches Kartellrecht, 2012, Einl., D. Der „stärker wirtschaftliche Ansatz“ in der Leitlinienpolitik der Kommission, Rn. 14.

fahrt im Wege einer marktergebnisbezogenen Betrachtungsweise zeigt die Kommission eine besondere wettbewerbspolitische Bereitschaft zur Berücksichtigung ökonomischer Effizienzen bei der wettbewerbsrechtlichen Bewertung wettbewerbsrelevanter Handlungen.[173] Dies äußert sich in einem Normverständnis, wonach das Vorliegen überwiegend verbraucherwohlfahrtsfördernder Effizienzen ambivalenter unternehmerischer Verhaltensweisen im Rahmen einer Effizienzeinrede zur Zulässigkeit des eigentlich wettbewerbsrechtswidrigen Verhaltens führe.[174] Unternehmen sollen sich in Zukunft mit dem Einwand verteidigen können, dass ihr Verhalten auf der einen Seite ökonomische Effizienzen zugunsten der Verbraucher erzeugt, die die wohlfahrtsschädigende Wirkung auf der anderen Seite überwiegen, zumindest aber ausgleichen.[175]

Auch dieses Verständnis verlässt den Boden der bisherigen Praxis, in der wettbewerbsfördernde Verhaltensweisen lediglich im Anwendungsbereich des Kartellverbotes nach Art. 101 Abs. 3 Berücksichtigung fanden.[176] Während dies in der Missbrauchskontrolle insoweit konsequent ist, als eine dem Art. 101 Abs. 3 vergleichbare Freistellung in der Normstruktur der Missbrauchskontrolle nicht angelegt ist,[177] wurde der – wenn auch begrenzte – rechtliche Rahmen zur Berücksichtigung ökonomischer Effizienzen bereits nach damaligem Fusionskontrollrecht – entsprechend dem bisherigen Wettbewerbsverständnis – jedenfalls nicht ausgeschöpft.[178] Mit der Überarbeitung des Fusi-

173 Hierzu *D. Schmidtchen*, Effizienz als Leitbild der Wettbewerbspolitik: Für einen „more economic approach", in P. Oberbender (Hrsg.), Effizienz und Wettbewerb, 2005, S. 9; *J. Basedow*, Konsumentenwohlfahrt und Effizienz – Neue Leitbilder der Wettbewerbspolitik, WuW 2007, S. 712 ff.

174 Vgl. zur Bedeutung ökonomischer Effizienzen im more economic approach *P. Oberbender* (Hrsg.), Effizienz und Wettbewerb, 2005, sowie zu den denkbaren Erscheinungsformen der Effizienz *F. Montag*, Effizienz und Wettbewerb in der rechtlichen Praxis, in diesem Band, S. 109 f.

175 Vgl. nur *EAGCP* Gutachten, „competition authorities will need to identify a competitive harm, and assess the extent to which such a negative effect on consumers is potentially outweighed by efficiency gains", S. 3.

176 Vgl. zur bisherigen Rechtspraxis nach Art. 101 Abs. 3 *W. Kerber*, Wettbewerbskonzeption, in H. Gröner (Hrsg.), Die europäische Integration als ordnungspolitische Aufgabe, 1993, S. 298 ff.

177 Vgl. *E. Rousseva*, Objective Justification and Art. 82 EC in the Area of Modernisation, in G. Amato/C.-D. Ehlermann (Hrsg.), EC-Competition Law – A critical assessment, 2007, S. 377-437, die die Frage untersucht (und verneint), ob eine Effizienzeinrede im Rahmen der Grundsätze der objektiven Rechtfertigung in Art. 102 einbezogen werden kann.

178 Vgl. Art. 2 Abs. 1 b der alten und neuen FKVO, nach dem die Kommission auch „die Entwicklung des technischen und wirtschaftlichen Fortschritts, sofern diese dem Verbraucher dient und den Wettbewerb nicht behindert", berücksichtigen kann – allerdings nur im Rahmen der Feststellung einer beherrschenden Stellung, so dass

onskontrollrechts haben sich die rechtlichen Voraussetzungen, unter denen die Kommission ihre Politik einer verstärkten Effizienzberücksichtigung verfolgt, nicht unerheblich verändert. Während sich dem bindenden Teil der neuen Verordnung keine Aussagen zu einer erweiterten wettbewerbsrechtlichen Berücksichtigung ökonomischer Effizienzen entnehmen lassen,[179] enthalten die Erwägungsgründe heute einen Hinweis auf die Bedeutung wettbewerblicher Effizienzen, welcher im Wesentlichen den wettbewerbspolitischen Vorstellungen der Kommission entspricht.[180]

Der neue Ansatz zur verstärkten Berücksichtigung ökonomischer Effizienzen rückt auch insofern in prinzipieller Weise von dem bisherigen wettbewerbsrechtlichen Verständnis ab, als die Kommission – entsprechend der Verengung des Schutzzwecks auf die Verbraucherwohlfahrt – offenbar andere als Effizienzgründe nicht anerkennen möchte.[181] Dies steht im Kontrast zur bisherigen Praxis, die eine Vielzahl von Freistellungsgründen kannte.[182] Insgesamt geht die Kommission von einem Verständnis von der zukünftigen Bedeutung von Effizienzen aus, demzufolge bei wettbewerblich ambivalenten Verhaltensweisen bereichsübergreifend eine bilanzmäßige Verrechnung von

eine Abwägung von technischem Fortschritt und wirksamem Wettbewerb nicht möglich war; diese Auffassung bei *W. Kerber,* Wettbewerbskonzeption, in H. Gröner (Hrsg.), Die europäische Integration als ordnungspolitische Aufgabe, 1993, S. 293 mNz. Gegenmeinung. Vgl. zum untergeordneten Stellenwert von Effizienzen in der bisherigen Praxis der Fusionskontrolle und zum rechtlichen Rahmen ihrer Berücksichtigung *F. Montag*, Effizienz und Wettbewerb in der rechtlichen Praxis am Beispiel der europäischen Fusionskontrolle, in P. Oberbender (Hrsg.), Effizienz und Wettbewerb, 2005, S. 98 ff.

179 Insofern bleibt es dabei, dass nach Art. 2 Abs. 1 b FKVO der „Entwicklung des technischen und wirtschaftlichen Fortschritts, sofern diese dem Verbraucher dient und den Wettbewerb nicht behindert", bei der rechtlichen Bewertung des Zusammenschlusses Rechnung getragen werden kann.

180 Erwägungsgrund 27, VO (EG) 139/2004.

181 Diese Einschätzung auch bei *J. Schwarze/A. Weitbrecht*, Grundzüge des europäischen Kartellverfahrensrechts, 2004, S. 37; vgl. auch *N. Petit*, The Guidelines on the Application of Art. 81 III EC – A Critical Review, IEJE Working Paper No. 4/2009, S. 6 f.

182 Vgl. *G. Monti,* Art. 81 EC and Public Policy, CMLRev 2002, S. 1057. *D. Zimmer*, Der rechtliche Rahmen für die Implementierung moderner ökonomischer Ansätze, WuW 2007, S. 1201 f., nennt z. B. den Erhalt von Arbeitsplätzen, EuGH, Rs. 26/76, Metro, Slg. 1977, 1875; die Förderung von Infrastruktur und Beschäftigung KomE 23.12.1992, Abl. EG Nr. L 20/14, - Ford/Volkswagen; den Schutz der Umwelt KomE 13.12.1974, ABl. EG 1975 Nr. L 29/1, 7 – Bayerische Motorenwerke; die Sicherung der Energieversorgung KomE vom 21.2.1994, ABl. EG 1994 Nr. L 68/35, 37f; sowie die Verbesserung der Verkehrssicherheit KomE vom 16.12.1994, ABl. EG 1994 Nr. L 354/87, 92 – Asahi/Saint Gobain.

verbraucherschädigenden und -fördernden Wirkungen den Ausschlag für das Eingreifen der Wettbewerbsregeln gibt.[183]

2. Wettbewerbsrechtliche Berücksichtigung tatsächlicher wettbewerblicher Wirkungen von Fall zu Fall als Leitgedanke eines administrativen Konzepts der Rechtsanwendung

Die Neuausrichtung der wettbewerbsrechtlichen Beurteilungsmaßstäbe nach dem effects-based approach geht einher mit einer weit reichenden Änderung jener Grundsätze, nach denen sich bisher die Ermittlung der Voraussetzung der Wettbewerbsrechtsverletzung im konkreten Fall richtete.[184] Der Ansatz, den die Kommission auf der Ebene der Rechtsanwendung verfolgt, ist darauf gerichtet, die konkreten verbraucherwohlfahrtsschädigenden Auswirkungen des jeweiligen unternehmerischen Verhaltens auf der Grundlage einer ökonomischen Marktergebnisanalyse, unter Einsatz von Methoden der quantitativen Ökonomie, von Fall zu Fall festzustellen. Sie spricht in diesem Zusammenhang von einer „sound economic analyses grounded on facts and empirical evidence".[185] Die Kommission stellt ihre neue Programmatik der Normanwendung einer „per-se-Regel-basierten" bisherigen Praxis der Rechtsanwendung gegenüber, die aus ihrer Sicht wettbewerbsrelevante Verhaltensweisen im Ausgangspunkt nach einer nach formalen Kriterien typisierenden Betrachtungsweise auf der Grundlage von allgemeinen ökonomischen Erfahrungssät-

183 Vgl. hierzu *U. Immenga/E.-J. Mestmäcker*, in dies. (Hrsg.), Europäisches Kartellrecht, 2012, Einl., D. Der „stärker wirtschaftliche Ansatz" in der Leitlinienpolitik der Kommission, Rn. 14.

184 Vgl. zur Ökonomisierung des Wettbewerbsrechts als Antwort auf ein Problem der Rechtsanwendung, *J. Drexl*, Wettbewerbsverfassung, in A. von Bogdandy/J. Bast (Hrsg.), Europäisches Verfassungsrecht, 2009, S. 918. Auf verwaltungsorganisatorischer Ebene kommt die verstärkte ökonomische Betrachtung etwa in der Einrichtung des Amtes eines Chefökonomen und der Auflösung der Merger Task Force zum Ausdruck, dazu *P. Lowe*, The Design of Competition Policy Institutions for the 21st Century – the Experience of the European Commission and DG Competition, CPN 2008; vgl. zur Funktion der EAGCP, *L.-H. Röller/P. A. Buigues* The Office of the Chief Competition Economist at the European Commission, 2005, abrufbar unter http://ec.europa.eu/dgs/competition/economist/officechiefecon_ec.pdf, S. 1.

185 Die Kommission selbst spricht in diesem Zusammenhang von einer „sound economic analyses grounded on facts and empirical evidence"; vgl. etwa die Rede von *M. Monti*, EU Competition Policy after May 2004, Fordham Corporate Law Institute, New York, 24. Oktober 2003, sowie das Gutachten der *EAGCP*, S. 13.

zen danach beurteilt, ob sie mit einer gewissen Wahrscheinlichkeit wettbewerbsschädigende Wirkungen verursachen.[186]

In der Sache weicht die wettbewerbspolitische Programmatik ökonomisierter Rechtsanwendung einerseits tatsächlich erheblich von den Grundsätzen ab, nach denen in der Vergangenheit die Voraussetzungen der Wettbewerbsverletzung im Einzelfall ermittelt wurden. Andererseits wird die Gegenüberstellung von per-se-Regel-basierter Rechtsanwendung in der Vergangenheit und „sound economic analyses grounded on facts and empirical evidence" im neuen Entwurf der Kommission der bisherigen Rechtspraxis nicht gerecht. Auch bislang standen solche Maßstäbe für die Ermittlung der Wettbewerbsrechtsverletzung zur Verfügung, die die jeweilige unternehmerische Verhaltensweise einer mitunter weit reichenden ökonomischen Analyse unterzogen. Die tatsächlichen Veränderungen, die mit dem more economic approach auf der Ebene der Rechtsanwendung einhergehen, werden erst bei einem Vergleich der bisherigen ökonomischen Analyse mit der ökonomischen Betrachtungsweise der Kommission heute sichtbar.

a) Nachweis der Wettbewerbsbeschränkung durch Feststellung der konkreten Marktwirkungen

Den Nachweis der wettbewerbsschädigenden Wirkung einer unternehmerischen Verhaltensweise auf der Grundlage verhaltens- und strukturbezogener Wettbewerbsparameter bewerkstelligte die bisherige Rechtspraxis im Ausgangspunkt auf der Grundlage mitunter weit reichender Vermutungsregeln nach Art einer per-se-Regel-basierten Rechtsanwendung.[187] Ein gutes Beispiel für diese grundlegende Regelungstechnik sind die Rechtsprechungsgrundsätze zur Fallgruppe der missbräuchlichen Rabatt- oder Prämiengewährung durch marktbeherrschende Unternehmen. Entsprechend den Grundsätzen der bishe-

186 *L.-H. Röller*, Der ökonomische Ansatz in der europäischen Wettbewerbspolitik, in Monopolkommission (Hrsg.), Zukunftsperspektiven der Wettbewerbspolitik, 2005, S. 37, 41 ff.; Gutachten der *EAGCP*, S. 5 f. Vgl. zu den Arten der Vermutungsregeln *T. Eilmansberger*, Neue Paradigmen, ZWeR 2009, S. 445, sowie *M. Dreher/M. Adam*, The more economic approach to Art. 82 and the legal process, ZWeR 2006, 268.

187 Zur Praxis der per-se-Regelanwendung in der Fallgruppe der missbräuchlichen Rabattpolitik marktbeherrschender Unternehmen anhand zahlreicher Rechtsprechungsbeispiele *D. Waelbroeck*, Michelin II: A Per Se Rule against Rebates By Dominant Companies? JCLE 2005, S. 149 ff. Vgl. zum Einsatz von per-se-Regeln im Anwendungsbereich des Kartellverbots *T. Eilmansberger*, Neue Paradigmen, ZWeR 2009, S. 445.

rigen Rechtspraxis verlangte die Rechtsprechung für den Nachweis der Missbräuchlichkeit lediglich, dass die Rabattgewährung *geeignet* ist, den Wettbewerb zu schädigen.[188] Ob eine derartige Vereinbarung zwischen dem Marktbeherrscher und seinem Vertragspartner diese Eignung aufwies, bestimmte sich entsprechend der traditionellen formalistischen Betrachtungsweise in erster Linie nach den Kriterien und Modalitäten für die Gewährung des jeweiligen Rabatts oder der jeweiligen Prämie.[189] In Anwendung dieser Grundsätze unterschied der Gerichtshof nach wettbewerbsrechtlich unbedenklichen Mengenrabatten und sogenannten Treuerabatten, die in der Regel die Eignung der Beeinträchtigung des Wettbewerbs in sich tragen. Denn, im „Unterschied zu Mengenrabatten, die ausschließlich an den Umfang der bei dem betroffenen Hersteller getätigten Käufe anknüpfen, dient der Treuerabatt dazu, die Kunden auf dem Wege über die Gewährung eines finanziellen Vorteils vom Bezug bei konkurrierenden Herstellern abzuhalten".[190] In dem hier angelegten Maßstab zeigt sich besonders deutlich das Wesen der bisherigen Ermittlung der Voraussetzungen der Wettbewerbsrechtsverletzung im Einzelfall, welches darin liegt, die jeweilige unternehmerische Verhaltensweise auf die von der Rechtsprechung benannten formalen Kriterien und Modalitäten hin zu untersuchen, bei deren Vorliegen die Vermutung der Wettbewerbsbeeinträchtigung eingreift.

Nach der ökonomischen Betrachtungsweise der Kommission reicht diese Art der Analyse des Einzelfalls nicht aus. Die ökonomisierte Betrachtung ist darauf gerichtet, die Wettbewerbsschädlichkeit eines unternehmerischen Verhaltens als Voraussetzung für den Nachweis einer Wettbewerbsrechtsverletzung von Fall zu Fall anhand ihrer konkreten Auswirkungen auf den Markt ökonomisch zu verifizieren.[191] Diesem Verständnis der Rechtsanwendung

188 Vgl. zu den Rechtsprechungsgrundsätzen in dieser Fallgruppe GA' in *J. Kokott*, Schlussanträge in der Rs. C-95/04 P, British Airways, Slg. 2007, I-2331, Rn. 46 ff.

189 Vgl. EuGH, Rs. 322/81, Michelin I, Slg. 1983, 3461, Rn. 73.

190 EuGH, Rs. 85/76, Hoffmann-La Roche, Slg. 1979, S. 461, Rn. 90.

191 Vgl. die Mitteilung der Kommission zu Art. 82 im Hinblick auf die Beurteilung verbraucherschädigender Marktverschließung, Rn. 21: „Für *jeden einzelnen Fall* (H.d.V.) nimmt die Kommission eine Analyse der in Randnummer 20 genannten allgemeinen Faktoren vor". Vgl. auch das *EAGCP*-Gutachten, S. 8 f., 13. Besonders prägnant formuliert *J. Drexl*, Wettbewerbsverfassung, in A. von Bogdandy/J. Bast (Hrsg.), Europäisches Verfassungsrecht, 2009, S. 933: „Der more economic approach reduziert das Kartellrecht auf den einen Tatbestand der Wettbewerbsbeschränkung, der im konkreten Fall über die Ermittlung der ökonomischen Auswirkungen des zu beurteilenden Verhaltens zu konkretisieren ist." Neben dem Leitgedanken verstärkter Einzelfallanalyse verfolgt die Kommission einen ergänzenden Ansatz, nach dem weniger komplexe Sachverhalte von safe-harbour-Regeln erfasst werden sollen, vgl. *M. Albers*, Der more economic approach bei Verdrängungsmissbräuchen, S. 4 und *L.-H. Röller*, Der ökonomische Ansatz in der europäischen Wettbe-

liegt ein systematischer Verzicht auf den Einsatz von nach formalen Kriterien einer Verhaltensweise formulierten Vermutungsregeln hinsichtlich der wettbewerbsschädigenden Wirkung eines unternehmerischen Verhaltens zugrunde.[192] Dieser Ansatz zielt mithin nicht in erster Linie auf die Überarbeitung und Ausdifferenzierung der bisher bestehenden Vermutungsregeln auf der Grundlage vertiefter industrieökonomischer Einsichten.[193] Damit liegt dem wirtschaftlichen Ansatz der Sache nach – und ohne dass die Kommission selbst dies ausdrücklich benennt – die Ermittlung des Vorliegens einer Wettbewerbsrechtsverletzung nach Art einer rule of reason zugrunde.[194]

Ein strenger Gegensatz von *ökonomischer* und *legalistischer* Betrachtungsweise, wie ihn die wettbewerbspolitischen Ausführungen der Kommission bisweilen nahelegen, besteht zwischen der bisherigen Praxis und der gegenwärtigen Programmatik der Kommission indes nicht: Zwar bestehen sowohl im Bereich des Kartellverbotes[195] als auch in der Missbrauchskontrol-

werbspolitik, in Monopolkommission (Hrsg.), Zukunftsperspektiven der Wettbewerbspolitik, 2005, S. 37 f.

192 Die Kommission selbst spricht in diesem Zusammenhang von einer „sound economic analyses grounded on facts and empirical evidence"; vgl. etwa die Rede von *M. Monti*, EU Competition Policy after May 2004, Fordham Corporate Law Institute, New York, 24. Oktober 2003 sowie das Gutachten der *EAGCP*, S. 13.

193 Vgl. *W. Kerber/A. Christiansen*, Competition Policy with Optimally Differentiated Rules instead of Per se Rules vs. Rule of Reason', JCLE 2006, S. 215 ff., und *D. Evans/J. Padilla*, Excessive prices using economics to define administrable legal rules, JCLE 2005, S. 97 ff. Diese Ansätze schließen sich aber nicht aus. Ein praktisch bedeutsames Beispiel für eine verstärkte Einbeziehung jüngerer wirtschaftswissenschaftlicher Erkenntnisse auf der Ebene der wettbewerbsrechtlichen Maßstäbe selbst ist die Reform des Gruppenfreistellungsrechts, vgl. F.I.3.b), in der differenzierte Maßstäbe bereits auf der Ebene der Rechtssetzung in Gestalt von Verordnungen Eingang finden.

194 Hier spricht das Gutachten der Beratergruppe der Kommission einmal mehr eine deutliche Sprache: "An economics-based approach will naturally lend itself to a *rule of reason* approach to competition policy, since careful consideration of the specifics of each case is needed, and this is likely to be especially difficult under *per se* rules", S. 3. Vgl. ebenso zur „Durchsetzung der rule of reason *im Gewand* des more economic approach" *T. Körber*, Parallelhandel mit Medikamenten, ZWeR 2007, S. 526 f.

195 Vgl. etwa EuGH, Rs. 246/86, Belasco, Slg. 1989, 2117, Rn. 12; EuGH, Rs. 71/74, Frubo, Slg. 1975, 563, Rn. 37f; EuGH, Rs. T-66/92, Herlitz, Slg. 1994, II-531, Rn. 29. EuGH, Rs. 19/77, Miller, Slg. 1978, 131, Rn. 6 f.; EuGH, Rs. C-277/87, Sandoz, Slg. 1990, I-45, Rn. 13; EuG, Rs. T-77/92, Parker Pen, Slg. 1994, II-549, Rn. 55. EuG, verb. Rs. T-25/95, T-26/95, T-30/95 bis T-32/95, T-34/95 bis T-39/95, T-42/95 bis T-46/95, T-48/95, T-50/95 bis T-65/95, T-68/95 bis T-71/95, T-87/95, T-88/95, T-103/95 und T-104/95, Zement, Slg. 2000, II-491, Rn. 1085-1088; und die Ausführungen des GA *L. A. Geelhoed*, Schlussanträge in der Rs. C-407/04 P, Dalmine SpA, Slg. 2007, I-829, Rn. 133 f.

le[196] Fallgruppen, in denen die Rechtsprechung bisher jeden Gegenbeweis zur Rechtfertigung einer als wettbewerbsschädigend vermuteten Verhaltensweise regelmäßig abgelehnt hat; zudem sind die Gerichte in der Vergangenheit einer rule of reason im Wettbewerbsrecht – jedenfalls nominell – mit großer Konsequenz entgegengetreten.[197] Insbesondere in der jüngeren Vergangenheit lässt sich aber in zahlreichen Fallgruppen ebenso deutlich die Bereitschaft der Gerichte erkennen, solche Maßstäbe administrativer Rechtsanwendung an den Einzelfall anzulegen, die eine hinreichende Berücksichtigung der ökonomischen Besonderheiten des konkreten Sachverhalts ermöglichen.[198]

196 Zum einen betrifft dies die ausschließliche Bezugsverpflichtung, die ein marktbeherrschendes Unternehmen seinen Abnehmern auferlegt, unabhängig davon, ob die Verpflichtung an eine Gegenleistung geknüpft ist, EuGH, Rs. 85/76, Hoffmann-La Roche, Slg. 1979, S. 461, Rn. 89. Ebenso galt dies für Treuerabatte, die nach Ansicht des Gerichtshofes die Abnehmer durch die Gewährung finanzieller Vorteile davon abhalten, Leistungen eines Mitbewerbers zu beziehen, EuGH, verb. Rs. 40/73 bis 48/73, 50/73, 54/73 bis 56/73, 111/73, 113/73 und 114/73, Suiker Unie u. a., Slg. 1975, 1663; EuGH, Rs. C-322/81, Michelin, Slg. 1983, 3461, Rn. 71. Ebenfalls nicht zu rechtfertigen sind nach Ansicht des Gerichtshofes Verdrängungspreise, soweit sie unter den durchschnittlichen variablen Kosten liegen. EuGH, Rs. C-62/86, AKZO, Slg. 1991, I-3359, Rn. 71, EuGH, Rs. C-333/94 P, Tetra Pak/Kommission, Slg. 1996, I-5951, Rn. 41. Wobei der Gerichtshof hier die Missbräuchlichkeit nicht an die Vermutung der wettbewerbsschädigenden Wirkung, sondern an die Absicht des Unternehmens knüpft, den Wettbewerber zu verdrängen, für deren Nachweis er die Feststellung unterschwelliger Preise ausreichen lässt. Vgl. zu diesen Beispielen GA *D. Colomer*, Schlussanträge in den verb. Rs. C-468/06 bis C-478/06, Lélos, Slg. 2008, I-7139, Rn. 56 ff.

197 EuG, verb. Rs. T-374/94, T-375/94, T-384/94 und T-388/94, European Night Services u. a./Kommission, Slg. 1998, II-3141, Rn. 136; EuGH, Rs. C-393/93, Oude Luttikhuis u. a., Slg. 1995, I-4515, Rn. 10; EuGH, Rs. C-258/78, Nungesser u.a., Slg. 1982, S. 2015; EuGH, Rs. 161/84, Pronuptia, Slg. 1986, 353, Rn. 24, EuGH, Rs. C-234/89, Delimitis, Slg. 1991, I-935, Rn. 31; EuGH, Rs. C-250/92, DLG, Slg. 1994, I-5641, Rn. 31-35, vgl. hierzu *E. Gippini-Fournier*, in U. Loewenheim/K. M. Meessen/A. Riesenkampff (Hrsg.), Kartellrecht, Bd. 1, 2005, S. 48.

198 Vgl. zur frühen Tendenz des Gerichtshofs, insbesondere gegenüber komplexen Sachverhalten eine sorgfältige wirtschaftliche Analyse der Kommission zu verlangen, *U. Everling*, Wettbewerbskonzeption, in ders. (Hrsg.), Unterwegs zur Europäischen Union, 2001, S. 220 ff. Vgl. zu den Grenzen, die der Gerichtshof der Kommission bei der Abstraktion von den wirtschaftlichen Besonderheiten des Einzelfalles im Wettbewerbsrecht schon früh aus prinzipiellen Gründen gezogen hat, *J. Schwarze,* Abstraktion, S. 81 ff.

Sowohl im Rahmen des eigentlichen Kartellverbotes[199] als auch in der Missbrauchskontrolle[200] konnte in der Vergangenheit die Vermutung der Wettbewerbswidrigkeit einer Verhaltensweise auf dem Boden einer nach formalen Kriterien typisierten Betrachtungsweise um eine detaillierte *Analyse des wirtschaftlichen und rechtlichen Kontexts* des betreffenden Marktverhaltens ergänzt werden, wenn Anhaltspunkte dafür bestanden, dass der Erfahrungssatz im konkreten Fall nicht einschlägig, jedenfalls aber die Wettbewerbsschädlichkeit des Verhaltens nicht ohne weiteres vermutet werden kann. Darüber hinaus standen schon in der Vergangenheit mit der Freistellungsregelung nach Art. 101 Abs. 3 AEUV und den Grundsätzen der objektiven Rechtfertigung nach Art. 102 AEUV Maßstäbe zur Verfügung, nach denen ein an sich wettbewerbsrechtsverletzendes Verhalten angesichts ambivalenter Auswirkungen oder aus sonstigen besonderen Gründen von den Verbotsregeln ausgenommen werden konnte.[201] Auch auf dem Feld der Unternehmenszusammenschlüsse haben sich zuletzt solche wettbewerbsrechtlichen Maßstäbe durchgesetzt, die

199 Vgl. für eine Abwägung wettbewerbsfördernder und –schädigender Auswirkungen gegenüber vertikalen Vereinbarungen im Anwendungsbereich des Art. 101 Abs. 1 EuGH, Rs. 26/76, Metro I, Slg. 1977, 1875, Rn. 21; EuGH, Rs. 107/82, AEG, Slg. 1983, 3151, Rn. 42 sowie EuG, Rs. T-61/89, Dansk Pelsdyravlerforening, Slg. 1992, II-1931, Rn. 7; EuGH, Rs. C-161/84, Pronuptia, Slg. 1986, 353, 381 ff.; C-258/78, Nungesser, Slg. 1982, 2015, 2069 f., sowie gegenüber horizontalen Vereinbarungen EuGH, Rs. C-250/92, Gøttrup-Klim, Slg. 1994, I-5641, Rn. 32. *E. Gippini-Fournier* in U. Loewenheim/K. M. Meessen/A. Riesenkampff (Hrsg.), Kartellrecht, Bd. 1, 2005, S. 48.

200 Vgl. etwa EuGH, Rs. C-322/81, Michelin, Slg. 1983, 3461, Rn. 73, sowie die Ausführungen des GA *D. Colomer*, Schlussanträge in den verb. Rs. C-468/06 bis C-478/06, Lélos, Slg. 2008, I-7139, Rn. 56 ff. Weitere Beispiele für den Bedarf sorgfältiger ökonomischer Analyse im Anwendungsbereich der Missbrauchskontrolle bei *T. Eilmansberger*, Neue Paradigmen? ZWeR 2009, S. 462 ff.

201 Vgl. zur bisherigen Berücksichtigung ökonomischer Effizienzen im Rahmen des Art. 101 Abs. 3 *R. Ellger*, in U. Immenga/E.-J. Mestmäcker (Hrsg.), Europäisches Kartellrecht 2012, Art. 101 Abs. 3 AEUV, Rn. 128ff, mRsprN im Einzelnen. Heute wird die bisherige Haltung der Gerichte allerdings so beschrieben, dass – entsprechend der geringen Bedeutung ökonomischer Effizienzerwägungen in der Wettbewerbskonzeption der Rechtsprechung - hauptsächlich außerwettbewerbliche Aspekte den eigentlichen Hintergrund der Regelung bildeten, vgl. *E. Gippini-Fournier*, in U. Loewenheim/K. M. Meessen/A. Riesenkampff (Hrsg.), Kartellrecht, Bd. 1, 2005, S. 43. Vgl. zu Art. 102: *P.-J. Loewenthal*, The Defence of ‚Objective Justification' in the Application of Article 82 EC, World Competition 2005, S. 470 ff. sowie *E. Rousseva*, Objective Justification and Art. 82 EC in the Area of Modernisation, in G. Amato/C.-D. Ehlermann (Hrsg.), EC-Competition Law – A critical assessment, 2007, S. 377 ff.

eine detaillierte Analyse des wirtschaftlichen und rechtlichen Kontexts einer Fusion zur notwendigen Grundlage der Kommissionsentscheidung machen.[202]

Trotz dieser mitunter weit reichenden Einbeziehung wettbewerbsökonomischer Erwägungen zur Bewertung des Einzelfalls kann die ökonomische Betrachtungsweise der Kommission nicht als vorweggenommener Endpunkt einer Tendenz zur verstärkten ökonomischen Betrachtungsweise im Wettbewerbsrecht gesehen werden, die bereits in der Vergangenheit in der Rechtsprechung ihren Ausgang genommen hat: Die genannten Aspekte ökonomischer Analyse der bisherigen Praxis stehen mit dem heutigen Ansatz nur scheinbar in Kontinuität.

In der Vergangenheit waren die Bezugspunkte der ökonomischen Analyse des Einzelfalles – gemäß einer Schutzkonzeption, in deren Mittelpunkt die Funktionsbedingungen des Wettbewerbs stehen – im Wesentlichen solche Parameter, die Aspekte von Wettbewerbsstruktur und -prozess abbildeten, ganz im Sinne der von der Kommission heute als unzeitgemäß bezeichneten form- und strukturbezogenen Betrachtungsweise. Die Gerichte verlangten von der Kommission auch bei sorgfältiger Untersuchung des wirtschaftlichen Kontexts jedenfalls nicht den Nachweis tatsächlicher Schäden, die sich aus der Unternehmenshandlung für den Wettbewerb ergeben.[203] Demgegenüber bilden im Zuge der auswirkungsbezogenen Auslegung der Wettbewerbsregeln unter besonderer Berücksichtigung des Verbraucherschadens und der ökonomischen Effizienzen nach den Vorstellungen der Kommission in Zukunft solche Wettbewerbsparameter die Bezugsgröße der Einzelfallanalyse, die die Marktergebnisse eines Verhaltens abbilden. Diese – für den more economic approach paradigmatische – Verknüpfung von ökonomischer Analyse des Einzelfalls und Marktergebnisansatz wird in der Literatur sehr treffend als „Versuch der ökonomischen Punktlandung" beschrieben.[204]

202 Vgl. hierzu *M. Dreher/M. Adam*, The more economic approach to Art. 82 and the legal process, ZWeR 2006, S. 266.

203 Vgl. *T. Eilmansberger*, Neue Paradigmen, ZWeR 2009, S. 441 f.; *M. Dreher/M. Adam*, The more economic approach to Art. 82 EC and the legal process, ZWeR 2006, S. 268 "Establishment vs. presumtion of abuse".

204 Diesen Begriff verwendet *J. Drexl*, Wirtschaftsverfassung, in A. von Bogdandy/J. Bast (Hrsg.), Europäisches Verfassungsrecht, 2009, S. 933; vgl. auch *T. Eilmansberger*, Neue Paradigmen, ZWeR 2009, S. 438, der von der besonderen Sprengkraft spricht, die sich aus dem Zusammenspiel dieser beiden Grundelemente des more economic approach ergibt.

b) Der Ansatz der Kommission im Lichte allgemeiner Methoden der Rechtsanwendung: Sicherstellung der Verwirklichung des Schutzzwecks in jedem Einzelfall

Besonders deutlich wird der Unterschied zwischen bisheriger und beabsichtigter Rechtsanwendung in ihrer Gegenüberstellung auf der Ebene einer Theorie der Rechtsanwendungsmethoden. Danach ist die Handhabung der rechtlichen Beurteilungsmaßstäbe bisher von solchen Methoden der Rechtsanwendung gekennzeichnet, deren Merkmal die Verwirklichung des Schutzzwecks im Regelfall darstellt. Mit jenen, als „Versuch der ökonomischen Punktlandung" apostrophierten Prinzipien der Rechtsanwendung kommt eine Methode zum Tragen, die darauf ausgerichtet ist, die Verwirklichung des gesetzlichen Schutzzwecks der Wettbewerbsregeln in jedem Einzelfall sicherzustellen.[205]

Eine Betrachtung des more economic approach nach den Rechtsebenen der Wettbewerbsnorm vermag dies zu veranschaulichen: Dass der Schutzzweck auch in jedem Fall erreicht wird, versucht die Kommission durch drei, auf den jeweiligen rechtlichen Wirkungsebenen angesiedelte Prinzipien sicherzustellen. Erstens deutet die Kommission den Schutzzweck mit der Verbraucherwohlfahrt in eine (jedenfalls theoretisch) quantifizierbare, also im Einzelfall überprüfbare Größe um. Zweitens wird mit dem Nachweis des Verbraucherschadens und der Effizienzeinrede auf der Grundlage einer auf marktergebnisorientierten Parametern beruhenden Betrachtung sichergestellt, dass das Verbot auch tatsächlich von dieser Bezugsgröße und nicht von jenen, den Eigenarten rechtlicher Normierung entsprechenden juristisch-wertenden Rückschlüssen abhängt. Schließlich wird auf der Ebene der Rechtsanwendung der Einsatz von Vermutungsregeln ausgeschlossen, um ein Absinken der Schutzintensität im Rahmen administrativer und gerichtlicher Rechtsanwendung auf die Schwelle der Regelfallgerechtigkeit zu verhindern. Die Kommission schließt somit systematisch sämtliche Mechanismen aus, die im Zusammenspiel von übergeordnetem politischen Ziel, gesetzlichem Schutzzweck, Tatbestand sowie dessen maßgeblichen Bezugsgrößen, und schließlich der Methode der Rechtsanwendung zu einer „normierenden" – d. h. von der ökonomischen Wirklichkeit abweichenden – autonomen juristischen Wertung kommt.

205 Vgl. *J. Drexl*, Wettbewerbsverfassung, in A. von Bogdandy/J. Bast, Europäisches Verfassungsrecht, 2009, S. 933 f.

c) Der Einsatz von Methoden der quantitativen Ökonomie

Schon weniger zu den Prinzipien als zu den Konsequenzen des more economic approach zählt die Bedeutungsverschiebung im Kanon der im behördlichen Entscheidungsverfahren heranzuziehenden wirtschaftswissenschaftlichen Hilfsdisziplinen. Um ein unternehmerisches Verhalten dem neuen wettbewerbsrechtlichen Beurteilungsmaßstab zugänglich zu machen, öffnet die Kommission ihr Verfahren der verwaltungsmäßigen Rechtsanwendung systematisch den Analysemitteln der quantitativen Ökonomie:[206] Um die von der Wettbewerbstheorie vorgegebenen Schadens- und Effizienzarten am konkreten Sachverhalt darzulegen, sollen – und müssen[207] – in erheblichem Umfang solche Methoden in die Wettbewerbsanalyse einbezogen werden, mit deren Hilfe die Messung und Bezifferung konkreter Marktergebnisse und deren Zusammenhang mit dem betreffenden Marktverhalten im Sinne zahlenmäßiger Abbildung im Rückblick und für die Zukunft möglich sind. Dies gilt insbesondere für ambivalente Marktwirkungen, die weniger einer wertenden Abwägung als einer bilanzmäßigen Verrechnung zugänglich gemacht werden müssen. Mit der Einbeziehung ökonometrischer Methoden wächst der Bedarf an Wirtschaftsdaten, deren Umfang und Qualität für die Aussagekraft der Messergebnisse entscheidend ist.[208]

In der Vergangenheit beschränkte sich der Einsatz ökonomischer Analysemittel entsprechend der geringeren Bedeutung marktergebnisbezogener Wettbewerbsparameter im Wesentlichen auf die Ermittlung von Marktmacht und Marktabgrenzung.[209] Dagegen wurde die Ermittlung der Voraussetzungen von

206 Ausführlich zu den auswirkungsbezogenen ökonomischen Analysen im wettbewerbspolitischen Ansatz der Kommission *U. Immenga*, Ökonomie und Recht in der europäischen Wettbewerbspolitik, ZWeR 2006, S. 360 ff. Vgl. für die Fusionskontrolle *D. Zimmer/U. Schwalbe*, Kartellrecht und Ökonomie, 2011, insb. S. 250 ff., 376 ff.

207 Vgl. *T. Ackermann*, Europäisches Kartellrecht, in K. Riesenhuber (Hrsg.), Europäische Methodenlehre, 2010, S. 649: „Um den Einfluss einer bestimmten unternehmerischen Maßnahme auf das Marktergebnis im Einzelfall ex post festzstellen oder zukunftsgerichtet prognostizieren zu können, müssen Rechtsanwender wie auch Rechtsunterworfene den wirtschaftlichen Kontext der Maßnahmen naturgemäß intensiver untersuchen, als dies bei Zugrundelegung eines eher formalistischen Konzepts der Fall wäre.“

208 Vgl. zum wachsenden Datenbedarf einer ökonomisierten Betrachtungsweise *M. Dreher/M. Adam*, The more economic approach to Art. 82 EC and the legal process, ZWeR 2006, S. 271, und im Hinblick auf die Fusionskontrolle *Monopolkommission*, Hauptgutachten XVII, Weniger Staat, mehr Wettbewerb, 2008, BT-Drucksache 16/10140, Rn. 696.

209 Zur Marktabgrenzung als einem der traditionellen Schwerpunkte der ökonomischen Analyse in Wettbewerbsfällen *I. Brinker*, Praktische Probleme der Marktabgrenzung

Wettbewerbsrechtsverletzungen bisher – soweit sie den Boden der mitunter weit reichenden, nach formalen Kriterien gefassten Vermutungsregeln verlässt – im Wege der herkömmlichen Verhaltensanalyse vorgenommen.

3. Hintergründe der Ökonomisierung

Innerhalb der Gesamtprogrammatik des more economic approach wird man die hervorgehobene Bedeutung der Verbraucherwohlfahrt als normative Ausgangsentscheidung der Kommission verstehen können, die ihrerseits im Einklang steht mit dem hohen Stellenwert, den das Wohl des Verbrauchers in der gesamtpolitischen Zielsetzung der Kommission einnimmt.[210] Ausgehend von dieser Wertentscheidung geht die Kommission offenbar von der Annahme aus, dass der wettbewerbskonzeptionelle Ansatz der Wohlfahrtsökonomie den Bedürfnissen der wettbewerbspolitischen und wettbewerbsrechtlichen Praxis besser entspricht als der bisherige Ansatz.[211]

Zuletzt sind gleichermaßen konzeptionelle wie praktische Schwierigkeiten des vorherrschenden ergebnisoffenen Wettbewerbsverständnisses in zunehmender Deutlichkeit zu Tage getreten. “In one tradition, so das Gutachten der *Beratergruppe der Kommission* zur Ökonomisierung der Missbrauchskontrolle im Hinblick auf die bisher vorherrschende Schutzkonzeption, „the objective of competition policy is defined as the protection of competition. This formula as such is not very helpful because it raises the further question of the standards by which the competition authority is to assess a given type of conduct in practice. If a particular type of conduct permits a company to succeed and

aus rechtlicher Sicht – von der Bedeutung ökonometrischer Modelle für die Fusionskontrolle, in J. Schwarze (Hrsg.), Recht und Ökonomie im Europäischen Wettbewerbsrecht, 2006, S. 41, 51. Zur ökonometrischen Analyse der Marktmacht vgl. *H. Friederiszick*, Markabgrenzung und Marktmacht, in demselben Band, S. 29-41; *C. Ewald*, Paradigmenwechsel bei der Abgrenzung relevanter Märkte? ZWeR 2004, 512 ff.

210 Vgl. zum Zusammenhang verbraucherwohlfahrtsbezogener Wettbewerbspolitik und der Lissabon Strategie *M. Monti*, EU Competition Policy after May 2004, Rede anlässl. der Fordham Annual Conference on International Antitrust Law and Policy, New York, 24. Oktober 2003, und *ders.*, Competition for Consumers‘ benefit, Rede anlässl. des European Competition Day, Amsterdam, 22. Oktober 2004. Vgl. *T. Eilmansberger*, Neue Paradigmen, ZWeR 2009, S. 437 f., der hierin die Bestrebungen der Kommission sieht, vor dem Hintergrund der wachsenden Skepsis gegenüber der Union die Vorteile der wirtschaftlichen Integration für Verbraucher stärker zu verdeutlichen. Zum Stellenwert des Verbrauchers in der gesamtpolitischen Konzeption der Kommission vgl. *J. Schwarze*, Europäisches Wirtschaftsrecht, 2007, S. 315.

211 Vgl. etwa *M. Albers,* Der more economic approach bei Verdrängungsmissbräuchen, S. 3.

to displace its competitors in the market, by what standard should the competition authority assess whether the conduct in question is detrimental to competition or whether the conduct in question is legitimate and its prohibition by the authority would be detrimental to competition?"[212]

Auf der Grundlage eines Schutzziels, das nach einem ergebnisoffenen Wettbewerbsverständnis formuliert ist, so lässt sich diese grundsätzliche Kritik zusammenfassen, ist ein Beurteilungsmaßstab für die Voraussetzungen der Wettbewerbsrechtsverletzung nicht sachgerecht zu bilden.[213] Dies hat zur Folge, dass einerseits solche Verhaltensweisen unterbunden werden, die in Wirklichkeit wettbewerbsfördernd sind, sowie andererseits Verhaltensweisen nicht untersagt werden, die wettbewerbsschädigend wirken.[214] Infolgedessen birgt dieser Ansatz die Gefahr einer Rechtspraxis in sich, die durch ihr Eingreifverhalten dem Wettbewerb selbst Schaden zufügt.

Tatsächlich konnten die Lehren der Wohlfahrtsökonomie in der Vergangenheit zahlreiche positive und negative wettbewerbliche Effekte unternehmerischer Verhaltensweisen identifizieren, denen die bisherigen Beurteilungsmaßstäbe nicht Rechnung zu tragen vermochten: Auf dem Feld der Missbrauchskontrolle waren die Leistungsgrenzen der vorherrschenden Beurteilungsmaßstäbe einer ergebnisoffenen Wettbewerbskonzeption zuletzt beispielsweise in der Fallgruppe der Treuerabatte von hervorgehobener praktischer Bedeutung.[215] Auf dem Boden eines engen Begriffs des Leistungswettbewerbs wurden stark formalisierte Beurteilungsmaßstäbe herausgebildet, deren Handhabung in der Praxis von der nur begrenzt zu widerlegenden Annahme der Wettbewerbsschädlichkeit gekennzeichnet war, ohne dass wettbe-

212 *EAGCP* Gutachten, S. 8.

213 Vgl. hierzu auch *D. Schmidtchen*, Vor- und Nachteile des MEA, in P. Oberbender (Hrsg.), Effizienzen und Wettbewerb, 2005, S. 9, 29 f.

214 Zu den konzeptionellen Schwächen und praktischen Problemen ergebnisoffener Wettbewerbskonzeptionen *J. Drexl*, Wettbewerbsverfassung, in A. von Bogdandy/J. Bast (Hrsg.), Europäisches Verfassungsrecht, 2009, S. 927; *W. Kerber*, Wettbewerbskonzeption, in H. Gröner (Hrsg.), Die europäische Integration als ordnungspolitische Aufgabe, 1993, S. 296 f., *C. Kirchner*, Goals of Antitrust and Competition Law Revisited, in D. Schmidtchen (Hrsg.), The More Economic Approach, 2007, S. 7-26; *ders.*, Das Missbrauchsverbot des Art. 102 AEUV: Sinnfälligkeit eines stärker ökonomischen Ansatzes? EuR Beiheft 2, 2011, S. 103, 114 f.

215 Darauf deutet etwa die Generalanwältin *J. Kokott* hin, Schussanträge in der Rs. C-95/04 P, British Airways, Slg. 2007, I-2331, Rn. 25: „Auf dem Gebiet der Rabatte und Prämien wird besonders anschaulich, dass im Einzelfall die Grenzziehung zwischen legitimem Verhalten und verbotenem Missbrauch einer marktbeherrschenden Stellung schwierig ist." Vgl. allgemein zu den praktischen Problemen der Theorie des Leistungswettbewerbs in der Missbrauchskontrolle *W. Kerber*, Wettbewerbskonzeption, in H. Gröner (Hrsg.), Die europäische Integration als ordnungspolitische Aufgabe, 1993, S. 295 f.

werblichen Ambivalenzen in Gestalt überwiegender Effizienzen Rechnung getragen wurde.[216] Diese Praxis stieß auf erhebliche Kritik der Wohlfahrtsökonomie, die von der Annahme ausgeht, dass zahlreiche der sanktionierten Rabattpraktiken nicht verbraucherwohlfahrtsmindernd sind, jedenfalls aber überwiegende ökonomische Effizienzen erzeugen.[217] Infolgedessen bildete sich im juristischen Schrifttum ein gewichtiger Standpunkt heraus, die Beeinträchtigung der Verbraucherwohlfahrt im Rahmen des Art. 102 AEUV auf tatbestandlicher Ebene zu berücksichtigen.[218] Auf dem Feld des Fusionskontrollrechts haben Erkenntnisse der Ökonomie einerseits ein Bewusstsein dafür geschaffen, dass – entgegen der seither vorherrschenden Ansicht – externes Unternehmenswachstum nicht in erster Linie der Erhöhung der Marktmacht, sondern der Erzeugung ökonomischer Effizienzen etwa in Gestalt von Skalenerträgen und Transaktionskosteneinsparungen dient.[219] Andererseits wurden signifikante wettbewerbsschädigende Wirkungen unterhalb der Schwelle der Marktbeherrschung identifiziert,[220] deren wettbewerbsrechtliche Berücksichtigung letztlich erst durch eine Ausweitung des Untersagungstatbestandes bewerkstelligt wurde.[221] Vertiefte wirtschaftswissenschaftliche Einsichten in die wettbewerblichen Wirkungen vertikaler Absprachen bilden den wesentlichen

216 Vgl. die Übersicht zur bisherigen Rechtspraxis in dieser Fallgruppe im Lichte jüngerer wirtschaftswissenschaftlicher Erkenntnisse *D. Waelbroeck*, Michelin II: A per se rule against rebates by dominant companies? JCLE 2005, S. 149 ff.

217 Eine sehr gute Übersicht über wettbewerbliche Wirkungen der wichtigsten Rabattsysteme bieten *R. Inderst/U. Schwalbe*, Effekte verschiedener Rabattformen – Überlegungen zu einem ökonomisch fundierten Ansatz, ZWeR 2009, S. 65 ff., sowie *J. Kallaugher/B. Sher* im Lichte der bisherigen Rechtspraxis, Rebates Revisited: Anti-Competitive Effects and Exclusionary Abuse under Art. 82, ECLR 2004, S. 263.

218 Vgl. etwa *J. Temple Lang*, 7. St. Galler Internationales Kartellrechtsforum 2000, S. 95, und *ders.* in C.-D. Ehlermann/I. Atanasiu (Hrsg.), Effective Private Enforcement of EU Antitrust Law, European competition Law Annual, 2003, S. 624. *B. Sher*, Rebates Revisited: Anti-competitive Effects and Exclusionary Abuse under Article 82, ECLRev 2004, S. 245; *J. Vickers,* Abuse of Market Power, Rede anlässl. der 31st Conference of the European Association for Research in Industrial Economics, 2004, S. 21 ff., sowie *V. Korah,* An Introductory Guide to EC Competition Law and Practice, 2007, S. 146 f.

219 Grundlegend *O.-E. Williamson*, 1968 (Trade-off-Modell) sowie speziell bezüglich vertikaler Integrationen *O.-E. Williamson*, 1979, 1985 (Transaktionskostentheorie); zu beidem *W. Kerber*, Wettbewerbskonzeption, in H. Gröner (Hrsg.), Die europäische Integration als ordnungspolitische Aufgabe, 1993, S. 282 f.

220 Vgl. zu den wettbewerblichen Wirkungen konglomerater Fusionen das *Diskussionspapier des BKartA,* Konglomerate Zusammenschlüsse in der Fusionskontrolle, 2006, S. 18 ff.

221 Vgl. *L.-H. Röller/A. Strohm*, Ökonomische Analyse des Begriffs „Significant Impediment to Effective Competition", Rn. 11 ff.

Hintergrund für die Überarbeitung des Gruppenfreistellungsrechts.[222] Zahlreiche Gruppen von Absprachen, die in der Vergangenheit auf der Grundlage einer nach formalen Kriterien typisierenden Betrachtungsweise als nicht freistellungsfähig behandelt wurden, hatten nach diesen neuen Erkenntnissen wettbewerbsfördernde Wirkungen.[223] Auch angesichts dieser Erkenntnisgewinne waren die Freistellungsregelungen in ihrer damaligen Gestalt zuletzt erheblicher Kritik hinsichtlich der als unangemessen eng und zu wenig ökonomisch orientiert empfundenen Regelungen effizienzorientierter Kooperation ausgesetzt.[224]

Vom Standpunkt einer verbraucherwohlfahrtsorientierten Wettbewerbspolitik trägt das bisherige Konzept des Wettbewerbsschutzes noch unter einem weiteren Gesichtspunkt die Gefahr in sich, in seiner praktischen Anwendung das Gegenteil des Beabsichtigten zu bewirken. Das auf die Erhaltung wettbewerbsfördernder Strukturen ausgerichtete Verständnis der Wettbewerbsrechtsverletzung erzeugt in der Praxis Schutzwirkungen auch gegenüber solchen Wettbewerbern, die aus Gründen geringerer Effektivität mit dem betroffenen Unternehmen selbst im Rahmen zulässigen (Leistungs-)Wettbewerbs nicht konkurrieren könnten.[225]

222 Ausführlich hierzu *E. Bueren*, Der „new economic approach“ der Kommission für horizontale und vertikale Wettbewerbsbeschränkungen, WRP 2004, S. 567 ff. Vgl. auch *J. Drexl*, Wettbewerbsverfassung, in A. von Bogdandy/J. Bast (Hrsg.), Europäisches Verfassungsrecht, 2009, S. 920; und ausführlich zur ökonomischen Beurteilung vertikaler Vereinbarungen *M. Motta*, Competition Policy, 2004, S. 302.

223 Vgl. im Einzelnen *P. Rey/F. Caballero-Sanz*, The Policy Implications of the Economic Analysis of Vertical Restraints, in Economic Papers, European Commission Directorate-General for Economic and Financial Affairs, Nr. 119, 1996, S. 3; sowie *T. Ackermann*, Die Zukunft vertikaler Vertriebsvereinbarungen im EG-Kartellrecht, EuZW 1997, S. 271.

224 Vgl. *A. Weitbrecht*, From Freiburg to Chicago and Beyond – The First 50 Years of European Competition Law, ECLR 2008, S. 81, 86. Vgl. auch das Weißbuch über die Modernisierung der Vorschriften zur Anwendung der Artikel 81 und 82 des EG-Vertrags, ABl. 1999, Nr. C 132, S. 1, 33: „Außerdem beabsichtigt die Kommission den Erlaß von Freistellungsverordnungen mit einem weiter gefaßten Anwendungsbereich. Unter Verwendung von Marktanteilsschwellen wird die Kommission den Zwangsjackeneffekt der gegenwärtigen Verordnungen beseitigen und die große Mehrheit der Vereinbarungen, insbesondere die von Klein- und Mittelbetrieben abgeschlossenen, abdecken können.“

225 Zum Problem des reflexartigen Schutzes der Wettbewerber beim Schutz freier Wettbewerbsprozesse nach der bisherigen Wettbewerbskonzeption vgl. *W. Möschel*, Wettbewerb zwischen Handlungsfreiheiten und Effizienzzielen, in C. Engel/W. Möschel (Hrsg.), Recht und spontane Ordnung – FS für E.-J. Mestmäcker zum achtzigsten Geburtstag, 2006, S. 359f; *V. Korah*, An Introductory Guide to EEC Competition Law and Practice, 1990, S. 87: „My fear is that the competition rules are not being used to enable efficient firms to expand at the expense of the less efficient, but to protect smaller and medium sized firms efficient or otherwise against larger“.

Der Schutz ineffizienten Wettbewerbs ist aus Sicht einer verbraucherwohlfahrtsorientierten Wettbewerbspolitik, wie sie der Auffassung der Kommission zugrunde liegt, besonders unerwünscht.[226] Die Schutzkonzeption des more economic approach dagegen, indem sie die Auswirkungen eines Marktverhaltens auf den Verbraucher in den Mittelpunkt ihres Schutzverständnisses stellt, „avoids confusing protection of competition with the protection of competitors".[227] Diese Beispiele zeigen neben vielen anderen, dass die Fortentwicklung wirtschaftswissenschaftlicher Erkenntnisse heute eine Einsicht in die (ambivalenten) wettbewerblichen Wirkungsweisen unternehmerischen Verhaltens ermöglicht, welche die Diskrepanzen zwischen wettbewerbsrechtlicher Beurteilung und tatsächlicher wettbewerblicher Bedeutung – und damit die Schwächen der bisherigen marktergebnisoffenen Wettbewerbskonzeption – in ihrer gegenwärtigen Ausbildung besonders deutlich zutage treten lässt.

Das übergeordnete Ziel der wirtschaftlichen Betrachtungsweise liegt darin, Prinzipien der Rechtsauslegung und -anwendung im Wettbewerbsrecht zu verankern, die eine präzisere wettbewerbliche Einschätzung unternehmerischer Verhaltensweisen ermöglichen, um eine höhere Konsistenz von wettbewerbsrechtlicher Beurteilung und wettbewerblicher Bedeutung zu gewährleisten.[228] Das hat die Kommission offenbar dazu bewogen, sich von der grundlegenden Annahme abzuwenden, dass der rechtliche Schutz der Funktionsbedingungen des Wettbewerbs am besten geeignet sei, Verbraucherwohlfahrt zu fördern, und sich die wettbewerbspolitische Programmatik des Marktergebnisschutzes zu eigen zu machen.[229]

Für eine umfassende Neuausrichtung wesentlicher Prinzipien der bisherigen Rechtspraxis kann diese Erklärung indes nur ansatzweise ausreichen. Insofern ließe sich durchaus eine wettbewerbspolitische Vorgehensweise vor-

226 Vgl. zur ökonomischen Kritik am Beispiel der *British Airways* Rechtsprechung des Gerichtshofs zu den Auswirkungen der Rabattpolitik eines Marktbeherrschers, die „den Wettbewerber (schützt), indem sie den Wettbewerb einschränkt", *M. Hellwig*, Wirtschaftspolitik als Rechtsanwendung: Zum Verhältnis von Jurisprudenz und Ökonomie in der Wettbewerbspolitik, 2007, abrufbar unter, www.coll.mpg.de/pdf_dat/2007_19online.pdf, S. 19 ff.

227 *EAGCP* Gutachten, S. 2.

228 Vgl. zu diesem Grundanliegen EAGCP Gutachten, S. 3 f. Vgl. zur Steigerung der Zielgenauigkeit wettbewerbsrechtlicher Bewertung als Hintergrund der Ökonomisierung auch *C.-D. Classen*, in T. Oppermann/C.-D. Classen/M. Nettesheim (Hrsg.), Europarecht, 5. Aufl. 2011, S. 339.

229 Während die Kommission dies im Rahmen von öffentlichen Stellungnahmen nicht in dieser Deutlichkeit formuliert, kommt dieser Umstand in den Fach-Beiträgen von hochrangigen Mitarbeitern der DG Competition mitunter sehr deutlich zum Ausdruck. Vgl. etwa *M. Albers,* Der more economic approach bei Verdrängungsmissbräuchen, S. 3.

stellen, die verbesserte Konsistenz von rechtlicher Beurteilung und tatsächlicher ökonomischer Bedeutung auf dem Wege einer Überarbeitung der bisherigen Regeln unter Einbeziehung fortentwickelter ökonomischer Erkenntnisse über die wettbewerblichen Wirkungen bestimmter Verhaltensmuster zu bewerkstelligen und mithin an dem grundlegenden Prinzip des Wettbewerbsschutzes festzuhalten.[230]

Wenn die Kommission sich gegen diese Vorgehensweise entscheidet, dann dürfte dies auch mit einem besonders großen Vertrauen in die gegenwärtigen wirtschaftswissenschaftlichen Möglichkeiten wohlfahrtsökonomischen Erkenntnisgewinns und deren Handhabung im Verwaltungsverfahren zu erklären sein. Demgegenüber entsprechen das traditionelle Verständnis vom Schutzzweck der Wettbewerbsrechts und die Prinzipien seiner Anwendung im Sinne einer „zweitbesten Lösung" angesichts der dargestellten Schwächen nach Auffassung der Kommission offenbar nicht länger den Herausforderungen des Wirtschaftslebens und dem Ausmaß der Möglichkeiten der ökonomischen Analyse seiner wettbewerblichen Wirkungen in der Gegenwart. Nur so lässt sich eine wettbewerbspolitische Programmatik erklären, deren erklärtes Ziel es ist, die Verwirklichung des Schutzzwecks im Wege der Quantifizierung der Marktwirkungen im Rahmen des Verwaltungsverfahrens in jedem Einzelfall sicherzustellen.

Die vergleichsweise strenge gerichtliche Nachprüfung der ökonomischen Einschätzungen der Kommission in der jüngeren Rechtsprechung vor allem auf dem Feld des Fusionskontrollrechts steht ebenfalls in engem Zusammenhang mit der Herausbildung des more economic approach in seiner gegenwärtigen Gestalt. Unter dem Eindruck der sukzessiven Annullierung dreier Untersagungsentscheidungen sowie einer Freigabeentscheidung aus Gründen, die ihren Ausgangspunkt im Wesentlichen in der unzureichenden Handhabung ökonomischer Beurteilungsmaßstäbe im Entscheidungsverfahren haben, hat die Kommission eine entsprechende Neuausrichtung der Anwendungspraxis angekündigt und durchgesetzt.[231] Neben organisatorischen Änderungen auf der Ebene des Generaldirektorats Wettbewerb, die insbesondere eine Instituti-

230 Dieser Ansatz findet im Schrifttum nennenswerte Unterstützung, vgl. etwa *W. Kerber*, Regelorientierte Wettbewerbspolitik aus rechtsökonomischer Sicht, in S. Bechtold/J. Jickeli/M. Rohe (Hrsg.), Recht, Ordnung und Wettbewerb, zum 70. Geburtstag von W. Möschel, 2011, S. 341ff; *ders./A. Christiansen,* Competition Policy with Optimally Differentiated Rules instead of „per se Rules vs Rule of Reason", JCLE 2006, S. 215 ff. und *D. Evans/J. Padilla*, Excessive prices using economics to define administrable legal rules, JCLE 2005, S. 97 ff.

231 Am deutlichsten kommt diese Reaktionsverbundenheit zum Ausdruck in der Rede *M. Montis*, EU Competition Policy after May 2004, anlässl. der Fordham Annual Conference on International Antitrust Law and Policy, New York, 24. Oktober 2003.

onalisierung der Berücksichtigung ökonomischen Sachverstandes zum Gegenstand hatten, fand diese ihren Niederschlag in der programmatischen Verankerung einer „sound economic analyses based on facts and evidence“ der marktergebnisbezogenen Betrachtung, die heute einen zentralen Bestandteil des more economic approach ausmacht.[232]

Neben diesen, die allgemeine wettbewerbspolitische Überlegenheit eines ergebnisorientierten, wohlfahrtsbezogenen Ansatzes betreffenden Erwägungen, kommen andere Beweggründe in Betracht, deren tatsächliche Bedeutung indes nur schwer zu ermessen ist. So mag die restriktive, auf ökonomische Effizienzen beschränkte Auslegung des Art. 101 Abs. 3 AEUV auf die vollzugspraktische Sorge der Kommission zurückzuführen sein, dass die in der Folge der Dezentralisierung zuständigen mitgliedstaatlichen Kartellstellen zur Verfolgung nichtwettbewerblicher Ziele eine extensive Freistellungspraxis verfolgen, die im Hinblick auf Einheitlichkeit und Wirksamkeit des europäischen Kartellrechts unerwünscht wäre.[233] Zudem kann ebenfalls nicht ausgeschlossen werden, dass die Kommission angesichts steigender transatlantischer Unternehmensaktivitäten um eine Konvergenz mit der wettbewerbsrechtlichen Praxis der USA bemüht ist, die ihrerseits ebenfalls in weitem Umfang von dem wohlfahrtsökonomischen Wettbewerbsverständnis der Chicagoer Lehre geprägt ist.[234]

232 S.o., E.I.3.

233 Vgl. hierzu *L. Kjolbye*, The New Commission Guidelines on the Application of Article 81(3): An Economic Approach to Article 81 EC, ECLRev 2004, S. 566, 567. Ein ähnliches Kalkül wird etwa hinter dem Bestreben der Kommission vermutet, die Dezentralisierung der Kartellrechtsanwendung nur in Verbindung mit einer Legalausnahme zu bewerkstelligen, *J. Schwarze/A. Weitbrecht*, Grundzüge des europäischen Kartellverfahrensrechts, 2004, Fn. 32.

234 Vgl. zu den Anknüpfungspunkten von more economic approach und US-amerikanischer Rechtspraxis, *F. W. Bulst*, Mehr Licht – Zur Anwendung des Art. 82 EG auf Behinderungsmissbräuche, RabelsZ 2009, S. 706, Fn. 11. Dieses Kalkül allerdings verneinend *M. Albers*, Der more economic approach bei Verdrängungsmissbräuchen, S. 8; *L.-H. Röller*, Der ökonomische Ansatz in der europäischen Wettbewerbspolitik, S. 4.

II. Stand der praktischen Umsetzung des more economic approach in Leitlinienpolitik und Entscheidungspraxis der Kommission

1. Kartellverbot

In ihren Leitlinien zur Freistellung nach Art. 101 Abs. 3 AEUV bindet sich die Kommission an den Auswirkungsansatz als allgemeines, über den Bereich des Freistellungsrechts[235] hinausgehendes Prinzip ihrer Praxis im Anwendungsbereich des Kartellverbots.[236] Zum einen findet der Auswirkungsansatz in der Beurteilung bewirkter Wettbewerbsbeschränkungen seinen Niederschlag. In dieser Variante „werden wettbewerbswidrige Auswirkungen nicht vermutet. Vereinbarungen, die eine wettbewerbsbeschränkende Auswirkung haben, müssen den gegenwärtigen oder potenziellen Wettbewerb in einem solchen Ausmaß beeinträchtigen können, dass mit hinreichender Wahrscheinlichkeit negative Auswirkungen auf Preise, Produktionsmengen, Innovationen oder Vielfalt bzw. Qualität von Waren und Dienstleistungen erwartet werden können. Diese negativen Auswirkungen müssen spürbar sein. Das Verbot von Artikel 81 Absatz 1 ist nicht anwendbar, wenn die festgestellten wettbewerbswidrigen Auswirkungen unbedeutend sind. *Hierin kommt der von der Kommission verfolgte wirtschaftliche Ansatz zum Ausdruck* (H. d. V.)“.[237]

Hier deutet die Kommission ein Verständnis an, nach dem die Annahme einer Wettbewerbsbeschränkung davon abhängt, ob sich die Auswirkungen einer Absprache auf die Marktergebnisse feststellen lassen. Dagegen findet sich in den Ausführungen der Kommission zu ihrem Verständnis von Art. 101 Abs. 1 AEUV bezeichnenderweise an keiner Stelle ein dezidierter Hinweis auf das Ausmaß der Beschränkung der Entscheidungsfreiheit bei der Setzung von Wettbewerbsparametern als Ausgangspunkt der Beurteilung eines zweiseitigen Verhaltens. Ebenso liegt den Ausführungen offenbar das Verständnis zugrunde, dass die Auswirkungen anhand der vorgegebenen Kriterien von Fall zu Fall festgestellt werden müssten. Dementsprechend fehlen weitgehend

235 Im Anwendungsbereich des Kartellverbots hat die Kommission erstmals im Zuge der Reform des Gruppenfreistellungsrechts Prinzipien des more economic approach in die Rechtspraxis eingeführt, vgl. *E. Bueren*, Der „new economic approach“ der Kommission für horizontale und vertikale Wettbewerbsbeschränkungen, WRP 2004, S. 567 ff., sowie ausführlich zur ökonomischen Beurteilung vertikaler Vereinbarungen nach jüngerem wissenschaftlichen Stand *M. Motta*, Competition Policy, 2004, S. 302.

236 Vgl. Bekanntmachung der Kommission – Leitlinien zur Anwendung von Artikel 81 Absatz 3 EG- Vertrag, ABl. 2004, Nr. C 101, S. 97 ff. („Leitlinien zu Art. 81 Abs. 3“), vgl. Rn. 5.

237 Leitlinien zu Art. 81 Abs. 3, Rn. 24.

solche, nach formalen Kriterien bestimmbaren Vermutungsregeln, die eine eingehendere Betrachtung der Auswirkungen der Absprachen entbehrlich machen.[238]

Entsprechend der wohlfahrtsökonomischen Programmatik der Kommission lässt sich der Leitlinie insgesamt eine Auslegung des Art. 101 Abs. 3 AEUV entnehmen, nach der allein die Förderung der Konsumentenwohlfahrt durch die Erzeugung ökonomischer Effizienzen freistellungsrechtlich Berücksichtigung findet, während andere Zielsetzungen, die in der Vergangenheit den Ausschlag für eine Freistellung geben mochten, ausgeschlossen sind.[239] Dies klingt in den Erläuterungen an, wonach die „in Artikel 81 Absatz 3 aufgezählten Arten von Effizienzgewinnen (...) umfassende Kategorien (sind), mit denen alle *objektiven wirtschaftlichen Effizienzgewinne* (H. d. V.) erfasst werden sollen".[240] Die Kommission verdeutlich an zahlreichen Beispielen, welche Gesichtspunkte sich unter diesen Begriff subsumieren lassen;[241] sie nimmt dies aber nicht zum Anlass, auch die Behandlung solcher Fälle zu erläutern, die in der Vergangenheit als nichtwettbewerbliche Ziele nach Art. 101 Abs. 3 AEUV verfolgt wurden. Die Kommission gibt zwar einen Hinweis auf andere Ziele, wenn sie ausführt, dass den „mit anderen Bestimmungen des EG-Vertrags angestrebten Zielen (...) Rechnung getragen werden" könne, jedoch gilt dies nur, „sofern sie den vier Voraussetzungen von Artikel 81 Absatz 3 zugeordnet werden können".[242]

Im Grunde sagt die Kommission hier nur, dass andere Zielsetzungen lediglich dann verfolgt werden können, wenn sie gleichzeitig objektive wirtschaftliche Effizienzgewinne darstellen. Zahlreiche in der Vergangenheit mit der Freistellungspolitik der Kommission verfolgte Ziele dürften diesen Anforderungen nicht erfüllen.[243] Es ist nur schwer vorstellbar, wie etwa die Freistellung wettbewerbsfähiger Betriebe zur Verhinderung von Massenarbeitslosigkeit dem Verbraucher zugute kommen sollte.[244] Wenn auch nicht auszuschließen ist, dass die Kommission in der Handhabung der Leitlinien eine Freistel-

238 Vgl. *N. Petit*, The Guidelines on the Application of Art. 81 III EC – A Critical Review, IEJE Working Paper No. 4/2009, S. 4.

239 Vgl. *J. Schwarze/A. Weitbrecht*, Grundzüge des europäischen Kartellverfahrensrechts, 2004, S. 37.

240 Leitlinien zu Art. 81 Abs. 3, Rn. 59.

241 Leitlinien zu Art. 81 Abs. 3, Rn. 63.

242 Leitlinien zu Art. 81 Abs. 3, Rn. 42. Vgl. *N. Petit*, The Guidelines on the Application of Art. 81 III EC – A Critical Review, IEJE Working Paper No. 4/2009, S. 6 f.

243 Beispiele hierzu bei *G. Monti*, Article 81 EC and Public Policy, CMLRev 2002, *S.* 1057ff und o., Fn. 185.

244 Dieses Beispiel bei *N. Petit*, The Guidelines on the Application of Art. 81 III EC – A Critical Review, IEJE Working Paper No. 4/2009, S. 8.

lung in Einzelfällen aus politischen Motiven vornimmt, so kann diese Regelung in ihrer Gesamtheit dennoch als Ausdruck eines Rechtsverständnisses gelten, nach dem die wesentlichen Bezugsgrößen für das Eingreifen der Wettbewerbsnormen jene Effizienzen darstellen, die dem Verbraucher in der Form monetär abzubildender Vorteile zugute kommen.

Ebenfalls dem more economic approach geschuldet sind die Vorgaben der Kommission zur Anwendung der Freistellungsvoraussetzungen, nach denen die zu beziffernden positiven und negativen Marktwirkungen der Vereinbarung miteinander bilanzmäßig verrechnet werden sollen: „Da für die Anwendung von Artikel 81 Absatz 3 die wettbewerbsfördernden Wirkungen einer Vereinbarung die wettbewerbswidrigen Wirkungen aufwiegen müssen, muss die Verknüpfung zwischen der Vereinbarung und den behaupteten Effizienzgewinnen sowie deren Wert überprüft werden“.[245] Die Kommission stellt zu diesem Zwecke Analyserahmen für die Behandlung der vier Tatbestandsmerkmale auf, die darauf ausgerichtet sind, die Auswirkungen der jeweiligen Verhaltensweise möglichst präzise zu quantifizieren, um sie so gut wie möglich einer mathematischen Berechenbarkeit zugänglich zu machen. Dies ergibt sich zum einen aus den ausführlichen Erläuterungen der Kommission zu den Berechnungskriterien.[246] Zum anderen tritt das der Leitlinie zugrunde liegende Verständnis dort besonders hervor, wo die Kommission ausnahmsweise hinter ihren Anforderung der Effizienzermittlung zurückbleibt: Denn bei „der Anwendung der nachstehenden Grundsätze berücksichtigt die Kommission, dass es in vielen Fällen schwierig ist, den Anteil der Weitergabe von Vorteilen an die Verbraucher und andere Formen der Beteiligung der Verbraucher genau zu berechnen. Die Unternehmen müssen aber ihre Behauptungen substantiieren, indem sie verfügbare Angaben und Schätzungen vorlegen, die den Gegebenheiten ihres Falles Rechnung tragen“.[247]

In den Freistellungsleitlinien finden sich aber auch solche Aussagen, die auf dem bisherigen wettbewerbsrechtlichen Verständnis beruhen oder zumindest konzeptionell mehrdeutig und damit beispielhaft sind für eine gewisse Zurückhaltung der Kommission in der praktischen Umsetzung des more economic approach.[248] „Artikel 81 soll“, so beschreibt die Kommission ihr

245 Vgl. Leitlinien zu Art. 81 Abs. 3, Rn. 50, 56.

246 Vgl. etwa die Bedeutung der Gewinne und ihrer Weitergabe an den Verbraucher nach variablen Skalen, Rn. 90, hierzu *N. Petit*, The Guidelines on the Application of Art. 81 III EC – A Critical Review, IEJE Working Paper No. 4/2009, S. 5.

247 Leitlinien zu Art. 81 Abs. 3, Rn. 94.

248 Weitere Gegenbeispiele bei *P. Behrens*, Abschied vom more economic approach? in S. Bechtold/J. Jickeli/M. Rohe (Hrsg.), Recht, Ordnung und Wettbewerb, zum 70. Geburtstag von W. Möschel, 2011, S. 115 ff.

Schutzverständnis des Kartellverbotes einleitend, „den Wettbewerb im Markt schützen, *um* (H. d. V.) den Wohlstand der Verbraucher zu fördern und eine effiziente Ressourcenallokation zu gewährleisten".[249] Obwohl die Verbraucherwohlfahrt hier als wettbewerbsrechtlicher Belang besonders hervorgehoben wird, legt diese Formulierung ein Festhalten der Kommission am bisherigen Verständnis nahe, wonach der gesetzliche Schutzgegenstand die Aufrechterhaltung des Wettbewerbs selbst ist, *weil* dessen Erhaltung das Konsumentenwohl gewährleistet.[250] Auf der Basis einer konsequenten Umsetzung des more economic approach wäre dagegen eine Formulierung zum Schutzzweck vorstellbar gewesen, nach der Art. 81 den Wettbewerb im Markt schützt, *wenn* (H. d. V.) er den Wohlstand der Verbraucher fördert und eine effiziente Ressourcenallokation gewährleistet.

Eine ähnliche konzeptionelle Mittellage nehmen die Ausführungen zu Wettbewerbsparametern ein, anhand derer nach Auffassung der Kommission die Analyse der Wettbewerbsbeschränkung erfolgen soll: „Negative Auswirkungen auf den Wettbewerb im relevanten Markt entstehen häufig, wenn die Parteien einzeln oder gemeinsam ein gewisses Maß an Marktmacht haben oder erlangen und die Vereinbarung zur Begründung, Erhaltung oder Stärkung dieser Marktmacht beiträgt oder es den Parteien ermöglicht, diese Marktmacht auszunutzen".[251] Einerseits betont die Kommission den Auswirkungsbezug ihrer Betrachtungsweise, andererseits stellt sie hierfür mit dem Kriterium der Marktmacht auf die (verengenden) Wirkungen ab, die sich aus dem Verhalten für die Marktstruktur ergeben. Auch wenn die Kommission an anderer Stelle die Bedeutung der Marktergebnisse als Bezugsgröße ihrer auswirkungsbezogenen Betrachtungsweise unterstreicht, so scheint sie der Auffassung zu sein, dass diese als mittelbare Folge aus der Beeinträchtigung der Marktstruktur resultieren. Damit bewegt sie sich im Grunde auf dem Boden des bisherigen Verständnisses, wonach sich die Wettbewerbsnormen auf die Erhaltung wettbewerbsfördernder Marktstrukturen im Sinne des bisher vorherrschenden ergebnisoffenen Wettbewerbsverständnisses richten.[252]

249 Leitlinien zu Art. 81 Abs. 3, Rn. 13.

250 Vgl. auch *P. Behrens*, Abschied vom more economic approach? in S. Bechtold/J. Jickeli/M. Rohe (Hrsg.), Recht, Ordnung und Wettbewerb, zum 70. Geburtstag von W. Möschel, 2011, S. 115, 124 f.

251 Leitlinien zu Art. 81 Abs. 3, Rn. 25.

252 Vgl. *P. Behrens,* Abschied vom more economic approach? in S. Bechtold/J. Jickeli/M. Rohe (Hrsg.), Recht, Ordnung und Wettbewerb, zum 70. Geburtstag von W. Möschel, 2011, mit weiteren Beispielen mehrdeutiger Leitlinienvorgaben, S. 115, 120 f.

Die zuletzt genannten Beispiele sind geeignet, drei miteinander in Zusammenhang stehende Charakteristika der Vorgehensweise der Kommission bei der Umsetzung ihrer politischen Vorstellung in die Rechtspraxis zu illustrieren. Die Umsetzung des more economic approach in die wettbewerbsrechtliche Praxis, insbesondere in Gestalt der Leitlinien, verläuft nicht schematisch. Vielmehr bestehen offenbar unterschiedliche Möglichkeiten, die Leitgedanken des more economic approach in der wettbewerbsrechtlichen Praxis zu verwirklichen. Des weiteren wird insbesondere am Beispiel der Leitlinien deutlich, dass die Kommission ihre Vorstellungen nicht unter ausdrücklicher Abkehr von der bisherigen Rechtspraxis mit Verweis auf mögliche Spielräume bei der Auslegung und Anwendung der Vertragsregeln durchsetzt. Vielmehr führt die Kommission Aspekte des more economic approach vorzugsweise über Akzentsetzungen und Nuancierungen auf der Ebene der konkreten Vorgaben für die Anwendung ein, etwa wenn sie von dem Analyserahmen spricht, ohne ausdrücklich die übergeordnete Ebene des Schutzzwecks oder Aussagen zum Tatbestand in ihre Ausführungen zur Ökonomisierung mit einzubeziehen. Dies kommt besonders in den Spannungen zwischen den konzeptionellen Bezügen einzelner Aussagen innerhalb ein und derselben Leitlinie zum Ausdruck, was bei einer solchen Vorgehensweise kaum ausbleiben kann. So sind bei der Analyse der Wettbewerbsbeschränkung insbesondere die Ausführungen zur Bedeutung der Marktmacht nicht ohne weiteres mit den wettbewerbskonzeptionellen Prinzipien in Einklang zu bringen, die mit der wettbewerbspolitischen Hervorhebung von Verbraucherwohlfahrt und ökonomischen Effizienzen als Standard der zukünftigen Praxis in Verbindung gebracht werden.

Als Beispiel für die praktische Umsetzung der Prinzipien ökonomisierter Einzelfallanalyse im Kartellrecht ist aus jüngerer Zeit die Veröffentlichung von Richtlinien der Kommission für die Anforderungen erläutert, die sie an die ökonomisch basierte Beweisführung und die Vorlage ökonomischer Tatsachen an die Unternehmen sowohl in Verfahren nach Art. 101f. AEUV als auch in Fusionskontrollverfahren stellt.[253] Die Kommission unternimmt es mit diesen Erläuterungen, allgemeine Maßstäbe der ökonomischen Beweisführung aufzustellen, die aus ihrer Sicht die Grundlage für die Verwirklichung einer

253 Arbeitspapier der Kommission: Best Practices for the submission of economic evidence and data collection in cases concerning the application of Articles 101 and 102 TREU and in merger cases, abrufbar unter http://ec.europa.eu/competition/antitrust/legislation/best_practices_submission_en.pdf.

wettbewerbsrechtlichen Praxis bilden, in denen die ökonomische Analyse des Einzelfalles im Vordergrund steht.[254]

2. Missbrauchskontrolle

In jüngerer Zeit hat die Kommission eine Mitteilung zu den Durchsetzungsprioritäten bei Behinderungsmissbräuchen veröffentlicht und damit erstmals wettbewerbspolitische Bestrebungen einer verstärkten Ökonomisierung der Missbrauchskontrolle auf für sie selbst verbindliche Weise formuliert.[255] Ein prägnantes Beispiel besonderer praktischer Relevanz bilden die Erläuterungen zur Bekämpfung preisbezogener Behinderungsmissbräuche.[256] In der Mitteilung beschreibt die Kommission einen Analyserahmen, in dem die wettbewerbliche Relevanz der preisbezogenen Markpolitik verstärkt danach beurteilt wird, ob sie geeignet ist, auch solche Wettbewerber vom Markt zu verdrängen, die ebenso effizient wirtschaften wie der Marktbeherrscher.[257] Hierin liegt eine deutliche Hinwendung zu einem wettbewerbsrechtlichen Verständnis, das sich auf den Schutz des effizienten Wettbewerbs zugunsten des Verbrauchers verengt und damit ein zentrales Anliegen des more economic approach verwirklicht: „In so doing, it avoids confusing the protection of competition with the protection of competitors and it stresses that the ultimate yardstick of competition policy is in the satisfaction of consumer needs.“[258] Um diesen Verständniswandel in der Rechtsanwendung zu verwirklichen,

254 Vgl. zur Bedeutung der Richtlinien für die Anwendung des Art. 101, *R. Wish/D. Bailey*, Competition Law, 7. Aufl. 2012, S. 167 f.

255 Mitteilung der Kommission — Erläuterungen zu den Prioritäten der Kommission bei der Anwendung von Artikel 82 des EG-Vertrags auf Fälle von Behinderungsmissbrauch durch marktbeherrschende Unternehmen, ABl. 2009, Nr. C 045 S. 7. Vgl. ausführlich zu den Einzelaspekten der Ökonomisierung in der Mitteilung *G. Monti*, Article 82 EC: What Future for the Effects-Based Approach? JECLP 2010, S. 2 ff. Ausführlich zu dem Regelungsinhalt der Mitteilung, *F. W. Bulst*, Mehr Licht – Zur Anwendung des Art. 82 EG auf Behinderungsmissbräuche, RabelsZ 2009, S. 705 ff.; *A. Chirita*, Undistorted, (Un)fair Competition, Consumer Welfare and the Interpretation of Article 102 TFEU, World Competition 2010, S. 417-436. Vgl. zu den Vorarbeiten der Kommission etwa *C.-D. Ehlermann/J. Ratliff*, Mario Monti's Legacy for Competition Policy in Article 82, CPI 2005, S. 79 ff., und die Rede von *N. Kroes*, Preliminary Thoughts on Policy Review of Article 82 EC, Fordham Corporate Law Institute, New York, 23. September 2005.

256 Mitteilung zu Art. 82, Rn. 23 ff.

257 Mitteilung zu Art. 82, Rn. 23.

258 *EAGCP* Gutachten, S. 2. Vgl. *T. Eilmansberger*, Neue Paradigmen, ZWeR 2009, S. 456 und *G. Monti*, Article 82: What Future for the Effects-Based Approach? JECLP 2010, S. 4.

führt die Kommission durch die Mitteilung den „as efficient competitor test" als Standard bei der Ermittlung preisbezogener Behinderungsmissbräuche ein.[259]

Insgesamt sind die Vorgaben der Kommission in der Mitteilung zur ökonomischen Analyse der unterschiedlichen Fallgruppen von Behinderungsmissbräuchen von einer Regelungstechnik bestimmt, die katalogartig eine – nicht abschließende – Vielzahl von Wettbewerbskriterien benennt, welche die Kommission in jedem Einzelfall kumulativ oder alternativ einsetzt, um die Auswirkungen der Verhaltensweisen auf die Marktergebnisse möglichst präzise von Fall zu Fall abzubilden. Unter anderem dokumentieren dies die in der Mitteilung erläuterten Grundsätze zur Vorgehensweise der Kommission im Bereich verbraucherschädigender Marktverschließung, die vorliegt, wenn ein marktbeherrschendes Unternehmen seine Konkurrenten in wettbewerbswidriger Weise vom Markt verdrängt und auf diese Weise die Verbraucherwohlfahrt beeinträchtigt. Danach kann die „Feststellung eines voraussichtlichen Schadens für den Verbraucher (...) auf der Grundlage qualitativer und, wann immer möglich und zweckmäßig, auch anhand quantitativer Beweismittel erfolgen".[260]

Im Anschluss nennt die Kommission zahlreiche bevorzugt heranzuziehende Beurteilungskriterien und nimmt für „jeden einzelnen Fall (...) eine Analyse der (...) genannten allgemeinen Faktoren vor und berücksichtigt dabei ebenfalls die besonderen Faktoren, die in den folgenden Abschnitten zu den verschiedenen Formen des Behinderungsmissbrauchs erläutert werden, sowie alle weiteren geeigneten Faktoren".[261] Im Rahmen der Erläuterungen der einzelnen Ausbildungen von Behinderungsmissbräuchen legt die Kommission wiederum katalogartig eine nicht abschließende Zahl von spezielleren Beurteilungskriterien vor, die kumulativ oder alternativ auf den Einzelfall zur Anwendung kommen.[262] Mit dieser Regelungstechnik verwirklicht die Kommission einen Leitgedanken der ökonomisierten Betrachtungsweise, nach dem die wettbewerbsrechtliche Bewertung auf der Grundlage einer möglichst präzisen

259 Mitteilung zu Art. 82, Rn. 23 ff. Vgl. hierzu *G. Monti*, Article 82 EC: What Future for the Effects-Based Approach? JECLP 2010, S. 2, 3 f. Hierzu auch *S. Barthelmeß*, Die Intel-Entscheidung der Europäischen Kommission, EWS 2010, S. 117 ff. sowie *M. Albers*, Der more economic approach bei Verdrängungsmissbräuchen, 2006, abrufbar unter http://ec.europa.eu/competition/antitrust/art82/albers.pdf.

260 Vgl. Mitteilung zu Art. 82, Rn. 19 f.

261 Mitteilung zu Art. 82, Rn. 21.

262 Vgl. etwa Mitteilung zu Art. 82, Rn. 35 f. und 38 f. für Fälle von Ausschließlichkeitsbindungen, sowie Rn. 52 f. für Kopplungs- und Bündelungspraktiken.

Abbildung der tatsächlichen wettbewerblichen Bedeutung eines Verhaltens zustande kommen soll.

In gewissem Gegensatz dazu steht die inhaltliche Ausrichtung des Analyserahmens. Hier greift die Kommission in nennenswertem Umfang auch auf solche Beurteilungskriterien zurück, die sich auf strukturelle Wettbewerbsparameter beziehen, und bleibt damit hinter dem Leitgedanken der marktergebnisbezogenen Betrachtungsweise zurück.[263] Zu den allgemeinen Faktoren, die die Kommission berücksichtigen möchte, zählen die Stellung des marktbeherrschenden Unternehmens sowie die Bedingungen für Eintritt und Expansion auf dem jeweiligen Markt sowie die Stellung der Wettbewerber des marktbeherrschenden Unternehmens.[264] Wenn die Kommission mithilfe dieser Kriterien die Verbraucherschädlichkeit eines Verhaltens ermitteln möchte, dann bedient sie sich erkennbar dem traditionellen Verständnis, nach der eine Marktverschließung die Vermutung für sich beansprucht, die Verbraucherwohlfahrt zu beeinträchtigen.

Demgegenüber stehen die Erläuterungen zur künftigen Berücksichtigung überwiegender ökonomischer Effizienzen in der Beurteilung eines ansonsten missbräuchlichen Verhaltens im Zeichen des more economic approach.[265] Die Kommission führt mit der Mitteilung einen Beurteilungsrahmen in die Missbrauchskontrolle ein, der ihr zentrales wettbewerbspolitisches Anliegen verwirklicht: die wettbewerbsrechtlichen Voraussetzungen zu schaffen, nach denen ambivalenten Verhaltensweisen eines marktbeherrschenden Unternehmens mit der Einrichtung einer Effizienzeinrede Rechnung getragen werden kann.[266]

Schließlich findet sich in den Ausführungen der Kommission zu den künftigen Prioritäten administrativer Rechtsdurchsetzung auf dem Feld der Behinderungsmissbräuche ein Bekenntnis grundsätzlicher Art zur Ausrichtung der Missbrauchskontrolle an den Maßstäben des more economic approach: „Bei der Anwendung von Artikel 82 auf Behinderungsmissbräuche von Unternehmen in marktbeherrschender Stellung wird sich die Kommission auf diejenigen missbräuchlichen Verhaltensweisen konzentrieren, die den Verbrauchern

263 *M. Jaeger*, The Standard of Review in Competition Cases Involving Complex Economic Assessments, JECLP 2011, S. 306; *D. Geradin*, Is the Guidance Paper on the Commission's Enforcement Priorities in Applying Article 102 TFEU to Abusive Exclusionary Conduct Useful?, TILEC Working Paper Series, 2010, S. 5; *G. Monti*, Article 82 EC: What Future for the Effects-Based Approach? EJCLP 2010, S. 3.

264 Mitteilung zu Art. 82, Rn. 20.

265 Vgl. Mitteilung zu Art. 82, Rn. 30 f. Dazu *G. Monti*, Article 82 EC: What Future for the Effects-Based Approach? EJCLP 2010, S. 5.

266 Ausführlich hierzu *F. W. Bulst*, Mehr Licht – Zur Anwendung des Art. 82 EG auf Behinderungsmissbräuche, RabelsZ 2009, S. 706.

am meisten schaden."[267] Man wird dies als bislang deutlichsten Ausdruck der Bestrebungen der Kommission nehmen können, in der Anwendungspraxis so weit wie möglich an ihren wettbewerbspolitischen Vorstellungen zur Ökonomisierung festzuhalten. Gleichzeitig illustrieren diese Ausführungen besonders deutlich die spezifische Vorgehensweise der Kommission bei der praktischen Umsetzung des wirtschaftlichen Ansatzes: Die Reichweite der rechtlichen Selbstbindungen dieser Aussage ist nicht ohne weiteres zu bestimmen. Dem Buchstaben nach handelt es sich bei dem erläuterten Beurteilungsrahmen für Behinderungsmissbräuche um Maßstäbe des verwaltungsmäßigen Aufgreif- oder Verfolgungsermessens in der Missbrauchskontrolle. So soll dieses Dokument „Vorhersehbarkeit in Bezug auf den allgemeinen Prüfungsrahmen schaffen, anhand dessen die Kommission entscheidet, ob sie Fälle, in denen die ein oder andere Form eines Behinderungsmissbrauchs vorliegt, verfolgt".[268] Demgegenüber soll „die Mitteilung keine Aussage über die Rechtslage treffen und greift der Auslegung des Artikels 82 durch den Europäischen Gerichtshof oder das Gericht erster Instanz der Europäischen Gemeinschaften nicht vor".[269]

Bei streng formaler Betrachtung der rechtlichen Selbsteinschätzung lässt sich der Mitteilung ein über die Ausübung administrativen Aufgreifermessens hinausgehender normativer Gehalt nicht entnehmen.[270] Dieser Befund steht indes in deutlichem Kontrast zu Umfang und Qualität des formulierten Prüfungsprogramms. Gemessen an den praktischen Bedürfnissen administrativer Rechtsdurchsetzung sind die von der Kommission als Maßstab zur Ausübung des Aufgreifermessens festgelegten Vorgaben nur bedingt sinnvoll: Wenn man die Kommission beim Wort nähme, würde dies auf ein Vorgehen hinauslaufen, bei dem die Kommission nach einer aufwändigen ökonomischen Analyse des Sachverhalts unternehmerische Verhaltensweisen ungeahndet ließe, obwohl ein Missbrauch nach den von der Rechtsprechung für die bisherige Praxis aufgestellten Kriterien ggf. ohne weiteres vorliegt.[271] Vor diesem Hintergrund erscheint eine Lesart der Mitteilung näherliegend, nach der die Einführung einer ökonomisierten Betrachtungsweise im Gewande des Aufgreifermessens eine weitere Ausbildung jener Vorgehensweise der Kommission darstellt, nach der auch solche Aussagen zum more economic approach sys-

267 Vgl. Mitteilung zu Art. 82, Rn. 2, 5.
268 Mitteilung zu Art. 82, Rn. 2
269 Mitteilung zu Art. 82, Rn. 3.
270 Vgl. auch *G. Monti*, Article 82 EC: What Future for the Effects-Based Approach? EJCLP 2010, S. 2.
271 Vgl. zu dieser Argumentation *S. Barthelmeß*, Intel-Entscheidung der Kommission, EWS 2010, S. 117, 120.

tematisch unterhalb der Schwelle der Normauslegung anzusiedeln sind, die in Wirklichkeit auf die Beeinflussung der auch für die Gerichte geltenden Beurteilungsmaßstäbe abzielen.[272]

Diese Vermutung Eindruck stützt auch ein Vergleich von Diskussionspapier und Mitteilung im Hinblick auf die Aussagen zum Schutzzweck des Art. 102 AEUV.[273] Während sich die Kommission im Diskussionspapier im Einklang mit den materiellen Einzelausführungen auf prinzipieller Ebene zu einem instrumentellen Wettbewerbsverständnis zum Schutz der Konsumentenwohlfahrt bekennt, fehlt ein solcher Hinweis in der Mitteilung, in der sie ansonsten die Vorschläge des Diskussionspapiers zur Ökonomisierung in zahlreichen Punkten übernimmt.[274] Stattdessen will sie – in Anknüpfung an das bisherige Verständnis vom Schutzzweck – „in erster Linie den Wettbewerbsprozess im Binnenmarkt schützen und sicherstellen (...), dass Unternehmen in marktbeherrschender Stellung ihre Wettbewerber nicht durch andere Mittel als die Wettbewerbsfähigkeit ihrer Produkte bzw. Dienstleistungen vom Markt ausschließen“.[275]

Bei einer solchen Vorgehensweise sind wertungsmäßige Inkonsistenzen zwischen inhaltlichen Aussagen unvermeidbar: Der Schutz des Wettbewerbs-

272 Kritisch zu dieser Vorgehensweise der Kommission etwa *T. Ackermann*, Europäisches Kartellrecht, in K. Riesenhuber (Hrsg.), Europäische Methodenlehre, 2010, S. 638: „Insoweit bestehen Bedenken gegenüber der neuesten Vorgehensweise der Kommission, die in ihrer Mitteilung zur Anwendung von Art. 102 auf Behinderungsmissbräuche faktisch interpretative Aussagen über das Missbrauchsverbot macht, diese jedoch als Setzung von Anwendungsprioritäten und damit als Ausdruck ihres Aufgreifermessens deklariert.“ Vgl. auch *R. Zäch/A. Künzler*, Freedom to Compete or Consume Welfare: The Goal of Competition Law according to Constitutional Law, in R. Zäch u. a. (Hrsg.), The Development of Competition Law, 2010, S. 61 ff.

273 Vgl. *J. Killick/A. Komninos*, Schizophrenia in the Commission's Article 82 Guidance Paper: Formalism Alongside Increased Recourse to Economic Analysis, Global Competition Policy 2009, S. 4; *J. Drexl*, Wettbewerbsverfassung, in A. von Bogdandy/J. Bast (Hrsg.), Europäisches Verfassungsrecht, 2009, S. 927: „erstaunlich wenige dezidierte Aussagen des EAGCP“.

274 Kommission, Discussion Paper on the application of Article 82 of the Treaty to exclusionary abuses, 2005, abrufbar auf der Internetseite der Kommission, Rn. 4: “With regard to exclusionary abuses the objective of Article 82 is the protection of competition on the market as a means of enhancing consumer welfare and of ensuring an efficient allocation of resources. Effective competition brings benefits to consumers, such as low prices, high quality products, a wide selection of goods and services, and innovation.“

275 Mitteilung zu Art. 82, Rn. 6. Die Erläuterungen in der Mitteilung lassen in den Worten eines Mitarbeiters der DG Wettbewerb „Raum für eine Interpretation, derzufolge der Vertrag einschließlich seines Art. 82 auch den Wettbewerb als solchen schützt“, *F.-W. Bulst*, Mehr Licht – Zur Anwendung des Art. 82 EG auf Behinderungsmissbräuche, RabelsZ 2009, S. 707.

prozesses im Binnenmarkt hat seine konzeptionellen Grundlagen im Verständnis des Wettbewerbs als Entdeckungsverfahren.[276] Mit dieser Aussage begibt sich die Kommission in klaren Widerspruch zu dem Leitgedanken des more economic approach, der den Erläuterungen zur Ausübung des Aufgreifermessens sowie der flächendeckenden Einführung der Effizienzeinrede zugrunde liegt.[277]

Ungeachtet des Rückgriffs auf die wettbewerbsrechtlichen Konzepte der bisherigen Rechtspraxis ist angesichts der zahlreichen wettbewerbspolitischen Äußerungen der Kommission zur Verbraucherwohlfahrt als dem „klaren Standard der Wettbewerbspraxis“[278] zu der Frage, ob sich die Kommission auf die Durchsetzung ihrer Vorstellungen in den Bereich des Aufgreifermessens zurückzieht, die Haltung *Giorgio (!) Montis'* Ausdruck einer allgemeinen Einschätzung: *„One has to be incredibly naive to believe that in so doing the Commission is not in effect trying to redefine the concept of abuse.“*[279] Es steht zu erwarten, dass die Kommission auf dem Feld der Missbrauchskontrolle trotz der mitunter gegenläufigen Aussagen einstweilen an dem Grundgedanken der Ökonomisierung festhält und damit ein Rechtsverständnis anstrebt, an dessen Ende eine tatbestandsmäßige Verengung des Verbotes auf einseitige Verhaltensweisen steht, die die Konsumentenwohlfahrt schädigen, ohne dies mit überwiegenden Effizienzgewinnen zugunsten der Konsumenten ausgleichen zu können.

Beispielhaft für den gegenwärtigen Stand der praktischen Umsetzung des ökonomischen Ansatzes im Bereich der Einzelfallentscheidungen ist die Entscheidungspraxis der Kommission gegenüber der Rabattpolitik marktbeherrschender Unternehmen.[280] Juristische und ökonomische Kritik an der bisherigen Entscheidungspraxis bildeten den Hintergrund für Bestrebungen zur Ein-

276 S. o., E.I.1.b).

277 Dieses Beispiel und weitere Illustrationen zur programmatischen Mehrdeutigkeit der Leitlinien der Kommission bei *P. Behrens,* Abschied vom more economic approach? in S. Bechtold/J. Jickeli/M. Rohe (Hrsg.), Recht, Ordnung und Wettbewerb, zum 70. Geburtstag von W. Möschel, 2011, S. 115, 121 f.: „Der zunächst hervorgerufene Eindruck, ein Behinderungsmissbrauch hinge vom Nachweis eines Verbraucherschadens ab, wird also dadurch wieder korrigiert, dass die Verbrauchervorteile letztlich dann doch dem „wirksamen Wettbewerb“ zugeschrieben werden, dessen Funktionsfähigkeit die Kommission zu gewährleisten beabsichtigt.“

278 *N. Kroes*, European Competition Policy – Delivering Better Markets and Better Choices, Rede anlässl. des European Consumer and Competition Day, London, 15. September 2005.

279 *G. Monti,* Article 82 EC: What Future for the Effects-Based Approach? EJCLP 2010, S. 5.

280 Vgl. allgemein zu der Fallgruppe missbräuchlicher Rabatte *I. Brinker*, in J. Schwarze (Hrsg.), EU-Kommentar 2012, Art. 102, Rn. 32 ff.

führung einer stärker wirtschaftlichen Betrachtungsweise von sogenannten Treuerabatten.[281] Die Gefahr, die von derartigen Rabatten für den Wettbewerb ausgeht, liegt in der Verdrängung von Wettbewerbern und der Hinderung am Marktzutritt neuer Wettbewerber durch eine nicht durch Leistungswettbewerb gerechtfertigte Bindung der Abnehmer an das marktbeherrschende Unternehmen.[282] Gegner und Befürworter einer Ökonomisierung der Missbrauchskontrolle stehen im Streit um die Frage, in welchem Ausmaß wettbewerbsschädliche Wirkungen der Rabattpolitik eines marktbeherrschenden Unternehmens darzulegen sind.[283]

In der Vergangenheit war die Praxis von einem Beurteilungsmaßstab gekennzeichnet, der – ausgehend von Inhalt und Modalitäten der Rabattgewährung – auf die Eignung zur Beschränkung des Wettbewerbs unter den Umständen des konkreten Falles abstellte, ohne dass darüber hinaus die konkreten negativen Auswirkungen der Rabatte darzulegen waren.[284] In jüngerer Zeit hat die Kommission angesichts der skeptischen Haltung der Gerichte in einigen Entscheidungen zwar den formalistischen Begründungansatz im Wesentlichen beibehalten, es aber in Einzelfällen unternommen, das Ergebnis ergänzend im Wege einer Analyse der Marktwirkungen zu begründen. Beispielhaft ist ihre Entscheidung in der Sache *Intel* im Bereich der Herstellung von Microchips für die Unterhaltungselektronik.[285] Die Kommission sah in der Rabattpolitik Intels gegenüber seinen Großabnehmern eine missbräuchliche Ausnutzung seiner marktbeherrschenden Stellung. In der Entscheidungsbegründung stützte

281 Vgl. *D. Waelbroeck*, Michelin II : A Per Se Rule against Rebates by Dominant Companies? Journal of Competition Law and Economics 2005, S. 149; *J. Temple Lang/R. O' Donoghue*, Defining Legitimate Competition: How to Clarify Pricing Abuses under Article 82, Fordham International Law Journal 2002, S. 83.

282 Vgl. zu der wettbewerblichen Wirkung von Rabatten etwa *R. Inderst/U. Schwalbe*, Effekte verschiedener Rabattformen – Überlegungen zu einem ökonomisch fundierten Ansatz, ZWeR 2009, S. 65.

283 Umfassend zum Hintergrund der gegenwärtigen Diskussion und zu den verschiedenen Auffassungen *J. Kallaugher/B. Sher*, Rebates revisited: Anti-competitive effects and exclusionary abuse under Art. 82 EC, EClRev 2004, S. 263 ff.

284 Zur bisherigen Praxis der Kommission und Gerichte im Bereich der Treuerabatte, *L.-H. Röller*, der ökonomische Ansatz im europäischen Wettbewerbsrecht, in Monopolkommission (Hrsg.), Zukunftsperspektiven der Wettbewerbspolitik, 2005, S. 37, 41 f.

285 Entscheidung der Kommission im Verfahren nach Art. 102 AEUV vom 13. Mai 2009, COMP/37-990 Intel noch nicht im ABl. Hierzu und zum Folgenden *D. Geradin*, The Intel case: where is the foreclosure and consumer harm? TILEC Discussion Paper 2010/22. Gegen diese Entscheidung hat Intel Klage auf Nichtigkeit erhoben, eingereicht am 22. Juli 2009, laufende Rs. T-286/09, Intel/Kommission, ABl. 2009, Nr. C 12, S. 9. *L. Peeperkorn/K. Viertiö*, Implementing an effects-based approach to Article 82, Competition Policy Newsletter 2009, S. 17 ff.

sie sich dabei auf die bisherige – als formalistisch kritisierten – Beurteilungsmaßstäbe.[286] Im Hinblick auf die von Intel geltend gemachte auswirkungsbezogene Betrachtung führte die Kommission aus: "For the purposes of establishing an infringement of Article 82 EC, it is not necessary to demonstrate that the abuse in question had a concrete effect on the markets concerned."[287]

Offensichtlich war die Kommission hier zu der Einsicht gekommen, dass ein Vorgehen allein nach der von ihr angestrebten auswirkungsbezogenen Betrachtungsweise gegenüber der Rechtsprechung auch im Geltungsbereich der neuen Mitteilung einstweilen keinen Bestand hat. Allerdings belässt es die Kommission nicht bei einer Überprüfung der Treuerabatte Intels nach den klassischen Gesichtspunkten von Form und Inhalt der Rabattvereinbarungen, sondern ergänzt ihre Begründung um eine Überprüfung ihrer Verdrängungswirkungen und Ausführungen zu möglichen Verbraucherschäden.[288] Im Mittelpunkt der ökonomischen Analyse steht der erstmalige Einsatz des as-efficient-competitor-Tests in der Fallgruppe der Treuerabatte, mit dessen Hilfe die Kommission die Betrachtung der Auswirkungen der Rabatte auf jene Wettbewerber beschränkt, die bei legitimem Wettbewerb mit Intel auf dem Markt der Microchipherstellung konkurrieren können.[289]

Es stellt sich die Frage, welche Bedeutung dieser zweigleisigen Vorgehensweise hinsichtlich der künftigen Rechtspraxis der Kommission zuzumessen ist. Zum einen könnte die ergänzende ökonomisierte Betrachtung des *Intel*-Falles Ausdruck einer gewissen Unsicherheit der Kommission hinsichtlich der Maßstäbe sein, die die Gerichte in Zeiten des more economic approach an die Kommissionsentscheidung anlegen.[290] Im Verfahren zur Nichtigkeitsklage gegenüber der etwas früheren Kommissionsentscheidung im Fall *Tomra* hatte das Gericht die Verweise des klagenden Unternehmens auf die Maßstäbe in der Mitteilung zu Art. 102 AEUV abgewiesen. Daran, dass eine Untersuchung der Auswirkungen der Rabatte auf den Wettbewerb im Einzelnen nicht erforderlich ist, so das Gericht, „kann auch das Vorbringen der Rechtsmittelführe-

286 Zur bisherigen Praxis der Rechtsprechung: EuGH, Rs. 85/76, Hoffman-La Roche, Slg. 1979, S. 461; EuGH, Rs. C-322/81, Michelin, Slg. 1983, 3461; EuGH, Rs. T-203/01, Michelin II, Slg. 2003, II-4071; EuG, Rs. T-219/99, British Airways, Slg. 2003, II-5917 u. EuGH, Rs. C-95/04 P, British Airways, Slg. 2007, I-2331.

287 Dazu *D. Geradin*, The Intel case: where is the foreclosure and consumer harm? TILEC Discussion Paper 2010-022, S. 4 f.

288 Entscheidung der Kommission im Verfahren nach Art. 102 AEUV vom 13. Mai 2009, COMP/37-990 Intel, Rn. 1002.

289 *S. Barthelmeß*, Die Intel-Entscheidung der Europäischen Kommission: Der erste Test des „as-efficient-competitor"-Tests, EWS 2010, S. 117 ff.

290 Vgl. auch *D. Geradin*, The Intel case: where is the foreclosure and consumer harm? TILEC Discussion Paper 2010-022, S. 9.

rinnen nichts ändern, dass die Erläuterungen der Kommission (...) eine vergleichende Analyse der Preise und der Kosten vorsähen. Wie nämlich der Generalanwalt ausführt, sind die im Jahr 2009 veröffentlichten Erläuterungen für die rechtliche Beurteilung einer Entscheidung wie der streitigen, die im Jahr 2006 erlassen wurde, nicht einschlägig".[291]

Die *Intel*-Entscheidung der Kommission liefert auf diese Weise ein anschauliches Beispiel für die grundsätzliche Herausforderung, in der Mittellage zwischen der Überwindung der bisherigen und der folgerichtigen Umsetzung der angestrebten ökonomisierten Verwaltungspraxis eine Entscheidungsbegründung zu finden, die einer gerichtlichen Beurteilung standhält, ohne dass der Kommission selbst volle Gewissheit darüber hätte, an welchen Maßstäben die Richter sie festhalten werden.

Ein weiteres aussagekräftiges Beispiel für die Vorgehensweise der Kommission bei der Einführung einer ökonomischen Betrachtung des Einzelfalles stellt die *Microsoft*-Entscheidung der Kommission dar.[292] In ihrer Entscheidung stellte sie unter anderem einen Verstoß des marktbeherrschenden Softwareherstellers gegen das Verbot der Produktkopplung fest. Microsoft hatte sein Betriebssystem für PCs ausschließlich im Verbund mit seiner eigenen Software zur Anwendung von Audio- und Videodateien (Window Media Player) angeboten.[293] Nachdem die Kommission ihrer Entscheidung zunächst die Grundsätze des Gerichtshofs zum Kopplungstest zugrunde legte,[294] erweiterte sie diesen Test um eine genaue Analyse der Auswirkungen der Produktkopplung auf den Wettbewerb unter ausdrücklicher Abweichung von der bisherigen Praxis, nach der das Verhalten Microsofts selbst bei Vorliegen einer Kopplung im Sinne des Tests nicht ohne weiteres geeignet sei, den Wettbewerb zu beschränken:[295] „There are indeed circumstances relating to the tying of WMP which warrant a closer examination of the effects that tying has on competition in this case."[296] Allerdings begründet die Kommission ihr Vorgehen in diesem Verfahren nicht mit einem grundsätzlichen wettbewerbspoliti-

291 EuGH, Urteil vom 19. April 2012, Rs. C-549/10 P, Tomra, noch nicht in der amtl. Slg., Rn. 81

292 KomE 2007/53/EG, COMP/C-3/37.792 – Microsoft, ABl. 2007, Nr. L 32, S. 1.

293 Zur Entscheidung der Kommission vgl. *K.-W. Lange/T. Pries*, Möglichkeiten und Grenzen der Missbrauchskontrolle von Kopplungsgeschäften, EWS 2008, S. 1 ff.

294 EuGH, Rs. C-53/92 P, Hilti, Slg. 1994, I-667; EuGH, Rs. C-333/94 P, Tetra Pak II, Slg. 1996, I-5951.

295 Hierzu auch *K.-W. Lange/T. Pries*, Möglichkeiten und Grenzen der Missbrauchskontrolle von Kopplungsgeschäften: Der Fall Microsoft, EWS 2008, S. 3; *T. Körber*, Wettbewerb in dynamischen Märkten, WuW 2007, S. 2014.

296 KomE 2007/53/EG, COMP/C-3/37.792 – Microsoft, ABl. 2007, Nr. L 32, Rn. 794, 841 f.

schen Auffassungswandel. Vielmehr verweist sie zur Begründung der Notwendigkeit einer Überprüfung der tatsächlichen Marktwirkungen der Kopplung auf Besonderheiten des Sachverhaltes. Diese sieht die Kommission unter anderem in dem Umstand begründet, dass es dem Verbraucher auf dem Markt der Media Player häufig möglich sei, sich aus dem Internet vergleichbare Software der Wettbewerber teilweise kostenfrei herunterzuladen: „While in classical tying cases, the Commission and the Courts considered the foreclosure effect for competing vendors to be demonstrated by the bundling of a separate product with the dominant product, in the case at issue, users can and do to a certain extend obtain third party media players through the Internet, sometimes for free."[297] Hierin sieht die Kommission eine mögliche Abschwächung der grundsätzlich gegebenen wettbewerbsschädlichen Wirkung der Kopplung, die eine eingehende Untersuchung der tatsächlichen Auswirkungen erfordert. Auch hier ist die Kommission offenbar darauf bedacht, ihre der Sache nach ökonomische Betrachtung des Kopplungsfalles nicht auf eine prinzipielle Ebene zu heben, d. h. nicht als Ausdruck einer wettbewerbspolitischen Neuorientierung ihrer Praxis erscheinen zu lassen. Vielmehr unternimmt sie den Versuch, dieses Vorgehen mit der bisherigen Praxis in Einklang zu bringen, deren Modifikation mit den Besonderheiten des konkreten Falles erklärt wird.

Bezeichnenderweise entspricht das Vorgehen der Kommission im Fall *Microsoft* in etwa den Überlegungen, die dem späteren Diskussionspapier zur Ökonomisierung der Missbrauchskontrolle in der Fallgruppe der Produktkopplung zugrunde liegen.[298] Selbst wenn man der Kommission in der Begründung ihrer Vorgehensweise folgt und darin keine verdeckte Hinwendung zu einem auswirkungsbezogenen Ansatz sieht,[299] veranschaulicht dieses Verfahren doch die Bereitschaft der Kommission, die tatsächlichen Auswirkungen eines Marktverhaltens zu untersuchen, um in schwierigen Grenzfällen der ökonomischen Wirklichkeit wettbewerbsrechtlich besser Rechnung tragen zu

297 KomE 2007/53/EG, COMP/C-3/37.792 – Microsoft, ABl. 2007, Nr. L 32, Rn. 794, 841f; zweifelnd an der Bedeutung der Kommissionsentscheidung als Musterfall eines more economic approach auch *T. Körber*, Wettbewerb in dynamischen Märkten, WuW 2007, S. 1218.

298 Kommission, Discussion Paper on the application of Article 82 of the Treaty to exclusionary abuses, 2005, abrufbar unter: http://ec.europa.eu/comm/competition/antitrust/others/discpaper2005.pdf, Rn. 177 ff.

299 In der Literatur wird vermutet, dass die Kommission diesen Punkt – auch im Hinblick auf die Bedeutung des Microsoftverfahrens besonders rechtsmittelfest machen wollte, vgl. *K.-W. Lange/T. Pries*, Möglichkeiten und Grenzen der Missbrauchskontrolle von Kopplungsgeschäften: Der Fall Microsoft, EWS 2008, S. 3.

können, als dies mit den klassischen Kriterien für die Beurteilung von Produktkopplungen möglich wäre.[300]

3. Zusammenschlusskontrolle

Die Kommission selbst sieht in ihren Leitlinien zu horizontalen und vertikalen Zusammenschlüssen[301] offenbar wesentliche Prinzipien des more economic approach verankert.[302] Der damalige Chefökonom der DG Wettbewerb beispielsweise verweist darauf, dass die „Leitlinien zur Beurteilung horizontaler Zusammenschlüsse (...) explizit auf die Wohlfahrt der Konsumenten als Standard für die Wettbewerbspolitik" verweisen, und dass es Ziel der Fusionskontrolle sei, Zusammenschlüsse zu verhindern, die sich negativ auf die Wohlfahrt der Konsumenten auswirken: Bei der Beurteilung von Zusammenschlüssen genüge es nicht, sich auf Veränderungen in der Marktstruktur zu berufen; vielmehr sei es notwendig, „in allen Fällen ebenfalls die Auswirkungen dieser Veränderungen auf den Konsumenten zu untersuchen und eine Entscheidung im Sinne des Konsumentenwohls zu treffen".[303]

Tatsächlich finden sich in den Leitlinien verbraucherwohlfahrtsorientierte Beurteilungsmaßstäbe.[304] Ein grundsätzliches Bekenntnis zu einer marktergebnisbezogenen Betrachtungsweise im Fusionskontrollrecht, wie es in den Ausführungen des Chefökonomen zum Ausdruck kommt, ist den Leitlinien

300 Weitere Entscheidungen, denen ein Auswirkungsansatz zugrunde lag, sind KomE vom 16. Juni 2003, COMP/38.233 – *Wanadoo Interactive* u. KomE vom 4. Juli 2007, COMP/38.784 – *Wanadoo España v. Telefónica*, hierzu *N. Petit*, From Formalism to Effects? The Commission's Communication on Enforcement Priorities in Applying Article 82 EC, World Competition 2009, S. 485 ff.

301 Vgl. *Leitlinien zur Bewertung horizontaler Zusammenschlüsse* gemäß der Ratsverordnung über die Kontrolle von Unternehmenszusammenschlüssen (Horizontal-Leitlinien gem. FKVO), ABl. 2004, Nr. C 31, S. 5 ff.; *Leitlinien zur Bewertung nichthorizontaler Zusammenschlüsse* gemäß der Ratsverordnung über die Kontrolle von Unternehmenszusammenschlüssen (Vertikal-Leitlinien gem. FKVO), Abl. 2008, Nr. C 265, S. 07 ff.

302 Vgl. die Sicht der Kommission bei *R. Nitsche*, Wettbewerbsökonomische Analyse der Auswirkungen von Fusionen, in J. Schwarze (Hrsg.), Recht und Ökonomie im europäischen Wettbewerbsrecht, 2006, S. 53. Vgl. zu den Vorarbeiten der ökonomisierten Fusionskontrolle *N. Levy*, Mario Monti's Legacy in EC Merger Control, CPI 2005, S. 99 ff.

303 Vgl. zu den Leitlinien zur Beurteilung horizontaler Zusammenschlüsse *L.-H. Röller*, Der ökonomische Ansatz in der europäischen Wettbewerbspolitik, in Monopolkommission (Hrsg.), Zukunftsperspektiven der Wettbewerbspolitik, 2005, S. 37, 39 f.

304 Vgl. im Einzelnen C. *Kirchner*, Fusionskontrolle und Konsumentenwohlfahrt, ZHR 2009, S. 775 ff.

dagegen nicht zu entnehmen.[305] Vielmehr enthalten die Erläuterungen zum Schutzzweck der Fusionskontrolle vor allem Aussagen, die einem strukturalistischen Verständnis entlehnt sind und mit den wettbewerbspolitischen Verlautbarungen der Kommission nicht zu vereinbaren sind.[306] „Ein wirksamer Wettbewerb", so schreibt die Kommission in den Leitlinien, „erbringt den Verbrauchern Vorteile, zum Beispiel in Form niedriger Preise, hochwertiger Produkte, einer großen Auswahl an Waren und Dienstleistungen und Innovation. Mit der Fusionskontrolle verhindert die Kommission Zusammenschlüsse, die geeignet wären, den Verbrauchern diese Vorteile vorzuenthalten, indem die Marktmacht der Unternehmen spürbar erhöht würde".[307]

Auch wenn die Kommission die wohlfahrtsökonomischen Vorteile für die Verbraucher hier besonders hervorhebt, lässt sich dieser Formulierung nicht ohne weiteres ein Rechtsverständnis entnehmen, wonach die Untersagung eines Zusammenschlusses vom Vorliegen eines Verbraucherschadens abhängig ist. So stellt die Kommission Wettbewerb und Verbraucherwohlfahrt in einen Wirkungszusammenhang, welcher der ergebnisoffenen Wettbewerbskonzeption der ordoliberalen Wettbewerbstheorie entstammt. Danach werden die Voraussetzungen des Wettbewerbs geschützt, *weil* und nicht *wenn* dieser die Konsumentenwohlfahrt fördert.[308] Auch in der Verwendung des Begriffs des „wirksamen Wettbewerbs" kann eigentlich nur eine Bezugnahme auf die bisherige Schutzkonzeption gesehen werden, welche die Kommission wettbewerbspolitisch gerade zu überwinden bestrebt ist.[309] Schließlich ist in der betreffenden Passage mit dem Kriterium der Marktmacht jener wettbewerbliche Parameter bezeichnet, der im Mittelpunkt einer strukturalistischen Schutzkonzeption des Wettbewerbsrechts steht.[310]

Klaren Ausdruck findet die wohlfahrtsökonomische Wettbewerbskonzeption der Kommission dagegen in der leitlinienmäßigen Verankerung einer verstärkten wettbewerblichen Berücksichtigung ökonomischer Effizienzen in der

305 So auch *P. Behrens*, Abschied vom more economic approach? in S. Bechtold/J. Jickeli/M. Rohe (Hrsg.), Recht, Ordnung und Wettbewerb, zum 70. Geburtstag von Wernhard Möschel, 2011, S. 115, 120 f.

306 Vgl. zum folgenden Beispiel und zu der programmatischen Vieldeutigkeit der Kommissionsleitlinien insgesamt *P. Behrens*, Abschied vom more economic approach? in S. Bechtold/J. Jickeli/M. Rohe (Hrsg.), Recht, Ordnung und Wettbewerb, zum 70. Geburtstag von Wernhard Möschel, 2011, S. 115, 123 f.

307 Horizontal-Leitlinien gem. FKVO, Rn. 8.

308 Vgl. o., E.I.1.a).

309 Vgl. hierzu *P. Behrens,* Abschied vom more economic approach? in S. Bechtold/J. Jickeli/M. Rohe (Hrsg.), Recht, Ordnung und Wettbewerb, zum 70. Geburtstag von Wernhard Möschel, 2011, S. 115, 125.

310 S. o., E.I.1.b).

Gestalt einer Effizienzeinrede. Hier kommt zudem die Absicht der Kommission zum Ausdruck, die positiven Wirkungen nicht im Wege qualitativer Wertung mit dem Grad der Beeinträchtigung des Wettbewerbs abzuwägen, sondern vielmehr durch möglichst präzise (monetäre) Bezifferung mit den ebenfalls zu beziffernden Wohlfahrtsschäden bilanzmäßig zu verrechnen.[311]

Anders als es der hohe wettbewerbspolitische Stellenwert ökonomischer Effizienzen erwarten ließe, liegt den leitlinienmäßigen Vorgaben jenseits der Bereitschaft der prinzipiellen Anerkennung des Effizienzeinwandes allerdings ein ausgesprochen restriktives Verständnis von der rechtspraktischen Bedeutung der Effizienzeinrede zugrunde.[312] Neben den hohen Anforderungen, die das Unternehmen offenbar zu deren Nachweis zu erbringen hat, stellt die Kommission abschließend klar, dass „es höchst unwahrscheinlich ist, dass ein Zusammenschluss, der zu einer Marktstellung führt, die einem Monopol nahe kommt oder ein ähnliches Maß an Marktmacht erbringt, mit der Begründung für mit dem Gemeinsamen Markt vereinbar erklärt werden könnte, dass Effizienzvorteile ausreichen würden, den möglichen wettbewerbswidrigen Wirkungen entgegenzuwirken".[313]

Dieser Gesamteindruck entspricht den ersten Erfahrungen in der Praxis der Einzelfallentscheidung. Die grundsätzliche wettbewerbspolitische Bereitschaft der Kommission, die positiven Wirkungen von Zusammenschlüssen stärker als bisher in die wettbewerbsrechtliche Bewertung von Zusammenschlüssen einfließen zu lassen, hat in der Fallpraxis noch keinen nennenswerten Niederschlag gefunden. In dem Verfahren *Ryanair/Aerlingus* beispielsweise hat die Kommission die Möglichkeit untersucht, den Zusammenschluss aufgrund überwiegender Effizienzen freizugeben, aber bereits deren Nachweisbarkeit verneint.[314] Nichtsdestoweniger hat sie eine umfassende Überprüfung der weiteren Voraussetzungen der Effizienzeinrede vermutlich in der Absicht durch-

311 Vgl. etwa Horizontal-Leitlinien gem. FKVO, Rn. 76 ff.

312 Vgl. zur Diskrepanz zwischen wettbewerbspolitischer und -rechtlicher Bedeutung der Effizienzeinrede im Ansatz der Kommission *F. Montag*, Effizienzen und Wettbewerb in der rechtlichen Praxis, in P. Oberbender (Hrsg.), Effizienz und Wettbewerb, 2005, S. 95, 199: „Auch wenn die Kommission ihre gewachsene wettbewerbs*politische* Bereitschaft zur Berücksichtigung von Effizienzen zum Ausdruck bringen wollte, so zeigt sich doch, dass sie wettbewerbs*rechtlich* einen sehr vorsichtigen Ansatz gewählt hat, der die bisherige Praxis bestätigt."

313 Horizontal-Leitlinien gem. FKVO, Rn. 84. Nur eine geringe praktische Bedeutung der Effizienzeinrede auch in Zukunft sieht *L.-H. Röller*, Der ökonomische Ansatz in der europäischen Wettbewerbspolitik, in Monopolkommission (Hrsg.), Zukunftsperspektiven der Wettbewerbspolitik, 2005, S. 37, 40 f.

314 KomE 2007/3104/EG, COMP/M.4439 – Ryanair/Aer Lingus, Rn. 1151; ausführlich *M. Wolf*, Effizienzen und europäische Zusammenschlusskontrolle, 2009, S. 353.

geführt, einen umfassenden Präzedenzfall zur Anwendung der Effizienzkriterien in der Fusionskontrolle zu schaffen.[315]

Insgesamt hat die Kommission hier sehr hohe Voraussetzungen an die Zulässigkeit der Effizienzeinrede gestellt und ausdrücklich auf den Vorbehalt in den Leitlinien verwiesen, wonach eine erfolgreiche Geltendmachung „sehr unwahrscheinlich" sei.[316] Der in diesem Einzelfall zum Ausdruck kommenden Haltung der Kommission entspricht der Umstand, dass bislang Effizienzerwägungen die Ergebnisse der wettbewerblichen Analyse – jedenfalls soweit erkennbar – in keinem Fall geändert haben. Einstweilen steht die gegenwärtige Praxis daher eher in Kontinuität zur geringen Veranschlagung von Effizienzgewinnen in der Vergangenheit als in Einklang mit der wettbewerbspolitischen Programmatik des more economic approach. Im Fall *Ryanair/Aer Lingus* sind indes Akzente einer verstärkt an den Schäden für Verbraucher orientierten Auslegung des Untersagungstatbestandes festzustellen.[317]

Bei der Untersagung des Zusammenschlusses der Fluglinie Ryanair mit ihrem Konkurrenten Aer Lingus hat die Kommission die Schädigung der Verbraucherwohlfahrt in den Mittelpunkt der Begründung gestellt.[318] Demgegenüber hatte die Kommission in einer vorangegangen Entscheidung den Zusammenschluss GE/Honeywell entgegen der Kritik der US-amerikanischen Kartellbehörde, die dem Zusammenschluss wegen seiner Unbedenklichkeit für die Endverbraucher stattgegeben hatte, mit der Begründung untersagt, dass die Beeinträchtigung der Verbraucherwohlfahrt gerade keine Voraussetzung nach europäischem Recht sei, um einen Zusammenschluss mit marktabschottender Wirkung für wettbewerbswidrig zu erklären.[319] Dennoch stellt die Entscheidung zu *Ryanair/Aer Lingus* keine konsequente Umsetzung einer konsumentenwohlfahrtsorientierten Betrachtung im Sinne des more economic ap-

315 Zu dieser Vermutung *M. Wolf*, Effizienzen und europäische Zusammenschlusskontrolle, 2009, S. 353. Ebenso erscheint es aber vorstellbar, dass die Kommission, mit Blick auf die von ihr selbst wettbewerbspolitisch hervorgehobene Bedeutung von ökonomischen Effizienzen in der künftigen Kontrollpraxis, sich nicht sicher war, wie streng das Gericht die Entscheidung der Kommission nachprüfen würde.

316 Horizontal-Leitlinien gem. FKVO, Rn. 84.

317 Eine ausführliche Analyse der Kommissionsentscheidung hinsichtlich einer verstärkten wirtschaftlichen Betrachtungsweise findet sich bei *A. Witt*, Is the more economic approach to EU merger Law really about more economics? CMLRev 2012, S. 217 ff.

318 Vgl. KomE 2007/3104/EG, COMP/M.4439 – Ryanair/Aer Lingus, insb. Abschnitt 7.5. der Entscheidung.

319 EuG, Rs. T-210/01, GE Honeywell, Slg. 2005, II-5575, Rn. 312, zur KomE vom 3. Juli 2001, Sache COMP/M.2220 – *General Electric/Honeywell,* Abl. 2004, Nr. L 48, S. 1. Vgl. auch KomE vom 15. Oktober 1997, Sache IV/M.938 – *Guinness/Grand Metropolitan,* Abl. 1998, Nr. L 288, S. 24, Rn. 32.

proach dar. Für die Ermittlung der Auswirkungen auf die Verbraucherwohlfahrt der Fusion der beiden Passagierfluggesellschaften zieht die Kommission weitestgehend strukturbezogene Wettbewerbsparameter heran, aus denen sie weit reichende Rückschlüsse auf die zu erwartenden Marktergebnisse zieht.[320]

Die Entscheidungspraxis der Kommission im Bereich der Fusionskontrolle dokumentiert die wachsende Bedeutung quantitativ-ökonomischer Analysemethoden in der jüngeren Vergangenheit.[321] Gleichzeitig verdeutlicht eine Zusammenschau von Beispielfällen die spezifische Vorgehensweise der Kommission bei der praktischen Umsetzung einer Ökonomisierung der Rechtsanwendung, die darin besteht, in einer sich über mehrere Einzelentscheidungen erstreckenden Fallpraxis die Bedeutung der quantitativen Analysen stufenweise zu erhöhen. Ein anschauliches Beispiel für diese Vorgehensweise ist die Entwicklung des Stellenwertes von Simulationsverfahren bei der ökonomischen Analyse des Marktverhaltens, mit deren Hilfe die Kommission konkrete Aussagen über mögliche Auswirkungen einer angestrebten Fusion auf die zukünftige Preis- und Mengenentwicklung treffen möchte.[322]

Zunächst hatten die Ergebnisse des Simulationsverfahrens den Stellenwert lediglich ergänzender, die herkömmliche Analyse der Marktanteile unterstüt-

320 Vgl. hierzu *T. Hennig*, Come fly with me - Der Fall Ryanair, ZWeR 2011, S. 443ff u. *A. Witt,* Is the more economic approach to EU merger Law really about more economics? CMLRev 2012, S. 217, 220 ff.

321 Vgl. hierzu und zum Folgenden *D. Zimmer*, Vorzüge und Leistungsgrenzen quantitativ-ökonomischer Analysen in Fusionskontrollverfahren, in I. Brinker/D. H. Scheuing/K. Stockmann (Hrsg.), Recht und Wettbewerb, FS R. Bechtold, 2006, S. 677 ff.; *A. Lindsay*, Econometrics Study into European Commission Merger Decisions since 2000, WuW 2003, S. 1254; *P. Hofer/M. Williams/L. Wu*, Empirische Methoden in der europäischen Fusionskontrolle, WuW 2005, S. 155-162. Zum Zusammenhang von der Durchführung ökonometrischer Studien und deren Datenbedarf im Verfahren der Fusionskontrolle und der Zunahme der Dauer des Kontrollverfahrens mit zahlreichen Beispielen *Monopolkommission*, Hauptgutachten XVII, Weniger Staat, mehr Wettbewerb, 2008, BT-Drucksache 16/10140, mit eingehenden Analysen zahlreicher Einzelfälle als Anwendungsbeispiele für den more economic approach in seinen verschiedenen Facetten, S. 283, sowie allg. zum Stellenwert der Ökonomik in der europäischen Zusammenschlusskontrolle *J. Drexl*, Wettbewerbsverfassung, in A. von Bogdandy/J. Bast (Hrsg.), Europäisches Verfassungsrecht, 2009, S. 905, 923. *A. Seehafer,* Die Verwendung ökonomischer Modelle in der Fusionskontrollverordnung aus juristischer Perspektive, WuW 2009, S. 728 ff.

322 Ausführlich zur Funktion von Simulationsmodellen in der Wettbewerbsanalyse *U. Immenga*, Ökonomie und Recht in der europäischen Wettbewerbspolitik, ZWeR 2006, S. 360. In der Literatur wird dieses Verfahren bezeichnenderweise mit dem „Blick in die Kristallkugel“ verglichen, vgl. *I. Kokorris*, Merger Simulation: A Crystal Ball for Assessing Mergers, World Competition 2005, S. 327 ff.

zender Erwägungen.[323] Beispielhaft ist die Entscheidung der Kommission zum Fusionsvorhaben der Schwerlastwagenhersteller Volvo und Scania. Dazu ließ die Kommission in Ergänzung der Marktanteilsermittlung zwei Simulationsstudien anfertigen, die das Ergebnis der herkömmlichen Betrachtung bestätigten. Wegen der Bedenken Volvos hinsichtlich der rechtlichen Zulässigkeit dieser Analysemethode nahm die Kommission letztlich jedoch davon Abstand, ihre Entscheidung auf die Studien zu stützen. [324] Bei späteren Entscheidungen ging die Kommission dazu über, die in Ergänzung der Marktanteilsuntersuchung angefertigten Simulationsstudien zur Unterstützung ihrer Argumentation heranzuziehen,[325] wobei die Bedeutung der quantitativen Analyse im Gesamtzusammenhang der Entscheidungsbegründung stetig zugenommen hat.[326] Den vorläufigen Endpunkt der Entwicklung markiert die Entscheidung im Zusammenschlussverfahren *Oracle/Peoplesoft*,[327] in dem die Kommission erstmals auf eine Analyse der Marktanteile nach der herkömmlichen strukturellen Betrachtungsweise verzichtete und ihre Entscheidung gänzlich auf die Befunde der Auswirkungsanalyse stützte.[328]

Die Bereitschaft der Kommission, vertiefte wettbewerbsökonomische Einsichten in der Anwendung der Fusionskontrolle einzubeziehen, zeigt sich ebenfalls in ihren Bestrebungen zu einer wettbewerbsrechtlichen Berücksichtigung der spezifischen wettbewerbsschädlichen Auswirkungen konglomerater Fusionen.[329] Der Zusammenhang von konglomeraten Fusionen und bestimm-

323 Die folgenden Beispiele bei *D. Zimmer*, Vorzüge und Leistungsgrenzen quantitativ-ökonomischer Analysen in Fusionskontrollverfahren, in I. Brinker/D. H. Scheuing/K. Stockmann (Hrsg.), Recht und Wettbewerb, FS R. Bechtold, 2006, S. 677 ff.

324 KomE vom 14. März 2000, in der Sache COMP/M.1672, Volvo/Scania, ABl. 2001, Nr. L 174, 75.

325 Vgl. KomE vom 2. Oktober 2003, in der Sache COMP/M.3191, Philip Morris/Papastratos, ABl. 2003, Nr. C 212/04 und KomE vom 30. Oktober 2003, in der Sache COMP/M.3268, Sydkraft/Graninge, ABl. 2003, Nr. C 240/04.

326 Beispielhaft für diese Entwicklung ist KomE vom 7. Januar 2004, in der Sache COMP/M.2978, Lagardère/Natexis/VUP, Abl. 2003, Nr. C 137, 06, Rn. 700 ff.

327 KomE vom 26. Oktober 2004, in der Sache COMP/M.3216, Oracle/PeopleSoft, ABl. 2005, Nr. L 218, S. 6.

328 Bezeichnenderweise wird die Entscheidung der Kommission im Schrifttum auch als Durchbruch für die Bedeutung moderner Methoden ökonomischer Analyse bewertet, vgl. *T. Käseberg*, Die Analyse unilateraler Effekte im Rahmen der Fusionskontrolle, WuW 2005, S. 998 ff. Vgl. zu weiteren Beispielen angewandter quantitativer Ökonomie in der Europäischen Fusionskontrolle *D. Zimmer/U. Schwalbe*, Kartellrecht und Ökonomie, S. 523 ff.

329 Vgl. zum wettbewerbsökonomischen Hintergrund konglomerater Fusionen das *Diskussionspapier des BKartA*, Konglomerate Zusammenschlüsse in der Fusionskontrolle, 2006, S. 18 ff.; *D. Zimmer/U. Schwalbe*, Kartellrecht und Ökonomie, S. 503 ff.

ten wettbewerbsschädigenden Effekten ist in abstracto wirtschaftswissenschaftlich anerkannt.[330] Da schädliche Wirkungen allerdings nur in bestimmten Fällen auftreten und ansonsten eher unwahrscheinlich sind, lag die Fallgruppe der konglomeraten Zusammenschlüsse seither im Grenzbereich jener wettbewerbsökonomischen Überlegungen, die sich fusionskontrollrechtlich berücksichtigen lassen.[331] Entsprechend dem Grundanliegen einer verbesserten Konsistenz zwischen wohlfahrtsökonomischer Bedeutung und wettbewerbsrechtlicher Entscheidung ist die Kommission indessen bestrebt, auch für solche anspruchsvollen fusionsrechtlichen Konstellationen die Grundlagen einer Untersagung zu schaffen. Neben einigen Entscheidungen, in denen entsprechende Überlegungen bereits zum Tragen kamen,[332] hat die Kommission in jüngerer Zeit weit reichende leitlinienmäßige Festlegungen zur Behandlung von konglomeraten Zusammenschlüssen getroffen.[333] Anders als im Zusammenhang horizontaler Fusionen wird die wettbewerbspolitische Entscheidung zur verstärkten Berücksichtigung ökonomischer Effizienzen im Bereich vertikaler und konglomerater Zusammenschlüsse in den Leitlinien insofern besonders hervorgehoben, als sie nach Auffassung der Kommission „erheblichen Spielraum für Effizienzgewinne" bieten.[334] Demgegenüber ist diese Wertung in der Fallpraxis, soweit erkennbar, noch nicht besonders hervorgetreten.

III. Ergebnis und Schlussfolgerung

Auf wettbewerbspolitischer Ebene beschreibt der more economic approach eine Programmatik der Durchführung des Wettbewerbsrechts mit weit reichenden rechtlichen Implikationen auf den Ebenen des gesetzlichen Schutzzwecks, der tatbestandlichen Voraussetzungen der Wettbewerbsbeschränkung und deren Rechtfertigung sowie die Anwendung dieser Merkmale auf den Einzelfall.

330 Vgl. *L.-H. Röller/A. Strohm*, Ökonomische Analyse des Begriffs „significant impediment to effective competition", S. 4.

331 Vgl. *Diskussionspapier des BKartA,* Konglomerate Zusammenschlüsse in der Fusionskontrolle, 2006, S. 1 f.

332 Dies dokumentieren KomE vom 30. Oktober 2001, in der Sache COMP/M.2220, GE/Honeywell und vom 3. September 2001, in der Sache COMP/M.2416, Tetra Laval/Sidel sowie KomE vom 25. Oktober 2005, in der Sache COMP/M.3687, Johnson&Johnson/Guidant; vgl. zu den Entscheidungen das *Diskussionspapier des BKartA*, Konglomerate Zusammenschlüsse in der Fusionskontrolle, 2006, S. 10 f.

333 Vertikal-Leitlinien gem. FKVO, Rn. 91 ff. Hierzu *D. Zimmer/U. Schwalbe*, Kartellrecht und Ökonomie, S. 520 ff.

334 Vertikal-Leitlinien gem. FKVO, Rn. 13.

Der neue Ansatz der Kommission ist Ausdruck der wettbewerbspolitischen Überzeugung von der Überlegenheit einer wohlfahrtsökonomischen Wettbewerbstheorie gegenüber einem theoretischen Verständnis, das von der Wettbewerbsfreiheit des Einzelnen und der Erhaltung wettbewerbsfördernder Strukturen ausgeht. Neben der Entscheidung, den Verbraucher in den Mittelpunkt wettbewerbspolitischer Zielsetzung zu stellen, bildet das Bestreben den wesentlichen Hintergrund des more economic approach, eine weitergehende Konsistenz zwischen wettbewerbsrechtlicher Entscheidung und ökonomischer Wirklichkeit zu erreichen, als dies nach Ansicht der Kommission mit dem bisherigen Ansatz möglich war.

Dieser Grundgedanke kommt auf wettbewerbsrechtlicher Ebene in unterschiedlicher Ausprägung zum Tragen. Die Ausrichtung der Rechtsdurchsetzung auf die Verbraucherwohlfahrt als neuem Standard ist als Versuch der Kommission zu werten, die gesetzlichen Schutzziele des Wettbewerbsrechts neu zu bestimmen. Auf tatbestandlicher Ebene kommt in den Ausführungen der Kommission eine Auffassung zum Ausdruck, wonach ein Schaden der Verbraucherwohlfahrt Voraussetzung ist für das Eingreifen der Wettbewerbsregeln und überwiegende ökonomische Effizienzen zugunsten des Verbrauchers das Verhalten im Wege einer Effizienzeinrede rechtfertigen können. Auf die Marktwirkungen soll nicht auf der Grundlage von Vermutungsregeln geschlossen werden, vielmehr sollen diese durch eine „sound economic analysis, grounded on facts“ von Fall zu Fall verifiziert oder falsifiziert werden. Wenn die Auswirkungen im Einzelfall nicht anhand typisierender Maßstäbe vermutet, sondern nach sorgfältiger ökonomischer Analyse konkret beziffert werden sollen, entspricht das auf der Ebene der Rechtsanwendungsmethodik der Verwirklichung einer rule of reason. Um die Auswirkungen eines wettbewerblichen Verhaltens auf den Markt beziffern und bei ambivalenten Verhaltensweisen bilanzmäßig miteinander verrechnen zu können, öffnet die Kommission ihr Entscheidungsverfahren den Analysemethoden der Ökonometrie, mit deren Hilfe wirtschaftliche Entwicklungen und deren Zusammenhänge gemessen und zahlenmäßig abgebildet werden können.

Die wettbewerbsrechtliche Berücksichtigung spezifischer Gesetzmäßigkeiten der Wettbewerbsökonomie lässt sich seit den Anfängen der europäischen Wettbewerbsrechtsordnung auch unterhalb der Schwelle rechtssatzmäßiger Festlegung in unterschiedlichen Ausbildungen nachweisen. Zudem konnte auch die bisherige Praxis nicht auf solche Rechtsauslegungs- und -anwendungskonzepte verzichten, die einen Mindestgrad an Konsistenz zwischen rechtlicher und ökonomischer Beurteilung gewährleisten. Darüber hinaus haben Konsumentenwohlfahrt und ökonomische Effizienzen sowohl wettbewerbspolitisch als auch -rechtlich bereits in der bisherigen Wettbewerbskonzeption Berücksichtigung gefunden.

Dennoch nimmt die Kommission mit dem more economic approach nicht lediglich den Endpunkt einer ohnehin bestehenden Tendenz zur ökonomischen Betrachtung vorweg, die bereits in der bisherigen Rechtspraxis angelegt war. In der für den Ansatz der Kommission paradigmatischen Verknüpfung von konsumentenwohlfahrtsorientiertem Auswirkungsansatz und dem Leitbild der Feststellung der konkreten Auswirkungen von Fall zu Fall liegt eine Programmatik der Rechtsdurchsetzung, die in der Vergangenheit ohne Beispiel ist und in der Literatur als der Versuch einer „ökonomischen Punktlandung“ bezeichnet wurde. Jenseits der tiefgreifenden Veränderung der wettbewerbstheoretischen Bezugspunkte zeigen sich die Unterschiede in der spezifischen Qualität der Herausforderungen zur Bewältigung eines solchen Ansatzes im rechtsförmigen Verfahren, die Ausdruck finden im umfangreichen Einsatz von Analysemethoden der quantitativen Ökonomie.

In zahlreichen Einzelpunkten hat die Kommission wesentliche Prinzipien der Ökonomisierung der Sache nach bereits durch leitlinienmäßige Verankerung in die Praxis umgesetzt. Insgesamt bleibt sie indes deutlich hinter ihren wettbewerbspolitischen Ansprüchen zurück. Die Analyse der Kommissionspraxis legt hierfür drei maßgebliche Gründe nahe: Einerseits scheint die Kommission hierbei selbst den Leistungsgrenzen rechtsförmiger Verfahren zur ökonomischen Analyse Rechnung zu tragen, wenn sie ihrerseits etwa auf den Einsatz der normierenden Wirkung von Wahrscheinlichkeiten und den Rückgriff auf struktur- und verhaltensbezogene Kriterien nicht verzichtet. Andererseits findet sich aber auch auf der programmatischen Ebene der Leitlinien kein eindeutiges Bekenntnis zu einem von den Auslegungs- und Anwendungskonzepten des more economic approach geprägten Rechtsverständnis. Vielmehr stehen Aspekte einer verstärkt wirtschaftlichen Betrachtungsweise, die sich vor allem in den konkreten Analyserahmen niederschlagen, solchen Erklärungen prinzipieller Art gegenüber, die auf ein Festhalten der Kommission an den wettbewerbskonzeptionellen Annahmen der bisherigen Praxis hinweisen.

Insgesamt entsteht der Eindruck, dass die Kommission sich bei der Verankerung des ökonomischen Ansatzes in ihren Leitlinien und Mitteilungen einer Vorgehensweise bedient, die einerseits von dem Bestreben getragen ist, eine verstärkt wirtschaftliche Betrachtung durch die Einführung zahlreicher Maßstäbe ökonomischer Beurteilung zur Geltung zu bringen, andererseits aber mit Blick auf das spannungsreiche Verhältnis zu der Rechtsprechung darauf bedacht ist, die zugrunde liegende Rechtsauffassung nicht allzu deutlich an übergeordneter Stelle zu benennen, um einen Konflikt mit den Gerichten zu vermeiden. Insbesondere die jüngeren Dokumente der ökonomisierten Rechtspraxis zeugen von einem gesteigerten Bewusstsein der Kommission für die rechtlichen Grenzen des ökonomischen Ansatzes.

Von einer ähnlichen Vorgehensweise ist die Praxis der Einzelfallentscheidungen geprägt. Dabei bringt die Kommission zum einen mitunter Beurteilungsmaßstäbe zum Einsatz, die der Sache nach dem auswirkungsbezogenen Ansatz entsprechen, die sie aber gleichwohl als eine den Notwendigkeiten des Einzelfalles geschuldete Fortentwicklung der bisherigen Rechtspraxis verstanden wissen möchte. Zum anderen fertigt sie weit reichende Untersuchungen der Marktergebnisse an, zieht diese jedoch nur in Ergänzung einer Entscheidungsbegründung heran, die sich ansonsten streng nach den bisherigen Beurteilungsmaßstäben richtet.

Um die Aussagekraft der Untersuchung zu den prinzipiellen rechtsstaatlichen Problemstellungen des more economic approach zu erhöhen, liegt der – notwendig selektiven – Analyse seiner unterschiedlichen Erscheinungsformen im Folgenden die wissenschaftstheoretische Überlegung zugrunde, „dass die Bestandteile in einer idealtypisch kompilierten Konsequenz vorgeführt werden, wie sie in der Realität nicht vorzufinden sind. Denn gerade wegen der Unmöglichkeit, in der Wirklichkeit scharfe Grenzen zu ziehen, können wir nur bei der Untersuchung ihrer konsequentesten Formen hoffen, auf ihre spezifischen Wirkungen zu stoßen“.[335]

F. Rechtsstaatliche Grenzen des more economic approach in der Rechtsprechung

Die Realanalyse hat gezeigt, dass sich der more economic approach auf unterschiedlichen Ebenen der verwaltungsmäßigen Durchführung des Wettbewerbsrechts auswirkt; neben jenen Prinzipien der Ökonomisierung, die den Schutzzweck der Wettbewerbsregeln und deren Auslegung betreffen, enthält die Programmatik der Kommission Grundsätze, die im Rahmen der verwaltungsmäßigen Anwendung des Wettbewerbsrechts auf den Einzelfall zum Tragen kommen. Mit Rücksicht auf die prinzipiell unterschiedlichen Stärkegrade rechtsstaatlicher Einbindung, der die Kommission in der verwaltungsmäßigen Durchführung des Wettbewerbsrechts auf diesen beiden Ebenen un-

335 Vgl. zu diesem Gedanken *M. Weber* in seiner Abhandlung Die protestantische Ethik und der Geist des Kapitalismus, S. 87.

terliegt,[336] folgt diese Studie zu den rechtsstaatlichen Grenzen der Ökonomisierung einer nach diesen Rechtsebenen differenzierenden Betrachtung, die hier die Grenzen der Gesetzesbindung im Lichte der Wettbewerbskonzeption der Gerichte und dort die Erfordernisse gerichtlicher Kontrolle und der Berechenbarkeit des Rechts als regulierende rechtsstaatliche Prinzipien zum Gegenstand macht.[337] Die Leitlinienpraxis der Kommission als ein besonderer Teilbereich ihrer Wettbewerbspolitik betrifft die Ebene administrativer Auslegungskonzepte unterhalb der Schwelle normativer Verbindlichkeit. Dem Kommissionshandeln in Form von Leitlinien und Bekanntmachungen kommt angesichts der Divergenzen von rechtlicher und faktischer Wirkung im Hinblick auf das Ausmaß rechtsstaatlicher Bindung eine Sonderstellung zu, welche einer gesonderten Untersuchung bedarf.

336 Während die Kommission bei der Auslegung der Vorschriften einer engen Bindung an den Grundsatz der Gesetzmäßigkeit der Verwaltung unterliegt, welche die europäischen Gerichte umfassend nachprüfen, bestehen auf der Ebene der Rechtsanwendung Bereiche mitunter ausgeprägter Lockerung der Rechtsbindung, in denen mitunter die allgemeinen verwaltungsrechtlichen Grundsätze des Unionsrechts maßgebliche Bindungswirkung entfalten. Vgl. zu den unterschiedlichen Graden der Rechtsbindung im europäischen Wirtschaftsverwaltungsrecht *J. Schwarze*, Europäisches Verwaltungsrecht, 2. Aufl. 2005, S. 280 ff., mit zahlreichen Beispielen aus dem Feld des Wettbewerbsrechts.

337 Im Einzelfall ist mitunter nur schwer zu bestimmen, inwieweit sich das Vorgehen bei der wettbewerbsrechtlichen Beurteilung des Einzelfalls bereits aus der Wettbewerbsnorm selbst ergibt. Die Rechtsprechung hat im Zuge der gerichtlichen Konkretisierung der Wettbewerbsnormen mitunter Beurteilungsmaßstäbe aufgestellt, welche auch Aussagen zu solchen Regelungsgegenständen enthalten, die ebenfalls dem Bereich administrativer Beurteilung im Rahmen der Rechtsanwendung zugerechnet werden könnten, vgl. hierzu *J. Azizi*, Aufgaben und Grenzen der europäischen Gerichtsbarkeit, in S. Griller (Hrsg.) Die europäische Wirtschaftsverfassung de lege lata und ferenda, 2007, S. 85 ff. Ein gutes Beispiel für die Tendenz der richterlichen Verrechtlichung der Beurteilungsmaßstäbe bilden die Ausführungen des Gerichts in seiner Entscheidung EuG, Rs. T-271/03, Deutsche Telekom, Slg. 2008, II-47710, Rn. 188, in der das Gericht sich mit der Frage auseinanderzusetzen hatte, ob der von der Kommission verwendete Test zur missbräuchlichen Margenbeschneidung auf dem Sektor der Telekommunikationsdienstleistungen gegen Art. 102 verstoße: „[Es] ist festzustellen, dass, auch wenn der Gemeinschaftsrichter bisher noch nicht ausdrücklich entschieden hat, welche Methode für den Nachweis einer [Beschneidung der Margen] anzuwenden ist, sich doch klar aus der Rechtsprechung ergibt, dass die Missbräuchlichkeit der Preispolitik eines beherrschenden Unternehmens grundsätzlich anhand seiner eigenen Lage und damit anhand seiner eigenen Entgelte und Kosten bestimmt wird und nicht anhand der Lage der gegenwärtigen oder potenziellen Wettbewerber." Hier hat das Gericht auf eine umfassende Überprüfung der administrativen Analysekriterien zugunsten einer eingeschränkten Kontrolle am Maßstab allgemeiner Rechtsgrundsätze mit dem Argument verzichtet, dass eine hinreichende Verrechtlichung bislang fehle.

I. Die Ökonomisierung im Lichte der gerichtlichen Wettbewerbskonzeption

Die Programmatik des more economic approach ist für alle drei Regelungsbereiche des europäischen Wettbewerbsrechts von nennenswertem normativen Gehalt.[338] Zum einen legt die Kommission den Schutzzweck der Wettbewerbsregeln auf die Förderung von Konsumentenwohlfahrt und ökonomischen Effizienzen fest. Im Lichte dieses Schutzzwecks strebt die Kommission zum anderen offenbar eine Auslegung der einzelnen Wettbewerbsregeln an, der zufolge einerseits der Nachweis eines Verbraucherschadens Voraussetzung für die Wettbewerbsrechtsverletzung ist, andererseits das unternehmerische Verhalten mit dem Wettbewerbsrecht vereinbar sein kann, wenn es zu überwiegenden ökonomischen Effizienzen führt, die dem Verbraucher zugute kommen. In der rechtswissenschaftlichen Literatur ist die Auffassung weitverbreitet, dass die Kommission „wettbewerbspolitisch einen Weg beschritten (hat), der geltenden wirtschaftsverfassungsrechtlichen Grundsätzen des europäischen Wettbewerbs nicht entspricht".[339] Inwieweit diese Einschätzung zutrifft, wird im Folgenden im Lichte der Wettbewerbskonzeption der Rechtsprechung untersucht.[340]

338 Im Hinblick auf den systematischen Gesamtzusammenhang einer Untersuchung der Grenzen einer weit reichenden normativen Ökonomisierung der vertraglichen Wettbewerbsregeln de lege lata sei an dieser Stelle nur am Rande die Möglichkeiten einer normativen Neubestimmung de lege ferenda der Vertragsregeln angesprochen, der in den gegenwärtigen Überlegungen indes keine Rolle spielt, vgl. *C. Kirchner*, Das Missbrauchsverbot des Art. 102 AEUV: Sinnfälligkeit eines stärker ökonomischen Ansatzes? EuR Beiheft 2 2011, S. 103 ff. Indes wurden durch den Reformvertrag von Lissabon geringfügige Änderungen in der Regelungstechnik der vertraglichen Zielbestimmungen vorgenommen, die für die Untersuchung aber keine erkennbaren Auswirkungen haben, vgl. etwa *J. Drexl*, Wettbewerbsverfassung, in A. von Bogdandy/J. Bast (Hrsg.), Europäisches Verfassungsrecht, 2009, S. 903, 916 ff.

339 *U. Immenga*, Gestaltungsspielräume der Kommission, in ders./T. Körber (Hrsg.), Die Kommission zwischen Gestaltungsmacht und Rechtsbindung, 2012, S. 25; *ders.*, Grenzen der Rechtsauslegung – Das Diskussionspapier der EG-Kommission zu Art. 82 EG, EuZW 2006, S. 481. Bedenken hinsichtlich der wettbewerbsrechtlichen Vereinbarkeit des more economic approach haben außerdem etwa *V. Emmerich*, Kartellrecht, 10. Auflage, S. 62, Rn. 44; *K. Meessen* in U. Loewenheim/K. Meessen/A. Riesenkampff (Hrsg.), Kartellrecht - Europäisches Recht, Einführung, Rn. 60 ff.; *D. Zimmer*, Der rechtliche Rahmen für die Implementierung moderner ökonomischer Ansätze, WuW 2007, S. 1204; *T. Eilmansberger*, Neue Paradigmen, ZWeR 2009, S. 440; *J. Drexl*, Wettbewerbsverfassung, in A. von Bogdandy/J. Bast (Hrsg.), Europäisches Verfassungsrecht, 2009, S. 903, 916 ff.

340 Vgl. zur Wettbewerbskonzeption des Gerichtshofs *H. Schröter*, Das Wettbewerbskonzept des Verfassungsentwurfs, in J. Schwarze (Hrsg.), Der Verfassungsentwurf des Europäischen Konvents, 2004, S. 233 ff.; *W.v. Simson*, The Concept of Competition in the European Community, in J. Schwarze/H. G. Schermers (Hrsg.), Structure

Eine anschließende Analyse der Entscheidungsgründe fördert jene Determinanten der Wettbewerbskonzeption zutage, anhand derer sich zukünftige Spielräume und Grenzen einer Ökonomisierung des Wettbewerbsrechts bestimmen dürften. Zunächst wird die übergeordnete Fragestellung indes zum Anlass genommen, die Wettbewerbskonzeption der Gerichte selbst im Lichte der jüngeren Entscheidungspraxis auf die normative Bedeutung wettbewerbstheoretischer Ansätze hin zu untersuchen. Dies erscheint sachgerecht angesichts der Tatsache, dass sich wie gezeigt werden konnte, der von der Kommission eingeschlagene wettbewerbspolitische Kurs mit seinen wettbewerbsrechtlichen Implikationen über weite Strecken als unmittelbare Folge einer tiefgreifenden wettbewerbstheoretischen Neuorientierung darstellt.[341]

1. Bedeutung wettbewerbstheoretischer Grundannahmen

a) Gründe für die Theorieferne der bisherigen Rechtsprechung

Mit dem more economic approach löst sich die Kommission von ihren bisherigen, der ordoliberalen und strukturalistischen Wettbewerbstheorie zuzuordnenden Grundannahmen und legt ihrer Wettbewerbspolitik ein Verständnis zugrunde, welches sich der Sache nach den Wettbewerbslehren des wohlfahrtsökonomischen Ansatzes der Chicagoer School of Antitrust Analysis zuordnen lässt.[342] Angesichts dieser ausgeprägten wettbewerbstheoretischen Dimension der Kommissionspolitik stellt sich die Frage, inwieweit den Gerichten Maßstäbe zur Verfügung stehen, um sich mit dem more economic approach auch unter dem Gesichtspunkt eines wettbewerbstheoretisch fundierten Paradigmenwechsels der Verwaltungspraxis auseinandersetzen zu können.[343] Insofern könnte die Auslegung der Wettbewerbsregeln entsprechend dem more economic approach schon deshalb mit der Wettbewerbskonzeption der Rechtsprechung unvereinbar sein, als sie sich auf wettbewerbstheoretische Grundannahmen stützt, die mit jenen der Rechtsprechung unvereinbar sind. Dies setzt aber voraus, dass die europäischen Gerichte wettbewerbsrechtlichen

and Dimensions of European Community Policy, 1988, S. 139; *I. Brinker*, in J. Schwarze (Hrsg.), EU-Kommentar, 2012, Art. 101 AEUV, Rn. 36 ff.

341 S. o., E.I.1.

342 S. o., E.I.2.

343 Zuletzt hat *B. Bär-Bouyssière* diese Frage im Zusammenhang des more economic approach aufgeworfen, vgl. Tetra Laval und der wettbewerbspolitische Paradigmenwechsel – die gerichtliche Kontrolle wettbewerbstheoretischer Ansätze am Beispiel der Fusionskontrolle, in J. Schwarze (Hrsg.), Recht und Ökonomie im Europäischen Wettbewerbsrecht, 2006, S. 85 ff.

Fragestellungen ihrerseits auf dem Boden grundlegender wettbewerbstheoretischer Annahmen begegnen.[344]

In der Vergangenheit haben es die europäischen Gerichte weitestgehend vermieden, Auslegungsergebnisse mit wettbewerbstheoretischen Grundannahmen zu begründen oder auch nur zu diesen in Beziehung zu setzen.[345] Diese Vorgehensweise findet ihren deutlichsten Ausdruck in der Praxis der Gerichte, bei Urteilsbegründungen auf die Angabe von Literaturbelegen vollständig zu verzichten.[346] Eine besonders überzeugende Erklärung für die Theorieferne der bisherigen Rechtsprechung wurde seinerzeit mit Blick auf den integrationsspezifischen Schutzzweck der europäischen Wettbewerbsregeln entwickelt: Als zentrale Aufgabe hat der Gerichtshof den Wettbewerbsregeln der Union als einer ursprünglich auf einer Vielzahl nationaler Märkte gründenden Wettbewerbsrechtsordnung von Beginn an neben dem Schutz des Wettbewerbs auch den Schutz des Gemeinsamen Marktes und später des Binnenmarktes durch die Öffnung und Offenhaltung der mitgliedstaatlichen Märkte zugedacht.[347] Dem europäischen Wettbewerbsrecht lag damit von Be-

344 Die Praxis der US-amerikanischen Rechtsprechung in Wettbewerbssachen zeigt, dass eine derartige Vorgehensweise in Kartellrechtsordnungen, die mit jenen der Europäischen Union in wesentlichen Punkten verwandt sind, durchaus vorstellbar ist. Unter dem Einfluss der Chicago School vollzog der US-amerikanische Supreme Court in der Mitte der 1970er Jahre eine wettbewerbstheoretische Neuorientierung, die in der Abkehr von der strengen Behandlung vertikaler Vertriebsbeschränkungen ihren deutlichsten Ausdruck fand, vgl. zur US-amerikanischen Entwicklung des Wettbewerbsrechts *T. Ackermann*, Europäisches Kartellrecht, in K. Riesenhuber (Hrsg.), Europäische Methodenlehre, 2010, S. 632 m. w. N.

345 Vgl. *U. Everling*, Wirtschaftsverfassung und Richterrecht in der Europäischen Gemeinschaft, in U. Immenga/W. Möschel/D. Reuter (Hrsg.), FS E.-J. Mestmäcker, 1996, S. 365 ff.; *ders.* Zur Wettbewerbskonzeption in der neueren Rechtsprechung des Gerichtshofs der Europäischen Gemeinschaften, in ders. (Hrsg.) Unterwegs zur Europäischen Union, 2001, S. 228 f.; *W. Kerber,* Zur Wettbewerbskonzeption im europäischen Wettbewerbsrecht, in H. Gröner (Hrsg.), Die europäische Integration als ordnungspolitische Aufgabe, 1993, S. 310; *U. Everling*, Die Rechtsprechung des Europäischen Gerichtshofs über Wettbewerbsfragen, in H. Gröner (Hrsg.), Wettbewerbsfragen der Europäischen Gemeinschaft, 1990, S. 35. In diese Richtung auch *T. Ackermann*, Europäisches Kartellrecht, in K. Riesenhuber (Hrsg.), Europäische Methodenlehre, 2010, S. 642.

346 *J. Fejo*, How does the ECJ cite its previous jugdments in competition law cases, M. Johansson/N. Wahl/U. Bernitz (Hrsg.), A European for all seasons, Liber Amicorum in Honour of Sven Norberg, 2006, S. 195 ff.

347 Zum besonderen Stellenwert des Binnenmarktschutzes im Wettbewerbsrecht bereits *U. Everling,* Zur Wettbewerbskonzeption in der neueren Rechtsprechung des Gerichtshofs der Europäischen Gemeinschaften, in ders. (Hrsg.), Unterwegs zur Europäischen Union, 2001, S. 218 ff.; *W. Kerber*, Zur Wettbewerbskonzeption im europäischen Wettbewerbsrecht, in H. Gröner (Hrsg.), *K. M. Meessen*, in U. Loewenheim/K. M. Meessen/A. Riesenkampff (Hrsg.), Kartellrecht, Bd. 1, 2005, S. 6.

ginn an eine Schutzfunktion zugrunde, die herkömmlichen, an nationalen Märkten ausgerichteten Wettbewerbsrechtsordnungen fremd ist.[348] Dieser besondere Schutzzweck des Wettbewerbsrechts hatte in der Praxis keine nur ergänzende Funktion; vielmehr hat der Gerichtshof dem Schutz des Binnenmarktes bei der Auslegung und Anwendung der Wettbewerbsregeln von Anfang an einen hervorgehobenen Stellenwert zuerkannt.[349]

In dem insofern grundlegenden Urteil zur Rechtssache *Consten/Grundig* hat der Gerichtshof in einer vertikalen Alleinvertriebsvereinbarung einen Verstoß gegen das Kartellverbot mit der Begründung bejaht, eine „zwischen einem Hersteller und einem Vertriebsunternehmen geschlossene Vereinbarung, die darauf abzielt, die nationalen Schranken im Handel zwischen Mitgliedstaaten wieder einzurichten, könnte (...) den grundlegenden Zielen der Gemeinschaft zuwiderlaufen. Der EWG-Vertrag, der nach seiner Präambel und seinem Inhalt darauf gerichtet ist, die Schranken zwischen den Staaten zu beseitigen, und der der Wiedererrichtung dieser Schranken und einer Reihe strenger Bestimmungen entgegentritt, kann nicht zulassen, dass die Unternehmen neue Hindernisse dieser Art schaffen“.[350]

Vor allem in den Anfangsjahren der Gemeinschaft ließ sich eine Haltung des Gerichtshofes feststellen, nach der die Wettbewerbsregeln im Interesse des Zusammenwachsens der nationalen Märkte zu einem europäischen Binnenmarkt im Zweifel auch dort auszulegen und anzuwenden sind, wo die eigentlichen Schutzgüter des Wettbewerbs nicht in Gefahr sind oder dem Eingreifen der Verbotsregeln sogar entgegenstehen.[351] Bis in die Gegenwart hinein haben die Gerichte an diesem Grundprinzip festgehalten, wobei der Gerichtshof bezeichnenderweise bisweilen dafür kritisiert wurde, im Gegenzug die anderen Schutzziele des Wettbewerbsrechts in ihrer Bedeutung zu vernachlässigen.[352] Gerade das bisherige Hauptanliegen des Gerichtshofs, die Er-

348 Zu den Unterschieden der nationalen und gemeinschaftlichen Wettbewerbsordnung bereits *H. von der Groeben*, Aufbaujahre der Europäischen Gemeinschaft, S. 75.

349 Vgl. grundlegend zu diesem Fragenkreis nur *H.v.d. Groeben*, EG-Wettbewerbsregeln und Wettbewerbspolitik als Instrumente der Europäischen Integration, in Forschungsinstitut für Wirtschaftsverfassung und Wettbewerb (Hrsg.), Wettbewerbsordnung im Spannungsfeld von Wirtschafts- und Rechtswissenschaft, FS G. Hartmann, 1976, S. 105 ff.

350 EuGH, Rs. 56 u. 58/64, Grundig/Consten, Slg. 1966, S. 388.

351 Bezeichnenderweise betrafen die ersten Urteile des Gerichtshofs in Wettbewerbssachen die kartellrechtliche Zulässigkeit des absoluten Gebietsschutzes bei Allein-Vertriebsverträgen. Hierzu *U. Everling*, Wettbewerbskonzeption, S. 219 mit Verweis auf EuGH, Rs. 258/78, Nungesser, Slg. 1982, S. 2015 und EuGH, Rs. 161/84 Pronuptia, Slg. 1986, S. 374.

352 Im Hinblick auf die gewerblichen Schutzrechte etwa der damalige Richter am Gerichtshof *R. Iglesias,* der die Kritik, das Ziel des Binnenmarktes zu sehr in den Vor-

richtung von Handelsbarrieren und Abschottungen der nationalen Märkte durch das Verhalten Privater zu verhindern, entzieht sich aber einer schlüssigen Zuordnung zu den herkömmlichen theoretischen Ansätzen, welche die Ziele und Funktionen des Wettbewerbs stets mit Blick auf die staatlichen Wettbewerbsordnungen entwickelten.[353] So entspricht etwa einerseits die Sicherung wirtschaftlicher Handlungsfreiheit durch die Erleichterung des Marktzutritts den Grundannahmen eines ordoliberalen Ansatzes, während andererseits die angestrebte Öffnung der nationalen Märkte ein bestimmtes, wohlfahrtsökonomisch erwünschtes Ergebnis darstellt.[354] Angesichts des spezifischen Schutzauftrags der europäischen Wettbewerbsregeln, so lautet die einleuchtende Erklärung *Everlings*, haben die Gerichte einer pragmatischen, jenseits theoretischer Bezugnahmen ansetzenden Herangehensweise den Vorzug gewährt, die es ihnen erlaubt, dem Ziel der Binnenmarktintegration auf dem Boden des Wettbewerbsrechts Rechnung zu tragen, ohne hierbei in Widerspruch zu geraten zu den Lehren einer zugrunde liegenden Wettbewerbstheorie, die nicht geeignet ist, das besondere Wesen der Union als Integrationsgemeinschaft angemessen zu berücksichtigen.[355] Eine weitere an praktischen Erwägungen ausgerichtete Erklärung für die Zurückhaltung der Gerichte gegenüber einer konsequenten wettbewerbstheoretischen Fundierung ihrer Entscheidungen wurde außerdem in den besonderen Funktionsbedingungen der europäischen Rechtsprechung gesehen. Die den Regeln der Zusammensetzung geschuldete Heterogenität des Richtergremiums in grundlegenden wirtschaftstheoretischen Annahmen – im Verbund mit einer ausgeprägten Praxis der Konsensfindung – bildete eine Eigenart der gerichtlichen Willensbildung, die einer konsequenten wirtschaftstheoretischen Fundierung der Entscheidungen in der Vergangenheit entgegenstand.[356] Angesichts der ordnungspolitischen Meinungsverschiedenheiten, die auch noch lange nach der Vertrags-

dergrund zu stellen, für nicht ganz ungerechtfertigt hält (im Rahmen einer Tagung, zitiert in *J. Schwarze*, Der Schutz des geistigen Eigentums im europäischen Wettbewerbsrecht, EuZW 2002, S. 79).

353 Vgl. zur problematischen wettbewerbskonzeptionellen Einordnung dieses Schutzziels *W. Kerber*, Wettbewerbskonzeption, in H. Gröner (Hrsg.), Die europäische Integration als ordnungspolitische Aufgabe, 1993, S. 290 f., sowie *U. Everling*, Wettbewerbskonzeption, in ders. (Hrsg.) Unterwegs zur Europäischen Union, 2001, S. 228.

354 Dieses Beispiel bei *U. Everling*, Wettbewerbskonzeption, in ders. (Hrsg.) Unterwegs zur Europäischen Union, 2001, S. 228.

355 *U. Everling*, Wettbewerbskonzeption, in ders. (Hrsg.) Unterwegs zur Europäischen Union, 2001, S. 228.

356 Vgl. hierzu *U. Everling*, Wettbewerbskonzeption, in ders. (Hrsg.) Unterwegs zur Europäischen Union, 2001, S. 213.

schließung zwischen den Mitgliedstaaten bestehen, so wurde überzeugend argumentiert, kann die wettbewerbstheoretische Zurückhaltung in der Rechtsprechung insofern nicht verwundern, als die Richter nur die europäische Meinungsvielfalt widerspiegeln.[357]

Eines seltenes Gegenbeispiel für die Zurückhaltung gegenüber der Bezugnahme auf wettbewerbstheoretisch vorgeprägte Begrifflichkeiten bildet die Entscheidung des Gerichtshofs in der Rechtssache *Metro 1*, wonach „der in den Artikeln 3 und 85 EWG-Vertrag geforderte unverfälschte Wettbewerb (...) das Vorhandensein eines wirksamen Wettbewerbs (workable competition) auf dem Markt (voraussetzt)“.[358] Mit der Formel des „workable competition“ legte der Gerichtshof damals seinem Maßstab einen Begriff zugrunde, der einen ausgesprochen wirtschaftswissenschaftlichen Gehalt aufweist und eine Bezugnahme auf das in der US-amerikanischen Wettbewerbstheorie entwickelte gleichnamige Konzept nahelegt.[359] Ausgehend von dieser Begrifflichkeit wurde es seinerzeit unternommen, weit reichende Rückschlüsse auf ein bestimmtes wettbewerbstheoretisches Grundverständnis des Gerichtshofs zu ziehen.[360] Im weiteren Verlauf der Rechtsprechung wurde diese Formel indes weder vertieft noch auch nur weitergeführt,[361] so dass man in der Entscheidung rückblickend wohl die sprichwörtliche Ausnahme sehen kann, die die Regel bestätigt.[362] Auf dem Boden dieser überzeugenden, den Besonderheiten einer Integrationsgemeinschaft geschuldeten Erklärungen hat sich eine Auf-

357 *U. Everling*, Zur neueren EuGH-Rechtsprechung zum Wettbewerbsrecht, in ders. (Hrsg.), Das europäische Gemeinschaftsrecht im Spannungsfeld von Politik und Wirtschaft, 1985, S. 393 f.

358 EuGH, Rs. 26/76, Metro, Slg. 1977, S. 1917, Leitsatz 4.

359 Nach diesem Verständnis sind Wettbewerbspolitik und -recht an den Zielfunktionen des Wettbewerbs und damit ergebnisorientiert auszurichten, grundlegend *J.M. Clark*, Competition and Objektive of Government Policy, in E.H. Chamberlin (Hrsg.), Monopoly and Competition and their Regulation, 1954, S. 317 ff., vgl. auch *E. Kantzenbach*, Die Funktionsfähigkeit des Wettbewerbs, 1967, der dem Wettbewerb fünf verschiedene Zielfunktionen zuordnet. Dieses Verständnis gründet auf der Annahme eines engen, konkret ermittelbaren Zusammenhangs von Marktstruktur und Marktergebnis, gemittelt durch das Marktverhalten (Struktur-Verhalten-Ergebnis-Paradigma), so dass sich durch die Beeinflussung der Marktstruktur bzw. die Herbeiführung optimaler Marktstrukturen (im Wege von Verhaltensregeln) wettbewerbspolitisch erwünschte Ergebnisse erzielen lassen.

360 *A. Väth*, Die Wettbewerbskonzeption des Europäischen Gerichtshofs, 1987.

361 In der Rechtssache EuGH, Rs. C-209/78, van Landewyck, Slg. 1980, 3125, S. 3181, 3187, 3193 nehmen sowohl die Kommission als auch die Klägerin auf das Konzept des „workable competition“ Bezug, wobei sie ein unterschiedliches Verständnis zugrunde legen. Der Gerichtshof greift diesen Punkt indes nicht auf.

362 So *U. Everling*, Wettbewerbskonzeption, in ders. (Hrsg.) Unterwegs zur Europäischen Union, 2001, S. 228.

fassung durchgesetzt, welche die bisherige Rechtsprechung in Wettbewerbssachen als theorieferne, pragmatische und an den besonderen Vertragszielen orientierte Herangehensweise beschreibt.[363]

Heute, da die Kommission die Wettbewerbskonzeption der Rechtsprechung mit einem grundlegenden Wechsel ihrer wettbewerbstheoretischen Leitvorstellungen wohl erstmals in der Geschichte des Europäischen Wettbewerbsrechts unter prinzipiellen Gesichtspunkten herausfordert und den Gerichten so durchaus einen Anlass bietet, auf gleichermaßen prinzipieller Ebene zu antworten, erscheint die Frage gerechtfertigt, ob angesichts des fortschreitenden wirtschaftsrechtlichen und -politischen Zusammenwachsens der Union die integrationsspezifischen Erklärungsansätze für die bisherige, theorieferne Wettbewerbskonzeption der Rechtsprechung weiterhin Bestand haben, oder ob sich angesichts verbesserter Voraussetzungen für eine konsequente wettbewerbstheoretische Fundierung der Rechtsprechungspraxis den Gerichten die Gelegenheit bietet, dem Ansatz der Kommission auf der Grundlage prinzipieller wettbewerbstheoretischer Erwägungen zu begegnen.[364]

b) Die Bedeutung des integrationsspezifischen Schutzzwecks des europäischen Wettbewerbsrechts in der Gegenwart: Der wettbewerbsrechtliche Schutz des Parallelhandels in der Rechtsprechung heute

Angesichts der integrationsspezifischen Fortentwicklung der Union in Gestalt einer stetig zunehmenden Öffnung mitgliedstaatlicher Märkte stellt sich die Frage, ob das Prinzip der Sicherung des Binnenmarktes in der Rechtsprechung zum Wettbewerbsrecht ihren herausragenden Stellenwert zugunsten verstärkt wettbewerblich ausgerichteter Erwägungen eingebüßt hat,[365] womit – dies ist

363 *U. Everling*, Wettbewerbskonzeption, in ders. (Hrsg.) Unterwegs zur Europäischen Union, 2001, S. 229; vgl. auch *T. Ackermann*, Europäisches Kartellrecht, in K. Riesenhuber (Hrsg.), Europäische Methodenlehre, 2010, S. 632.

364 Diese Frage wurde zuletzt im Zusammenhang mit der Rechtsprechung im Bereich der Fusionskontrolle aufgeworfen, vgl. *B. Bär-Bouyssière*, „Tetra Laval" und der wettbewerbspolitische Paradigmenwechsel – Die gerichtliche Kontrolle wettbewerbstheoretischer Ansätze am Beispiel der Fusionskontrolle, in J. Schwarze (Hrsg.), Recht und Ökonomie im europäischen Wettbewerbsrecht, 2006, S. 85 ff..

365 Vgl. etwa S. *Kingston,* Urteilsanmerkung zur Sot Lélos Kai Sia-Entscheidung des EuGH, CMLRev 2009, S. 683; *T. Körber*, Parallelhandel mit Medikamenten zwischen Binnenmarktziel, Konsumentenwohlfahrt und Innovationswettbewerb, ZWeR 2007, S. 515 ff. Vgl. zur Frage des verringerten wettbewerbsrechtlichen Binnenmarktschutzes in jüngerer Zeit *I. Brinker,* in J. Schwarze (Hrsg.), EU-Kommentar, 2012, Art. 101 AEUV, Rn. 8.

die Hypothese, die der nachfolgenden Analyse zugrunde liegt – ein zentrales Hindernis für eine konsequente wettbewerbstheoretische Ausrichtung der Rechtsprechung weggefallen wäre. Tatsächlich haben die Gerichte in der jüngeren und jüngsten Vergangenheit in einer Reihe von Wettbewerbssachen den Parallelhandel mit Arzneimitteln betreffende Entscheidungen getroffen, die ein Abrücken vom Prinzip des absoluten Schutzes des Parallelhandels als dem zentralen Anliegen des Wettbewerbsrechts der Union andeuten.[366]

Der Handel mit Arzneimitteln in der Europäischen Union ist Gegenstand zahlreicher europarechtlicher Fragestellungen.[367] Während anfangs vor allem das Ausmaß zu klären war, in welchem die Vertragsregeln über die Freiheiten des wirtschaftlichen Verkehrs in der Union für den Arzneimittelhandel Geltung gegenüber den legitimen Regelungsinteressen der Mitgliedstaaten beanspruchen können,[368] stehen heute wettbewerbsrechtliche Fragestellungen im Hinblick auf die besonderen Eigenschaften der Arzneimittelmärkte im Mittelpunkt der Auseinandersetzung.[369] Ein Wesensmerkmal der europäischen Märkte für Arzneimittel ist der hohe Grad mitgliedstaatlicher Regulierung, die insbesondere auf dem Wege der Gestaltung der nationalen Gesundheitssysteme stattfindet und unter anderem von den Bestrebungen der Mitgliedstaaten

366 In der Literatur wurde diese Rspr. jedenfalls als bemerkenswerte Akzentverschiebung gedeutet, vgl. *P. Behrens*, Parallelhandelsbeschränkungen und Konsumentenwohlfahrt, ZWeR 2008, S. 30; *C. Mayer*, Zwischen Innovation und Preisvorteil: Die Beschränkung des Parallelhandels mit Arzneimitteln ist nicht zwingend, ELR 2007, S. 18. Vgl. zur Kritik am Binnenmarktziel vom Standpunkt der Ökonomisierung aus *J. Drexl*, Wettbewerbsverfassung, in A. von Bogdandy/J. Bast (Hrsg.), Europäisches Verfassungsrecht, 2009, S. 955, m. w. N. Die Kommission hält auch in ihren wettbewerbspolitischen Verlautbarungen und ihrer Leitlinienpolitik am Ziel der Binnenmarktintegration fest, vgl. etwa die Leitlinien zu Art. 101 Abs. 3, Rn. 13. Diese Einschätzung auch bei *J. Drexl*, Wettbewerbsverfassung, in A. von Bogdandy/J. Bast (Hrsg.), Europäisches Verfassungsrecht, 2009, S. 956; krit. zu dieser Auffassung der Kommission *M. Motta*, Competition Policy 2009, S. 23.

367 Hierzu *P. Behrens*, Parallelhandelsbeschränkungen und Konsumentenwohlfahrt, ZWeR 2008, S. 20 ff. und *J. Schwarze/U. Becker* (Hrsg.), Arzneimittel im Europäischen Binnenmarkt, EuR Beiheft 2007.

368 Vgl. zur Rechtsprechung über die Reichweite des Schutzes des Arzneimittelhandels durch die Warenverkehrsfreiheit und deren Grenzen nach Gesichtspunkten des gerechtfertigten Eingriffs *O. Steffens/B. Arnold*, GlaxoSmithKline Entscheidung des EuGH – Missbrauch marktbeherrschender Stellung durch Verhinderung von Parallelexporten von Arzneimitteln, ZWeR 2008, S. 427, 428, sowie *W.-H. Roth*, Möglichkeiten und Grenzen eines einheitlichen Binnenmarktes für Arzneimittel, in J. Schwarze/U. Becker (Hrsg.), Arzneimittel im Europäischen Binnenmarkt, EuR Beiheft 2007, S. 9 ff.

369 Vgl. zum Fragenkreis von Arzneimittelhandel und Wettbewerbsrecht in der Europäischen Union *J. Schwarze* (Hrsg.), Unverfälschter Wettbewerb für Arzneimittel im europäischen Binnenmarkt – Pharmazeutische Produkte im Widerstreit von freiem Warenverkehr und nationalen Preiskontrollen, Baden-Baden 1998.

getragen ist, aus Gründen der staatlichen Daseinsvorsorge ein Mindestmaß an Versorgung mit Arzneimitteln zu gewährleisten.[370] Besonderer Ausdruck dieser Regulierungsbestrebungen ist die Befugnis der Gesundheitsbehörden zahlreicher Mitgliedstaaten, Höchstpreise für Arzneimittel festzusetzen.[371] In der Folge dieser Regulierung unterscheidet sich das Niveau der Arzneimittelpreise von Mitgliedstaat zu Mitgliedstaat zum Teil erheblich.[372]

Hierin liegt für die Arzneimittelhersteller ein Anreiz, eine Politik der Preisdifferenzierung orientiert an den behördlichen Festsetzungen der einzelnen Mitgliedstaaten zu betreiben. Dieses Geschäftsmodell wurde in der Vergangenheit durch den Parallelhandel der Großhändler beeinträchtigt, die von den Herstellern neben den Kontingenten für den heimischen Markt Arzneimittel in erheblichem Mehrumfang bestellten, um sie in anderen mitgliedstaatlichen Märkten zu geringeren als den Herstellerpreisen der Hersteller abzusetzen. Die Pharmahersteller reagierten unter anderem mit einer Vertriebspolitik gegenüber den Großhändlern, die darauf abzielte, diesen Parallelhandel durch die Vereinbarung von Preisdifferenzierungsklauseln und den Einsatz von Lieferverweigerungen oder durch das Zurückbleiben der Liefermenge hinter dem Umfang der Bestellung zu unterbinden.

Der Entscheidung des Gerichts in der Rechtssache *GlaxoSmithKline Services Unlimited/Kommission* lag eine Kartellentscheidung der Kommission zugrunde, in welcher diese zu dem Ergebnis gekommen war, dass die von einer spanischen Tochtergesellschaft des Arzneimittelherstellers GlaxoSmithKline (Glaxo) mit den Großhändlern vereinbarten Verkaufsbedingungen nach Art. 101 Abs. 1 AEUV verbotene Preisdifferenzierungsklauseln enthalten, die auf die Beschränkung des Parallelhandels abzielen und deshalb eine bezweckte Wettbewerbsbeschränkung gemäß Art. 101 Abs. 1 AEUV darstellen.[373] Nachdem sein Antrag auf Freistellung der Vereinbarung nach Art. 101

370 Hierzu und im Folgenden *P. Behrens*, Parallelhandelsbeschränkungen und Konsumentenwohlfahrt, ZWeR 2008, S. 20; S. *Kingston,* Urteilsanmerkung zur Sot Lélos Kai Sia-Entscheidung des EuGH, CMLRev 2009, S. 683 ff.

371 Vgl. hierzu die Mitteilung der Kommission an den Rat, das Europäische Parlament, den Europäischen Wirtschafts- und Sozialausschuss und den Ausschuss der Regionen – Die pharmazeutische Industrie Europas zum Wohl der Patienten stärken: was zu tun ist, KOM(2003)383 endg., Nr. 14, nicht im ABl. veröffentlicht.

372 Vgl. hierzu die Ausführungen des GA *F. G. Jacobs*, Schlussanträge in der Rs. C-53/03, Syfait u.a., Slg. 2005, I-4609, Rn. 78.

373 KomE 2001/791/EG in den Sachen IV/36.957/F3, Glaxo Wellcome, IV/36.997/F3 Aseprofar und Fedifar, IV/37.121/F3 Spain Pharma, IV/37.138/F3 BAI und IV/37.380/F3 EAEPC, ABl. 2001, Nr. L 302, S. 1. Zum Sachverhalt *C. Mayer*, Zwischen Innovation und Preisvorteil: Die Beschränkung des Parallelhandels mit Arzneimitteln ist nicht zwingend unzulässig, oder etwa doch? ELR 2007, S. 12.

Abs. 3 AEUV von der Kommission abgelehnt worden war,[374] erhob Glaxo Klage gegen die Entscheidung auf Nichtigerklärung sowohl der Feststellung des Verstoßes gegen Art. 101 Abs. 1 AEUV als auch hilfsweise der Ablehnung des Antrags auf Freistellung nach Art. 101 Abs. 3 AEUV. Glaxo stützte sich dabei auch auf den Vorwurf, dass die von der Kommission vertretene Auffassung, wonach parallelhandelsbeschränkende Preisdifferenzierungsklauseln ohne weiteres eine bezweckte Wettbewerbsbeeinträchtigung darstellen, nicht mit Art. 101 Abs. 1 AEUV zu vereinbaren sei.[375]

In der Rechtsprechung galt bislang – entsprechend der besonderen Bedeutung des Ziels der Binnenmarktintegration – der Grundsatz, dass eine Vereinbarung zur Begrenzung des Parallelhandels eine „bezweckte Wettbewerbsbeschränkung“ im Sinne des Kartellverbots darstelle.[376] Im Anwendungsbereich des Kartellverbots hat der Gerichtshof gemäß dem tragenden Grundsatz des Binnenmarktschutzes in der Vergangenheit eine Praxis verfolgt, nach der Absprachen zwischen einem Hersteller und einem Vertriebshändler, die sich auf die Abschottung der mitgliedstaatlichen Märkte richten, geeignet sind, dem Ziel des Vertrags entgegenzuwirken, nämlich die Integration der nationalen Märkte durch die Schaffung eines Binnenmarktes zu verwirklichen.[377]

In der Rechtssache *GlaxoSmithKline* ist das Gericht der Auffassung des Unternehmens in Abweichung von dieser Rechtsprechungslinie nicht gefolgt. Die Anwendung von Art. 101 Abs. 1 AEUV auf den vorliegenden Fall könne „nicht allein davon abhängen, dass die in Rede stehende Vereinbarung auf eine Begrenzung des Parallelhandels mit Arzneimitteln oder auf Abschottungen innerhalb des Gemeinsamen Marktes abzielt – Umstände, die den Schluss auf eine Beeinträchtigung des Handels zulassen –, sondern erfordert überdies eine Analyse zur Klärung der Frage, ob die Vereinbarung eine Verhinderung, Einschränkung oder Verfälschung des Wettbewerbs auf dem fraglichen Markt zum Nachteil des Endverbrauchers bezweckt oder bewirkt“.[378] Dazu führt das Gericht aus: „Wenn seitdem gesichert ist, dass der Parallelhandel einen gewissen Schutz genießt, so genießt er ihn nicht als solcher, sondern entsprechend

374 KomE 2001/791/EG Glaxo Wellcome, Art. 2.

375 EuG, Rs. T-168/01, GlaxoSmithKline, Slg. 2006, II-2969.

376 Vgl. zur strengen Entscheidungspraxis des Gerichtshofes gegenüber binnenmarktbeschränkenden unternehmerischen Verhaltensweisen *U. Everling*, Wettbewerbskonzeption, in ders. (Hrsg.) Unterwegs zur Europäischen Union, 2001, S. 228.

377 EuGH, verb. Rs. 96/82 bis 102/82, 104/82, 105/82, 108/82 und 110/82, IAZ International Belgium u. a./Kommission, Slg. 1983, 3369, Rn. 23-27, EuGH, Rs. C-306/96, Javico, Slg. 1998, I-1983, Rn. 13 f; EuGH, Rs. C-551/03 P, General Motors/Kommission, Slg. 2006, I-3173, Rn. 67 ff. Hierzu *P. Behrens*, Parallelhandelsbeschränkungen und Konsumentenwohlfahrt, ZWeR 2008, S. 20, 25 f.

378 EuG, Rs. T-168/01, GlaxoSmithKline, Slg. 2006, II-2969, Rn. 119.

den Ausführungen des Gerichtshofes insofern, als er zum einen die Entwicklung des Handelsverkehrs und zum anderen die Stärkung des Wettbewerbs begünstigt (...), d. h., was den zweiten dieser Aspekte betrifft, insofern als er den Endverbrauchern die Vorteile eines wirksamen Wettbewerbs hinsichtlich der Bezugsquellen oder der Preise verschafft (...). Wenn somit feststeht, dass bei einer Vereinbarung, die auf eine Begrenzung des Parallelhandels abzielt, grundsätzlich davon auszugehen ist, dass sie eine Einschränkung des Wettbewerbs bezweckt, so gilt dies insofern, als vermutet werden kann, dass dadurch den Endverbrauchern die genannten Vorteile vorenthalten werden."[379]

Das Gericht möchte also Art. 101 Abs. 1 AEUV so verstehen, dass die beabsichtigte Parallelhandelsbeschränkung von Arzneimitteln nur unter der zusätzlichen Voraussetzung eine bezweckte Wettbewerbsbeschränkung darstellt, dass sich aus ihr Nachteile für den Endverbraucher ergeben.[380] Nach Maßgabe dieser zusätzlichen Anforderungen an die Schutzwürdigkeit des Parallelhandels hat das Gericht die Voraussetzungen einer bezweckten Wettbewerbsbeschränkung entgegen der Auffassung der Kommission verneint.[381]

In der Literatur wurden in diesem Urteil deutliche Anhaltspunkte für eine Abkehr der Rechtsprechung vom Prinzip des absoluten Binnenmarktschutzes im Wettbewerbsrecht gesehen.[382] Tatsächlich hat das Gericht mit diesem Urteilsspruch die Voraussetzungen für den Schutz des Parallelhandels als dem herausragenden Instrument des Binnenmarktschutzes im Wettbewerbsrecht auf dem Arzneimittelmarkt auf nennenswerte Weise verschärft. Denn nach dem strengen Maßstab des Urteils greift der Schutz des Parallelhandels durch das Kartellverbot erst, wenn die Wettbewerbsbehörde nachweist, dass ein Verbraucherschaden besteht, oder aber zumindest eine entgegengesetzte Vermutung widerlegt. Es reicht nicht mehr aus, dass derjenige, der sich auf das Verbot beruft, auf den Inhalt der Vereinbarungen zwischen Hersteller und Großhändler verweist. Vielmehr ist nach der Auffassung des Gerichts eine

379 EuG, Rs. T-168/01, GlaxoSmithKline, Slg. 2006, II-2969, Rn. 121.

380 Vgl. hierzu *C. Mayer*, Zwischen Innovation und Preisvorteil: Die Beschränkung des Parallelhandels mit Arzneimitteln ist nicht zwingend unzulässig, oder etwa doch? ELR 2007, S. 19.

381 EuG, Rs. T-168/01, GlaxoSmithKline, Slg. 2006, II-2969, Rn. 147.

382 *T. Körber*, Parallelhandel mit Medikamenten zwischen Binnenmarktziel, Konsumentenwohlfahrt und Innovationswettbewerb, ZWeR 2007, S. 517: „Die Entscheidung des Gerichts verlässt (...) den Boden der ständigen Rechtsprechung, (...) das Gericht (relativiert) – jedenfalls für den Arzneimittelsektor – die Annahme, dass Parallelhandel zwischen den Mitgliedstaaten geschützt wird, weil er Binnenmarkt und grenzüberschreitenden Wettbewerb fördert."

eingehende Analyse des rechtlichen und wirtschaftlichen Kontexts notwendig.[383]

Im Rechtsmittelverfahren hat sich der Gerichtshof der restriktiven Auslegung des Gerichts im Hinblick auf die Einschränkung des Parallelhandels nicht angeschlossen:[384] „Der Grundsatz, wonach eine Vereinbarung zur Begrenzung des Parallelhandels eine *bezweckte Wettbewerbsbeschränkung* darstellt, so der Gerichtshof, gilt im Arzneimittelsektor".[385] „[W]eder durch den Wortlaut des Art. 81 Abs. 1 EG noch durch die Rechtsprechung" wird nach Auffassung des Gerichtshofs die Feststellung des Gerichts gestützt, dass „wenn feststehe, dass bei einer Vereinbarung, die auf eine Begrenzung des Parallelhandels abziele, grundsätzlich davon auszugehen sei, dass sie eine Einschränkung des Wettbewerbs bezwecke, dies insofern gelte, als vermutet werden könne, dass dadurch den Endverbrauchern die Vorteile eines wirksamen Wettbewerbs hinsichtlich der Bezugsquellen oder der Preise vorenthalten würden".[386] Der Gerichtshof trat dem restriktiven Verständnis zum Merkmal der „bezweckten" Beschränkung des Gerichts entgegen und gab damit einer Auslegung den Vorzug, die den wettbewerbsrechtlichen Schutz des Parallelhandels auf der Tatbestandsebene in Kontinuität zu der bisherigen Praxis hoch veranschlagt.

Diese Deutung des Rechtsmittelurteils steht indes unter zwei nennenswerten Vorbehalten. Zum einen wandte der Gerichtshof sich in erster Linie gegen die Einbeziehung der Verbraucherwohlfahrt bei der Auslegung des Merkmals der bezweckten Wettbewerbsbeschränkung. Es stellt sich die Frage, ob eine andere Argumentation in Hinblick auf den rechtlichen und wirtschaftlichen

383 Auf die gestiegenen Beweisanforderungen deutet *C. Mayer* hin, Zwischen Innovation und Preisvorteil: Die Beschränkung des Parallelhandels mit Arzneimitteln ist nicht zwingend unzulässig, oder etwa doch? ELR 2007, S. 18: „Vielmehr muss in einer deutlich aufwendigeren Analyse bewiesen werden, dass die Einschränkung des Handlungsspielraumes und damit auch der Marktstruktur zum Nachteil der Endverbraucher gereicht."

384 Vgl. auch *P. Behrens*, Abschied vom more economic approach? in S. Bechtold/J. Jickeli/M. Rohe (Hrsg.), Recht, Ordnung und Wettbewerb, FS W. Möschel, 2011, S. 115, 126. Die Kommission hatte in dieser Rechtsprechung eine „restriktive Rechtsnorm zum Schutz des Parallelhandels" gesehen, vgl. EuGH, verb. Rs. C-501/06 P, C-513/06 P, C-515/06 P und C-519/06 P, GlaxoSmithKline u. a./Kommission u.a., Slg. 2009, I-9291, Rn. 53.

385 EuGH, verb. Rs. C-501/06 P, C-513/06 P, C-515/06 P und C-519/06 P, GlaxoSmithKline u. a./Kommission u. a., Slg. 2009, I-9291, Rn. 60.

386 EuGH, verb. Rs. C-501/06 P, C-513/06 P, C-515/06 P und C-519/06 P, GlaxoSmithKline u. a./Kommission u. a., Slg. 2009, I-9291, Rn. 62.

Kontext den Gerichtshof vielleicht überzeugt hätte.[387] Zum anderen ließ der Gerichtshof die Ausführungen des Gerichts zu einer möglichen Freistellung der Preisdifferenzierung Glaxos' nach Art. 101 Abs. 3 AEUV trotz der beachtlichen Zweifel der Kommission am Beurteilungsmaßstab des Gerichts[388] unbeanstandet – und ließ damit eine Entscheidung zu, die insgesamt eine Rechtfertigung dieser Einschränkungen des Parallelhandels in Zukunft nicht unwesentlich erleichtern dürfte:[389] Nachdem das Gericht in der Vereinbarung der Preisdifferenzierung zwar keine *bezweckte*, jedoch aber die Voraussetzungen für eine *bewirkte* Wettbewerbsbeschränkung vorliegen sah, unterzog es die Entscheidung der Kommission im Hinblick auf mögliche Effizienzrechtfertigungen einer ungewöhnlich strengen Kontrolle und stellte eine unzureichende Überprüfung und Widerlegung des Vorbringens Glaxos' zum engen Zusammenhang von Preisdifferenzierung und den finanziellen Voraussetzungen für die Investitionen in Forschung und Entwicklung fest.[390] Demgegenüber hatte die Kommission die Freistellung – entsprechend ihrer damaligen Praxis – mit der Begründung ausgeschlossen, dass „eine Abwägung der positiven und negativen Auswirkungen (...) letztlich dahinstehen (kann), da auf jeden Fall etwaige positive Wirkungen der Klausel durch deren negative Folgen für die Verflechtung nationaler Märkte in der Gemeinschaft aufgewogen würden".[391]

Insgesamt hat das Gericht die Auseinandersetzung der Kommission mit dem Freistellungsbegehren des Pharmaunternehmens Glaxo als unzureichend bewertet und sie infolgedessen zu einer neuerlichen Entscheidung verurteilt.[392] Entgegen dem Vorbringen der Kommission im Rechtsmittelverfahren, die unter anderem, in der Sache zutreffend, eine unzulässige Übertragung der Kontrollmaßstäbe administrativer Beurteilungsspielräume im Bereich der Fusionskontrolle geltend machte, hat der Gerichtshof de strengen Prüfungsmaß-

387 Vgl. auch die alternative Argumentation der GA' in *J. Kokott*, Schlussanträge in der Rs. C-8/08, T-Mobile Netherlands, Slg. 2009, I-04529, Rn. 46.

388 EuGH, verb. Rs. C-501/06 P, C-513/06 P, C-515/06 P und C-519/06 P, GlaxoSmithKline u. a./Kommission u. a., Slg. 2009, I-9291, Rn. 78.

389 Vgl. hierzu *T. Körber*, Parallelhandel mit Medikamenten zwischen Binnenmarktziel, Konsumentenwohlfahrt und Innovationswettbewerb, ZWeR 2007, S. 527.

390 EuGH, verb. Rs. C-501/06 P, C-513/06 P, C-515/06 P und C-519/06 P, GlaxoSmithKline u. a./Kommission u. a., Slg. 2009, I-9291, Rn. 161.

391 Entscheidung 2001/791/EG der Kommission, ABl. L 302, S. 1, Rn. 152.

392 EuG, Rs. T-168/01, GlaxoSmithKline, Slg. 2006, II-2969, Rn. 214 ff, 316. Vgl. hierzu *T. Körber*, Parallelhandel mit Medikamenten zwischen Binnenmarktziel, Konsumentenwohlfahrt und Innovationswettbewerb, ZWeR 2007, S. 527 f.

stab des erstinstanzlichen Urteils nicht beanstandet.[393] Die in den Ausführungen des Gerichtshofes zutage tretende Auffassung von der Handhabung der Freistellungsvoraussetzungen gilt dabei offenbar unterschiedslos für bezweckte und bewirkte Wettbewerbsbeschränkungen durch Beschränkung des Parallelhandels, da der Gerichtshof die Entscheidung des Gerichts zu der Ablehnung der bezweckten Beschränkung aufgehoben hat. Insgesamt hat der Gerichtshof damit eine kartellrechtliche Beurteilung von Parallelhandelsbeschränkungen zugelassen, die die Voraussetzungen für die erfolgreiche Geltendmachung von Effizienzeinreden bei Beschränkungen des Parallelhandels deutlich erleichtert und dadurch letztlich das Schutzniveau für den Parallelhandel absenkt.[394]

Auch im Anwendungsbereich der Missbrauchskontrolle hatte der Gerichtshof in jüngster Zeit Gelegenheit, zu der Frage Stellung zu nehmen, in welchem Umfang der Parallelhandel auf dem Arzneimittelmarkt vor Beschränkungen durch ein marktbeherrschendes Unternehmens geschützt ist. Das von der griechischen Wettbewerbsbehörde angestrengte Vorabentscheidungsverfahren in der Rechtssache *Syfait* erging im Rahmen eines Verfahrens, das die Weigerung des auf dem griechischen Markt vorherrschenden Arzneimittelherstellers Glaxo zum Gegenstand hatte, die griechischen Großhändler im vollen Umfang ihrer Bestellungen zu beliefern um zu verhindern, dass sie mit seinen Produkten Parallelhandel auf jenen mitgliedstaatlichen Märkten betreiben, auf denen Glaxo unter Ausnutzung der zum Teil erheblichen Preisdifferenzen seinerseits mit Arzneimitteln handelte.[395] Die griechische Wettbewerbsbehörde legte dem Gerichtshof unter anderem die Frage vor, ob Art. 102 AEUV dahingehend auszulegen sei, dass eine Lieferverweigerung, welche auf die Beschränkung des Parallelhandels abzielt, ohne weiteres eine missbräuchliche Ausnutzung der marktbeherrschenden Stellung darstelle. Während der Gerichtshof die Gerichtseigenschaft der griechischen Wettbewerbsbehörde ablehnte und damit die Zulässigkeit des Vorabentscheidungsverfahrens verneinte,[396] bezog Generalanwalt *Jacobs* in seinen Schlussanträgen zu den materiellrechtlichen Problemen Stellung.[397] Entgegen der Kommission, die in ihrer Stellungnahme die an der bisherigen Praxis orientierte Auffassung vertrat, die

393 EuGH, verb. Rs. C-501/06 P, C-513/06 P, C-515/06 P und C-519/06 P, GlaxoSmithKline u. a./Kommission u. a., Slg. 2009, I-9291, Rn. 78.

394 Vgl. auch *T. Körber*, GlaxoSmithKline – Parallelhandel mit Medikamenten zwischen Binnenmarktziel, Konsumentenwohlfahrt und Innovationswettbewerb, ZWeR 2007, S. 515, 527.

395 EuGH, Rs. C-53/03, Syfait u.a., Slg. 2005 I-4609.

396 EuGH, Rs. C-53/03, Syfait u.a., Slg. 2005, I-4609, Rn. 38.

397 GA *F. G. Jacobs*, Schlussanträge in der Rs. C-53/03, Syfait u. a., Slg. 2005, I-4609.

Lieferverweigerung zur Einschränkung des Parallelhandels sei ohne weiteres missbräuchlich,[398] vertrat *Jacobs* einen deutlich abweichenden Standpunkt: „(E)in marktbeherrschendes Pharmaunternehmen, das die Belieferung mit seinen Erzeugnissen einschränkt, missbraucht nicht zwingend seine beherrschende Stellung im Sinne von Artikel 82 EG, nur weil es seine Absicht ist, dadurch den Parallelhandel zu begrenzen“.[399]

Dass der Generalanwalt diese Einschränkung keineswegs als eine rein theoretische Erwägung auffasst, wird daraus ersichtlich, dass er nach eingehender Prüfung zu dem Ergebnis gelangt, die Parallelhandelsbeschränkungen seien angesichts der legitimen Geschäftsinteressen Glaxos′ nicht missbräuchlich.[400] Dieses Ergebnis verlässt auf prinzipielle Weise den Boden der bisherigen Rechtspraxis, wonach Beschränkungen des Exports und Reexports gelieferter Waren als missbräuchlich bewertet wurden, ohne dass die Gerichte rechtfertigende Umstände berücksichtigten.[401] In den Schlussanträgen des Generalanwaltes liegt somit ein weiterer Hinweis auf eine Abschwächung des wettbewerbsrechtlichen Parallelhandelsschutzes in der Rechtsprechung.

In der Rechtssache *Lélos*, in welcher ein griechisches Gericht dem Gerichtshof die Vorlagefragen aus der Rechtssache *Syfait* noch einmal vorlegte, greifen sowohl der Gerichtshof als auch der Generalanwalt *Colomer* die Gesichtspunkte des Parallelhandelsschutzes auf. Der Generalanwalt nimmt in seinen Schlussanträgen den Standpunkt ein, eine Parallelhandelsbeschränkung durch Lieferverweigerung sei nicht grundsätzlich missbräuchlich, sondern könne objektiv gerechtfertigt sein.[402] Diese lehnt er allerdings für den vorliegenden Fall ab.[403] Der Gerichtshof geht im Ergebnis über die Haltung des Generalanwalts hinaus: Er kommt ebenfalls zu dem Ergebnis, dass der Parallel-

398 Zusammenfassend zum Standpunkt der Kommission, *P. Behrens*, Parallelhandelsbeschränkungen und Konsumentenwohlfahrt – Zur neueren Rechtsprechung von EuG und EuGH, ZWeR 2008, S. 20, 32.

399 GA *F. G. Jacobs*, Schlussanträge in der Rs. C-53/03, Syfait u. a., Slg. 2005, I-4609, Rn. 69.

400 Hierzu GA *F. G. Jacobs*, Schlussanträge in der Rs. C-53/03, Syfait u. a., Slg. 2005, I-4609, Rn. 91 ff., siehe auch *C. Brömmelmeyer*, Parallelimporte von Arzneimitteln, EWS 2008, S. 321.

401 Vgl. hierzu P. *Behrens*, Parallelhandelsbeschränkungen und Konsumentenwohlfahrt – Zur neueren Rechtsprechung von EuG und EuGH, ZWeR 2008, S. 20.

402 GA *D. Colomer*, Schlussanträge in der Rs. C-468/06 bis C-478/06, Lélos, Slg. 2008, I-7139, insb. Rn. 69.

403 GA *D. Colomer*, Schlussanträge in der Rs. C-468/06 bis C-478/06, Lélos, Slg. 2008, I-7139, Rn. 86 ff.

handel nicht als solcher geschützt sei.[404] Die bisherige Linie der Rechtsprechung bei der wettbewerbsrechtlichen Bewertung von Parallelhandelsbeschränkungen hob der Gerichtshof zunächst noch einmal ausdrücklich hervor: „Parallelimporte genießen nämlich einen gewissen gemeinschaftsrechtlichen Schutz, da sie die Entwicklung des Handelsverkehrs und die Stärkung des Wettbewerbs begünstigen."[405] Im Anschluss daran führte der Gerichtshof allerdings aus, dass auf dem Arzneimittelmarkt die Parallelhandelsbeschränkung durch Lieferverweigerung dann nicht als missbräuchlich zu qualifizieren sei, wenn diese dem Schutz berechtigter geschäftlicher Interessen vor anormalen Bestellungen diene.[406] Der Gerichtshof gab es dem griechischen Gericht auf zu bestimmen, welche Bestellung den Bereich des „Normalen" verlässt.[407]

Der Gerichtshof beschreibt hier einen Maßstab der Missbrauchskontrolle, wonach das Ziel der Marktintegration im Einzelfall niedriger bewertet werden kann als der Schutz der geschäftlichen Interessen des Unternehmens.[408] Damit weicht der Gerichtshof von seiner bisherigen Praxis ab, wonach er im Hinblick auf Verhaltensweisen des Marktbeherrschers, die ausdrücklich auf die Behinderung des Parallelhandels gerichtet sind, Rechtfertigungen regelmäßig ablehnte.[409] In der Literatur wurde diese Entscheidung infolgedessen als ein Schritt grundsätzlicher Art in der Entwicklung des Wettbewerbsrechts dahingehend gewertet, dass das ursprüngliche Ziel der Marktintegration auch im Anwendungsbereich der Missbrauchskontrolle seinen Status als absolut geschütztes Gut verliere.[410]

Als Beleg für das allmähliche Abrücken vom Leitgedanken des absoluten Binnenmarktschutzes im Wettbewerbsrecht der Union wird mitunter die Entscheidung des Gerichtshofes in der Rechtssache *Adalat* angeführt.[411] Die

404 *O. Steffens/B. Arnold*, GlaxoSmithKline Entscheidung des EuGH – Missbrauch marktbeherrschender Stellung durch Verhinderung von Parallelexporten von Arzneimitteln, ZWeR 2008, S. 427, 433.

405 EuGH, Rs. C-468/06 bis C-478/06, Lélos, Slg. 2008, I-7139, Rn. 37.

406 EuGH, Rs. C-468/06 bis C-478/06, Lélos, Slg. 2008, I-7139, Rn. 67.

407 *O. Steffens/B. Arnold*, GlaxoSmithKline Entscheidung des EuGH – Missbrauch marktbeherrschender Stellung durch Verhinderung von Parallelexporten von Arzneimitteln, ZWeR 2008, S. 427, 436.

408 Vgl. hierzu etwa S. *Kingston,* Urteilsanmerkung zur Sot Lélos Kai Sia-Entscheidung des EuGH, CMLRev 2009, S. 683, 684.

409 Vgl. auch *O. Steffens/B. Arnold*, GlaxoSmithKline Entscheidung des EuGH – Missbrauch marktbeherrschender Stellung durch Verhinderung von Parallelexporten von Arzneimitteln, ZWeR 2008, S. 427, 435.

410 Vgl. S. *Kingston,* Urteilsanmerkung zur Sot Lélos Kai Sia-Entscheidung des EuGH, CMLRev 2009, S. 691.

411 EuGH, Rs. C-2/01 P, Bayer, Slg. 2004, I-23, Rechtsmittel zu EuG, Rs. T-41/96, Bayer, Slg. 2000, II-3383; *K. Fountoukakos*, Case law GlaxoSmithKline 82, ELR

Kommission hatte in ihrer Entscheidung einen Verstoß des Arzneimittelherstellers Bayer gegen das Kartellverbot durch eine Beeinträchtigung des Parallelhandels festgestellt.[412] Dabei hatte sie ein Verhalten Bayers gegenüber den Arzneimittelhändlern als tatbestandsmäßig bewertet, welches außerhalb dessen lag, was nach den bisherigen Grundsätzen der Rechtsprechung als „abgestimmte Verhaltensweise" gelten konnte.[413] Dieser Vorgehensweise lag ausdrücklich das wettbewerbspolitische Bestreben der Kommission zugrunde, die beträchtlichen Preisgefälle zwischen den Mitgliedstaaten auf dem Arzneimittelsektor zu überwinden.[414] Sie hatte mit dem Ziel, kartellrechtsfreie Räume zu verhindern, den Anwendungsbereich des Art. 101 Abs. 1 AEUV auf solche Verhaltensweisen der Arzneimittelhersteller im Hinblick auf ihre Händler ausgedehnt, die bislang nur im Anwendungsbereich der Missbrauchskontrolle als einseitiges wettbewerbswidriges Verhalten beurteilt worden waren.[415] Das Gericht sah in der erweiternden Auslegung der Kommission einen Rechtsfehler.[416] In dem von der Kommission angestrengten Rechtsmittelverfahren hatte diese ihre Auffassung noch einmal ausdrücklich mit den negativen Auswirkungen für den Binnenmarkt und die Preisdiskriminierung und ihrem wettbewerbspolitischen Anliegen begründet, kartellrechtsfreie Räume zu schließen: „Die enge Auslegung dieser Begriffe und die erhöhten Anforderungen an den Nachweis des Zustandekommens einer Vereinbarung zwischen einem Hersteller und einem Händler über ein Ausfuhrverbot stellten die Politik der Kommission zur Bekämpfung von Wettbewerbsbeschränkungen durch ein System zur Behinderung von Paralleleinfuhren in Frage."[417] Dennoch trat der Ge-

2009, S. 7: "A clear sign that market integration is losing importance as a goal to be achieved can be found in the Adalat case of the Court of Justice."

412 KomE 96/478/EG, in der Sache IV/34.279/F3 – Adalat, ABl. 1996, Nr. L 201, S. 1.

413 Vgl. hierzu *P. Behrens*, Parallelhandelsbeschränkungen und Konsumentenwohlfahrt, ZWeR 2008, S. 20, 28 f.

414 S. zum wettbewerbspolitischen Kontext GA *A. Tizzano*, Schlussanträge in der Rs. C-2/01 P, Bayer, Slg. 2004, I-23, Rn. 48: „Obwohl diese Frage der Auslegung von Artikel 85 Absatz 1 EG-Vertrag natürlich mit dem vorliegenden Sachverhalt zusammenhängt (...), ist sie von erheblicher grundsätzlicher Bedeutung für die Anwendung dieser Bestimmung auf die Beziehungen zwischen Erzeugern und Händlern."

415 Vgl. hierzu *P. Behrens*, Parallelhandelsbeschränkungen und Konsumentenwohlfahrt, ZWeR 2008, S. 20, 30.

416 EuG, Rs. T-41/96, Bayer, Slg. 2000, II-3383, Rn. 183 f.

417 EuGH, Rs. C-2/01 P, Bayer, Slg. 2004, I-23, Rn. 65. Vgl. auch GA *A. Tizzano*, Schlussanträge in der Rs. C-2/01 P, Bayer, Slg. 2004, I-23, Rn. 28: „Die Kommission beanstandet vor allem ganz allgemein die einschränkende Sichtweise, mit der das Gericht in dem angefochtenen Urteil vorgegangen sei, und weist auf die schwer wiegenden Folgen hin, die hieraus für ihre Bemühungen zur Bekämpfung der sich aus der Abschottung der nationalen Märkte ergebenden Wettbewerbsbeschränkungen resultierten."

richtshof dieser Rechtsauffassung entgegen, was zur Folge hatte, dass sich die Politik der Antipreisdiskriminierung der Kommission nicht nachhaltig durchzusetzen vermochte und es bis in die Gegenwart bei den Preisgefällen zwischen den Mitgliedstaaten blieb.[418]

In der jüngeren Entscheidungspraxis der Gerichte, so lassen sich diese Punkte zusammenfassen, ist erstens die Bereitschaft auszumachen, zweiseitige Verhaltensweisen zur Beschränkung des Parallelhandels nicht ohne weiteres als bezweckte Wettbewerbsbeschränkung zu bewerten, jedenfalls aber die Bereitschaft, solche Verhaltensweisen auf dem Wege einer großzügigen Handhabung der Freistellungsmöglichkeiten zu schützen. Zweitens traten die Gerichte dem binnenmarktpolitischen Anliegen der Kommission entgegen, den Begriff der abgestimmten Verhaltensweisen auf Beschränkungen des Parallelhandels auszudehnen, obwohl von dieser Praxis eine besondere Beeinträchtigung des Parallelhandels auch durch Unternehmen unterhalb der Schwelle der Marktbeherrschung ausgeht. Drittens eröffnete der Gerichtshof im Anwendungsbereich der Missbrauchskontrolle unter Abkehr von seiner bisherigen Rechtsprechung die Möglichkeit der Rechtfertigung auch für Lieferverweigerungen mit dem Ziel der Parallelhandelsbeschränkung. Zusammengenommen schwächte sich damit das wettbewerbsrechtliche Schutzniveau für den Parallelhandel auf dem Arzneimittelsektor deutlich ab.[419]

Angesichts dieser Entscheidungen jüngeren Datums ist die Frage nicht ganz unberechtigt, ob hier nicht angesichts einer stetig fortschreitenden Integration ein bewusstes schrittweises Abrücken der Gerichte vom absoluten Schutz der Binnenmarktintegration im Wettbewerbsrecht als einem nicht mehr zeitgemäßen rechtlichen Ansatz vorliegt. Selbst wenn sich diese Rechtsprechung bislang nur auf Wettbewerbssachen auf dem Arzneimittelsektor bezieht, ist nicht auszuschließen, dass diese in Zukunft für die wettbewerbsrechtliche Bewertung von Parallelhandelsbeschränkungen in anderen Bereichen herangezogen wird und damit Ausgangspunkt einer Entwicklung werden könnte, an deren Endpunkt die Abkehr von der Binnenmarktintegration als besonderem Schutzzweck steht.[420] Es entstünde so tatsächlich ein Spielraum

418 Vgl. *K. Fountoukakos*, The GlaxoSmithKline-Case, ELR 2009, S. 7; *P. Behrens*, Parallelhandelsbeschränkungen und Konsumentenwohlfahrt, ZWeR 2008, S. 20, 25 f.

419 Diesem Befund entspricht, dass in der Praxis ein deutlicher Rückgang des Arbitragehandels mit Arzneimitteln erwartet wird, vgl. *O. Steffens/B. Arnold*, Missbrauch marktbeherrschender Stellung durch Verhinderung von Parallelexporten von Arzneimitteln, ZWeR 2008, S. 439 ff.

420 Auf diese Gefahr deutet etwa *C. Mayer* hin, Zwischen Innovation und Preisvorteil: Die Beschränkung des Parallelhandels mit Arzneimitteln ist nicht zwingend unzulässig, oder etwa doch? ELR 2007, S. 19: „Der Schutz des Parallelhandels in anderen Wirtschaftszweigen sollte dadurch keine generelle Aufweichung erfahren."

für die Gerichte, ihre Wettbewerbskonzeption in Zukunft konsequent an gängigen wettbewerbstheoretischen Annahmen zu entwickeln.

Eine Analyse der wesentlichen Begründungen, auf die die Gerichte ihre jüngeren Entscheidungspraxis zum wettbewerbsrechtlichen Parallelhandelsschutz auf dem Arzneimittelsektor zugrunde stützen, vermag die Annahme einer Abkehr der Rechtsprechung vom besonderen wettbewerbsrechtlichen Schutz des Binnenmarktes als einem der heutigen Union nicht mehr angemessenen Rechtsgrundsatz indes nicht zu bestätigen: In seiner Entscheidung in der Rechtssache *Adalat* hat der Gerichtshof in Bestätigung des Gerichts mit überzeugenden Argumenten des Wortlautes und der Systematik dargelegt, warum der Parallelhandel gegen einseitige Lieferbeschränkungen von Unternehmen unterhalb der Schwelle der Marktbeherrschung nicht vom europäischen Wettbewerbsrecht geschützt wird. Er bestätigte die Auffassung des Gerichts, wonach eine Vereinbarung bzw. eine abgestimmte Verhaltensweise gem. Art. 101 Abs. 1 nicht durch ein Verhalten begründet werden kann, das allein Ausdruck der einseitigen Politik eines der Vertragspartner ist und welches im Zweifel auch ohne Rücksicht auf den anderen durchgesetzt werden kann.[421] Damit hat der Gerichtshof eine Auslegung abgelehnt, welche die äußeren Grenzen der Norm ersichtlich überschritten hätte.[422] Diesem Ergebnis liegt keine Abkehr vom wettbewerbsrechtlichen Prinzip des Binnenmarktschutzes zugrunde, sondern vielmehr das von grundsätzlichen rechtsstaatlichen Erwägungen getragene Verständnis, wonach auch politisch wünschenswerte Ziele nur unter Beachtung der Mindestbindungen der rule of law erreicht werden können.

Auch in den Begründungen des Gerichtshofes in den Urteilen *Lélos* und *GlaxoSmithKline* kommt die Haltung zum Ausdruck, dass der Grund für den geringeren Schutz des Parallelhandels durch Missbrauchs- und Kartellverbot ausschließlich den Besonderheiten des Arzneimittelsektors geschuldet ist. Im Mittelpunkt der Auseinandersetzung um die Voraussetzungen der Wettbewerbswidrigkeit von Lieferverweigerung und Preisdifferenzierung stand die Frage, ob der Grundsatz der Rechtsprechung, nach dem der Parallelhandel geschützt wird, weil er zum einen die Entwicklung des Handelsverkehrs und zum anderen die Stärkung des Wettbewerbs begünstigt, angesichts der tatsächlichen Bedeutung des Parallelhandels auf dem Arzneimittelsektor unein-

421 EuGH, Rs. C-2/01 P, Bayer, Slg. 2004, I-23, Rn. 101 f.

422 Vgl. auch *P. Behrens*, Parallelhandelsbeschränkungen und Konsumentenwohlfahrt, ZWeR 2008, S. 20, 31: „Das Gericht hatte unter anderem dargelegt, dass die Übernahme einer derart weiten Auslegung des Begriffs der Vereinbarung zu der paradoxen Situation führen würde, dass eine Lieferverweigerung im Rahmen des Art. 81 I ggf. strenger geahndet würde als eine Verweigerung auf dem Boden des Art. 82."

geschränkt zum Tragen kommen könne. Beide Aspekte dieser Prämisse unterlagen in den Gerichtsverfahren erheblichen Zweifeln: Bezüglich der wettbewerbsfördernden Wirkung des Parallelhandels stand bezeichnenderweise sowohl in den Verfahren zur Lieferverweigerung als auch zu Preisdifferenzierungen zunächst die Frage im Vordergrund, ob die Wettbewerbsregeln angesichts der Preisfestsetzung durch staatliche Stellen überhaupt zur Anwendung kommen. Zwar geht der Gerichtshof entsprechend seiner grundsätzlich extensiven Praxis von einer umfassenden Anwendbarkeit des Wettbewerbsrechts aus. Immerhin sieht er sich aber in seiner Entscheidung in der Rechtssache *Lélos* veranlasst ausführlich darzulegen, dass trotz der mitgliedstaatlichen Kontrolle, über die ein Rest an schützenswertem Preiswettbewerb bestehe, der vor allem aufgrund des fehlenden Innovationswettbewerbs besondere Bedeutung habe und so eine Anwendbarkeit der Wettbewerbsregeln rechtfertige.[423]

Im Hinblick auf die Eignung zur Beschränkung des Wettbewerbs durch die Beschränkung des Parallelhandels kommen Zweifel an der Richtigkeit dieser Annahme beispielsweise in der *GlaxoSmithKline*-Entscheidung des Gerichts zum Ausdruck. Es sieht die Funktion des Parallelhandels für den Wettbewerb nicht gegeben, da die Arzneimittelpreise dem freien Spiel von Angebot und Nachfrage in erheblichem Umfang entzogen seien, wodurch nicht zu erwarten stehe, dass sie durch den Parallelhandel zugunsten des Verbrauchers sinken.[424]

In den Ausführungen des Gerichts wird erkennbar, dass es die Schutzwürdigkeit des Parallelhandels entscheidend davon abhängig macht, ob dieser seine wettbewerbliche Funktion erfüllt. Aus diesem Grunde macht es das Eingreifen des Kartellverbotes von der ergänzenden zusätzlichen Voraussetzung abhängig, dass durch die Handelsbeschränkung überhaupt eine Wettbewerbsbeeinträchtigung (in Form eines Verbraucherschadens) vorliegt.[425] Das Gericht nimmt damit einen Standpunkt ein, der jenem des Generalanwalts *Jacobs* in seinen Schlussanträgen zu der Rechtssache *Syfait* gleicht. Auch der Generalanwalt hegt angesichts der Reglementierung der Arzneimittelmärkte erkennbar Zweifel daran, dass der Parallelhandel den Wettbewerb stärke: „Preiswettbewerb, wie er sich aus dem Parallelhandel ergibt, läuft daher womöglich der Präferenz des Abnehmers zuwider.“[426] Er möchte deshalb auch

423 EuGH, Rs. C-468/06 bis C-478/06, Lélos, Slg. 2008, I-07139, Rn. 58 ff, insb. 64; vgl. dazu *O. Steffens/B. Arnold*, GlaxoSmithKline Entscheidung des EuGH – Missbrauch marktbeherrschender Stellung durch Verhinderung von Parallelexporten von Arzneimitteln, ZWeR 2008, S. 432.

424 EuG, Rs. T-168/01, GlaxoSmithKline, Slg. 2006, II-02969, Rn. 133.

425 EuG, Rs. T-168/01, GlaxoSmithKline, Slg. 2006, II-02969, Rn. 147.

426 GA *F. G. Jacobs*, Schlussanträge in der Rs. C-53/03, Syfait u. a., Slg. 2005, I-04609, Rn. 99.

das Eingreifen der Missbrauchskontrolle bzw. die Möglichkeit einer objektiven Rechtfertigung u. a. davon abhängig machen, ob die Verbraucher durch die Lieferverweigerung zu Schaden kommen.[427] Der Gerichtshof hat sich diese Haltung nicht zu eigen gemacht und seine Auffassung zum Ausdruck gebracht, dass die wettbewerbsschützende Funktion des Parallelhandels auch auf den Arzneimittelmärkten gegeben sei. Am deutlichsten zeigt sich dies in der Begründung seiner *Lélos*-Entscheidung, in der er ausdrücklich feststellt, „dass ein solches Unternehmen sich unter den Umständen der Ausgangsverfahren nicht auf die Prämisse stützen kann, dass die Parallelexporte, die es zu beschränken beabsichtigt, nur einen ganz geringen Nutzen für die Endverbraucher hätten".[428] In diesen Überlegungen liegt ein deutlicher Hinweis darauf, dass der Gerichtshof das Eingreifen des Grundsatzes, wonach der Parallelhandel zu schützen ist, nicht schon deshalb verneint, weil die wettbewerbsstärkende Funktion des Parallelhandels auf dem Arzneimittelsektor nicht zum Tragen kommt.

Eine Erklärung dafür, dass der Gerichtshof in seinen Entscheidungen zu den Rechtssachen *Lélos* und *GlaxoSmithKline* das Prinzip eines strengen wettbewerbsrechtlichen Schutzes des Parallelhandels im Ergebnis nicht aufrechterhält, könnte schließlich darin liegen, dass sich der Gerichtshof die Argumentation des Generalanwalts *Colomer* in dessen Schlussanträgen zur Rechtssache *Lélos* hat leiten lassen. Dieser begegnet einer Praxis der Missbrauchskontrolle, die dem betroffenen Unternehmen durch die Verwendung strenger per-se-Regeln die Möglichkeit nimmt, sich auf rechtfertigende Gesichtspunkte zu berufen, mit prinzipiellen methodischen und verfahrensrechtlichen Bedenken, weshalb er auch eine Auffassung ablehnt, nach der eine bezweckte Parallelhandelsbeschränkung ohne weiteres einen Missbrauch darstelle. Generalanwalt *Colomer* hat „methodologische Zweifel hinsichtlich der Abstufung der Verhaltensweisen beherrschender Unternehmen"[429], denn aus „rechtlichen wie aus wirtschaftlichen Gründen ist Art. 82 EG nicht zur Regelung von als an sich missbräuchlich beanstandeten Verhaltensweisen geeignet".[430] Allerdings nimmt der Gerichtshof auf die prinzipiellen Bedenken des Generalanwalts nicht Bezug. Dies mag auch darin begründet sein, dass der Generalanwalt im Ergebnis die Einführung einer rule of reason nach dem

427 GA *F. G. Jacobs*, Schlussanträge in der Rs. C-53/03, Syfait u. a., Slg. 2005, I-04609, Rn. 76, 96 ff.

428 EuGH, Rs. C-468/06 bis C-478/06, Lélos, Slg. 2008, I-07139, Rn. 57.

429 *D. Colomer*, in den verb. Rs. C-468/06 bis C-478/06, Lélos, Slg. 2008, I-07139, Rn. 54

430 *D. Colomer*, in den verb. Rs. C-468/06 bis C-478/06, Lélos, Slg. 2008, I-07139, Rn. 62.

Vorbild der amerikanischen Antitrustlehre vorschlägt. Diese Auffassung wollte sich der Gerichtshof ersichtlich nicht zu eigen machen.

Der entscheidende Gesichtspunkt für eine Entscheidungspraxis, wonach dem Parallelhandel mit Arzneimitteln insgesamt ein geringerer wettbewerbsrechtlicher Schutz zukommt, dürfte – obgleich vom Gerichtshof nicht ausdrücklich benannt – der vertragsrechtliche Stellenwert der Binnenmarktintegration auf dem unionsrechtlichen Regelungsgebiet des Arzneimittelhandels sein. Diese Erwägung klingt in den Ausführungen der Generalanwältin *Trstenjak* zur Bedeutung der Marktintegration in ihren Schlussanträgen zur Rechtssache *GlaxoSmithKline* an, in der sie auf die prinzipielle Schwierigkeit hinweist, den Parallelhandel auf dem europäischen Pharmasektor unter dem Blickwinkel des unionsrechtlichen Grundsatzes der Marktintegration zu bewerten: „Schließlich ist zu berücksichtigen, dass Art. 81 EG auch dem Ziel dient, die Integration der nationalen Märkte zu stärken."[431] Dabei teilt sie „in gewissem Umfang die Skepsis des Gerichts hinsichtlich der Frage, ob durch die Anwendung der Wettbewerbsregeln im Arzneimittelbereich tatsächlich eine Marktintegration in dem Sinne erreicht wird, dass sich die Preise für die Endverbraucher angleichen".[432] Die Generalanwältin deutet hier ein Verständnis an, wonach die Beschaffenheit der mitgliedstaatlichen Regelungssysteme den wesentlichen begrenzenden Faktor der marktintegrierenden Wirkung des Parallelhandels auf dem Pharmasektor darstellt.

Dies ist der Ausgangspunkt für eine weitergehende Überlegung, die möglicherweise den eigentlichen Grund für die Bedenken gegenüber einer vorbehaltlosen Durchsetzung des wettbewerbsrechtlichen Parallelhandelsschutzes in diesem Bereich darstellt. Denn die Preisunterschiede sind die Konsequenz einer mitgliedstaatlichen Befugnis zur Gewährleistung der Versorgungssicherheit mit Mitteln der Höchstpreisregulierung, die sich in den Grundentscheidungen der Verträge über die Befugnisverteilung zwischen der Union und den Mitgliedstaaten in Bereichen der Daseinsvorsorge widerspiegelt. Dies wird in den Ausführungen des Gerichtshofs zur Zulässigkeit der Lieferverweigerung des Marktbeherrschers deutlich: „Die Ausgangsverfahren betreffen einen nicht harmonisierten Bereich, in dem der Gemeinschaftsgesetzgeber sich mit dem Erlass der Richtlinie 89/105 darauf beschränkt hat, die Mitgliedstaaten dazu zu verpflichten, zu gewährleisten, dass die auf dem Gebiet der

431 GA'in *V. Trstenjak*, Schlussanträge in den verb. Rs. C-501/06 P, C-513/06 P, C-515/06 P und C-519/06 P, GlaxoSmithKline u.a./Kommission u. a., Slg. 2009, I-09291, Rn. 161.

432 GA'in *V. Trstenjak*, Schlussanträge in den verb. Rs. C-501/06 P, C-513/06 P, C-515/06 P und C-519/06 P, GlaxoSmithKline u.a./Kommission u. a., Slg. 2009, I-09291, Rn. 161.

Preisfestsetzung und der Erstattung erlassenen Entscheidungen in voller Transparenz, ohne Diskriminierung und innerhalb bestimmter genau festgelegter Fristen getroffen werden."[433]

Damit setzen die Verträge der Binnenmarktintegration auf dem Arzneimittelsektor selbst Grenzen, die bei der Anwendung der Wettbewerbsregeln des Vertrages zu berücksichtigen sind. Eine Rechtsfolgenbetrachtung lässt das Problem offen zutage treten: Ein konsequenter wettbewerbsrechtlicher Schutz des Parallelhandels auf dem Sektor des Arzneimittelhandels birgt die Gefahr, auf dem Boden der Wettbewerbsregeln Tendenzen einer indirekten Harmonisierung der Arzneimittelpreise in einem Regelungsbereich zu erwirken, in welchem der Union eine eigene Befugnis zur Harmonisierung angesichts der legitimen Interessen der Mitgliedstaaten zur Gewährleistung eines Gesundheitssystems weitestgehend fehlt. Eine derartige Anwendung des Wettbewerbsrechts liefe einer in den Verträgen selbst zum Ausdruck kommenden Wertung zuwider.[434]

Aus diesem Blickwinkel stellt sich die Zurückhaltung des Gerichtshofes bei der wettbewerbsrechtlichen Sanktionierung von Beschränkungen des Parallelhandels mit Arzneimitteln als Bestreben dar, einen angemessenen Ausgleich herzustellen zwischen den legitimen mitgliedstaatlichen Regelungsinteressen in einem Bereich, der den Harmonisierungsbefugnissen der Union entzogen ist einerseits und dem unionsrechtlichen Hauptziel der Binnenmarktintegration andererseits.[435] Vor diesem Hintergrund ist nicht von einer besonderen Bereitschaft der Rechtsprechung auszugehen, die Einschränkung des wettbewerbsrechtlichen Parallelhandelsschutzes künftig systematisch auf andere Bereiche auszuweiten.[436] Sollte die Einschätzung zutreffen, dass sich die Abschwächung des Parallelhandelsschutzes aus den Grenzen erklärt, die die Verträge der Harmonisierung auf dem Sektor des Arzneimittelhandels setzen,

433 EuGH, verb. Rs. C-468/06 bis C-478/06, Lélos, Slg. 2008, I-07139, Rn. 60.

434 Hierzu auch S. *Kingston,* Urteilsanmerkung zur Sot. Lélos Kai Sia-Entscheidung des EuGH, CMLRev 2009, S. 692; in diese Richtung auch *T. Eilmansberger,* Neue Paradigmen, ZWeR 2009, S. 444.

435 Vgl. ausführlich zu diesem Fragenkreis mit Beispielen und einer Analyse der verschiedenen Ausgleichsmechanismen *J. Schwarze*, Balancing EU Integration and National Interests in the Case-Law of the Court of Justice , in The Court of Justice and the Construction of Europe: Analyses and Perspectives on Sixty Years of Case-law, 2013, S. 257-278; während der Gerichtshof vor allem in den Anfangsjahren der Gemeinschaft die Ziele der Integration mitunter zu Lasten der legitimen Interessen der Mitgliedstaaten verfolgt hat steht heute der angemessene Ausgleich dieser konfligierenden Zielsetzungen im Vordergrund, vgl. hierzu *J. Schwarze*, in ders. (Hrsg.), EU-Kommentar, 2012, Art. 19 EUV, Rn. 36 f.

436 S. *Kingston,* Urteilsanmerkung zur Sot Lélos Kai Sia-Entscheidung des EuGH, CMLRev 2009, S. 683, 694.

dürften die vorliegenden Urteile vielmehr Ausnahmefälle darstellen, die die Regel vom absoluten Schutz des Parallelhandels bestätigen.[437]

Anders als dies im Schrifttum mitunter vertreten wird, lässt sich ein Abrücken der Rechtsprechung vom Grundsatz der Binnenmarktintegration als dem spezifischen Schutzzweck des Wettbewerbsrechts der Europäischen Union nicht feststellen. Die Urteile jüngeren Datums, die als Beleg für den Bedeutungsverlust der Binnenmarktintegration angeführt werden, betreffen Fallgestaltungen, die auf dem besonderen Sektor des Arzneimittelhandels liegen. Die in der Tat vergleichsweise strengen Anforderungen, die in diesen Verfahren an den kartellrechtlichen Schutz vor ein- und mehrseitigen Parallelhandelsbeschränkungen gestellt werden, deuten ein Verständnis der Gerichte an, nach welchem dem Ziel der Binnenmarktintegration im Regelungsbereich des Arzneimittelhandels durch die Verträge selbst Grenzen gesetzt sind, die durch einen konsequenten wettbewerbsrechtlichen Schutz des Parallelhandels mit Arzneimitteln in Gefahr stünden, zu Lasten der legitimen mitgliedstaatlichen Regelungsinteressen zurückgedrängt zu werden. Vor diesem Hintergrund stellen sich die Urteile des Gerichtshofes in den Rechtssachen *GlaxoSmithKline* und *Lélos* als Ausdruck einer Gesamttendenz in der gegenwärtigen Entscheidungspraxis des Gerichtshofes dar, die Ziele der Integration mit den mitgliedstaatlichen Regelungsinteressen in einen angemessenen Ausgleich zu bringen. In anderen Fallgestaltungen sind die Gerichte nicht hinter das bisherige Schutzniveau des Parallelhandels zurückgetreten, sondern haben aus überzeugenden rechtsstaatlichen Gründen heraus eine erweiternde Auslegung der Wettbewerbsregeln abgelehnt, mit deren Hilfe die Kommission ein wünschenswertes binnenmarktpolitisches Anliegen durchzusetzen beabsichtigte.

Hierin ist ebenso wenig ein prinzipieller Bedeutungsverlust des Binnenmarktschutzes im europäischen Wettbewerbsrecht zu sehen. Vor diesem Hintergrund ist im Ergebnis davon auszugehen, dass die Rechtsprechung einstweilen an dem Grundsatz festhält, dass die Wettbewerbsregeln neben der Aufrechterhaltung eines unverfälschten Wettbewerbs dazu dienen sicherzustellen,

437 Das Bemühen, um eine Eingrenzung dieser Rechtsprechung auf den Pharmasektor liegt auch jenen Urteilen und Schlussanträgen zugrunde, die eine andere Erklärung für die Einschränkung heranziehen. Selbst in den Schlussanträgen des Generalanwalts *F. Jacobs*, in der Rs. C-53/03, Syfait u. a., Slg. 2005, I-04609, der die weitestgehende Absenkung des missbrauchsrechtlichen Schutzes gegen Beschränkungen des Parallelhandels vertreten hat, kommt eine Haltung zum Ausdruck, nach der die Rechtsprechung zu dieser Fallgruppe nicht den Ausgangspunkt für einen grundsätzlichen Rechtsprechungswandel darstellt. Seines Erachtens ist es „sehr unwahrscheinlich, dass irgendein anderer Sektor die Merkmale aufweist, die mich zu dem Schluss gebracht haben, dass eine Lieferbeschränkung zur Begrenzung des Parallelhandels bei Arzneimitteln vertretbar ist“, Rn. 102.

dass die Schranken, auf deren Abbau die Unionsverträge gerichtet sind, nicht von Privaten wieder errichtet werden. Nach wie vor gilt damit die seinerzeit von *Ulrich Everling* vorgetragene Begründung der Theorieferne der Wettbewerbskonzeption der Rechtsprechung, welche ihren Ausgangspunkt in dem besonderen europäischen Schutzzweck der Binnenmarktintegration der Wettbewerbsvorschriften der Verträge hat, welcher von den geläufigen wettbewerbstheoretischen Grundpositionen nicht zu erklären ist.

c) Grenzen wettbewerbstheoretischen Einvernehmens im institutionellen Willensbildungsprozess am Beispiel der Einführung des SIEC-Tests

In Anbetracht sowohl der fortschreitenden Integration als auch der Verfestigung der institutionellen Voraussetzungen der Unionsrechtsordnung insgesamt liegt die Frage nicht fern, inwieweit die spezifischen Funktionsbedingungen der Unionsgerichtsbarkeit heute noch als Erklärung für die Zurückhaltung bei der wettbewerbstheoretischen Begründung ihrer Entscheidungen herangezogen werden können. Seinerzeit war eine überzeugende Erklärung in den unterschiedlichen wirtschafts- und wettbewerbstheoretischen Grundpositionen der Richter gesehen worden, die sich aus den Regeln der Zusammensetzung der Gerichte ergeben.

Insofern vertreten die Mitgliedstaaten auch heute noch zum Teil erheblich voneinander abweichende wettbewerbspolitische Grundkonzeptionen, welche einer einvernehmlichen theoretischen Festlegung entgegenstehen. Ein Seitenblick auf die Entwicklung des europäischen Wettbewerbsrechts auf der Ebene der sekundären Gesetzgebung vermag dies zu verdeutlichen. Da sich die Grundhaltungen der Mitgliedstaaten bekanntlich im Willensbildungsprozess der europäischen Gerichte widerspiegeln,[438] mag das Zustandekommen des heutigen Untersagungstatbestandes für Unternehmenszusammenschlüsse im Zuge der Modernisierung des Fusionskontrollrechts einen Hinweis auf die gegenwärtigen praktischen Grenzen einer Verständigung der Richtergremien auf wettbewerbstheoretische Grundannahmen geben. Hinter der Reform des Untersagungstatbestandes stand die wettbewerbspolitische Einsicht in die Notwendigkeit, auch solchen Zusammenschlüssen in oligopolistischen Marktstrukturen mit den Mitteln des Europäischen Wettbewerbsrechts zu begegnen, die – ohne eine marktbeherrschende Stellung zu begründen oder zu verstärken – den Wettbewerb gefährden, wenn das aus dem Zusammenschluss her-

438 *U. Everling*, Die Rechtsprechung des EuGH in Wettbewerbssachen, in H. Gröner (Hrsg.), Wettbewerbsfragen der Europäischen Gemeinschaften, 1993, S. 35, 43.

vorgehende Unternehmen unabhängig von den Wettbewerbern und trotz der Existenz eines größeren Wettbewerbers auf dem relevanten Markt in der Lage ist, gewinnbringend Preissteigerungen oder die Absenkung der Produktionsmenge oder Qualität vorzunehmen.[439]

Die Neuregelung, auf die sich die Mitgliedstaaten im Rat schließlich einigten, ist das Ergebnis eines Kompromisses, der neben rechtstechnischen und rechtspraktischen Gesichtspunkten vor allem den deutlich divergierenden wettbewerbstheoretischen Grundauffassungen der Mitgliedstaaten Rechnung trägt. Insbesondere das Vereinigte Königreich und Irland traten für die Einführung des SLC-Tests ein, der sich in der US-amerikanischen Wettbewerbspraxis durchgesetzt hatte und sich an den Auffassungen der Wohlfahrtsökonomie der Chicagoer Schule orientiert.[440] Andere Mitgliedstaaten um Deutschland und Italien hielten dagegen am ordoliberal geprägten Konzept der Marktbeherrschung fest und verwiesen auf die Möglichkeiten zur dynamischen Weiterentwicklung des Begriffs der Marktbeherrschung durch die Kommissionspraxis und die Rechtsprechung.

„All diese Aspekte zeigen deutlich“, so der seinerzeitige Chefökonom der Generaldirektion Wettbewerb, „dass es sich bei der Einführung des neuen Hauptkriteriums SIEC nicht um die Umsetzung eines bestimmten ökonomischen Konzepts handelt, sondern um das Ergebnis eines politischen Kompromisses, und damit um einen ausfüllungsbedürftigen Rechtsbegriff“.[441] Dieser Anschauungsfall einer Einbeziehung vertiefter wirtschaftswissenschaftlicher Einsichten in das Wettbewerbsrecht auf der Ebene der Gesetzgebung macht die praktischen Grenzen deutlich, die nach wie vor bestehen für eine Verständigung der Mitgliedstaaten in der Europäischen Union auf grundlegende wettbewerbstheoretische Positionen im institutionellen Willensbildungsprozess.[442]

439 Vgl. *L.-H. Röller/A. Strohm*, Ökonomische Analyse des Begriffs „significant impediment to effective competition“, S. 4. Dem war die Auseinandersetzung darüber vorausgegangen, ob auch die Zusammenschlusskontrolle „auf Basis des Marktbeherrschungstests geeignet war, auch wegen dieser Gruppe nicht-koordinierter Effekte gegen einen Zusammenschluss vorzugehen“, oder ob insoweit eine Lücke im Marktbeherrschungstest bestand; vgl. *S. Völcker*, Mind The Gap: Unilateral Effects Analysis Arrives in EC Merger Control, ECLR 2004, S. 395 ff.

440 *L.-H. Röller/A. Strohm*, Ökonomische Analyse des Begriffs „significant impediment to effective competition“, S. 5 f.

441 *L.-H. Röller/A. Strohm*, Ökonomische Analyse des Begriffs „significant impediment to effective competition“, S. 7.

442 Zu den divergierenden Grundauffassungen von der Rolle des Staates in der Wirtschaft in den Mitgliedstaaten der Union *J. Drexl*, Wettbewerbsverfassung, in A. von Bogdandy/J. Bast (Hrsg.), Europäisches Verfassungsrecht, 2009, S. 906 f., m. w. N.

d) Wettbewerbstheoretische Bezüge in den Schlussanträgen

Während die Gerichte auch in Zeiten eines more economic approach bisher davon absehen, Auslegungsprobleme nach Maßgabe wettbewerbstheoretischer Grundkonzepte zu lösen, haben die Generalanwälte die Auseinandersetzung mit den Ökonomisierungsbestrebungen der Kommission in Einzelfällen durchaus zum Anlass genommen, die Erörterung auftretender Rechtsprobleme mit wettbewerbstheoretischen Grundannahmen in Beziehung zu setzen. Die Gegenüberstellung einiger Einzelbeispiele verdeutlicht die großen Diskrepanzen, die zwischen den Auffassungen selbst der Generalanwälte als Mitglieder des Gerichtshofes hinsichtlich grundlegender konzeptioneller Fragestellungen bestehen, und belegt so die weiterhin bestehenden Grenzen einer gemeinsamen Festlegung solcher Positionen im Richtergremium.

In ihren Schlussanträgen zu der Rechtssache *British Airways* setzt sich die Generalanwältin *Kokott* anlässlich der Frage, unter welchen Voraussetzungen Treuerabatte einer marktbeherrschenden Fluggesellschaft einen Missbrauch i. S. d. Art. 102 AEUV darstellen, mit dem Schutzzweckverständnis des europäischen Wettbewerbsrechts als dem wesentlichen Gesichtspunkt der Auslegung auseinander: „Artikel 82 EG (ist), wie auch die übrigen Wettbewerbsregeln des Vertrages, nicht nur und nicht in erster Linie dazu bestimmt, die unmittelbaren Interessen einzelner Wettbewerber oder Verbraucher zu schützen, sondern die Struktur des Marktes und damit den Wettbewerb als solchen (als Institution)“.[443] Hier setzt die Generalanwältin den vertraglichen Schutzzweck der Wettbewerbsregeln zum Ansatz der ordoliberalen Wettbewerbstheorie in einen deutlichen Bezug. Indem sie die Formel vom Schutz des Wettbewerbs als *Institution* besonders hervorhebt, knüpft sie ihre Schutzkonzeption erkennbar an die Wettbewerbstheorie der ordoliberalen Schule, die diese Begrifflichkeit wirtschaftswissenschaftlich besetzt hat.[444]

Einen weiteren Beispielfall für die Auseinandersetzung mit dem more economic approach auf der Ebene der Wettbewerbstheorie bilden die Schlussanträge der Generalanwältin *Kokott* zu der Rechtssache *T-Mobile Netherlands*. Das betroffene Unternehmen hatte in Anlehnung an die verstärkt wirtschaftliche Betrachtungsweise der Kommission die Auffassung vertreten, dass eine

443 GA’ in *J. Kokott*, Schlussanträge in der Rs. C-95/04 P, British Airways, Slg. 2007, I-2331, Rn. 70.

444 *K. Schmidt*, Die kartellrechtliche „Schutzobjektdiskussion“ als Problem interdisziplinärer Wissenschaft in W. Möschel/M. Streit/U. E. Witt (Hrsg.), Marktwirtschaft und Rechtsordnung, FS E. Hoppmann, 1994, S. 373 ff. Der Gerichtshof sieht bezeichnenderweise davon ab, seine Erwägungen zum Schutz des wirksamen Wettbewerbs mit dem Zusatz des „Wettbewerbs als Institution“ zu versehen.

Beeinträchtigung der Verbraucherwohlfahrt Voraussetzung sei für das Vorliegen einer bezweckten Wettbewerbsbeschränkung: „Eine abgestimmte Verhaltensweise hat (...) keineswegs erst dann einen wettbewerbswidrigen Zweck, wenn sie geeignet ist, sich unmittelbar auf die Verbraucher und die von ihnen zu zahlenden Preise auszuwirken oder – wie T-Mobile es ausdrückt – auf den *consumer welfare.*“[445] Hier setzt die Generalanwältin die Rechtsauffassung der Klägerin in direkte Beziehung zu den Grundannahmen der wohlfahrtsökonomischen Wettbewerbstheorie, zu deren Leitbegriffen der „consumer welfare“ zählt[446] und den sich die Kommission im Zuge ihrer wettbewerbspolitischen Neuausrichtung bezeichnenderweise zu eigen gemacht hat. Zudem machen die Ausführungen der Generalanwältin auch deutlich, dass sie dem wettbewerbstheoretischen Verständnis der Chicagoer Wohlfahrtsökonomie ablehnend gegenüber steht.

Im Vorabentscheidungsverfahren in der Rechtssache *Lélos* hatte ein mitgliedstaatliches Gericht unter dem Eindruck der Ökonomisierungsbestrebungen der Kommission den Gerichtshof gefragt, ob die Lieferverweigerung eines marktbeherrschenden Unternehmens mit der Absicht, den Parallelhandel zu beschränken, per se als missbräuchlich angesehen werden könne. In seinen Schlussanträgen befasste sich der Generalanwalt *Colomer* eingehend mit der Zulässigkeit von per-se-Regeln im Anwendungsbereich der Missbrauchskontrolle und lehnte diese ab. Dabei stützte er sich neben einer rechtlichen Argumentation („Regeln rechtlicher Art“)[447] auch auf wirtschaftswissenschaftliche Erwägungen („Regeln wirtschaftlicher Art“): „(D)ie per-se-Betrachtungsweise (würde) aus rein wirtschaftlicher Sicht unter einem exzessiven Formalismus leiden, gegen den sich sehr qualifizierte Stimmen zugunsten einer anderen Betrachtungsweise des Art. 82 EG erhoben haben, die an den Auswirkungen eines jeden Missbrauchs orientiert ist und bei der die spezifischen Gegebenheiten über eine Untersuchung der Vorteile abgewogen werden (′rule of reason′).“[448] Der Generalanwalt tritt hier für die Einführung einer rule of reason ein und verweist dabei auf das wissenschaftliche Gutachten der Beratergruppe der Kommission zur Einführung eines more economic approach in der Missbrauchskontrolle. Er verlässt damit den Boden einer streng juristi-

445 GA’ in *J. Kokott*, Schlussanträge in der Rs. C-8/08, T-Mobile Netherlands, Slg. 2009, I-04529, Rn. 59.

446 Vgl. zu der „Consumer Welfare as Chicagoe’s Antitrust Goal“ *I. Schmidt/J. Rittaler*, A critical evaluation of the Chicago School of Antitrust Analysis, 1989, S. 26 ff.

447 GA *D. Colomer*, Schlussanträge in den verb. Rs. C-468/06 bis C-478/06, Lélos, Slg. 2008, I-07139, Rn. 70 f.

448 GA *D. Colomer*, Schlussanträge in den verb. Rs. C-468/06 bis C-478/06, Lélos, Slg. 2008, I-07139, Rn. 72 f.

schen Argumentation und begründet seine Haltung mit den Vorzügen einer bestimmten wettbewerbstheoretischen Konzeption.

Andeutungen zu den wettbewerbstheoretischen Implikationen des more economic approach finden sich außerdem in den Schlussanträgen des Generalanwalts *Mazák* in der Rechtssache *France Télécom*, in deren Mittelpunkt die Frage steht, ob Art. 102 AEUV dahingehend auszulegen ist, dass es für den Fall einer Kampfpreisunterbietung auf die Möglichkeit eines Verlustausgleichs ankomme, um die Missbräuchlichkeit eines Verhaltens zu begründen. Zugunsten dieser Auslegung führt der Generalanwalt aus: „Schließlich möchte ich an dieser Stelle darauf hinweisen, dass die Bedeutung des Nachweises eines möglichen Verlustausgleichs nicht nur in der oben angeführten Rechtsprechung, sondern u. a. auch von der Economic Advisory Group on Competition Policy (...) hervorgehoben wurde."[449] In der betreffenden Fußnote zitiert der Generalanwalt zunächst die einschlägigen Ausführungen des Gutachtens, um anschließend auszuführen: „Insbesondere bedarf die Verlustausgleichsmöglichkeit des Verdrängung praktizierenden Unternehmens einer sorgfältigen Prüfung (...) einer Gruppe herausragender Wirtschaftswissenschaftler, die die Generaldirektion Wettbewerb und das für Wettbewerb zuständige Mitglied der Kommission beraten."[450] In seinen Ausführungen bringt der Generalanwalt seine Bereitschaft zum Ausdruck, den von ökonomischen Erwägungen getragenen Empfehlungen eines wirtschaftswissenschaftlichen Expertengremiums zu folgen, welches diese im Zuge eines Vorschlags zur Einführung eines more economic approach in die Missbrauchskontrolle abgegeben hat.[451]

Ein Gegenbeispiel bilden die Schlussanträge der Generalanwältin *Trstenjak* zu der Rechtssache *GlaxoSmithKline*, in der das Unternehmen im Rechtsmittel eine von Erwägungen des more economic approach getragene Auslegung der Kartellverbotsvariante einer bezweckten Wettbewerbsbeschränkung vertritt.[452] Bei der Begutachtung der Vereinbarkeit einer derartigen Auslegung mit dem Schutzzweck der Wettbewerbsregeln gehen ihre Überlegungen in keinem Punkt über eine juristische Argumentation hinaus. Die Generalanwältin sieht mithin gänzlich davon ab, die geltend gemachte Rechtsauffassung nach Maßgabe wettbewerbstheoretischen Grundkonzepte zu bewerten.

449 GA *J. Mazák*, Schlussanträge in der Rs. C-202/07 P, France Télécom, Slg. 2009, I-02369, Rn. 75 ff.

450 GA *J. Mazák*, Schlussanträge in der Rs. C-202/07 P, France Télécom, Slg. 2009, I-02369, Fn. 54.

451 *A. Alemanno/M. Ramondino*, To recoup or not to recoup? ELR 2009, S. 202 ff.

452 Vgl. GA'in *V. Trstenjak*, Schlussanträge in den verb. Rs. C-501/06 P, C-513/06 P, C-515/06 P und C-519/06 P, GlaxoSmithKline u. a./Kommission u. a., Slg. 2009, I-09291, insb. Rn. 102 ff.

e) Ergebnis

In der Vergangenheit haben die Gerichte Entscheidungen zu wettbewerbsrechtlichen Fragestellungen in aller Regel nicht im Hinblick auf die Folgerichtigkeit eines übergeordneten wettbewerbstheoretischen Verständnisses hin begründet. Dementsprechend selten finden sich in der bisherigen Rechtsprechung wettbewerbstheoretische Bezüge. Diese Vorgehensweise wurde als Ausdruck einer pragmatischen gerichtlichen Wettbewerbskonzeption interpretiert, die ihre Ursachen vor allem in der besonderen Funktion des Wettbewerbsrechts der Union und in den spezifischen Funktionsbedingungen der Rechtsprechung in einer supranational verfassten Rechtsordnung hat.

Die jüngere Rechtsprechung zum wettbewerbsrechtlichen Schutz des Parallelhandels war Ausgangspunkt für die Untersuchung der Frage, ob eine der wesentlichen Erklärungen für die wettbewerbstheoretische Zurückhaltung der Gerichte bei der Beurteilung wettbewerbsrechtlicher Fragestellungen Bestand hat, oder ob die Rechtsprechung angesichts einer fortgeschrittenen Integration der nationalen Märkte heute einen Schutzauftrag formuliert, der sich unter Abkehr vom Grundsatz des absoluten Binnenmarktschutzes nicht länger wesentlich von den gängigen Schutzkonzeptionen der an nationalen Märkten orientierten Wettbewerbsrechtsordnungen unterscheidet. In diesem Fall, so die Hypothese der Untersuchung, wäre das Wettbewerbsrecht der Union einer Ausrichtung nach den wettbewerbstheoretischen Grundverständnissen nicht länger unzugänglich.

Diese Hypothese lässt sich anhand der untersuchten Rechtsprechung indes nicht belegen: Das von den Gerichten ungewöhnlich niedrig angesetzte Schutzniveau des Parallelhandels auf dem Arzneimittelsektor ist weniger Ausdruck eines Abrückens von einem als nicht mehr zeitgemäß empfundenen Grundsatz des absoluten wettbewerbsrechtlichen Binnenmarktschutzes. Vielmehr – das legt eine eingehende Analyse der Urteile in ihrem Gesamtzusammenhang nahe – findet in der jüngeren Entscheidungspraxis eine Auffassung ihren Niederschlag, nach der die Reichweite der Binnenmarktintegration auf dem Arzneimittelsektor durch das legitime Regelungsanliegen der Mitgliedstaaten vertraglich begrenzt ist. Diese kommt in der behutsamen Relativierung des Parallelhandelsschutzes zum Ausdruck, welcher anderenfalls zu einem Harmonisierungsdruck führen würde, der von den Verträgen auf dem Arzneimittelsektor nicht ohne weiteres gewollt ist. Diese Überlegung spiegelt sich in den Bestrebungen der Rechtsprechung wider, die Absenkung des Parallelhandelsschutzes auf diesen Bereich zu beschränken. Angesichts dieser Befunde besteht kein Anlass zu der Annahme, dass die Gerichte in absehbarer Zeit dazu übergehen werden, ihre wettbewerbsrechtliche Praxis an einer theoretisch fundierten Wettbewerbskonzeption auszurichten.

Diese Einschätzung wird von den Beobachtungen zu wettbewerbstheoretischen Bezugnahmen in den Schlussanträgen der Generalanwälte im Kontext des more economic approach gestützt sowie von den engen Grenzen einer einvernehmlichen wettbewerbstheoretischen Positionierung im Gesetzgebungsverfahren zur neuen Fusionskontrollverordnung. Im Hinblick auf die übergeordnete Fragestellung der Untersuchung lassen diese Erkenntnisse den Schluss zu, dass der more economic approach nicht schon deshalb mit der Wettbewerbskonzeption der Rechtsprechung unvereinbar ist, weil ihm eine wettbewerbstheoretische Entscheidung zugrunde liegt, die als solche von den Gerichten nach Maßgabe einer eigenen wettbewerbstheoretischen Konzeption abgelehnt würde.[453]

2. Der Stellenwert der Verbraucherwohlfahrt in der heutigen Schutzzweckkonzeption der Rechtsprechung

Im Gegensatz zu der ausgesprochenen Zurückhaltung, die der Gerichtshof gegenüber der wettbewerbstheoretischen Neuausrichtung der Kommissionspolitik übt, steht seine strenge ablehnende Haltung gegenüber dem Versuch der wettbewerbspolitischen Dispositionsspielräume im Hinblick auf den gesetzlichen Schutzzweck der Wettbewerbsregeln. Mit dem more economic approach beabsichtigt die Kommission, so der Generaldirektor der Generaldirektion Wettbewerb, „eine Akzentverschiebung in ihrer Wettbewerbspolitik mit Folgen für den Schutzgegenstand des Wettbewerbsrechts“.[454] Im Hinblick auf die rechtsstaatlichen Grenzen des more economic approach stellt sich die Frage, ob die Deutungshoheit über den Schutzzweck der Wettbewerbsregeln bei der Kommission liegt.[455] Die Bestrebungen der Kommission, den Schutzgegenstand des Wettbewerbsrechts zu verändern, haben in jüngerer Vergangenheit

453 Vgl. *C. Mayer*, Keine Bonusmeilen für Reisevermittler – eine Bruchlandung für den „more economic approach“? ELR 2007, S. 211, 215, und *U. Immenga*, Die Wettbewerbspolitik der Kommission und ihre Richter, EuZW 2010, S. 601, die eine deutliche Stellungnahme des EuGH gegenüber der neuen Wettbewerbspolitik der Kommission vermissen. *B. Bär-Bouyssière*, Tetra Laval und der wettbewerbspolitische Paradigmenwechsel – die gerichtliche Kontrolle wettbewerbstheoretischer Ansätze am Beispiel der Fusionskontrolle, in J. Schwarze (Hrsg.), Recht und Ökonomie im europäischen Wettbewerbsrecht, 2006, S. 85 ff.

454 *M. Albers*, Der more economic approach bei Verdrängungsmissbräuchen, 2006, S. 3.

455 Vgl. krit. im Schrifttum etwa *D. Zimmer*, Der rechtliche Rahmen für die Implementierung moderner ökonomischer Ansätze, WuW 2007, S. 1204.

Eingang vor allem in solche Rechtssachen gefunden, in denen die Parteien Rechtsauffassungen geltend machten, die ihren Ausgangspunkt in einem Verständniswandel vom Schutzzweck haben. Beispiele aus der Entscheidungspraxis verdeutlichen, dass der Gerichtshof der Kommission mitnichten einen wettbewerbspolitischen Spielraum zur Umdeutung des Schutzgegenstandes einräumt.

Besonders deutlich tritt dieses Verständnis in seiner Entscheidung in der Rechtssache *British Airways* zutage, in der zu klären war, ob der Nachweis eines Verbraucherschadens Voraussetzung für die Annahme der Missbräuchlichkeit von Treuerabatten ist.[456] Diese Rechtsauffassung hatte das klagende Unternehmen unter Verweis auf den more economic approach und den gewandelten Schutzzweck des Wettbewerbsrechts vertreten. Art. 82 EG, so stellte der Gerichtshof knapp fest, beziehe sich, „wie der Gerichtshof bereits in Randnr. 26 des Urteils Europemballage und Continental Can/Kommission festgestellt hat, nicht nur auf Verhaltensweisen, durch die den Verbrauchern ein unmittelbarer Schaden erwachsen kann, sondern auch auf solche, die ihnen durch einen Eingriff in die Struktur des tatsächlichen Wettbewerbs, von dem in Art. 3 Abs. 1 Buchst. g EG die Rede ist, Schaden zufügen".[457] Die Bestimmung des Schutzzwecks der Wettbewerbsregeln – dies wird in diesen Ausführungen ersichtlich – ist der wettbewerbspolitischen Disposition der Kommission entzogen. Insbesondere durch den Verweis auf eine Entscheidung der frühen siebziger Jahren macht der Gerichtshof deutlich, dass der Schutzzweck des Wettbewerbsrechts der Beeinflussung durch aktuelle wettbewerbspolitische Tendenzen nicht zugänglich ist.

Im Anwendungsbereich des Kartellverbotes hatte sich der Gerichtshof in der Rechtssache *T-Mobile Netherlands* mit einer Rechtsauffassung auseinanderzusetzen, die ihren Ausgangspunkt in einem gewandelten Verständnis vom Schutzzweck des Wettbewerbsrechts in Anlehnung an den politischen Ansatz der Kommission hatte.[458] Auch hier stellt der Gerichtshof lediglich fest, dass „Art. 81 EG, wie auch die übrigen Wettbewerbsregeln des Vertrags, nicht nur dazu bestimmt (ist), die unmittelbaren Interessen einzelner Wettbewerber oder Verbraucher zu schützen, sondern die Struktur des Marktes und damit den Wettbewerb als solchen".[459] In diesen, ebenfalls sehr knapp gehaltenen Aus-

456 Vgl. zum Sachverhalt *C. Mayer,* Keine Bonusmeilen für Reisevermittler – eine Bruchlandung für den „more economic approach"? ELR 2007, S. 211 f.

457 EuGH, Rs. C-95/04 P, British Airways, Slg. 2007, I-2331, Rn. 106.

458 EuGH, Rs. C-8/08 , T-Mobile Netherlands u. a.; Slg. 2009, I-04529.

459 EuGH, Rs. C-8/08 , T-Mobile Netherlands u. a.; Slg. 2009, I-04529, Rn. 38. Vgl. hierzu *C.-D. Classen*, in T. Oppermann/C.-D. Classen/M. Nettesheim (Hrsg.), Europarecht, 5. Aufl. 2011, S. 340.

führungen, kommt deutlich die Auffassung zum Ausdruck, dass die Deutungshoheit über den Schutzzweck des Wettbewerbsrechts beim Gerichtshof selbst liege, und somit einer Umdeutung im Zuge einer neuen wettbewerbspolitischen Gesamttendenz entzogen sei.

Dieser kurze Einblick in die Entscheidungspraxis des Gerichtshofes gegenüber den Bestrebungen einer Umdeutung des Schutzzwecks zeigt, dass der Gerichtshof den wettbewerbspolitischen Überlegungen der Kommission bei der Schutzzweckbestimmung keine nennenswerte Bedeutung beimisst. Auf die in der Literatur in diesem Zusammenhang mitunter aufgeworfene Frage, ob die Kommission über den Schutzzweck des Wettbewerbsrechts im Rahmen eines Politikwechsels verfügen *darf*,[460] lässt sich vor dem Hintergrund dieser Entscheidungspraxis antworten, dass die Kommission dies jedenfalls nicht *kann*, da der Gerichtshof die Befugnis zur Deutung des Schutzzwecks für sich alleine in Anspruch nimmt.

3. Rechtsauslegungs- und -anwendungskonzepte des more economic approach vor Gericht

In jüngerer Zeit hatten sich die Gerichte bereits in zahlreichen Rechtssachen mit wettbewerbsrechtlichen Beurteilungsmaßstäben auseinanderzusetzen, die im Sinne des more economic approach eine verstärkte Berücksichtigung der konkreten wettbewerblichen Wirkungen unternehmerischer Verhaltensweisen ermöglichen. Dabei wurden die am wirtschaftlichen Ansatz orientierten Rechtsauffassungen in der Mehrzahl der Verfahren nicht von der Kommission selbst, sondern von den betroffenen Unternehmen mit Verweis auf den Ansatz der Kommission geltend gemacht. Anstöße zur gerichtlichen Auseinandersetzung gingen zudem von Vorlageverfahren der mitgliedstaatlichen Gerichten aus, die unter dem Eindruck der wettbewerbspolitischen Diskussion und der Leitlinienpolitik der Kommission erkennbar in Unsicherheit waren hinsichtlich der Auslegung der vertraglichen Kartellverbote. Vor diesem Hintergrund konnte nicht ausbleiben, dass in diesen Zusammenhängen unter Hinweis auf die Prinzipien des more economic approach auch solche Normverständnisse geltend gemacht wurden, die im Ansatz der Kommission selbst in Wirklichkeit keine Entsprechung finden.[461] Auch in diesen Fällen haben die Gerichte Urteile erlassen, die wichtigen Aufschluss geben über die Vereinbarkeit von

460 *D. Zimmer*, Der rechtliche Rahmen für die Implementierung moderner ökonomischer Ansätze, WuW 2007, S. 1204.

461 Hierzu etwa *W. F. Bulst*, Mehr Licht – Zur Anwendung des Art. 82 EG auf Behinderungsmissbräuche, RabelsZ 2009, S. 704.

Ökonomisierung und gerichtlicher Wettbewerbskonzeption. Im systematischen Zusammenhang dargestellte und nachgewiesene Beispiele dieser Rechtsprechung veranschaulichen zunächst die Entscheidungspraxis der Gerichte zu den wesentlichen Erscheinungsformen einer am more economic approach orientierten Auslegung der Wettbewerbsregeln.

a) Auswirkungsbezogene Auslegung des Merkmals der Wettbewerbsbeschränkung

Auch der Gerichtshof ging in der Vergangenheit davon aus, dass eine wesentliche Funktion des Wettbewerbs darin besteht, die Verbraucherwohlfahrt zu fördern, dass mithin das Wettbewerbsrecht dazu dient, schädliche Marktentwicklungen von den Verbrauchern abzuwenden.[462] Ebenso deutlich konnte man der Rechtsprechung aber auch entnehmen, dass diese Funktion des Wettbewerbs nicht von den Wettbewerbsregeln selbst geschützt ist, sondern vielmehr als übergeordnetes Ziel der Unionsverträge vorgegeben wird, welches die Union durch die Durchführung der Sachregelungen im Rahmen ihres eigenen Schutzzwecks zu verwirklichen anstrebt.[463] Dementsprechend galt in der Vergangenheit uneingeschränkt der Grundsatz, dass sich die Wettbewerbsregeln „nicht nur auf Verhaltensweisen (beziehen), durch die den Verbrauchern ein unmittelbarer Schaden erwachsen kann, sondern auch auf solche, die ihnen durch einen Eingriff in die Struktur des tatsächlichen Wettbewerbs, von dem Artikel 3 Buchstabe f des Vertrages handelt, Schaden zufügen".[464] Diesem Grundsatz liegt die Annahme des Gerichtshofs zugrunde, dass Wettbewerb „die Vermutung für sich beanspruchen kann, wirtschaftlich effiziente Ergebnisse hervorzubringen, und damit gewissermaßen auch die beste Annäherung an das Ziel der Verbraucherwohlfahrt darstellt".[465]

Ein Nachweis des Verbraucherschadens als Voraussetzung der Wettbewerbsrechtsverletzung, wie dies die Kommission heute vertritt, ist mit diesem Grundsatz nicht vereinbar. Wenn sich die Vertreter einer verbraucherwohl-

462 Vgl. bereits EuGH, verb. Rs. 41/73, S. A. Générale Sucrière u. a., Slg. 1977, 445, Rn. 7; EuGH, Rs. 6/72, Continental Can, Slg. 1973, 215.

463 *U. Immenga/E.-J. Mestmäcker*, in dies. (Hrsg.), Europäisches Kartellrecht, 2012, Einl., D. Der „stärker wirtschaftliche Ansatz" in der Leitlinienpolitik der Kommission, Rn. 5.

464 Erstmals EuGH, Rs. 6/72, Continental Can, Slg. 1973, 215 in Hinblick auf Art. 86. Als allg. Grundsatz in EuGH, Rs. 85/76, Hoffmann-La Roche, Slg. 1979, 461, Rn. 91, 123 u. 125; EuGH, Rs. 322/81, Michelin I, Slg. 1983, 3461, Rn. 70; EuGH, Rs. 31/80, L'Oréal, Slg. 1980, 3775, Rn. 27.

465 *T. Eilmansberger*, Neue Paradigmen, ZWeR 2009, S. 455.

fahrtsorientierten Auslegung der Wettbewerbsregeln bis in die Gegenwart hinein bisweilen ihrerseits auf die Rechtsprechung berufen, dann liegt dies offenbar auch in dem Umstand begründet, dass die Ausführungen der Gerichte zu den Grundsätzen, die sich zur wettbewerbsrechtlichen Bedeutung der Verbraucherwohlfahrt in der Vergangenheit herausgebildet haben, der Unterscheidung von gesetzlichem Schutzzweck und Vertragsziel nicht immer mit der begrifflichen Präzision Rechnung getragen haben, die der Tragweite dieser Unterscheidung zumindest in der gegenwärtigen Auseinandersetzung gerecht würde. Während die prinzipienhafte Unterscheidung der Rechtsprechung zwischen Verbraucherwohlfahrt als Vertragsziel und wirksamem Wettbewerb als gesetzlichem Schutzzweck unter den Umständen der gegenwärtigen Diskussion offen zutage liegt, bestand bisher – angesichts der seinerzeitigen, auch von der Kommission vertretenen Wettbewerbskonzeption[466] – kein wettbewerbspolitisches Interesse an einer möglichst weitgehenden wettbewerbsrechtlichen Berücksichtigung der Verbraucherwohlfahrt, die eine konsequentere begriffliche Absicherung der prinzipiellen Unterscheidung zwischen Verbraucherwohlfahrtsförderung als Vertragsziel und wirksamem Wettbewerb als gesetzlichem Schutzzweck notwendig gemacht hätte.

Vor diesem Hintergrund besteht heute Raum für Missverständnisse über die Bedeutung der Verbraucherwohlfahrt im Wettbewerbsrecht in der bisherigen Rechtsprechung, die in der gegenwärtigen Diskussion offen zutage treten. So wird, um gleich das deutlichste Beispiel zu nennen, ein Normverständnis, nach welchem das Vorliegen einer Beeinträchtigung der Verbraucherwohlfahrt eine allgemeine tatbestandliche Voraussetzung der Wettbewerbsregeln darstellt, mitunter auf die Schlussanträge des Generalanwalts *Jacobs* in der Rechtssache *Bronner* gestützt. Im Hinblick auf die Voraussetzungen, nach denen Art. 102 AEUV eine Pflicht für ein beherrschendes Unternehmen begründen kann, mit einem Wettbewerber eine Vertragsbeziehung einzugehen, stellte der Generalanwalt fest, dass „bei der Beurteilung dieser Frage nicht übersehen werden (darf), dass es der Hauptzweck von Artikel 86 ist, Wettbewerbsverzerrungen zu verhindern — und insbesondere die Interessen der Verbraucher zu wahren —, und nicht, die Situation einzelner Wettbewerber zu schützen."[467]

In einem späteren Verfahren hatte sich die Generalanwältin *Kokott* mit der Rechtsauffassung eines rechtsmittelführenden Unternehmens auseinanderzusetzen, das unter Verweis auf die Schlussanträge des Generalanwalts *Jacobs*

466 Vgl. o., E.I.1.b).

467 GA *F. Jacobs,* Schlussanträge in der Rs. C-7/97, Oscar Bronner, Slg. 1998, I-7791, Rn. 69.

den Nachweis eines Verbraucherschadens für das Vorliegen der Missbräuchlichkeit i. S. d. Art. 102 AEUV für erforderlich erachtete.[468] In ihren Ausführungen kommt das Auseinanderfallen von Gemeintem und Gesagtem deutlich zum Ausdruck: „Entgegen der Auffassung (des Unternehmens) scheint mir auch Generalanwalt Jacobs in seinen Schlussanträgen vom 28. Mai 1998 in der Rechtssache (Bronner) [...] nichts anderes (als eine ergebnisoffene Schutzkonzeption, Verf.) zu vertreten. Er weist dort lediglich darauf hin, ′dass es der Hauptzweck von Artikel 82 ist, Wettbewerbsverzerrungen zu verhindern – und insbesondere die Interessen der Verbraucher zu wahren′, scheint also ebenfalls die These zu vertreten, dass Artikel 82 EG den Wettbewerb als Institution schützt und so mittelbar auch die Interessen der Verbraucher wahrt.“[469]

Ebenfalls einer missverständlichen Formulierung scheint die Rechtsauffassung geschuldet, die sich hinsichtlich der tatbestandlichen Bedeutung einer Beeinträchtigung der Verbraucherwohlfahrt auf die Entscheidung des Gerichts in der Rechtssache *Österreichische Postsparkasse* stützt:[470] Die Bestimmungen, die einen unverfälschten Wettbewerb im Binnenmarkt gewährleisten sollen, verfolgen nämlich letztlich den Zweck, das Wohlergehen des Verbrauchers zu erhöhen. Dieser Zweck ergibt sich insbesondere aus dem Wortlaut des Artikels 81 EG: Auch wenn von dem Verbot des Artikels 81 Absatz 1 EG Kartelle ausgenommen werden können, die zur Verbesserung der Warenerzeugung oder -verteilung oder zur Förderung des technischen oder wirtschaftlichen Fortschritts beitragen, ist diese in Artikel 81 Absatz 3 EG vorgesehene Möglichkeit doch namentlich an die Voraussetzung geknüpft, dass die Verbraucher der in Frage stehenden Waren an dem entstehenden Gewinn angemessen beteiligt werden. Das Wettbewerbsrecht und die Wettbewerbspolitik haben damit auf die konkreten wirtschaftlichen Interessen der Endabnehmer von Waren oder Dienstleistungen unbestreitbare Auswirkungen“.[471] So hat das Gericht, wie Generalanwältin *Trstenjak* in ihren Schlussanträgen zu einer späteren Rechtssache konstatiert, „lediglich festgestellt, dass mittels Art. 81 EG *letztlich (H. d. V.)* der Zweck verfolgt werde, das Wohlergehen des Verbrauchers zu erhöhen, und in diesem Zusammenhang die Beteiligung

468 GA'in *J. Kokott*, Schlussanträge in der Rs. C-95/04 P, British Airways, Slg. 2007, I-02331, Rn. 85 ff.

469 GA'in *J. Kokott*, Schlussanträge in der Rs. C-95/04 P, British Airways, Slg. 2007, I-02331, Fn. 87.

470 EuG, Rs. T-213/01, Österreichische Postsparkasse u. a./Kommission , Slg. 2006, II-1601.

471 EuG, Rs. T-213/01, Österreichische Postsparkasse u. a./Kommission , Slg. 2006, II-1601, Rn. 99.

des Verbrauchers am Gewinn der betreffenden Vereinbarung im Zusammenhang mit Art. 81 Abs. 3 EG erwähnt".[472]

Diese Beispiele zeigen einerseits die Anfälligkeit für Missverständnisse einer bisweilen nur in Nuancen liegenden begrifflichen Unterscheidung von Vertragsziel und gesetzlichem Schutzzweck; andererseits lässt eine Interpretation der bisherigen Rechtsprechung unter Beachtung dieser Besonderheiten den sicheren Schluss zu, dass eine tatbestandliche Berücksichtigung einer Beeinträchtigung der Verbraucherwohlfahrt in der Vergangenheit keine Voraussetzung der Wettbewerbsrechtsverletzung war. Der more economic approach stellt diesen Rechtsprechungsgrundsatz als den Bedürfnissen der heutigen wettbewerbspolitischen Praxis nicht mehr entsprechend und damit als unzeitgemäß in Frage. Einige markante Beispielsfälle veranschaulichen die Bereitschaft der Gerichte, bestimmte Aspekte der verbraucherwohlfahrtsorientierten Auslegung der Kommission zu übernehmen, vor allem aber eine überwiegend ablehnende Haltung.

(1) Preisdifferenzierungen zur Parallelhandelsbeschränkung

Die ersten Anschauungsfälle einer verstärkten wettbewerbsrechtlichen Berücksichtigung der Verbraucherwohlfahrt liegen auf dem Feld des Parallelhandels mit Arzneimitteln und damit in einem Bereich, in dem eine isolierte Betrachtung der Aussagen der Gerichte zu der Bedeutung von Verbraucherschäden für das Vorliegen einer Wettbewerbsrechtsverletzung gleich aus zwei Gründen problematisch ist. Einerseits wird der Parallelhandel neben seinen wettbewerblichen Funktionen auch und insbesondere wegen seiner Bedeutung für die wirtschaftliche Integration innerhalb der Union durch das Wettbewerbsrecht geschützt.[473] Andererseits bestehen aber gerade auf dem Sektor des Arzneimittelhandels angesichts der an anderer Stelle dargestellten Marktspezifika – insbesondere behördlich festgelegte Höchstpreise – und angesichts der vertraglichen Grenzen des Integrationsgedankens gegenüber den legitimen mitgliedstaatlichen Interessen an der Sicherung der Daseinsvorsorge im Gesundheitswesen gewichtige Bedenken, ob der Parallelhandel diese Funktionen erfüllen kann.[474] Während deshalb einerseits die Ausführungen

472 GA'in *V. Trstenjak*, Schlussanträge in den verb. Rs. C-501/06 P, C-513/06 P, C-515/06 P und C-519/06 P, GlaxoSmithKline u. a./Kommission u. a., Slg. 2009, I-09291, Rn. 117.

473 S.o., E.I.1.b).

474 Bemerkenswert deutlich artikuliert GA *F. G. Jacobs*, Schlussanträge in der Rs. C-53/03, Syfait u. a., Slg. 2005, I-04609, diese Bedenken, Rn. 99, wonach auf dem

zum wettbewerbsrechtlichen Stellenwert des Verbraucherschadens unter dem Vorbehalt dieses Gesamtzusammenhangs zu beurteilen sind, ist diese Rechtsprechung andererseits aufschlussreich im Hinblick auf die möglichen Erscheinungsformen und Anwendungsbereiche wohlfahrtsbezogener, auswirkungsorientierter Betrachtungsweisen im Kartellrecht.

Im Verfahren *GlaxoSmithKline* betreffend die kartellrechtliche Bewertung einer Vereinbarung von Preisdifferenzierungsklauseln zur Beschränkung des Parallelhandels zwischen dem Pharmaunternehmen Glaxos und spanischen Arzneimittelgroßhändlern legte das Gericht eine Auslegung des Merkmals der bezweckten Wettbewerbsbeschränkung zugrunde, nach welcher Preisdifferenzierungen im Arzneimittelsektor zur Beeinträchtigung des Parallelhandels nur dann erfasst sind, wenn eine Beeinträchtigung der Verbraucherwohlfahrt festzustellen ist.[475] Damit trug es der Annahme Rechnung, dass die Einschränkung des Parallelhandels angesichts der mitgliedstaatlichen Preisregulierung keine Auswirkungen auf die Verbraucherpreise habe, weil die Parallelhändler keinen Anreiz hätten, die Vorteile des Parallelhandels an die Verbraucher weiterzugeben.[476] Im Hinblick auf die Auslegung des Begriffs der bezweckten Wettbewerbsbeschränkung stellte das Gericht fest, dass „das Ziel, das in Artikel 81 Absatz 1 EG (…) aufgestellt wird, (darin) besteht (...) zu verhindern, dass Unternehmen durch eine Einschränkung des Wettbewerbs untereinander oder mit anderen das Wohlergehen des Endverbrauchers der fraglichen Waren mindern“.[477] Folglich könne „die Anwendung von Artikel 81 Absatz 1 EG auf den vorliegenden Fall nicht allein davon abhängen, dass die in Rede stehende Vereinbarung auf eine Begrenzung des Parallelhandels mit Arzneimitteln oder auf Abschottungen innerhalb des Gemeinsamen Marktes abzielt – Umstände, die den Schluss auf eine Beeinträchtigung des Handels zulassen –, sondern erfordert überdies eine Analyse zur Klärung der Frage, ob die Vereinbarung eine Verhinderung, Einschränkung oder Verfälschung des Wettbewerbs auf dem fraglichen Markt zum Nachteil des Endverbrauchers bezweckt oder bewirkt.“[478]

Sektor des Arzneimittelhandels der „Preiswettbewerb, wie er sich aus dem Parallelhandel ergibt, (...) womöglich der Präferenz des Abnehmers zuwider (läuft)“.

475 EuG, Rs. T-168/01, GlaxoSmithKline, Slg. 2006, II-02969. Zum Sachverhalt *C. Mayer*, Zwischen Innovation und Preisvorteil: Die Beschränkung des Parallelhandels mit Arzneimitteln ist nicht zwingend unzulässig, oder etwa doch? ELR 2007, S. 12, 18, der von einem wettbewerbspolitisch bedeutsamem Bekenntnis des Gerichts spricht.

476 EuG, Rs. T-168/01, GlaxoSmithKline, Slg. 2006, II-02969, Rn. 121.

477 EuG, Rs. T-168/01, GlaxoSmithKline, Slg. 2006, II-02969, Rn. 118.

478 EuG, Rs. T-168/01, GlaxoSmithKline, Slg. 2006, II-02969, Rn. 119. Diese Auffassung vertritt das Gericht in offenkundiger Anlehnung an den von Generalanwalt *F.*

Der Sache nach vertritt das Gericht hier eine Auslegung, die das Eingreifen der Verbotsnorm von dem Vorliegen negativer Auswirkungen der Preisdifferenzierung auf die Verbraucher abhängig macht, und verlässt damit den Boden der gefestigten Rechtsprechung zum Merkmal der Wettbewerbsbeschränkung in Art. 101 Abs. 1, wonach ein Verbraucherschaden keine Voraussetzung für das Vorliegen einer Wettbewerbsrechtsverletzung darstellt. In der Literatur wurde die Entscheidung als Ausdruck des gerichtlichen Bestrebens gewertet, die von der Kommission vorgegebenen Prinzipien der Ökonomisierung in das Prüfungsprogramm der bezweckten Wettbewerbsbeschränkung zu integrieren.[479]

Jacobs entwickelten Ansatz zur Bestimmung der Missbräuchlichkeit im Hinblick auf einseitige Parallelhandelsbeschränkungen auf dem Sektor für Arzneimittel, Schlussanträge in der Rs. C-53/03, Syfait u. a., Slg. 2005, I-4609. Der Generalanwalt setzte sich angesichts des Vorabentscheidungsersuchens der griechischen Wettbewerbsbehörde zu der Lieferverweigerung, mit der es der Pharmahersteller Glaxo unternommen hatte, den Parallelhandel der griechischen Großhändler zu unterbinden, mit der Frage auseinander, ob das Vorliegen einer Beeinträchtigung für die Verbraucherwohlfahrt Voraussetzung ist für das Eingreifen der Missbrauchskontrolle. Dies bejaht der Generalanwalt mit der Begründung: (n)ormalerweise sind die Vorteile des Parallelhandels für diejenigen spürbar, die Erzeugnisse auf dem Bestimmungsmarkt zu einem niedrigeren Preis kaufen können. (…) Der Parallelhandel mit Arzneimitteln führt (jedoch) nicht zwingend zu einem Preiswettbewerb, der für die Endverbraucher dieser Erzeugnisse wahrnehmbar wäre“. Der Generalanwalt schlägt infolgedessen eine Auslegung vor, nach der die Feststellung der Missbräuchlichkeit von Parallelhandelsbeschränkungen auf dem Arzneimittelsektor von dem Nachweis einer Beeinträchtigung der Verbraucherwohlfahrt abhängt, Rn. 96f der Schlussanträge. In der Literatur wurde in der Vorgehensweise des Generalanwalts „nichts weniger als ein Paradigmenwechsel“ gesehen, *P. Behrens,* Parallelhandelsbeschränkungen und Konsumentenwohlfahrt, ZWeR 2008, S. 20, 37; vgl. auch *T. Körber*, Parallelhandel mit Medikamenten zwischen Binnenmarktziel, Konsumentenwohlfahrt und Innovationswettbewerb, ZWeR 2007, S. 515, 523. Während der Generalanwalt umfassend zu den Vorlagefragen Stellung nahm, lehnte der Gerichtshof das Ersuchen um Vorabentscheidung auf Grund der fehlenden Gerichtseigenschaft der Wettbewerbsbehörde als unzulässig ab, ohne sich mit dem Ersuchen in der Sache auseinanderzusetzen, EuGH, Rs. C-53/03, Syfait, Slg. 2005, I-4609, Rn. 39.

479 Vgl. auch *P. Behrens*, Parallelhandelsbeschränkungen und Konsumentenwohlfahrt, ZWeR 2008, S. 20, 37; *T. Körber*, Parallelhandel mit Medikamenten zwischen Binnenmarktziel, Konsumentenwohlfahrt und Innovationswettbewerb, ZWeR 2007, S. 515, 523, und – besonders weitgehend – *A. Fritzsche*, Ermessen und institutionelles Gleichgewicht, nach dem „das Gericht die ökonomisierende, an Werten der neoklassischen ökonomischen Theorie ausgerichteten Neuinterpretationen von Art. 81 durch die Kommission im Rahmen des Modernisierungspakets ohne viel Federlesens übernimmt“, S. 92. Vgl. auch in einem literarischen Beitrag den Richter am EuG *A. Dittrich*, Aktuelle Luxemburger Rechtsprechung zum EU-Kartellrecht, EWS 2011, dem das Urteil „in Zeiten des more economic approach beachtenswert“ erscheint, S 3.

Angesichts des schwierigen rechtlichen Gesamtzusammenhangs, in dem das Gericht diesen Maßstab entwickelt hat, ist es nicht unproblematisch, diese Vorgehensweise ohne weiteres als dem more economic approach geschuldet zu bewerten. Der Gerichtshof hat das Gericht indes beim Wort genommen und ist dessen Auslegung entgegengetreten: „[D]ie Feststellung, dass mit einer Vereinbarung ein wettbewerbswidriger Zweck verfolgt wird, (setzt) nicht voraus, dass dadurch den Endverbrauchern die Vorteile eines wirksamen Wettbewerbs hinsichtlich der Bezugsquellen oder der Preise vorenthalten werden [...]. Daraus folgt, dass dem Gericht ein Rechtsfehler unterlaufen ist, als es das Vorliegen eines wettbewerbswidrigen Zwecks von dem Nachweis abhängig gemacht hat, dass die Vereinbarung Nachteile für die Endverbraucher beinhalte, und geschlossen hat, dass die Vereinbarung keinen solchen Zweck verfolgt“.[480] Der Gerichtshof ist damit einer Auslegung der Vorschrift ohne Umschweife entgegengetreten, nach der das Vorliegen eines Verbraucherschadens Voraussetzung der Wettbewerbsbeschränkung sei.

Die Schlussanträge der Generalanwältin *Kokott* in einem späteren Verfahren erlauben eine weitergehende Akzentuierung der Haltung des Gerichtshofs: Anlässlich einer vergleichbaren Rechtsfrage im Zusammenhang der wettbewerbsrechtlichen Bewertung von Informationsaustauschen zwischen Mobilfunkbetreibern über die Vergütung ihrer Vertragshändler hatte die Generalanwältin eine Interpretation des erstinstanzlichen Urteils aufgezeigt, die mit der Rechtsprechung durchaus in Einklang zu bringen ist:[481] „Zugegebenermaßen ist in der höchst missverständlich abgefassten Randnr. 147 jenes Urteils zu lesen, die Wettbewerbswidrigkeit einer Vereinbarung könne nicht allein aus einer in ihrem Kontext vorgenommenen Betrachtung ihres Wortlauts abgeleitet werden, sondern es müssten *notwendigerweise* auch ihre Auswirkungen hinzugezogen werden. Meines Erachtens soll damit lediglich zum Ausdruck kommen, dass der Zweck einer Vereinbarung (oder einer Verhaltensweise) nicht abstrakt, sondern konkret – d. h. unter Berücksichtigung ihres jeweiligen rechtlichen und wirtschaftlichen Zusammenhangs – zu beurteilen ist, wobei die Besonderheiten des jeweiligen Marktes zu berücksichtigen sind (...). Bei Zugrundelegung dieses Verständnisses besteht kein Widerspruch zwischen Randnr. 147 des Urteils GlaxoSmithKline Services/Kommission und dem von mir in Nr. 46 dieser Schlussanträge Gesagten.“[482]

480 EuGH, verb. Rs. C-501/06 P, C-513/06 P, C-515/06 P und C-519/06 P, GlaxoSmithKline u. a./Kommission u. a., Slg. 2009, I-09291, Rn. 63.

481 EuGH, Rs. C-8/08, T-Mobile Netherlands, Slg. 2009, I-04529.

482 GA' in *J. Kokott*, Schlussanträge in der Rs. C-8/08, T-Mobile Netherlands, Slg. 2009, I-04529, Rn. 46.

In der von der Generalanwältin vorgenommenen alternativen Deutung der Entscheidung nimmt das Gericht in Übereinstimmung mit der bisherigen Praxis eine auf die Form bezogene Betrachtung der vereinbarten Klauseln zur Preisdifferenzierung unter Berücksichtigung der atypischen Wirkungsweise des Parallelhandels mit Arzneimitteln als Gesichtspunkt des rechtlichen und wirtschaftlichen Zusammenhangs vor und bewegt sich somit auf dem Boden der ständigen Rechtsprechung. Es wäre durchaus vorstellbar gewesen, dass der Gerichtshof die erstinstanzliche Entscheidung ähnlich der alternativen Deutung der Generalanwältin *Kokott* als Versuch der sachgerechten Anwendung des Grundsatzes wertet, dass die besondere Wirkungsweise des Parallelhandels auf dem Arzneimittelmarkt einen Gesichtspunkt des rechtlichen und wirtschaftlichen Kontexts darstellt, in den sich die Vereinbarung zur Preisdifferenzierung einfügt. Umso bemerkenswerter ist, dass der Gerichtshof diesen Lösungsansatz nicht als eine dem Einzelfall gerecht werdende Modifizierung der bisherigen Grundsätze anerkennt, sondern als prinzipielle Neuausrichtung des Kartellverbotes verstanden wissen möchte, dem er auch auf prinzipieller Ebene entgegentreten kann. Dies wird vor dem Hintergrund der Praxis der Gerichte verständlich, Rechtsfragen unter bisweilen sehr formelhafter Wiedergabe bisheriger Rechtsprechung zu begründen, welche die Gefahr in sich trägt, dass in Zukunft auch in anderen Fällen auf die Argumentationsfigur des fehlenden Verbraucherschadens Bezug genommen wird, ohne dass der konkrete Zusammenhang berücksichtigt wird, aus dem heraus der Lösungsansatz des Gerichts erst seine Berechtigung erhält.[483] Man wird diese Haltung als Ausdruck eines Bestrebens des Gerichtshofs werten können, angesichts der wettbewerbspolitischen Gesamttendenz von vornherein solche Auslegungen des Merkmals der Wettbewerbsrechtsverletzung zu unterbinden, die in der Fortentwicklung der Rechtsprechung als Anknüpfungspunkt für die Einführung einer ökonomisierten Betrachtung zu dienen geeignet sind.[484]

483 *J. Fejo,* How does the ECJ cite its previous jugdments in competition law cases? in M. Johansson/N. Wahl/U.Bernitz (Hrsg.), A European for all seasons, Liber Amicorum S. Norberg, 2006, S. 195 ff.

484 Dagegen hat der Gerichtshof die Notwendigkeit eines Verbraucherschadens im Falle der Lieferverweigerung zum Zwecke der Parallelhandelsbeschränkung auf dem Sektor des Arzneimittelhandels in der Rechtssache Lélos noch mit der Begründung offengelassen, dass ihn die Argumentation, wonach der Parallelhandel mit Arzneimitteln nicht die typische wohlfahrtsfördernde Wirkung entfalte, nicht überzeugt habe. „Daher ist – ohne dass der Gerichtshof über die Frage zu entscheiden brauchte, ob es einem Unternehmen in beherrschender Stellung obliegt, die Missbräuchlichkeit seines Verhaltens gegenüber einem Geschäftspartner danach zu beurteilen, inwieweit dessen Tätigkeiten Vorteile für die Endverbraucher bieten – festzustellen, dass ein solches Unternehmen sich unter den Umständen der Ausgangsverfahren nicht auf die Prämisse stützen kann, dass die Parallelexporte, die es zu beschränken beabsich-

(2) Treuerabatte

Der sachgerechte Einsatz der Missbrauchskontrolle in der Fallgruppe der Treuerabatte und vergleichbaren umsatzunabhängigen Vergünstigungen[485] bildet einen Schwerpunkt der Auseinandersetzung um die Einführung eines stärker wirtschaftlichen Ansatzes im europäischen Wettbewerbsrecht.[486] Treuerabatte, die ein marktbeherrschendes Unternehmen seinen Handelspartnern gewährt, können den Wettbewerb schädigen, indem sie diesen gegenüber Anreize zum Bezug ihrer Produkte setzen und damit eine wettbewerblich nicht gerechtfertigte Bindungswirkung entfalten, die letztlich dazu führt, dass angesichts fehlender Absatzmöglichkeiten gegenwärtige Wettbewerber vom Markt gedrängt und zukünftige Wettbewerber am Marktzutritt gehindert werden.[487]

Gemäß der ergebnisoffenen Schutzkonzeption der bisherigen Rechtspraxis haben sich in dieser Fallgruppe in der Vergangenheit Maßstäbe herausgebildet, nach denen die Wettbewerbsrechtsverletzung in der Beeinträchtigung der durch die Anwesenheit des marktbeherrschenden Unternehmens bereits geschwächten Wettbewerbsstruktur besteht. Die Voraussetzung der Missbräuchlichkeit derartiger Verhaltensweisen war danach (lediglich) die Eignung der gewährten Rabatte, im konkreten Fall eine der bezeichneten Marktverschließungswirkungen zu entfalten,[488] wobei die Rechtsprechung zur Ermittlung dieser Eignung auf der Basis einer typisierenden Betrachtungsweise nach Inhalt und Modalitäten der Rabattgewährung eine prinzipielle Unterscheidung trifft zwischen wettbewerblich unbedenklichen Mengenrabatten und grundsätzlich wettbewerbswidrigen Treuerabatten – wobei wiederum letztere diese

tigt, nur einen ganz geringen Nutzen für die Endverbraucher hätten.“, Rn. 57. Vgl. auch *O. Steffens/B. Arnold,* Missbrauch marktbeherrschender Stellung durch Verhinderung von Parallelexporten von Arzneimitteln, ZWeR 2008, S. 434.

485 Einen Überblick über die wichtigsten Rabattmodelle bieten *R. Inderst/U. Schwalbe*, Effekte verschiedener Rabattformen – Überlegungen zu einem ökonomisch fundierten Ansatz, ZWeR 2009, S. 65.

486 Vgl. das *Diskussionspapier des BKartA*, Wettbewerbsschutz und Verbraucherinteressen im Lichte neuerer ökonomischer Methoden, 2004, abrufbar auf der Internetseite des BKartA. Vgl. zum Verlauf der Diskussion im Bereich der Missbrauchskontrolle *T. Eilmansberger*, Neue Paradigmen, ZWeR 2009, S. 455.

487 Zu den wettbewerblichen Wirkungen von Treuerabatten *R. Inderst/U. Schwalbe*, Effekte verschiedener Rabattformen – Überlegungen zu einem ökonomisch fundierten Ansatz, ZWeR 2009, S. 65.

488 Vgl. EuG, Rs. T-24/93, Compagnie maritime Belge u. a., Slg. 1996, II-01201, Rn. 149; EuG, Rs. T-83/91, Tetra Pak II, Slg. 1994, II-00755, Rn. 151, 191 und zuletzt EuG, Rs. T-219/99, British Airways, Slg. 2003, II-5917, Rn. 297.

Eignung regelmäßig aufweisen, so dass es einer näheren Untersuchung der Eignung zur Marktverschließung nicht bedarf.[489]

Vom Standpunkt eines verbraucherwohlfahrtsorientierten Wettbewerbsverständnisses aus gesehen bleibt diese Rechtslage hinter der wettbewerbspolitischen Zielsetzung zurück.[490] Der Schutz der Marktstrukturen auf dem Boden einer formalisierten Betrachtung der Rabattpolitik trägt die Gefahr in sich, zu wettbewerbsrechtlichen Bewertungen zu führen, die ihrer verbraucherwohlfahrtsökonomischen Bedeutung nicht angemessen differenziert Rechnung tragen, indem einerseits Rabatte verboten werden, die in Wirklichkeit keine wettbewerbswidrige Wirkung haben, und andererseits bestehende Ambivalenzen in der Gestalt überwiegender ökonomischer Effizienzen nicht hinreichend Berücksichtigung finden.[491] Angesichts dieser Kritik hat die Kommission Beurteilungsmaßstäbe entwickelt, die das Eingreifen der Verbotsnorm stärker von den tatsächlichen Auswirkungen der Rabatte auf effizienten Wettbewerb und Verbraucher abhängig machen.[492] An den Kommissionsansatz anknüpfend haben Unternehmen – gewissermaßen im Vorgriff auf die zu veröffentlichende Mitteilung – wiederholt den fehlenden Nachweis der Verbraucher-

489 Eine weitergehende Prüfung der Eignung, über diesen formalen Maßstab hinaus, wurde in der Praxis lediglich kursorisch durchgeführt, vgl. etwa EuG, Rs. T-65/89, BPB Industries und British Gypsum, Slg. 1993, II-00389, Rn. 68; EuG, Rs. T-65/98, Van den Bergh Foods, Slg. 2003, II-4653, Rn. 160; zu diesen Bsp. *T. Eilmansberger*, Neue Paradigmen, ZWeR 2009, S. 466. Eine ausführliche Rechtsprechungsanalyse zu den bisherigen Maßstäben, *P. Akman*, Consumer Welfare and Article 82 EC: Practice and Rhetoric, World Competition 2009, S. 1, 76. Vgl. EuGH, Rs. 85/76, Hoffmann-La Roche, Slg. 1979, 461, Rn. 90; EuGH, Rs. C-322/81, Michelin, Slg. 1983, 3461, Rn. 71, 73, 85. Eine ausführliche Übersicht der Rechtsprechung GA' in *J. Kokott*, Schlussanträge in der Rs. C-95/04 P, British Airways, Slg. 2007, I-02331, Rn. 42, 46.

490 Vgl. krit. zur bisherigen Praxis *L.-H. Röller*, Der ökonomische Ansatz in der europäischen Wettbewerbspolitik, in Monopolkommission (Hrsg.), Zukunftsperspektiven der Wettbewerbspolitik, 2005, S. 37, 41 f.; *R.-J. Van den Bergh/P. D. Camesasca*, European Competition Law and Economics, 2006, S. 272: "the case law is moving too fast in the direction of per se prohibition of non price related rebates, this rule is both unclear and overinclusive"; *D. Waelbroeck*, Michelin II: A per se rule against rebates by dominant companies? JCLE 2005, S. 149.

491 Vgl. zu den Befürwortern der Einbeziehung des Verbraucherschadens auf Tatbestandsebene *J. Temple Lang*, Some Current Problems of Applying Article 82 EC, in C. Baudenbacher (Hrsg.), 7. St. Galler Internationales Kartellrechtsforum 2000, S. 57, 95; *J. Kallaugher/B. Sher*, Rebates revisited: Anti-competitive effects and exclusionary abuse under Art. 82 EC, EClRev 2004, S. 263.

492 Kommission: Discussion Paper on the application of Article 82 of the Treaty to exclutionary abuses, 2005, abrufbar unter: http://ec.europa.eu/comm/competition/antitrust/others/discpaper2005.pdf.

wohlfahrtsbeeinträchtigung in den Missbrauchsentscheidungen der Kommission gerichtlich geltend gemacht.

Einen guten Anschauungsfall für die unterschiedlichen Einzelausprägungen ökonomisierter Maßstäbe der Wettbewerbsrechtsverletzung und der Haltung der Gerichte in der Fallgruppe der Rabatte bietet die Rechtssache *British Airways.*[493] Das gleichnamige Unternehmen hatte als marktbeherrschende Fluggesellschaft mit in Großbritannien ansässigen Reisevermittlern Provisionsvereinbarungen getroffen, die den Reisevermittlern die Möglichkeit einräumten, durch eine Steigerung der mit den Flugscheinen erzielten Umsätzen zusätzliche Provisionen zu erwirtschaften, die sich nicht allein auf die nach Erreichen der Verkaufsvorgaben getätigten Umsätze bezogen, sondern rückwirkend für alle Umsätze im relevanten Zeitraum zugestanden wurden.[494] Das Gericht hatte die Treuerabatte – in konsequenter Anwendung der bisherigen Rechtsprechungsgrundsätze auf dem Boden einer formalen Betrachtungsweise – als geeignet qualifiziert, Marktausschlusswirkungen zu erzeugen.[495] British Airways hatte im Rechtsmittelverfahren unter Bezugnahme auf die wettbewerbspolitischen Zielsetzungen der Kommission sowohl gerügt, dass das Gericht keinen Nachweis der tatsächlichen Auswirkungen der Prämienregelungen auf die Wettbewerber verlangt habe, als auch, dass es den Nachweis eines Verbraucherschadens, wie er in Art. 102 Abs. 2 lit. b AEUV verankert ist, für unnötig erachtet habe.[496]

Beiden Vorbringen ist der Gerichtshof mit großer Konsequenz entgegengetreten. Seine Ausführungen zum Vorwurf der unzureichenden Berücksichtigen der Auswirkungen auf den Wettbewerb werden im Folgenden so ausführlich zitiert, weil aus ihnen besonders gut die als formalistisch beschriebene Betrachtungsweise hervorgeht, an der er offensichtlich festhalten möchte: „Zum Vorbringen von BA, das Gericht habe die möglichen Auswirkungen der fraglichen Prämienregelungen nicht geprüft, genügt der Hinweis darauf, dass das Gericht (...) den Mechanismus dieser Regelungen erläutert hat. Im Anschluss an den Hinweis auf die sehr spürbare Wirkung im Randbereich, die mit der Progression der erhöhten Provisionssätze verbunden sei, hat es die exponentielle Wirkung eines Anstiegs der Verkaufszahlen für BA-Flugscheine

493 EuGH, Rs. C-95/04 P, British Airways, Slg. 2007, I-2331. KomE 2000/74/EG, in der Sache IV/D-2/34.780 – Virgin/British Airways, ABl. 2000, Nr. L 30, S. 1.

494 Vgl. zum Provisionsschema British Airways' *D. Zimmer*, Der rechtliche Rahmen für die Implementierung moderner ökonomischer Ansätze, WuW 2007, S. 1204.

495 Vgl. EuG, Rs. T-219/99, British Airways/Kommission, Slg. 2003, II-5917, Rn. 270 f.

496 Zur Rüge British Airways', EuGH, Rs. C-95/04 P, British Airways, Slg. 2007, I-2331, Rn. 65.

auf diese Sätze von einem Zeitraum zum nächsten beschrieben sowie, umgekehrt, die unverhältnismäßige Verringerung dieser Sätze, selbst im Fall eines nur leichten Rückgangs des Absatzes von BA-Flugscheinen im Verhältnis zum vorhergehenden Zeitraum. Auf dieser Grundlage konnte das Gericht rechtsfehlerfrei zu dem Schluss kommen, dass die fraglichen Prämienregelungen eine treuefördernde Wirkung hatten. Daher ist die Rüge, mit der BA dem Gericht vorwirft, die möglichen Auswirkungen dieser Regelungen nicht geprüft zu haben, unbegründet.“[497]

Diesen Ausführungen liegt erkennbar das Verständnis zugrunde, dass das Vorliegen wettbewerbswidriger Wirkungen von Prämienvereinbarungen allein in Ansehung ihres Inhalts und der Modalitäten ihrer Gewährleistung („Mechanismus dieser Regelung“) zu ermitteln ist, ohne dass über deren treuefördernde Wirkung hinaus Feststellungen über deren tatsächlichen Einfluss auf den Wettbewerb getroffen werden müssen. Der Gerichtshof bringt hier eine prinzipiell ablehnende Haltung gegenüber einem grundlegenden Prinzip der Ökonomisierung zum Ausdruck, wonach das Eingreifen des Missbrauchsverbotes durch eine Analyse der tatsächlichen und nicht nur vermuteten Marktwirkungen abzusichern ist, und stellt damit den effects-based approach in einem wesentlichen Aspekt in Frage.

Ebenso wenig teilt der Gerichtshof die Auffassung des Unternehmens, dass der Nachweis eines Verbraucherschadens zu erbringen sei: „Dem Gericht ist daher kein Rechtsfehler unterlaufen, als es (...) anstatt zu prüfen, ob das Verhalten von BA den Verbrauchern einen Schaden im Sinne von Art. 82 Abs. 2 Buchst. b EG zugefügt hat, untersucht hat, ob die fraglichen Prämienregelungen eine beschränkende Wirkung auf den Wettbewerb gehabt haben, und befunden hat, dass das Vorliegen einer solchen Wirkung von der Kommission in der streitigen Entscheidung nachgewiesen worden ist.“[498] Entsprechend seinem oben zum Ausdruck kommenden Verständnis von den Voraussetzungen einer wettbewerbsbeschränkenden Wirkung tritt der Gerichtshof auch hier einer Auslegung der Missbrauchskontrolle entgegen, die das Vorliegen eines Schadens für den Endverbraucher zur tatbestandlichen Voraussetzung für das Eingreifen der Verbotsnorm macht.[499]

Die *British Airways*-Entscheidung ist beispielhaft für die Vorgehensweise des Gerichtshofes bei der Auseinandersetzung mit Fragen des more economic

497 EuGH, Rs. C-95/04 P, British Airways, Slg. 2007, I-02331, Rn. 97 ff.

498 EuGH, Rs. C-95/04 P, British Airways, Slg. 2007, I-02331, Rn. 107.

499 So auch *C. Mayer,* Keine Bonusmeilen für Reisevermittler – eine Bruchlandung für den „more economic approach“? ELR 2007, S. 211, 216; *D. Zimmer*, Der rechtliche Rahmen für die Implementierung moderner ökonomischer Ansätze, WuW 2007, S. 1206; *T. Eilmansberger*, Neue Paradigmen, ZWeR 2009, S. 462.

approach. Obwohl die Fluggesellschaft im Rechtsmittelverfahren ausdrücklich auf die Reformüberlegungen der Kommission zu Art. 102 AEUV verweist,[500] sieht der Gerichtshof davon ab, seine Auslegung des Missbrauchsbegriffs mit den Bestrebungen der Kommission zu einer Ökonomisierung der Missbrauchskontrolle in Bezug zu setzen.[501] Im Besonderen setzt er sich nicht auf übergeordneter Ebene mit der Vereinbarkeit der Grundprinzipien des more economic approach mit seiner Wettbewerbskonzeption auseinander.[502] Vielmehr zieht sich der Gerichtshof unter Rückgriff auf die bisherige Rechtsprechung auf die Feststellung zurück, dass „Art. 82 EG, wie der Gerichtshof bereits in Randnr. 26 des Urteils Europemballage und Continental Can/Kommission festgestellt hat, nicht nur auf Verhaltensweisen, durch die den Verbrauchern ein unmittelbarer Schaden erwachsen kann, sondern auch auf solche, die ihnen durch einen Eingriff in die Struktur des tatsächlichen Wettbewerbs, von dem in Art. 3 Abs. 1 Buchst. g EG die Rede ist, Schaden zufügen“.[503]

In seinem späteren Urteil in der Rechtssache *Tomra* hat der Gerichtshof die strenge Linie gegenüber einer verstärkten wettbewerbsrechtlichen Berücksichtigung der tatsächlichen Wirkungen der Rabattpolitik marktbeherrschender Unternehmen bestätigt.[504] Das gleichnamige Unternehmen hatte sich im Rechtsmittelverfahren unter Verweis auf den Auswirkungsansatz der Kommission gegen die Auffassung des Gerichts gewandt, nach der es auf die tatsächlichen wettbewerblichen Wirkungen der Rabatte für die Feststellung einer Wettbewerbsbeschränkung nicht ankomme.[505]

Die Ausführungen des Gerichtshofes zur Vorgehensweise der Kommission sind in diesem Zusammenhang bemerkenswert. Diese hatte entsprechend dem more economic approach im Verlauf ihres Entscheidungsverfahrens eine ver-

500 Im Verfahren vor dem Gerichtshof hat British Airways mehrfach auf die Reformüberlegungen der Kommission verwiesen, vgl. die Schlussanträge der GA’ in *J. Kokott* zu dieser Rechtssache, insb. Fn. 26.

501 Bezeichnenderweise findet sich keine ausdrückliche Bezugnahme auf die Reformbestrebungen der Kommission, und die entscheidende Frage wird lapidar abgehandelt. Hierzu *S. Pautke/L. Henning*, Rabatte – Haben marktbeherrschende Unternehmen nach dem British Airways-Urteil des EuGH endlich mehr Klarheit? EWS 2007, S. 241 ff., für die sich der EuGH „auffällig unauffällig geäußert“ hat.

502 Vgl. aber *C. Mayer*, Keine Bonusmeilen für Reisevermittler – eine Bruchlandung für den „more economic approach“? ELR 2007, der bedauert, dass der EuGH die Entscheidung nicht zum Anlass für eine grundsätzlichere Stellungnahme gegenüber dem Ansatz der Kommission genommen hat, S. 211, 215.

503 EuGH, Rs. C-95/04 P, British Airways, Slg. 2007, I-02331, Rn. 106.

504 Vgl. EuGH, Urt. vom 19. April 2012, Rs. C-549/10 P, Tomra u. a., noch nicht in der amtl. Slg.

505 EuGH, Urt. vom 19. April 2012, Rs. C-549/10 P, Tomra u. a., Rn. 67 ff.

gleichsweise eingehende Analyse der tatsächlichen wettbewerblichen Wirkungen der Rabatte vorgenommen, unter dem Eindruck des mittlerweile erfolgten strengen Ausspruchs des Gerichtshofes in der Rechtssache *British Airways* darauf verzichtet, diese zur Entscheidungsbegründung heranzuziehen, und stattdessen einmal mehr die überkommene formalistische Betrachtungsweise eingenommen.[506] Nichtsdestotrotz nahm der Gerichtshof die Gelegenheit zum Anlass, noch einmal ausdrücklich auf das erstinstanzliche Urteil zu verweisen, welches in einem bemerkenswerten obiter dictum feststellt: „Obwohl dies nach der Rechtsprechung nicht erforderlich war, hat die Kommission auch die tatsächlichen Auswirkungen der Praktiken der Klägerinnen im Licht der Marktbedingungen analysiert."[507]

In ihrer Aussagekraft hinsichtlich der Vereinbarkeit einer von Wertungen des more economic approach getragenen Auslegung in der Missbrauchskontrolle mit der Rechtsprechung unterliegen die Entscheidungen in den Rechtssachen *British Airways* und *Tomra* indes insofern einer gewissen Einschränkung, als die Kommission zum Zeitpunkt ihrer Entscheidung die Mitteilung zu den Anwendungsprioritäten in der Missbrauchskontrolle noch nicht veröffentlicht hatte. Dass diese aber selbst für solche Rechtsfragen nicht von vornherein bedeutungslos ist, die sogar die Ebene der Normauslegung berühren, deutet Generalanwältin *Kokott* in ihren Schlussanträgen an: „In diesem Zusammenhang spielt es übrigens keine Rolle, wie die Kommission ihre Wettbewerbspolitik im Hinblick auf Artikel 82 EG *für die Zukunft* auszurichten gedenkt. Denn (...) etwaige neue Akzente in der Handhabung von Artikel 82 EG (können) nur für künftige Entscheidungen der Kommission von Belang sein, nicht aber für die rechtliche Beurteilung einer bereits ergangenen Entscheidung".[508]

Hier kommt deutlich ein Vorbehalt zum Ausdruck, nach dem im zeitlichen Anwendungsbereich der Leitlinien der Kommission ein anderes Ergebnis – jedenfalls im Rahmen der „neue[n] Akzente in der Handhabung von Art. 82" – nicht ausgeschlossen ist. In seiner späteren Entscheidung in der Rechtssache *Tomra* bekennt sich der Gerichtshof selbst ausdrücklich zu diesem Vorbehalt. Im Rechtsmittelverfahren die Rabattpolitik des Unternehmens Tomra betreffend hatte der Gerichtshof zunächst die Entscheidung des Gerichts mit Verweis auf sein Urteil in der Rechtssache *British Airways* bestätigt, nach der es

506 Vgl. o., E.II.2.

507 EuGH, Urt. vom 19. April 2012, Rs. C-549/10 P, Tomra u. a., Rn. 79, mVa. EuG, Rs. T-155/06, Tomra, Slg. 2010, II-04361, Rn. 219.

508 Vgl. GA *J. Mazák*, Schlussanträge vom 2. Februar 2012 in der Rs. C-549/10 P, Tomra, noch nicht in der amtl. Slg., Rn. 28.

für den Beweis des Missbrauchs auf die tatsächlichen Auswirkungen nicht ankomme:[509] Daran, so schränkt er die Reichweite der Entscheidung maßgeblich ein, „kann auch das Vorbringen der Rechtsmittelführerinnen nichts ändern, dass die Erläuterungen der Kommission (...) eine vergleichende Analyse der Preise und der Kosten vorsähen. Wie nämlich der Generalanwalt (...) ausführt, sind die im Jahr 2009 veröffentlichten Erläuterungen für die rechtliche Beurteilung einer Entscheidung wie der streitigen, die im Jahr 2006 erlassen wurde, nicht einschlägig."[510]

Hier deutet sich eine gewisse Bereitschaft des Gerichtshofes an, eine Neubeurteilung unter Berücksichtigung der Leitlinien der Kommission selbst im Zusammenhang mit einer Fragestellung vorzunehmen, die der Sache nach die Auslegung und damit jene Rechtsebene betrifft, die der leitlinienmäßigen Gestaltung durch die Kommission eigentlich entzogen ist. Angesichts der strengen Ablehnung, die der Gerichtshof gegenüber jeder Erschwerung der Nachweise einer Wettbewerbsrechtsverletzung durch eine ökonomisierte Betrachtungsweise an den Tag legt, wäre auch eine Begründung des Gerichtshofes denkbar gewesen, nach der „auch die (zukünftigen) Leitlinien insofern nichts an diesem Ergebnis ändern können, als die Auslegung der Wettbewerbsregeln der administrativen Verfügung durch Leitlinien entzogen ist".

Unabhängig davon, welche Bedeutung diesen Ausführungen im Einzelnen beizumessen ist, wird jedenfalls deutlich, dass der Gerichtshof den Leitlinien der Kommission bei der Ökonomisierung des Wettbewerbsrechts eine gewisse rechtsgestalterische Bedeutung zuerkennt, die er nicht von vornherein unberücksichtigt lassen möchte, so dass es für eine weiterreichende Aussage zur Vereinbarkeit auswirkungsorientierter Beurteilungen von einseitigen Verhaltensweisen mit der Rechtsprechung auf eine gerichtliche Beurteilung im Lichte der neuen Mitteilung ankommt, die bislang noch aussteht.

(3) Kampfpreisunterbietungen

Im Bereich der Missbrauchskontrolle hatten die Gerichte zuletzt auch in der Fallgruppe der Kampfpreisunterbietungen Gelegenheit, zu einer weiteren Erscheinungsform einer auswirkungsbezogenen Auslegung im Sinne des more economic approach Stellung zu beziehen. Die wettbewerblichen Bedenken gegenüber dem Produktabsatz zu Preisen unter Herstellungskosten resultieren

509 EuGH, Urteil vom 19. April 2012, Rs. C-549/10 P, Tomra, noch nicht in der amtl. Slg., Rn. 68.

510 EuGH, Rs. C-549/10 P, Tomra, noch nicht in der amtl. Slg., Rn. 81.

aus der auf Erfahrung gründenden Annahme, dass das beherrschende Unternehmen aufgrund höherer finanzieller Kapazitäten seine Wettbewerber durch unprofitable Preisgestaltung zunächst gezielt aus dem Markt drängen und im Anschluss, angesichts nunmehr unzureichender Ausweichmöglichkeiten der Verbraucher, sein Angebot insbesondere in Preis und Qualität zu deren Nachteil gestaltet.[511]

Vom Standpunkt eines verbraucherwohlfahrtsbezogenen Wettbewerbsverständnisses aus gesehen ist die angemessene wettbewerbsrechtliche Handhabung dieser Fallgruppe insofern besonders problematisch, als der Anknüpfungspunkt für das Missbrauchsverbot in der Gestaltung verbrauchergünstiger Preis-Leistungs-Verhältnisse und damit in einem Marktverhalten liegt, welches wettbewerbspolitisch zunächst ausgesprochen wünschenswert ist, während sich die verbraucherschädigenden Folgen erst in mittelbarer Zukunft und erst auf der Grundlage eines weiteren Verhaltens des Marktbeherrschers in Form einer ungünstigeren Gestaltung des Preis-Leistungs-Verhältnisses ergeben.[512] Die Grundsätze der Rechtsprechung, die – ausgehend vom Schutz des wirksamen Wettbewerbs – allein auf die Frage abstellen, ob es durch die Preise unter Herstellungskosten zu Verdrängungswirkungen kommen könnte,[513] sind deshalb von den Vertretern des more economic approach insofern als unzureichend kritisiert worden, als sie die Gefahr in sich tragen, durch eine unzureichende Berücksichtigung der tatsächlichen Auswirkungen des betreffenden Verhaltens auch solche Preissenkungen zu unterbinden, die wettbewerblich nicht nur unschädlich, sondern sogar erwünscht sind.[514] Stattdessen wird vorgeschlagen, den Eingriff der Missbrauchskontrolle davon abhängig zu

511 Besonders prägnant formuliert EuGH, Rs. C-62/86, AKZO, Slg. 1991, I-3359, die Gefahr, dass die Verwendung nicht kostendeckender Preise „Unternehmen vom Markt verdrängen (könnte), die vielleicht ebenso leistungsfähig sind wie das beherrschende Unternehmen, wegen ihrer geringeren Finanzkraft jedoch nicht dem auf sie ausgeübten Konkurrenzdruck standhalten können", Rn. 72. Nachweise zu den wesentlichen Positionen in der rechtswissenschaftlichen Literatur zum Verlustausgleich bei *M. Motta*, Competition Policy, 2004, S. 442 ff.

512 Vgl. *A. Alemanno/M. Ramondino*, To recoup or not to recoup? ELR 2009, S. 207.

513 EuGH, Rs. C-333/94 P, Tetra Pak, Slg. 1996, I-5951; EuGH Rs. C-62/86, AKZO, Slg. 1991, I-3359. Zu den Rechtsprechungsgrundsätzen missbräuchlicher Kampfpreisunterbindung im Einzelnen *I. Brinker*, in J. Schwarze (Hrsg.), EU-Kommentar 2012, Art. 102, Rn. 25 f. Einen Nachweis zur Möglichkeit des Unternehmens, die Verluste aus der Preispolitik in einem wettbewerblich geschwächten Markt durch die Erhöhung der Preise wieder auszugleichen, hat der Gerichtshof seinerzeit als Voraussetzung einer missbräuchlichen Ausnutzung nicht gefordert bzw. abgelehnt, EuGH, Rs. C-333/94 P, Tetra Pak, Slg. 1996, I-5951, Rn. 44.

514 Kritisch gegenüber der bisherigen Rechtspraxis *L.-H. Röller*, Der wirtschaftliche Ansatz in der europäischen Wettbewerbspolitik, in Monopolkommission (Hrsg.), Zukunftsperspektiven der Wettbewerbspolitik, 2005, S. 37, 42 f.

machen, ob der Marktbeherrscher im Anschluss an die Niedrigpreisphase überhaupt in der Lage ist, angesichts des verringerten oder ausgeschalteten Wettbewerbs seine Verluste durch eine verbraucherungünstige Gestaltung des Preis-Leistungs-Verhältnisses auszugleichen.[515] Nur dann, so die Annahme der Befürworter des sogenannten Verlustausgleichskriteriums, bestehen für den Marktbeherrscher überhaupt Anreiz und tatsächliche Voraussetzungen zu einer missbräuchlichen Preispolitik.[516]

Vor diesem wettbewerbspolitischen Hintergrund hatte sich der Gerichtshof in der Rechtssache *France Télécom/Kommission* mit der Erforderlichkeit eines Verlustausgleichs auseinanderzusetzen.[517] Das Unternehmen France Télécom wehrte sich gegen eine Kommissionsentscheidung, welche die Preisstrategie des Tochterunternehmens Wanadoo als missbräuchliche Kampfpreisunterbietung wertete.[518] Wanadoo hatte als Internetprovider seine Internetdienstleistungen zeitweise zu einem nicht kostendeckenden Preis mit dem Ziel angeboten, Wettbewerber vom Markt des Breitbandinternets zu verdrängen und Markteintritte zu verhindern.[519] Gegen das Gerichtsurteil, das die Kommissionsentscheidung bestätigte,[520] strengte das Unternehmen ein Rechtsmittelverfahren an, in dem es, in der Sache zutreffend, geltend machte, dass das Gericht den Nachweis einer Möglichkeit zum Verlustausgleich rechtsfehlerhaft nicht als Voraussetzung des Missbrauchs gewertet habe.[521]

Die Schlussanträge des Generalanwalts *Mazák* zu dieser Rechtssache erlauben eine nuancierende Betrachtung der Entscheidung des Gerichtshofes. Der Generalanwalt machte sich die Auffassung des Unternehmens zu eigen, wobei er neben einem Verweis auf das Gutachten der *EAGCP* zu einem verstärkt wirtschaftlichen Ansatz in der Missbrauchskontrolle eine Stütze seiner Auffassung auch in der Rechtsprechung sucht. Dass der Nachweis eines möglichen Verlustausgleichs Voraussetzung für die Feststellung von Verdrän-

515 Vgl. *EAGCP* Gutachten, S. 52: „In particular, the recoupment ability of the predator has to be carefully assessed".

516 Hierzu, mit weiteren Nachweisen, *F. Schuhmacher*, Predatory Pricing und Verlustausgleich, WBl 2009, S. 273 ff.

517 EuGH, Rs. C-202/07 P, France Télécom, Slg. 2009, I-02369. Hierzu *F. Schuhmacher*, Predatory Pricing und Verlustausgleich, WBl 2009, S. 273 ff.; *A. Alemanno/M. Ramondino*, To recoup or not to recoup? ELR 2009, S. 202 ff; *L. Gormsen*, How well does the European Legal Test for Predation go with an Economic approach to Art. 102 TFEU? LIEI 2010, S. 203 ff.

518 Entscheidung der Kommission vom 16. Juli 2003 in einem Verfahren nach Artikel 82 EG-Vertrag, COMP/38.233 – Wanadoo Interactive.

519 Vgl. zum Sachverhalt, EuGH, Rs. C-202/07 P, France Télécom, Slg. 2009, I-02369, Rn. 2 ff.

520 EuG, Rs. T-340/03, France Télécom, Slg. 2007, II-00107.

521 EuGH, Rs. C-202/07 P, France Télécom, Slg. 2009, I-02369, Rn. 101.

gungspreisen im Sinne des Art. 102 AEUV ist, entnimmt er unter anderem „der qualifizierenden Formulierung *unter den Umständen des vorliegenden Falles* im Urteil Tetra Pak II“, womit der Gerichtshof nach seiner Auffassung „eindeutig eine allgemeine Aussage vermeiden (wollte), der zufolge in zukünftigen Rechtssachen zu Verdrängungspreisen der Nachweis eines möglichen Verlustausgleichs überflüssig wäre“.[522]

Die Schlussanträge des Generalanwalts *Mazák* zu dieser Rechtssache sind Ausdruck einer nennenswerten Bereitschaft, auch innerhalb des Gerichtshofes zur verstärkten Einbeziehung von Elementen einer auswirkungsbezogenen Betrachtungsweise in die vorherrschenden wettbewerbsrechtlichen Beurteilungsmaßstäbe.[523] Ebenso zeigen sie beispielhaft eine Vorgehensweise bei der wettbewerbsrechtlichen Bewältigung des more economic approach auf, deren Ausgangspunkt nicht in der prinzipiellen Abkehr von bisherigen Grundsätzen, sondern in der Nutzung von Spielräumen in der Rechtsprechung zur Fortentwicklung liegt.[524] Der Gerichtshof indes hat den Ansatz des Generalanwalts nicht mitgetragen. Aus der Rechtsprechung ergebe sich nicht, „dass der Nachweis eines möglichen Ausgleichs der Verluste, die ein Unternehmen in beherrschender Stellung durch die Anwendung von Preisen unter einem bestimmten Kostenniveau erleidet, eine notwendige Voraussetzung für die Feststellung der Missbräuchlichkeit einer solchen Preispolitik ist“.[525]

Diese Ausführungen sind hervorhebenswert. Obgleich die Notwendigkeit eines Verlustausgleichs zumindest offenbar nicht so eindeutig aus der Rechtsprechung abzuleiten ist, wie es die Ausführungen des Generalanwalts nahelegen, fällt auf, dass der Gerichthof sich mit keinem Wort zu der vom Gene-

522 *J. Mazák*, Schlussanträge in der Rs. C-202/07 P, France Télécom, Slg. 2009, I-02369. Dabei verweist Mazák auf die Schlussanträge des Generalanwalts *F. Jacobs* in der Rechtssache Bronner (vgl. o., Fn. 467) nach dem „es der Hauptzweck von Artikel [82 EG] ist, Wettbewerbsverzerrungen zu verhindern – und insbesondere die Interessen der Verbraucher zu wahren – und nicht, die Situation einzelner Wettbewerber zu schützen“, Rn. 73 ff.

523 Vgl. zu den Schlussanträgen *A. Alemanno/M. Ramondino*, To recoup or not to recoup, ELR 2009, S. 204 ff.: The Advocate Generals’ Opinion, Chronicle of a failed Chicagoan revolution, u. *G. Monti*, Art. 82 EC: The Future of the Effects-Based Approach, EJCLP 2010, S. 7.

524 Dies ist dem Generalanwalt offenbar bewusst, da er zur Unterstützung seiner Auffassung auf das Gutachten der *EAGCP* zu der Ökonomisierung des Art. 82 verweist: *J. Mazák*, Schlussanträge in der Rs. C-202/07 P, France Télécom, Slg. 2009, I-02369, Fn. 54. Vgl. *A. Alemanno/M. Romandino*, To recoup or not to recoup? ELR 2009: The Advocate Generals’ Opinion: Chronicle of a failed Chicagoan revolution, S. 207: „It would have been more credible to expressly advise the court to change its approach to predatory price cutting”.

525 EuGH, Rs. C-202/07 P, France Télécom, Slg. 2009, I-02369, Rn. 110. Vgl. hierzu auch, *G. Monti*, Art. 82 EC, EJCLP 2010, S. 7 f.

ralanwalt benannten deutlichen Akzentuierung im Urteil *Tetra Pak II* äußert, welches den Nachweis der Möglichkeit zum Verlustausgleich ausdrücklich nur „unter den Umständen des vorliegenden Falles" ausschließt. Dass der Gerichtshof in einem Kontext, in dem Beurteilungsmaßstäbe wie der Verlustausgleich im Mittelpunkt nennenswerter wettbewerbspolitischer Anstrengungen der Kommission zu einer Erneuerung der Rechtspraxis stehen, über mögliche Anknüpfungspunkte für eine Fortentwicklung der Rechtsprechung ohne weiteres hinweggeht, wird man als Indiz dafür werten können, dass sich der Gerichtshof, unter dem Eindruck einer von ihm abgelehnten wettbewerbspolitischen Gesamttendenz, dazu veranlasst sieht, die Grundsätze der bisherigen Rechtspraxis im Wege einer strengen Interpretation der Rechtsprechung in ihrem Bestand gegen Modifikationen im Sinne der Ökonomisierung abzusichern.[526]

(4) Informationsaustausch

Im Anwendungsbereich des Kartellverbotes war der Gerichtshof auch jenseits der Bewertung von Preisdifferenzierungen mit dem Ziel der Parallelhandelsbeschränkung auf dem Arzneimittelmarkt mit der Frage konfrontiert, ob die negativen Auswirkungen eines zweiseitigen Verhaltens auf die Verbraucherwohlfahrt Voraussetzung sind für das Vorliegen einer bezweckten Wettbewerbsbeschränkung nach Art. 101 Abs. 1. AEUV Gegenstand des nationalen Gerichtsverfahrens, das für das Vorabentscheidungsersuchen vor dem Gerichtshof in der Rechtssache *T-Mobile Netherlands* ausgesetzt wurde, war die kartellrechtliche Bewertung eines Treffens sämtlicher Netzbetreiber auf dem niederländischen Markt für Mobiltelekommunikationsdienste, auf dem diese vertrauliche Informationen über die Konditionen der Vergütung ihrer Vertragshändler für den Abschluss von Mobiltelefonverträgen mit Endkunden

526 Allerdings hat er mögliche Funktionen des Tests für den Ausschluss eines Missbrauchs angeregt, EuGH, Rs. C-202/07 P, France Télécom, Slg. 2009, I-02369, Rn. 111: „Diese Auslegung schließt es wohlgemerkt nicht aus, dass die Kommission eine solche Möglichkeit des Verlustausgleichs als für die Beurteilung der Missbräuchlichkeit der fraglichen Praxis relevanten Umstand ansehen kann, da sie z. B. dazu beitragen kann, im Fall der Anwendung von Preisen unter den durchschnittlichen variablen Kosten andere wirtschaftliche Begründungen als die Verdrängung eines Mitbewerbers auszuschließen oder im Fall der Anwendung von Preisen, die unter den durchschnittlichen Gesamtkosten, aber über den durchschnittlichen variablen Kosten liegen, die Existenz eines Plans zur Verdrängung eines Mitbewerbers zu belegen." Dieses obiter dictum zeigt deutlich die grundsätzliche Bereitschaft des EuGH, die Vorzüge ökonomischer Analyse – im Rahmen der rechtlichen Möglichkeiten – in der wettbewerbsrechtlichen Praxis zur Geltung zu bringen.

ausgetauscht und sich daraufhin über deren Kürzung ins Vernehmen gesetzt hatten.[527] Angesichts der wettbewerbspolitischen Bestrebungen der Kommission hatte das vorlegende Gericht Zweifel daran, „ob und inwieweit die Annahme eines wettbewerbswidrigen Zwecks eine Prüfung (...) der Auswirkungen ihres Verhaltens auf den Wettbewerb erfordert".[528] Im mitgliedstaatlichen Verfahren und in ihren Stellungnahmen im Rahmen des Vorabentscheidungsverfahrens hatten zwei der beteiligten Unternehmen, ihrerseits mit Blick auf den more economic approach, das Vorliegen einer bezweckten Wettbewerbsbeschränkung mit der Begründung verneint, dass zwar die Vertragshändlerprovisionen, nicht aber die Endverbraucher von dem Informationsaustausch betroffen seien, da die Vertragshändler selbst auf das Zustandekommen der Endverbraucherpreise keinen Einfluss hätten.[529]

Die Kommission hat die Prinzipien der Ökonomisierung, soweit erkennbar, bislang nicht auf diese Fallgruppe hin konkretisiert. Angesichts der ausgesprochen weit reichenden Schlüsse, die die Unternehmen in dem vorliegenden Fall aus dem ökonomischen Ansatz für das Verständnis des „wettbewerbsbeschränkenden Zwecks" ziehen, dürfte hier die Beobachtung gelten, dass mitunter auch solche Rechtsauffassungen unter Verweis auf den more economic approach vorgetragen werden, die im Ansatz der Kommission selbst in Wirklichkeit keine Entsprechung finden. Der Fall ist dennoch sehr aufschlussreich, denn er veranschaulicht beispielhaft die große Bandbreite möglicher wettbewerbsrechtlicher Implikationen einer an den Prinzipien des more economic approach orientierten Betrachtungsweise.[530] Die beteiligten Unternehmen haben das Fehlen eines direkten Bezugs des Informationsaustauschs auf die Endverbraucherpreise gegen das Vorliegen einer bezweckten Wettbewerbsbeschränkung in Stellung gebracht. Einerseits machten sie geltend, dass die abgestimmte Verhaltensweise nicht als eine Verhaltensweise angesehen werden könne, die einen wettbewerbswidrigen Zweck verfolgt, da sie nicht in unmittelbarem Zusammenhang mit den Verbraucherpreisen ergangen ist.[531] Andererseits hielten sie es selbst bei Vorliegen eines wettbewerbswidrigen Zwecks für erforderlich, den tatsächlichen Auswirkungen der abgestimmten Verhaltensweise auf die Verbraucherwohlfahrt Rechnung zu tragen.[532]

527 Vgl. EuGH, Rs. C-8/08 , T-Mobile Netherlands u. a.; Slg. 2009, I-04529, Rn. 19.

528 EuGH, Rs. C-8/08 , T-Mobile Netherlands u. a.; Slg. 2009, I-04529, Rn. 20, 22.

529 Vgl. ausführlich zu den Stellungnahmen der Verfahrensbeteiligten, *J. Kokott*, Schlussanträge in der Rs. C-8/08 , T-Mobile Netherlands u. a., Slg. 2009, I-04529, insb. Rn. 55.

530 Vgl. *A. Gerbrandy*, T-Mobile Netherlands, CMLRev 2010, S. 1199 ff.

531 EuGH, Rs. C-8/08, T-Mobile Netherlands u. a.; Slg. 2009, I-4529, Rn. 20.

532 EuGH, Rs. C-8/08, T-Mobile Netherlands u. a.; Slg. 2009, I-4529, Rn. 21.

Insgesamt hatte sich der Gerichtshof im Rahmen der Vorlage mit einem Normverständnis auseinanderzusetzen, das ausgehend von den Prinzipien der Ökonomisierung ein ausgesprochenes Kontrastprogramm zur Betrachtungsweise nach geltendem Wettbewerbsrecht darstellt. Nach ständiger Rechtsprechung erfasst die Tatbestandsalternative der bezweckten Wettbewerbsbeschränkung solche Verhaltensweisen, die *schon ihrem Wesen nach* konkret *geeignet* sind, den Wettbewerb zu beschränken.[533] Damit trägt diese Variante des Kartellverbotes – in der Gestalt, die sie durch die bisherige Rechtspraxis gefunden hat – die Merkmale eines, etwa aus der hiesigen Strafrechtsdogmatik bekannten, abstrakten Gefährdungsdelikts, nach dem typischerweise wettbewerbsschädigende Verhaltensweisen gerade ohne Ansehen ihrer konkreten Schadenswirkungen erfasst werden.[534] Diesem Verständnis entsprechend haben sich in der Vergangenheit Beurteilungsmaßstäbe herausgebildet, nach denen eine Vereinbarung nach Form und Inhalt in ihrem rechtlichen und wirtschaftlichen Kontext danach zu beurteilen ist, ob sie „das Potenzial hat, negative Auswirkungen auf den Wettbewerb zu entfalten".[535] Deshalb besteht keine Notwendigkeit, die konkreten Auswirkungen der Vereinbarung zu berücksichtigen.[536]

Vom Grundanliegen des Kommissionsansatzes, durch eine verstärkte Berücksichtigung der tatsächlichen Wirkungsweise von Absprachen die Voraussetzungen für eine verbesserte Konsistenz zwischen wettbewerbsrechtlicher Bewertung und wettbewerbspolitischer Zielsetzung zu schaffen, ist das Verbot der bezweckten Wettbewerbsbeschränkung in seiner bisherigen Handhabung besonders weit entfernt, und es stellte sich die Frage, wie der Gerichtshof das Spannungsverhältnis von Gefährdungsdelikt und Ökonomisierung auflösen würde. Der Gerichtshof wies die Rechtsauffassung der Unternehmen ohne Einschränkung zurück: „Anders als das vorlegende Gericht meint, brauchen

533 Vgl. EuGH, Rs. 56/65, LTM, Slg. 1966, 282, 303; EuGH, Rs. 96/82 bis 102/82, 104/82, 105/82, 108/82 und 110/82, IAZ International Belgium u. a., Slg. 1983, 3369, Rn. 25; EuGH, Rs. C-209/07, Beef Industry, Slg. 2008, I-0000, Rn. 16.

534 Vgl. GA' in *J. Kokott*, Schlussanträge in der Rs. C-8/08, T-Mobile Netherlands u. a., Slg. 2009, I-4529, Rn. 47. Vgl. ebenso *V. Trstenjak*, Schlussanträge in der Rs. C-209/07, Beef Industry, Slg. 2008, I-0000, Rn. 46, und in den verb. Rs. C-501/06 P, C-513/06 P, C-515/06 P und C-519/06 P, GlaxoSmithKline u. a./Kommission u. a., Slg. 2009, I-9291, Rn. 89.

535 Vgl. die prägnante Zusammenfassung der bisherigen Rspr bei GA' in *J. Kokott*, Schlussanträge in der Rs. C-8/08, T-Mobile Netherlands u. a., Slg. 2009, I-4529, Rn. 46.

536 Vgl. bereits EuGH, Rs. 56/64 und 58/64, Consten und Grundig, Slg. 1966, 322, 390, und EuGH, Nederlandse Federatieve Vereniging voor de Groothandel op Elektrotechnisch Gebied/Kommission, C-105/04 P, Slg. 2006, I-8725, Rn. 125, sowie aus der jüngeren Rspr. EuGH, Rs. C-209/07, Beef Industry, Slg. 2008, I-0000, Rn. 16.

die Auswirkungen einer abgestimmten Verhaltensweise (...) nicht geprüft zu werden, wenn feststeht, dass sie einen wettbewerbswidrigen Zweck verfolgt."[537] Denn um „zu beurteilen, ob eine abgestimmte Verhaltensweise nach Art. 81 Abs. 1 EG verboten ist, brauchen deren konkrete Auswirkungen nicht berücksichtigt zu werden, wenn sich ergibt, dass sie eine Verhinderung, Einschränkung oder Verfälschung des Wettbewerbs innerhalb des Gemeinsamen Marktes bezweckt".

Der Gerichtshof hält an seinem bisherigen Verständnis der bezweckten Wettbewerbsbeschränkung fest und lehnt damit zugleich – das geht hier klarer als in seinem Urteil zur Preisdifferenzierung auf dem Sektor des Arzneimittelhandels hervor – eine verstärkt auswirkungsbezogene Betrachtung, jedenfalls im Rahmen dieser Verbotsvariante, uneingeschränkt ab.[538] Auch angesichts einer gegenläufigen wettbewerbspolitischen Gesamttendenz hält der Gerichtshof streng an jenen Grundsätzen wettbewerbsrechtlicher Beurteilung fest, die im stärksten Gegensatz zum Grundanliegen der Ökonomisierung, nämlich der verbesserten Berücksichtigung der tatsächlichen wettbewerblichen Bedeutung unternehmerischer Verhaltensweisen, stehen.[539] Eine ebenso strenge Haltung setzt der Gerichtshof dem geltend gemachten verbraucherwohlfahrtsorientierten Verständnis des „wettbewerbswidrigen Zwecks" entgegen. So setzt „die Feststellung, dass mit einer abgestimmten Maßnahme ein wettbewerbswidriger Zweck verfolgt wird, nicht voraus, dass ein unmittelbarer Zusammenhang mit den Verbraucherpreisen festgestellt wird". In seiner Bedeutung für die Absichten der Kommission dürfte dieser Aspekt der Entscheidung indes nicht allzu hoch einzuschätzen sein, da dieser einem Normverständnis gilt, das sie sich selbst offenbar nicht zu eigen gemacht hat.

537 EuGH, Rs. C-8/08, T-Mobile Netherlands u. a., Slg. 2009, I-4529, Rn. 30.

538 Zur ablehnenden Haltung des Gerichtshofs in dieser Entscheidung auch *C.-D. Classen*, in T. Oppermann/C.-D. Classen/M. Nettesheim (Hrsg.), Europarecht, 5. Aufl. 2011, S. 340.

539 Vgl. in diesem Sinne jüngst auch EuGH, Rs. C-32/11, Allianz Hungária Biztosító Zrt. u. a. / Gazdasági Versenyhivatal, Urteil vom 14. März, 2013, noch nicht in der amtl. Slg., Rn. 34ff sowie EuGH, Rs. C-654/11 P, Transacap, Beschluss vom 13. September 2012, , Rn. 42: À cet égard, il y a lieu de constater que, (...), le Tribunal a rappelé à bon droit la jurisprudence constante selon laquelle des infractions peuvent être qualifiées de «très graves» sur le seul fondement de leur nature propre et ce indépendamment de leur impact concret sur le marché.

(5) Horizontale Zusammenschlüsse

Ein jüngeres Urteil des Gerichts in der Rechtssache *Ryanair/Kommission*[540] akzentuiert die sich im Bereich von Kartell- und Missbrauchsverbot abzeichnende Ablehnung einer an den Auswirkungen auf die Verbraucherwohlfahrt orientierten Auslegung.[541] In der Nichtigkeitsklage gegen die Entscheidung, mit der die Kommission den Zusammenschluss der beiden Fluggesellschaften Ryanair und Aer Lingus untersagt hatte, machte Ryanair geltend, die Kommission habe nicht hinreichend dargelegt, dass die Beseitigung des Wettbewerbs durch den Zusammenschluss mit Aer Lingus zu einem Schaden für Verbraucher in der Gestalt höherer Preise sowie der Reduzierung der Zahl der Flüge führen werde.[542] Unter dem Prüfungspunkt *„zur Schädigung der Verbraucher"* überprüfte das Gericht die von der Kommission durchgeführte Auswirkungsanalyse, ohne auf die Frage einzugehen, ob der Nachweis einer Beeinträchtigung der Verbraucherwohlfahrt Voraussetzung sei für die Unvereinbarkeit eines Zusammenschlusses mit dem Gemeinsamen Markt.[543] In der Sache ist das Gericht dem Vorbringen Ryanairs zwar nicht gefolgt. Nach Ansicht des Gerichts hat die Kommission „in der angefochtenen Entscheidung (...) detailliert die Gründe dargelegt, aus denen der Zusammenschluss den gegenwärtigen Wettbewerb zwischen Ryanair und Aer Lingus zum Nachteil der Kunden entfallen ließe".[544] Indem es die zugrunde liegende Annahme Ryanairs nicht beanstandete, hat es jedoch einen möglichen Präzedenzfall zur Erforderlichkeit für den Nachweis eines Verbraucherschadens in der Fusionskontrolle geschaffen.[545]

540 EuG, Rs. T-342/07, Ryanair, Slg. 2010, II-03457, Rn. 503; aus dem Blickwinkel des more economic approach bespricht etwa *A. Witt*, Is the more economic approach to EU merger Law really about more economics? CMLRev 2012, S. 217 ff. die Entscheidung.

541 Vgl. allgemein zu diesem Fragenkreis C. *Kirchner*, Fusionskontrolle und Konsumentenwohlfahrt, ZHR 2009, S. 775 ff..

542 EuG, Rs. T-342/07, Ryanair, Slg. 2010, II-3457, Rn. 219. Kritisch hierzu vor allem mit Blick auf die problematischen Folgen dieser Rechtsprechung für die Bedeutung des Marktbeherrschungstests *A. Witt*, Is the more economic approach to EU merger Law really about more economics? CMLRev 2012, S. 217, 237.

543 Diese Einschätzung auch bei *A. Witt,* Is the more economic approach to EU merger Law really about more economics? CMLRev 2012, S. 217, 236.

544 EuG, Rs. T-342/07, Ryanair, Slg. 2010, II-3457, Rn. 223.

545 Die Kommission hat sich ihrerseits nicht ausdrücklich mit dem Argument verteidigt, dass es auf einen Verbraucherschaden nicht ankäme. Dennoch hätte das Gericht in ihrem Vorbringen eine Grundlage für die Überprüfung der Notwendigkeit des Nachweises eines Verbraucherschadens gehabt. Insofern heißt es in der Gerichtsentscheidung: „Die Kommission, unterstützt durch Irland und die Aer Lingus Group,

Ansätze zur Erklärung dieser Haltung mögen in dem Umstand liegen, dass die Kommission selbst ihrer Entscheidung ein ausgesprochen restriktives Verständnis des Verbraucherschadens zugrunde gelegt hat, welches in Zukunft kaum eine entscheidende Bedeutung haben dürfte. „Im Rahmen der entsprechenden Argumentation", so gibt das Gericht die Untersagungsentscheidung wider, „hat die Kommission ausgeführt, dass die Hindernisse für den Wettbewerb – und damit der Schaden für die Verbraucher – sich daraus ergäben, dass das Wettbewerbsverhältnis zwischen Ryanair und Aer Lingus entfalle und kein verbleibender oder potenzieller Wettbewerber in der Lage sei, wirksam mit der fusionierten Einheit zu konkurrieren."[546]

Diesen Ausführungen ist eine Auffassung zu entnehmen, nach der die Begründung des Verbraucherschadens weitestgehend deckungsgleich ist mit der Begründung der Beeinträchtigung der Wettbewerbsstruktur. Der Sache nach beinhaltet die Voraussetzung des Verbraucherschadens, so wie sie von Kommission offenbar verstanden wird, kein nennenswertes eigenes Prüfungsprogramm,[547] so dass diesem Kriterium im vorliegenden Fall keine entscheidende Bedeutung zukommt. Dennoch ist die Entscheidung des Gerichts bedeutsam. So ist nicht auszuschließen, dass in späteren Fällen zum Zwecke der verstärkten fusionskontrollrechtlichen Berücksichtigung der Verbraucherwohlfahrt auf das Urteil ohne Rücksicht auf jene konkreten Umstände Bezug genommen wird, aus denen heraus die Argumentation des Gerichts bezüglich des Verbraucherschadens erst verständlich wird.

b) Wettbewerbsrechtliche Bedeutung ökonomischer Effizienzen

Gemäß ihrer wettbewerbspolitischen Zielsetzung, den Schutz der Verbraucherwohlfahrt in den Mittelpunkt der Rechtsdurchsetzung zu stellen, ist die Kommission bestrebt sicherzustellen, dass unternehmerische Verhaltensweisen, die hinsichtlich ihrer Auswirkungen auf die Verbraucherwohlfahrt ambivalent sind, dann nicht unterbunden werden, wenn die fördernden Wirkungen

tritt den Argumenten der Klägerin unter Bezugnahme auf die angefochtene Entscheidung entgegen.", EuG, Rs. T-342/07, Ryanair, Slg. 2010, II-03457, Rn. 211.

546 EuG, Rs. T-342/07, Ryanair, Slg. 2010, II-03457, Rn. 224.

547 Vgl. KomE, EG/2007/3104 vom 27. Juni 2007, in der Sache COMP/M.4439, Ryanair/Aer Lingus, Rn. 491, in der die Kommission argumentiert, dass es durch die Verringerung von Wettbewerbsdruck und der erheblichen Zunahme von Marktmacht zu höheren Preisen und/oder einer Reduzierung der Flugfrequenz kommen könnte. Über den Verweis auf den allgemein konsentierten Zusammenhang von Marktmacht und Verbraucherwohlfahrt gehen diese Ausführungen nicht hinaus.

die beeinträchtigenden übersteigen oder auch nur ausgleichen.[548] Auf wettbewerbsrechtlicher Ebene findet diese Zielsetzung ihre Entsprechung in einer Auslegung der Wettbewerbsregeln, nach der dem Unternehmen, dessen Verhalten die Voraussetzungen einer verbotenen oder zu untersagenden Wettbewerbsbeschränkung im Grunde erfüllt, die Möglichkeit eingeräumt wird, sich auf das Vorliegen überwiegender Effizienzen zu berufen. Das Regelungskonzept dieser so genannten Effizienzeinrede ist nicht an sich eine Errungenschaft des more economic approach, sondern ist in Gestalt des Art. 101 Abs. 3 bereits mit den Gründungsverträgen in das Wettbewerbsrecht der Europäischen Union eingegangen. Dementsprechend fanden schon seither Erwägungen zu der wirtschaftlichen Effizienz des betreffenden Verhaltens Eingang in die wettbewerbsrechtliche Bewertung.[549] Das Fusionskontrollrecht lässt – damals wie heute – ebenfalls zu, bestimmten Gesichtspunkten der zu erwartenden Effizienzen eines Zusammenschlusses im Hinblick auf dessen Vereinbarkeit mit dem Gemeinsamen Markt – wenn auch in begrenztem Umfang – Rechnung zu tragen,[550] wobei in der Vergangenheit, entsprechend der seinerzeit vorherrschenden Wettbewerbskonzeption, kein nennenswerter Gebrauch von dieser Möglichkeit gemacht wurde.[551]

Im more economic approach nehmen Effizienzerwägungen indes einen Stellenwert ein, der über ihre bisherige wettbewerbsrechtliche Bedeutung deutlich hinausgeht. Die Effizienzeinrede soll in der Missbrauchskontrolle und damit in einem Regelungsbereich zum Tragen kommen, in dem eine normative Verankerung nach bisheriger Rechtslage gänzlich fehlt, sowie in größerem Umfang als seither auch im Rahmen der Fusionskontrolle, die nach bisherigem Verständnis ebenfalls keine echte Effizienzeinrede kennt.[552] Schließlich sind im Zuge der rechtlichen Aufwertung ökonomischer Effizien-

548 Vgl. o., E.I.1.c). Allgemein zum Fragenkreis der wettbewerbsrechtlichen Bedeutung ökonomischer Effizienzen nach dem neuen Ansatz der Kommission *P. Oberbender* (Hrsg.), Effizienz und Wettbewerb, 2005.

549 Vgl. zu Art. 101 Abs. 3 als Ausnahmetatbestand der Effizienzeinrede im bisherigen Europäischen Wettbewerbsrecht *U. Immenga*, Der SIEC-Test der europäischen Fusionskontrolle als Kompetenzfrage, in: FS für Ernst-Joachim Mestmäcker zum achtzigsten Geburtstag, Baden-Baden 2006, S. 278.

550 Art. 2 Abs. 1 lit. b FKVO; vgl. hierzu *J. Drexl*, Wettbewerbsverfassung, in A. von Bogdandy/J. Bast (Hrsg.), Europäisches Verfassungsrecht, S. 942.

551 Vgl. hierzu *W. Kerber*, Wettbewerbskonzeption, in H. Gröner (Hrsg.), Die europäische Integration als ordnungspolitische Aufgabe, 1993, S. 294.

552 Vgl. hierzu *U. Immenga*, Der SIEC-Test der europäischen Fusionskontrolle als Kompetenzfrage, in: FS für Ernst-Joachim Mestmäcker zum achtzigsten Geburtstag, Baden-Baden 2006, S. 269 ff.

zen offenbar zugleich alle anderen denkbaren positiven Folgen von der Berücksichtigungsfähigkeit ausgeschlossen.[553]

Wenn, wie sogleich gezeigt wird, die Gerichte einer bereichsübergreifenden Anerkennung der Effizienzeinrede im Wettbewerbsrecht aufgeschlossen gegenüberstehen, so mag dies in erster Linie dem Umstand geschuldet sein, dass die Kommission – entgegen ihren wettbewerbspolitisch geäußerten Vorstellungen – in der Praxis über die prinzipielle Verankerung der Effizienzeinrede hinaus von einem ausgesprochen restriktiven Verständnis ihrer praktischen Bedeutung ausgeht: Sowohl in ihren Leitlinien als auch in den wenigen Fallentscheidungen stellt sie hohe Anforderungen an den Nachweis ihres Vorliegens und schließt, wiederum entgegen anfangs geäußerten Befürchtungen, die Berücksichtigungsfähigkeit bei besonders schwerwiegenden Beeinträchtigungen wie hard-core-Beschränkungen im Kartellrecht und marktbeherrschungsbegründenden Zusammenschlüssen im Fusionskontrollrecht praktisch aus.[554] Beispiele aus der Rechtsprechung veranschaulichen, dass die Gerichte in der jüngeren und jüngsten Vergangenheit eine bemerkenswerte Neuausrichtung ihrer Praxis im Hinblick auf den Stellenwert von Effizienzüberlegungen vorgenommen haben, an deren Endpunkt eine die Einzeltatbestände übergreifende Verankerung der Effizienzeinrede bei der wettbewerbsrechtlichen Beurteilung als allgemeines wettbewerbsrechtliches Prinzip stehen könnte.[555]

(1) Horizontale Zusammenschlüsse

Mit dem Urteil des Gerichts in der Rechtssache *Ryanair/Kommission* liegt eine gerichtliche Entscheidung zur Untersagung eines Unternehmenszusammenschlusses nach neuer Rechtslage vor, die Anschauung zur rechtlichen Bedeutung des Erwägungsgrundes für die Berücksichtigung von Effizienzgewinnen bei der wettbewerbsrechtlichen Bewertung von Zusammenschlüssen bietet. Die Fluggesellschaft Ryanair hatte ihre Klage gegen die Untersagungsentscheidung der Kommission unter anderem auf die ihres Erachtens ungenügende Berücksichtigung der Effizienzwirkungen gestützt, die von dem Zu-

553 Vgl. hierzu *J. Schwarze*/A. Weitbrecht, Grundzüge des europäischen Kartellverfahrens, S. 37, sowie *N. Petit*, The Guidelines on the Application of Art. 81 III EC – A Critical Review, IEJE Working Paper No. 4/2009, S. 6 f.

554 Vgl. o., E.I.1.c). Geringe Bedeutung der Effizienzeinrede auch in Zukunft, *L.-H. Röller*, Der ökonomische Ansatz in der europäischen Wettbewerbspolitik, in Monopolkommission (Hrsg.), Zukunftsperspektiven der Wettbewerbspolitik, 2005, S. 37, 41 f.

555 Vgl. etwa *D. Zimmer*, Der rechtliche Rahmen für die Implementierung moderner ökonomischer Ansätze, WuW 2007, S. 1205 f.

sammenschluss mit dem Wettbewerber Aer Lingus auf dem Sektor der Passagierluftfahrt ausgingen.[556]

Die Vorgehensweise des Gerichts gegenüber dem Vorbringen des Unternehmens ist besonders aufschlussreich für sein Bestreben, diesen Aspekt der Ökonomisierung auch auf dem Boden solcher bestehenden Regelungen fusionskontrollrechtlich zu legitimieren, die hierfür nicht ohne weiteres eine Rechtsgrundlage bieten: Das Gericht verzichtet auf die Prüfung der fusionskontrollrechtlichen Zulässigkeit einer Effizienzeinrede, sondern geht der Sache nach sogleich dazu über, das Vorbringen Ryanairs am Maßstab der entsprechenden Leitlinienvorgaben der Kommission zu überprüfen.[557] Offenbar sieht sich das Gericht dennoch veranlasst, Anknüpfungspunkte für diese Maßstäbe im geltenden Fusionskontrollrecht aufzuzeigen. Zu diesem Zweck gibt das Gericht den 29. Erwägungsgrund der gegenwärtigen Fusionskontrollverordnung wieder, der die Bedeutung ökonomischer Effizienzen für die wettbewerbliche Analyse von Zusammenschlüssen ausdrücklich hervorhebt, und benennt diesen als Grundlage für die leitlinienmäßige Einführung der Effizienzeinrede durch die Kommission.[558]

Eine Kritik an der Rechtsprechung, die an dieser Stelle nicht Gegenstand der Untersuchung ist, wäre im Hinblick auf diese Vorgehensweise nicht ganz unberechtigt. Denn auch der mehrmalige Hinweis des Gerichts auf den Erwägungsgrund kann nicht darüber hinwegtäuschen, dass eine wettbewerbsrechtliche Berücksichtigung überwiegender ökonomischer Effizienzen in den verbindlichen Teil der Verordnung keinen Eingang gefunden hat, worauf es bei dem Ansatz, die Effizienzmaßstäbe der Kommissionsleitlinien fusionskontrollrechtlich zu legitimieren, aber letztlich ankäme.[559] Im Hinblick auf die Analyse der Haltung der Gerichte gegenüber Ansätzen der Ökonomisierung

556 EuG, Rs. T-342/07, Ryanair, Slg. 2010, II-03457, insb. Rn. 392.

557 EuG, Rs. T-342/07, Ryanair, Slg. 2010, II-03457, Rn. 388.

558 EuG, Rs. T-342/07, Ryanair, Slg. 2010, II-03457, Rn. 387: Die „Leitlinien der Kommission, die im 29. Erwägungsgrund der Fusionskontrollverordnung genannt werden, finden sich in den Ziff. 76 bis 88 der Leitlinien“. Hierzu *T. Hennig*, Come fly with me – Der Fall Ryanair, ZWeR 2011, S. 456 f.

559 Der Gerichtshof ist der Auffassung, dass derartige Erklärungen keine Berücksichtigung finden können, wenn ihr Inhalt im Wortlaut der fraglichen Regelung keinen Niederschlag gefunden hat und mithin keine rechtliche Bedeutung besitzt, EuGH Rs. C-292/89, Antonissen, Slg. 1991, 745. Speziell zur begrenzten Aussagekraft von Erwägungsgründen als Auslegungskriterium nach diesem Maßstab EuGH Rs. C-162/97, Nilsson, Slg. 1998, I- 7477, Rn. 54. Vgl. zum Erwägungsgrund 29 der Verordnung als Rechtsgrundlage für die Einführung der Effizienzeinrede auch die insoweit überzeugende Argumentation bei *U. Immenga*, Der SIEC-Test der europäischen Fusionskontrolle als Kompetenzfrage, in: FS für Ernst-Joachim Mestmäcker zum achtzigsten Geburtstag, Baden-Baden 2006, S. 269, 282 f.

wird man die Vorgehensweise des Gerichts aber gerade deshalb als Hinweis auf ein besonderes Bemühen auffassen können, die Verankerung der Effizienzanalyse im Fusionskontrollrecht auch bei unsicheren rechtlichen Voraussetzungen zu bewerkstelligen.

Die Handhabung der Maßstäbe der Effizienzeinrede in diesem Falle weist allerdings darauf hin, dass jenseits der Bereitschaft zu einer grundsätzlichen Anerkennung der Position des Gerichts ein eher restriktives Verständnis von der tatsächlichen wettbewerbsrechtlichen Bedeutung der Effizienzeinrede zugrunde liegt. So hat das Gericht die strengen Voraussetzungen der Kommission bestätigt und explizit auf den weitgehenden Vorbehalt der einschlägigen Horizontal-Leitlinien hingewiesen, nach dem es „höchst unwahrscheinlich ist, dass ein Zusammenschluss, der zu einer Marktstellung führt, die einem Monopol nahe kommt oder ein ähnliches Maß an Marktmacht erbringt, mit der Begründung für mit dem Gemeinsamen Markt vereinbar erklärt werden könnte, dass Effizienzvorteile ausreichen würden, den möglichen wettbewerbswidrigen Wirkungen entgegenzuwirken“.[560]

(2) Treuerabatte

Im Anwendungsbereich der Missbrauchskontrolle war die Einrede überwiegender ökonomischer Effizienzen ansonsten wettbewerbsschädigender Verhaltensweisen in der Vergangenheit nicht vorgesehen,[561] so dass die Frage berechtigt war, ob und in welchem Umfang die Gerichte in Zeiten des more economic approach die in diesem Zusammenhang neuartige Argumentation der Unternehmen zulassen würde.[562] Entgegen der insgesamt ausgesprochen ab-

560 EuG, Rs. T-342/07, Ryanair, Slg. 2010, II-03457, Rn. 391, mVa. Horizontal-Leitlinien gem. FKVO, Rn. 84. Geringe Bedeutung der Effizienzeinrede auch in der künftigen Rechtspraxis sieht *L.-H. Röller*, der ökonomische Ansatz in der europäischen Wettbewerbspolitik, in Monopolkommission (Hrsg.), Zukunftsperspektiven der Wettbewerbspolitik, 2005, S. 37, 41 f.

561 Vgl. insb. EuGH, Rs. 66/86, Ahmed Saeed, Slg. 1989, 838, 848, wonach „für die missbräuchliche Ausnutzung einer beherrschenden Stellung keine wie auch immer geartete Freistellung gewährt werden“ kann. „Ein solches Verhalten ist nach dem Vertrag schlichtweg verboten.“ Vgl. zu den bisherigen Kategorien objektiver Rechtfertigung, *E. Rousseva*, Objective Justification and Art. 82 EC in the Area of Modernisation, in G. Amato/C.-D. Ehlermann (Hrsg.), EC-Competition Law – A critical assessment, 2007, S. 377-437; *P.-J. Loewenthal*, The Defence of ‚Objective Justification‘ in the Application of Article 82 EC, World Competition 2005, S. 470.

562 Vgl. *U. Immenga*, Grenzen der Rechtsauslegung – Das Diskussionspapier der EG-Kommission zu Art. 82 EG, EuZW 2006, S. 481, 482, nach dem die Rechtsprechung einer Effizienzeinrede im Rahmen des Art. 82 EG klar entgegensteht.

lehnenden Haltung der Rechtsprechung gegenüber Ansätzen zu einer an den tatsächlichen wettbewerblichen Auswirkungen orientierten Auslegung der Wettbewerbsrechtsverletzung in Art. 102 AEUV sind die Gerichte dem grundsätzlichen Anliegen der Kommission weitestgehend gefolgt: In der Rechtssache *Britisch Airways* hat sich der Gerichtshof mit der Frage befasst, ob sich ein marktbeherrschendes Unternehmen, das seinen Vertragspartnern Treuerabatte gewährt, gegen den Vorwurf der missbräuchlichen Ausnutzung wehren kann, indem es geltend macht, dass es durch diese Rabattpolitik Effizienzen erwirtschaftet, die es an die Verbraucher weitergeben wird.[563] Die Fluggesellschaft hatte im Rechtsmittelverfahren gerügt, dass das Gericht rechtsfehlerhaft das Vorliegen überwiegender Effizienzwirkungen der von dem Unternehmen gewährten Rabatte verneint hatte.[564] In der Sache hatte British Airways vorgetragen, mit der Rabattregelung eine Senkung der Fixkosten anzustreben, die durch freibleibende Plätze in den Passagiermaschinen anfallen.[565] Der Gerichtshof folgte der Prämisse des Unternehmens, nach der die Gewährung von Treuerabatten dem Grunde nach auch durch den Nachweis überwiegender Effizienzen vom Missbrauchsverbot ausgenommen werden könne, ohne dies zu begründen. Er stellte lediglich fest, es sei „zu ermitteln, ob die für den Wettbewerb nachteilige Verdrängungswirkung einer solchen Regelung durch Effizienzvorteile ausgeglichen oder sogar übertroffen werden kann, die auch dem Verbraucher zugute kommen“.[566]

Eine Einschränkung etwa hinsichtlich der Umstände des vorliegenden Sachverhalts oder auf eine bestimmte Fallgruppe der missbräuchlichen Verhaltensweisen ist dem Urteil nicht zu entnehmen. Der Gerichtshof hat damit erstmals ausdrücklich die Möglichkeit einer Effizienzeinrede nach Art. 102 AEUV angenommen und mithin die Berücksichtigung der positiven ökonomischen Auswirkungen des Marktverhaltens auf den Verbraucher für die wettbewerbsrechtliche Beurteilung anerkannt.[567] Ohne dies selbst zu benennen, verleiht der Gerichtshof mit dieser Auslegung einem wettbewerbsrechtlichen

563 EuGH, Rs. C-95/04 P, British Airways, Slg. 2007, I-2331, Rn. 86; *D. Zimmer*, Der rechtliche Rahmen für die Implementierung moderner ökonomischer Ansätze, WuW 2007, S. 1206; *T. Eilmansberger*, Neue Paradigmen, ZWeR 2009, S. 462.

564 Vgl. EuGH, Rs. C-95/04 P, British Airways, Slg. 2007, I-2331 Rn. 81 ff.

565 Vgl. zu der Argumentation des Unternehmens, EuG, Rs. T-219/99, British Airways, Slg. 2003, II-5917, Rn. 279 ff.

566 Damit schloss sich der Gerichtshof der Auffassung der GA' in *J. Kokott* an, Schlussanträge in der Rs. C-95/04 P, British Airways, Slg. 2007, I-2331, Rn. 59. Vgl. *A. Fuchs*, Effizienzorientierung im Wettbewerbs- und Kartellrecht? in H. Fleischer/D. Zimmer (Hrsg.) Effizienz als Regelungsziel im Handels- und Wirtschaftsrecht, 2008, S. 69, 84.

567 Vgl. auch *D. Zimmer*, Der rechtliche Rahmen für die Implementierung moderner ökonomischer Ansätze, WuW 2007, S. 1206.

Prinzip Ausdruck, das ein zentrales Anliegen des more economic approach darstellt. In Folgeurteilen hat der Gerichtshof diesen Grundsatz bestätigt.[568]

Jenseits der prinzipiellen Bedeutung dieses Ausspruchs zeichnet sich in der Handhabung der Einzelvoraussetzungen ein restriktives Verständnis vom Stellenwert der Effizienzeinrede in der wettbewerbsrechtlichen Praxis ab.[569] So hat der Gerichtshof im vorliegenden Fall hohe Anforderungen an den Nachweis ihres Vorliegens und ihrer Weitergabe an den Verbraucher gestellt, wobei er die Beweislast hierfür bei den Unternehmen sieht.[570]

In diesem Zusammenhang mag das Urteil des Gerichts in der Rechtssache *Intel* weiteren Aufschluss darüber geben, welchen tatsächlichen Raum die Gerichte dem Effizienzeinwand der Unternehmen zuzuerkennen gewillt sind.[571] Intel hatte sich gegen eine Entscheidung der Kommission gewehrt, nach welcher das Unternehmen seine Marktbeherrschung missbräuchlich ausgenutzt habe, indem es gegenüber den Hardwareherstellern eine Politik der Treuerabatte betrieb um zu verhindern, dass PCs mit den Mikrochips der Konkurrenz (insbesondere des Mikrochip-Herstellers AMD bestückt werden.[572] Unter anderem hat Intel in seiner Klage offensichtliche Beurteilungsfehler bei der Berücksichtigung der Effizienzen geltend gemacht, wobei das Unternehmen argumentiert, die Kostenersparnisse durch Skalenerträge würden an den Verbraucher weitergegeben.[573]

568 Für die Fallgruppe der Treuerabatte hat das Gericht zuletzt in der Rs. T-155/06, Tomra, Slg. 2010, II-04361, Rn. 224, die Möglichkeit für ein marktbeherrschendes Unternehmen bestätigt, sich gegen den Vorwurf des Missbrauchs mit dem Vorbringen überwiegender Effizienzgewinne, die auch dem Verbraucher zugute kommen, zu verteidigen. Im Verlauf des Verfahrens hat Tomra diesen Vorwurf jedoch nicht aufrechterhalten, so dass das Gericht keine Gelegenheit hatte, den Grundsatz weiterzuentwickeln. Vgl. dazu *L. Peeperkorn,/E. Rousseva*, Article 102 TFEU: Exclusive Dealing and Rebates, Journal of European Competition Law 2011, S. 36 f.

569 Geringe praktische Bedeutung der Effizienzeinrede auch in Zukunft sieht *L.-H. Röller*, Der ökonomische Ansatz in der europäischen Wettbewerbspolitik, in Monopolkommission (Hrsg.), Zukunftsperspektiven der Wettbewerbspolitik, 2005, S. 37, 40 f.

570 EuGH, Rs. C-95/04 P, British Airways, Slg. 2007, I-02331, Rn. 75. Im Hinblick auf die Rüge des Unternehmens ist der Gerichtshof zu dem Schluss gekommen, dass das Gericht ohne offensichtlichen Fehler zu dem Ergebnis kommen durfte, dass British Airways überwiegende Effizienzgewinne nicht hinreichend dargetan habe. In der Sache folgt der Gerichtshof damit der Auffassung des Gerichts, das Argument der besseren Kapazitätsauslastung der Flugmaschinen habe die Voraussetzungen des Effizienzeinwandes nicht erfüllt.

571 Klage vom 12.09.2009 in der Rs. T-286/09, veröff. Im ABl. 2009, Nr. C 220, S.41.

572 S. o., E.II.2.

573 Hierzu *P. Nihoul,* Choice vs. Efficiency? Journal of European Competition Law & Practice 2012, S. 1.

(3) Preisdifferenzierungen zur Parallelhandelsbeschränkung

Die jüngere Rechtsprechung zur Bedeutung ökonomischer Effizienzen in der Fallgruppe der Parallelhandelsbeschränkungen auf dem Arzneimittelmarkt veranlasst zu einer nicht unerheblichen Differenzierung der sich abzeichnenden Gesamtlinie einer restriktiven Handhabung der Effizienzeinrede in der Rechtspraxis. Zugleich vermag sie beispielhaft die möglichen Ausformungen einer an den Prinzipien der Ökonomisierung ausgerichteten Betrachtung privatwirtschaftlicher Beeinträchtigungen des Binnenmarktes und damit in einem Bereich zu veranschaulichen, in dem die Kommission selbst an der bisherigen Rechtspraxis festhält.[574] Sie ist Ausdruck für die spezifische Eigendynamik einer Wettbewerbspolitik, die zunächst übergeordnete ökonomische Prinzipien formuliert, ohne zugleich die notwendigen inhaltlichen Konkretisierungen mit Blick auf die normativen Voraussetzungen des Wettbewerbsrechts vorzunehmen.

In der Rechtssache *GlaxoSmithKline*, der eine Entscheidung der Kommission zugrunde lag, mit der diese die Vereinbarungen des spanischen Tochterunternehmens Glaxos mit deren Großhändlern zur Preisdifferenzierung als verbotene Absprache nach Art. 101 Abs. 1 bewertet hatte,[575] machte das Unternehmen im erstinstanzlichen Verfahren die unzureichende Berücksichtigung der Unternehmenskapazitäten für Forschung und Entwicklung geltend, welche nur bei der Unterbindung des Parallelhandels zur Verfügung stünden.[576] In der hier noch einmal zu vergegenwärtigen Untersuchung der Wettbewerbsrechtsverletzung hatte das Gericht – offenbar unter dem Eindruck der von der Kommission eingeleiteten Ökonomisierung und unter Abweichung von der bisherigen Rechtsprechung - einen Maßstab entwickelt, der die schädlichen Auswirkungen der vereinbarten Preisdifferenzierung auf den Verbraucher zur Voraussetzung einer bezweckten Wettbewerbsbeschränkung i. S. d. Art. 101 Abs. 1 machte.

Die sich bereits in der Entscheidung zu Abs. 1 abzeichnende Bereitschaft des Gerichts, die Prinzipien der Ökonomisierung wettbewerbsrechtlich auch im Bereich des Binnenmarktschutzes zur Geltung zu bringen, schlägt sich ebenso in seinen Ausführungen zu den Voraussetzungen der Freistellung aufgrund ökonomischer Effizienzen nieder: Das Gericht gestand dem Vorbringen des Pharmaherstellers zur Preisdifferenzierung als wesentlicher Vorausset-

574 *N. Petit*, The Guidelines on the Application of Art. 81 III EC – A Critical Review, IEJE Working Paper No. 4/2009, S. 11.

575 EuG, Rs. T-168/01, GlaxoSmithKline, Slg. 2006, II-02969, vgl. zum Sachverhalt im Einzelnen o., F.I.3.a).

576 EuG, Rs. T-168/01, GlaxoSmithKline, Slg. 2006, II-02969, insb. Rn. 146.

zung der Finanzierbarkeit von Forschung und der Entwicklung neuer Produkte einen bemerkenswert weiten Raum zu.[577] Das vom Gericht formulierte Prüfungsprogramm des Vorliegens ökonomischer Effizienzen steht dabei zunächst in deutlichem Gleichklang mit dem Bestreben der Kommission, zu einer möglichst präzisen Abwägung der Vor- und Nachteile ambivalenten Marktverhaltens. Andererseits geht es über den Ansatz der Kommission weit hinaus, indem es dieses Prinzip im vorliegenden Fall auf den Parallelhandel und damit auf einen Bereich anwendet, in dem die Wettbewerbsregeln in erster Linie den Zweck erfüllen, den Binnenmarkt zu sichern. So erachtete das Gericht eine ausreichende Überprüfung des Unternehmensbeitrages zu Forschung und Entwicklung im Arzneimittelsektor als mögliche Folge der Verhinderung des Parallelhandels für unerlässlich, und damit das Vorliegen dynamischer Effizienzen für im Grunde ausreichend, um eine Parallelhandelsbeschränkung zu rechtfertigen. Demgegenüber hatte die Kommission entsprechend ihrer damaligen und heutigen Grundhaltung die Ablehnung einer Freistellung damit begründet, dass angesichts der Beeinträchtigung des Binnenmarktes mögliche Effizienzen in keinem Falle ausreichen könnten, um diese Beeinträchtigung zu rechtfertigen.[578] Das Gericht hielt diese Begründung nicht für ausreichend und entwickelte den Maßstab einer Effizienzprüfung, dem erkennbar das Verständnis zugrunde liegt, dass auch die Einschränkung des Parallelhandels einer sorgfältigen Analyse seiner wettbewerblichen Vor- und Nachteile zuzuführen ist. Das Gericht kommt zum Ergebnis, dass die Verbotsentscheidung der Kommission sowohl hinsichtlich der Berücksichtigung etwaiger ökonomischer Effizienzen des Unternehmens in Gestalt eines Beitrags zu Forschung und Entwicklung als auch im Hinblick auf die erforderliche Abwägung dieser mit den negativen Folgen der Parallelhandelsbeschränkung in nennenswertem Umfang hinter den Anforderungen einer gebotenen Überprüfung nach Art. 101 Abs. 3 zurückbleibe.[579] Es hob die Entscheidung deshalb auf und verwies sie zur erneuten Prüfung an die Kommission.

Während der Gerichtshof im Rechtsmittelverfahren einer auswirkungsbezogenen Auslegung des Merkmals der „bezweckten Wettbewerbsbeschränkung" in Art. 101 Abs. 1 nach Gesichtspunkten der Verbraucherwohlfahrt eine klare Absage erteilte,[580] folgte er uneingeschränkt der erstinstanzlichen

577 EuG, Rs. T-168/01, GlaxoSmithKline, Slg. 2006, II-02969, insb. Rn. 233ff, hierzu *N. Petit*, The Guidelines on the Application of Art. 81 III EC – A Critical Review, IEJE Working Paper No. 4/2009, S. 12.

578 EuG, Rs. T-168/01, GlaxoSmithKline, Slg. 2006, II-02969, insb. Rn. 266.

579 EuG, Rs. T-168/01, GlaxoSmithKline, Slg. 2006, II-02969, insb. Rn. 247 ff.

580 Vgl. o., F.I.3.a).

Entscheidung hinsichtlich der Freistellungsmöglichkeiten der Preisdifferenzierung. Dies bedarf insofern der Hervorhebung, als der Gerichtshof in der Vergangenheit eine ausgesprochen strenge Haltung gegenüber Verhaltensweisen einnahm, die den Parallelhandel beschränken, so dass ein Freistellungsbegehren in diesen Zusammenhängen kaum einmal gerichtliche Unterstützung fand.[581] Vorliegend tritt er einer Rechtfertigung der Preisdifferenzierungen als finanzielle Voraussetzung von Forschung und Entwicklung nicht entgegen. Vielmehr bestätigt der Gerichtshof die hohen Anforderungen, denen die Kommission in Zukunft zu entsprechen hat, um die Einrede dynamischer Effizienzen in der Gestalt von Forschung und Entwicklung gerichtsfest abzulehnen.

Angesichts dieses Urteils wird der Gesamtbefund zur höchstrichterlichen Haltung gegenüber Voraussetzungen und Grenzen der wettbewerbsrechtlichen Berücksichtigung ökonomischer Effizienzen deutlich nuanciert. Denn im Gegensatz zur erkennbar restriktiven Handhabung des Effizienzeinwandes im Rahmen der Missbrauchs- und Fusionskontrolle erkannte der Gerichtshof im Bereich des Kartellverbotes einen Maßstab an, der es einerseits den Unternehmen deutlich erleichtern wird, in Zukunft eine Wettbewerbsbeschränkung nach Art. 101 Abs. 3 zu rechtfertigen, der andererseits der Kommission erhebliche Begründungspflichten zur Ablehnung eines Effizienzeinwandes auferlegt.

c) Ökonomische Einzelfallanalyse: Anforderungen an den Nachweis der Wettbewerbsbeschränkung

Jüngst hat der amtierende Präsident des Europäischen Gerichts *Marc Jaeger* in einem wissenschaftlichen Beitrag das Ende einer per-se-Regel-geprägten Anwendung des europäischen Wettbewerbsrechts als mögliche Folge der verstärkten Ökonomisierung beschrieben.[582] Mit dem more economic approach entwickelt die Kommission Maßstäbe, nach denen die positiven und negativen Auswirkungen von Verhaltensweisen auf die Verbraucherwohlfahrt nicht ty-

581 Soweit erkennbar markiert die Entscheidung des Gerichts den ersten Fall, in der die Freistellung einer Parallelhandelsbeschränkung nicht ohne weiteres abgelehnt wurde; vgl. hierzu und zur bisherigen strengen Praxis der Gerichte *E. Gippini-Fournier*, in U. Loewenheim/K. M. Meessen/A. Riesenkampff (Hrsg.), Kartellrecht, Bd. 1, 2005, S. 42.

582 *M. Jaeger*, The Standard of Review in Competition Cases Involving Complex Economic Assessments, JECLP 2011, S. 308: “the era of the per se approach may be coming to an end”.

pischerweise, sondern von Fall zu Fall nachzuweisen sind. Mit diesem, von den Vertretern dieses Ansatzes als rule of reason bezeichneten, Prinzip der Rechtsanwendung[583] begegnet die Kommission der bisherigen Betrachtungsweise, nach der dann von einer Wettbewerbsbeschränkung „per se" auszugehen ist, wenn die betreffende Verhaltensweise die von der Rechtsprechung entwickelten Kriterien erfüllt, nach denen typischerweise eine Wettbewerbswidrigkeit vorliegt. Jüngere, in Zeiten des more economic approach ergangene Rechtsprechungsbeispiele, veranschaulichen, in welchem Umfang die Gerichte tatsächlich bereit sind, ihre Beurteilungsmaßstäbe unter Abkehr von weit reichenden Vermutungsregeln für die tatsächlichen oder potentiellen Marktwirkungen des konkreten Verhaltens zu öffnen und damit jene Entwicklung ermöglichen, die der Gerichtspräsident sinngemäß als das „allmähliche Ende" der per-se-Regel orientierten Rechtsanwendung bezeichnet.

Um die Entwicklungen der gegenwärtigen Rechtsprechung einzuschätzen, bedarf es – dies soll hier noch einmal vergegenwärtigt werden – einer differenzierenden Betrachtungsweise, die über die Gegenüberstellung von per-se-Regeln hier und rule of reason dort hinausgeht. Bereits bisher bediente sich die Rechtsprechung verschiedener Mechanismen, um eine Mindestkonsistenz von wettbewerbsrechtlicher Beurteilung und tatsächlicher Wettbewerbsschädlichkeit durch eine genauere Berücksichtigung des Sachverhalts zu gewährleisten. Mitunter werden die von der Kommission darzulegenden Voraussetzungen für das Eingreifen der Vermutungsregel selbst angehoben, in anderen Fällen lässt die Rechtsprechung einem vom betroffenen Unternehmen zu erbringenden Gegenbeweis der Wettbewerbsbeschränkung großzügigeren Raum. Zudem ermöglicht die Rechtsprechung bisweilen im Wege einer permissiveren Handhabung von Effizienzeinreden und Erwägungen der objektiven Rechtfertigung sachverhaltsspezifische Aspekte der wettbewerblichen Bewertung wettbewerbsrechtlich zur Geltung zu bringen.[584]

Da die Rechtsprechung einer Auslegung der Wettbewerbsregeln, die das Vorliegen einer Wettbewerbsrechtsverletzung von den Auswirkungen des unternehmerischen Verhaltens auf die Verbraucherwohlfahrt abhängig macht, in der Gesamttendenz ausgesprochen ablehnend gegenübersteht, entfällt mit dem Verbraucherschaden als der maßgeblichen Bezugsgröße der angestrebten Marktwirkungsanalyse des konkreten unternehmerischen Verhaltens ihr

583 Etwa *EAGCP* Gutachten, S. 3.

584 Vgl. *P.-J Loewenthal*, The defence of "objective justification" in the application of article 82 EC, World competition: law and economics review 2005, S. 455 ff.

hauptsächlicher Anwendungsbereich.[585] Dessen ungeachtet ist der jüngeren Entscheidungspraxis der Gerichte – und darauf bezieht sich vermutlich die Äußerung des Gerichtspräsidenten – eine Tendenz zu entnehmen, nach der die Gerichte, ausgehend von den bisherigen Maßstäben der Wettbewerbsrechtsverletzung, zunehmend von der strengen Betrachtungsweise einer Wettbewerbsrechtsverletzung ohne weiteres abrücken und mithin ihre Beurteilungsmaßstäbe für spezifische wettbewerbliche Gesichtspunkte des Einzelfalles öffnen. Hingegen nutzen die Gerichte das Instrument strenger per-se-Betrachtung nach wie vor gegenüber besonders wettbewerbswidrigen Verhaltensweisen.

Drei Rechtssachen aus dem Bereich des Kartellrechts jüngerer Zeit zeigen exemplarisch die Leitprinzipien auf, nach denen sich Ausmaß und Grenzen der rechtlichen Berücksichtigung wettbewerblicher Spezifika des Einzelfalles in der Rechtsprechung auch im wettbewerbspolitischen Kontext der Ökonomisierung richten. In seinem Urteil zur Rechtssache *M6* hatte sich das Gericht mit der Auffassung der Klägerin auseinanderzusetzen, nach der im Rahmen des Art. 101 Abs. 1 eine Abwägung der wettbewerbsfördernden und der wettbewerbswidrigen Auswirkungen einer Vereinbarung vorzunehmen ist.[586] Das Gericht trat dieser Auffassung entgegen und nahm bei dieser Gelegenheit zum Zwecke der Abgrenzung der gerichtlichen Maßstäbe von der rule of reason eine außergewöhnlich umfassende Charakterisierung der Berücksichtigungsfähigkeit der im Sachverhalt angelegten tatsächlichen wettbewerblichen Gegebenheiten vor: „Zwar haben sich der Gerichtshof und das Gericht wiederholt in Urteilen für eine flexiblere Auslegung des Verbotes in Artikel 85 Absatz 1 EG-Vertrag ausgesprochen (...) Diese Urteile können jedoch nicht dahin ausgelegt werden, dass sie das Bestehen einer Rule of reason im Wettbewerbsrecht der Gemeinschaft anerkennen. Sie sind vielmehr Teil einer breiteren Strömung in der Rechtsprechung, die nicht völlig abstrakt und unterschiedslos davon ausgeht, dass jede die Handlungsfreiheit eines oder mehrerer Beteiligter beschränkende Vereinbarung zwangsläufig von dem Verbot des Artikels 85 Absatz 1 EG-Vertrag erfasst wird. Vielmehr (ist) (…) der konkrete Rahmen zu berücksichtigen, in dem diese ihre Wirkungen entfaltet, insbesondere der wirtschaftliche und rechtliche Kontext, in dem die betroffenen Unternehmen tätig sind, die Art der Waren und/oder Dienstleistungen, auf die

585 *EAGCP* Gutachten, S. 3: An economics-based approach will naturally lend itself to a *rule of reason* approach to competition policy, since careful consideration of the specifics of each case is needed, and this is likely to be especially difficult under *per se* rules."

586 EuG, Rs. T-112/99, M6 u. a., Slg. 2001 II-02459.

sich die Vereinbarung bezieht, sowie die tatsächlichen Bedingungen der Funktion und der Struktur des relevanten Marktes."[587]

Diesen Ausführungen lassen sich zwei Aussagen grundsätzlicher Art entnehmen. Einerseits lehnt das Gericht die Einbeziehung einer rule of reason kategorisch ab. Die Ausführungen zur Vorgehensweise der Rechtsprechung zeigen das Bemühen, die eigene Rechtspraxis ökonomischer Analyse vom rule-of-reason-Ansatz nicht nur nominell, sondern inhaltlich nachvollziehbar abzugrenzen. Mit diesem strengen Ausspruch lassen sich die Prinzipien ökonomisierter Rechtsanwendung nur schwerlich vereinbaren. Die Kommission selbst sieht, soweit erkennbar, davon ab, ihren Ansatz als rule-of-reason-Anwendung zu kennzeichnen. Das Gutachten der Beratergruppe der Kommission indes spricht eine deutliche Sprache: "An economics-based approach will naturally lend itself to a *rule of reason* approach to competition policy, since careful consideration of the specifics of each case is needed, and this is likely to be especially difficult under *per se* rules."[588] Andererseits hält die Rechtsprechung ihrerseits hinreichend differenzierte Maßstäbe bereit, um die Vermutung einer Wettbewerbsbeschränkung für den Einzelfall auf dem Wege der ökonomischen Analyse des Einzelfalles zu relativieren.

Im Anwendungsbereich des Kartellverbotes ist das Urteil des Gerichtshofes in der Rechtssache *GlaxoSmithKline* beispielhaft für die Bereitschaft, wettbewerblichen Besonderheiten im Wege einer großzügigen Handhabung der Freistellungsvoraussetzungen Rechnung zu tragen. Obwohl der Gerichtshof die Vereinbarung von Preisdifferenzierungen mit dem Ziel der Parallelhandelsbeschränkung als bezweckte Wettbewerbsbeschränkung gewertet hat, bestätigte er das Gericht in seiner Entscheidung, mit der es der Kommission aufgab, die Vereinbarung eingehend auf die vom Unternehmen geltend gemachten Effizienzwirkungen in Gestalt von Investitionen in Forschung und Entwicklung zu untersuchen. Letztlich hat der Gerichtshof damit entgegen einer bisher ausgesprochen strengen Beurteilung von Parallelhandelsbeschränkungen eine Entscheidung mitgetragen, die die tatsächlichen wettbewerblichen und binnenmarktsichernden Funktionen des Parallelhandels einer (kritischen) wettbewerbsrechtlichen Berücksichtigung zugänglich macht.

587 EuG, Rs. T-112/99, M6 u. a., Slg. 2001 II-02459, Rn. 72f mVa EuG, verb. Rs. T-374/94, T-375/94, T-384/94 und T-388/94, European Night Services u. a./Kommission, Slg. 1998, II-03141, Rn. 136; EuGH, Rs. C-393/93, Oude Luttikhuis u. a., Slg. 1995, I-4515, Rn. 10; EuGH, Rs. C-258/78, Nungesser u. a., Slg. 1982, S. 2015; EuGH, Rs. 161/84, Pronuptia, Slg. 1986, 353, Rn. 24, EuGH, Rs. C-234/89, Delimitis, Slg. 1991, I-935, Rn. 31; EuGH, Rs. C-250/92, DLG, Slg. 1994, I-5641, Rn. 31-35.

588 *EAGCP*, Gutachten, S. 3.

Ein letztes Rechtsprechungsbeispiel veranschaulicht schließlich, dass die Gerichte an ihrer Praxis in jenem Bereich der Anwendung des Kartellverbotes festhalten, in dem eine vom Einzelfall abstrahierende Betrachtungsweise nach bisherigem Verständnis eine maßgebliche Voraussetzung jener spezifischen Funktionsweise der Verbotsnorm darstellt, die in der Abschreckung vor bestimmten erfahrungsgemäß wettbewerbsschädigenden Verhaltensweisen liegt.[589] In der Rechtssache *T-Mobile Netherlands* legte ein mitgliedstaatliches Gericht die Frage vor, in welchem Umfang es das Merkmal der bezweckten Wettbewerbsbeschränkung zulässt, sachspezifische Marktgegebenheiten bzw. Marktwirkungen zu berücksichtigen.[590] Im mitgliedstaatlichen Verfahren hatten die an einem Informationsaustausch über die Vergütungen ihrer Vertragshändler beteiligten Mobilfunkbetreiber geltend gemacht, dass die Endkundenpreise hierdurch nicht betroffen würden.[591]

Dieser Auffassung trat der Gerichtshof entgegen. Er folgte dabei den Schlussanträgen der Generalanwältin *Kokott*, die in diesem Zusammenhang Aufschluss geben über die besondere Bedeutung von per-se-Regeln im Rahmen des Kartellverbotes: „Das Verbot von Verhaltensweisen allein wegen ihres wettbewerbswidrigen Zwecks rechtfertigt sich dadurch, dass bestimmte Formen der Kollusion zwischen Unternehmen schon ihrer Natur nach als schädlich für das gute Funktionieren des normalen Wettbewerbs angesehen werden können. (...) Solche anerkanntermaßen sozialschädlichen Verhaltensweisen *per se* zu untersagen (sog. 'Per-se-Verbote') (...) ermöglicht es allen Marktteilnehmern, ihr Verhalten entsprechend auszurichten. (...) Es führt somit zu weit, die Annahme eines wettbewerbswidrigen Zwecks von der tatsächlichen Feststellung des Vorliegens oder des Fehlens konkreter wettbewerbswidriger Auswirkungen im jeweiligen Einzelfall abhängig zu machen, gleichviel, ob damit Auswirkungen für Wettbewerber, Verbraucher oder die Allgemeinheit gemeint sind."[592]

589 Bezeichnenderweise ist die Entscheidung von Vertretern einer verstärkt ökonomischen Betrachtungsweise kritisiert worden, vgl. *A. Reindl*, Information Exchanges Among Competitors: The Commission Takes a New Look, Competition Policy International 2010, S. 1 ff.

590 Vgl. GA' in *J. Kokott*, Schlussanträge in der Rs. C-8/08, T-Mobile Netherlands u. a., Slg. 2009, I-04529, Rn. 2.

591 Vgl. zum Sachverhalt o., F.I.3.a).

592 GA' in *J. Kokott*, Schlussanträge in der Rs. C-8/08, T-Mobile Netherlands u. a., Slg. 2009, I-04529, Rn. 46. Der Gerichtshof hat sich der Auffassung der Generalanwältin angeschlossen und betont noch einmal: „(E)s ist (nicht) erforderlich, dass der Wettbewerb tatsächlich verhindert, eingeschränkt oder verfälscht wurde." Rs. C-8/08, T-Mobile Netherlands u. a., Slg. 2009, I-04529, Rn. 43.

Im Anwendungsbereich bezweckter Wettbewerbsbeschränkungen behält sich der Gerichtshof in Fällen schwerwiegender Vertragsverstöße vor, von einer strengen per-se-Betrachtung Gebrauch zu machen.[593] Er markiert mit dieser Praxis gleichzeitig einen Kernbereich des Kartellverbotes, der einer Einzelfallbetrachtung nach wettbewerblichen Gesichtspunkten auch im wettbewerbspolitischen Kontext ökonomisierter Rechtsanwendung von vornherein entzogen ist.[594]

593 Die jüngste Rechtsprechung des Gerichtshofs zum Spürbarkeitskriterium (vgl. allg. *V. Emmerich* in U. Immenga/J. Mestmäcker (Hrsg.), Europäisches Kartellrecht Teil 1, 4. Aufl. 2012, Art. 101 Abs. 1, Rn. 141 ff, sowie in der rechtsdogmatischen Einordnung *J. P. Terhechte*, Die ungeschriebenen Tatbestandsmerkmale des Europäischen Wettbewerbsrechts, Diss., Baden-Baden 2004) unterstreicht dessen Bereitschaft, an dem Instrument der per-se Regelanwendung festzuhalten. Sie kann gleichzeitig so gedeutet werden, dass der Gerichtshof bemüht ist, bestimmte Bereiche der Normanwendung besonders gegen die Tendenzen einer Ökonomisierung abzusichern. In seinem Urteil in der Rechtssache *Expedia Inc./Autorité de la Concurrence* hat der EuGH festgestellt, dass eine Vereinbarung, die eine bezweckte Wettbewerbsbeschränkung darstellt, ihrer Natur nach und unabhängig von ihren konkreten Auswirkungen eine spürbare Beschränkung des Wettbewerbs darstellt (EuGH, Rs. C-226/11, Expedia Inc./ Autorité de la concurrence u.a., Urt. v. 13.12.2012, noch nicht in der amtl. Slg., Rn. 37, hierzu *J. K. Grune*, Anmerkung zu EuGH Expedia Inc./Autorité de la concurrence, EuZW 2013, S. 113, 117). Der Sache nach hat der Gerichtshof damit eine unwiderlegliche Vermutung der Spürbarkeit eingeführt und ist damit von seiner bisherigen Linie abgerückt, nach der auch im Anwendungsbereich der bezweckten Beschränkung der Spürbarkeit Rechnung getragen werden konnte (vgl. etwa EuGH, Rs. C-306/96, Javico, Slg. 1998, I-1983; Rs. C-5/69, Völk, Slg. 1969, 295, 302. Das EuG hat indes schon bislang eine Haltung vertreten, nach der sich die Unternehmen einer Absprache, die auf Beschränkung abzielt, auf die fehlende Spürbarkeit berufen können, vgl. EuG, T-49/02, Brasserie Nationale, Slg. 2005, II-3033, Rn. 137 ff.).

594 GA *L. A. Geelhoed*, Schlussanträge in der Rs. C-407/04 P, Dalmine SpA, Slg. 2007, I-829, Rn. 133 f.: „Der Einwand der Klägerin gegen diese Rechtsprechung geht dahin, dass sie keinen oder nur unzureichenden Raum lasse für eine nuancierte Anwendung in den Fällen, in denen ein an der Übereinkunft beteiligtes Unternehmen sich nicht oder nur in eingeschränktem Maße daran gehalten habe oder sein Marktverhalten zu keiner wesentlichen Beeinflussung der Wettbewerbsverhältnisse auf dem relevanten Markt habe führen können. In der Tat haben sich der Gerichtshof und das Gericht bisher gegenüber Vereinbarungen, die eindeutig darauf abzielen, den Wettbewerb einzuschränken oder zu verfälschen, äußerst streng gezeigt. Bekannte Fälle sind horizontale Preisabsprachen und Übereinkünfte, die einen Gebietsschutz bezwecken, wie die Vereinbarung in der vorliegenden Rechtssache.“ Vgl. hierzu auch EuGH, Rs. 246/86, Belasco, Slg. 1989, 2117, Rn. 12; EuGH, Rs. 71/74, Frubo, Slg. 1975, 563, Rn. 37f; EuGH, Rs. T-66/92, Herlitz, Slg. 1994, II-531, Rn. 29. EuGH, Rs. 19/77, Miller, Slg. 1978, 131, Rn. 6 f.; EuGH, Rs. C-277/87, Sandoz, Slg. 1990, I-45, Rn. 13; EuG, Rs. T-77/92, Parker Pen, Slg. 1994, II-549, Rn. 55. EuG, verb. Rs. T-25/95, T-26/95, T-30/95 bis T-32/95, T-34/95 bis T-39/95, T-42/95 bis T-46/95, T-48/95, T-50/95 bis T-65/95, T-68/95 bis T-71/95, T-87/95, T-88/95, T-103/95 und T-104/95, Zement, Slg. 2000, II-491, Rn. 1085-1088.

Vereinzelt hat eine an der rule of reason ausgerichtete Betrachtungsweise im Kontext des more economic approach im Kreis der Generalanwälte entschiedene Fürsprecher gefunden. So spricht sich – um gleich das deutlichste Beispiel zu nennen – Generalanwalt *Colomer* in seinen Schlussanträgen zu der Rechtssache *Lélos* in grundsätzlicher Weise dafür aus, von der Verwendung von per-se-Regeln zugunsten einer Betrachtung der wettbewerblichen Vor- und Nachteile von Fall zu Fall Abstand zu nehmen. Neben rechtlichen Gründen, die Gegenstand des nachfolgenden Untersuchungsabschnitts sein werden, begründete er seine Auffassung mit Argumenten der wirtschaftspolitischen Überlegenheit eines more economic approach, die den bislang klarsten Beleg für die Einsicht der Gerichte in die Herausforderungen einer per-se-Regel-basierten Anwendung des Wettbewerbsrechts in Zeiten vertiefter wettbewerbsökonomischer Erkenntnisse liefern. Zunächst verletzt nach Auffassung des Generalsanwalts „die Billigung von Missbräuchen beherrschender Stellungen per se das Postulat der Notwendigkeit (...), jeden Einzelfall anhand des wirtschaftlichen und rechtlichen Kontexts, in dem er steht, zu untersuchen". Darüber hinaus leide „die per-se-Betrachtungsweise aus rein wirtschaftlicher Sicht unter einem exzessiven Formalismus (...), gegen den sich sehr qualifizierte Stimmen zugunsten einer anderen Betrachtungsweise des Art. 82 EG erhoben haben, die an den Auswirkungen eines jeden Missbrauchs orientiert ist und bei der die spezifischen Gegebenheiten über eine Untersuchung der Vorteile abgewogen werden (rule of reason). Vorgefassten und formalistischen Meinungen auf dem Gebiet des Missbrauchs einer beherrschenden Stellung den Vorrang einzuräumen, würde die Tatsache verdecken, dass sie gelegentlich auch für den Verbraucher vorteilhaft sein können. Dies ist der Fall, wenn die Stärke eines Wirtschaftsteilnehmers den Wettbewerb auf dem relevanten Markt beschränkt, da, wie zutreffend kritisiert wurde, Art. 82 EG keine Regelung vorsieht, damit sich diese Wirtschaftsteilnehmer erfolgreich gegen den Vorwurf des Missbrauchs verteidigen können, indem sie die wirtschaftliche Effizienz ihres Verhaltens nachweisen".[595] Vor diesem Hintergrund können nach Ansicht des Generalanwalts nur „durch eine Gegenüberstellung der positiven und der negativen Folgen für den Verbraucher und die sonstigen Wirtschaftsteilnehmer auf demselben Markt (...) die notwendigen Informationen gewonnen werden, um die zutreffenden Schlüsse zu ziehen".[596]

Diese Haltung – das zeigen Anschauungsfälle der jüngeren gerichtlichen Praxis – hat sich im Bereich der Missbrauchskontrolle ebensowenig durchset-

595 GA *D. Colomer*, Schlussanträge in den verb. Rs. C-468/06 bis C-478/06, Lélos, Slg. 2008, I-07139, Rn. 71 f.

596 GA *D. Colomer*, Schlussanträge in den verb. Rs. C-468/06 bis C-478/06, Lélos, Slg. 2008, I-07139,Rn. 75.

zen können wie im Anwendungsbereich des Kartellverbots. Eine besonders deutliche Sprache sprechen in dieser Hinsicht die Schlussanträge der Generalanwältin *Kokott* in der Rechtssache *British Airways*, denen sich der Gerichtshof uneingeschränkt angeschlossen hat. Sie stehen beispielhaft für die konsequente Ablehnung einer rule of reason unter präziser Analyse der Marktergebnisse von Fall zu Fall. Das gleichnamige marktbeherrschende Unternehmen hatte sich gegen die Missbräuchlichkeit seiner Politik der Treuerabatte im Rechtsmittelverfahren mit dem Argument zur Wehr gesetzt, das Gericht habe rechtsfehlerhaft nicht berücksichtigt, dass die Kommission keinen Nachweis der negativen Auswirkungen der Rabatte auf den Verbraucher geführt habe.

Diesem Vorbringen ist die Generalanwältin entgegengetreten. Nach ihrer Auffassung ist es nicht notwendig „in jedem Fall die tatsächlichen wettbewerbswidrigen Auswirkungen eines Rabatt- oder Prämiensystems auf Wettbewerber nachzuweisen. Schon der Aufwand, den Wettbewerbsbehörden, Gerichte und gegebenenfalls private Kläger leisten müssten, um einen solchen Nachweis auch nur ansatzweise führen zu können, wäre in vielen Fällen völlig unverhältnismäßig. (...) Ob (...) der wettbewerbswidrige Erfolg missbräuchlicher Preispraktiken des marktbeherrschenden Unternehmens in Form einer Behinderung oder gar einer kompletten Ausschaltung seiner Wettbewerber eingetreten ist, mag (deshalb) allenfalls bei der Berechnung der Höhe einer zu verhängenden Geldbuße eine Rolle spielen“. [597] Die hier zum Ausdruck kommende Rechtsauffassung wurde mittlerweile mehrfach bestätigt.

Gleichzeitig dokumentiert die jüngere Rechtsprechung aber das Bemühen der Gerichte, den in der Kritik des Generalanwalts zum Ausdruck kommenden Anforderungen an eine ökonomisierte Rechtsanwendung Rechnung zu tragen. Jenseits der uneingeschränkten Ablehnung einer Bewertung unternehmerischer Verhaltensweisen nach einer rule of reason zeigen die Gerichte eine zunehmende Bereitschaft, ihre Maßstäbe der Wettbewerbsrechtsverletzung einer eingehenderen Berücksichtigung der wettbewerblichen Gegebenheiten des Einzelfalles zugänglich zu machen. Einerseits werden zu diesem Zwecke Argumente überwiegender Effizienzen und objektiver Rechtfertigung erstmals auch dort zugelassen, wo die Gerichte bislang einem entsprechenden Vorbringen des Unternehmens keinen Raum gegeben haben. Andererseits kommt gegenüber der Annahme der Wettbewerbsbeschränkung ein deutliches Problembewusstsein der Gerichte für berücksichtigungswürdige wettbewerbliche Gesichtspunkte zum Ausdruck, welches sich einerseits in merklich gestiegenen

597 GA' in *J. Kokott*, Schlussanträge in der Rs. C-95/04 P, British Airways, Slg. 2007, I-2331, Rn. 71 ff.

Anforderungen an die Vermutung der Wettbewerbswidrigkeit äußert, welches andererseits aber auch in der zunehmenden Bereitschaft Ausdruck findet, dem Vorbringen der Unternehmen zu den Besonderheiten des wirtschaftlichen Kontexts eine größere Bedeutung einzuräumen.

Dies wird in der Rechtsprechung zur Fallgruppe der Treuerabatte besonders anschaulich.[598] Zuletzt waren die Maßstäbe der Gerichte aus den von Generalanwalt *Colomer* bezeichneten Gründen besonders kritisch bewertet worden, woraufhin die Kommission eine weitgehende Neuausrichtung der Missbrauchspraxis einleitete. An anderer Stelle konnte gezeigt werden, dass dies die Gerichte jedenfalls nicht veranlasste, sich von grundlegenden Annahmen zur Auslegung des Missbrauchstatbestandes zugunsten eines verbraucherwohlfahrtsorientierten effects-based approach zu verabschieden. Der Maßstab für die Missbräuchlichkeit von Rabatten ist daher nach wie vor lediglich die Eignung zur Entfaltung von Verdrängungswirkungen, deren Vorliegen ausgehend von einer ausgeprägt formalen Betrachtungsweise nach den „jeweiligen Kriterien und Modalitäten für die Gewährung eines Rabatts oder einer Prämie“ ermittelt wird.[599]

Hierzu sind ebenfalls die Schlussanträge der Generalanwältin zur Rechtssache *British Airways* beispielhaft für die Gesamttendenz der Rechtsprechung, die in einer vergleichsweise umfassenden Stellungnahme zu der Frage anschaulich werden, inwieweit bei diesem Prüfungsmaßstab vom Normalfall abweichende wettbewerbliche Besonderheiten zu berücksichtigen sind. Ihren Ausführungen ist das Bestreben zu entnehmen, die Ansatzpunkte zur differenzierenden Einzelfallbetrachtung, die schon nach bisheriger Rechtsprechung bestehen, besonders zur Geltung zu bringen und andererseits von der von British Airways geltend gemachten Auffassung abzugrenzen, derzufolge dem Ausbleiben verbraucherschädlicher Wirkungen seiner Rabattpolitik bei der Bewertung der Missbräuchlichkeit Rechnung zu tragen ist. Danach sind bei der Überprüfung der Verdrängungswirkung „*stets* sämtliche Umstände des Einzelfalls“ (Herv. durch die GA'in) zu würdigen, wobei ausdrücklich auch „bestimmten Marktgegebenheiten“ Rechnung zu tragen sei. Aufgrund dieser

598 Vgl. GA' in *J. Kokott*, Schlussanträge in der Rs. C-95/04 P, British Airways, Slg. 2007, I-2331, Rn. 26: „Danach können insbesondere durch Treuerabatte und Treueprämien die Geschäftspartner in der Praxis so stark an das marktbeherrschende Unternehmen gebunden werden (...), dass dessen Wettbewerber es übermäßig schwer haben, Absatz für ihre Produkte zu finden (...) wodurch der Wettbewerb als solcher Schaden nehmen kann und letztlich auch dem Verbraucher Nachteile entstehen können.“

599 GA' in *J. Kokott*, Schlussanträge in der Rs. C-95/04 P, British Airways, Slg. 2007, I-2331, Rn. 46 mVa auf EuGH, Rs. 322/81, Michelin I, Slg. 1983, 3461, Rn. 73.

Einzelfallbetrachtung könne sich ergeben, dass das Verhalten eines marktbeherrschenden Unternehmens schon gar nicht geeignet war, den Wettbewerb auf dem betroffenen Markt zu behindern. Bei einer abstrahierenden Betrachtungsweise, so die Generalanwältin an anderer Stelle, „würde nämlich verkannt, dass die einzelnen Wirtschaftszweige und Märkte sich stark voneinander unterscheiden können und überdies die wirtschaftlichen Gegebenheiten einem stetigen Wandel unterliegen, welcher nicht zuletzt auch neue Geschäftspraktiken mit sich bringen kann".[600] In diesen Ausführungen tritt das Anliegen zutage, der von Generalanwalt *Colomer* angemahnten Notwendigkeit, „jeden Einzelfall anhand des wirtschaftlichen und rechtlichen Kontexts, in dem er steht, zu untersuchen", auch auf dem Boden der bestehenden Rechtsprechung möglichst weitgehend Rechnung zu tragen.[601]

Weitere jüngere Entscheidungen in dieser Fallgruppe bestätigen diesen Befund. Exemplarisch für eine schrittweise, mitunter nur in Nuancen liegende Öffnung der wettbewerbsrechtlichen Maßstäbe für eine verstärkte Berücksichtigung der konkreten wettbewerblichen Gegebenheiten bei grundsätzlichem Festhalten an der bisherigen Rechtsprechungslinie ist das Urteil des Gerichts in der Rechtssache *Tomra*. Hier hat das Gericht den Maßstab für Treuerabatte behutsam weiterentwickelt. Mit Verweis auf das Urteil des Gerichts in der Rechtssache *Michelin II* prüft das Gericht, ob das Mengenrabattsystem des gleichnamigen Unternehmens „nach einer Gesamtbeurteilung aller Umstände und folglich auch des Kontextes, in dem diese Vereinbarungen stehen, darauf abzielen oder geeignet sind, den Wettbewerb auf dem betroffenen Markt zu beschränken oder auszuschließen".[602] Tatsächlich jedoch geht das Gericht insofern über den Maßstab der *Michelin*-Rechtsprechung hinaus, als dieses mit dem Maßstab der „Gesamtbeurteilung aller Umstände" ausschließlich auf die Modalitäten und Kriterien abstellte, nach denen die Vergünstigungen gewährleistet wurden.[603] Der Zusatz „und folglich auch des Kontextes" fehlt in dieser

600 GA' in *J. Kokott*, Schlussanträge in der Rs. C-95/04 P, British Airways, Slg. 2007, I-2331, Rn. 40.

601 Dabei darf indes nicht übersehen werden, dass die Generalanwältin diese Überlegungen unter anderem auf das Urteil Michelin bezieht, EuGH, Rs. C-322/81, Michelin, Slg. 1983, 3461, und damit auf einen Fall, in dem der Gerichtshof nach allgemeiner Ansicht eine ausgesprochen strenge per-se-Betrachtung eingenommen hat.

602 EuG, Rs. T-155/06, Tomra, Slg. 2010, II-04361, Rn. 214 f.

603 Vgl. auch *E. Rousseva/L. Peeperkorn*, Art. 102 TFEU: Exclusive Dealing and Rebates, Journal of European Competition Law 2011, S. 36: "This is a subtle but important change in the courts reasoning". Vgl. EuG, Rs. T-203/01, Michelin II, Slg. 2003, II-04071: „Um zu bestimmen, ob ein Mengenrabattsystem missbräuchlich ist, müssen mithin sämtliche Umstände, insbesondere die Kriterien und Modalitäten der Rabattgewährung, berücksichtigt werden.", Rn. 60.

Entscheidung. Damit erweitert das Gericht – ohne dies zu benennen – den Prüfungsmaßstab und lässt somit Raum für eine eingehendere ökonomische Analyse des unternehmerischen Verhaltens jenseits der Untersuchung des Inhaltes der Rabattabsprachen und der Bedingungen, unter denen sie gewährt wurden.

In den Zusammenhang der Tendenz zur eingehenderen wettbewerbsrechtlichen Berücksichtigung der tatsächlichen wettbewerblichen Bedeutung von Treuerabatten lässt sich auch die unter einem anderen Gesichtspunkt bereits dargestellte Anerkennung überwiegender ökonomischer Effizienzen einordnen. Im Verbund mit dem Grundsatz der objektiven Rechtfertigung bietet die Effizienzeinrede dem Marktbeherrscher Raum, die wesentlichen positiven wettbewerblichen Gesichtspunkte in die wettbewerbsrechtliche Beurteilung seines Verhaltens einzustellen.[604]

d) Ergebnis

Die Gerichte haben sich in jüngerer Zeit mit unterschiedlichen Spielarten ökonomischer Auslegungskonzepte auseinandergesetzt. Im systematischen Zusammenhang dargestellte und nachgewiesene Beispiele dieser Rechtsprechung konnten die wesentlichen Erscheinungsformen einer am more economic approach orientierten Auslegung der Wettbewerbsregeln und die größeren Linien der diesbezüglichen gerichtlichen Entscheidungspraxis veranschaulichen.

Einerseits wurden wettbewerbsrechtliche Beurteilungsmaßstäbe geltend gemacht, die im Sinne des more economic approach das Vorliegen verbraucherschädigender Marktwirkungen unternehmerischer Verhaltensweisen für das Eingreifen von Kartell- und Missbrauchsverboten sowie der Fusionskontrollregeln tatbestandlich voraussetzen. Unbesehen weniger Abweichungen ist die Entscheidungspraxis der Gerichte im Hinblick auf diesen Aspekt einer ökonomisierten Auslegung der Wettbewerbsregeln von einer eindeutigen Gesamttendenz geprägt.

Während einzelne Entscheidungen des Gerichts sowohl im Anwendungsbereich des Kartellverbotes als auch der Fusionskontrolle eine gewisse Bereitschaft erkennen lassen, die Wettbewerbsrechtsverletzung vom Vorliegen eines Verbraucherschadens abhängig zu machen, ist der Gerichtshof derartigen Auslegungskonzepten mit großer Konsequenz entgegengetreten. Die Be-

604 Vgl. GA *D. Colomer*, Schlussanträge in den verb. Rs. C-468/06 bis C-478/06, Lélos, Slg. 2008, I-07139, Rn. 60 ff.

schränkung der wettbewerbsrechtlichen Verbots- und Untersagungstatbestände auf solche Verhaltensweisen, die der Verbraucherwohlfahrt schaden, ist ein tragender Bestandteil des übergeordneten wettbewerbspolitischen Gesamtkonzepts der Kommission und der zugrunde liegenden wettbewerbstheoretischen Orientierung an der Wohlfahrtsökonomie der Chicagoer School of Antitrust Analysis. Das Analyseergebnis bestätigt insofern die Einschätzung eines der dezidiertesten Kritiker des more economic approach, nach der die Kommission „wettbewerbspolitisch einen Weg beschritten (hat), der geltenden wirtschaftsverfassungsrechtlichen Grundsätzen des europäischen Wettbewerbs nicht entspricht“.[605]

Andererseits hatten die Gerichte zu entscheiden, ob eine Auslegung mit dem geltenden Wettbewerbsrecht der Europäischen Union vereinbar ist, nach der festgestellte Wettbewerbsbeschränkungen beim Vorliegen überwiegender positiver Marktwirkungen in der Gestalt ökonomischer Effizienzen von den Verbots- und Untersagungsanordnungen der Wettbewerbsregeln befreit sind. In dieser Hinsicht zeichnet sich eine klare Gesamthaltung der Gerichte ab, Auslegungskonzepte im Hinblick auf Rechtfertigung wettbewerbsbeschränkenden Verhaltens wegen überwiegender ökonomischer Effizienzen in allen Regelungsbereichen des Wettbewerbsrechts für Unternehmen prinzipiell anzuerkennen. Die Rechtsprechung folgt damit einer dem more economic approach zugrunde liegenden Rechtsauffassung, die im Anwendungsbereich der Missbrauchs- und Fusionskontrolle in der Vergangenheit keine Entsprechung hatte. Die bereitwillige grundsätzliche Anerkennung der Effizienzeinrede steht allerdings in einem gewissen Kontrast zu den strengen Voraussetzungen ihrer Anwendung in der Praxis. Dieser liegt ein prinzipielles Verständnis der Gerichte zugrunde, nach dem ökonomische Effizienzen die wettbewerbsrechtliche Wertung in der Rechtspraxis nur in eng begrenzten Ausnahmefällen bestimmen sollen. Diese Grundhaltung kommt in dem Umstand zum Ausdruck, dass bislang in der Fusionskontrolle ebenso wenig wie in der Missbrauchskontrolle Unternehmen erfolgreich die Effizienzeinrede geltend gemacht haben.

Ebenfalls zu entscheiden war über solche wettbewerbsrechtlichen Beurteilungsmaßstäbe, welche die tatbestandlichen Voraussetzungen der jeweiligen Wettbewerbsnorm im Sinne der auswirkungsbezogenen Betrachtungsweise allein oder überwiegend anhand solcher Wettbewerbsparameter bestimmen, die sich auf die Marktergebnisse einer unternehmerischen Verhaltensweise beziehen.

605 *U. Immenga*, Gestaltungsspielräume der Kommission, in ders./T. Körber (Hrsg.), Die Kommission zwischen Gestaltungsmacht und Rechtsbindung, 2012, S. 25.

In dieser Hinsicht fällt die in der Analyse der Entscheidungspraxis zutage tretende Haltung der Gerichte deutlich differenzierter aus. Abhängig von der jeweiligen Wettbewerbsregel sind die Gerichte einerseits darauf bedacht, an einer verhaltens- und strukturorientierten Betrachtungsweise festzuhalten. Wenn die Kommission es doch einmal unternommen hat, die wettbewerbsrechtliche Wertung einer Entscheidung mit weiterreichenden Betrachtungen der Auswirkungen auf Wettbewerber und Verbraucher zu fundieren, nahmen dies die Gerichte bisweilen zum Anlass, ausdrücklich und in Form des obiter dictum darauf hinzuweisen, dass eine ergebnisbezogene Betrachtungsweise keine Voraussetzung für die Anwendung der Wettbewerbsregeln ist.

Beispielhaft für diese Entscheidungspraxis stehen die jüngere Rechtsprechung im Anwendungsbereich des Verbots der bezweckten Wettbewerbsbeschränkung gem. Art. 101 Abs. 1 AEUV sowie die Rechtsprechung in den Fallgruppen der Kampfpreisunterbietung und der Treuerabatte nach Art. 102 AEUV. In einer Entscheidung zu Preisdifferenzierungen auf dem Sektor des Arzneimittelhandels hat der Gerichtshof die Erweiterung der ökonomischen Analyse der Vereinbarungen um Aspekte der Marktwirkungen ausdrücklich abgelehnt. Andererseits hat das Gericht in komplexeren Fallgestaltungen eine deutliche Bereitschaft gezeigt, die wettbewerbsrechtliche Bewertung auf der Grundlage ergebnisorientierter ökonomischer Analysemaßstäbe zu vorzunehmen. Exemplarisch ist die Entscheidungspraxis in der Fallgruppe der missbräuchlichen Produktkopplung. Mitunter hat sich das Gericht in der Fusionskontrolle für den Ansatz der Kommission prinzipiell zugänglich gezeigt, konglomerate Wirkungen des Zusammenschlusses auf der Grundlage einer Analyse der auswirkungsbezogenen Wettbewerbsparameter zu bewerkstelligen.

Schließlich hatten sich die Gerichte mit solchen Rechtsauffassungen auseinanderzusetzen, nach denen für den Nachweis der Wettbewerbsrechtsverletzung konkrete verbraucherschädigende Wirkungen einer Verhaltensweise im Wege quantitativer ökonomischer Analyse im Einzelfall darzulegen sind. In der Entscheidungspraxis der Gerichte zu diesem Punkt lassen sich zwei wiederkehrende Grundhaltungen erkennen: Einerseits halten die Gerichte konsequent an einer regelbasierten Anwendung der wettbewerbsrechtlichen Beurteilungsmaßstäbe fest, wonach die Vermutung der Wettbewerbsrechtsverletzung auf dem Boden einer nach formalistischen Gesichtspunkten typisierten Betrachtung der jeweiligen unternehmerischen Verhaltensweise im Einzelfall durch eine Untersuchung der konkreten Umstände zu widerlegen ist. Dieses Regel-Ausnahme-System bildet nach wie vor das tragende Prinzip der Anwendung der Wettbewerbsnormen im Einzelfall. Infolgedessen sind die Gerichte solchen Rechtsauffassungen uneingeschränkt entgegengetreten, nach denen der Nachweis der Wettbewerbsrechtsverletzung von der Feststellung der Wettbewerbsschädlichkeit des konkreten Verhaltens nach Abwägung seiner tatsächlichen positiven und negativen Wirkungen abhängt. Dementsprechend hat die Rechtsprechung im Zeitraum der Untersuchung an ihrer bisherigen Ablehnung einer rule of reason im Wettbewerbsrecht der Europäischen Union konsequent festgehalten.

Ebenso zeichnet sich aber andererseits eine gesteigerte Bereitschaft der Gerichte dafür ab, vertieften wirtschaftswissenschaftlichen Einsichten durch eine differenziertere wettbewerbsrechtliche Berücksichtigung unterschiedlicher Erscheinungsformen des Wettbewerbs in der Gegenwart verstärkt Rechnung zu tragen. Hierfür bedienen sie sich indes nicht der von der Kommission entwickelten auswirkungsbezogenen Beurteilungsmaßstäbe, vielmehr bewerkstelligen sie die verbesserte Kohärenz zwischen ökonomischer und wettbewerbsrechtlicher Wertung durch bereitwilligeren Rückgriff auf jene Beurteilungsmaßstäbe, die sie in der Vergangenheit herausgebildet und sukzessive nach Bedarf fortentwickelt haben, um die Besonderheiten des jeweiligen Sachverhalts zu berücksichtigen.

So bringen insbesondere die Generalanwälte angesichts einer gegenwärtigen wettbewerbspolitischen Gesamttendenz der ökonomisierten Rechtsanwendung die Notwendigkeit zum Ausdruck, typischerweise wettbewerbsbeschränkende Verhaltensweisen *stets* sorgfältig auf ihre *konkrete* Eignung zur Beschränkung im Lichte ihres wirtschaftlichen Kontexts zu untersuchen. Ausdruck dieses allgemeinen Bewusstseins dürfte ebenfalls eine jüngere Entscheidungspraxis sein, nach der auch solche zweiseitigen Verhaltensweisen aufgrund überwiegender Effizienzen freistellungsfähig sind, die angesichts ihrer parallelhandelsbeschränkenden Wirkungen in der Vergangenheit als ohne weiteres verboten betrachtet wurden. Ebenso ist eine subtile Weiterentwicklung jener Wettbewerbsparameter zu beobachten, die die Gerichte bei der wettbewerbsrechtlichen Beurteilung einseitiger Beschränkungen im Rahmen der sorgfältigen Analyse des wirtschaftlichen Kontexts zu berücksichtigen bereit sind. Wenn der Präsident des Gerichts *Jaeger* sinngemäß vom Ende einer strengen per-se–Regel-bezogenen Anwendung der Verletzungstatbestände als einer möglichen Folge der Ökonomisierung spricht und der Generalanwalt *Colomer* im Einsatz von per-se-Regeln im Anwendungsbereich der Missbrauchskontrolle ein prinzipielles methodologisches Problem erblickt, dann dürfte dies die Entwicklungsrichtung markieren, welche die Rechtsprechungspraxis unter dem Eindruck des more economic approach genommen hat, ohne dass diese sich freilich bereits nennenswert in der Entscheidungspraxis niedergeschlagen hätte.

Im Schrifttum wurde in jüngster Zeit – auch angesichts der in wichtigen Einzelaspekten ausgesprochen ablehnenden Haltung der Rechtsprechung – die Frage nach dem „Abschied vom more economic approach“ aufgeworfen. Im Lichte der vorliegenden Analyse kann dem in dieser Frage zum Ausdruck kommenden Zweifel an der Zukunftsfähigkeit des wettbewerbspolitischen Ansatzes der Kommission insofern zugestimmt werden, als wichtige Bestandteile der Kommissionsprogrammatik von den Gerichten weitgehend abgelehnt wurden: die tatbestandliche Verengung der Wettbewerbsnormen auf verbraucherwohlfahrtsschädigende Verhaltensweisen, die Öffnung der Analysemaßstäbe für ergebnisbezogene Wettbewerbsparameter sowie die Einführung solcher Prinzipien der Rechtsanwendung, die die Verifizierung der wettbewerbsschädigenden Auswirkung eines Verhaltens im Wege quantitativer ökonomischer Analyse des Einzelfalls in den Mittelpunkt der Rechtsanwendung stellen.

Demgegenüber markiert die bereichsübergreifende Zulassung einer Effizienzeinrede sowie die Tendenz zu einer differenzierenden und insgesamt zunehmenden Betrachtung der Wirkungsweisen des Wettbewerbs im Rahmen der Analyse des wirtschaftlichen Kontexts einer Vereinbarung wichtige Zwischenstände einer Entwicklung der Rechtsprechung zu einer zeitgemäßen Einbeziehung vertiefter wirtschaftswissenschaftlicher Erkenntnisse, die maßgeblich von den Bestrebungen der Kommission angestoßen wurden. Gemessen an diesen Aspekten der gegenwärtigen Entscheidungspraxis lässt sich zumindest sagen, dass der verstärkt wirtschaftliche Ansatz durchaus Eingang in das geltende Wettbewerbsrecht gefunden hat.

4. Determinanten der gerichtlichen Wettbewerbskonzeption

Die soeben dargestellte und nachgewiesene Entscheidungspraxis der Gerichte wird im Folgenden im Hinblick auf ihre wesentlichen Entscheidungsgründe betrachtet. Es wird sich zeigen, dass die Gerichte den Herausforderungen des more economic approach im Wettbewerbsrecht auf dem Boden einer pragmatischen, an den Vertragsregeln und Vertragszielen orientierten Wettbewerbskonzeption begegnen. In unterschiedlichen Einzelausprägungen treten prinzipielle, wiederkehrende Argumentationsmuster gegenüber grundsätzlichen Rechtsproblemen im Kontext der Ökonomisierung besonders deutlich hervor und bilden die spezifischen rechtsstaatlichen Grenzen ökonomisierter Rechtsmaßstäbe im Wettbewerbsrecht der Europäischen Union. Die Auseinandersetzung der Gerichte mit dem wettbewerbspolitischen Ansatz der Kommission, die in der Tendenz eindeutigen Zwischenstand erreicht haben dürfte, lässt so Rückschlüsse zu auf die verbleibenden Spielräume des more economic approach.

a) Ökonomisierung und rule of law: Der Grundsatz der Gesetzmäßigkeit der Verwaltung im more economic approach

Die rule of law – verstanden als das Prinzip der Gesetzesbindung der Verwaltung[606] – erweist sich in der Auseinandersetzung der Gerichte mit den unterschiedlichen Erscheinungsformen einer an den Gesichtspunkten der Verbraucherwohlfahrt orientierten, auswirkungsbezogenen Auslegung der Wettbewerbsregeln als das formierende rechtsstaatliche Prinzip, dessen stärkste Bindungswirkung die Rechtsprechung unter Rückgriff auf den Schutzzweck des europäischen Wettbewerbsrechts entfaltet.[607] Weitere Gesetzesbindungen erreichen Gerichte und Generalanwälte im Wege systematischer Argumentation, während der Wortlaut der Wettbewerbsregeln offenbar nur vereinzelt den Ausschlag gibt.

Im Hinblick auf die Reichweite der Rechtsbindung ist hervorzuheben, dass die Gerichte Bindungswirkungen der Wettbewerbsnormen auch für solche Regelungsgegenstände ableiten, die nicht mehr zu den tatbestandlichen Voraussetzungen der Verbots- und Untersagungsnormen rechnen, sondern der Sache nach die Modalitäten ihrer administrativen Anwendung betreffen.[608] Infolgedessen erstreckt sich die rule of law als regulierendes Prinzip auch auf solche Aspekte des more economic approach, die auf die Gestaltung der Rechtsanwendung nach Prinzipien der ökonomischen Betrachtung abzielen. Ein grundsätzliches rechtsstaatliches Problem ökonomisierten Rechts stellt ei-

606 Umfassend zu Bedeutung und Einzelausbildungen des Prinzips der Gesetzmäßigkeit der Verwaltung im Recht der Europäischen Union *J. Schwarze*, Europäisches Verwaltungsrecht, 2. Aufl. 2005, LVI ff., 219 ff.

607 Zu den Erfordernissen der Rule of Law im more economic approach *W.-H. Roth*, The „More Economic Approach" and the Rule of Law, in D. Schmidtchen/M. Albert/S. Voigt (Hrsg.), The More Economic Approach to European Competition Law, 2007, S. 37 ff.; *M. Dreher/M. Adam*, The more economic approach to Art. 82 EC and the legal process, ZWeR 2006, S. 264 ff.; *D. Zimmer*, Der rechtliche Rahmen für die Implementierung moderner ökonomischer Ansätze, WuW 2007, S. 1203 ff.; *R. Zäch*, Freedom to Compete and the More Economic Approach – Limits imposed by Law, IIC 2009, S. 623 ff.

608 Im Einzelfall ist mitunter nur schwer zu bestimmen, inwieweit sich das Vorgehen bei der verwaltungsmäßigen Beurteilung des Einzelfalles bereits aus der Wettbewerbsnorm ermitteln lässt, vgl. hierzu *J. Azizi*, Aufgaben und Grenzen der europäischen Gerichtsbarkeit, in S. Griller (Hrsg.) Die europäische Wirtschaftsverfassung de lege lata und ferenda, 2007, S. 85 ff., und bereits o., Fn. 337.

ne der rule of reason bisweilen zugrunde liegende Prämisse dar, nach der ökonomische Maßstäbe rechtliche Geltung erlangen können, ohne ihrerseits von den Eigengesetzlichkeiten des Rechts in ihrer ökonomischen Geltung begrenzt zu werden.

(1) Der Schutzzweck der Wettbewerbsregeln in der Normauslegung

Die europäischen Gerichte lösen wesentliche Auslegungsprobleme der Ökonomisierung unter Rückgriff auf den Schutzzweck der Wettbewerbsregeln.[609] Insgesamt gehören die Argumentationen des gesetzlichen Schutzzwecks der Wettbewerbsregeln zu den bedeutsamsten Mechanismen der Bindung der rule of law gegenüber Auslegungskonzepten des more economic approach im Wettbewerbsrecht.

Im Anwendungsbereich des Kartellverbotes begründete der Gerichtshof seine ablehnende Haltung einer verbraucherwohlfahrtsorientierten Auslegung der Wettbewerbsbeschränkung mit dem entgegenstehenden Schutzzweck der Wettbewerbsregeln. Im Fall *GlaxoSmithKline* wandte er sich mit dieser Begründung gegen die Auffassung des Gerichts, nach der auf dem Sektor des Arzneimittelhandels eine Preisdifferenzierung mit dem Ziel der Parallelhandelsbeschränkung dann keine bezweckte Wettbewerbsbeschränkung darstelle, wenn sie keine Verbraucherschädigung zur Folge hat.[610] Die „Feststellung, dass mit einer Vereinbarung ein wettbewerbswidriger Zweck verfolgt wird, (setzt) nicht voraus, dass dadurch den Endverbrauchern die Vorteile eines wirksamen Wettbewerbs hinsichtlich der Bezugsquellen oder der Preise vorenthalten werden“, da Art. 101 Abs. 1, wie auch die übrigen Wettbewerbsregeln des Vertrags, „nicht nur dazu bestimmt ist, die unmittelbaren Interessen einzelner Wettbewerber oder Verbraucher zu schützen, sondern die Struktur des Marktes und damit den Wettbewerb als solchen“.[611] Damit wendet sich der Gerichtshof ebenfalls gegen eine Deutung des Schutzzwecks, nach der es darum geht, „zu verhindern, dass Unternehmen durch eine Einschränkung des Wettbewerbs untereinander oder mit anderen das Wohlergehen des End-

609 Vgl. zur überragenden Bedeutung teleologischer Auslegungstechniken in der Rechtsprechung zum Wettbewerbsrecht *U. Immenga/E.-J. Mestmäcker*, in dies. (Hrsg.), Europäisches Kartellrecht, 2012, Einl., Abschnitt D. Der „stärker wirtschaftliche Ansatz“ in der Leitlinienpolitik der Kommission, Rn. 5.

610 Vgl. EuG, Rs. T-168/01, GlaxoSmithKline, Slg. 2006, II-02969, Rn. 119.

611 EuGH, verb. Rs. C-501/06 P, C-513/06 P, C-515/06 P und C-519/06 P, GlaxoSmithKline u. a./Kommission u. a., Slg. 2009, I-09291, Rn. 63.

verbrauchers der fraglichen Waren mindern“.[612] Ebenfalls mit Verweis auf den Schutz der Funktionsbedingungen des Wettbewerbs lehnte der Gerichtshof deshalb in seinem Urteil zu der Rechtssache *T-Mobile Netherlands* eine Auslegung des Kartellverbotes ab, nach der ein Informationsaustausch zwischen Mobilfunkbetreibern nur dann eine bezweckte Wettbewerbsbeschränkung darstelle, wenn die Informationen die Endkundenpreise betreffen und deren Schädigung tatsächlich nachweisbar ist.[613]

In diesen beiden für das Kartellrecht grundlegenden Urteilen zu Schutzzweck und Auslegung angesichts des more economic approach hält der Gerichtshof erkennbar an seinem bisherigen Schutzzweckverständnis fest, demzufolge die Voraussetzungen des Wettbewerbs und nicht dessen Ergebnisse geschützt werden.[614] Welche Bedeutung dabei der Verbraucherwohlfahrt zukommt, bringt vielleicht am deutlichsten Generalanwältin *Kokott* zum Ausdruck: „Ziel des europäischen Wettbewerbsrechts muss es aber sein“, so die Generalanwältin in ihren Schlussanträgen zum Fall des Informationsaustausches in der Rechtssache *T-Mobile Netherlands*, „den Wettbewerb und nicht die Wettbewerber zu schützen, weil davon *mittelbar* (H. d. V.) auch die Verbraucher und die Allgemeinheit profitieren.“[615]

Ein Seitenblick auf die gegenwärtige Rechtsprechung zu anderen Merkmalen des Kartellverbots bestätigt den Eindruck einer weitgehenden Kontinuität im gerichtlichen Schutzzweckverständnis. So löst der Gerichtshof weiterhin Auslegungsprobleme zum Merkmal der abgestimmten Verhaltensweise auf der Grundlage des Selbständigkeitspostulats.[616] Beispielhaft für den gleichbleibend hohen Stellenwert dieses Grundgedankens in der jüngeren Rechtsprechung sind die Ausführungen der Generalanwältin *Kokott* zur Anwendbarkeit des Kartellverbots auf den Austausch von Informationen unter Wettbewerbern in der Rechtssache *T-Mobile Netherlands*. Unter dem Punkt „Problematik des Informationsaustauschs unter Wettbewerbern vor dem Hintergrund des wettbewerblichen Selbständigkeitspostulats“ gibt sie zu bedenken, „dass die Selbständigkeit der Wirtschaftsteilnehmer zu den Grundvoraussetzungen für einen funktionierenden Wettbewerb gehört. Dementsprechend

612 EuG, Rs. T-168/01, GlaxoSmithKline, Slg. 2006, II-02969, Rn. 118.

613 EuGH, Rs. C-8/08, T-Mobile Netherlands u. a., Slg. 2009, I-04529, Rn. 38 f.

614 Vgl. auch *C.-D. Classen*, in T. Oppermann/C.-D. Classen/M. Nettesheim (Hrsg.), Europarecht, 2. Aufl. 2011, S. 339.

615 GA’ in *J. Kokott*, Schlussanträge zu der Rs. C-8/08, T-Mobile Netherlands, Slg. 2009, I-04529, Rn. 71.

616 Vgl. hierzu *T. Eilmansberger,* Neue Paradigmen im europäischen Kartellrecht, ZWeR 2009, S. 441, zur bisherigen Rspr. des EuGH zur Stelbständigkeit der Unternehmen als zentraler Voraussetzung des Wettbewerbsprozesses.

liegt auch den Wettbewerbsvorschriften des EG-Vertrags der Gedanke zugrunde, dass jeder Wirtschaftsteilnehmer selbständig zu bestimmen hat, welche Politik er auf dem Gemeinsamen Markt zu betreiben gedenkt".[617] Die Generalanwältin bringt hier den Grundgedanken zum Ausdruck, dass der Ansatzpunkt für eine Kartellkontrolle auch in der Gegenwart nicht das Marktergebnis, sondern die Einschränkung der wettbewerblichen Selbständigkeit als Grundvoraussetzung für den Wettbewerbsprozess ist. Mit einem verbraucherwohlfahrtsorientierten Schutzverständnis ist das Selbständigkeitspostulat der Rechtsprechung daher nur schwerlich zu vereinbaren.

Jüngst bestätigte der Gerichtshof diesen Grundsatz im Urteil zur Rechtssache *Slovenská sporitelnòa*.[618] Im Vorlageverfahren hatte ein slowakisches Gericht gefragt, ob es für die Annahme einer Wettbewerbsbeschränkung nach Art. 101 Abs. 1 AEUV erheblich sei, dass die Wettbewerber der kartellierenden Banken auf dem Markt illegal tätig sind.[619] Dies hat der Gerichtshof mit der Begründung verneint, dass bei „der Anwendung dieser Bestimmung (...) die tatsächlichen Auswirkungen einer Vereinbarung nicht berücksichtigt zu werden (brauchen), wenn sich ergibt, dass diese eine Verhinderung, Einschränkung oder Verfälschung des Wettbewerbs bezweckt. Art. 101 AEUV soll nämlich nicht nur die Interessen einzelner Wettbewerber oder Verbraucher schützen, sondern auch die Struktur des Marktes und damit den Wettbewerb als solchen".[620]

Ein ebenso großes Gewicht kommt dem Argument des entgegenstehenden Regelungszwecks gegenüber unterschiedlichen Erscheinungsformen eines ökonomisierten Normverständnisses in der Rechtsprechung im Bereich der Missbrauchskontrolle zu. So begegneten die Gerichte der Notwendigkeit eines Nachweises verbraucherschädlicher Marktergebnisse auch in diesem Zusammenhang auf dem Boden gegenläufiger Schutzzweckerwägungen. Grundle-

617 Vgl. auch das Urteil des EuGH in der Rs. C-8/08, T-Mobile Netherlands, Slg. 2009, I-04529, Rn. 32. Hierzu *D. Zimmer*, Der rechtliche Rahmen für die Implementierung moderner ökonomischer Ansätze, WuW 2007, S. 1202. Besonderen Ausdruck findet das bisherige prozessorientierte Wettbewerbsverständnis des Gerichtshofs in seinen Grundsätzen, die die Auslegung des Merkmals der abgestimmten Verhaltensweise bestimmen. Danach ist es Unternehmen verwehrt, eine „praktische Zusammenarbeit" an die Stelle des „mit Risiken verbundenen Wettbewerbs" treten zu lassen. Nach seiner Auffassung hat jedes Unternehmen selbständig zu bestimmen, welche Politik es betreibt.

618 EuGH, Urt. v. 7. Februar 2013, Rs. C-68/12, Slovenská sporiteľňa, noch nicht in der amtl. Slg.

619 EuGH, Rs. C-68/12, Rn. 14.

620 EuGH, Rs. C-68/12, Rn. 17 f. mit Verweis auf Urteil vom 6. Oktober 2009, GlaxoSmithKline Services u. a./Kommission u. a., C-501/06 P, C-513/06 P, C-515/06 P und C-519/06 P, Slg. 2009, I-9291, Rn. 63.

gend ist insoweit das Urteil des Gerichtshofes in der Rechtssache *British Airways.*[621] Im Rechtsmittel hatte das Flugunternehmen unter anderem gerügt, dass das Gericht rechtsfehlerhaft nichtschädigende Auswirkungen der von British Airways gewährten Rabatte auf die Verbraucher ungeprüft bzw. Beweise der Verbraucherunschädlichkeit unberücksichtigt gelassen hätte.[622] Auch diese Auffassung hält der Gerichtshof für unvereinbar vor allem mit dem Regelungsziel der Missbrauchskontrolle, die sich nicht nur auf Verhaltensweisen beziehe, durch die den Verbrauchern ein *unmittelbarer* Schaden erwachsen kann, sondern auch auf solche, die den Verbrauchern Schaden zufügen durch einen Eingriff in die Struktur des tatsächlichen Wettbewerbs.[623]

Mit einer vergleichbaren Argumentation wendet sich der Gerichtshof gegen die Notwendigkeit, für die Feststellung einer missbräuchlichen Kampfpreisunterbietung die Möglichkeit des Marktbeherrschers zum Ausgleich seiner Verluste zum Schaden des Verbrauchers nachzuweisen: In der Rechtssache *France Télécom* hatte Generalanwalt *Mazák* die Einführung eines Verlustausgleichstests auch unter Verweis auf die wirtschaftspolitische Überlegenheit des more economic approach vorgeschlagen.[624] Bei dieser Gelegenheit ging der Gerichtshof über die dargestellte Schutzzweckargumentation hinaus und brachte den Grundsatz der besonderen Verantwortung des marktbeherrschenden Unternehmens gegen den Verlustausgleichstest in Stellung: „Da demnach Art. 82 EG nicht nur Verhaltensweisen erfasst, durch die den Verbrauchern ein unmittelbarer Schaden erwachsen kann, sondern auch solche, die sie durch die Beeinträchtigung einer Struktur wirksamen Wettbewerbs schädigen (...), trägt das Unternehmen, das eine beherrschende Stellung innehat, eine besondere Verantwortung dafür, dass es durch sein Verhalten einen wirksamen und unverfälschten Wettbewerb auf dem Gemeinsamen Markt nicht beeinträchtigt."[625] Auch diese Argumentation ist als klare Absage an eine Auslegung zu verstehen, die das Eingreifen der Wettbewerbsregeln in erster Linie an deren Marktwirkungen orientiert.[626] Insofern aktualisiert der Gerichtshof mit dem

621 EuGH, Rs. C-95/04 P, British Airways, Slg. 2007, I-2331.

622 Vgl. zum Vorbringen British Airways, EuGH, Rs. C-95/04 P, British Airways, Slg. 2007, I-2331, Rn. 92.

623 EuGH, Rs. C-95/04 P, British Airways, Slg. 2007, I-2331, Rn. 106. Er folgt in diesem Punkt der Generalanwältin, die sich ihrerseits auf den Schutzzweck beruft und dazu weit reichende Ausführungen macht, vgl. *J. Kokott,* Schlussanträge Rs. C-95/04 P, British Airways, Slg. 2007, I-2331.

624 GA *J. Mazák*, Schlussanträge in der Rs. C-202/07 P, France Télécom, Slg. 2009, I-02369, Rn. 73 ff.

625 EuGH, Rs. C-202/07 P, France Télécom, Slg. 2009, I-02369, Rn. 103 ff.

626 Vgl. *A. Alemanno/M. Ramondino*, To recoup or not to recoup? ELR 2009, S. 202, insb. 208. Im Gutachten zur Ökonomisierung der Missbrauchskontrolle unternimmt

Grundsatz der besonderen Verantwortung einen bisherigen Leitgedanken zum Schutze der Voraussetzungen des Wettbewerbs in der Missbrauchskontrolle auch im Kontext der Ökonomisierung.

Die dargestellten Beispiele verdeutlichen den engen Zusammenhang, der in der Wettbewerbskonzeption der Gerichte zwischen dem auf die Erhaltung des wirksamen Wettbewerbs gerichteten Schutzzweck einerseits und der grundsätzlichen Ablehnung einer marktergebnisorientierten Auslegung der jeweiligen Merkmale der Wettbewerbsrechtsverletzung andererseits besteht. Eine geringere Anzahl von Rechtsprechungsfällen jüngerer Zeit gibt jedoch Anlass zu einer differenzierteren Bewertung der gerichtlichen Wettbewerbskonzeption in diesem Punkt. In Einzelfällen erkannte die Rechtsprechung durchaus Maßstäbe der Wettbewerbsrechtsverletzung an, die das Vorliegen bestimmter Marktwirkungen voraussetzen, ohne dass die Gerichte in diesen Fällen vom Prinzip des Wettbewerbsschutzes abrückten.

Exemplarisch in dieser Hinsicht ist die Rechtsprechung zum Einsatz des sogenannten as-efficient-competitor-Tests in der Kontrolle bestimmter Behinderungspraktiken marktbeherrschender Unternehmen.[627] Dieses Kriterium macht das Vorliegen eines Missbrauchs davon abhängig, ob ein Verhalten geeignet ist, Verdrängungswirkungen auch gegenüber solchen Wettbewerbern zu entfalten, die bei Leistungswettbewerb mit dem Marktbeherrscher konkurrieren könnten, d. h. „ebenso effizient" wirtschaften.[628] Die Missbrauchskon-

die Beratergruppe der Kommission zwar den Versuch, der Rechtsprechung zum Grundsatz der besonderen Verantwortung in ihrem Konzept der Missbrauchskontrolle eine sinnvolle Funktion zuzuweisen - "Our proposed effect-based approach also allows us to capture in a balanced and meaningful way the notion of special responsibility of a dominant firm. The reference to such responsibility is often intended to prohibit some practices when exerted by a dominant firm, while considering them lawful if practiced by smaller competitors. Once we focus on the exclusionary effects of market practices, the notion of special responsibility naturally emerges from the analysis, in that certain practices are to be prohibited when they determine exclusionary effects, while they are lawful as long as no competitive harm is involved. Since in this analysis we do not need to assess the existence of dominance separately, the special responsibility implicitly applies to any conduct and firm that (is able to) interfere and distort the competitive process of entry into the market." Indes verliert das Merkmal der besonderen Verantwortung nach diesem Verständnis seinen eigenen normativen Wert. Dann nämlich wäre eine Verhaltensnorm überflüssig, die das Marktverhalten marktbeherrschender Unternehmen auch unterhalb der Schwelle der Verbraucherwohlfahrtsbeeinträchtigung beschränkt. Im Hinblick auf die Vereinbarkeit einer verbraucherwohlfahrtsorientierten Schutzkonzeption sprechen diese Ausführungen eine eindeutige Sprache.

627 Vgl. zu diesem Kriterium im Analyserahmen der Kommission zu Art. 102 bei Behinderungsmissbräuchen o., E.II.2.

628 Vgl. hierzu die Mitteilung zu Art. 82, Rn 23 ff.

trolle soll nur dann eingreifen, wenn durch das Verhalten des Marktbeherrschers effizienter Wettbewerb beeinträchtigt wird. Die bestehende Marktstruktur, soweit sie lediglich aus weniger effizienten Wettbewerbern besteht, wird grundsätzlich nicht geschützt.[629] Diese Herangehensweise ist nicht ohne weiteres mit der bisherigen Schutzkonzeption der Rechtsprechung vereinbar, die von der Annahme ausgeht, dass auch weniger effiziente Wettbewerber förderlich für die Erhaltung des Wettbewerbs an sich sind.[630] Dieser Beurteilungsmaßstab ist damit im Grunde das Ergebnis einer marktergebnisbezogenen wohlfahrtsorientierten Auslegung der Missbrauchskontrolle.[631]

In der jüngeren Rechtsprechung haben die Gerichte den Einsatz dieses Kriteriums in mehreren Fällen mitgetragen, ohne jedoch von ihrem grundsätzlichen Schutzziel des wirksamen Wettbewerbs abzurücken: „Da Art. 82 EG (...) nicht nur Verhaltensweisen erfasst, durch die den Verbrauchern ein unmittelbarer Schaden erwachsen kann, sondern auch solche, die sie durch die Beeinträchtigung des Wettbewerbs schädigen," so der Gerichtshof in seiner Entscheidung *Deutsche Telekom* zu den Voraussetzungen missbräuchlichen Verhaltens in der Fallgruppe der Margenbeschneidung auf dem Sektor der netzgebundenen Telekommunikation, „trägt das Unternehmen, das eine beherrschende Stellung innehat, eine besondere Verantwortung dafür, dass es durch sein Verhalten einen wirksamen und unverfälschten Wettbewerb auf dem Gemeinsamen Markt nicht beeinträchtigt (...). Folglich verbietet Art. 82 EG einem beherrschenden Unternehmen u. a. eine Preispolitik, die für seine gegenwärtigen oder potenziellen ebenso effizienten Wettbewerber eine Verdrängungswirkung entfaltet, d. h. eine Verhaltensweise, die geeignet ist, seinen Wettbewerbern den Zugang zum Markt und seinen Vertragspartnern die Wahl zwischen mehreren Bezugsquellen oder Handelspartnern zu erschweren oder gar unmöglich zu machen, und damit seine Stellung stärkt, indem andere Mittel als diejenigen eines Leistungswettbewerbs herangezogen werden".[632]

Beispielhaft für die Einsicht der Richter in die Notwendigkeit, in bestimmten Fällen – abweichend von den bisherigen Rechtsprechungsgrundsätzen – für die Annahme einer Wettbewerbsrechtsverletzung die Auswirkungen einer Verhaltensweise gleichsam genauer „unter die Lupe" zu nehmen, ist die Entscheidung des Gerichts in der Rechtssache *Microsoft* in der Fallgruppe der

629 Vgl. o., E.I.1.a).

630 Vgl. hierzu *U. Immenga*, Die Gestaltungsmacht der Kommission, in ders./T. Körber (Hrsg.), Die Kommission zwischen Gestaltungsmacht und Rechtsbindung im europäischen Kartellrecht, 2012, S. 24 f.

631 Ausführlich hierzu *G. Monti*, The Future of Art. 82 EC, Journal of European Competition Law and Practice 2010, S. 132 ff.

632 EuGH, Rs. C-280/08 P, Deutsche Telekom, Slg. 2010, I-09555, Rn. 176 f.

Produktkopplung.[633] Die Kommission hatte gegen den Softwarehersteller Microsoft eine Entscheidung erlassen, in der sie einen Missbrauch Microsofts auf den Märkten für Serverprogramme durch die Integration seines Windows Media Players in sein Betriebssystem feststellte.[634] Microsoft wurde neben einer hohen Bußgeldzahlung unter anderem dazu verpflichtet, eine Variante seines Betriebssystems Windows anzubieten, aus welcher der Windows Media Player, eine Software zur Benutzung von Audio- und Videodateien, entfernt wurde. Die Kommission legte dabei ihrer Entscheidung eine ökonomisierte Betrachtungsweise zugrunde. Nachdem sie zunächst auf dem Boden der bisherigen Praxis den Tatbestand der Kopplung geprüft und bejaht hatte,[635] erweiterte sie ihre Untersuchung um eine genaue Analyse der Auswirkungen der Produktkopplung auf den Wettbewerb unter ausdrücklicher Abweichung von der bisherigen Praxis, nach der beim Vorliegen der Kopplungsvoraussetzungen eine Eignung zur Beeinträchtigung des Wettbewerbs ohne weiteres anzunehmen ist.[636] In seiner Nichtigkeitsklage machte Microsoft im Hinblick auf diese Vorgehensweise geltend, dass die Kommission unzulässigerweise einen neuen Bewertungsmaßstab eingeführt habe, der in Art. 102 Abs. 2 lit. d AEUV keine Rechtsgrundlage finde.[637]

Dieser Auffassung trat jedoch das Gericht entgegen: „Dass die Kommission die konkreten Auswirkungen, die durch das fragliche Kopplungsgeschäft auf dem Markt bereits entstanden waren, sowie dessen mutmaßliche weitere Entwicklung untersuchte, statt sich – wie sonst normalerweise in den Fällen missbräuchlicher Kopplungsgeschäfte – auf die Erwägung zu beschränken, dass das genannte Kopplungsgeschäft per se eine Ausschlusswirkung auf dem Markt entfaltete, bedeutet (...) nicht, dass die Kommission eine neue Rechtstheorie angewandt hat.“[638] Diese Ausführungen des Gerichts sind der Sache

633 EuG, Rs. T-201/04, Microsoft, Slg. 2007, II-03601. Diese Deutung auch bei *P. Thalmann*, Der Fall Microsoft als Exerzierfeld eines more economic approach? WBl 2008, S. 153 ff.

634 Entscheidung 2007/53/EG der Kommission in der Sache COMP/C-3/37.792 – Microsoft, ABl. 2007, L 32, S. 23.

635 Vgl. zum bisherigen Kopplungstest EuGH, Rs. C-53/92 P, Hilti, Slg. 1994 I-667, sowie EuGH Rs. C-333/94 P, Tetra Pak II, Slg. 1996, I-5951, dazu *I. Brinker*, in J. Schwarze, (Hrsg.), EU-Kommentar, 2012, Art. 102, Rn. 30.

636 Allerdings hat sie dabei ihre einem more economic approach entsprechende Vorgehensweise nicht als solche benannt, sondern ausdrücklich auf die Besonderheiten des Sachverhalts verwiesen, die es geböten, gewissermaßen genauer hinzuschauen. Hierzu auch *K.-W. Lange/T. Pries*, Möglichkeiten und Grenzen der Missbrauchskontrolle von Kopplungsgeschäften: Der Fall Microsoft, EWS 2008, S. 3; *T. Körber*, Wettbewerb in dynamischen Märkten, WuW 2007, S. 2014.

637 EuG, Rs. T-201/04, Microsoft, Slg. 2007, II-03601, Rn. 839.

638 EuG, Rs. T-201/04, Microsoft, Slg. 2007, II-03601, Rn. 1035.

nach weniger eine Begründung für die Rechtmäßigkeit dieser Vorgehensweise als vielmehr eine Bestätigung des Einwands Microsofts, dass die Kommission mit diesem Maßstab den Boden der bisherigen Rechtsprechung verlassen hat.[639] Anschließend trat das Gericht der Behauptung Microsofts entgegen, die Kommission habe die tatsächlichen Auswirkungen nicht nachgewiesen.[640] Diesen Vorwurf prüfte das Gericht der Sache nach – obwohl es sich auch hier auf den Standpunkt hätte zurückziehen können, dass es auf die konkreten Marktwirkungen für die Feststellung der Missbräuchlichkeit nicht ankomme – und erkannte mithin den von der Kommission entwickelten Marktergebnistest uneingeschränkt an.[641] Dies hinderte das Gericht aber nicht, an anderer Stelle daran zu erinnern, dass „Art. 82 EG nach ständiger Rechtsprechung nicht nur auf Praktiken abzielt, durch die die Verbraucher unmittelbar geschädigt werden können, sondern auch auf Verhaltensweisen, die ihnen mittelbar durch einen Eingriff in eine Struktur wirksamen Wettbewerbs Schaden zufügen".[642] Dieses Beispiel zeigt, dass auswirkungsbezogene Maßstäbe und eine ergebnisoffene Schutzkonzeption in der Wettbewerbskonzeption der Gerichte offenbar zumindest nicht in einem strengen Ausschließlichkeitsverhältnis stehen; Aspekte der auswirkungsbezogenen Betrachtung können mithin durchaus in der künftigen Rechtspraxis einen Platz finden.

Im Bereich der Fusionskontrolle hat sich eine Gesamthaltung der Gerichte herausgebildet, die der Einbeziehung marktergebnisorientierter Untersagungstatbestände weniger vehement entgegentritt, als das im Bereich des Kartellrechts der Fall ist. Eine grundsätzliche Bereitschaft zu einer verbesserten wettbewerbsrechtlichen Würdigung der Auswirkungen unternehmerischer Verhaltensweisen auf der Grundlage neuerer wettbewerbsökonomischer Erkenntnisse die Rechtsprechung der Gerichte zur fusionsrechtlichen Beurteilung wettbewerbsschädlicher konglomerater Effekte.[643] Im Zuge des more economic approach ist die Kommission zu einer Praxis übergegangen, die den möglichen wettbewerbsschädlichen Auswirkungen konglomerater Zusammenschlüsse wettbewerbsrechtlich Rechnung trägt.[644] Vor diesem Hinter-

639 *K.-W. Lange/T. Pries*, Möglichkeiten und Grenzen der Missbrauchskontrolle von Kopplungsgeschäften: Der Fall Microsoft, EWS 2008, S. 3, bezeichnen diese Formulierung als „sybellinisch".

640 EuG, Rs. T-201/04, Microsoft, Slg. 2007, II-03601, Rn. 1088.

641 Vgl. auch *P. Thalmann*, Das Microsoft-Urteil als Exerzierfeld des more economic approach? WBl 2008, S. 162.

642 EuG, Rs. T-201/04, Microsoft, Slg. 2007, II-03601, Rn. 664.

643 Vgl. ausführlich zu den wesentlichen wettbewerbsökonomischen Aspekten konglomerater Zusammenschlüsse das *Diskussionspapier des Bundeskartellamtes*, Konglomerate Zusammenschlüsse, 2006, S. 18.

644 S.o., E.II.3.

grund stützte sie die Untersagung der Zusammenschlüsse *Tetra/Sidel* insgesamt und *GE/Honeywell* partiell auf die Annahme konglomerater Effekte.[645] Während die Kommission nach Auffassung der Gerichte in beiden Fällen solche Effekte nicht hinreichend dargelegt hatte, haben diese die grundsätzliche wettbewerbsrechtliche Berücksichtigungsfähigkeit dieser wettbewerbsökonomischen Erkenntnisse im Rahmen sowohl der alten als auch der neuen Fusionskontrolle anerkannt und sich damit einer verstärkt auswirkungsbezogenen Betrachtungsweise des Fusionskontrollrechts geöffnet.[646] Schließlich ist in diesem Zusammenhang an die Entscheidung in der Fusion *Ryanair* mit *Aer Lingus* zu nennen, in der das Gericht den von Ryanair gerügten ungenügenden Nachweis eines Verbraucherschadens in der Sache überprüft, die Notwendigkeit eines solchen Nachweises im Untersagungstatbestand als solche aber nicht in Frage stellt.[647]

Diese Entscheidungen haben gemeinsam, dass die Gerichte sich mit der auswirkungsbezogenen Betrachtung der Kommission nicht unter dem Gesichtspunkt des Schutzzwecks auseinandersetzen. Ausgehend von der Annahme, dass der Schutzzweck für sämtliche Wettbewerbsregeln der gleiche sei,[648] steht diese Haltung in einem gewissen Spannungsverhältnis zu der Auffassung des Gerichtshofes im Bereich der vertraglichen Kartellvorschriften.[649]

Demgegenüber scheint die wettbewerbsrechtliche Berücksichtigungsfähigkeit überwiegender ökonomischer Effizienzen in Gestalt einer Effizienzeinrede mit der Schutzkonzeption des Gerichtshofs grundsätzlich vereinbar zu sein. Die an anderer Stelle analysierte Entscheidungspraxis dokumentiert eine deutliche Bereitschaft der Gerichte, das Eingreifen der Wettbewerbsregeln unter den Vorbehalt überwiegender oder sogar gleichwertiger positiver wettbewerblicher Wirkungen zugunsten des Verbrauchers zu stellen.[650] Mit dem Standpunkt eines prinzipiell ergebnisoffenen Schutzkonzepts ist diese Auffas-

645 Vgl. Kommission GE/Honeywell, M.2220 v. 3.7.2001; Tetra Laval / Sidel, M.2416 v. 30.10.2001; zu beiden Entscheidungen ausführlich das Diskussionspapier des BkartA, Konglomerate Fusionen, 2006, abrufbar auf der Internetseite des BkartA unter http://www.bundeskartellamt.de/wDeutsch/download/pdf/Diskussionsbeitraege/060830_AK_Kartellrecht.pdf, S. 6 ff.

646 Vgl. nur EuG, Rs. T-5/02, Tetra Laval, Slg. 2002 II-04381, Rn. 153 ff.

647 S. o., F.I.3.a).

648 Vgl. zuletzt, EuGH, Rs. C-8/08, T-Mobile Netherlands, Slg. 2009, I-04529, Rn. 38: "Jedenfalls ist (...) Art. 81 EG, *wie auch die übrigen Wettbewerbsregeln des Vertrags* (H.d.V.), nicht nur dazu bestimmt, die unmittelbaren Interessen einzelner Wettbewerber oder Verbraucher zu schützen, sondern die Struktur des Marktes und damit den Wettbewerb als solchen."

649 So auch *A. Witt*, Is the more economic approach to EU merger Law really about more economics? CMLRev 2012, S. 217, 237.

650 S. o., F.I.3.b).

sung nicht ohne weiteres in Einklang zu bringen:[651] Letztlich ist die bereichsübergreifende Anerkennung der Effizienzeinrede gleichbedeutend mit einer systematischen Ausweitung des Anwendungsbereichs jenes Regelungsanliegens, nach dem einem bestimmten Ergebnis des Wettbewerbs (nämlich der Verbraucherwohlfahrt) Vorrang vor der Aufrechterhaltung wirksamen Wettbewerbs eingeräumt wird. [652]

Die zuletzt genannten Aspekte der jüngeren Rechtsprechung führen deutlich vor Augen, dass allein unter Rückgriff auf die Schutzbestimmung der Wettbewerbsvorschriften nicht alle Auslegungsprobleme zu lösen sind, die sich den Gerichten im Zusammenhang des more economic approach stellen. Erst im Zusammenspiel mit weiteren prinzipiellen Gesichtspunkten der gerichtlichen Wettbewerbskonzeption werden jene rechtsstaatlichen Grenzen der Ökonomisierung im Einzelnen sichtbar, die in der rechtlichen Bindungswirkung des gesetzlichen Schutzzwecks ihren wesentlichen Anknüpfungspunkt haben.

(2) Der Wortlaut als Grenze ökonomisierter Auslegung

In den Entscheidungsbegründungen wird dem Wortlaut der Verbots- und Untersagungstatbestände nur vereinzelt eine nennenswerte Bedeutung gegenüber Auslegungsproblemen der Ökonomisierung beigemessen. Wenn die Gerichte doch einmal auf diese Auslegungstechnik zurückgreifen, so geht diese in ihrer Bedeutung in den wenigsten Fällen über den Stellenwert eines Hilfsarguments hinaus. Aus Art. 101 Abs. 1 AEUV, so begründet der Gerichtshof beispielsweise seine Ablehnung einer am more economic approach orientierten Auslegung, „geht (...) nicht hervor, dass nur Vereinbarungen, die den Verbrauchern bestimmte Vorteile entziehen, einen wettbewerbswidrigen Zweck haben könnten“.[653] Bezeichnenderweise konkretisiert der Gerichtshof dieses Argu-

651 Besonders krit. zu der Vereinbarkeit der Einführung einer bereichsübergreifenden Effizienzeinrede mit der vertraglichen Wettbewerbsverfassung *U. Immenga*, Der SIEC-Test der europäischen Fusionskontrolle als Kompetenzfrage, in FS für Ernst-Joachim Mestmäcker zum achtzigsten Geburtstag, Baden-Baden 2006, S. 278, 280 f.

652 Besonders krit. zu der Vereinbarkeit der Einführung einer bereichsübergreifenden Effizienzeinrede mit der vertraglichen Wettbewerbsverfassung *U. Immenga*, Der SIEC-Test der europäischen Fusionskontrolle als Kompetenzfrage, in FS für Ernst-Joachim Mestmäcker zum achtzigsten Geburtstag, Baden-Baden 2006, S. 278, 280 f.

653 EuGH, verb. Rs. C-501/06 P, C-513/06 P, C-515/06 P und C-519/06 P, GlaxoSmithKline u. a./Kommission u. a., Slg. 2009w, I-09291, Rn. 63.

ment nicht, sondern geht gleich über zu Überlegungen des Schutzzwecks.[654] Ebenfalls im Hinblick auf die Grenzen einer verbraucherwohlfahrtsorientierten Auslegung bemüht Generalanwältin *Kokott* den Wortlaut des Art. 101 Abs. 1 AEUV, der sich „ganz allgemein gegen die Verhinderung, Einschränkung oder Verfälschung des Wettbewerbs innerhalb des Gemeinsamen Marktes (richtet). Unter den diversen Regelbeispielen, die in Art. 81 Abs. 1 Buchst. a bis e EG aufgeführt sind, findet sich ebenfalls keine Einschränkung dergestalt, dass nur wettbewerbswidrige Geschäftspraktiken mit unmittelbarer Auswirkung auf die Endverbraucher verboten wären“.[655]

Im Gesamtzusammenhang rechtsstaatlicher Einbindung administrativer Ökonomisierung des Wettbewerbsrechts entfalten die Gerichte eine Rechtsbindung durch die rule of law nur in seltenen Fällen im Wege der Wortlautauslegung. Dieser Befund entspricht der eingangs der Untersuchung dargelegten besonderen Unbestimmtheit der vertraglichen Wettbewerbsregeln.[656] Er entspricht zugleich dem Umgang der Rechtsprechung mit Argumenten des Wortlauts in der Vergangenheit, wie er in den Ausführungen des Generalanwalts *Roemer* in seinen Schlussanträgen zu der Rechtssache *Rueff* im Hinblick auf Rechtsfragen im Zusammenhang mit den Kartellbestimmungen des Montanvertrages besonders deutlich zum Ausdruck kommt: Wortlautargumente hätten „eine schwache Stellung (…), denn in der Vorbereitung der Texte ist nicht die Zeit geblieben für eine Redaktion, die sich an Sorgfältigkeit mit der nationaler Gesetze messen kann“.[657]

654 Vgl. auch EuGH, verb. Rs. C-501/06 P, C-513/06 P, C-515/06 P und C-519/06 P, GlaxoSmithKline u. a./Kommission u. a., Slg. 2009, I-09291, Rn. 62. Vgl. auch *T. Eilmansberger*, Neue Paradigmen im europäischen Kartellrecht? ZWeR 2009, S. 439, nach dem es bei isolierter Betrachtung weder im Hinblick auf das Merkmal der Beschränkung des Wettbewerbs in Art. 101 Abs. 1 noch auf das Merkmal des Marktmachtmissbrauchs in Art. 102 von vornherein ausgeschlossen wäre, Verbraucherwohlfahrt und ökonomische Effizienzen bei der Auslegung mitzuberücksichtigen.

655 GA’ in *J. Kokott*, Schlussanträge in der Rs. C-8/08, T-Mobile Netherlands, Slg. 2009, I-04529, Rn. 57. Vgl. auch GA’ in *V. Trstenjak*, Schlussanträge in den verb. Rs. C-501/06 P, C-513/06 P, C-515/06 P und C-519/06 P, GlaxoSmithKline u. a./Kommission u. a., Slg. 2009, I-09291, Rn. 104.

656 S. o., D.I.1.

657 GA *K. Roemer*, *Schlussanträge in der Rs. 13/60, Ruhrkohlen-Verkaufsgesellschaften*/Hohe Behörde der EGKS („Rueff“), Slg. 1962, S. 179, S. 254.

(3) Die Systematik der Wettbewerbsregeln

Weiterreichende Bindungswirkungen bewerkstelligen die Gerichte auf dem Boden mitunter systematischer Argumentation. Diese finden sowohl im Binnenbereich der Einzelnormen als auch normübergreifend Anwendung. Dieser Auslegungstechnik kommt eine Schlüsselfunktion zu gegenüber einem wettbewerbspolitischen Ansatz, der gerade nicht von den spezifischen gesetzlichen Wertungen der jeweiligen Regelungsbereiche des europäischen Wettbewerbsrechts ausgeht, sondern – indem er übergeordnete Zielvorgaben in Form von Verbraucherwohlfahrt und deren Verwirklichung im Einzelfall voraussetzt – die Eigenwertungen der Wettbewerbsregeln in der Tendenz unberücksichtigt lässt. Auf dem Feld der Kartellabsprachen sind das Verhältnis von bezweckter und bewirkter Wettbewerbsbeschränkung einerseits sowie das Verhältnis von Verbot von Wettbewerbsbeschränkung und deren Freistellung andererseits von besonderer normierender Wirkung im Kontext ökonomisch orientierter Auslegung.

Besonders deutlich wird die Bedeutung der systematischen Auslegung bei der Frage nach der Zulässigkeit einer an den Auswirkungen auf die Verbraucherwohlfahrt orientierten Auslegung des Merkmals der bezweckten Wettbewerbsbeschränkung. Die Ausführungen der Generalanwältin *Trstenjak* in ihren Schlussanträgen zur Rechtssache *GlaxoSmithKline* veranschaulichen dies beispielhaft für die Frage, ob die Vereinbarung von Preisdifferenzierungsklauseln auf dem Arzneimittelmarkt zur Verhinderung des Parallelhandels nur dann eine bezweckte Wettbewerbsbeschränkung darstelle, wenn durch die Vereinbarungen ein Verbraucherschaden entsteht: „Mit einer Marktanalyse würde allerdings die Grenze von der bezweckten zur bewirkten Wettbewerbsbeschränkung überschritten werden. Der Ansatz des Gerichts[658] hätte somit zur Folge, dass bei Vereinbarungen, die auf einer Marktstufe mit einem gewissem Abstand zur Marktstufe erfolgen, auf welcher der Endverbraucher das Endprodukt nachfragt, kaum noch bezweckte, sondern nur noch bewirkte Wettbewerbsbeschränkungen in Betracht kämen.“[659]

Der Ansatz einer bereichsübergreifenden Einbeziehung eines Verbraucherschadens als Voraussetzung einer Wettbewerbsrechtsverletzung findet seine Grenzen nach Auffassung der Generalanwältin in der entgegenstehenden Systematik des Art. 101 Abs. 1 AEUV. Ebenso wenig ist diese Rechtsauffassung

658 S. o., F.I.3.a).

659 GA' in *V. Trstenjak*, Schlussanträge in den verb. Rs. C-501/06 P, C-513/06 P, C-515/06 P und C-519/06 P, GlaxoSmithKline u. a./Kommission u. a., Slg. 2009, I-09291, Rn. 115 f.

in ihren Augen mit den Wertungen des Art. 101 Abs. 3 AEUV zu vereinbaren: „Nach dem Gesamtkonzept von Art. 81 EG ist die Beteiligung der Verbraucher am Gewinn einer Vereinbarung somit eine Voraussetzung, die nach Art. 81 Abs. 3 EG zu berücksichtigen ist. Weiter ergibt sich aus Art. 81 Abs. 3 EG, dass selbst Vereinbarungen, die Verbraucher angemessen am Gewinn einer Vereinbarung beteiligen, nur dann freigestellt werden, wenn auch die weiteren Voraussetzungen von Art. 81 Abs. 3 EG vorliegen. Vor diesem Hintergrund scheint es mir nicht mit der Normsystematik von Art. 81 EG vereinbar zu sein, das Vorliegen einer bezweckten Wettbewerbsbeschränkung vom Nachweis der Verbraucherschädlichkeit abhängig zu machen.“[660] In den Ausführungen der Generalanwältin tritt deutlich ein Verständnis zutage, nach dem das Kartellverbot aus systematischen Erwägungen einer an den Prinzipien des more economic approach orientierten Auslegung in mehrerer Hinsicht nicht zugänglich ist.

Neben diesen Erwägungen der *Binnen*systematik sind die Ausführungen der Generalanwältin ebenfalls beispielhaft für die Bedeutung *normübergreifender* systematischer Erwägungen: „Vorsicht ist meines Erachtens auch geboten bei der Übertragbarkeit von Wertungen aus Urteilen, die auf der Grundlage von Art. 82 EG erfolgt sind. (...) Denn erstens unterliegt die Beurteilung der Missbräuchlichkeit eines unilateralen Verhaltens nach Art. 82 EG anderen Kriterien als die Prüfung, ob eine Vereinbarung mit Art. 81 EG vereinbar ist. Zweitens ist darauf hinzuweisen, dass die Beurteilung der Missbräuchlichkeit nach Art. 82 EG das Resultat einer umfassenden Prüfung ist, während die Beurteilung, ob eine Vereinbarung eine Wettbewerbsbeschränkung bezweckt, nur einen ersten Schritt in der Prüfung von Art. 81 EG darstellt.“[661]

Die jüngere Rechtsprechung zum Merkmal der bezweckten Wettbewerbsbeschränkung verdeutlicht beispielhaft, dass Erwägungen der Systematik die Kommission bisweilen auch gegenüber jenen Ansätzen der Ökonomisierung gesetzlich zu binden vermögen, die unterhalb der Schwelle der tatbestandlichen Voraussetzungen der Wettbewerbsregeln wesentliche Aspekte der Normanwendung auf den Einzelfall betreffen. Mit dem more economic approach unternimmt es die Kommission, die Prinzipien der Rechtsanwendung umfassend dahingehend umzuformulieren, dass das Vorliegen einer Wettbewerbs-

660 GA’ in *V. Trstenjak*, Schlussanträge in den verb. Rs. C-501/06 P, C-513/06 P, C-515/06 P und C-519/06 P, GlaxoSmithKline u. a./Kommission u. a., Slg. 2009, I-09291, Rn. 106; vgl. auch *T. Eilmansberger*, Neue Paradigmen im europäischen Kartellrecht? ZWeR 2009, S. 439.

661 GA’ in *V. Trstenjak*, Schlussanträge in den verb. Rs. C-501/06 P, C-513/06 P, C-515/06 P und C-519/06 P, GlaxoSmithKline u.a./Kommission u.a., Slg. 2009, I-09291, Rn. 110.

rechtsverletzung nicht mehr länger auf der Grundlage von per-se-Regeln vermutet werden kann, sondern dass die Voraussetzungen einer Wettbewerbsrechtsverletzung für jeden Einzelfall tatsächlich festzustellen sind. Gegen diese Betrachtungsweise hat die Rechtsprechung nicht zuletzt das besondere Regelungskonzept der bezweckten Wettbewerbsbeschränkung in Stellung gebracht, wie die Ausführungen der Generalanwältin *Kokott* exemplarisch veranschaulichen: „Letztlich gleicht somit das aus Art. 81 Abs. 1 EG folgende Verbot *bezweckter Wettbewerbsverstöße* den aus dem Strafrecht bekannten Gefährdungsdelikten. (…) Im selben Sinne verstoßen Unternehmen gegen das europäische Wettbewerbsrecht und können mit Geldbußen belegt werden, wenn sie sich auf dem Markt abgestimmter Verhaltensweisen mit wettbewerbswidrigem Zweck bedienen; ob im konkreten Einzelfall bestimmte Marktteilnehmer oder die Allgemeinheit tatsächlich zu Schaden kommen, ist unerheblich."[662]

Trotz der in den angeführten Beispielen aufscheinenden systematischen Bedenken an der Ökonomisierung geben auch Erwägungen der entgegenstehenden Systematik nicht stets den Ausschlag für die Haltung der Gerichte. So hindern sie den Gerichtshof etwa nicht daran, die Effizienzregelung in Art. 101 Abs. 3 als ein als brauchbar empfundenes Element ökonomischer Betrachtungsweise über ihren ursprünglichen Anwendungsbereich hinaus anzuerkennen. Kohärenzerwägungen scheinen den Ausschlag zu geben, wenn Generalanwältin *Kokott* in ihren Schlussanträgen zu der Rechtssache *British Airways* – nachdem sie sich für die Einführung einer Effizienzeinrede in Art. 102 AEUV ausgesprochen hat – darauf hinweist, dass sich „(ä)hnliche Erwägungen zur Berücksichtigung von Effizienzvorteilen (...) etwa für den Bereich der Fusionskontrolle in der 29. Begründungserwägung" der Fusionskontrollverordnung sowie in den Leitlinien der Kommission zur Fusionskontrolle und der Freistellung vom Kartellverbot finden.[663]

Ein weiteres Beispiel für die besondere regulierende Kraft von Erwägungen entgegenstehender Systematik gegenüber einem am more economic approach orientierten Normverständnis stellt das Urteil des Gerichts in der Rechtssache *M6* dar, in der die Klägerin geltend gemacht hatte, dass im Rahmen des Art. 101 Abs. 1 eine Abwägung der wettbewerbsfördernden und der wettbewerbswidrigen Auswirkungen einer Vereinbarung in der Art einer rule of reason

662 GA' in *J. Kokott*, Schlussanträge in der Rs. C-8/08, T-Mobile Netherlands, Slg. 2009, I-0452, Rn. 47.

663 So argumentiert auch *D. Zimmer*, Der rechtliche Rahmen für die Implementation moderner ökonomischer Ansätze, WuW 2007, S. 1205.

vorzunehmen sei.[664] Nach Auffassung des Gerichts stößt sich die geltend gemachte Auslegung an der Systematik dieser Bestimmung: „Denn Artikel 85 Absatz 3 EG-Vertrag sieht ausdrücklich vor, dass wettbewerbsbeschränkende Vereinbarungen freigestellt werden können, wenn sie bestimmte Voraussetzungen erfüllen, insbesondere für die Verwirklichung bestimmter Ziele unerlässlich sind und den Unternehmen nicht die Möglichkeit eröffnen, für einen wesentlichen Teil der betreffenden Waren den Wettbewerb auszuschalten. Nur im Rahmen dieser Bestimmung kann eine Abwägung der wettbewerbsfördernden und der wettbewerbsbeschränkenden Gesichtspunkte einer Beschränkung stattfinden."[665] In den Ausführungen des Gerichts kommt ein allgemeines Merkmal der gerichtlichen Wettbewerbskonzeption zum Tragen, nämlich auch solchen, hauptsächlich von wettbewerbsökonomischen Überlegungen getragenen Auslegungskonzepten wie dem der „rule of reason" auf der Ebene einfacher Normauslegung – hier im Gewande systematischer Argumentation – zu begegnen und so der rule of law gegenüber Ansätzen der Ökonomisierung Bindungswirkung zu verleihen.

Auf dem Feld der Missbrauchskontrolle bilden die Schlussanträge des Generalanwalts *Colomer* zur Rechtssache *Lélos* ein Beispiel für die Auseinandersetzung mit dem more economic approach auf der Ebene systematischer Erwägungen. Gegen die Notwendigkeit eines Nachweises tatsächlicher negativer Marktwirkungen in der Fallgruppe der Behinderungsmissbräuche stellt er auf die These auf, „nach der wegen der Unterschiede zwischen Art. 81 Abs. 1 EG und Art. 82 EG für die Feststellung eines Verstoßes gegen Art. 82 EG der Nachweis genügt, dass das missbräuchliche Verhalten des Unternehmens in beherrschender Stellung darauf gerichtet ist, den Wettbewerb zu beschränken, oder anders ausgedrückt, dass das Verhalten eine solche Wirkung haben kann, da der letztgenannte Artikel keine Bezugnahme auf die wettbewerbswidrige Wirkung des betreffenden Verhaltens enthält".[666]

Zuletzt gilt ein besonderes Augenmerk der Bedeutung systematischer Erwägungen des Generalanwalts in denselben Schlussanträgen, in denen er Be-

664 EuG, Rs. T-112/99, M6 u. a., Slg. 2001, II-02459, Rn. 72. Mit Verweis auf EuGH, Rs. C-235/92 P, Montecatini/Kommission, Slg. 1999, I-4539, Rn. 133 und des Gerichts in der Rs. T-14/89, Montedipe/Kommission, Slg. 1992, II-1155, Rn. 265, in der Rs. T-148/89, Tréfilunion/Kommission, Slg. 1995, II-1063, Rn. 109.

665 EuG, Rs. T-112/99, M6 u.a., Slg. 2001, II-02459, Rn. 73, mit Verweis auf EuGH, Rs. 161/84, Pronuptia, Slg. 1986, 353, Rn. 24, und EuG Rs. T-17/93, Matra Hachette/Kommission, Slg. 1994, II-595, Rn. 48, sowie EuG, verb. Rs. T-374/94, T-375/94, T-384/94 und T-388/94, European Night Services u. a./Kommission, Slg. 1998 II-03141, Rn. 136.

666 GA *D. Colomer*, Schlussanträge in den verb. Rs. C-468/06 bis C-478/06, Lélos, Slg. 2008, I-07139, Rn. 50.

denken grundsätzlicher Art gegenüber der Verwendung von per-se-Regeln im Anwendungsbereich der Missbrauchskontrolle anlässlich der Frage erhebt, ob und unter welchen Voraussetzungen die Lieferverweigerung eines Arzneimittelherstellers an die von ihm ansonsten belieferten Großhändler mit dem Ziel, deren Parallelhandel zu unterbinden, als per se missbräuchlich bewertet werden kann.[667] Dabei stützt er seine Kritik an der Bewertung von Verhaltensweisen als missbräuchlich „ohne weiteres" auf einen systematischen Vergleich mit Art. 101. Angesichts der Normstruktur des Art. 101, so der Generalanwalt, „bietet die Bestimmung selbst den Unternehmen verschiedene Wege, um jegliche Beurteilung der in ihren Vereinbarungen vereinbarten Klauseln als Verstoß *per se* anzufechten".[668] Angesichts der seinerzeit fehlenden Verankerung einer Effizienzeinrede in der Missbrauchskontrolle sieht der Generalanwalt diese Möglichkeit hier nicht gegeben: „So wie Art. 82 EG formuliert ist, ohne einen Absatz, der die Freistellung bestimmter Missbräuche vorsieht, macht die Untersuchung der Verhaltensweisen eine dialektische Auseinandersetzung zwischen den Unternehmen, die eine beherrschende Stellung auf einem bestimmten Markt einnehmen, und den staatlichen oder gemeinschaftlichen Wettbewerbsbehörden und den Betroffenen erforderlich."[669]

In seiner Entscheidung hat der Gerichtshof diese Bedenken nicht aufgegriffen, was vor allem darin begründet sein mag, dass der Generalanwalt diese grundsätzliche Kritik zum Anlass nimmt, eine Missbrauchskontrolle nach der amerikanischen rule of reason zu fordern, die von der Rechtsprechung konsequent abgelehnt wird.[670] Ohne dies offenbar im Sinn zu haben, liefert er mit seinen in der Sache nachvollziehbaren systematischen Erwägungen ein wichtiges Argument für die Einführung einer Effizienzeinrede in die Missbrauchskontrolle.

(4) Der Mindestgehalt von Rechtsnormen als äußere Grenze der Ökonomisierung

Die normübergreifende Einführung neuer Maßstäbe der Wettbewerbsrechtsverletzung und deren Rechtfertigung in das europäische Wettbewerbsrecht

667 GA *D. Colomer*, Schlussanträge in den verb. Rs. C-468/06 bis C-478/06, Lélos, Slg. 2008, I-07139, Rn. 55 ff.

668 GA *D. Colomer*, Schlussanträge in den verb. Rs. C-468/06 bis C-478/06, Lélos, Slg. 2008, I-07139, Rn. 64.

669 GA *D. Colomer*, Schlussanträge in den verb. Rs. C-468/06 bis C-478/06, Lélos, Slg. 2008, I-07139, Rn. 66.

670 S. o., F.I.3.c).

ohne Ansehen des schon bestehenden Normgehalts der jeweiligen Vorschriften ruft im Hinblick auf die Erfordernisse der rechtsstaatlichen Einbindung der Wirtschaftsverwaltung prinzipielle Bedenken hervor. Das von der Kommission angestrebte Normverständnis ist nicht allein deshalb problematisch, weil es in verschiedener Hinsicht mit dem geltenden Recht nicht oder nur schwerlich zu vereinbaren ist. Mit der besonderen wettbewerbspolitischen Betonung ökonomischer Gesetzmäßigkeiten als Maßstab der Interpretation und Durchführung des Wettbewerbsrechts spricht die Kommission den Wettbewerbsnormen – ohne dies ausdrücklich zu benennen – systematisch jeden eigenen normativen Gehalt ab, der der Disposition durch den Normanwender entzogen wäre.[671] Die Wettbewerbsregeln der Verträge haben nach diesem Verständnis eine Funktion als Placetnorm, die mit dem jeweilig vorherrschenden ökonomischen Kalkül zu füllen sind. Ein solches Verständnis markiert die Abkehr von einer Durchführung des Wettbewerbsrechts nach der rule of law und die Entscheidung für ein System diskretionärer politischer Entscheidungen.[672]

Die Kommission entwickelt ihre Auffassung von einem ökonomisierten Wettbewerbsrecht nicht auf dem Boden der jeweiligen Wettbewerbsregel mit Rücksicht auf deren spezifischen Normbefund und möglicher Spielräume zur Weiterentwicklung. Vielmehr formuliert die Kommission vor dem Hintergrund einer neuerlangten Überzeugung von der wettbewerbspolitische Überlegenheit einer bestimmten wettbewerbstheoretischen Konzeption allgemeine Prinzipien der Rechtsauslegung und -anwendung für das gesamte europäischen Wettbewerbsrechts ohne Ansehen der Wertungen, die in der jeweiligen Einzelnorm zum Ausdruck kommen. Hinter dieser Vorgehensweise kommt ein Selbstverständnis administrativer Normgestaltung zum Ausdruck, das mehr den Aufgaben eines Gesetzgebers denn jenen einer Verwaltungsbehörde entspricht und die Frage nahe legt welche regulierenden Prinzipien die Rechtsprechung bereithält, um die rechtsstaatliche und organisationsrechtliche Einbindung der Kommission zu gewährleisten.

Das Beispiel der Gefährdungsdelikte[673] ist geeignet, die prinzipielle rechtsstaatliche Problematik der wirtschaftlichen Betrachtungsweise von Rechts-

671 Vgl. *U. Immenga/E.-J. Mestmäcker*, in dies. (Hrsg.), Europäisches Kartellrecht, 2012, Einl., D. Der „stärker wirtschaftliche Ansatz" in der Leitlinienpolitik der Kommission, Rn. 3.

672 Vgl. hierzu *Möschel, W.*, Wettbewerb zwischen Handlungsfreiheiten und Effizienzzielen, in: Engel, C./Möschel, W. (Hrsg.), Recht und spontane Ordnung – Festschrift für Ernst-Joachim Mestmäcker zum acht-zigsten Geburtstag, Baden-Baden 2006, S. 355, 362.

673 S. o., F.I.3.a).

normen zu verdeutlichen. Während es in der Logik eines an ökonomischen Effizienzen ausgerichteten Wettbewerbskonzepts liegen mag, dieses Ziel möglichst in jedem Einzelfall seiner Anwendung sicherzustellen, gehört das Erreichen einer solchen Einzelfallgerechtigkeit aus wettbewerbs*rechtlicher* Sicht nicht unbedingt zum vorrangigen Regelungsziel. Im Falle des Art. 101 Abs. 1 etwa wird normativen Erwägungen der Prävention Vorrang vor der Einzelfallgerechtigkeit eingeräumt. Obgleich der Rechtsprechung im Wettbewerbsrecht wie in anderen Bereichen des Wirtschaftsrechts erkennbar das Verständnis zugrunde liegt, dass den sachspezifischen Eigenheiten des Regelungsgegenstandes nicht nur im Rahmen der Normierung, sondern auch in Auslegung und Anwendung der Rechtsnormen Rechnung zu tragen sei, verlangt das Primat des Rechts in einem Mindestmaß die Beachtung seiner eigenen Wertungen. Die in den generalanwaltlichen Ausführungen zu Tage tretende Unvereinbarkeit von Gefährdungsdelikt und Ökonomisierung ist die Erscheinungsform eines prinzipiellen Problems der rechtlichen Umsetzung des more economic approach, welches darin liegt, dass bei dessen konsequenter Verwirklichung dem normativen Gehalt der jeweiligen wettbewerbsrechtlichen Regelungen nicht hinreichend Rechnung getragen wird.[674]

Die disziplinierende Wirkung der rule of law zeigt sich bereits im Vorfeld der Ökonomisierung der Missbrauchskontrolle in der Entscheidung der Kommission, das Marktbeherrschungskriterium, das in Art. 102 AEUV ausdrücklich verankert ist, weiterhin in ihre Missbrauchsanalyse einzubeziehen, anstatt es, entsprechend einer konsequenten Durchsetzung der wohlfahrtsökonomischen Wettbewerbskonzeption, zu überwinden: "In proposing to reduce the role of separate assessments of dominance and to integrate the substantive assessment of dominance with the procedure for establishing competitive harm itself, we depart from the tradition of case law concerning Art. 82 of the Treaty, but not, we believe, from the legal norm itself."[675]

674 Vgl. *M. Dreher/M. Adam*, The more economic approach to Art. 82 EC and the legal process, ZWeR 2006, S. 265.

675 *M. Dreher/M. Adam,* The more economic approach to Art. 82 EC and the legal process, ZWeR 2006, S. 265; *W.-H. Roth*, The „More Economic Approach" and the Rule of Law, in D. Schmidtchen/M. Albert/S. Voigt (Hrsg.), The More Economic Approach to European Competition Law, 2007, S. 39. Ein weiteres Beispiel für die disziplinierende Wirkung der rule of law ist die Haltung der Kommission gegenüber den Vorschlägen der EAGCP zur Handhabung der Fallgruppe der Ausbeutungsmissbräuche dieses Beispiel bei *W.-H. Roth*, The „More Economic Approach" and the Rule of Law, in D. Schmidtchen/M. Albert/S. Voigt (Hrsg.), The More Economic Approach to European Competition Law, 2007, S. 37, 39 f. Diese schlägt in ihrem Gutachten zu der künftigen Anwendung der Missbrauchskontrolle mit Blick auf die positiven Langzeitfolgen einer Ausbeutungspraxis in Gestalt von Markteintritten,

Im Prozess der institutionellen Willensbildung um die Reform des Untersagungskriteriums in der Zusammenschlusskontrolle tritt eine prinzipielle Wirkungsweise der rechtsstaatlichen Bindungen an das bestehende Normgefüge des europäischen Wettbewerbsrechts zutage, welches ein Schlaglicht auf die möglichen Erwägungen wirft, die auch dem Umgang der Rechtsprechung mit den Herausforderungen des more economic approach zugrunde liegen. Im Zuge der Überarbeitung des Fusionskontrollrechts wurde unter anderem vorgeschlagen, das Marktbeherrschungskriterium in seiner bis dahin anerkannten Form aufzugeben. Dieser Vorschlag wurde insbesondere deshalb abgelehnt, weil damit die umfangreiche Rechtsprechungspraxis zum Merkmal der beherrschenden Stellung für die zukünftige Fusionskontrollpraxis nicht mehr nutzbar gewesen wäre.[676] Dieser auf Bewahrung des Aquis gerichteten Haltung, die letztlich dazu geführt hat, dass das Merkmal der beherrschenden Stellung als Regelbeispiel eines nicht mit dem Gemeinsamen Markt vereinbaren Zusammenschlusses aufgenommen wurde, liegt ganz deutlich das Verständnis einer *schrittweisen Fortentwicklung* des Wettbewerbsrechts auf der Grundlage gefestigter wettbewerbsrechtlicher Kategorien zugrunde, welches in dem weitestmöglichen Erhalt der bisherigen Rechtsprechungspraxis eine wichtige Voraussetzungen für jene Kontinuität des Rechts erkennt, die in einer auf der rule of law gründenden Wirtschafts- und Wettbewerbsordnung unerlässlich ist. Mit diesem Anliegen dürfte – auch aus der Sicht der Gerichte – ein Normverständnis unvereinbar sein, welches maßgeblich auf dem Gedanken der weitgehenden *Auswechselbarkeit rechtlicher Kriterien* entsprechend dem jeweils aktuellen Stand wirtschaftswissenschaftlicher Erkenntnisse beruht.

b) Der Grundsatz der praktischen Wirksamkeit im ökonomisierten Wettbewerbsrecht

In der Auseinandersetzung um die Vereinbarkeit eines more economic approach mit der Wettbewerbskonzeption der Rechtsprechung kommt dem Grundsatz der praktischen Wirksamkeit entscheidende Bedeutung zu. Erwägungen der Praktikabilität stehen dem Kommissionsansatz entgegen. Dies stellt eine

überhöhte Preise und ähnliche Handlungen beherrschender Unternehmen vor, derartige Fälle von dem Verbotstatbestand auszunehmen, *EAGCP* Gutachten, insb. S. 10 f., 31 ff. Die Kommission hat in ihren Überlegungen zur Ökonomisierung einstweilen von der Einbeziehung der Ausbeutungsmissbräuche Abstand genommen, vgl. etwa das Diskussionspapier zu Art. 82, Rn. 3.

676 *L.-H. Röller/A. Strohm*, Ökonomische Analyse des Begriffs „significant impediment to effective competition“, Rn. 16.

Besonderheit gegenüber bisherigen Problemlagen aus dem Fragenkreis der rechtsstaatlichen Einbindung der Wirtschaftsverwaltung im Recht der Europäischen Union dar. In der Regel konnte die Kommission bei früheren Regelungsanliegen Argumente der praktischen Durchführbarkeit der Wettbewerbsregeln für sich in Stellung bringen. Dies ist ihr vorliegend nicht ohne weiteres möglich. Denn die Kommission erlegt sich mit den Rechtsauslegungs- und -anwendungsprinzipien des more economic approach – soweit erkennbar erstmals in der Geschichte des europäischen Wettbewerbsrechts – ein Pflichtenprogramm der administrativen Einzelfallanalyse auf, welches nennenswert über die von der Rechtsprechung geforderte Pflichtleistung der Sachverhaltsanalyse hinausgeht,[677] und dabei den Mindestanforderungen, die die Gerichte an die praktischen Wirksamkeit der Rechtsdurchsetzung stellen, offenbar nicht hinreichend Rechnung trägt.[678]

Im Hinblick auf die Vereinbarkeit ihrer Politik mit der Wettbewerbskonzeption des Gerichtshofes ist dies ausgesprochen problematisch. In der Vergangenheit waren die Gerichte bemüht, Rechtsprobleme im Wettbewerbsrecht in einer pragmatischen, auf die möglichst wirksame Entfaltung der Wettbewerbsrechtsordnung gerichteten Weise zu bewältigen.[679] Während, wie zu zeigen sein wird, die Gerichte selbst bisher weitestgehend davon abgesehen haben, Rechtsfragen im Zusammenhang der Ökonomisierung auf dem Boden dieses Prinzips zu begegnen, dokumentieren die Schlussanträge der Generalanwälte betreffender Verfahren ein weit reichendes Problembewusstsein, welches in der überwiegend ablehnenden Haltung der Rechtsprechung gegenüber wichtigen Aspekten des Kommissionsansatzes zumindest mit ausschlaggebend gewesen sein dürfte.

Angesichts der unterschiedlichen Ausformungen, die dieser Grundsatz in der bisherigen Rechtsprechung erfahren hat, sind die von Literatur und Praxis

677 Dies wird auch von Seiten der Kommission so gesehen, *J. Lübking/U. von Koppenfels*, Effektive Durchsetzung des EU-Wettbewerbsrechts und Verfahrensgarantien, in U. Immenga/T. Körber (Hrsg.), Die Kommission zwischen Gestaltungsmacht und Rechtsbindung, 2012, S. 77.

678 Bedenken an der Gewährleistung der Vollzugsintensität etwa *T. Eilmansberger*, Verbraucherwohlfahrt, Effizienzen und ökonomische Analyse – Neue Paradigmen im europäischen Kartellrecht? ZWeR 2009, S. 438; *M. Dreher*, WuW 2008, S. 23, 26; *I. Schmidt*, ECLRev 2007, 408, 411; *U. Immenga/E.-J. Mestmäcker*, Wettbewerbsrecht – Kommentar, 2007 4. Aufl., Einleitung, C. Auslegung der Wettbewerbsregeln, Rn. 28 ff.

679 Vgl. zum Prinzip der praktischen Wirksamkeit als Leitgedanke in der Auslegung und Anwendung des Wettbewerbsrechts in der Rechtsprechung oben, D.II. Vgl. zu der von pragmatischen Erwägungen getragenen Wettbewerbskonzeption des EuGH bisher, *U. Everling*, Wettbewerbskonzeption, in ders. (Hrsg.), Unterwegs zur Europäischen Union, 2001, S. 226.

vorgetragenen Bedenken gegen den wirtschaftlichen Ansatz einer strengen Systematisierung nur bedingt zugänglich. Das Spektrum der Argumentation reicht von allgemeinen Zweifeln an der Leistungsfähigkeit der Kommission als Verwaltungsbehörde mit begrenzten sachlichen, zeitlichen und personellen Kapazitäten[680] bis hin zu ganz grundsätzlichen, auf der Ebene der Wettbewerbstheorie ansetzenden Vorbehalten, nach denen in einem als Entdeckungsverfahren verstandenen Wettbewerbsprozess die tatsächlichen Marktergebnisse im konkreten Fall nicht vorhergesagt werden können, sodass jeder Versuch einer Analyse der Marktwirkungen im Einzelfall schon aus prinzipiellen Gründen eine behördliche Wissensanmaßung darstelle.[681] Ebenso lassen sich die Zweifel an der Leistungsfähigkeit der von der Kommission zum Einsatz gebrachten wirtschaftswissenschaftlichen Disziplinen dem Bereich der Praktikabilität zuordnen.[682] All diese Bedenken zielen im Ausgangspunkt auf die Frage ab, ob die auswirkungsbezogene Ausrichtung der Normtatbestände in der Praxis der Rechtsdurchsetzung dazu führt, dass Wettbewerbsrechtsverletzungen angesichts der Grenzen des Leistungsvermögens der Wettbewerbsbehörden nicht nachgewiesen und damit nicht konsequent verfolgt werden können.[683]

Erstmals in der Untersuchung kommt mit der Frage nach der Praktikabilität eine jener sachlichen Prämissen auf den Prüfstand, auf deren Boden die Kommission ihren heutigen wettbewerbspolitischen Ansatz maßgeblich ent-

680 *T. Eilmansberger,* Neue Paradigmen, ZWeR 2009, S. 456; *I. Schmidt*, More economic approach vs. Justitiabilität, ECLRev 2007, S. 408, 411; *M. Dreher/M. Adam*, The more economic approach to Art. 82 and the legal process, ZWeR 2006, S. 270ff; *R. Inderst/U. Schwalbe*, Effekte verschiedener Rabattformen – Überlegungen zu einem ökonomisch fundierten Ansatz, ZWeR 2009, S. 75: „Das Heranziehen der ökonomischen Theorie für die Entwicklung von Rechtsnormen scheint uns allemal effizienter zu sein, als dies in jedem Einzelfall erneut leisten zu müssen“; *W. Kerber/U. Schwalbe,* in MünchKommEuWettR, 2007, Einl. Rn. 1497 ff.

681 *W. Möschel*, Wettbewerb zwischen Handlungsfreiheiten und Effizienzzielen, in C. Engel/W. Möschel (Hrsg.), Recht und spontane Ordnung – FS für E.-J. Mestmäcker zum achtzigsten Geburtstag, 2006, S. 355, 365.

682 Vgl. zu den Bedenken gegenüber den Wirtschaftswissenschaften als „unexakter Wissenschaft“, so *F. Fritzsche*, Ermessen und institutionelles Gleichgewicht, S. 162, in Wissenschaft und Praxis *D. Zimmer*, Vorzüge und Leistungsgrenzen quantitativ-ökonomischer Analysen in Fusionskontrollverfahren, in I. Brinker/D. H. Scheuing/K. Stockmann (Hrsg.), Recht und Wettbewerb, FS R. Bechtold, 2006, S. 677 ff.; *B. Heitzer*, Wettbewerb als originäres Ziel oder als Instrument? S. 3 abrufbar auf der Internetseite des BKartA; *C.-D. Classen*, in T. Oppermann/C.-D. Classen/M. Nettesheim (Hrsg.), Europarecht, 5. Aufl. 2011, S. 339.

683 *T. Eilmansberger,* Neue Paradigmen, ZWeR 2009, S. 438 u. 456; *I. Schmidt*, More economic approach vs. Justitiabilität, ECLRev 2007, S. 408, 411; *U. Immenga/E.-J. Mestmäcker,* Wettbewerbsrecht Kommentar 2007, 4. Aufl. Einl., Abschnitt C, Rn. 28 ff.

wickelt hat.[684] Denn entgegen der Einschätzung zahlreicher Kritiker genügt der more economic approach nach Auffassung der Kommission nicht nur den Erfordernissen der praktischen Wirksamkeit der Rechtsdurchsetzung, vielmehr ist er sogar geeignet, diese maßgeblich zu erhöhen.[685] Ihre Auffassung zum Zusammenhang von Ökonomisierung und praktischer Wirksamkeit spiegelt sich in dem Gutachten der EAGCP zum more economic approach in der Missbrauchskontrolle besonders deutlich wider: „Requiring consistent economic arguments, grounded on established facts (...) contributes to enhance the predictability and, consequently, the effectiveness of competition policy enforcement."[686] Die Realanalyse konnte darlegen, dass ein wesentlicher Beweggrund für die Ökonomisierung in der politischen Überzeugung der Kommission liegt, durch die Ausrichtung der Rechtsanwendung an überwiegend wirtschaftswissenschaftlichen Beurteilungskriterien den Bedürfnissen der wettbewerbsrechtlichen Praxis besser Rechnung tragen zu können als mit dem bisherigen Ansatz.[687] In dieser sachlichen Einschätzung der Kommission liegt eine wichtige Ursache für den Widerstand, dem die wirtschaftliche Betrachtungsweise in Wissenschaft und Praxis begegnet.[688] Denn die ersten Praxiserfahrungen mit einer ökonomischen Betrachtungsweise sowohl in den Leitlinien als auch in der Entscheidungspraxis der Kommission liefern klare Anhaltspunkte dafür, dass die Wettbewerbspolitik der Kommission in ihrer tat-

684 S.o. E.I.3.

685 *M. Albers*, Der more economic approach bei Verdrängungsmissbräuchen, 2006, S. 15; sowie die Einleitung zur Mitteilung zu Art. 82 der Kommission.

686 Vgl. *EAGCP* Gutachten, S. 13 f.

687 Vgl. auch *A. Christiansen*, Die Ökonomisierung der EU-Fusionskontrolle – Mehr Kosten als Nutzen? WuW 2005, S. 287 f.

688 *T. Eilmansberger*, Neue Paradigmen, ZWeR 2009, S. 456; *I. Schmidt*, More economic approach vs. Justitiabilität, ECLRev 2007, S. 408, 411; *M. Dreher/M. Adam*, The more economic approach to Art. 82 and the legal process, ZWeR 2006, S. 270 ff; *R. Inderst/U. Schwalbe*, Effekte verschiedener Rabattformen – Überlegungen zu einem ökonomisch fundierten Ansatz, ZWeR 2009, S. 75; *W. Kerber/U. Schwalbe,* in MünchKommEuWettR, 2007, Einl. Rn. 1497 ff; *A. Fritzsche*, Ermessen und institutionelles Gleichgewicht, S. 162; *D. Zimmer*, Vorzüge und Leistungsgrenzen quantitativ-ökonomischer Analysen in Fusionskontrollverfahren, in I. Brinker/D. H. Scheuing/K. Stockmann (Hrsg.), Recht und Wettbewerb, FS R. Bechtold, 2006, S. 677 ff; *B. Heitzer*, Wettbewerb als originäres Ziel oder als Instrument? S. 3 abrufbar auf der Internetseite des BKartA; *C.-D. Classen*, in T. Oppermann/C.-D. Classen/M. Nettesheim (Hrsg.), Europarecht, 5. Aufl. 2011, S. 339. *T. Eilmansberger,* Neue Paradigmen, ZWeR 2009, S. 438 u. 456; *I. Schmidt*, More economic approach vs. Justitiabilität, ECLRev 2007, S. 408, 411; *U. Immenga/E.-J. Mestmäcker,* Wettbewerbsrecht Kommentar 2007, 4. Aufl. Einl., Abschnitt C, Rn. 28 ff.

sächlichen Wirkung ins Gegenteil des Beabsichtigten umschlägt.[689] Zwei Beispiele aus der jüngeren Zeit mögen das verdeutlichen:

In der *Intel*-Entscheidung hat es die Kommission ersichtlich unternommen, die wettbewerbsbeschränkenden Auswirkungen der Treuerabatte des gleichnamigen Unternehmens nicht nur auf der Grundlage der formalistischen Prüfungsmaßstäbe der bisherigen Praxis darzulegen, sondern in Ergänzung in einer ökonomischen Musteranalyse nach den Prinzipien der auswirkungsbezogenen Betrachtungsweise im Einzelfall die tatsächlichen wettbewerbsschädigenden Wirkungen des Verhaltens Intels in Gestalt von Verdrängungswirkungen und Marktzutrittsschranken für die Wettbewerber nachzuweisen.[690] Die Kommission ist auf dem Boden des as-efficient-competitor Tests und weiteren Analysen zu Verdrängungswirkungen und Marktzutrittsschranken zu dem Ergebnis gekommen, dass es dem konkurrierenden Hersteller von Microprozessoren AMD unmöglich gewesen wäre, mit Intel auf dem Boden der Rabattregelungen Intels zu konkurrieren.[691] Diese von der Kommission auf der Grundlage ihres neuen Ansatzes ermittelten Auswirkungen der Rabattpolitik Intels auf den Wettbewerb finden in der wirtschaftlichen Wirklichkeit keine Entsprechung, wie folgende Beobachtung zeigt: Im Fall *Intel* wurde die verfahrenseinleitende Beschwerde im Jahre 2000 eingereicht, die Entscheidung der Kommission erging 2008. Trotz der Rabattpolitik Intels weist die tatsächliche Wirtschaftsleistung des Konkurrenzunternehmens AMD in diesem Zeitraum eine Entwicklung auf, die der Annahme einer Verdrängungswirkung entgegensteht. Seit 2000 wies die Unternehmensbilanz von AMD massive Steigerungen in Absatz, Gewinnen und Marktanteilen auf.[692] Besonders anschaulich wird dies an dem Umstand, dass AMD wegen gestiegener Nachfrage und Kapazitätsgrenzen mit vorübergehenden Lieferengpässen (!) zu kämpfen hatte. „How can a firm" so wurde bezeichnenderweise in der Literatur gefragt "that is able to sell all its CPUs[693], be considered foreclosed?"[694]

689 Vgl. zu den problematischen Ausgangsvorstellungen der Kommission im Bereich der Ökonomisierung der Fusionskontrolle auch *A. Christiansen*, Die Ökonomisierung der EU-Fusionskontrolle – Mehr Kosten als Nutzen? WuW 2005, S. 289.

690 S.o., E.II.2.

691 KomE COMP/37-990, Intel, Rn. 1640 ff.

692 Vgl. zu diesem beachtlichen Einwand Intels in KomE COMP/37-990, Intel, Rn. 1732 ff.

693 CPU steht für „central processing unit" und meint den Hauptprozessor eines Computers.

694 *D. Geradin*, The Intel case: where is the foreclosure and consumer harm? TILEC Discussion Paper 2010-022, S. 18; *S. Barthelmeß*, Intel-Entscheidung der Kommission, EWS 2010, S. 119.

Weitere Anschauungsfälle für ein Zurückbleiben der Kommission hinter den eigenen Ansprüchen ökonomischer Analyse liefert ihre Entscheidung im Fusionskontrollverfahren *Ryanair/Aer Lingus.*[695] Dort hatte es die Kommission unternommen, eine exemplarische Analyse der Effizienzgewinne des fusionierten Unternehmens anzufertigen um einen Präzedenzfall für die künftige Verwaltungspraxis zu schaffen.[696] Zu diesem Zweck hatte die Kommission eine umfassende Untersuchung der rechtlichen und ökonomischen Voraussetzungen der Effizienzeinrede durchgeführt, obwohl sie bereits die vom Unternehmen geltend gemachten Effizienzen als nicht bewiesen ablehnte. In diesen Ausführungen wird die Kommission ihrem eigenen Anspruch an die Quantifizierung und bilanzmäßige Verrechnung der vor- und nachteiligen Marktwirkungen des Zusammenschlusses, den die Kommission in den entsprechenden Leitlinien und der begleitenden wettbewerbspolitischen Programmatik als Prinzipien der Ökonomisierung zum Ausdruck bringt, ersichtlich nicht gerecht. Vielmehr bewerkstelligt die Kommission die Bilanzierung in Wirklichkeit mithilfe der gleichen formelhaften Kriterien wertender Abwägung, die in der Vergangenheit die Anwendung der Effizienzeinrede im Rahmen des Art. 101 Abs. 3 AEUV die Praxis der Gerichte und der Kommission geprägt hat.[697]

Wohl auch angesichts dieser offen zutage tretenden Diskrepanz zwischen Anspruch und Wirklichkeit einer ökonomisierten Wettbewerbspraxis rief das wettbewerbspolitische Vorhaben der Kommission in der Literatur Kritik unter dem Blickwinkel des underenforcement hervor, die im Vorwurf des „Suizidversuchs“[698] der Kommission ihren deutlichsten Ausdruck fand. Obschon in der Gestalt der Überspitzung, lässt gerade dieses Bild ein Merkmal der Auseinandersetzung über die Kommissionspolitik zu tage treten, unter dem sie sich von zahlreichen früheren Streitfragen der rechtsstaatlichen Zulässigkeit von Regelungsvorhaben im Wettbewerbsrecht abhebt: Während in der Vergangenheit die Kommission selbst stets solche Rechtsauffassungen bezüglich

695 KomE 2007/3104/EG, COMP/M.4439, Ryanair/Aer Lingus, Rn. 1151; dazu *M. Wolf*, Effizienzen und europäische Zusammenschlusskontrolle, 2009, S. 353. Vgl. krit. zum Aufwand ökonomischer Analyse in der Fusionskontrollpraxis der Kommission anhand zahlreicher Beispiele im Berichtszeitraum 2007-2008, Monopolkommission, Vgl. zu dem Zusammenhang von Ökonomisierung und Dauer des Verfahrens *Monopolkommission*, Hauptgutachten XVII, Weniger Staat, mehr Wettbewerb, 2008, BT-Drucksache 16/10140, S. 283 ff.

696 Vgl. hierzu oben, E.II.3.

697 Vgl. hierzu *A. Witt*, Is the more economic approach to EU merger Law really about more economics? CMLRev 2012, S. 217 ff.; *T. Hennig*, Come fly with me – Der Fall Ryanair/Aerlingus, ZWeR 2011, S. 461.

698 *I. Schmidt*, More economic approach: Ein wettbewerbspolitischer Fortschritt? in I. Brinker/D. H. Scheuing/K. Stockmann (Hrsg.), Recht und Wettbewerb, FS R. Bechtold 2006, S. 418.

wettbewerbsrechtlicher Problemstellungen vertreten hat, die Belangen der praktischen Wirksamkeit einen besonders hohen Stellenwert zumaßen, unternimmt es die Kommission mit dem more economic approach erstmals, ein wettbewerbsrechtliches Verständnis durchzusetzen, das in den Augen vieler Betrachter Erfordernisse wirksamer Rechtsdurchsetzung in Wirklichkeit weitestgehend außer Acht lässt.

(1) Praktische Grenzen rechtsförmiger Verfahren – Die Eigengesetzlichkeiten des Rechts I

Die Gerichte selbst haben Argumente der wirksamen Durchsetzung des Wettbewerbsrechts bislang nicht für die Bewältigung der Probleme einer ökonomisierten Auslegung herangezogen. Demgegenüber kommt diesem Aspekt in den Schlussanträgen der Generalanwälte eine nicht unerhebliche Bedeutung zu. Aus ihnen wird gleichzeitig ersichtlich, dass die Generalanwälte die Einschätzung der Kommission im Hinblick auf die praktische Durchführbarkeit eines more economic approach nicht teilen und damit eine zentrale sachliche Prämisse des wettbewerbspolitischen Ansatzes der Kommission in Zweifel ziehen.

Im Anwendungsbereich des Kartellverbotes sind die Schlussanträge von Generalanwältin *Kokott* zur Rechtssache *T-Mobile Netherlands* beispielhaft für das spannungsreiche Verhältnis von pragmatischer Wettbewerbskonzeption und ökonomisierter Auslegung. Sämtliche niederländische Telekommunikationsdienstleister hatten Informationen über die Vergütung ihrer Vertragshändler ausgetauscht und sich miteinander über Vergütungsobergrenzen ins Vernehmen gesetzt.[699] Das mitgliedstaatliche Gericht greift in der Vorlagefrage das Vorbringen der Unternehmen auf, nach dem das Eingreifen von Art. 101 Abs. 1 AEUV vom Vorliegen eines Verbraucherschadens abhängt. Nach Auffassung der Generalanwältin welcher der Gerichtshof im Ergebnis folgt würde eine „Verengung des in Art. 81 Abs. 1 EG enthaltenen Verbots allein auf Verhaltensweisen, die einen unmittelbaren Einfluss auf die Endverbraucherpreise haben, (...) dieser für den Binnenmarkt zentralen Vorschrift einen Großteil ihrer praktischen Wirksamkeit nehmen".[700]

Auch in der Rechtssache *GlaxoSmithKline* könnten Erwägungen der wirksamen Durchsetzung mitentscheidend für die Entscheidung des Gerichtshofs

699 Vgl. zum Sachverhalt oben, F.I.3.a).
700 GA'in *J. Kokott*, Schlussanträge in der Rs. C-8/08, T-Mobile Netherlands, Slg. 2009, I-0452, Rn. 60.

gewesen sein, das Eingreifen des Kartellverbots bei Preisdifferenzierungen zur Behinderung des Parallelhandels nicht von der zusätzlichen Voraussetzung eines Verbraucherschadens abhängig zu machen.[701] Ohne diese Bedenken selbst ausdrücklich zu benennen, ist der Gerichtshof den Schlussanträgen der Generalanwältin *Trstenjak* gefolgt, nach deren Auffassung gegen den Ansatz des Gerichts spricht, dass er der bezweckten Wettbewerbsbeschränkung als Tatbestandsalternative von Art. 101 Abs. 1 AEUV einen Teil ihrer praktischen Wirksamkeit nehmen würde: „Zwar könnten vom Begriff der bezweckten Wettbewerbsbeschränkung weiterhin Fälle erfasst werden, in denen der Wettbewerb auf einem Markt betroffen ist, auf dem der Verbraucher das betroffene Produkt unmittelbar nachfragt. Erfolgt die Beschränkung des Wettbewerbs aber auf einer vorgelagerten Marktstufe, so dürfte die Annahme einer bezweckten Wettbewerbsbeschränkung nach dem Ansatz des Gerichts deutlich erschwert sein."[702] Die Generalanwältin sieht die Voraussetzung für die Durchsetzung des Kartellverbotes auf vorgelagerten Marktstufen sogar „deutlich erschwert". Es ist nicht auszuschließen, dass der Gerichtshof dieser Erwägung eine maßgebliche Bedeutung bei seiner Entscheidung eingeräumt hat. Dies wäre jedenfalls folgerichtig angesichts der zentralen Funktion dieses Rechtsprinzips für die Entscheidung von Auslegungsfragen in der Rechtsprechung zum Wettbewerbsrecht in der Vergangenheit.[703]

Beispielhaft ist etwa die Argumentation des Generalanwalts *Geelhoed* in seinen Schlussanträgen zur Rechtssache *Dalmine*, der sich der Gerichtshof ausdrücklich angeschlossen hat.[704] Das an einem Kartell beteiligte Unternehmen hatte sich im Rechtsmittel mit der Begründung gegen die Auslegung des Merkmals der „Wettbewerbsbeeinträchtigung" des Gerichts gewand, „dass sie keinen oder nur unzureichenden Raum lasse für eine nuancierte Anwendung in den Fällen, in denen ein an der Übereinkunft beteiligtes Unternehmen sich nicht oder nur in eingeschränktem Maße daran gehalten habe oder *sein Marktverhalten zu keiner wesentlichen Beeinflussung der Wettbewerbsverhältnisse*

701 Vgl. zum Sachverhalt oben, F.I.3.a).

702 GA'in *V. Trstenjak*, Schlussanträge in den verb. Rs. C-501/06 P, C-513/06 P, C-515/06 P und C-519/06 P, GlaxoSmithKline u.a./Kommission u.a., Slg. 2009, I-09291, Rn. 114.

703 Beispiele zu der Argumentation mit den Bedürfnissen der wettbewerbspolitischen Praxis in der Rechtsprechung bei *S. Völcker*, Allmacht der Kommission? in U. Immenga/T. Körber (Hrsg.), Die Kommission zwischen Gestaltungsmacht und Rechtsbindung, 2012, S. 156 ff.

704 GA *A. Geelhoed*, Schlussanträge in der Rs. C-407/04 P, Dalmine SpA, Slg. 2007, I-829.

auf dem relevanten Markt habe (H.d.V) führen können".[705] Diesen Einwand hat der Generalanwalt mit einer deutlichen Stellungnahme für den Grundsatz der praktischen Wirksamkeit abgewiesen. Die Unzulässigkeit einer Differenzierung nach Grad der Beteiligung und der Auswirkungen auf den Wettbewerb im Rahmen des Merkmals der bezweckten Wettbewerbsbeschränkung gelte „umso mehr, als die sich daraus ergebenden Konsequenzen – eine erhebliche Erschwerung der Ermittlungs- und Beweislast für die Kommission, da sie dann auch die Wirkungen der betreffenden an sich schon schweren Zuwiderhandlung gegen Artikel 81 Absatz 1 EG untersuchen und belegen muss – die Wirksamkeit dieser zentralen Vorschrift des EG-Vertrags ernsthaft beeinträchtigen würden".[706] In diesen Ausführungen kommt ein prinzipielles Verständnis von den Grenzen einer Ökonomisierung zum Ausdruck, die ihren Ausgangspunkt in den kapazitätsmäßigen Grenzen der Verwaltung haben. In einem vergleichbaren Zusammenhang trägt Generalanwältin *Kokott* diesem Gedanken mit dem Bild von der „Schlagkraft der unionsrechtlichen Wettbewerbsregeln"[707] Rechnung.

Insbesondere die obigen Ausführungen der Generalanwältin *Trstenjak* veranschaulichen, dass das Prinzip der praktischen Wirksamkeit Rechtsbindungen gegenüber der Kommission auch unterhalb der Schwelle der Normauslegung bei der Formulierung der Rechtsanwendungsprinzipien entfaltet.[708] Nach ihrer Auffassung rechtfertigt sich die Anwendung von per-se-Verboten im Rahmen der bezweckten Wettbewerbsbeschränkung auch dadurch, dass *„die Ressourcen der Wettbewerbsbehörden und der Gerichte* (H.d.V) in sinnvoller Weise geschont werden".[709] In seltener Klarheit werden hier von generalanwaltlicher Seite die praktischen Grenzen rechtsförmiger Verfahren oder jedenfalls der Grundsatz sachgemäßer Kapazitätsnutzung als rechtlicher Maßstab gegen die Einführung einer verstärkten ökonomischen Betrachtungsweise ins

705 GA *A. Geelhoed*, Schlussanträge in der Rs. C-407/04 P, Dalmine SpA, Slg. 2007, I-829, Rn. 133.

706 GA *A. Geelhoed*, Schlussanträge in der Rs. C-407/04 P, Dalmine SpA, Slg. 2007, I-829, Rn. 136 f.

707 Vgl. GA'in *J. Kokott*, Schlussanträge vom 14. April 2011 in der Rs. C-110/10 P, Solvay, noch nicht in der amtl. Slg., Rn. 102: „Eine (...) restriktive Auslegung (nach der Art. 82 Abs. 2 Buchst. c EG (Art. 102 Abs. 2 Buchst. c AEUV) eine schwerwiegende Benachteiligung im Wettbewerb verlangt, Verf.) (...) liefe auf eine deutliche Schwächung der Schlagkraft der unionsrechtlichen Wettbewerbsregeln hinaus. Mit dem grundlegenden Ziel einer offenen Marktwirtschaft mit freiem Wettbewerb wäre dies unvereinbar."

708 Vgl. hierzu *M. Stopper*, Instrumente der europäischen Wettbewerbspolitik, S. 34.

709 GA'in *V. Trstenjak*, Schlussanträge in den verb. Rs. C-501/06 P, C-513/06 P, C-515/06 P und C-519/06 P, GlaxoSmithKline u.a./Kommission u.a., Slg. 2009, I-09291, Rn. 37.

Feld geführt. Obgleich diesen Ausführungen ein strenges Verbot von Auswirkungsanalysen im Einzelfall nach dem Grundsatz der praktischen Wirksamkeit nicht entnommen werden kann, zeichnet sich deutlich ein Verständnis von den rechtlichen Grenzen der Ökonomisierung der Rechtsanwendung ab.

Diese Erwägungen finden im Bereich der Missbrauchskontrolle eine Entsprechung in den Schlussanträgen der Generalanwältin *Kokott* zur Rechtssache *British Airways*, in der das gleichnamige Unternehmen das Erfordernis verbraucherschädlicher Auswirkungen seiner Rabattpolitik geltend gemacht hatte.[710] Die Generalanwältin verneint die Notwendigkeit „in jedem Fall die tatsächlichen wettbewerbswidrigen Auswirkungen eines Rabatt- oder Prämiensystems auf Wettbewerber nachzuweisen. Schon der Aufwand, den Wettbewerbsbehörden, Gerichte und gegebenenfalls private Kläger leisten müssten, um einen solchen Nachweis auch nur ansatzweise führen zu können, wäre in vielen Fällen völlig unverhältnismäßig".[711] Auch wenn die Generalanwältin hier der Form nach auf den Grundsatz der Verhältnismäßigkeit abstellt, so liegt ihrer Sichtweise doch erkennbar die Auffassung zugrunde, dass die Standards ökonomischer Analyse innerhalb der Grenzen des praktisch Machbaren liegen müssen.

Im Bereich der Missbrauchskontrolle hat zuletzt Generalanwalt *Mazák* in seinen Schlussanträgen zur Rechtssache *Astrazeneca* die Grenzen der praktischen Wirksamkeit einer am more economic approach orientierten Auslegung der Missbräuchlichkeit hinsichtlich des Umfangs der nachzuweisenden wettbewerbswidrigen Wirkungen hervorgehoben.[712] „Wenn die Anforderungen an den Nachweis der wettbewerbswidrigen Praxis zu hoch sind und der Beweis einer tatsächlichen Wirkung oder eines hohen Grads der Wahrscheinlichkeit des Eintretens einer solchen Wirkung verlangt wird, besteht die Gefahr, dass die zuständigen Behörden gegen ein wettbewerbswidriges Verhalten, das u. a. zulasten der Verbraucher geht, nicht vorgehen, weil die Beweislast für sie zu groß ist. Sind andererseits die Anforderungen an den Nachweis der wettbewerbswidrigen Wirkungen bestimmter Praktiken zu niedrig, weil angenommen wird, dass sie per se missbräuchlich sind, oder weil kaum mehr als eine vage Behauptung oder die theoretische Möglichkeit des Eintretens einer wettbewerbswidrigen Wirkung verlangt wird, besteht die Gefahr, dass die legitimen Bestrebungen beherrschender Unternehmen unterdrückt werden, die viel-

710 S.o., F.I.3.a).

711 GA'in *J. Kokott*, Schlussanträge in der Rs. C-95/04 P, British Airways, Slg. 2007, I-2331, Rn. 70.

712 GA *J. Mazák*, Schlussanträge vom 15. Mai 2012 in der Rs. C-457/10 P, Astrazeneka, noch nicht in der amtl. Slg.

leicht aggressiv, aber dennoch leistungsbezogen am Wettbewerb teilnehmen. Es muss also ein Mittelweg zwischen diesen beiden Extremen gefunden werden."[713]

In der Argumentation des Generalanwalts werden beispielhaft jene gleichermaßen von Erwägungen der praktischen Wirksamkeit bestimmten Ober- und Untergrenzen der Nachweisanforderungen an die Wettbewerbsrechtsverletzung veranschaulicht, innerhalb derer Ansätze einer ökonomischen Betrachtungsweise nur mit der Wettbewerbskonzeption der Rechtsprechung vereinbar sein können. Ein Beweismaß, welches eine ökonomische Punktlandung der Verwaltungsentscheidung ermöglicht, so wird man den Generalanwalt verstehen können, liegt jedenfalls außerhalb dessen, was mit Blick auf das Leistungsvermögen der Behörden verlangt werden kann, um im Verwaltungsverfahren eine Wettbewerbsrechtsverletzung festzustellen.

Während die Gerichte selbst, im Gegensatz zu den Generalanwälten, ihre in der Gesamttendenz ablehnende Haltung gegenüber wesentlichen Aspekten der Ökonomisierung der wettbewerbsrechtlichen Beurteilungsmaßstäbe in den allerseltensten Fällen mit den Erfordernissen der praktischen Wirksamkeit begründen, finden sich zumindest in literarischen Äußerungen der Richter deutliche Anhaltspunkte für ein entsprechendes Problembewusstsein. Nach seiner Einschätzung zur Bedeutung einer Leitlinienregelung für den zukünftigen Umfangs ökonomischen Analyse gefragt, äußert sich *Joseph Azizi*, Richter am Gericht erster Instanz, wie folgt: „Die Kommission (spricht) in ihren Leitlinien beispielsweise von Auswirkungen auf den Markt *soweit diese messbar sind.* (…) Hat die Kommission hier in Wahrheit nicht auch nur gemeint, soweit eine hinreichende Wahrscheinlichkeit besteht, soweit es hinreichend plausibel ist? (…) Das ist jetzt freilich eine *wohlwollende an den praktischen Möglichkeiten* (H.d.V.) orientierte Interpretation der Kommissionsleitlinie".[714] Indem der Richter eine an praktischen Möglichkeiten orientierte Interpretation als „wohlwollend" bezeichnet, deutet er ein Verständnis des in den Leitlinien zum Ausdruck kommenden Ansatzes an, nach welchem das Analyseprogramm der Leitlinien zumindest nicht ohne weiteres mit dem Grundsatz der praktischen Wirksamkeit vereinbar ist.

Auf dem Feld der Fusionskontrolle hat die Frage der wirksamen administrativen Rechtsdurchsetzung eine besondere zeitliche Dimension. Angesichts

713 GA *J. Mazák*, Schlussanträge vom 15. Mai 2012 in der Rs. C-457/10 P, Astrazeneka, noch nicht in der amtl. Slg., Rn. 61 f.

714 *J. Azizi*, Neueste Entwicklungen in der Rechtsprechung des Gerichts erster Instanz, in: C. Baudenbacher (Hrsg.), Neueste Entwicklungen im europäischen und internationalen Kartellrecht: Elftes St. Gallener Internationales Kartellrechtsforum 2004, Basel 2005, S. 35, 72, in der Diskussion im Anschluss an seinen Vortrag.

des legitimen Interesses fusionierender Unternehmen an einer zeitnahen Verwaltungsentscheidung ist die Kommission im Verfahren der Zusammenschlusskontrolle strengen Fristenregelungen unterworfen.[715] Bedenken bestehen deshalb an der sachlichen Einschätzung der Kommission, ihre eigenen hohen Standards ökonomischer Analyse der Auswirkungen von Zusammenschlüssen durchzusetzen, ohne im Hinblick auf die zeitlichen Begrenzungen des Verfahrens die Qualität der Entscheidung als Ganzes zu beeinträchtigen.[716] Bisweilen wurde in diesem Zusammenhang auf die Gefahr einer Praxis hingewiesen, wettbewerbsrechtlich bedenkliche Zusammenschlüsse im Zweifel freizugeben, deren Unvereinbarkeit mit dem Binnenmarkt angesichts der zeitintensiven Analyseanforderungen einer ökonomisierten Betrachtungsweise auch zu einem späten Verfahrenszeitpunkt noch nicht gerichtsfest nachgewiesen werden können.

Das Gericht hat in jüngerer Zeit Entscheidungen im Kontext des Fusionskontrollrechts erlassen, an denen sich seine Einsicht in die Notwendigkeit ablesen lässt, diesen spezifischen Gefahren eines underenforcement in der Durchführung der Zusammenschlusskontrolle wirksam zu unterbinden. Einerseits zeigte es in der Rechtssache *Impala* die Voraussetzungen auf, unter denen Wettbewerber sich gegen Freigabeentscheidungen der Kommission wirksam gerichtlich zur Wehr setzen können.[717] Anlässlich seiner späteren Entscheidung in der Rechtssache *General Electric* stellt das Gericht andererseits klar, dass es keine Erleichterung des Nachweises einer Vereinbarkeit gebe, auf deren Grundlage die Kommission in der beschriebenen Konstellation einem kapazitätsmäßig begründeten Zurückbleiben hinter den hohen Standards der Untersagungsbegründung bei wirtschaftlicher Betrachtungsweise zu einer nicht gerechtfertigten Freigabe geneigt wäre.[718]

715 Vgl. Art. 10 VO EG Nr. 139/2004. Hierzu anschaulich aus der Praxis der Kommission am Beispiel des Zusammenschlusses Sony/BMG, *Monopolkommission*, Hauptgutachten XVII, Weniger Staat, mehr Wettbewerb, 2008, BT-Drucksache 16/10140, Rn. 778 ff.

716 Vgl. zu dem Zusammenhang von Ökonomisierung und Dauer des Verfahrens *Monopolkommission*, Hauptgutachten XVII, Weniger Staat, mehr Wettbewerb, 2008, BT-Drucksache 16/10140, Rn. 645 am Beispiel des Fusionskontrollverfahrens der Kommission zu dem Zusammenschluss Omya/Huber. Kritisch zu der Verfahrensdauer auch *D. Zimmer*, Vorzüge und Leistungsgrenzen quantitativ-ökonomischer Analysen in Fusionskontrollverfahren, in I. Brinker/D. H. Scheuing/K. Stockmann (Hrsg.), Recht und Wettbewerb, FS R. Bechtold, 2006, S. 695.

717 EuG, Rs. T-464/04, Impala, Slg. 2006, II-02289.

718 EuG, Rs. T-210/01, General Electric, Slg. 2005, II-05575, Rn. 61; vgl. hierzu *G. Drauz/M. König*, Conglomerate Mergers and beyond, ZWeR 2006, S. 111.

Mit diesen Entscheidungen schafft das Gericht die Voraussetzungen einer wirksamen gerichtlichen Kontrolle von Freigabeentscheidungen auch in der Absicht, einer extensiven, den hohen praktischen Anforderungen an die Verwaltungsentscheidung geschuldeten Freigabepraxis wirksam begegnen zu können.[719] In den Gerichtsentscheidungen zu Rechtsfragen des more economic approach treten Erwägungen der praktischen Wirksamkeit nicht hinreichend deutlich zutage, um den Stellenwert dieses Prinzips in der Wettbewerbskonzeption der Rechtsprechung sicher bemessen zu können. Mit Blick auf die mitunter ausgesprochen kritischen Stellungnahmen der Generalanwälte ist anzunehmen, dass die Gerichte zumindest in Grenzfällen solchen wettbewerbsrechtlichen Beurteilungsmaßstäben den Vorzug einräumen, die den Erfordernissen einer wirksamen Durchsetzung der Wettbewerbsrechtsordnung besser zu entsprechen geeignet sind.

Zwei weiterführende Erwägungen zu der Bedeutung des Prinzips der praktischen Wirksamkeit in der Wettbewerbskonzeption der Rechtsprechung bestärken diesen Befund. Einerseits ließe sich mit dem überragenden Stellenwert dieses Grundsatzes auch in der gegenwärtigen Auseinandersetzung mit der wirtschaftlichen Betrachtungsweise die bemerkenswerte Bereitschaft der Gerichte zur bereichsübergreifenden Verankerung der Effizienzeinrede erklären. An anderer Stelle wurde darauf hingewiesen, dass dieser Aspekt des wettbewerbspolitischen Ansatzes – aus dem Blickwinkel des Schutzzwecks der Wettbewerbsregeln – im Prinzip ebenso problematisch ist, wie die Verengung der Verbots- und Untersagungstatbestände auf Verhaltensweisen mit nachweisbar verbraucherschädigenden Auswirkungen, der sich der Gerichtshof unter Rückgriff auf den gesetzlichen Schutzzweck in aller Konsequenz verschließt.[720] Im Anwendungsbereich der Effizienzgrundsätze kann die Aufrechterhaltung eines wirksamen Wettbewerbs hinter Belangen der Verbraucherwohlfahrt zurücktreten. Mit der strengen Schutzzweckrechtsprechung der

719 Zur potentiellen Erschwerung im FKVO von Untersagungen wiewohl von Freigaben *M. Drechsel*, Das „Impala“ – Urteil des EuGH, vgl. hierzu *J. Schwarze*, Europäisches Wirtschaftsrecht, 2007, S. 116 f. und *W. Berg*, Zwischen Baum und Borke – Die Europäische Kommission nach Airtours und Impala, EWS 2006, S. 1. In der Praxis hat die Konkurrentenklage bislang keine wesentliche Bedeutung. Einzig in der Rechtssache Impala hat das Gericht eine Freigabeentscheidung der Kommission mit der Begründung aufgehoben, dass die Kommission weder eine kollektive Marktbeherrschung von Sony und BMG vor dem Zusammenschluss mit hinreichenden Gründen verneint hat, noch das Entstehen einer kollektiven Marktbeherrschung in der Folge des Zusammenschlusses ausreichend darlegen konnte. Solange die Konkurrentenschutzklage sich in der Praxis sich nicht als wirksames Rechtsschutzmittel durchgesetzt hat, kann der problematische Zusammenhang von more economic approach und unberechtigter Freigabe nicht wirkungsvoll unterbrochen werden.

720 S.o., F.I.2, F.I.4.a).

jüngeren Zeit ist die Haltung der Gerichte gegenüber der Berücksichtigung überwiegender Effizienzen nicht ohne weiteres vereinbar.[721]

Wenn sich der Gerichtshof dennoch das Anliegen der Kommission zu einer umfassenderen wettbewerbsrechtlichen Berücksichtigung überwiegender ökonomischer Effizienzen zu eigen macht, dann wird dies in erster Linie damit zu erklären sein, dass die Erfordernisse praktischer Wirksamkeit angesichts der abweichenden Beweislastverteilung davon nicht in gleicher Weise berührt sind.[722] Daraus ließe sich schließen, dass auch der gesetzliche Schutzzweck – indem er den Verbraucher nicht direkt, sondern mittelbar über den wirksamen Wettbewerb schützt – in erster Linie ein Produkt von Praktikabilitätserwägungen ist: Wenn diese, wie im Fall der Effizienzeinrede, nicht entgegenstehen, sind die Gerichte bereit, den Schutz des wirksamen Wettbewerbs hinter dem den Gerichten in Wirklichkeit verfolgten Ziel der Verbraucherwohlfahrt zurücktreten zu lassen. Im Lichte dieser Überlegungen tritt das Prinzip der praktischen Wirksamkeit als formierende Idee der gerichtlichen Wettbewerbskonzeption auch in Zeiten des more economic approach in besonderer Deutlichkeit zutage.

Die vorangegangen Ausführungen bieten die Gelegenheit, das Problem der rechtsstaatlichen Grenzen des more economic approach mit dem übergeordneten Fragenkreis der spannungsreichen Beziehung von Ökonomie und Recht pointiert ins Verhältnis zu setzen: Die mit dem Primat des Rechts beschriebenen äußeren Grenzen der Einbeziehung ökonomischer Maßstäbe in Normauslegung und -anwendung konkretisieren sich in der Beachtung der Eigengesetzlichkeiten des Rechts, zu denen auch die Praktikabilität der Normanwendung gehört.[723] Indem die Rechtsprechung in der Auseinandersetzung mit dem more economic approach das Prinzip der praktischen Wirksamkeit zur Geltung bringt, trägt sie nicht nur den integrationsspezifischen Besonderheiten der Unionsrechtsordnung Rechnung. Vielmehr aktualisiert sie gleichzeitig in der Beziehung von Recht und Ökonomie die grundlegenden Geltungsansprü-

721 Im Schrifttum weist soweit erkennbar nur *U. Immenga*, Die Wettbewerbspolitik der Kommission und ihre Richter, EuZW 2010, S. 601 auf die vom Standpunkt der Schutzkonzeption bestehende Widersprüchlichkeit in der Haltung des Gerichtshofs gegenüber den Voraussetzungen der Wettbewerbsbeschränkung auf der einen und der Zulässigkeit einer Effizienzeinrede in Art. 102 hin.

722 Es konnte an anderer Stelle dargestellt werden, dass die Rechtsprechung zu den Anforderungen einer Rechtfertigung der Beeinträchtigung des Wettbewerbs von dem Bemühen getragen ist, die Voraussetzungen einer sehr restriktiven Anwendungspraxis zu schaffen.

723 Vgl. hierzu *W. Möschel,* Wettbewerb zwischen Handlungsfreiheiten und Effizienzzielen, in C. Engel/W. Möschel (Hrsg.), Recht und spontane Ordnung – FS für E.-J. Mestmäcker zum achtzigsten Geburtstag, 2006, S. 360 f.

che des Rechts dergestalt, dass sie einem Verständnis der Wettbewerbsrechtsdurchsetzung klare Grenzen zieht, welches diese Geltungsansprüche im Interesse der ökonomisch „richtigen" Wettbewerbsentscheidung in ihren Augen nicht hinreichend berücksichtigt.

Im Hinblick auf die Vereinbarkeit einer ökonomisierten Auslegung mit dem Prinzip der praktischen Wirksamkeit erlangt das Verhältnis zwischen dem more economic approach und dem gegenwärtigen wettbewerbsrechtlichen Kontext, der in den Grundlagen der Untersuchung skizziert wurde, in zweierlei Hinsicht eine besondere Bedeutung gemäß dem Grundgedanken, dass sich nur dann, wenn der Systemzusammenhang der einzelnen Rechtsebenen und Normen gewahrt ist, eine Neuregelung bewähren wird.[724]

(2) More economic approach und Dezentralisierung: Der effet utile als unionsrechtliche Grenze für die mitgliedstaatliche Übernahme des Kommissionsansatzes

Im System dezentraler Kartellrechtsdurchsetzung tragen die mitgliedstaatlichen Kartellstellen die Hauptlast der Rechtsanwendung im Einzelfall.[725] In dem Maße, wie sie hierbei die ökonomisierten Beurteilungsmaßstäbe der Kommission anwenden, stellt sich die Frage nach der Vereinbarkeit der Prinzipien der Dezentralisierung mit dem more economic approach.[726] Die Kommission selbst hebt das enge Zusammenspiel dieser Ziele im wettbewerbspolitischen Gesamtkonzept der Modernisierung hervor;[727] sie folgt damit offenbar ihrer Prämisse, nach der die wirtschaftliche Betrachtungsweise des Wettbe-

724 *J. Schwarze/A. Weitbrecht*, Grundzüge des europäischen Kartellverfahrensrechts, 2004, S. 19.

725 S.o., D.I.3. und insbesondere den 4., 6. - 8., 21. und 22. Erwägungsgrund der VO (EG) Nr. 1/2003.

726 *T. Körber*, Parallelhandel mit Medikamenten zwischen Binnenmarktziel, Konsumentenwohlfahrt und Innovationswettbewerb, ZWeR 2007, S. 525: „Dies gilt umso mehr, als ein „too economic approach die mit der VO 1/2003 angestrebten Ziele dezentraler und privater Rechtsdurchsetzung in Frage stellen würde."; dazu auch *C. Mayer*, Zwischen Innovation und Preisvorteil: Die Beschränkung des Parallelhandels mit Arzneimitteln ist nicht zwingend, ELR 2007, S. 18; *U. Immenga*, Ökonomie und Recht in der europäischen Wettbewerbspolitik, ZWeR 2006, S. 364: „Die auch von der Kommission angestrebte verstärkte Bedeutung privater Rechtsdurchsetzung vor allem mit Blick auf die eingeführte Legalausnahme für Art. 81 III wird auf diesem Weg nicht erreicht. Ein zu erwartender Trend zu Einzelfallentscheidungen mit der Folge von Divergenzen führt ferner zu erheblichen Problemen der mit der VO 1/2003 beabsichtigten dezentralen, dh. nationalen Rechtsanwendung."

727 Vgl. *M. Monti*, Rede anlässl. der UNICE Conference on Competition Policy Reform, Brüssel, 11. Mai 2000, zitiert o., D.I.3.

werbsrechts eine Verbesserung der Rechtsanwendung darstellt, die sich ohne weiteres in den Systemzusammenhang der Dezentralisierung einfügt. Auch in dieser Hinsicht deutet die jüngere Rechtsprechung eher auf eine gegenteilige Haltung hin.

Bislang war der Zusammenhang von Ökonomisierung und den spezifischen Erfordernissen wirksamer Rechtsdurchsetzung im System dezentraler Kartellrechtsdurchsetzung nur vereinzelt Gegenstand gerichtlicher oder generalanwaltlicher Erwägungen. Aufschlussreich sind in dieser Hinsicht die Schlussanträge der Generalanwältin *Kokott* zu der Rechtssache *T-Mobile Netherlands*. Vor dem Hintergrund ihrer ausgesprochen kritischen Haltung zum more economic approach dokumentieren ihre Ausführungen zum einen Bedenken an der wirksamen Durchsetzung des Kartellrechts auf mitgliedstaatlicher Ebene bei erhöhten Anforderungen an den Nachweis der Wettbewerbsrechtsverletzung; zum anderen kommt das Bestreben der Generalanwältin zum Ausdruck, den Mitgliedstaaten auf dem Boden des Effektivitätsgrundsatzes enge Grenzen bei der Adaption einer wirtschaftlichen Betrachtungsweise zu setzen.[728]

Den konkreten Gegenstand ihrer Erwägungen bilden indes die unionsrechtlichen Anforderungen an das mitgliedstaatliche Beweismaß gegenüber einem Einzelaspekt der bezweckten Wettbewerbsbeschränkung, der in keinem maßgeblichen Zusammenhang mit den Ökonomisierungsbemühungen der Kommission steht. Der spezifische, auf das Verhältnis von Ökonomisierung und Dezentralisierung bezogene Gehalt ihrer Aussagen ergibt sich daher erst im Wege einer kontextuellen Betrachtung. Gegenstand des nationalen Gerichtsverfahrens, das für das Vorabentscheidungsersuchen vor dem Gerichtshof in der Rechtssache *T-Mobile Netherlands* ausgesetzt wurde, war die kartellrechtliche Bewertung eines Treffens sämtlicher Netzbetreiber auf dem niederländischen Markt für Mobiltelekommunikationsdienste, auf dem diese vertrauliche Informationen über die Konditionen der Vergütung ihrer Vertragshändler für den Abschluss von Mobiltelefonverträgen mit Endkunden ausgetauscht und sich daraufhin über deren Kürzung ins Benehmen gesetzt hatten.[729] Das mitgliedstaatliche Gericht legte dem Gerichtshof die Frage vor, welche Anforderungen an den Nachweis der Kausalität zwischen Abstimmung und anschließendem Marktverhalten der beteiligten Unternehmen zu stellen sind.[730] Zu

728 GA'in *J. Kokott,* Schlussanträge in der Rs. C-8/08, T-Mobile Netherlands, Slg. 2009, I-04529, Rn. 3.

729 Vgl. EuGH, Rs. C-8/08, T-Mobile Netherlands u.a., Slg. 2009, I-04529, Rn. 19.

730 Vgl. GA'in *J. Kokott,* Schlussanträge in der Rs. C-8/08, T-Mobile Netherlands, Slg. 2009, I-04529, Rn. 2.

Beginn ihrer Schlussanträge weist die Generalanwältin darauf hin, dass diese Frage „von nicht zu unterschätzender Bedeutung (ist) für die wirksame Durchsetzung des Wettbewerbsrechts der Gemeinschaft in dem neuen, dezentralen System, das durch die Modernisierung des Kartellverfahrensrechts mit der Verordnung (EG) Nr. 1/2003 eingeführt wurde. Bei ihrer Beantwortung sollten die Gefahren bedacht werden, die eine Aufweichung der Wettbewerbsregeln des EG-Vertrags für den europäischen Binnenmarkt, aber auch für den europäischen Verbraucher nach sich ziehen würde“.[731]

Aus ihren Ausführungen wird deutlich, dass die Generalanwältin erhebliche Zweifel daran hegt, ob auch bei Einführung einer wirtschaftlichen Betrachtungsweise der mit der VO 1/2003 vorgegebene Systemzusammenhang gewahrt bleibt. Während der Gerichtshof seine Entscheidung zu den unionsrechtlichen Anforderungen an den Kausalitätsnachweis zwischen Verhaltensabstimmung und Marktverhalten der beteiligten Unternehmen in der Hauptsache auf die bisherige Rechtsprechung zu dieser Frage stützt,[732] nimmt die Generalanwältin die Vorlagefrage zum Anlass für grundsätzliche Ausführungen zu den unionsrechtlichen Vorgaben für die Ausgestaltung der mitgliedstaatlichen Beweisanforderungen bei der Durchsetzung des europäischen Kartellrechts. Ihren Ausführungen liegt erkennbar das Verständnis zu Grunde liegt, dass den Mitgliedstaaten für die Einführung einer ökonomisierten Betrachtungsweise trotz ihrer grundsätzlichen Freiheit bei der Festlegung des Beweismaßes enge unionsrechtliche Grenzen durch den Grundsatz der praktischen Wirksamkeit gesetzt seien: „Was (...) den Effektivitätsgrundsatz betrifft, so dürfen die nationalen Grundsätze zum Beweismaß die Durchsetzung der Wettbewerbsregeln des EG-Vertrags nicht unmöglich machen oder übermäßig erschweren. Außerdem muss das nationale Recht bei Verstößen gegen das Gemeinschaftsrecht für wirksame, verhältnismäßige und abschreckende Sanktionen sorgen.“[733] Unvereinbar wäre es mit diesem, „wenn die nationalen Gerichte an den Nachweis einer Zuwiderhandlung gegen Art. 81 EG oder 82 EG durch die nationalen Wettbewerbsbehörden oder durch private Kläger derart hohe Anforderungen stellten, dass ein solcher Nachweis übermäßig erschwert oder gar praktisch unmöglich würde. (...) Insbesondere dürfen die na-

731 GA'in *J. Kokott*, Schlussanträge in der Rs. C-8/08, T-Mobile Netherlands, Slg. 2009, I-04529, Rn. 3. Auf diese Gefahren hat zuletzt etwa Generalanwalt *L. A. Geelhoed* hingewiesen, Schlussanträge in der Rs. C-407/04 P, Dalmine, Slg. 2007, I-829, Rn. 136f auf die auch das Urteil des Gerichtshofs in derselben Rechtssache Bezug nimmt, EuGH, Rs. C-407/04 P, Dalmine, Rn. 84.

732 Vgl. EuGH, Rs. C-8/08, T-Mobile Netherlands, Slg. 2009, I-04529, Rn. 54 ff.

733 GA'in *J. Kokott*, Schlussanträge in der Rs. C-8/08, T-Mobile Netherlands, Slg. 2009, I-04529, Rn. 84.

tionalen Gerichte die typischen Eigenarten der Beweisführung bei der Feststellung von Verstößen gegen die Wettbewerbsregeln nicht außer Acht lassen."[734]

Ohne dies ausdrücklich zu benennen, hat die Generalanwältin – dies zeigt eine kontextuelle Betrachtung ihrer Schlussanträge – erkennbar die erheblichen Nachweisschwierigkeiten vor Augen, die mit einer am more economic approach orientierten Auslegung des Merkmals der Wettbewerbsrechtsverletzung einhergehen: Einerseits nimmt sie zu der ersten Vorlagefrage, in der das nationale Gericht unter offenkundiger Anlehnung an den Ansatz der Kommission die Notwendigkeit eines Nachweises verbraucherschädigender Auswirkungen in den Raum stellt, ausgesprochen kritisch Stellung und lehnt das Erfordernis eines Verbraucherschadens unter anderen mit dem Argument ab, dass „eine Verengung des in Art. 81 Abs. 1 EG enthaltenen Verbots allein auf Verhaltensweisen, die einen unmittelbaren Einfluss auf die Endverbraucherpreise haben, (...) dieser für den Binnenmarkt zentralen Vorschrift einen Großteil ihrer praktischen Wirksamkeit nehmen (würde)".[735] Andererseits äußert sie in ihren vorangegangenen Schlussanträgen zu der Rechtssache *British Airways* erhebliche Zweifel an der Nachweisbarkeit einer so verstandenen Wettbewerbsrechtsverletzung im Rahmen der Missbrauchskontrolle: „Schon der Aufwand, den Wettbewerbsbehörden, Gerichte und gegebenenfalls private Kläger leisten müssten, um einen solchen Nachweis auch nur ansatzweise führen zu können, wäre in vielen Fällen völlig unverhältnismäßig."[736]

Man wird die Generalanwältin im vorliegenden Zusammenhang vor diesem Hintergrund so verstehen können, dass die mitgliedstaatlichen Kartellbehörden dann die unionsrechtlichen Grenzen ihres Spielraums zur Gestaltung der Beweisanforderungen verlassen, wenn sie entsprechend dem more economic approach das Vorliegen einer Wettbewerbsrechtsverletzung vom Nachweis konkreter wettbewerbsschädlicher Wirkungen abhängig machen. In diesem Zusammenhang lesen sich die Ausführungen zum Effektivitätsgrundsatz als unionsrechtlicher Grenze der Festlegung der Beweisanforderungen für das Vorliegen einer bezweckten Wettbewerbsbeschränkung gleichzeitig wie eine Warnung der Mitgliedstaaten, bei der Durchsetzung des europäischen Kartellrechts den more economic approach der Kommission zu übernehmen.

734 GA'in *J. Kokott*, Schlussanträge in der Rs. C-8/08, T-Mobile Netherlands, Slg. 2009, I-04529, Rn. 87.

735 GA'in *J. Kokott*, Schlussanträge in der Rs. C-8/08, T-Mobile Netherlands, Slg. 2009, I-04529, Rn. 60.

736 GA'in *J. Kokott*, Schlussanträge in der Rs. C-95/04 P, British Airways, Slg. 2007, I-2331, Rn. 70.

Das Bestreben der Generalanwältin, die rechtliche Einbindung des wettbewerbspolitischen Ansatzes der Kommission nicht nur gegenüber der Kommission selbst vorzunehmen, sondern von vornherein rechtliche Grenzen der Ökonomisierung auch gegenüber den Mitgliedstaaten abzusichern, wird verständlich vor dem Hintergrund der weit reichenden faktischen Wirkungen, die der wettbewerbspolitische Ansatz der Kommission gegenüber den mitgliedstaatlichen Kartellbehörden entfaltet. Vor allem dort, wo die Rechtsprechung zum more economic approach die Mitgliedstaaten nicht bindet,[737] weil insoweit mitgliedstaatliche Spielräume zur autonomen Gestaltung der Nachweisanforderungen bestehen, sieht die Generalanwältin offenbar die Notwendigkeit, zumindest auf dem Boden des Grundsatzes praktischer Wirksamkeit den Spielraum der mitgliedstaatlichen Kartellstellen zur Einführung einer ökonomischen Betrachtungsweise möglichst enge Grenzen zu setzen.

Weitere Rechtsprechung liegt nicht vor, so dass an dieser Stelle offen bleiben muss, wie sich die Unionsgerichte in dieser Hinsicht letztlich positionieren werden. Die Schlussanträge können aber zumindest als Ausdruck eines entsprechendes Problembewusstseins in der Rechtsprechung gelten; sie zeigen den Effektivitätsgrundsatz als Maßstab mitgliedstaatlicher Beweisanforderungen, mit dessen Hilfe den mitgliedstaatlichen Kartellbehörden Grenzen bei der Adaption einer wirtschaftlichen Betrachtungsweise auch dort gesetzt werden können, wo die Gesetzesbindungen der Kartellverbote enden und so eine ebenenübergreifende rechtliche Eingrenzung des more economic approach zu bewerkstelligen ist.

(3) More economic approach und private enforcement: Die Wächterfunktion des Einzelnen im ökonomisierten Wettbewerbsrecht

In den Grundlagenbetrachtungen wurde auf die rechtliche und rechtspolitische Entwicklung im gegenwärtigen wettbewerbsrechtlichen Kontext hingewiesen, nach welcher der privaten Rechtsdurchsetzung wettbewerbsrechtlicher Positionen neben der behördlichen Rechtsdurchsetzung eine zunehmende Bedeutung zukommt.[738] Während die Kommission diese Entwicklung vorwiegend als Ausdruck ihrer Politik eines verbesserten Verbraucherschutzes begreift,[739]

737 Zu den mitgliedstaatlichen Freiräumen der Nachweisanforderungen, GA'in *J. Kokott*, Schlussanträge in der Rs. C-8/08, T-Mobile Netherlands, Slg. 2009, I-04529, Rn. 81 ff.

738 Vgl. o., D.I.3.d).

739 Krit. dazu *E.-J. Mestmäcker*, Challenge to coherence, S. 423: "private enforcement is said to be strictly private. I do not agree, it appears to be at odds with the key role

hat sich der Gerichtshof in seinen Entscheidungen die private Rechtsdurchsetzung betreffend maßgeblich auf deren Funktion für die wirksame Durchsetzung des Kartellrechts gestützt. Vor allem in seiner Entscheidung zur Rechtssache *Courage* kommt die prinzipielle Bedeutung zum Ausdruck, die der Gerichtshof dem Zusammenhang von privater Rechtsdurchsetzung und praktischer Wirksamkeit beimisst: „Die volle Wirksamkeit des Artikels 85 EG-Vertrag und insbesondere die praktische Wirksamkeit des in Artikel 85 Absatz 1 ausgesprochenen Verbots wären beeinträchtigt, wenn nicht jedermann Ersatz des Schadens verlangen könnte, der ihm durch einen Vertrag, der den Wettbewerb beschränken oder verfälschen kann, oder durch ein entsprechendes Verhalten entstanden ist. Ein solcher Schadensersatzanspruch erhöht nämlich die Durchsetzungskraft der gemeinschaftlichen Wettbewerbsregeln und ist geeignet, von — oft verschleierten — Vereinbarungen oder Verhaltensweisen abzuhalten, die den Wettbewerb beschränken oder verfälschen können. Aus dieser Sicht können Schadensersatzklagen vor den nationalen Gerichten wesentlich zur Aufrechterhaltung eines wirksamen Wettbewerbs in der Gemeinschaft beitragen.“[740] Es wird in diesen Ausführungen deutlich, dass der Gerichtshof einen Anspruch auf Schadensersatz nicht in erster Linie im Schutz der Verbraucherrechte begründet sieht, sondern der besonderen integrationsspezifischen Funktion, die „der Wachsamkeit der an der Wahrung ihrer Rechte interessierten Einzelnen“ für die wirksamen Entfaltung der Wettbewerbsrechtsordnung der Union zukommt.[741]

Die Rechtsprechung hat das Institut des Schadensersatzanspruchs noch nicht hinreichend konkretisiert, um seinen tatsächlichen Stellenwert in der Wettbewerbskonzeption des Gerichtshofs präzise bemessen zu können. Die in der Gesamttendenz extensive Rechtsprechung gegenüber jenen Rechtspositionen, die die Gerichte dem Einzelnen in der Vergangenheit mit dem Ziel eingeräumt haben, ihn als *Wächter* des Unionsrechts an dessen wirksamer Entfal-

which individual rights play in the enforcement of directly applicable provisions." *A. Weitbrecht/A. Gavil*, The challenges of economic proof in a decentralized and privatized european competition policy system: lessons from the american experience, Journal of Competition Law and Economics 2008, S. 177ff; *J. Basedow*, Incentives and desinsentives for the private enforcement of competition law, in ders. (Hrsg.), Internationalisierung des Rechts und seine ökonomische Analyse, FS H.-B. Schäfer, 2008, S. 499 ff.

740 EuGH, Rs. C-453/99, Courage, Slg. 2001, I-06297, Rn. 26f; best. durch EuGH, Rs. C-360/09, Pfleiderer, Slg. 2011, I-05161, Rn. 28.

741 Grundlegend EuGH, Rs. 26/62, Algemene Transport- en Expeditie Onderneming Van Gend & Loos/ Niederländische Finanzverwaltung („Van Gend &Loos“), Slg. 1963, S. 3 ff. Vgl. zu der Bedeutung des Einzelnen in der Verwirklichung der Unionsrechtsordnung im Verständnis der Rechtsprechung *M. Nettesheim,* in T. Oppermann/C.-D. Classen/M. Nettesheim (Hrsg.), Europarecht, 5. Aufl. 2005, S. 108.

tung zu beteiligen,[742] legt indes die Bereitschaft der Gerichte nahe, die tatsächlichen Voraussetzungen zu schaffen und zu erhalten, auf denen diese Rechtsposition des Einzelnen auch effektiv in Anspruch genommen wird. Die hervorgehobene Bedeutung, die der Gerichthof der privaten Rechtsdurchsetzung zumisst, zeigt sich auch darin, dass er den Anwendungsbereich des Prinzips der praktischen Wirksamkeit weit über das Maß dessen ausgedehnt hat, was nach bisheriger Rechtsprechung vorstellbar erschien, um aus dem Wettbewerbsrecht der Union die Erforderlichkeit eines Schadensersatzanspruchs des Verbrauchers abzuleiten.[743]

In der jüngeren Rechtsprechung dokumentiert die Entscheidung des Gerichtshofes in der Rechtssache *Pfleiderer* die besondere Bedeutung, die die Gerichte diesem Rechtsinstitut offenbar zuteil werden lassen.[744] Das Bundeskartellamt hatte gegen die Mitglieder eines Kartells von Papierherstellern Bußgelder erlassen. Die Hersteller hatten von der Kronzeugenregelung Gebrauch gemacht. Pfleiderer wurde als Abnehmer der Papiere die Akteneinsicht in die Ermittlungsunterlagen der Behörde zur Vorbereitung zivilrechtlicher Schadensersatzklagen partiell verweigert. Daraufhin rief das Unternehmen das Amtsgericht Bonn an, welches dem Gerichtshof die Frage vorgelegt hat, ob „die kartellrechtlichen Bestimmungen des Gemeinschaftsrechts (...) dahin gehend auszulegen (sind), dass Geschädigte eines Kartells zur Geltendmachung zivilrechtlicher Ansprüche keine Akteneinsicht in Bonusanträge und von Bonusantragstellern in diesem Zusammenhang freiwillig herausgegebene Informationen und Unterlagen erhalten dürfen, die eine mitgliedstaatliche Wettbewerbsbehörde nach Maßgabe eines nationalen Bonusprogramms im Rahmen eines (auch) auf die Durchsetzung von Art. 81 EG gerichteten Bußgeldverfahrens erhalten hat“.[745] Der Gerichtshof hat es den mitgliedstaatlichen Gerichten überlassen, im Einzelfall die Abwägung zwischen den Interessen, die die Übermittlung der Informationen rechtfertigen und dem Schutz dieser vom Kronzeugen freiwillig vorgelegten Informationen vorzunehmen.[746]

742 Vgl. zu diesem Konzept in der Rechtsprechung *J. Schwarze,* Europäisches Wirtschaftsrecht, 2006, S. 22.

743 Hierzu *K. M. Meessen,* Überdehnung des europarechtlichen Effektivitätsgrundsatzes in *Courage* und *Manfredi,* in R. Hilty/J. Drexl/W. Nordemann (Hrsg.), Schutz von Kreativität und Wettbewerb, FS U. Loewenheim, 2009, S. 505 ff.

744 EuGH, Rs. C-360/09, Pfleiderer, Slg. 2011, I-05161. Vgl. hierzu die Urteilsbesprechung von *S. Völcker*, CMLRev 2012, S. 695 ff.

745 EuGH, Rs. C-360/09, Pfleiderer, Slg. 2011, I-05161, Rn. 18.

746 EuGH, Rs. C-360/09, Pfleiderer, Slg. 2011, I-05161, Rn. 30 f. Zur Entscheidung des vorlegenden Gerichts (AG Bonn, 18.1.2012 – 51 Gs 53/05, Pfleiderer), vgl. *W. Frenz/T. Lülsdorf,* Aktuelles Kartellverfahrensrecht, EWS 2013, 171, 172.

Das Bemühen des Gerichtshofes, den Voraussetzungen privater Rechtsdurchsetzung möglichst Geltung zu verschaffen tritt besonders deutlich in der Gegenüberstellung seiner Entscheidung mit den Schlussanträgen des Generalanwalts *Mazák* zu Tage, der das Akteneinsichtsrecht für diese Situation grundsätzlich abgelehnt hat. Zwar bestehe kein bestimmte Rang- oder Prioritätsverhältnis zwischen der öffentlich-rechtlichen Durchsetzung des EU-Wettbewerbsrechts und privaten Schadensersatzklagen. „Allerdings ist, auch wenn *de iure* kein Rangverhältnis besteht, die Rolle der Kommission und der nationalen Wettbewerbsbehörden für die Sicherstellung der Einhaltung der Art. 101 und 102 AEUV derzeit meines Erachtens von weit größerer Bedeutung als private Schadensersatzklagen. Tatsächlich ist der Stellenwert privater Schadensersatzklagen in diesem Bereich derzeit so begrenzt, dass ich von einer intensiven Verwendung des Begriffs „private Durchsetzung" eher absehen würde.[747]

Die Auswirkungen der Ökonomisierung auf das private enforcement bilden einen weiteren Einzelzusammenhang zwischen more economic approach und seinem wettbewerbsrechtlichen Kontext, der unter dem Blickwinkel des Prinzips der praktischen Wirksamkeit durchaus problematisch ist. Denn die zivilrechtliche Durchsetzung wettbewerbsrechtlicher Ansprüche könnte erheblich erschwert werden, wenn dafür konkrete wettbewerbsschädliche Wirkungen des beklagten unternehmerischen Verhaltens darzulegen wären.[748] Die Kommission geht offenbar auch in diesem Zusammenhang von der Einschätzung aus, dass sich die Prinzipien des ökonomisierten Kartellrechts in einer Weise in der Praxis verwirklichen lassen, die auch für den privaten Kläger die Voraussetzungen der Rechtsdurchsetzung verbessert.[749]

747 GA *J. Mazák*, Schlussanträge in der Rs. C-360/09, Pfleiderer, Slg. 2011, I-05161, Rn. 48. Vgl. aus jüngster Zeit auch EuGH, Rs. C-536/11, Donau Chemie AG, Urt. v. 6.6.2013, noch nicht in der amtl. Slg., in der er eine Regelung des Österreichischen Bundesgesetzes für unvereinbar mit dem Unionsrecht, insbesondere dem Effektivitätsgrundsatz bewertet, nach der die notwendige Einsicht in die Akten eines öffentlich-rechtlichen Kartellverfahrens von der Zustimmung der am Verfahren teilnehmenden Parteien abhängt, vgl. *P. Gussone/L. Maritzen*, EWS-Kommentar, EWS 2013, S. 292 ff.

748 *J. Basedow*, Konsumentenwohlfahrt und Effizienz, WuW 2007, S. 97 und ders./P. Terhechte (Hrsg.), Private enforcement of competition law, European Competition Law Annual 2011, S. 137, 143; kritisch auch *M. Dreher/M. Adam*, The more economic approach to Art. 82 and the legal process, ZWeR 2006, S. 259, 276; *Diskussionspapier des BKartA*, Private Kartellrechtsdurchsetzung, 2005, S. 29f, abrufbar auf der Internetseite des BKartA, unter http://www.bundeskartellamt.de/wDeutsch/download/pdf/Diskussionsbeitraege/05_Proftag.pdf.

749 Für die Kommission *M. Albers*, Der more economic approach bei Verdrängungsmissbräuchen: Zum Stand der Überlegungen der Kommission, Beitrag zu einem in Hamburg gehaltenen Kartellrechtssymposium, 2006, S. 6.

Diese Haltung steht im Kontrast zu den erheblichen Bedenken im Hinblick auf die Auswirkungen der Ökonomisierung auf die private Rechtsdurchsetzung in Wissenschaft und Praxis. Mitunter weisen die Generalanwälte auf den problematischen Zusammenhang hin. „Schon der Aufwand“, so Generalanwältin *Kokott* in ihren Schlussanträgen zur Rechtssache *British Airways* zum Erfordernis eines Verbraucherschadens, den „private Kläger leisten müssten, um einen solchen Nachweis auch nur ansatzweise führen zu können, wäre in vielen Fällen völlig unverhältnismäßig.“[750] In der Literatur wird darauf hingewiesen, dass die hohen Beweisanforderungen eine nennenswerte Abschreckungswirkung auf den Verbraucher haben dürften, seine wettbewerbsrechtlich geschützten Interessen auf zivilrechtlichem Wege durchzusetzen.[751] Klärung kann im Hinblick auf die entgegenstehenden Sacheinschätzungen nur der Gerichtshof herbeiführen, der sich bisher mit einer Bewertung der Praktikabilität des Kommissionsansatzes merklich zurückgehalten hat.

Demgegenüber lässt sich der wirtschaftliche Ansatz im Hinblick auf die Erfordernisse des private enforcement heute schon auf die Folgerichtigkeit seiner zugrunde liegenden rechtlichen Prämissen untersuchen. Hier treten Defizite an dem Verständnis vom Stellenwert der privaten Rechtsdurchsetzung zutage, die nicht ohne weiteres mit der Rechtsprechung in Einklang zu bringen sein dürften: Die Kommission möchte selbst angesichts erschwerter Voraussetzungen der privaten Rechtsdurchsetzung an dem Konzept des more economic approach festhalten. „Sollte es sich am Ende dennoch nicht vermeiden lassen“, so lässt sich die Haltung der Kommission zu den Bedenken, dass private Schadensersatzklagen durch den more economic approach erschwert werden wohl verstehen, „so wäre dies allerdings hinzunehmen. Denn die richtige Rechtsanwendung kann kein Hindernis im Sinn des von der Kommission

750 Schlussanträge in der Rs. C-95/04 P, British Airways, Slg. 2007, I-2331, Rn. 71. Weiter zur Geltung des Effektivitätsgrundsatzes im Hinblick auf die Durchsetzung zivilrechtlicher Ansprüche vgl. EuGH, Rs. C-230/01, Penycoed, Slg. 2004, I-937, Rn. 36 f.

751 *C. Jones*, After the Green Paper, The Third Devolution in European Competition Law and Private Enforcement, 2006 CLR, S. 1 ff.; *J. Basedow*, Incentives and Desinsentives for the Private Enforcement of Competition Law, in ders. (Hrsg.), Internationalisierung des Rechts und seine ökonomische Analyse, FS H.-B. Schäfer, 2008, S. 499 ff. Vgl. auch die krit. Haltung des Bundeskartellamtes in seinem *Diskussionspapier*, Private Kartellrechtsdurchsetzung, 2005, S. 29f, abrufbar auf der Internetseite des BKartA, unter http://www.bundeskartellamt.de/wDeutsch/download/pdf/Diskussionsbeitraege/05_Proftag.pdf, insbs. S. 2, 5.

vorgelegten Grünbuchs bei der Durchsetzung von Schadensersatzklagen sein."[752]

Dieser Aussage liegt ein problematisches Rechtsverständnis zugrunde: Abgesehen davon, dass der Rekurs auf die „richtige" im Sinne einer ökonomisch korrekten Rechtsanwendung an eine Argumentation erinnert, *nach der nicht ist, was nicht sein darf*, bestehen Bedenken im Hinblick auf die Tragfähigkeit der hier zum Ausdruck kommenden Einschätzung der rechtlichen Spielräume und Grenzen der Kommission, die Voraussetzungen der privaten Verfolgung von Wettbewerbsrechtsverletzungen zugunsten einer „richtigen" Rechtsanwendung zu verschärfen. Mit dem Verweis auf das Grünbuch ordnet die Kommission die Gewährleistung privatrechtlicher Rechtsdurchsetzung entweder dem Bereich wettbewerbspolitischer Programmatik zu, innerhalb dessen sie den Stellenwert der privaten Rechtsdurchsetzung nach ihrem Ermessen festlegen kann. Oder die hier zum Tragen kommende Rechtseinschätzung beruht auf der Annahme, dass die Voraussetzungen des Schadensersatzes im Wege der Gesetzgebung legitimiert würden. Die Kommission übersieht dabei aber offenbar, dass die zentralen Voraussetzungen des Schadensersatzanspruchs sich durch die Rechtsprechung des Gerichtshofes bereits auf der Ebene des Primärrechts verrechtlicht haben. Spätestens mit der Entscheidung des Gerichtshofs in der Rechtssache *Manfredi* sind die Mindestvoraussetzungen der wirksamen Durchsetzung eines Schadensersatzanspruchs dem politischen oder gesetzgeberischen Gestaltungsspielraum der Kommission entzogen.[753] Der Anspruch des Einzelnen wird so im Wege höchstrichterlicher Rechtsprechung zum integralen rechtlichen Bestandteil des wettbewerbsrechtlichen Gesamtsystems erhoben, in das sich der more economic approach einfügen muss, um sich innerhalb der rechtsstaatlichen Grenzen des Unionsrechts zu halten.[754]

752 *M. Albers*, Der more economic approach bei Verdrängungsmissbräuchen: Zum Stand der Überlegungen der Kommission, Beitrag zu einem in Hamburg gehaltenen Kartellrechtssymposium, 2006, S. 6.

753 EuGH, Rs. C-295/04, Manfredi, Slg. 2006, I-06619. Krit. zu der Auffassung der Kommission schon *E.-J. Mestmäcker*, The EC Commission's Modernization of Competition Policy – a Challenge to the Community's Constitutional Order, in ders. (Hrsg.) Wirtschaft und Verfassung in der Europäischen Union, 2003: "Private enforcement is said to be strictly private. I do not agree, it appears to be at odds with the key role which individual rights play in the enforcement of directly applicable provisions", S. 423.

754 Indes gewährt das Unionsrecht diesen Anspruch nur dem Grunde nach, die einzelnen Voraussetzungen ergeben sich aus den mitgliedstaatlichen Rechtsordnungen und werden ihrerseits lediglich von den unionsrechtlichen Prinzipien der wirksamen und äquivalenten Umsetzung flankiert, *W. Wurmnest,* Schadensersatz wegen Verletzung des EU-Kartellrechts – Grundfragen und Entwicklungslinien in O. Remien (Hrsg.), Schadensersatz im europäischen Privat- und Wirtschaftsrecht, 2011, S. 16.

Deshalb kann jedenfalls die Annahme, dass die Ökonomisierung des Wettbewerbsrechts auch dann rechtlich unbedenklich sei, wenn hierdurch tatsächlich die private Rechtsdurchsetzung erschwert werde, nicht ohne weiteres aufrechterhalten werden.

5. Ergebnis

Die Analyse der wesentlichen Begründungsansätze der zuvor dargelegten Entscheidungspraxis der Gerichte gegenüber Auslegungs- und Anwendungskonzepten des more economic approach konnte herausstellen, dass Erwägungen zu den Prinzipien der rule of law und der praktischen Wirksamkeit jene Merkmale der gerichtlichen Wettbewerbskonzeption darstellen, die einer Ökonomisierung des Wettbewerbsrechts am deutlichsten entgegenstehen. Wichtige Rechtsprobleme im Zusammenhang mit der Ökonomisierung des Wettbewerbsrechts lösen die Gerichte mit einer am Schutzzweck orientierten Auslegung der Wettbewerbsregeln. Mit ihnen begründet die Rechtsprechung ihre ablehnende Haltung gegenüber solchen Rechtsauffassungen, die einen Verbraucherwohlfahrtsschaden als tatbestandliche Voraussetzung für das Eingreifen der Verbots- und Untersagungsnormen zugrunde legen. Diese Auslegungstechnik kommt vor allem im Anwendungsbereich des Kartellverbots und der Missbrauchskontrolle zum Tragen. Auch in der Auseinandersetzung mit verbraucherwohlfahrtsorientierten Auslegungskonzepten hält die Rechtsprechung am Selbständigkeitspostulat sowie am Grundsatz der besonderen Verantwortung marktbeherrschender Unternehmen und somit an solchen Normverständnissen fest, die sich aus dem Zweck der Wettbewerbsregeln ergeben, die Voraussetzungen wirksamen Wettbewerbs zu schützen.

Insgesamt entfalten Argumentationstechniken des gesetzlichen Schutzzwecks die stärkste Bindungswirkung der rule of law gegenüber dem more economic approach der Kommission. Wortlautbezogenen Auslegungen kommt in der Auseinandersetzung mit der Ökonomisierung demgegenüber eine nur untergeordnete Bedeutung zu. Wenn die Gerichte und Generalanwälte doch einmal auf die Grenzen des Wortlauts zurückgreifen, haben diese Argumentationen den Charakter von lediglich ergänzenden Erwägungen. Gegenüber einem wettbewerbspolitischen Ansatz, der Belangen der ökonomischen Folgerichtigkeit der wettbewerbsrechtlichen Beurteilungsmaßstäbe ein größeres Gewicht beimisst als dem normativen Mindestgehalt der jeweiligen Verbotsnormen, entfalten solche Auslegungstechniken besonders starke Bindungswirkungen, die von der Systematik der Wettbewerbsregeln ausgehen. Sowohl die Gerichte als auch die Generalanwälte bringen gegen die bereichsübergreifende Einführung eines im Einzelfall anhand der konkreten Wirkung darzulegenden Merkmals des Verbraucherschadens Erwägungen der Widerspruchsfreiheit der Regelungssystematik in Stellung. So werden gegenüber auswirkungsbezogenen Betrachtungsweisen die Binnensystematik des Art. 101 AEUV sowie solche systematischen Grenzen hervorgehoben, die sich aus dem Verhältnis von Kartellverbot und Missbrauchskontrolle ergeben.

Die Untersuchung zeigt bei dieser Gelegenheit, dass die Gerichte die Reichweite der Gesetzesbindung über den Tatbestand der Verbotsnormen hinaus auch auf solche Aspekte der Rechtsdurchsetzung erstrecken, die auf der Ebene der verwaltungsmäßigen Rechtsanwendung angesiedelt sind. Infolgedessen stehen Erwägungen der rule of law in unterschiedlichen Einzelausprägungen auch einer Ordnung der Rechtsanwendung auf den Einzelfall nach Prinzipien der Ökonomisierung entgegen. Dies betrifft sowohl die Ansätze der Kommission zu einer rule of reason als auch der überwiegenden oder ausschließlichen Ausrichtung der Sachverhaltsanalyse an solchen Wettbewerbsparametern, die die Auswirkungen eines Marktverhaltens abbilden.

Schließlich zeigt eine Gesamtbetrachtung der jüngeren Rechtsprechung eine ausgesprochen ablehnende Haltung gegenüber solchen Normverständnissen, die geeignet sind, den Geltungsanspruch der rule of law an sich außer Kraft zu setzen. Dies wird insbesondere dort deutlich, wo Auslegungskonzepte des more economic approach den vorhandenen Mindestgehalt einer Norm gänzlich unberücksichtigt lassen. Zuletzt ist der konsequente Rückgriff auf die bisherige Rechtsprechung als wesentlicher Bestandteil der Begründungstechnik der Gerichte und der Generalanwälte in der Gegenwart Ausdruck eines allgemeinen Bewusstseins von der Pfadabhängigkeit des Rechtsverständnisses, welches zwar nicht einer Fortbildung wettbewerbsrechtlicher Maßstäbe, jedoch solchen Normverständnissen entgegensteht, die die einzelne Vorschrift als eine Placet-Norm zugrunde legen, die abhängig von den jeweils dominierenden Überzeugungen von der richtigen Wettbewerbspolitik ausgefüllt werden kann.

Das Prinzip der praktischen Wirksamkeit stellt ein Schlüsselelement in der Auseinandersetzung der Gerichte mit der Vereinbarkeit von Auslegungs- und Anwendungskonzepten des more economic approach mit der Wettbewerbskonzeption der Rechtsprechung dar. Die Realanalyse des Kommissionsansatzes an anderer Stelle hat hervorgebracht, dass die Kommission selbst von der sachlichen Prämisse einer gesteigerten Praktikabilität der Rechtsdurchsetzung auf dem Boden von nach ökonomischen Prinzipien geordneten wettbewerbsrechtlichen Beurteilungsmaßstäben ausgeht.

Der Schwerpunkt der Untersuchung der Vereinbarkeit des more economic approach mit den Erfordernissen der praktischen Wirksamkeit lag weniger auf dem Stellenwert dieses Rechtsprinzips in der Wettbewerbskonzeption der Gerichte als auf der Frage, ob diese die sachliche Prämisse der Kommission überhaupt teilen. Während die Gerichte selbst Argumente der praktischen Wirksamkeit nicht in den Vordergrund ihrer Begründung stellen, haben die Generalanwälte zu diesem Problemkomplex in mitunter ausführlichen Stellungnahmen eine ausgesprochen kritische Haltung gegenüber der praktischen Durchführbarkeit des Wettbewerbsrechts der Union nach Maßgabe der wettbewerbspolitischen Programmatik der Kommission eingenommen. Dies betrifft zum einen die Ansätze zur Verengung der tatbestandlichen Voraussetzungen der Wettbewerbsrechtsverletzung auf das Vorliegen verbraucherwohlfahrtsschädigender Wirkungen. Zum anderen gelten dahingehende Bedenken der Rechtsanwendung nach dem Prinzip der Feststellung und nicht lediglich der Vermutung tatsächlicher Verbraucherschäden im Einzelfall durch den Rückgriff auf Messungsmethoden der quantitativen Ökonomie.

Insgesamt ergibt die Untersuchung der Rechtsprechung ein Bild, nach dem sich Gerichte und Generalanwälte nicht die Überzeugung der Kommission von der Alleskönnerschaft wirtschaftswissenschaftlicher Erkenntnismethoden im rechtsförmigen Verfahren der Wettbewerbsverwaltung zu eigen machen. Insofern scheinen in ihren Ausführungen sowohl Bedenken gegenüber der Leistungsfähigkeit behördlicher Sachverhaltsfeststellungen und -bewertungen als auch der wettbewerbsökonomischen Theorie als exakter Wissenschaft auf. Wenngleich sich die Gerichte zu diesem Standpunkt weniger deutlich bekennen als die Generalanwälte, dürften diese Erwägungen jedenfalls in kritischen Grenzfällen die Haltung der Gerichte mitentscheidend beeinflusst haben. Eine auf die Möglichkeiten und Grenzen der praktischen Durchführung des Wettbewerbsrechts bedachte Gesamthaltung der Gerichte stünde jedenfalls in Kontinuität zu dem Verständnis, das die bisherige Rechtsprechung zum Wettbewerbsrecht maßgeblich geprägt hat.

Insbesondere die Grundentscheidung für eine ergebnisoffene, die Voraussetzungen des wirksamen Wettbewerbs und nicht an dessen Ergebnis orientierte Schutzkonzeption sowie der systematische Einsatz von Vermutungsregeln in der Formulierung wettbewerbsrechtlicher Beurteilungsmaßstäbe schaffen die Voraussetzungen für die Entwicklung solcher wettbewerbsrechtlicher Normprogramme, die den Bedürfnissen der wettbewerbspolitischen Praxis in besonderer Weise Rechnung zu tragen geeignet sind.

Zuletzt stellt die Untersuchung die Bedeutung der Praktikabilität der Normanwendung als Eigengesetzlichkeit des Rechts heraus, die von der Rechtsprechung auch gegenüber einer wettbewerbspolitischen Gesamttendenz zur Geltung gebracht wird, deren Wesen darin liegt, die Geltungsansprüche des Rechts zugunsten einer verstärkten Berücksichtigung ökonomischer Gesetzmäßigkeiten zurückzustellen.

Gegenüber zwei Bereichen des gegenwärtigen wettbewerbsrechtlichen Kontexts des more economic approach, die in der Gesamtordnung des wettbewerbsrechtlichen Regelungssystems der Union wichtige Eigenbelange darstellen, führen die Defizite der praktischen Durchführbarkeit der Ökonomisierung zu Beeinträchtigungen, die von den Gerichten, dies zeigt eine Analyse der jüngeren Rechtsprechungspraxis, nicht ignoriert werden dürften. Dort wo die mitgliedstaatlichen Kartellstellen der Wettbewerbspraxis der Kommission folgen, stellt sich die Frage nach den spezifischen Auswirkungen der Ökonomisierung im System der dezentralen Kartellrechtsdurchsetzung. Insbesondere von generalanwaltlicher Seite werden Bedenken gegenüber der Durchführbarkeit des ökonomischen Ansatzes von den mitgliedstaatlichen Kartellbehörden hervorgehoben. Ein besonders aufschlussreiches Dokument in diesem Zusammenhang stellen die Schlussanträge der Generalanwältin *Kokott* dar, in denen diese den Versuch unternimmt, den Mitgliedstaaten in der Rechtsanwendung, die prinzipiell durch die Verwaltungsautonomie der Mitgliedstaaten gedeckt ist durch den Grundsatz der praktischen Wirksamkeit Grenzen bei der Übernahme des ökonomischen Ansatzes zu setzen.

Ein zweiter Fragenkreis betrifft den Zusammenhang von Ökonomisierung und dem Stellenwert privater Kartellrechtsdurchsetzung. Die Untersuchung legt dar, dass die Voraussetzungen der erfolgreichen privaten Rechtsdurchsetzung durch die Anforderungen der Ökonomisierung insbesondere an den Nachweis der Wettbewerbsbeschränkung deutlich erschwert werden dürften. Hier kann die Studie Defizite in der Folgerichtigkeit der rechtlichen Argumentation der Kommission aufzeigen. Diese geht offenbar davon aus, dass die Gestaltung der Voraussetzungen zivilrechtlicher Klagen im Wesentlichen im politischen Ermessen des Gesetzgebers liegt.

Diese Haltung ist mit der jüngeren und jüngsten Rechtsprechung nicht vereinbar. Durch die Anerkennung eines kartellrechtlichen Schadensersatzanspruchs durch den Gerichtshof wurden diese Voraussetzungen des private enforcement primärrechtlich verankert und sind, jedenfalls in ihren Mindestanforderungen, dem Gestaltungsermessen des Gesetzgebers entzogen. Der Gerichtshof hat diese Entscheidung mit den Erwägungen der wirksamen Durchsetzung des Wettbewerbsrechts begründet. Er greift, indem er dem Einzelnen einen Anspruch auf Schadensersatz garantiert, auf einen Mechanismus zurück, den er bereits in der Vergangenheit wiederholt eingesetzt hat, um die wirksame Entfaltung der europäischen Rechtsordnung zu gewährleisten, und der in der Literatur dahingehend beschrieben wurde, dass der Einzelne als Wächter über die Durchsetzung europäischen Rechts eingesetzt wird. Die jüngste Rechtsprechung, in der sich der Gerichtshof mit der Frage auseinanderzusetzen hat, inwieweit die Geltungsansprüche des privatrechtlichen Schadensersatzes hinter Interessen der effektiven hoheitlichen Verfolgung von Kartellrechtsverletzungen in Gestalt der Kronzeugenregelung zurückstehen müssen, lässt keinen Zweifel am hohen Stellenwert des Schadensersatzanspruchs.

II. Die Ökonomisierung am Maßstab allgemeiner Rechtsgrundsätze

Die Kommission hat bei der Verwirklichung des more economic approach auch dort, wo sie über gewisse Freiräume administrativer Entscheidung verfügt, jene Grenzen zu beachten, die sich aus den allgemeinen Rechtsgrundsätzen der Unionsrechtsordnung ergeben.[755] Angesichts der weit reichenden Folgen, die eine wirtschaftliche Betrachtungsweise des Wettbewerbsrechts für Normadressaten und Normanwender gleichermaßen mit sich bringt, ist nicht ohne weiteres davon auszugehen, dass diese Rechtsprinzipien hinreichend berücksichtigt werden. Aus dem Kreis der allgemeinen Rechtsgrundsätze werden im Folgenden die Prinzipien wirksamer gerichtlicher Kontrolle und der Berechenbarkeit des Rechts exemplarisch herausgegriffen und anhand der Rechtsprechung auf die Bindungswirkungen hin untersucht, die sie gegenüber dem Ansatz der Kommission entfalten. In ihrer Handhabung durch die Rechtsprechung kommen die Erfordernisse wirksamer gerichtlicher Kontrolle und der Berechenbarkeit des Rechts gegenüber dem more economic approach in unterschiedlichen Erscheinungsformen ebenso ausgesprochen wie unausgesprochen auch in Bereichen zum Tragen, die außerhalb dessen liegen, was der Einzelne auf dem Boden subjektiv-rechtlicher Verbürgungen gegenüber dem Ansatz der Kommission geltend machen kann.

1. Der Grundsatz des effektiven Rechtsschutzes: Drei Probleme wirksamer gerichtlicher Verwaltungskontrolle im more economic approach

Im Wettbewerbsrecht der Union gilt der Grundsatz des effektiven Rechtsschutzes.[756] Um eine seinen Anforderungen entsprechende wirksame gericht-

755 Vgl. zu den allgemeinen Rechtsgrundsätzen als Grenze administrativer Entscheidungsfreiheit im europäischen Verwaltungsrecht *J. Schwarze*, Europäisches Verwaltungsrecht, 2. erw. Aufl. 2005, S. 280 ff., 307 f.

756 Vgl. jüngst zum Grundsatz des effektiven Rechtsschutzes als allgemeinem Grundsatz des Unionsrechts im Anwendungsbereich des Wettbewerbsrechts EuGH, Rs. C-501/11 P, Schindler Holding u.a., Urteil vom 18. Juli 2013, noch nicht in der amtl. Slg., Rn. 36.

liche Kontrolle von Kommissionsentscheidungen im Wettbewerbsrecht zu gewährleisten[757] und gleichzeitig den kompetenziell abgesicherten Notwendigkeiten administrativer Letztentscheidung in Wirtschaftsfragen hinreichend Rechnung zu tragen, hat die Rechtsprechung auf der Grundlage der Vertragsregeln zu den Aufgaben der Unionsgerichtsbarkeit – wohl auch unter Berücksichtigung der faktischen Grenzen ihrer Leistungsfähigkeit – ein System justizieller Kontrolle errichtet, nach dem die Gerichte in Ausnahme von einer grundsätzlich umfassenden Nachprüfung der Auslegung der Wettbewerbsregeln, ihrer verfahrensmäßigen Anwendung sowie des Sachverhalts solche Aspekte einer Kommissionsentscheidung einer nur begrenzten Kontrolle unterziehen, zu denen die Kommission über Beurteilungsspielräume verfügt.[758] Um die gleichgewichtige Berücksichtigung der widerstrebenden Interessen rechtsstaatlicher Einbindung und sachkundiger Bewältigung ökonomischer Sachfragen der Rechtsanwendung in der Praxis abzusichern, bedient sich die Rechtsprechung unterschiedlicher Mechanismen flexiblen Austarierens, die sich nach und nach herausgebildet haben.

Das ausdifferenzierte System gerichtlicher Kontrolle von Wettbewerbsentscheidungen der Kommission steht bei konsequenter Umsetzung des more economic approach in Gefahr, so die These dieses Untersuchungsabschnitts, in mehreren Einzelpunkten in seiner Funktionsweise erheblich beeinträchtigt zu werden.[759] Um diese schlüssig in den Rahmen der Gesamtfragestellung eingliedern zu können, sollen folgende Vorüberlegungen vorangestellt werden: Die Gerichte üben ihren Kontrollauftrag auf der Basis von Grundsätzen aus, durch deren Fortentwicklung und flexible Handhabung sie angesichts veränderter Voraussetzungen ihrerseits maßgeblich auf die Gewährleistung wirk-

757 Vgl. zu Rechtswegzugang, Verfahrensdauer und richterlicher Kontrolldichte als den Grundelementen des Prinzips des wirksamen Rechtsschutzes *J. Schwarze*, Europäisches Verwaltungsrecht, 2. Aufl. 2005, XCII.

758 Vgl. im Einzelnen *A. Fritzsche*, Ermessen und institutionelles Gleichgewicht, S. 120 ff. Vgl. in der Rechtsprechung aus jüngerer Zeit; ausführlich zu den Determinanten gerichtlicher Kontrolle im Wettbewerbsrecht die Schlussanträge des Generalanwalts *A. Tizzano,* Schlussanträge in der Rs. C-12/03 P, Tetra Laval, Slg. 2005, I-987, Rn. 90 ff.

759 Zweifel an der wirksamen gerichtlichen Überprüfbarkeit eines more economic approach haben etwa *I. Schmidt*, More economic approach versus Justiziabilität, WuW 2005, S. 877; *W. Möschel,* Wettbewerb zwischen Handlungsfreiheiten und Effizienzzielen, in C. Engel/W. Möschel (Hrsg.), Recht und spontane Ordnung – FS für E.-J. Mestmäcker zum achtzigsten Geburtstag, 2006, S. 360f; *T. Ackermann,* Europäisches Kartellrecht, in K. Riesenhuber (Hrsg.), Europäische Methodenlehre, 2010, S. 636; *M. Dreher/M. Adam,* The more economic approach to Art. 82 and the legal process, ZWeR 2006, 272.

samer Kontrolle einwirken.[760] Die Bewertung des more economic approach nach den Erfordernissen der Verwaltungskontrolle stellt sich daher in erster Linie als Frage nach den Spielräumen und Grenzen einer systemimmanenten Neuausrichtung des Systems der Verwaltungskontrolle durch die Gerichte selbst. Beispielhaft werden drei Einzelmechanismen herausgegriffen, durch deren Einsatz die Gerichte bisher den schwierigen Ausgleich gegenläufiger Interessen bewerkstelligen.

Nach einer Betrachtung ihrer jeweiligen Funktion im Gesamtzusammenhang der Verwaltungskontrolle in der Vergangenheit werden deren spezifische Beeinträchtigungen durch die Ökonomisierung veranschaulicht und die jüngere und jüngste Rechtsprechung nach Ansätzen zur Bewältigung durch systemimmanente Anpassung befragt. Angesichts des übergeordneten Fragenkomplexes zum Verhältnis von Recht und Ökonomie gibt eine ergänzende Betrachtung der an anderer Stelle untersuchten Wettbewerbskonzeption im Lichte der Erfordernisse gerichtlicher Kontrolle wesentlichen Aufschluss über die formierende Kraft der Justiziabilität von Normen als eine der wesentlichen Eigengesetzlichkeiten des Rechts.[761]

760 Vgl. allg. zu dieser Vorgehensweise der Gerichte gegenüber der europäischen Verwaltung *J. Schwarze*, Europäisches Verwaltungsrecht, 2005, 2. erw. Aufl. S. XCIV f., und speziell für das Wettbewerbsrecht *A. Hatje,* Kontrolldichte bei Maßnahmen der europäischen Wirtschaftsverwaltung, in J. Schwarze (Hrsg.), Verfahren und Rechtsschutz im europäischen Wirtschaftsrecht, 2010, S. 124, 130, 134. Vgl. zu den prinzipiellen Problemen der richterlichen Nachprüfung der europäischen Wettbewerbsbestimmungen bereits *W. von Simson*, The Concept of Competition, in J. Schwarze (Hrsg.), Structure and Dimensions of EC Policy, 1998, S. 139, 141 f.

761 Während die Kommission das spannungsreiche Verhältnis von Ökonomisierung und Justiziabilität, soweit erkennbar, nicht zum Gegenstand ihrer wettbewerbspolitischen Erörterungen macht, erkennen auch die Befürworter eines more economic approach die prinzipielle Problematik an: “Moving from a form-based to an effects-based approach will pose a challenge for court proceedings.” *EAGCP Gutachten*, S. 15. Mitunter wird die These vertreten, eine verstärkte Ökonomisierung der Rechtsanwendung verbessere die Voraussetzungen gerichtlicher Kontrolle. Dieser Haltung liegt offenbar die Annahme zugrunde, dass es durch die Beurteilung nach rein ökonomischen Kriterien zu einer umfassenden Rationalisierung der Entscheidungsfindung komme; vgl. hierzu *P. Marsden*, Checks and Balances – EU Competition Law and the Rule of Law, Competition Law International 2009, S. 24 ff. Die ersten Erfahrungen in der Praxis zeigen indes, dass sich die Kommission schwer tut, Voraussetzungen und Modalitäten der ökonomischen Analyse in einer Weise zu programmieren, die es den Gerichten leichter macht, deren Entscheidung nachzuvollziehen, als dies in der bisherigen Praxis der Fall war. Selbst wenn diese Einschätzung zutrifft, bleibt es aber bei der weit reichenden Ausdehnung des relevanten Sachverhalts, dessen Ermittlung auf Vollständigkeit und Richtigkeit hin gerichtlich überprüft werden muss.

a) Problem 1: Das Konzept wirtschaftlicher Komplexität im ökonomisierten Wettbewerbsrecht

(1) Die Bedeutung des Konzepts wirtschaftlicher Komplexität im bisherigen System gerichtlicher Verwaltungskontrolle

Im Wettbewerbsrecht wird der Grundsatz umfassender Verwaltungskontrolle mit Rücksicht auf die überlegene Sachkompetenz der Kommission in jenen Bereichen ausnahmsweise durchbrochen, in denen die Kommission bei der Anwendung der Wettbewerbsregeln über Beurteilungsspielräume verfügt. Das Prinzip beschränkter Kontrolle setzt dem Richter bei der Nachprüfung kompetenzielle Grenzen, die zumindest dann überschritten sind, wenn er die Bewertung der Kommission durch seine eigene ersetzt.[762]

Nachdem der Gerichtshof anfänglich die Rücknahme seiner Kontrolldichte wegen administrativer Beurteilungsspielräume nur im Hinblick auf die Voraussetzungen für die Freistellung vom Kartellverbot anerkannte, gilt das Prinzip der Kontrollbegrenzung gegenüber administrativen Beurteilungsspielräumen heute bereichsübergreifend.[763] Wenngleich die Rechtsprechung davon ausgeht, dass auch bei geringerer Prüfungsdichte den Erfordernissen wirksamer richterlicher Kontrolle prinzipiell Rechnung getragen wird,[764] markieren die Fallkonstellationen administrativer Spielräume einen Grenzbereich im System von Rechtsschutz und Legalitätskontrolle im Wirtschaftsverwaltungsrecht, der nur unter Einsatz ausgleichender und eingrenzender Techniken zu bewerkstelligen ist.[765] Zu diesen rechnet das Konzept wirtschaftlicher Komplexität, das den maßgeblichen Anknüpfungspunkt für die Annahme administ-

762 Vgl. etwa GA *A. Tizzano*, Schlussanträge in der Rs. C-12/03 P, Tetra Laval, Slg. 2005, I-987. Vgl. zu den Grenzen richterlicher Befugnisse gegenüber administrativer Ermessensentscheidungen im Regelungsbereich der Wirtschaft in der EG *U. Everling*, Wirtschaftsverfassung und Richterrecht in der Europäischen Gemeinschaft, in ders. (Hrsg.), Unterwegs zur Europäischen Union, 2001, S. 385, 401. Vgl. allg. zur Anerkennung wirtschaftlicher und politischer Entscheidungsprärogativen der Unionsverwaltung durch den Gerichtshof *J. Schwarze,* in ders. (Hrsg.), EU-Kommentar, 2012, Art. 263, Rn. 72.

763 Vgl. zum Vorliegen administrativer Letztentscheidungsrechte im europäischen Wettbewerbsrecht *A. Hatje,* Kontrolldichte bei Maßnahmen der europäischen Wirtschaftsverwaltung, in J. Schwarze (Hrsg.), Verfahren und Rechtsschutz im europäischen Wirtschaftsrecht, 2010, S. 125 ff.

764 Vgl. nur *M. Jaeger*, The Standard of Review in Competition Cases Involving Complex Economic Assessments, JECLP 2011, 305.

765 *A. Hatje,* Kontrolldichte bei Maßnahmen der europäischen Wirtschaftsverwaltung, in J. Schwarze (Hrsg.), Verfahren und Rechtsschutz im europäischen Wirtschaftsrecht, 2010, S. 130 f.

rativer Beurteilungsspielräume im europäischen Wettbewerbsrecht darstellt.[766] Unter Verweis auf die wirtschaftliche Komplexität haben die Gerichte der Kommission in der Vergangenheit über den Bereich der Freistellungen hinaus im Anwendungsbereich des Art. 101 Abs. 1 AEUV sowie in Missbrauchs- und Fusionskontrolle Entscheidungsfreiräume zugestanden, innerhalb derer die Beurteilungen der Kommission nur einer begrenzten gerichtlichen Überprüfung unterworfen sind.[767] Trotz der sukzessive bereichsübergreifenden An-

766 Vgl. *M. Jaeger*, The Standard of Review in Competition Cases Involving Complex Economic Assessments, JECLP 2011, „*Complex economic assessments* is the criteria triggering the intensity of judicial control", S. 309. In der Entwicklung des Begriffs wirtschaftlicher Komplexität ist dieses Verständnis nicht konkurrenzlos. In der Rechtsprechung finden sich mitunter Hinweise auf ein Verständnis, nach dem die Voraussetzungen wirtschaftlicher Komplexität nur im Zusammenhang mit solchen Regelungen gewährt werden, die normative Ermächtigungen für die Ausübung administrativen Ermessens enthalten. Diese Vorgehensweise haben die Gerichte neben den Fällen des Art. 101 Abs. 3 etwa gegenüber Entscheidungen der Kommission verfolgt, eine Kartellbeschwerde abzulehnen, sowie im Anwendungsbereich der Fusionskontrolle, in dem die Gerichte für die Beschränkung ihrer Kontrolle auf die normativen Festlegungen administrativer Beurteilungsspielräume sowohl nach damaligem als auch nach heutigem Recht verweisen. Für Art. 101 Abs. 3 wird dieser Ansatz in der Entscheidung des EuG, Rs. T-112/99, M6 u. a., Slg. 2001 II-02459, Rn. 156 deutlich, in der das Gericht davon ausgeht, dass die Ausübung der Befugnisse der Kommission im Rahmen des Abs. 3 nach ständiger Rspr. „*stets* (H. d. V.) auf komplexen wirtschaftlichen Wertungen" beruht; vgl. hierzu im Einzelnen *A. Fritzsche*, Ermessen und institutionelles Gleichgewicht, 2008, S. 118. Dennoch muss man die Rechtsprechung jedenfalls heute so verstehen, dass die Natur des Entscheidungsgegenstandes die maßgebliche Voraussetzung für die Anerkennung von administrativen Spielräumen bei der Würdigung komplexer wirtschaftlicher Gegebenheiten bildet, denn ausgehend vom Urteil des Gerichtshofes in der Rechtssache *Remia* haben die Gerichte der Kommission Beurteilungsspielräume auch bei der Anwendung solcher Wettbewerbsregeln zugestanden, die keine entsprechende normative Ermächtigung aufweisen, vgl. zu dieser Einschätzung *M. Jaeger,* The Standard of Review in Competition Cases Involving Complex Economic Assessments, JECLP 2011, S. 309.

767 Grundlegend EuGH, verb. Rs. 56 u. 58/64, Grundig/Consten, Slg. 1966, S. 322, 396. Vgl. im Hinblick auf die Freistellungsvoraussetzungen nach Art. 101 Abs. 3: EuG, Rs. T-39-40/92, CB, Europay, Slg. 1994, II-49, Rn. 109; EuG, Rs. T-29/92, SPO, Slg. 1995, II-289, Rn. 288; EuG, Rs. T-17/93, Matra Hachette, Slg. 1994, II-595, Rn. 104; EuG, Rs. T-7/93, Langnese, Slg. 1995 II-1533, 1596, Rn. 60 ff.; EuG, Rs. T-112/99, M6 u. a., Slg. 2001, II-2459, Rn. 156; vgl. zu Art. 101 Abs. 1 EuG, Rs. T-35/92, John Deere, Slg. 1994, II-957, Rn. 80; EuG, Rs. T-65/98, Van den Bergh Foods, Slg. 2003, II-4653, Rn. 80; EuG, Rs. T-7/92, Aisa Motor France II, Slg. 1993, II-669, Rn. 33 f. EuG, Rs. T-112/99, M6 u. a., Slg. 2001, II-2459, Rn. 114. Nachdem die Durchführung der Missbrauchskontrolle zunächst umfassend überprüft wurde (vgl. EuGH, Rs. 27/76, United Brands, Slg. 1978, 207; EuGH, Rs. 85/76, Hoffmann-La Roche, Slg. 1979, S. 461 und EuGH, Rs. 40 u. a./73, Suiker Uni, Slg. 1975, 1663, Rn. 365 ff.), sind die Gerichte dazu übergegangen, in Einzelfällen die Überprüfung zurückzunehmen: EuG, Rs. T-65/96, Kish Glass, Slg. 2000, II-01885,

erkennung der grundsätzlichen Einschränkbarkeit der Kontrolle nach dem Konzept wirtschaftlicher Komplexität waren die Gerichte erkennbar darauf bedacht, sich nicht allzu deutlich auf die Voraussetzungen seiner Anwendungen festzulegen.[768] Vielmehr haben sie auf dem Boden des Konzepts wirtschaftlicher Komplexität eine kontrollierend-restriktive Handhabung gerichtlicher Kontrollbeschränkungen bewerkstelligt, die es ihnen einerseits erlaubt, die Anwendungsbereiche der Kontrollrücknahme nur in Ausnahmefällen anzuerkennen, und sich andererseits eine gewisse Flexibilität zu erhalten, das Gleichgewicht von Kontrollauftrag und Berücksichtigung administrativer Letztentscheidungsbefugnisse durch Austarieren im konkreten Fall oder hinsichtlich einer konkreten Fallgruppe herzustellen.[769]

Deutlicher Ausdruck dieser Vorgehensweise ist etwa die ausgesprochene Unschärfe des sachlichen Anwendungsbereiches des Konzepts. Die Gerichte haben bis heute keine nennenswerten Anstrengungen unternommen, den Begriff der wirtschaftlichen Komplexität in abstrakt-genereller Weise festzulegen.[770] In diesem Zusammenhang ist es bezeichnend, dass die Formel von der Komplexität in der Rechtsprechungspraxis nicht als feste Wortfügung, sondern in mitunter stark variierenden Einzelausprägungen offenbar unterschiedslos Anwendung findet. Formulierungen wie „die Beurteilung einer komplexen Situation" oder „komplexer wirtschaftlichen Gegebenheiten"[771] sowie die „Vornahme komplexer wirtschaftlicher Erwägungen"[772] oder „Beurteilun-

Rn. 64 f.; vgl. EuG, Rs. T-271/03, Deutsche Telekom, Slg. 2008, II-47710, Rn. 183 ff., bestätigt durch EuGH, Rs. C-280/08 P, Deutsche Telekom, Slg. 2010, I-09555, Rn. 143. Vgl. zur Kontrollreduzierung im Bereich der Fusionskontrolle EuGH, Rs. C-68/94, Kali und Salz, Slg. 1998, I-01375, Rn. 221; EuG, Rs. T-464/04, Impala, Slg. 2006, II-02289, Rn. 250; EuG, Rs. T-210/01, Ge/Honeywell, Slg. 2005, II-05575, Rn. 63f; EuG, Rs. T-158/00, ARD, Slg. 2003, II-03825, Rn. 193; EuG, Rs. T-87/05, EDP, Slg. 2005, II-03745, Rn. 62.

768 *A. Fritzsche,* Ermessen und institutionelles Gleichgewicht, 2008, spricht in diesem Zusammenhang von einer intendierten mangelnden Konkretisierung, S. 132.

769 Zu Flexibilitätserwägungen des Gerichts im Zusammenhang der Prüfungsdichte *A. Fritzsche*, Ermessen und institutionelles Gleichgewicht, 2008, S. 133, sowie *A. Hatje,* Kontrolldichte bei Maßnahmen der europäischen Wirtschaftsverwaltung, in J. Schwarze (Hrsg.) Verfahren und Rechtsschutz im Europäischen Wirtschaftsrecht, 2010, S. 130, und *J. Schwarze*, Europäisches Verwaltungsrecht, 2., erw. Aufl. 2005, XCIV f.

770 Vgl. hierzu *A. Fritzsche*, Ermessen und institutionelles Gleichgewicht, 2008, S. 119, m.w.N.

771 EuG, Rs. T-44/02 OP, Dresdner Bank, Slg. 2006, II-03567, Rn. 67; EuG, Rs. T-201/04, Microsoft, Slg. 2007, II-03601, Rn. 87; vgl. auch EuG, Rs. T-65/98, Van den Bergh Foods, Slg. 2003, II-4653, Rn. 80, 138.

772 EuG, Rs. T-464/04, Impala, Slg. 2006, II-2289, Rn. 250.

gen"[773] und „Feststellungen, die notwendigerweise mit komplexen Wertungen wirtschaftlicher Art verbunden sind",[774] werden ebenso zur Umschreibung des Grundsatzes herangezogen wie die Bewertung schwieriger wirtschaftlicher Sachverhalte.[775] Je nach der konkreten sprachlichen Wendung liegt hier der Akzent entweder auf der Besonderheit des Sachverhalts oder aber auf der Besonderheit der vorzunehmenden Würdigung, ohne dass sich aus den jeweiligen Fallgestaltungen eine derartige Differenzierung rechtfertigen würde.[776]

Ebenso wenig finden sich Äußerungen der Gerichte zum gesetzlichen Zweck einer Abgrenzung zwischen Vollprüfung und eingeschränkter Kontrolle nach dem Kriterium der Komplexität, die Aufschluss darüber geben könnten, welche Entscheidungslagen von diesem Konzept erfasst werden sollen.[777] Zahlreiche rechtswissenschaftliche Untersuchungen zu diesem Gegenstand zeigen, dass sich die Anwendungsfälle der wirtschaftlichen Komplexität einer Systematisierung weitestgehend entziehen.[778] Wann eine komplexe wirtschaftliche Bewertung vorzunehmen ist, so wurde das Wesen dieser Rechtsprechung treffend beschrieben, bestimmt allein das Gericht im konkreten Fall.[779]

Auf dem Boden dieses unscharfen Begriffsverständnisses haben die Gerichte vom Konzept der wirtschaftlichen Komplexität in der Vergangenheit in einer Art Gebrauch gemacht, die insgesamt als zurückhaltend zu beschreiben ist: Sowohl in den Freistellungsvoraussetzungen des Kartellverbotes als auch

773 EuG, Rs. T-340/03, France Télécom, Slg. 2007, II-107, Rn. 129.

774 EuG, Rs. T-7/93, Langnese, Slg. 1995 II-1533, 1596, Rn. 60 ff.; 178. Vgl. auch EuG, Rs. T-112/99, M6 u. a., Slg. 2001, II-2459, Rn. 156.

775 EuGH, verb. Rs. 56 u. 58/64, Grundig/Consten, Slg. 1966, S. 322, 396.

776 Dieser Befund wird erhärtet mit Blick auf die verwendeten Begrifflichkeiten in anderen Sprachfassungen sowie durch die Tatsache, dass die deutsche Formulierung unterschiedlich übersetzt wird. Vgl. etwa die engl. Fassungen zu EuG, Dresdener Bank, Rn. 67 „to assess a complex situation", und EuG, Microsoft, Rn. 87 „complex economic appraisal", die in der deutschen Fassung unterschiedslos als „Beurteilung komplexer Gegebenheiten" bzw. „Situationen" übersetzt werden.

777 Vgl. auch *M. Herdegen/S. Richter*, Die Rechtslage in den Europäischen Gemeinschaften, in J. A. Frowein (Hrsg.), Die Kontrolldichte bei der gerichtlichen Überprüfung von Handlungen der Verwaltung, 1993, S. 209, 244: „Der Gerichtshof legt selbst nur allzu selten offen, welche Erwägungen ihn zur Anerkennung oder Ablehnung von Beurteilungsspielräumen geführt haben."

778 Eine eingehende Untersuchung der Rechtsprechung zur begrenzten gerichtlichen Kontrolle bei administrativen Spielräumen bei *A. Fritzsche*, Ermessen und institutionelles Gleichgewicht, 2008, S. 118 ff.; *J. Koch*, Beurteilungsspielräume bei der Anwendung des Art. 81 Abs. 3 EG, ZWeR 2005, 380 ff.; *D. Bailey*, The Scope of judicial review under Article 81 EC, CMLRev 2004, 1327 ff.

779 *J. Schwarze*, Judicial Review of European Administrative Procedure, Public Law 2004, S. 146, 161.

hinsichtlich bestimmter Aspekte der Fusionskontrolle hat sich die Einräumung eines Beurteilungsspielraums zwar weitestgehend institutionalisiert. Jenseits dieser Bereiche hat die Rechtsprechung eine Kontrollbeschränkung nur in besonderen Einzelfällen angenommen und auch dort stets auf den Grundsatz umfassender Nachprüfung hingewiesen.[780] Insbesondere im Hinblick auf die Voraussetzungen einer Wettbewerbsrechtsverletzung nach Art. 101 Abs. 1 und 102 AEUV haben die Gerichte bisher äußerst selten ihre Kontrolle aus Gründen der wirtschaftlichen Komplexität der Kommissionsentscheidung beschränkt und damit der Regel-Ausnahme-Beziehung Geltung verliehen, welche das Verhältnis von begrenzter Kontrolle und Vollkontrolle als der Voraussetzung eines Systems effektiver Verwaltungskontrolle wesentlich prägt. In seiner bisherigen Handhabung stellt das Konzept wirtschaftlicher Komplexität einen zentralen Bestandteil eines Gesamtsystems der Verwaltungskontrolle im Wettbewerbsrecht dar, das den Erfordernissen des effektiven Rechtsschutzes und der Legalitätskontrolle in der Vergangenheit im Wesentlichen zu entsprechen vermochte.[781]

(2) Der Zusammenhang von Ökonomisierung und ökonomischer Komplexität: Systematische Ausweitung des Anwendungsbereichs beschränkter gerichtlicher Kontrolle im more economic approach

In einem ökonomisierten Wettbewerbsrecht genügen die Grundsätze, nach denen dieses Regel-Ausnahme-Verhältnis bewerkstelligt wird, den Erfordernissen wirksamer gerichtlicher Kontrolle nicht mehr. Unter dem more economic approach besteht bei unveränderter Anwendung dieser Grundsätze die Gefahr, das relative Gleichgewicht zwischen den Erfordernissen wirksamer gerichtlicher Kontrolle und den kompetenzrechtlich gesicherten Notwendigkeiten administrativer Einschätzungsprärogativen im Wettbewerbsrecht der Union empfindlich zu beeinträchtigen.[782] Gerade durch die absichtsvolle Un-

780 EuGH, Rs. 42/84, Remia, Slg. 1985, 2545, Rn. 34. Aus der jüngeren Zeit EuG, Rs. T-168/01, GlaxoSmithKline, Slg. 2006, II-02969, Rn. 57; EuG, Rs. T-41/96, Bayer, Slg. 2000, II-03383, Rn. 62. Vgl. zu Art. 102 EuG, Rs. T-271/03, Deutsche Telekom, Slg. 2008, II-47710, Rn. 185 und EuG, Rs. T-201/04, Microsoft, Slg. 2007, II-03601, Rn. 87.

781 *J. Schwarze*, Verfahren und Rechtsschutz im europäischen Wirtschaftsrecht, in ders. (Hrsg.), im gleichnamigen Band, 2010, S. 1, 26, sowie im Hinblick auf den Rechtsschutz im Wirtschaftsrecht insgesamt *ders.*, Europäisches Wirtschaftsrecht, 2007, S. 401 f.

782 *M. Jaeger*, The Standard of Review in Competition Cases Involving Complex Economic Assessments, JECLP 2011, S. 295 ff.

schärfe der Anwendungsvoraussetzungen des Konzepts droht diese Praxis gegenüber den Herausforderungen der Ökonomisierung in das Gegenteil des Beabsichtigten umzuschlagen.

Mit dem more economic approach sieht sich diese Rechtsprechungspraxis einer Rechtsanwendungspraxis der Kommission gegenüber, deren Wesen in der systematischen Ausweitung solcher Aspekte der Verwaltungsentscheidung besteht, die – jedenfalls a priori – ohne weiteres in den Anwendungsbereich des Konzepts wirtschaftlicher Komplexität nach bisherigem Verständnis fallen und damit dem Bereich der Vollkontrolle entzogen sind: Um den Nachweis der wettbewerbsschädigenden Auswirkungen eines unternehmerischen Verhaltens als Voraussetzung einer Wettbewerbsrechtsverletzung in jedem Einzelfall zu führen, müssen dem zugrunde liegenden Sachverhalt weiterreichende Aussagen entnommen werden, als dies nach den bisherigen wettbewerbsrechtlichen Beurteilungsmaßstäben der Fall war.[783] Der Rückschluss von der Form eines Verhaltens auf dessen Wirkung wird versperrt; um dem Sachverhalt Aussagen über die konkreten wettbewerblichen Auswirkungen einer Verhaltensweise entnehmen zu können, muss die bisherige Sachverhaltsanalyse um Methoden der quantitativen Ökonomie ergänzt werden. Deren Auswahl, Anwendung und Auswertung findet nicht auf der Grundlage von Rechtsregeln, sondern nach Gesichtspunkten wirtschaftswissenschaftlicher Güte und damit anhand solcher Maßgaben statt, die schwierige ökonomische Überlegungen der Wettbewerbsbehörde voraussetzen.[784] Die Untersuchungen, die die Kommission in diesem Zuge zur Feststellung einer Wettbewerbsrechtsverletzung vornehmen möchte, dürften in aller Regel jene Eigenschaften aufweisen, die die Gerichte in der Vergangenheit als Anknüpfungspunkte für

783 Hierzu *I. Schmidt*, More economic approach vs. Justiziabilität, WuW 2005, S. 877: „Ökonomische Analyse unter Berücksichtigung möglichst aller Einflussfaktoren"; *U. Immenga/E.-J. Mestmäcker*, in dies. (Hrsg.), Europäisches Kartellrecht, 2012, Einl., D. Der „stärker wirtschaftliche Ansatz" in der Leitlinienpolitik der Kommission, Rn. 34. Bedenken an der Justiziabilität des more economic approach hat etwa *U. Immenga,* Ökonomie und Recht in der europäischen Wettbewerbspolitik, ZWeR 2006, S. 364; die Frage nach der ausreichenden ökonomischen Expertise der Richter stellen *M. Dreher/M. Adam,* The more economic approach to Art. 82 and the legal process, ZWeR 2006, 272.

784 Zur Zunahme von diskretionären Spielräumen durch die Verdrängung von per-se Regeln *W.-H. Roth*, The „More Economic Approach" and the Rule of Law, in D. Schmidtchen/M. Albert/S. Voigt (Hrsg.), The More Economic Approach to European Competition Law, 2007, S. 37, 55; *U. Immenga/E.-J. Mestmäcker*, in dies. (Hrsg.), Europäisches Kartellrecht, 2012, Einl., D. Der „stärker wirtschaftliche Ansatz" in der Leitlinienpolitik der Kommission, Rn. 34, mit dem Beispiel des Kollisionstests im Rahmen des Art. 101 Abs. 1.

die Annahme einer administrativen Beurteilung wirtschaftlicher Komplexität zugrunde gelegt haben.[785]

Unter diesen Voraussetzungen ist eine Entwicklung vorstellbar, bei der die Gerichte gegenüber wesentlichen Aspekten der Wettbewerbsentscheidungen der Kommission auf eine lediglich begrenzte Kontrolle zurückgeworfen wären.[786] Bei unveränderter Anwendung des Konzepts der wirtschaftlichen Komplexität, so steht zu befürchten, wäre die Kommission weitestgehend frei darin, durch ausgedehnte Ökonomisierung der Sachverhaltsanalyse die Voraussetzungen wirtschaftlicher Komplexität selbst zu schaffen, womit das Regel-Ausnahme-Verhältnis von umfassender und eingeschränkter richterlicher Kontrolle zugunsten einer regelmäßigen Rücknahme der Prüfungsdichte in den wesentlichen Regelungsbereichen der Wettbewerbsvorschriften weichen müsste. Damit wäre das System beschränkter gerichtlicher Kontrolle in seinem empfindlichen Gleichgewicht zwischen der Gewährleistung wirksamer Kontrolle und dem Schutz administrativer Letztentscheidungskompetenzen erheblich zu Lasten des ersteren gestört. Einzelne erste Anwendungsfälle in der jüngeren Rechtsprechung liefern gewisse Präzedenzen für den engen Zusammenhang von ökonomischer Betrachtungsweise und wirtschaftlicher Komplexität sowohl im Hinblick auf das Merkmal der Wettbewerbsbeschränkung nach Art. 101 Abs. 1 AEUV als auch gegenüber dem Merkmal der Missbräuchlichkeit nach Art. 102 AEUV.

In seiner Klage gegen die Missbrauchsentscheidung der Kommission hatte das Unternehmen *Deutsche Telekom* in der gleichnamigen Rechtssache die Ermittlungen zu der Preis-Kosten-Schere in mehrfacher Hinsicht beanstandet.[787] Die Kommission war auf dem Boden einer auswirkungsbezogenen Betrachtung nach Maßgabe des as-efficient-competitor-Tests zu der Einschätzung gekommen, dass das Unternehmen bei der Vermarktung von Netzzugangsleistungen auf dem Telekommunikationssektor die Endkundenpreise und die Preise für die Wettbewerber im Sinne einer missbräuchlichen Preis-Kosten-Schere gestaltet hatte.[788] Das Gericht betrachtete die Untersuchungen

785 Ein gutes Beispiel hierfür bildet die Intel-Entscheidung der Kommission, *S. Barthelmeß*, Die Intel-Entscheidung der Kommission, EWS 2010, S. 120.

786 Krit. zur Einschränkung der gerichtlichen Kontrolldichte durch Beurteilungsspielräume *T. Ackermann*, Europäisches Kartellrecht, in K. Riesenhuber (Hrsg.), Europäische Methodenlehre, 2010, S. 645, 647; *A. Fuchs*, Die Gruppenfreistellungsverordnung als Instrument der europäischen Wettbewerbspolitik im System der Legalausnahme, ZWeR 2005, S. 1, 21; *D. Bailey*, The Scope of judicial review under Article 81 EC, CMLRev 2004, S. 1327 ff.

787 EuG, Rs. T-271/03, Deutsche Telekom, Slg. 2008, II-47710, Rn. 153 ff.

788 KomE 2003/707/EG, COMP/C-1/37.451, 37.578, 37.579 – Deutsche Telekom AG, ABl. 2003, Nr. L 263, S. 9.

der Kommission zur Preis-Kosten-Schere als Würdigung komplexer wirtschaftlicher Gegebenheiten und räumte der Kommission ausdrücklich einen Beurteilungsspielraum ein, der sowohl die Wahl der Methode zur Berechnung der Preis-Kosten-Schere als auch die Modalitäten der Anwendung der Berechnungsmethode umfasst.[789] Damit zog sich das Gericht unter dem Eindruck einer verstärkt wirtschaftlichen Betrachtung preisbezogener Behinderungsmissbräuche gegenüber den Untersuchungen der Kommission zu den Voraussetzungen der Missbräuchlichkeit eines Verhaltens soweit erkennbar erstmals auf eine eingeschränkten Nachprüfung zurück. Angesichts der weit reichenden Vorgaben der Kommission zur künftigen auswirkungsorientierten Behandlung von Behinderungsmissbräuchen unter Anwendung des as-efficient-competitor-Tests[790] ist bei einer Fortführung der Rechtsprechung zur wirtschaftlichen Komplexität eine Entwicklung denkbar, bei der Maßstäbe verringerter Prüfungsdichte gegenüber den Untersuchungen der Kommission zum Merkmal der Missbräuchlichkeit zur Regel werden.

Der enge Zusammenhang zwischen wirtschaftlicher Komplexität und der Verwendung solcher Berechnungsmethoden zur Ermittlung der Missbräuchlichkeit, wie sie im Zuge einer auswirkungsbezogenen Betrachtung notwendigerweise vermehrt zum Einsatz kommen, tritt ebenso deutlich im Urteil des Gerichts in der Rechtssache *France Télécom* hervor, in dem es der Kommission bei der Untersuchung einer mutmaßlichen Kampfpreisunterbietung auf dem Markt der Breitbandinternetdienstleistungen bei Wahl und Anwendung der Methode des von der Rechtsprechung anerkannten Kostendeckungstests aufgrund wirtschaftlicher Komplexität ein Ermessen einräumt.[791] Auch in dieser Fallgruppe ist bei unveränderter Fortführung der Rechtsprechung zu erwarten, dass die zentrale Voraussetzung der Missbräuchlichkeit in Zukunft auf der Grundlage ökonomischer Erwägungen festgestellt wird, die einer umfassenden richterlichen Kontrolle nicht mehr zugänglich ist.

Als weiteres Beispiel für den engen Zusammenhang von ökonomischer Analyse des Sachverhaltes und gerichtlicher Kontrollbegrenzung mag die *Microsoft*-Entscheidung des Gerichts dienen.[792] Die Kommission hatte eine „automatische" Anwendung der bisherigen Rechtsprechungsgrundsätze zur

789 EuG, Rs. T-271/03, Deutsche Telekom, Slg. 2008, II-47710, Rn. 185.

790 Der as-efficient-competitor-Test steht im Mittelpunkt des von der Kommission in der Mitteilung zur Anwendung der Missbrauchskontrolle auf Behinderungsmissbräuche erarbeiteten Analyserahmens, vgl. zu diesem Aspekt der Ökonomisierung in der Mitteilung *G. Monti,* Article 82 EC: What Future for the Effects-Based Approach? JECLP 2010, S. 2 ff.

791 EuG, Rs. T-340/03, France Télécom, Slg. 2007, II-107, Rn. 129, 162.

792 EuG, Rs. T-201/04, Microsoft, Slg. 2007, II-03601.

Lizenzverweigerung auf die Weigerung Microsofts, seinen Wettbewerbern auf dem Markt für Mediaplayer Schnittstelleninformationen zur Verfügung zu stellen, die notwendig sind, um diese auf Microsofts Betriebssystem aufzusetzen, abgelehnt, und ausgehend von dem bisherigen Test, eine eingehende Untersuchung der Auswirkungen auf Marktstruktur und Verbraucherwohlfahrt durchgeführt. In diesem Zusammenhang hat das Gericht der Kommission einen Beurteilungsspielraum wegen wirtschaftlicher Komplexität für die Frage eingeräumt, welcher Interoperabilitätsgrad erforderlich sei, um eine Verdrängung der Wettbewerber zu verhindern, und sich im Wesentlichen darauf zurückgezogen nachzuprüfen, ob die Analyse der Kommission offensichtlich fehlerhaft ist.[793] Soweit ersichtlich hat das Gericht der Kommission hier erstmals einen administrativen Spielraum im Rahmen der Missbräuchlichkeit der Lizenzverweigerung zuerkannt.

Für ein weiteres Beispiel für den engen Zusammenhang zwischen more economic approach und der Zurückdrängung der Anwendungsbereiche umfassender Entscheidungskontrolle lässt sich auf die Folgen einer verstärkten Berücksichtigung wettbewerblicher Ambivalenzen verweisen. So haben die Gerichte angesichts der wettbewerbspolitischen Bestrebungen der Kommission zu einer verstärkten wettbewerbsrechtlichen Berücksichtigung ökonomischer Effizienzen in sämtlichen Bereichen des Wettbewerbsrechts den Grundsatz der Effizienzeinrede in die Missbrauchskontrolle eingeführt.[794] Mit Blick auf die erkennbare Anlehnung an die Freistellungsvoraussetzungen nach Art. 101 Abs. 3 AEUV[795] erscheint es nicht unwahrscheinlich, dass das Mandat zur administrativen Beurteilung, wie es in der Rechtsprechung zu Art. 101 Abs. 3 AEUV angelegt ist, auch gegenüber der Effizienzeinrede in der Missbrauchskontrolle Eingang findet. Interessanterweise haben die Gerichte es bisher offenbar unterlassen, bei der Nachprüfung von Effizienzuntersuchungen der Kommission außerhalb Art. 101 Abs. 3 AEUV auf einen administrativen Beurteilungsspielraum hinzuweisen.[796]

Hinweise auf den engen Zusammenhang zwischen Ökonomisierung und wirtschaftlicher Komplexität ergeben sich zudem in der jüngeren Rechtsprechung zu Art. 101 Abs. 1 AEUV, in der bislang ebenfalls der Grundsatz der

793 EuG, Rs. T-201/04, Microsoft, Slg. 2007, II-03601, Rn. 379.

794 Vgl. im Einzelnen o., F.I.3.b).

795 Vgl. hierzu GA' in *J. Kokott*, Schlussanträge in der Rs. C-95/04 P, British Airways, Slg. 2007, I-2331, Fn. 63, in denen sie anlässlich der erstmaligen Anwendung der Effizienzeinrede in Art. 102 ausdrücklich auf die Effizienzregelungen in den Leitlinien der Kommission zu Art. 101 Abs. 3 verweist.

796 Vgl. insbesondere EuG, Rs. T-342/07, Ryanair, Slg. 2010, II-03457, Rn. 29 ff; EuGH, Rs. C-95/04 P, British Airways, Slg. 2007, I-2331, Rn. 86.

umfassenden gerichtlichen Nachprüfung gilt, den die Gerichte in der Vergangenheit, wie gezeigt wurde, nur in seltenen Ausnahmefällen zugunsten eines administrativen Entscheidungsspielraumes durchbrochen haben. In der Rechtssache *GlaxoSmithKline* hatte sich das Gericht mit den Untersuchungen der Kommission zur wettbewerbsbeschränkenden Wirkung parallelhandelsbeschränkender Absprachen zu Preisdifferenzierungen im Arzneimittelhandel auseinanderzusetzen. Das klagende Unternehmen hatte eine am more economic approach orientierte Rechtsauffassung vertreten, die sich das Gericht, wie an anderer Stelle dargelegt wurde, weitgehend zu eigen machte, indem es eine auf die Auswirkungen für den Konsumenten bezogene Betrachtungsweise der Wettbewerbsbeschränkung einnahm. Danach kann „die Wettbewerbswidrigkeit der Vereinbarung (...) nicht allein aus einer in ihrem Kontext vorgenommenen Betrachtung ihres Wortlauts abgeleitet werden; notwendigerweise müssen auch ihre Auswirkungen hinzugezogen werden, und sei es nur, um das zu bestätigen, was die Regelungsbehörde nach dieser Betrachtung vermuten konnte".[797] Maßgeblich ist dabei nach der Auffassung des Gerichts die Frage, ob die Vereinbarung zu einem Schaden für den Endverbraucher führe, denn „das Ziel, das in Artikel 81 Absatz 1 EG (...) aufgestellt wird, besteht darin, zu verhindern, dass Unternehmen durch eine Einschränkung des Wettbewerbs untereinander oder mit anderen das Wohlergehen des Endverbrauchers der fraglichen Waren mindern".[798]

Den Maßstab der Wettbewerbsbeschränkung bilden nach diesen Ausführungen[799] jene Prinzipien, die das Wesen einer am more economic approach ausgerichteten Rechtsanwendung ausmachen; die Abkehr von einer formalistischen hin zu einer wirkungsbezogenen Betrachtung des konkreten Sachverhaltes, und zwar sowohl hinsichtlich der Tatbestandsalternativen des Bezweckens als auch des Bewirkens.[800] Angesichts dieses umfassenden Programms ökonomischer Sachverhaltsanalyse für die – neben der Betrachtung des Wortlautes der Vereinbarung in ihrem Kontext – auch ihre Auswirkungen auf den Markt zu ermitteln sind, wäre nach der oben aufgestellten Hypothese der Anwendungsbereich des Konzepts wirtschaftlicher Komplexität eröffnet. Und in

797 EuG, Rs. T-168/01, GlaxoSmithKline, Slg. 2006, II-02969, Rn. 147.

798 EuG, Rs. T-168/01, GlaxoSmithKline, Slg. 2006, II-02969, Rn. 118 f.

799 Der Gerichtshof hat in der verbraucherwohlfahrtsorientierten Auslegung des Merkmals der Wettbewerbsbeschränkung einen Rechtsfehler gesehen, vgl. im Einzelnen oben, F.I.3.a). Im vorliegenden Zusammenhang ist dies indes nicht von Bedeutung, da das Urteil des Gerichts hier lediglich als Beispiel dafür dient, dass die Gerichte gegenüber einer administrativen Entscheidungsfindung nach Maßgabe ökonomisierter Beurteilungsmaßstäbe geneigt sein könnten, die entsprechenden Untersuchungen der Kommission als wirtschaftlich komplex zu bewerten.

800 Vgl. auch *T. Körber*, Parallelhandel mit Medikamenten, ZWeR 2007, S. 525.

der Tat stellt das Gericht seiner Überprüfung der Entscheidung nach Art. 101 Abs. 1 AEUV den Hinweis voran, dass „der Richter eine umfassende Kontrolle der von der Kommission durchgeführten Prüfung (vornimmt), außer wenn diese Prüfung eine Würdigung komplexer wirtschaftlicher Gegebenheiten impliziert; in diesem Fall beschränkt sich die Kontrolle (...)".[801]

Aus der Entscheidung geht nicht eindeutig hervor, auf welchen Aspekt der Kommissionsuntersuchung sich die Annahme wirtschaftlicher Komplexität bezieht bzw. wo der Maßstab eingeschränkter Nachprüfung zur Anwendung kommt.[802] Dennoch ist davon auszugehen, dass der Grundsatz beschränkter Nachprüfung der wirtschaftlichen Komplexität im konkreten Fall gelten wird und nicht allein der Vollständigkeit halber benannt wurde. Insofern ist es – soweit erkennbar – unüblich, dass Ausführungen zur ausnahmsweisen Einschränkung einer ansonsten nach ständiger Rechtsprechung im Grundsatz umfassenden richterlichen Nachprüfung einer Entscheidung vorangestellt werden, ohne dass diese im konkreten Fall zum Tragen kommen. Somit ist die Entscheidung ein deutlicher Hinweis auf eine Haltung des Gerichts, nach der das aufwendige administrative Untersuchungsprogramm des Sachverhalts als Konsequenz einer ökonomisierten Rechtsanwendung offenbar jene Eigenschaften administrativer Beurteilung aufweist, die die Voraussetzungen wirtschaftlicher Komplexität im Sinne der Grundsätze gerichtlicher Kontrolle erfüllen.

Angesichts der erkennbaren Bestrebungen der Kommission, in Zukunft auch Kartellvereinbarungen systematisch einer auswirkungsbezogenen Betrachtung im Einzelfall zu unterziehen, steht bei unveränderter Fortführung der Handhabung des Konzepts wirtschaftlicher Komplexität zu erwarten, dass die Rücknahme der gerichtlichen Kontrolle gegenüber den Untersuchungen der Kommission zur Wettbewerbsbeschränkung nach Art. 101 Abs.1 AEUV und damit in einem Regelungszusammenhang zum Standard werden könnte, in dem bislang der Grundsatz galt, dass die Gerichte die Feststellungen der Kommission umfassend nachprüfen.

Wenngleich jenseits der dargestellten und nachgewiesenen Anwendungsfälle der gegenwärtigen Rechtsprechung keine Belege für diese Entwicklung vorliegen, zeigen die Ausführungen des gegenwärtigen EuG-Präsidenten *Marc Jaeger* in einem Beitrag der Fachliteratur, dass sich die Gerichte der Ge-

801 EuG, Rs. T-168/01, GlaxoSmithKline, Slg. 2006, II-02969, Rn. 57.

802 Lediglich im Hinblick auf die Untersuchungen zur beschränkenden Wirkung der Vereinbarung prüft das Gericht an einer Stelle am Maßstab der offensichtlichen Fehlerhaftigkeit und wendet damit ein Kriterium an, das im Zusammenhang der Rechtsprechung zur begrenzten Kontrolle mitunter Verwendung findet; vgl. ähnlich *A. Fritzsche*, Ermessen und institutionelles Gleichgewicht, 2008, S. 92.

fahren einer Ausdehnung des Anwendungsbereichs beschränkter gerichtlicher Kontrolle, die von einer unveränderten Anwendung des Konzepts wirtschaftlicher Komplexität auf eine von den Prinzipien der Ökonomisierung getragene administrative Feststellung und Bewertung des Sachverhalts ausgehen, durchaus bewusst sind: „Effective, here and today, means in my view that one must seriously reflect on the consequences oft the economics spill-over era to avoid an extension of the margin of discretion and its corollary, a reduction of the review area.“[803]

(3) Die Ansätze eines restriktiven Verständnisses vom Konzept wirtschaftlicher Komplexität und ihre Grenzen

Um der Gefahr einer Umkehrung der Regel-Ausnahme-Beziehung von umfassender und beschränkter Kontrolle wirkungsvoll begegnen zu können, wird die Rechtsprechung nicht umhinkommen, das Konzept der Komplexität in der Zukunft einer restriktiven Anwendung zu unterwerfen.[804] Insbesondere im Hinblick auf die Voraussetzungen der Wettbewerbsrechtsverletzung, die gleichzeitig den Schwerpunkt der Ökonomisierungsbestrebungen der Kommission darstellt, setzt dies voraus, ein Verständnis wirtschaftlicher Komplexität zu entwickeln, welches geeignet ist, auch gegenüber einer verstärkt wirtschaftlichen Betrachtungsweise seine Unterscheidungskraft zu bewahren und gegen Tendenzen der schrittweisen Ausweitung abzusichern.[805] Im Hinblick auf die rechtsstaatlichen Erfordernisse wirksamer gerichtlicher Kontrolle – dies wird hier besonders deutlich – hängt die Beurteilung des more economic approach von der Bereitschaft der Gerichte ab, die Herausforderungen einer ökonomisierten Rechtsanwendung durch eine konsequente Anpassung des bestehenden Systems gerichtlicher Kontrolle erfolgreich zu bewältigen. Gerade die dogmatische Schwäche des Konzepts wirtschaftlicher Komplexität erschwert es indes erheblich, eine restriktive Handhabung zielgerichtet abzusi-

803 Vgl. *M. Jaeger*, The Standard of Review in Competition Cases Involving Complex Economic Assessments, JECLP 2011, S. 314: "a misunderstanding of this expression – the consequence of which is the application control that is too loose to situations that deserve a stricter standard of review – could affect the effective judicial review".

804 Hierzu *M. Jaeger*, The Standard of Review in Competition Cases Involving Complex Economic Assessments, JECLP 2011, S. 309.

805 Vgl. zu dieser Herausforderung jüngst *I. S. Forrester*, A Bush in Need of Pruning: The Luxuriant Growth of "Light Judicial Review", in C.-D. Ehlermann/M. Marquis (Hrsg.), European Competition Law Annual 2009, Evaluation of Evidence and its Judicial Review in Competition Cases, 2010, S. 407 ff.

chern. Gegenwärtig sind keine Ansätze der Gerichte erkennbar, den problematischen Auswirkungen der Ökonomisierung auf das Konzept wirtschaftlicher Komplexität durch dessen Anpassung zu begegnen. Dagegen lassen sich in der bisherigen Rechtsprechung solche Anwendungsfälle dieses Konzepts nachweisen, die als Ausgangspunkt für eine künftige eingrenzende Handhabung in Stellung gebracht werden könnten.

(a) Gerichtliche Kontrolle schwieriger ökonomischer Sachfragen

Ein besonderes Merkmal der auswirkungsorientierten Betrachtungsweise im Einzelfall ist der Einsatz von Programmen der Sachverhaltsanalyse, die ein hohes Maß an ökonomischer Vorbildung voraussetzen.[806] Einerseits werden zunehmend komplizierte wirtschaftswissenschaftliche Modelle zum Bezugspunkt der Sachverhaltsanalyse, andererseits werden Methoden der quantitativen Ökonomie eingesetzt, anhand derer der Sachverhalt bemessen und einer Bewertung nach diesem Modell unterzogen wird.[807]

Zweifellos ist eine solche wettbewerbliche Sachverhaltsanalyse anspruchsvoller als die Feststellung der Wettbewerbswidrigkeit nach formalen, verhaltensbezogenen Kriterien auf der Basis weit reichender Vermutungsregeln, und es stellt sich die Frage, ob diese Aspekte einer Kommissionsuntersuchung die Voraussetzungen einer „Beurteilung komplexer Sachverhalte wirtschaftlicher Art“ erfüllen.[808] Im *Consten*-Urteil begründete der Gerichtshof die Annahme administrativer Beurteilungsspielräume mit den „schwierigen Wertungen“, die die Kommission bei der Anwendung der Freistellungsvoraussetzungen vorzunehmen habe.[809] In dieser Variante der Komplexitätsformel kling ein Verständnis an, nach dem das Ausmaß der sachlichen Herausforderung der Bewältigung einer ökonomischen Fragestellung im Rahmen des Rechtsanwendungsvorgangs oder der Grad der erforderlichen Sachkenntnis auf wirtschaftswissenschaftlichem Feld maßgeblich ist. Vor diesem Hintergrund wird die Rechtsprechung mitunter so gedeutet, dass die Gerichte die Entscheidungslage der Kommission auf der Grundlage solcher Erwägungen als wirt-

806 Vgl. oben, E.I.2.c).

807 *J. Lübking/U. von Koppenfels*, Effektive Durchsetzung des EU-Wettbewerbsrechts und Verfahrensgarantien, in U. Immenga/T. Körber (Hrsg.), Die Kommission zwischen Gestaltungsmacht und Rechtsbindung, 2012, S. 77.

808 Zur zunehmenden Komplexität wettbewerblicher und wettbewerbsrechtlicher Sachverhalte, *M. Monti*, European Competition Policy for the 21st Century, Rede anlässl. der Conference on International Antitrust Law and Policy, New York, 20. Oktober 2000.

809 EuGH, verb. Rs. 56 u. 58/64, Grundig/Consten, Slg. 1966, S. 322, 396.

schaftlich Komplex bewerten, die ihren Ausgangspunkt in dem besonderen Ausmaß des erforderlichen wirtschaftswissenschaftlichen Spezialwissens haben.[810] Gleichwohl findet sich in der Rechtsprechung kein Beleg für ein Verständnis von Komplexität, nach dem die sachlichen Schwierigkeit der zu treffenden Sachverhaltsbeurteilung nach ökonomischen Gesichtspunkten an sich den Ausschlag gäbe.[811]

In der Vergangenheit haben die Gerichte gelegentlich auch solche Feststellungen der Kommission einer umfassenden richterlichen Kontrolle unterzogen, die ausgesprochen schwierige Sachprobleme ökonomischer Art umfassten.

In diesem Zusammenhang paradigmatisch ist das *Zellstoffurteil* des Gerichtshofes.[812] Die Kommission hatte eine abgestimmte Verhaltensweise zwischen mehreren Zellstoffhändlern auf der Grundlage einer komplizierten ökonomischen Analyse der Preispolitik der marktbeteiligten Unternehmen ermittelt. „Der Gerichtshof war", so der Generalanwalt *Darmon*, „mit einer umfangreichen wirtschaftswissenschaftlichen Argumentation konfrontiert, wobei zuweilen auf theoretische Modelle Bezug genommen wurde, die zwar dem Wirtschaftswissenschaftler vertraut sein dürften, zumindest in meinen Augen aber von offensichtlicher Komplexität sind."[813] Dennoch räumte der Gerichtshof der Kommission keinen Beurteilungsspielraum wegen wirtschaftlicher Komplexität ein. Vielmehr unterzog er die Feststellungen der Kommission einer umfassenden Nachprüfung im Hinblick auf die ökonomische Richtigkeit der Argumentation und ihres hinreichenden Nachweises.[814]

810 Nachweise zu dieser Auffassung bei *A. Fritzsche*, Ermessen und institutionelles Gleichgewicht, 2008, S. 125.

811 So ist *M. Jaeger*, The Standard of Review in Competition Cases Involving Complex Economic Assessments, JECLP 2011, S. 309, zu verstehen. Vgl. auch *N. Forwood*, The Commission's „more economic approach" – implications for the role of the EU Courts, the Treatment of Economic Evidence and the Scope of Judicial Review, in C.-D. Ehlermann/M. Marquis (Hrsg.), European Competition Law Annual 2009, Evaluation of Evidence and its Judicial Review in Competition Cases, S. 255ff, "Complexity here would refer more to the nature of assessment that needs to be made, rather than its technical or evidential difficulty."

812 EuGH, Rs. C- 89/85, C-104/85, C-114/85, C-116/85, C-117/85 u. C-125-129/85, Zellstoff, Slg. 1988, 5193.

813 Vgl. GA *M. Darmon*, Schlussanträge in den verb. Rs. C- 89/85, C-104/85, C-114/85, C-116/85, C-117/85 u. C-125-129/85, Zellstoff, Slg. 1988, 5193, Rn. 333.

814 Die Bereitschaft des Gerichtshofes, sich auf der Ebene ökonomischer Argumentation mit den Untersuchungen der Kommission auseinanderzusetzen, wird an dem besonderen Verfahrensaufwand deutlich, den der Gerichtshof in diesem Fall trieb. Hierzu im Einzelnen *N. Forwood*, The Commission's „more economic approach" – implications for the role of the EU Courts, the Treatment of Economic Evidence and the Scope of Judicial Review, in C.-D. Ehlermann/M. Marquis (Hrsg.), European Com-

Diese Vorgehensweise ist ein deutliches Indiz für die Bereitschaft des Gerichtshofes, auch jene Untersuchungen der Kommission einer umfassenden Überprüfung ihrer inhaltlichen Richtigkeit zu unterziehen, die eine eingehende Auseinandersetzung mit schwierigen ökonomischen Sachproblemen erfordert. Die Bestrebung des Gerichtshofes, der Kommission auf gleicher Ebene zu begegnen, zeigt sich in diesem Fall auch in dem besonderen Aufwand, den der Gerichtshof betrieb, um sich die erforderlichen ökonomischen Sachkenntnisse anzueignen.

In der jüngeren Rechtsprechung wird das Selbstverständnis der Gerichte, sich auch mit komplizierten ökonomischen Sachfragen eingehend zu befassen, auf dem Gebiet des Fusionskontrollrechts in besonderer Weise deutlich. In den Urteilen *Tetra* und *GE* gestand das Gericht der Kommission zwar administrative Spielräume bei der Untersuchung der Auswirkungen nicht-horizontaler Zusammenschlüsse zu.[815] Nach dem Maßstab eingeschränkter richterlicher Kontrolle setzte es sich gleichwohl umfassend mit den Feststellungen der Kommission auf der Ebene anspruchsvoller ökonomischer Argumentation auseinander.[816] In diesen Urteilen kommt der prinzipielle Anspruch der Gerichte zum Ausdruck, auch schwierige wirtschaftliche Sachfragen auf dem gleichen Niveau ökonomischer Expertise zu betrachten wie die Kommission.

Diese Fallpraxis kann als Ausgangspunkt eines restriktiven Verständnisses des Konzepts wirtschaftlicher Komplexität dienen, auf dessen Grundlage die Gerichte in Zukunft in der Lage sind, auch gegenüber einer ökonomisierten Rechtsanwendung die Voraussetzungen der Komplexität zu verneinen und an einer umfassenden Kontrolle festzuhalten - und zwar in jenen Fällen, in denen die Kommission auf dem Boden einer verstärkt wirtschaftlichen Betrachtungsweise den zugrunde liegenden Sachverhalt am Maßstab komplizierter, weil umfangreiches Fachwissen voraussetzender, ökonomischer Gesetzmä-

petition Law Annual 2009, Evaluation of Evidence and its Judicial Review in Competition Cases, S. 265 f.

815 EuG, Rs. T-5/02, Tetra Laval, Slg. 2002 II-04381. Zum Sachverhalt *Bundeskartellamt*, Diskussionspapier, Konglomerate Zusammenschlüsse in der Fusionskontrolle, 2006, abrufbar unter www.bundeskartellamt.de/wDeutsch/download/pdf/Diskussionsbeitraege/060830_AK_Kartellrecht.pdf, S. 8 f.

816 EuG, Rs. T-5/02, Tetra Laval, Slg. 2002 II-04381, Rn. 153f, 224 hierzu nur *Bundeskartellamt*, Diskussionspapier, Konglomerate Zusammenschlüsse in der Fusionskontrolle, 2006, abrufbar unter www.bundeskartellamt.de/wDeutsch/download/pdf/Diskussionsbeitraege/060830_AK_Kartellrecht.pdf, S. 8: „ Das Gericht legte in seinem Urteil die Anforderungen an den Qualitätsgehalt der ökonomischen Argumentation fest“. Vgl. auch *M. Jaeger*, The Standard of Review in Competition Cases Involving Complex Economic Assessments, JECLP 2011, S. 308 f.

ßigkeiten bewertet.[817] In der jüngeren Rechtsprechung lässt sich ein ähnliches Verständnis im Urteil des Gerichts in der Rechtssache *France Télécom* nachweisen. Die Rücknahme der Kontrolldichte gegenüber dem Einsatz von Methoden zur Berechnung des Kostendeckungsgrades im Rahmen der Ermittlung von Kampfpreisunterbietungen umfasst dort ausdrücklich nicht die „eigentlichen, sich auf rein mathematische Vorgänge beschränkenden (arithmetischen) Berechnungen".[818]

Die Rechtsprechung zur außervertraglichen Haftung der Union für rechtswidrige Entscheidungen der Kommission im Wettbewerbsrecht gewährt einen vertieften Einblick in das gerichtliche Verständnis von wirtschaftlicher Komplexität im Sinne der Grundsätze beschränkter richterlicher Kontrolle.[819] Die Grundsätze für die Voraussetzungen der Haftung kennen ihrerseits den Begriff der „Komplexität des zu regelnden Sachverhalts",[820] so dass in Haftungsfällen zu Kommissionsentscheidungen im Wettbewerbsrecht mitunter beide Komplexitätsbegriffe bezüglich ein und desselben Sachverhalts zur Anwendung kommen: Unter welchen Voraussetzungen eine rechtswidrige Kommissionsentscheidung die außervertragliche Haftung der Union begründet, bemisst sich unter anderem danach, ob die Kommission bei deren Erlass über einen administrativen Beurteilungsspielraum verfügt[821], womit sich die Frage stellen kann, ob die Sachverhaltsanalyse die Voraussetzungen wirtschaftlicher Komplexität erfüllt.[822] Sodann ist nach den Grundsätzen der außervertragli-

817 Die Entscheidungen des Gerichts in den Rechtssachen *Airtours*, *Tetra* und *Ryanair* stützen die These, dass nicht das Ausmaß der sachlichen Herausforderungen einer ökonomischen Fragestellung an sich entscheidend ist, vgl. *M. Jaeger*, The Standard of Review in Competition Cases Involving Complex Economic Assessments, JECLP 2011, S. 309 f.

818 EuG, Rs. T-340/03, France Télécom, Slg. 2007, II-107, Rn. 162.

819 Art. 340 II AEUV gewährt einen Haftungsanspruch für Schäden, die durch die Amtstätigkeit der Unionsorgane oder ihrer Bediensteten entstanden sind. Zu den Voraussetzungen außervertraglicher Haftung im Einzelnen *W. Berg* in J. Schwarze (Hrsg.), EU-Kommentar 2012, Art. 340 AEUV, Rn. 13 ff.; *C.-D. Classen,* in T. Oppermann/C.-D. Classen/M. Nettesheim (Hrsg.), Europarecht, 5. Aufl. 2011, 235 ff.

820 Vgl. etwa EuG, Rs. T-212/03, My Travel/Kommission, Slg 2008, II-1967, Leitsatz I: Erfasst werden nicht solche Fehler, die „auch wenn sie ein gewisses Gewicht haben, nicht außerhalb des üblichen Verhaltens eines Organs liegen, das damit betraut ist, die Anwendung der – komplexen, schwierigen und Raum für eine weite Auslegung lassenden –Wettbewerbsvorschriften zu überwachen"; dazu *W. Berg*, J. Schwarze (Hrsg.), EU-Kommentar 2012, Art. 340 AEUV, Rn. 47.

821 Vgl. zum hinreichend qualifizierten Verstoß als Haftungsvoraussetzung bei bestehendem Gestaltungsspielraum des betreffenden Organs, EuGH, Rs. C-472/00 P, Fresh Marine Paint, Slg. 2003, I-7541, Rn. 27. Dazu *W. Berg* in J. Schwarze (Hrsg.), EU-Kommentar, 2012, Art. 340 AEUV, Rn. 43 f.

822 Im Bereich des Freistellungsrechts und der Fusionskontrolle stellt sich dieses Problem insofern nicht in gleichem Ausmaß, als sich die grundsätzliche Anerkennung

chen Haftung die Schwere des Verstoßes im Lichte der Komplexität des zu regelnden Sachverhalts zu bewerten.[823]

Die Rechtsprechung in diesen Fallkonstellationen erlaubt es, im Wege der vergleichenden Gegenüberstellung Rückschlüsse auf das Verständnis wirtschaftlicher Komplexität zu ziehen. In der Rechtssache *Holcim* hatte das Unternehmen Schadensersatz gegen eine rechtswidrige Kartellverbotsentscheidung der Kommission geltend gemacht.[824] Die Annahme wirtschaftlicher Komplexität lehnte das Gericht entsprechend dem Grundsatz umfassender gerichtlicher Nachprüfung der Kommissionsuntersuchungen zu den Voraussetzungen der Wettbewerbsbeschränkung mit dem zusätzlichen Hinweis ab, „dass sich die Antwort auf die Frage, ob das Verhalten der betreffenden Unternehmen gegen Artikel 85 Absatz 1 EG Vertrag verstieß, hier aus einer einfachen Anwendung des Rechts auf der Grundlage der der Kommission vorliegenden Tatsachen ergab".[825] Im Hinblick auf die Komplexität des zu regelnden Sachverhaltes im Sinne des Haftungsrechts bejahte das Gericht dagegen die Voraussetzungen. Dazu stellt es fest, „dass die Sache, in der die Zement-Entscheidung und dann das Zement-Urteil ergangen sind, besonders komplex war", wobei es unter anderem auf „Gegenstand und Art des Rechtsstreits, seine Bedeutung im Hinblick auf das Gemeinschaftsrecht sowie auf die Schwierigkeiten der Angelegenheit und die Zahl der betroffenen Unternehmen" verwies.[826] Die Gegenüberstellung mit den Ausführungen des Gerichts zum Komplexitätsbegriff im haftungsrechtlichen Sinne zeigt deutlich, dass sich die Annahme wirtschaftlicher Komplexität im Sinne der Grundsätze begrenzter gerichtlicher Kontrolle nicht schon nach den Schwierigkeiten bemisst, die sich aus der Kompliziertheit der aufgeworfenen Sachprobleme ergeben.[827]

administrativer Beurteilungsspielräume in diesen Regelungsbereichen institutionalisiert hat; vgl. zu den normativen Grundlagen administrativer Freiräume in Art. 101 Abs. 3 und Art. 2 FKVO, *A. Hatje,* Kontrolldichte bei Maßnahmen der europäischen Wirtschaftsverwaltung, in J. Schwarze (Hrsg.), Verfahren und Rechtsschutz im europäischen Wirtschaftsrecht, 2010, S. 125.

823 Vgl. EuGH, Rs. C-440/07 P, Schneider, Slg. 2009, I-06413, Rn. 161; EuG, Rs. T-28/03, Holcim, Slg. 2005 II-01357.

824 Dieses Beispiel bei *N. Forwood,* The Commission's „more economic approach" – implications for the role of the EU Courts, the Treatment of Economic Evidence and the Scope of Judicial Review, in C.-D. Ehlermann/M. Marquis (Hrsg.), European Competition Law Annual 2009, Evaluation of Evidence and its Judicial Review in Competition Cases, S. 267 ff.

825 EuG, Rs. T-28/03, Holcim, Slg. 2005 II-01357, Rn. 99.

826 EuG, Rs. T-28/03, Holcim, Slg. 2005 II-01357, Rn. 101 ff.

827 Vgl. *N. Forwood,* The Commission's „more economic approach" – implications for the role of the EU Courts, the Treatment of Economic Evidence and the Scope of Judicial Review, in C.-D. Ehlermann/M. Marquis (Hrsg.), European Competition

Die bisherige Rechtsprechung zum Begriff der wirtschaftlichen Komplexität hält Anwendungsfälle bereit, die als Ausgangspunkt für die Absicherung eines umfassenden gerichtlichen Kontrollmandats in jenen Fällen herangezogen werden können, die lediglich von der Schwierigkeit der aufgeworfenen ökonomischen Sachfragen in der Rechtsanwendung gekennzeichnet sind.[828] Die verstärkte Einbeziehung wirtschaftswissenschaftlichen Sachverstands in die wettbewerbliche Analyse des Einzelfalls als wesentlicher Bestandteil des more economic approach bildet eine Herausforderung für die Aufrechterhaltung der Regel-Ausnahme-Beziehung von umfassendem und eingeschränktem Prüfungsmandat, die auf der Basis der dargestellten Rechtsprechung durch eine systemimmanente Neuausrichtung des Konzepts wirtschaftlicher Komplexität bewältigt werden kann.

(b) Gerichtliche Kontrolle administrativer Wertentscheidungen ökonomischer Natur

Gegenüber anderen Wesenszügen einer ökonomisierten Rechtsanwendung erweist sich das Konzept der wirtschaftlichen Komplexität als weniger anpassungsfähig. Denn, jenseits weiterer Ansätze zur sachlichen Einschränkung seines Anwendungsbereichs auf der Grundlage der bisherigen Praxis, verbleiben im Bereich der administrativen Beurteilungsspielräume jedenfalls jene Entscheidungen, die sich als echte Wertungsfragen einer umfassenden gerichtlichen Prüfung gemäß den Kategorien richtig oder falsch entziehen.[829]

Law Annual 2009, Evaluation of Evidence and its Judicial Review in Competition Cases, S. 255 ff.

828 Diese Einschätzung teilen im Ergebnis *M. Jaeger*, The Standard of Review in Competition Cases Involving Complex Economic Assessments, JECLP 2011, S. 313; *J. D. Cooke*, „Changing Responsibilities and Relationships for Community and National Courts: the Implications of the White Paper“, paper presented at the CELS conference on „The Modernisation of European Competition Law: The Next Ten Years“, organized by CELS Cambridge and Linklaters & Alliance on 4. Dec. 1999”, *N. Forwood*, The Commission's „more economic approach“ – implications for the role of the EU Courts, the Treatment of Economic Evidence and the Scope of Judicial Review, in C.-D. Ehlermann/M. Marquis (Hrsg.), European Competition Law Annual 2009, Evaluation of Evidence and its Judicial Review in Competition Cases, S. 255 ff.

829 Vgl. *M. Jaeger*, The Standard of Review in Competition Cases Involving Complex Economic Assessments, JECLP 2011, S. 310 mit Verweis auf *C. Bellamy*, Judicial Enforcement of Competition Law, OECD, Policy Roundtables, 1996, S. 106: „In the third category of facts, one is probably moving away from facts strictly so-called and almost entering the question of policy. For example, in a decision granting exemption under Article 85-3 of the Treaty, the competition authority, the Commission,

Diese äußerste Grenze justizieller Kompetenz hat zuletzt Generalanwalt *Tizzano* besonders prägnant formuliert: „Was dagegen die komplexen wirtschaftlichen Beurteilungen der Kommission betrifft, so ist die Kontrolle durch die Gemeinschaftsrichter notwendig zurückhaltender, da diese (...) ihren eigenen Standpunkt nicht an die Stelle desjenigen des Organs setzen dürfen, das institutionell für diese Beurteilungen zuständig ist.“[830] Entscheidungen der Kommission zu Wertungsfragen ökonomischer Art – nur so lassen sich diese Ausführungen verstehen – kommt kraft ihrer institutionell abgesicherten Deutungshoheit in wirtschaftlichen Sachfragen ein Eigenwert zu, der von den Gerichten zu achten ist. Entscheidungslagen dieser Art erfüllen deshalb stets die Voraussetzungen wirtschaftlicher Komplexität.[831]

Neben der verstärkten Einbeziehung auch solcher wirtschaftswissenschaftlicher Erkenntnisse, deren Anwendung auf den Einzelfall schwierig ist, gehört die Zunahme derartiger administrativer Wertungsfragen ökonomischer Art zu den hervorgehobenen Charakteristika des more economic approach.[832] Deren hauptsächlicher Anwendungsbereich liegt in der wettbewerblichen Beurteilung der Wettbewerbsrechtsverletzung – und damit in jenem Regelungszusammenhang der Wettbewerbsnormen, in dem die Gerichte insbesondere im

will have to decide whether certain alleged improvements flowing from the agreement, perhaps as a joint venture, are such as to outweigh the detriment to competition and are indispensable.”; In diesem Sinne auch *N. Forwood*, The Commission’s „more economic approach“ – implications for the role of the EU Courts, the Treatment of Economic Evidence and the Scope of Judicial Review, in C.-D. Ehlermann/M. Marquis (Hrsg.), European Competition Law Annual 2009, Evaluation of Evidence and its Judicial Review in Competition Cases, S. 255 ff.: “Evaluation of Evidence and its Judicial Review in Competition Cases. „What is (or should be) the distinction between „complex“ and „non-complex“ economic appraisals? S. 10; vgl. auch *J. D. Cooke*, in *C.-D. Ehlermann* (Hrsg.), The Modernization of EC Antitrust Policy: A Legal and Cultural Revolution, CMLRev 2000, S. 537 f. *J. D. Cooke*, „Changing Responsibilities and Relationships for Community and National Courts: the Implications of the White Paper“, paper presented at the CELS conference on „The Modernisation of European Competition Law: The Next Ten Years“, organized by CELS Cambridge and Linklaters & Alliance on 4. Dec. 1999.”

830 GA *A. Tizzano*, Schlussanträge in der Rs. C-12/03 P, Tetra Laval, Slg. 2005, I-987, Rn. 86.

831 Zum Begriff der “economic policy choice” *M. Jaeger*, The Standard of Review in Competition Cases Involving Complex Economic Assessments, JECLP 2011, S. 310.

832 Vgl. nur *W. Möschel*, Wettbewerb zwischen Handlungsfreiheit und Effizienzzielen, in C. Engel/W. Möschel (Hrsg.), Recht und spontane Ordnung – FS für E.-J. Mestmäcker zum achtzigsten Geburtstag, 2006, S. 360: „Von entscheidender Bedeutung in diesem Kontext ist die Frage, ob der Schutz des Wettbewerbs unter einer Herrschaft des Rechts erfolgen soll oder ob man übergeht zu politisch-diskretionären Entscheidungen des Einzelfalls.“

Bereich von Kartellverbot und Missbrauchskontrolle in der Vergangenheit offenbar absichtsvoll zurückhaltend von der Annahme wirtschaftlicher Komplexität Gebrauch gemacht haben.

Im Gesamtsystem wirksamer Kontrolle gehörte die Möglichkeit der punktuellen Zuerkennung administrativer Spielräume verringerter richterlicher Überprüfbarkeit bei der Bewertung der Wettbewerbswidrigkeit eines Verhaltens auf der Grundlage einer flexiblen Handhabung des Konzepts wirtschaftlicher Komplexität zu den zentralen Voraussetzungen für die Gewährleistung wirksamer Verwaltungskontrolle im System einer nur in Ausnahmefällen beschränkter Kontrolldichte.

Die systematische Öffnung der wettbewerbsrechtlichen Beurteilungsmaßstäbe für die Berücksichtigung der tatsächlichen wettbewerblichen Wirkungen der jeweiligen Verhaltensweise entzieht dem Einsatz von per-se-Regeln und damit solchen Techniken der Rechtsanwendung den Boden, die geeignet sind, die Kommission auf die vorzunehmenden Untersuchungsschritte und auf die berücksichtigungsfähigen Ausschnitte des Sachverhalts nach rechtlichen Kriterien festzulegen.

Rabatte zum Beispiel, die ihrer Form nach geeignet sind, Treuewirkungen zu entfalten, werden von Rechts wegen als wettbewerbsschädigend betrachtet. In der Rechtsanwendung besteht keine Notwendigkeit, komplexe administrative Beurteilungen vorzunehmen. Die Beurteilungsmaßstäbe geben vor, auf welche Wettbewerbsparameter die Kommission abzustellen hat – nämlich jenen, die das Marktverhalten des Unternehmens beschreiben – und nach welchen Kriterien sie zu bewerten sind – nämlich nach formalen, an Art und Inhalt der Verhaltensweise orientierten. Liegen diese Voraussetzungen vor, wird die Wettbewerbswidrigkeit vermutet, ohne dass ein administrativer Spielraum zur Berücksichtigung der konkreten Marktwirkungen verbleibt. Die von der Kommission getroffene Entscheidung ist der umfassenden gerichtlichen Kontrolle zugänglich. Im more economic approach hingegen werden die judizierbaren Regeln weitestgehend verdrängt. Die einzige rechtliche Vorgabe liegt im Grunde darin, den überwiegenden Verbraucherschaden als Wettbewerbsrechtsverletzung zu bewerten. Auf welche Wettbewerbsparameter abzustellen ist, wird nicht mehr vorgegeben, sondern ist von Erwägungen wirtschaftswissenschaftlicher Güte abhängig. Ebenso wenig ist vorgegeben, nach welchen Methoden diese Parameter einer Beurteilung nach dem Kriterium der Verbraucherschädlichkeit zugänglich gemacht werden. In einer nach Gesichtspunkten der wirtschaftlichen Betrachtungsweise geordneten Rechtsanwendung entsteht zwangsläufig die Notwendigkeit solcher Auswahl- und Bewertungsentscheidungen, die nur im Wege der administrativen Beurteilung zu bewerkstelligen sind.

(4) Rechtsstaatliche Folgeprobleme einer Ausweitung des Anwendungsbereichs beschränkter Kontrolle im ökonomisierten Wettbewerbsrecht

Die hier im Entstehen begriffene Ordnung administrativer Durchsetzung des Wettbewerbsrechts in der Union führt zu einer systematischen Einführung von Entscheidungs-, Auswahl- und Bewertungslagen in der Rechtsanwendung, die nur mittels administrativer Erwägungen ökonomischer Sachgerechtigkeit bewältigt werden können. Auch im Falle einer möglichst restriktiven Auslegung des Konzepts wirtschaftlicher Komplexität werden die Gerichte gezwungen sein, der Kommission Beurteilungsspielräume beschränkter richterlicher Überprüfbarkeit zuzuerkennen, wenn sie dem Konzept der wirtschaftlichen Komplexität nicht jegliche Unterscheidungskraft nehmen wollen.

Defizite gerichtlicher Kontrolle, die durch die Umkehr des Regel-Ausnahme-Verhältnisses entstehen, lassen sich unter Beibehaltung der bisherigen Grundsätze zur beschränkten gerichtlichen Kontrolle bei wirtschaftlicher Komplexität nicht im Wege einer systemimmanenten Anpassung beseitigen. Um zu verhindern, dass die Kommission hinsichtlich des Vorliegens der einer Wettbewerbsrechtsverletzung nicht mehr nur ausnahmsweise, sondern regelmäßig über einen Beurteilungsspielraum verfügt – zumindest aber, um trotz dieser Entwicklung den Erfordernissen wirksamer Verwaltungskontrolle ausreichend Rechnung tragen zu können –, müssen die Gerichte auf Ansätze zurückgreifen, die außerhalb des Rahmens der Rechtsprechung zum Merkmal der wirtschaftlichen Komplexität liegen.

Im Zusammenhang mit den Voraussetzungen beschränkter gerichtlicher Kontrolle im ökonomisierten Wettbewerbsrecht werden im Folgenden zwei Einzelaspekte betrachtet, die die zukünftige Handhabung des Regimes beschränkter Kontrolle in der einen oder anderen Weise mitbestimmen dürften. Gegen die Gefahr einer Ausweitung gerichtlich nur begrenzt überprüfbarer Rechtsanwendungen der Kommission lassen sich über allgemeine Erwägungen des effektiven Rechtsschutzes hinaus gegebenenfalls auch Prinzipien des Straf- und Strafverfahrensrechts sowie Überlegungen zu den prinzipiellen organisationsrechtlichen Verbürgungen der Union in Stellung bringen, die es erlauben, wichtige Ausschnitte aus den übergeordneten Fragenkreisen von Ökonomisierung und Sanktion sowie Ökonomisierung und institutionelles Gleichgewicht zu beleuchten.

(a) Administrative Übermacht und institutionelles Gleichgewicht

Das unionsrechtliche Prinzip des institutionellen Gleichgewichts gebietet es, dass die Unionsorgane ihre Befugnisse unter Beachtung der Befugnisse der anderen Organe ausüben.[833] Die konsequente Ökonomisierung der Rechtsanwendung durch die Kommission als Ausdruck ihres Mandats zur administrativen Durchsetzung des Wettbewerbsrechts – so die Hypothese dieses Untersuchungsabschnitts – erschwert die wirksame gerichtliche Kontrolle ihrer Wettbewerbsentscheidungen und damit die Aufgabenwahrnehmung des Gerichtes der Europäischen Union nach dem Prinzip des institutionellen Gleichgewichts.[834]

Mit dem Konzept wirtschaftlicher Komplexität knüpft die Rechtsprechung das Eingreifen der Grundsätze verringerter Kontrolldichte an die tatsächlichen Voraussetzungen des Zustandekommens einer Wettbewerbsentscheidung.[835] Mittels einer wirtschaftlichen Betrachtung des relevanten Verhaltens wirkt die Kommission auf diese Entscheidungsvoraussetzungen in einer Weise ein, die sie in den Anwendungsbereich der wirtschaftlichen Komplexität rückt. Das Ziel, die wettbewerbliche Realität in ihrer wettbewerbsrechtlichen Entscheidung möglichst präzise zu berücksichtigen, erreicht sie, indem sie die jeweilige Unternehmenshandlung einer eingehenden Analyse ihrer positiven und negativen Wettbewerbswirkungen zugänglich macht. Diese Zielsetzung möchte die Kommission mit der Einführung zahlreicher Auswahl-, Entscheidungs- und Bewertungselemente bewerkstelligen, die nur unter Einsatz administrativer Erwägungen ökonomischer Sachgerechtigkeit im Sinne der wirtschaftlichen Komplexität zu bewerkstelligen sind. Die jüngeren Leitlinien zeigen, dass die Kommission in sämtlichen Bereichen derartige Analyserahmen bereits eingeführt hat.

833 Vgl. EuGH, Rs. C-70/88, Parlament, Slg. 1990, I-02041, Rn. 21 f.; EuGH, Rs. C-95/97, Région wallonne, Slg. 1997 I-01787, Rn. 6. Vgl. zur problematischen dogmatischen Einordnung *A. Fritzsche*, Ermessen und institutionelles Gleichgewicht, 2008, S. 139 f. Allg. zu Gewaltenteilung und Funktionenverschränkung in der EU, *M. Nettesheim* in T. Oppermann/C.-D. Classen/M. Nettesheim (Hrsg.), Europarecht, 5. Aufl. 2011, S. 34 ff.

834 EuGH, Rs. 415/85, Kommission/Irland, Slg. 1988, 3097, Rn. 8 f.

835 Zu vergrößerten Entscheidungsspielräumen der Kommission als Folge verstärkter ökonomischer Analyse *D. Zimmer*, Das neue Untersagungskriterium der EU-Fusionskontrollverordnung, ZWeR 2004, S. 250, 264 sowie *M. Dreher/M. Adam*, The more economic approach to Art. 82 and the legal process, ZWeR 2006, S. 268 f., und *U. Immenga/E.-J. Mestmäcker*, in dies. (Hrsg.), Europäisches Kartellrecht, 2012, Einl., D. Der „stärker wirtschaftliche Ansatz" in der Leitlinienpolitik der Kommission, Rn. 34.

Im Hinblick auf die Voraussetzungen der gerichtlichen Verwaltungskontrolle bedeutet das erstens, dass die Kommission es im Grunde in der Hand hat, die tatsächlichen Voraussetzungen des Zustandekommens einer Entscheidung zu bestimmen und damit über die Frage zu entscheiden, ob ihre Feststellungen einer begrenzten oder umfassenden Gerichtskontrolle unterzogen werden; und zweitens, dass sie von dieser Möglichkeit umfassend Gebrauch machen wird, da von diesem Element der Rechtsanwendung die erfolgreiche Durchsetzung des more economic approach abhängt. Zu fragen ist, ob diese Möglichkeit, auf die Intensität gerichtlicher Kontrolle einzuwirken, sowie ihr umfassender Einsatz mit dem Zweck der Verwaltungskontrolle vereinbar sind, der auch darin besteht, entsprechend den Erfordernissen des institutionellen Gleichgewichts eine Übermacht der Verwaltung zu verhindern.

Es konnte dargelegt werden, dass die von der Kommission angestrebten Prinzipien der Rechtsanwendung eine systematische Ausweitung solcher Entscheidungslagen voraussetzen, die nach den bisherigen Grundsätzen der wirtschaftlichen Komplexität auch in solchen Bereichen zur regelmäßigen Zurücknahme der Kontrolldichte führen, wo eine regelmäßige Einschränkung der Kontrolldichte mit dem Prinzip des effektiven Rechtsschutzes nicht vereinbar ist. Es ist kaum vorstellbar, dass die Gerichte dieses Problem innerhalb einer Modifikation der Voraussetzungen beschränkter Kontrolle bewältigen können. Es wurde bereits aufgezeigt, dass administrative Wertentscheidungen den Kern dessen bilden, was der gerichtlichen Kontrolle in jedem Fall entzogen ist. Angesichts der oben dargestellten Grenzen einer systemimmanenten Neuausrichtung durch ein restriktives Verständnis wirtschaftlicher Komplexität birgt der more economic approach jedenfalls die Gefahr einer systematischen Verschiebung innerhalb des institutionellen Zusammenspiels von Verwaltung und Gerichten in der Ordnung der Wettbewerbsrechtsdurchsetzung hin zu einer administrativen Übermacht der Kommission.[836] Vor diesem Hintergrund erscheint eine Beurteilung der Ökonomisierung nach dem Prinzip des institutionellen Gleichgewichts jedenfalls nicht ausgeschlossen.

Im institutionellen Verhältnis von Kommission und Gerichten wurde dieser Grundsatz bisher noch nicht in dieser Richtung angewandt.[837] Es ist auch nur schwer vorstellbar, dass die Gerichte diesen Grundsatz zugunsten einer wirk-

836 Dies gilt im Besonderen für die Untersuchungen zu den Voraussetzungen der Wettbewerbsrechtsverletzung im Bereich der Kartellverbote und der Missbrauchskontrolle.

837 Dagegen wurde dieses Prinzip schon angewandt, um einen Mindestbereich administrativer Letztentscheidung zu sichern, zuletzt etwa GA *A. Tizzano*, Schlussanträge in der Rs. C-12/03 P, Tetra Laval, Slg. 2005, I-987, Rn. 86 ff.; vgl. hierzu etwa *A. Fritzsche*, Ermessen und institutionelles Gleichgewicht, 2008, S. 142.

samen gerichtlichen Kontrolle und damit sozusagen in eigener Sache in Stellung bringen. Nicht auszuschließen ist dagegen, dass sich dementsprechende Erwägungen in der praktischen Handhabung der Grundsätze der Verwaltungskontrolle niederschlagen: In der Vergangenheit trat das Bestreben des Gerichtshofes mitunter deutlich zutage, stets im Stande zu sein, durch akzentuierte Handhabung der Verwaltungskontrolle ausgleichend auf Tendenzen wachsender Verwaltungsmacht im Wettbewerbsrecht einzuwirken.

Am deutlichsten bringt Generalanwalt *Cosmas* diese Haltung im Zusammenhang mit der Rechtsprechung zum Begriff des offensichtlichen Beurteilungsfehlers zum Ausdruck: „In Wirklichkeit aber bezweckt die Rechtsprechung nicht, die Bandbreite der Entscheidung des Gemeinschaftsrichters über den materiellen Streitgegenstand einzuschränken, sondern diesem die Möglichkeit zu sichern, Herr seiner eigenen Tätigkeit zu bleiben, indem er den Umfang seiner Untersuchungen in jedem konkreten Fall selbst festlegt."[838] Dieses Verständnis lag in der Vergangenheit erkennbar auch der Rechtsprechung zum Merkmal wirtschaftlicher Komplexität zugrunde. Wann eine komplexe wirtschaftliche Bewertung vorzunehmen ist, so wurde angesichts der wohl beabsichtigten Unschärfe des Begriffs prägnant formuliert, „bestimmt allein das Gericht im konkreten Fall".[839]

Die gegenwärtigen Grundsätze zur gerichtlichen Kontrolle ökonomischer Beurteilungen der Kommission im Wettbewerbsrecht entstanden offenbar in einem wettbewerbspolitischen Kontext, in dem es nicht vorstellbar erschien, dass die Kommission einmal selbst die Initiative zu einer bereichsübergreifenden Öffnung der wettbewerbsrechtlichen Eingriffstatbestände für die ausschließliche Berücksichtigung der tatsächlichen wettbewerblichen Bedeutung unternehmerischer Verhaltensweisen ergreifen würde. Tatsächlich war die Kommission in der Vergangenheit in aller Regel bemüht, zum Zwecke besserer Schlagkraft der Verbotsregeln Auslegungskonzepte durchzusetzen, die einen vergleichsweise höheren Abstraktionsgrad erlauben. Auch heute wird gelegentlich auf die wettbewerbspolitische Paradoxie des more economic approach hingewiesen, die darin liegt, dass die Kommission in erster Linie die Vor-

838 GA *G. Cosmas*, Schlussanträge zu Rs. C-83/98P, Ladbroke, Fn. 3; in diese Richtung gehen auch die Äußerungen des Richters *B. Vesterdorf*, Standard of Proof in Merger Cases: Reflections in the light of recent Case Law of the Community Courts, ECJ 2005, S. 18, wonach der Begriff der „Offenkundigkeit" eine gewisse Flexibilität der gerichtlichen Kontrolle erlaubt; vgl. m. w. N. *A. Fritzsche*, Ermessen und institutionelles Gleichgewicht, 2008, S. 132, Fn. 803 f.

839 *J. Schwarze*, Judicial Review of European Administrative Procedure, Public Law 2004, S. 146, 161.

aussetzungen ihrer vertragsmäßig zuerkannten Hauptaufgabe der wirksamen Durchsetzung des Wettbewerbsrechts erheblich erschwert.

Das mitunter ungenügend ausgebildete Bewusstsein für die besondere institutionell-rechtliche Dimension der Herausforderungen einer ökonomisierten Rechtsanwendung zur Gewährleistung einer wirksamen Verwaltungskontrolle kommt bei einer Betrachtung der Begründung richterlicher Zurückhaltung bei wirtschaftlicher Komplexität in der Frühphase des gemeinschaftlichen Wettbewerbsrechts im Lichte der heutigen Kommissionspraxis zum Tragen. In der Rechtssache *Consten* begründet der Gerichtshof die gerichtliche Zurückhaltung mit den „schwierigen Wertungen wirtschaftlicher Sachverhalte, zu denen die Kommission im Verfahren auf Befreiung vom Kartellverbot *genötigt ist* (H. d. V.)".[840] Noch im *Langnese*-Urteil spricht das Gericht von den „Feststellungen, die *notwendigerweise* (H. d. V.) mit komplexen Wertungen wirtschaftlicher Art verbunden sind".[841] In diesen Ausführungen kommt ein Verständnis der Gerichte seinerzeit zum Ausdruck, nach dem die Voraussetzung wirtschaftlicher Komplexität einen äußeren Umstand der behördlichen Entscheidungsfindung darstellt, der mitnichten von den Analysemaßstäben der Kommission selbst veranlasst wurde, sondern vielmehr von der Kommission entgegen ihren Interessen an einer wirksamen Durchsetzung der Wettbewerbsregeln zu überwinden ist.

Wenn man den Gerichtshof hier beim Wort nimmt, sind offenbar die spezifischen administrativen Sachzwänge bei der Anwendung von Normen mit ökonomischem Regelungsgegenstand mit ausschlaggebend für die Annahme wirtschaftlicher Komplexität. Angesichts der aktiven Gestaltung der Rechtsanwendung nach den Prinzipien der ökonomischen Wirkungsanalyse im Einzelfall dürfte heute die richterliche Zurückhaltung gegenüber der Würdigung komplexer wirtschaftlicher Sachverhalte nur schwer mit derartigen administrativen Sachzwängen zu begründen sein. Vielmehr zeigt sich an diesen Rechtsprechungsformeln im Lichte der heutigen Praxis der Kommission, dass den Richtern seinerzeit nicht hinreichend bewusst war, dass man die administrative Analyse von Verhaltensweisen, die nach bisheriger Praxis nicht Gegenstand komplexer Beurteilungen waren, durch die Einführung verfeinerter Analysemethoden auf der Grundlage anspruchsvollerer Beurteilungsmaßstäbe nahezu beliebig komplex gestalten kann.

840 EuGH, verb. Rs. 56 u. 58/64, Grundig/Consten, Slg. 1966, S. 325.

841 Vgl. zuletzt EuG, Rs. T-7/93, Langnese, Slg. 1995 II-1533, 1596, Rn. 60 ff.; Rn. 178, zu Feststellungen der Kommission, „die notwendigerweise mit komplexen Wertungen wirtschaftlicher Art verbunden" sind.

Eine andere Erscheinungsform des fehlenden Problembewusstseins für die institutionell-rechtliche Dimension des Konzepts wirtschaftlicher Komplexität kann in der unterschiedslosen Verwendung der Formeln von der *Beurteilung komplexer wirtschaftlicher Gegebenheiten* (o. ä.) auf der einen und der *Vornahme komplexer Wertungen wirtschaftlicher Art* (o. ä.) gesehen werden. Je nach sprachlicher Wendung bezieht sich der Begriff Komplexität entweder auf den Sachverhalt selbst oder auf den Maßstab seiner Analyse. Im Lichte der gegenwärtigen Auseinandersetzung wäre diese Unterscheidung ein wichtiger Ansatzpunkt für die gerichtliche Bewältigung des problematischen Zusammenhangs von more economic approach und dem Konzept wirtschaftlicher Komplexität.

(b) Beschränkte gerichtliche Kontrolle ökonomischer Analysen und Kartellsanktion

Im Anwendungsbereich der vertraglichen Wettbewerbsregeln hat die Festlegung von Ausmaß und Grenzen des Bereichs verringerter gerichtlicher Kontrolle administrativer Beurteilungsspielräume eine besondere rechtsstaatliche Dimension, deren prinzipielle Problematik im folgenden Untersuchungsabschnitt aufgezeigt werden soll.[842] Wirksame gerichtliche Verwaltungskontrolle ist insbesondere gegenüber solchen Verbotsentscheidungen eine wesentliche Voraussetzung für die Gewährleistung effektiven Rechtsschutzes, die Grundlage für die Verhängung von Bußgeldern sind.[843] Mittlerweile verfügt die Union über ein umfassendes System kartellrechtlicher Sanktionen,[844] auf

842 Vgl. zum Folgenden die Überlegungen des EuG Richters *N. Forwood*, The Commission's „more economic approach" – implications for the role of the EU Courts, the Treatment of Economic Evidence and the Scope of Judicial Review, in C.-D. Ehlermann/M. Marquis (Hrsg.), Evaluation of Evidence and its Judicial Review in Competition Cases, European Competition Law Annual 2009, S. 255, 265 f., die hier in Einzelpunkten aufgegriffen werden.

843 Zum Zusammenhang von effektivem Rechtsschutz und administrativen Sanktionsmaßnahmen in der Rechtsprechung vgl. *M. Jaeger*, Standard of review in competition cases: can the General Court increase coherence in the European Union judicial System", in T. Baumé (Hrsg.), Today's multi-layered legal order, Liber Amicorum A. Meij, S. 115 ff.

844 Die gesetzliche Grundlage bildet die VO 1/2003, insbes. Art. 23 der VO; die Kommission hat die Modalitäten ihrer Bußgeldpraxis leitlinienmäßig festgelegt, vgl. Leitlinien für das Verfahren zur Festsetzung von Geldbußen ABl. Nr. C 9 vom 14.01.1998, S. 3 ff.; abgedruckt bei *J. Schwarze/A. Weitbrecht*, Grundzüge des europäischen Kartellverfahrensrechts, 2004, Anhang Nr. 11, und in ihrer überarbeiteten Fassung ABl. 2006, Nr. C 210, S. 2 ff.; Mitteilung der Kommission v. 28.06.2006, IP/06/857; Mitteilung über den Erlass oder die Ermäßigung von Geldbußen in Kar-

dessen Grundlage die Kommission Bußgelder bis zu zehn Prozent des weltweiten Umsatzes der betroffenen Unternehmen verhängen können.[845] Formal handelt es sich bei diesen Sanktionen um Verwaltungsmaßnahmen, die im Rahmen eines Verwaltungsverfahrens durch ein Exekutivorgan festgesetzt werden.[846] Gleichwohl kommt der Berücksichtigung rechtsstaatlicher Gewährleistungen in der Rechtsprechung angesichts des zumindest strafrechtsähnlichen Charakters der Kartellsanktionen ein besonderer Stellenwert zu.[847]

Ausdruck der besonderen Bedeutung effektiver gerichtlicher Verwaltungskontrolle auf dem Feld des europäischen Kartellsanktionsrechts ist unter vielem anderen die Errichtung eines Regimes der umfassenden gerichtlichen Überprüfung von Bußgeldentscheidungen.[848] In einer nach den Prinzipien der ökonomischen Wirkungsanalyse im Einzelfall gestalteten Rechtsanwendung bei unveränderter Anwendung des Konzepts wirtschaftlicher Komplexität ist nicht auszuschließen, dass der Kommission in Zukunft auch in solchen Regelungsbereichen regelmäßig administrative Beurteilungsspielräume verringer-

tellsachen ABl. Nr. C 45 v. 19.02.2002, S. 3 ff.; abgedruckt bei *J. Schwarze/A. Weitbrecht*, Grundzüge des europäischen Kartellverfahrensrechts, 2004, Anhang Nr. 12; vgl. eingehend zu den Grundzügen des kartellrechtlichen Sanktionssystems der EU und seiner praktischen Bedeutung in der Gegenwart, *J. Schwarze*, Europäisches Wirtschaftsrecht, 2007, S. 118 ff.

845 Art. 23 Abs. 2 der VO (EG) Nr. 1/2003; in der Praxis zeigt sich deutlich die Bereitschaft der Kommission, den Bußgeldrahmen im Einzelfall vollständig auszuschöpfen, vgl. *J. Schwarze*, Europäisches Wirtschaftsrecht, 2007, insbes. Fn. 422.

846 Vgl. VO (EG) Nr. 1/2003 in Art. 23 Abs. 5; kritisch zu dieser Einordnung im Hinblick auf die rechtsstaatlichen Grenzen der Qualifikation als Verwaltungsmaßnahmen *J. Schwarze*, Rechtsstaatliche Grenzen der gesetzlichen und richterlichen Qualifikation von Verwaltungssanktionen im europäischen Gemeinschaftsrecht, EuZW 2003, S. 261 ff.

847 Vgl. zum strafrechtlichen Bestimmtheitsgrundsatz etwa EuGH, Rs. 117/83, Könnecke/Balm, Slg. 1984, S. 3291, Rn. 11; „Keine Strafe ohne Gesetz“ , EuGH, Rs. C-60/02, „Strafverfahren gegen X“, Slg. 2004, I-651, Rn. 6; Unschuldsvermutung EuGH, Rs. C-199/92 P, Hüls/Kommission, Slg. 1999, I-4287, Rn. 149 f.; ebenso EuGH, Rs. C-235/92 P, Montecatini/Kommission, Slg. 1999, I-4539, Rn. 175 f.; sowie zum Rückwirkungsverbot und der grundlegenden Verteidigungsrechte etwa EuG, Rs. T-16/99, Lögstör Rör/Kommission, Slg. 2002, II-1633, Rn. 215 ff.; EuG, Rs. T-220/00, Cheil Jedang/Kommission, Slg. 2003, II-2473, Rn. 43 f.; EuG, Urt. v. 29.11.2005, Rs. T-64/02, Heubach/ Kommission, noch nicht in der amtl. Slg., Rn. 205 ff.; EuGH, Rs. C-397/03 P, Archer Daniels Midland/Kommission, Slg. 2006, I-4429, Rn. 15 ff. Vgl. ausführlich zum Stellenwert der Europäischen Grundrechtecharta im europäischen Kartellverfahrensrecht, *J. Schwarze*, Europäisches Wirtschaftsrecht, 2007, S. 121 ff.

848 Vgl. Art. 261 AEUV u. Art. 31 VO (EG) Nr. 1/2003; dazu *F. Schmidt*, Die Befugnis des Gemeinschaftsrichters zu unbeschränkter Ermessensnachprüfung, Diss., Baden-Baden 2004.

ter gerichtlicher Überprüfbarkeit zukommen, in denen dies bisher nur in wenigen Ausnahmefällen der Fall war.[849]

Dies gilt insbesondere für die Untersuchungen der Kommission zum Vorliegen einer Wettbewerbsbeschränkung nach Art. 101 Abs. 1 AEUV und im Rahmen der Missbrauchskontrolle.[850] Jenseits der prinzipiellen Bedenken, die gegenüber dieser Entwicklung im Hinblick auf die Erfordernisse wirksamer Verwaltungskontrolle bestehen, stellt sich die Frage, ob das Prinzip des effektiven Rechtsschutzes hinreichend Berücksichtigung findet gegenüber einer Praxis erweiterter administrativer Spielräume auch bei solchen Entscheidungen der Kommission, die die Grundlage für Kartellsanktionen bilden.

Eine solche Konstellation ist nicht lediglich theoretisch vorstellbar. Wenngleich die wettbewerbspolitischen Äußerungen der Kommission mitunter so zu verstehen sind, dass die Prinzipien ökonomischer Wirkungsanalyse im Einzelfall vorrangig jenseits sogenannter hard-core-Beschränkungen Anwendung finden,[851] deuten die ersten Praxiserfahrungen auf die Bereitschaft der Kommission hin, auch solche unternehmerischen Verhaltensweisen einer verstärkten ökonomischen Betrachtung zu unterziehen, die zum Bereich schwerwiegender Kartellrechtsverletzungen im Sinne von hard-core-Verstößen zählen und Grundlage einer Sanktion sein können. Etwa in den Fällen *Intel* und *Microsoft* hat die Kommission weit reichende Bußgeldentscheidungen an Missbrauchsentscheidungen geknüpft, die unter Einbeziehung eingehender Analysen der Auswirkungen eines konkreten Marktverhaltens zustande gekommen sind.[852] Angesichts dieser Vorgehensweise ist davon auszugehen,

849 Im Ergebnis ebenso *N. Forwood,* The Commission's „more economic approach" – implications for the role of the EU Courts, the Treatment of Economic Evidence and the Scope of Judicial Review, in C.-D. Ehlermann/M. Marquis (Hrsg.), Evaluation of Evidence and its Judicial Review in Competition Cases, European Competition Law Annual 2009, S. 255 ff.

850 Den Grundsatz umfassender Nachprüfung zuletzt etwa betonend, EuG T-168/01, GlaxoSmithKline, Slg. 2006, II-02969, Rn. 57; EuG, Rs. T-201/04, Microsoft, Slg. 2007, II-03601, Rn. 87.

851 Vgl. zur Haltung der Kommission *U. Immenga/E.-J. Mestmäcker*, in dies. (Hrsg.), Europäisches Kartellrecht, 2012, Einl., D. Der „stärker wirtschaftliche Ansatz" in der Leitlinienpolitik der Kommission, Rn. 3.

852 Vgl. etwa auch die Pressemitteilung der Kommission zur Entscheidung in der Sache Tomra, PM IP/06/398, Brüssel, den 29. März 2006. Die Kommission hat gegen das Unternehmen wegen schwerwiegender Zuwiderhandlung gegen das Wettbewerbsrecht ein Bußgeld verhängt. Dabei hat sie ihre Entscheidung zwar im Ergebnis auf Untersuchungen zur Missbräuchlichkeit des Verhaltens nach der formalistischen Betrachtungsweise gestützt, die der bisherigen Rechtsprechung zur Fallgruppe der Treuerabatte zugrunde lag. Jedenfalls ergänzend führte sie indes eine umfassende Analyse der konkreten Marktwirkungen der Rabattpraxis Tomras' durch, vgl. o. E.II.2.

dass sich die Gerichte künftig mit dem Ausmaß und den Grenzen eingeschränkter richterlicher Kontrolle im ökonomisierten Kartellrecht auch in Fallgestaltungen auseinandersetzen müssen, in denen die Kommissionsentscheidung Anknüpfungspunkt für die Verhängung von Kartellbußen ist.[853] Unter diesen Umständen entsteht ein Fragenkreis, in dessen Mittelpunkt das problematische rechtsstaatliche Verhältnis von Ökonomisierung und kartellrechtlicher Sanktion steht.

Als rechtlicher Ausgangspunkt einer differenzierenden Handhabung des Konzepts wirtschaftlicher Komplexität wird der Grundgedanke des Art. 23 VO Nr. 1/2003 genannt, der eine umfassende gerichtliche Überprüfung der administrativen Ermessensausübung bei der Verhängung von Bußgeldern anordnet.[854] Der hier zum Ausdruck kommende Grundsatz eines besonderen Rechtsschutzbedürfnisses des Bußgeldadressaten gegenüber der Verwaltungsentscheidung kann zumindest dem Gedanken nach auch auf die Verbotsentscheidung übertragen werden, die die Rechtsgrundlage für die Geldbuße darstellt. Danach wäre trotz der Annahme eines administrativen Beurteilungsspielraums aufgrund der wirtschaftlichen Komplexität der wettbewerblichen Erwägungen zur Wettbewerbswidrigkeit einer ein- oder zweiseitigen Verhaltensweise eine umfassende gerichtliche Nachprüfung zulässig, bei der der Richter seinen Standpunkt an jenen der Kommission setzt.[855] Die gesonderte

853 Diese Einschätzung ist etwa dem literarischen Beitrag des Richtes des Gerichts erster Instanz *N. Forwood*, The Commission's „more economic approach" – implications for the role of the EU Courts, the Treatment of Economic Evidence and the Scope of Judicial Review, in C.-D. Ehlermann/M. Marquis (Hrsg.), Evaluation of Evidence and its Judicial Review in Competition Cases, European Competition Law Annual 2009, S. 255 ff. zu entnehmen.

854 *N. Forwood*, The Commission's „more economic approach" – implications for the role of the EU Courts, the Treatment of Economic Evidence and the Scope of Judicial Review, in C.-D. Ehlermann/M. Marquis (Hrsg.), Evaluation of Evidence and its Judicial Review in Competition Cases, European Competition Law Annual 2009, S. 255 ff. Vgl. zu den Grundlagen der richterlichen Kontrollbefugnis Art. 261 AEUV u. Art. 31 VO (EG) Nr. 1/2003; dazu *F. Schmidt*, Die Befugnis des Gemeinschaftsrichters zu unbeschränkter Ermessensnachprüfung, Diss., Baden-Baden 2004. Zur Befugnis sowie zur Verpflichtung des Gerichts zur eingehenden Nachprüfung jüngst GA *M. Wathelet,* Schlussanträge in der Rs. C-295/12 P, Telefónica SA und Telefónica España SAU, 26. 09. 2013, noch nicht in der amtl. Slg.

855 Zu beachten ist in diesem Zusammenhang die Entscheidung des Europäischen Gerichtshofs für Menschenrechte zu Art. 47 EGMR, EGMR, 27.9.2011, Application Nr. 43509/08, Menarini/Italien, in der Gerichthof hervorhebt, dass die Voraussetzungen des Art. 47 EGRC zwar selbst dann gegeben sein können, wenn das Gericht nicht die Befugnis hat, sich an die Stell der unabhängigen, über ein Ermessen verfügenden Verwaltungsbehörde zu setzen, Rn. 63 ff, wohingegen Richter *P. di Albuquerque* in einem Sondervotum das Fehlen einer vollständigen Ersetzungsbefugnis kritisierte, vgl. hierzu *W. Frenz*, Grundrechtlich geprägte Kontrolldichte im EU-

Vorgehensweise der Gerichte gegenüber sanktionsbewehrten Wettbewerbsentscheidungen ließe sich ebenso auf die in der Grundrechtecharta verankerten Strafverfahrensgarantien stützen, die die Unionsorgane auch im Wettbewerbsrecht umfassend binden.[856] In diesem Zusammenhang wirft etwa der gegenwärtige Präsident des Gerichts erster Instanz in einem wissenschaftlichen Beitrag die Frage auf, ob den Erfordernissen einer unabhängigen und unvoreingenommenen gerichtlichen Nachprüfung auch gegenüber einer Kommissionsentscheidung genüge getan wurde, die gerichtlich nur begrenzt überprüfbare administrative Beurteilungsspielräume enthält.[857] Einen weiteren leitenden Gesichtspunkt der künftigen gerichtlichen Anwendung des Konzepts wirtschaftlicher Komplexität könnten die Erfordernisse der Vorhersehbarkeit und Bestimmtheit von Sanktionen nach Art. 7 ECHR darstellen.[858]

Solche Überlegungen finden in der bisherigen Rechtsprechungspraxis, soweit erkennbar, keine Entsprechung. In der Rechtsprechung zu den Bedingungen wirtschaftlicher Komplexität wird eine wertungsmäßige Unterscheidung von Regulierungs- und Bußgeldentscheidungen nicht ausdrücklich genannt.[859] Anhaltspunkte für eine Bereitschaft der Gerichte, diese Gesichtspunkte in die Handhabung ihres Kontrollregimes wertungsmäßig einfließen zu lassen, ergeben sich allenfalls aus einer empirischen Betrachtung der Entscheidungspraxis. So ist in der Rechtsprechung eine gewisse Tendenz der Gerichte erkenn-

Wettbewerbsrecht, EWS 2013, S. 123 ff. Die Entscheidung Gerichtshofes ist so zu verstehen, dass der der Kommission zugestandene Wertungsspielraum jedenfalls nicht soweit ausgedehnt werden darf, dass Art. 47 EGRC verletzt wird, vgl. hierzu *W. Frenz*, Grundrechtlich geprägte Kontrolldichte im EU-Wettbewerbsrecht, EWS 2013, S. 124. Und es stellt sich die Frage, ob diese Voraussetzungen gegenüber solchen nach Maßgaben des more economic approach zustandekommenden Wettbewerbsentscheidungen der Kommission zu gewährleisten sind.

856 Art. 7 (1) EGRC.

857 *N. Forwood*, The Commission's „more economic approach“ – implications for the role of the EU Courts, the Treatment of Economic Evidence and the Scope of Judicial Review, in C.-D. Ehlermann/M. Marquis (Hrsg.), Evaluation of Evidence and its Judicial Review in Competition Cases, European Competition Law Annual 2009, S. 255 ff.

858 Auch hierzu *N. Forwood,* The Commission's „more economic approach“ – implications for the role of the EU Courts, the Treatment of Economic Evidence and the Scope of Judicial Review, in C.-D. Ehlermann/M. Marquis (Hrsg.), Evaluation of Evidence and its Judicial Review in Competition Cases, European Competition Law Annual 2009, S. 255 ff., mit Verweis auf EuGH, Rs. C-266/06 P, Evonik Degussa, Slg. 2008, I-00081, Rn. 37 ff.

859 Vgl. auch *N. Forwood*, The Commission's „more economic approach“ – implications for the role of the EU Courts, the Treatment of Economic Evidence and the Scope of Judicial Review, in C.-D. Ehlermann/M. Marquis (Hrsg.), Evaluation of Evidence and its Judicial Review in Competition Cases, European Competition Law Annual 2009, S 255 ff.

bar, Erwägungen der wirtschaftlichen Komplexität vorzugsweise gegenüber solchen Entscheidungen zuzulassen, die nicht mit einer Geldbuße einhergehen.[860] Mit der systematischen Zunahme diskretionärer Entscheidungselemente im Zuge des more economic approach und damit jener Entscheidungslagen, die die Eigenschaften wirtschaftlicher Komplexität aufweisen, wird eine prinzipielle Klärung dieser Frage erstmals praktisch bedeutsam, und es ist vorstellbar, dass sich die genannten Gesichtspunkte strafverfahrensrechtlicher Garantie in einer entsprechend nuancierten Anwendung des Konzepts wirtschaftlicher Komplexität niederschlagen.

b) Problem 2: Maßstäbe der Kontrolle administrativer Wettbewerbsanalysen

Eine für die Herstellung des Gleichgewichts von Verwaltungsprärogative und Rechtsschutz im Rahmen gerichtlicher Kontrolle der Wettbewerbsentscheidungen der Kommission zumindest ebenso bedeutsame Funktion kommt den Maßstäben zu, anhand derer die Gerichte die Wettbewerbsanalysen der Kommission bei verringerter Kontrolldichte überprüfen. Auch in diesem Regelungszusammenhang der Verwaltungskontrolle führt eine am more economic approach ausgerichtete Rechtsanwendung zu Erscheinungsformen der ökonomischen Analyse, denen gegenüber eine gerichtliche Überprüfung mittels der Kontrollmaßstäbe in ihrer bisherigen Gestalt nicht ohne weiteres zu bewältigen ist, ohne hinter den rechtsstaatlichen Erfordernissen wirksamer Verwaltungskontrolle zurückzubleiben. Mittels Marktwirkungsanalysen sollen dem zugrunde liegenden Sachverhalt wesentlich spezifischere Aussagen entnommen werden, als dies bislang der Fall war, weshalb erheblich anspruchsvollere Analyseinstrumente eingesetzt werden. Der Analyseaufwand wird höher, außerdem vervielfältigen sich die Prämissen der zu erstellenden Hypothese der Marktwirkungen.

All diese Faktoren tragen dazu bei, dass sich die Fehleranfälligkeit der Analyse beträchtlich erhöht. Trotz gleichbleibender Intensität der Kontrolle käme es so zu einer Verringerung der Wirksamkeit der gerichtlichen Kontrolle. Während die Rechtsprechung zum Konzept der wirtschaftlichen Komplexität als *Voraussetzung* der Kontrolldichtebegrenzung trotz des problematischen Verhältnisses zur Ökonomisierung bislang keine konkreten Anhaltspunkte für

860 So *N. Forwood*, The Commission's „more economic approach" – implications for the role of the EU Courts, the Treatment of Economic Evidence and the Scope of Judicial Review, in C.-D. Ehlermann/M. Marquis (Hrsg.), Evaluation of Evidence and its Judicial Review in Competition Cases, European Competition Law Annual 2009, S. 255 ff.

ein korrigierendes Eingreifen aufweist, dokumentiert die jüngere und jüngste Rechtsprechung zu den *Maßstäben* verringerter Kontrolldichte eine bemerkenswerte Entwicklung zunächst in ihrer praktischen Handhabung und später in ihrer inhaltlichen Fortbildung als konkrete Reaktion auf die Herausforderungen des more economic approach.

In der Vergangenheit war die gerichtliche Kontrolle von Beurteilungen komplexer wirtschaftlicher Gegebenheiten durch die Kommission nach ständiger Rechtsprechung inhaltlich neben einer umfassenden Prüfung auf die Einhaltung der Vorschriften über das Verfahren und die Begründung sowie der zutreffenden und vollständigen Feststellung des Sachverhalts im Wesentlichen auf das Vorliegen offensichtlicher Beurteilungsfehler beschränkt.[861] Dabei wurde das Leitprinzip gleichgewichtiger Berücksichtigung von Verwaltungsdomäne und effektivem Rechtsschutz in der Hauptsache durch die Rechtsprechung zum Merkmal des offensichtlichen Beurteilungsfehlers und seiner nuancierenden Anwendung in der Praxis verwirklicht. Diesem liegt das Verständnis zugrunde, dass sich die Kommission auch dort, wo sie im Rahmen wirtschaftlich komplexer Beurteilungen über einen administrativen Entscheidungsfreiraum verfügt, an einen gewissen Standard sachlicher Richtigkeit halten muss. Dieser Standard war indes gekennzeichnet von offenbar absichtsvoller inhaltlicher Unbestimmtheit. Im Bestreben, sich nicht allzu deutlich auf einen bestimmten Umfang der Kontrolldichte festzulegen, sondern stattdessen – entsprechend dem Leitgedanken der ausgleichenden Steuerung – jene Voraussetzungen zu erhalten, unter denen die Gerichte angesichts sich verschiebender Gewichte flexibel im Sinne einer gleichgewichtigen Berücksichtigung administrativer Letztentscheidungsinteressen und den Erfordernissen des Rechtsschutzes durch die Akzentuierung ihrer Kontrollpraxis nach Bedarf einwirken können, wurde dieser Maßstab für den Bereich der vertraglichen Kartellregeln nicht nennenswert konkretisiert. Am deutlichsten bringt Generalanwalt *Cosmas* diese Haltung zum Ausdruck, dem zufolge die Rechtsprechung zum offensichtlichen Beurteilungsfehler in Wirklichkeit bezweckt, dem Gerichtshof „die Möglichkeit zu sichern, Herr seiner eigenen Tätigkeit zu bleiben, indem er den Umfang seiner Untersuchungen in jedem konkreten Fall selbst festlegt".[862]

861 EuGH, Rs. 42/84, Remia, Slg. 1985, 2545, Rn. 34, und EuGH, verb. Rs. 142/84 und 156/84, BAT und Reynolds, Slg. 1987, 4487, Rn. 62. EuGH, verb. Rs. C-204/00 P, C-205/00 P, C-211/00 P, C-213/00 P, C-217/00 P und C-219/00 P, Aalborg Portland u. a., Slg. 2004, I-0000, Rn. 279. Vgl. aus jüngerer Zeit GA *A. Tizzano*, Schlussanträge in der Rs. C-12/03 P, Tetra Laval, Slg. 2005, I-987, Rn. 83.

862 GA *G. Cosmas*, Schlussanträge zu der Rs. C-83/98 P, Ladbroke, Slg. 2000, I-03271, Fn. 3; in diese Richtung gehen auch der Fachbeitrag des Richters am EuG, *B. Vester-*

(1) Verschärfung der Kontrollpraxis

Die praktische Handhabung dieses Prüfungsmaßstabes war in der Vergangenheit von einer vergleichsweise großen Zurückhaltung der Gerichte gekennzeichnet, Ergebnisse der wettbewerblichen Analyse der Kommission in der Sache in Frage zu stellen. Im Hinblick auf die Praxis der Zusammenschlusskontrolle, wo die gerichtliche Zurückhaltung bis dahin besonders ausgeprägt war, wurde bezeichnenderweise vom „blauen Himmel" gesprochen, der allein die Fusionskontrollentscheidungen der Kommission zu begrenzen vermochte.[863] In der sich bereits Ende der 1990er Jahre abzeichnenden wettbewerbspolitischen Bereitschaft der Kommission zu einer verstärkten wettbewerbsrechtlichen Berücksichtigung der tatsächlichen wettbewerblichen Bedeutung unternehmerischer Verhaltensweisen haben die Gerichte offenbar die Gefahren einer Gewichtsverschiebung zu Lasten der Verwaltungskontrolle ausgemacht und sich dazu veranlasst gesehen, mittels einer deutlichen Modifizierung ihrer Kontrollpraxis über den Einzelfall hinaus korrigierend in die Standards ökonomischer Analyse einzugreifen. In der Sache haben die Gerichte diese Korrektur im Wege einer nennenswerten Verschärfung der Kontrolle der sachlichen Richtigkeit der den Kommissionsentscheidungen zugrundeliegenden Wettbewerbsanalysen vorgenommen.[864]

dorf, Standard of Proof in Merger Cases: Reflections in the light of recent Case Law of the Community Courts, ECJ 2005, S. 18, wonach der Begriff der „Offenkundigkeit" eine gewisse Flexibilität der gerichtlichen Kontrolle erlaubt; vgl. m. w. N. *A. Fritzsche*, Ermessen und institutionelles Gleichgewicht, 2008, S. 132, Fn. 803 f.

863 *Ehlermann, C.-D./Völcker, S.*, Kein blauer Himmel mehr über Fusionsverboten der Kommission, EuZW 2003, S. 1.

864 Ausführlich zur Rechtsprechung zum Merkmal des offensichtlichen Beurteilungsfehlers *V. Rose*, Margins of Appreciation: Changing contours in community and domestic case law, CPI 2009, S. 3 ff.; *M. Jaeger*, The Standard of Review in Competition Cases Involving Complex Economic Assessments, JECLP 2011, S. 297 ff; *A. Fritzsche*, Ermessen und institutionelles Gleichgewicht, 2008, S. 181. Die Entwicklungen, die sich bei der Überprüfung der sachlichen Richtigkeit der Entscheidung ergeben haben, zeigen sich deutlich in dem gewandelten Verständnis der Rechtsprechung zum Begriff des *„offensichtlichen Beurteilungsfehlers*". Aus der jüngeren Rechtsprechung ist das Urteil des Gerichts in der Rechtssache *Alrosa* ein anschauliches Beispiel für die tendenzielle Ausweitung der gerichtlichen Kontrolle gegenüber sachlichen Bewertungen der Kommission zugunsten eines verbesserten Rechtsschutzes im europäischen Wettbewerbsrecht und seiner Grenzen; vgl. hierzu *J. Schwarze*, Zukunftsaussichten für das europäische öffentliche Recht, 2009, S. 117 f. Gegenstand der Nichtigkeitsklage war eine Kommissionsentscheidung, die eine Verpflichtungszusage des Unternehmen de Beers nach Art. 9 VO Nr. 1/2003 für verbindlich erklärte, in dem sich dieses dazu verpflichtete, den Bezug von Rohdiamanten zu verringern und schließlich einzustellen, um einer Verbotsentscheidung nach Art. 101 f. zu entgehen. Das Gericht hat den Entscheidungsinhalt nach einer

Dieser Grundgedanke kommt etwa in der Vorgehensweise des Gerichts in seinem Urteil zur Rechtssache *Tetra* zum Ausdruck. Die Kommission hatte die Untersagung des Zusammenschlusses von Tetra Laval und Sidel auf die Annahme wettbewerbsschädigender Wirkungen von Konglomeraten gestützt[865] und damit wettbewerbliche Gesichtspunkte fusionsrechtlich berücksichtigt, die angesichts der zahlreichen wettbewerbsökonomischen Prämissen ihres Vorliegens nach bisheriger Auffassung auf der Grenze dessen lagen, was unter den spezifischen Erfordernissen rechtsförmiger Verfahren berücksichtigungsfähig ist. Während wirtschaftswissenschaftlich Einvernehmen besteht über den prinzipiellen Zusammenhang von konglomeraten Zusammenschlüssen und Wettbewerbsschädigungen, war die wettbewerbsrechtliche Behandlung bislang vor allem deshalb unsicher,[866] weil solche Fusionen nur unter ganz bestimmten Bedingungen den Wettbewerb zu schädigen geeignet sind.[867] Entsprechend dem wettbewerbspolitischen Leitgedanken der verstärkten Einbeziehung wirtschaftswissenschaftlicher Erkenntnisse ist die Kommission demgegenüber bestrebt, auch den wettbewerbsschädlichen Wirkungen konglomerater Zusammenschlüsse Rechnung zu tragen.[868] In der Entschei-

weit reichenden Überprüfung der Handlungsalternativen der Kommission als offensichtlich unverhältnismäßig erklärt und den Einwand der Kommission verworfen, dass es sich um einen wirtschaftlich komplexen Sachverhalt handelt , EuG, Rs. T-170/06, Slg. 2007, II-2601, Rn. 81, 110. Der Gerichtshof hat in der hohen Kontrolldichte des Gerichts indes eine rechtsfehlerhafte Überschreitung der richterlichen Prüfungskompetenz gesehen, EuGH, Rs. C-441/07 P, Alrosa, Slg. 2010, I-05949, Rn. 42; vgl. hierzu *W. Frenz/C. Ehlers*, Die Verhältnismäßigkeit im Wettbewerbsrecht, EWS 2010, S. 305.

865 EuG, Rs. T-5/02, Tetra Laval, Slg. 2002 II-04381. Vgl. zur Vorgehensweise der Kommission das *Diskussionspapier des BKartA*, Konglomerate Zusammenschlüsse in der Fusionskontrolle, 2006, S. 6 ff.

866 *G. Drauz/M. König*, The GE/Honeywell judgement: Conglomerate mergers and beyond, ZWeR, 2006, S. 107-139; *A. von Bonin*, Vertikale und konglomerate Zusammenschlüsse nach dem Urteil GE/Kommission, WuW, 2006, S. 466 ff.; *M. Pflanz*, Economic analysis and judicial review: The CFI on GE/Honeywell, ZWeR, 2006, S. 139-178; *A. Scheffler*, Das Tetra-Laval-Urteil des EuGH, ZWeR 2005, S. 751 f.

867 *Diskussionspapier des BKartA*, Konglomerate Zusammenschlüsse in der Fusionskontrolle, 2006: „Entscheidungen zu konglomeraten Zusammenschlüssen bewegen sich in einem Grenzbereich der Fusionskontrolle, der hohe Anforderungen an die wettbewerbliche Analyse stellt.“, S. 1.

868 Vgl. ausführlich zu den wesentlichen wettbewerbsökonomischen Aspekten konglomerater Zusammenschlüsse das *Diskussionspapier des BKartA*, Konglomerate Zusammenschlüsse in der Fusionskontrolle, 2006, S. 18, abrufbar auf der Internetseite des Bundeskartellamts. Diese Haltung findet heute Ausdruck sowohl in mehreren Entscheidungen, in denen die Kommission Zusammenschlüsse wegen konglomerater Effekte untersagt (vgl. Kommission GE/Honeywell, M.2220 v. 3.7.2001; Tetra Laval/Sidel, M.2416 v. 30.10.2001; Johnson&Johnson/Guidant, M.3687 v. 25.8.2005; GE/Amersham, M.3304 v. 21.1.2004; Kommission Saint-Gobain/BPB,

dung zum Zusammenschluss von Tetra Laval und Sidel hatte die Kommission erstmals eine Untersagung mit der Annahme konglomerater Wirkungen begründet, was vom Gericht beanstandet wurde. Angesichts der vergleichsweise geringen Wahrscheinlichkeit wettbewerbsschädigender Auswirkungen konglomerater Zusammenschlüsse forderten die Richter eine fundierte ökonomische Analyse, mittels derer nachzuweisen ist, dass ein wettbewerbswidriges Verhalten wahrscheinlich ist und tatsächlich zu einer Beeinträchtigung des Wettbewerbs führen würde.[869]

Dieser vergleichsweise strenge Kontrollansatz findet seine Entsprechung im ebenfalls fusionsrechtlichen Urteil des Gerichts in der Rechtssache *Airtours*.[870] Die Kommission hatte ihre Untersagungsentscheidung auf die Annahme gestützt, dass der Zusammenschluss auf dem Sektor der Passagierluftfahrt – abweichend vom grundsätzlich heranziehbaren wirtschaftstheoretischen Bezugsmodell – angesichts spezifischer Marktbedingungen in der Gestalt besonderer Nachfragevolatilität zu einer kollektiv beherrschenden Stellung führen werde.[871] Das Gericht überprüfte die wettbewerblichen Erwägungen der Kommission vergleichsweise eingehend und befand sie für unzureichend. Die Kommission habe „nicht dargetan, dass im vorliegenden Fall die Wirtschaftstheorie nicht greift, und zu Unrecht angenommen, dass die Volatilität der Nachfrage die Begründung eines beherrschenden Oligopols durch die drei verbleibenden großen Reiseveranstalter erleichtern würde".[872]

Diese Argumentation ist exemplarisch für das gewandelte richterliche Verständnis von den Anforderungen an die gerichtliche Überprüfung ökonomischer Analysen. Das Gericht scheut nicht davor zurück, die wettbewerbstheoretische Annahme, die die Kommission der Entscheidung zugrunde legt, selbständig auf den vorliegenden Sachverhalt anzuwenden. Wenngleich das Gericht hier keinen eigenen Standpunkt der wettbewerblichen Beurteilung entwickeln mag, mit dem es die administrative Würdigung ersetzt, so ist in dieser Argumentation doch zumindest unverkennbar, dass das Gericht in der Absicht

M.3943 v. 9.11.2005) als auch in entsprechenden Leitlinien, Vertikal-Leitlinien gem. FKVO, Rn. 91 ff. Vgl. zu den Entscheidungen das *Diskussionspapier des BKartA,* Konglomerate Zusammenschlüsse in der Fusionskontrolle, 2006, S. 10 f.

869 Vgl. hierzu das *Diskussionspapier des BKartA,* Konglomerate Zusammenschlüsse in der Fusionskontrolle, 2006, S. 6 ff.

870 EuG, Rs. T-342/99, Airtours, Slg. 2002, II-2585. Vgl. aus neuerer Zeit EuG, Rs. T-464/04, Impala, Slg. 2006, II-2289.

871 Vgl. die Ausführungen der Kommission in der Entscheidung vom 22. September 1999, Sache Nr. IV/M.1524 - Airtours/First Choice, KomE 1999, 3022 endg., veröffentlicht unter der Nummer 2000/276/EG, ABl. 2000, L 93, Rn. 92 f.

872 EuG, Rs. T-342/99, Airtours, Slg. 2002, II-2585, Rn. 147.

Inkonsistenzen aufzuspüren bereit ist, die Feststellungen der Kommission am Maßstab der Wettbewerbstheorie zu bewerten.[873]

Im Hinblick auf die Frage, inwieweit der more economic approach sich in das – gegebenenfalls anzupassende – bisherige Systems der gerichtlichen Kontrolle von Wettbewerbsentscheidungen der Kommission einfügt, lassen sich der jüngeren Rechtsprechung Aussagen prinzipieller Art entnehmen. Bei den dargestellten und nachgewiesenen Entscheidungen hat das Gericht auf der Grundlage im wesentlichen unveränderter Prüfungsmaßstäbe die wettbewerblichen Würdigungen der Kommission in einer Intensität untersucht, die erheblich über die bisherige Handhabung der Prüfungsmaßstäbe bei Ermessensentscheidungen der Kommission hinausgeht.[874] Diese Bewertung ließe sich mit vielen Zitaten belegen. Stellvertretend für die Bedenken gegenüber den gewandelten Kontrollstandards ist das Rechtsmittel der Kommission in der Rechtssache *Tetra*, mit dem sie geltend macht, das Gericht habe „statt der von ihm behaupteten Anwendung des Kriteriums des offensichtlichen Beurteilungsfehlers in Wirklichkeit ein anderes Kriterium herangezogen", wonach die Vorlage von „eindeutigen Beweisen („convincing evidence") verlangt werde. Dadurch habe das Gericht Artikel 230 EG verletzt, da es den Spiel-

873 Diese Einschätzung auch bei *A. Meij*, Judicial Review in the EC-Courts: Tetra Laval and beyond, in O. Essens/A. Gerbrandy/S. Lawrijssen (Hrsg.), National Courts and the Standard of Review in Competition Law and Economic Regulation, 2009, S. 8, 13, dem zufolge eine besonders sorgfältige Kontrolle der ökonomischen Beurteilung zu erfolgen hat, wo die angegriffene Prognose im Gegensatz zu üblichen theoretischen Annahmen steht; vgl. hierzu auch *A. Hatje,* Kontrolldichte bei Maßnahmen der europäischen Wirtschaftsverwaltung, in J. Schwarze (Hrsg.), Verfahren und Rechtsschutz im europäischen Wirtschaftsrecht, 2010, 136 f.

874 Vgl. zu den gestiegenen Erfordernissen einer fundierten Analyse der wettbewerblichen Wirkungen EuG, Rs. T-328/03, O2, Slg. 2006, II-01231, Rn. 77: „Ausgehend von dem Postulat, dass die Klägerin auf dem Mobilkommunikationsmarkt aktiv war, war die Kommission daher nicht der Auffassung, dass sie die Frage vertiefen müsse, ob die Klägerin ohne eine Vereinbarung auf dem 3G-Markt aktiv gewesen wäre. Es ist festzustellen, dass diese Annahme in der Entscheidung auf keine Untersuchung oder Rechtfertigung gestützt ist, die geeignet wäre, ihre Richtigkeit zu beweisen; diese Feststellung hat die Kommission im Übrigen in der mündlichen Verhandlung nur bestätigen können. Mangels einer solchen objektiven Prüfung der ohne eine Vereinbarung bestehenden Wettbewerbssituation hat die Kommission nicht richtig beurteilen können, inwieweit die Vereinbarung dafür erforderlich war, dass die Klägerin in den 3G-Mobilkommunikationsmarkt vordringen konnte. Die Kommission hat demzufolge gegen ihre Verpflichtung verstoßen, eine objektive Untersuchung der Auswirkungen der Vereinbarung auf die Wettbewerbssituation durchzuführen.", Rn. 77. Vgl. *A. Fritzsche*, Ermessen und institutionelles Gleichgewicht, 2008, S. 161.

raum nicht beachtet habe, über den die Kommission bei der Beurteilung komplexer Sach- und Rechtsfragen verfüge".[875]

Die Haltung der Kommission hat sich der zuständige Generalanwalt *Tizzano* zu eigen gemacht.[876] In seinen Schlussanträgen stellte er nach eingehender Prüfung der erstinstanzlichen Entscheidung anhand von kritischen Einzelaspekten der vom Gericht vorgenommenen Überprüfung der ökonomischen Analyse der Kommission eine Überschreitung seiner gerichtlichen Kontrollkompetenz fest und konstatierte einen Verstoß gegen die „Bestimmungen über die Kompetenzverteilung zwischen der Kommission und den Gemeinschaftsrichtern, die dem institutionellen System der Gemeinschaft zugrunde liegen" und die es den Richtern nicht erlauben, „auf den Sachgehalt der komplexen wirtschaftlichen Beurteilungen einzugehen und ihren eigenen Standpunkt an die Stelle desjenigen dieses Organs zu setzen".[877]

Entgegen dem Vorbringen der Kommission bewertete der Gerichtshof die erstinstanzliche Überprüfung als mit Art. 263 AEUV vereinbar. Er bestätigte damit eine Kontrollpraxis, die im Hinblick auf die Herausforderungen eines sich abzeichnenden Wandels der wettbewerbsrechtlichen Praxis erkennbar darauf angelegt ist, unter weitgehender Ausschöpfung der bisher zurückhaltend gehandhabten Prüfungsbefugnisse bei verringerter Kontrolldichte die Voraussetzungen wirksamer Verwaltungskontrolle abzusichern. Insofern wird hier von den Gerichten ein Zusammenhang zwischen Ökonomisierung und dem Ausmaß der Verwaltungskontrolle dergestalt hergestellt, dass gegenüber komplexen ökonomischen Bewertungen zwar eine nur eingeschränkte gerichtliche Überprüfbarkeit besteht, innerhalb des verbleibenden Spielraums indes die Prüfung umso strenger ausfällt, je stärker die Entscheidung der Kommission von solchen ökonomischen Erwägungen getragen ist, die außerhalb dessen liegen, was nach dem bisherigen Ansatz im rechtsförmigen Verfahren der Kommission und der Gerichte berücksichtigungsfähig erschien. Bei dieser Vorgehensweise kommt dem Gericht die auf flexible Handhabung der Kontrollmaßstäbe zum Zwecke des Austarierens der geschützten Belange von Kontrolle und Entscheidungsfreiheit angelegte Rechtsprechung zum offenkundigen Beurteilungsfehler zupass, auf deren Grundlage sich die Herausforderungen eines ökonomisierten Wettbewerbsrechts in wesentlichen Aspekten systemimmanent bewältigen lassen.

875 EuGH, Rs. C-12/03 P, Tetra Laval, Slg. 2005, I-987, Rn. 19.

876 Der Gerichtshof ist der Auffassung der Kommission nicht gefolgt. EuGH, Rs. C-12/03 P, Tetra Laval, Slg. 2005, I-987, Rn. 49.

877 GA *A. Tizzano*, Schlussanträge in der Rs. C-12/03 P, Tetra Laval, Slg. 2005, I-987, Rn. 89 ff.

Um die Erfordernisse effektiver Verwaltungskontrolle auch gegenüber einem im wesentlichen nach ökonomischen Kriterien vollzogenen Wettbewerbsrecht zu gewährleisten, bedienen sich die Gerichte gegenüber der Wettbewerbspraxis der Kommission auch solcher Steuerungsmechanismen, die sich weder in den Kontrollmaßstäben noch in deren Anwendung im Einzelfall manifestieren. Erst in der Zusammenschau von Einzelentscheidungen in ihrem Rechtsprechungskontext wird die richterliche Intention sichtbar, mit der Entscheidung eine über die Klärung des Einzelfalles hinausreichende Wirkung auf der Ebene administrativer Normanwendung zu entfalten.

Der deutlichste Anwendungsfall dieser Strategie liegt in der sukzessiven Nichtigerklärung von vier fusionskontrollrechtlichen Entscheidungen der Kommission. Die Gründe dafür lagen im Wesentlichen in der unzureichenden Beachtung jener Erfordernisse, die für die Einbeziehung ökonomischer Analysen in die Rechtsanwendung und für ihre verfahrensmäßige Berücksichtigung gelten. Dieser Vorgehensweise dürfte das Kalkül zugrunde gelegen haben, durch Akzentuierung der gerichtlichen Kontrollpraxis über den Einzelfall hinaus zielgerichtet Einfluss auf die Entscheidungspraxis der Kommission zu nehmen.[878]

Die Kommission selbst hat die Rechtsprechung jedenfalls offenbar so verstanden. Unter dem Eindruck der sich abzeichnenden Verschärfung der gerichtlichen Kontrollpraxis nahm sie unter der Leitformel der „greater economic sophistication“ mit dem Prinzip der Auswirkungsanalyse im Einzelfall solche verfahrensmäßigen und materiellrechtlichen Elemente einer verbesserten ökonomischen Analyse in ihre wettbewerbspolitische Gesamtprogrammatik auf, die in den anfänglichen Überlegungen zu einem more economic approach soweit ersichtlich noch keine Rolle gespielt hatten.[879]

Insbesondere die wettbewerbspolitischen Erklärungen der Kommission vermitteln das Bild eines gerichtlichen Auftrags zur Einführung eines more economic approach. Die Kommissare haben wiederholt darauf hingewiesen, dass sie mit ihrer Programmatik der Ökonomisierung die Anforderungen erfüllen, die die Gerichte an die administrative Anwendung der Wettbewerbsregeln gestellt haben. Nach der hier vertretenen Auffassung ist diese Darstellung nicht zutreffend. Dies wird deutlich, wenn man sich die Funktionen ökonomi-

878 Vgl. hierzu *J. Schwarze*, Europäisches Verwaltungsrecht, 2. Aufl. 2005, S. LXXXV: „flexible Kontrollstrategie“, sowie *A. Hatje*, Kontrolldichte bei Maßnahmen der europäischen Wirtschaftsverwaltung, in J. Schwarze (Hrsg.) Verfahren und Rechtsschutz im Europäischen Wirtschaftsrecht, 2010, S. 130: „planvolles Dosieren“ der Kontrollintensität.

879 Vgl. hierzu *A. Witt*, Is the more economic approach to EU merger Law really about more economics? CMLRev 2012, S. 217 ff.

scher Argumentation in den vom Gericht beanstandeten Fällen und in den vom wirtschaftlichen Ansatz der Kommission hauptsächlich erfassten Fälle unter dem Blickwinkel der praktischen Notwendigkeiten des Verwaltungsvollzugs einerseits und der rechtsstaatlichen Interessen der Normadressaten an wirksamer gerichtlicher Kontrolle andererseits vergegenwärtigt.

In ihren Untersagungsentscheidungen in den Sachen *Airtours* und *Tetra* erweiterte die Kommission mithilfe einer verfeinerten ökonomischen Argumentation den Untersagungstatbestand über die auch nach bisheriger Rechtspraxis ohne weiteres erfassten Fälle hinaus.[880] Das Gericht verlangte von der Kommission, in diesem Falle besonders hohe Anforderungen an die Belastbarkeit der ökonomischen Analyse zu stellen. Bei vergleichsweise geringem Interesse an einer wirksamen administrativen Durchsetzung besteht hier ein erhöhtes Rechtsschutzinteresse der betroffenen Unternehmen. Diese Fallkonstellation entspricht nicht dem Hauptanwendungsbereich der Ökonomisierung etwa in der Missbrauchskontrolle, wo die Kommission danach strebt, solche Verhaltensweisen anhand anspruchsvollerer ökonomischer Maßstäbe zu beurteilen, die in der Regel von den Beurteilungsmaßstäben nach bisheriger Praxis ohnehin erfasst sind. Einem besonders hohen Interesse am wirksamen Vollzug der Wettbewerbsregeln in diesen Fällen steht ein vergleichsweise geringes Bedürfnis gerichtlicher Kontrolle der ökonomischen Analyse gegenüber.

Vor diesem Hintergrund ist es äußerst problematisch, in den Entscheidungen des Gerichts einen allgemeinen Auftrag zur Einführung von einzelfallbezogenen Auswirkungsanalysen zu sehen. Die Einführung einer auswirkungsbezogenen Betrachtung lässt sich aus dieser Entscheidungspraxis nicht ablesen. Die Verknüpfung verbesserter ökonomischer Analyse im Einzelfall mit dem neuen Leitbild des verbraucherwohlfahrtsorientierten Auswirkungsansatzes zu einem more economic approach als umfassender Gegenentwurf zur bisherigen Praxis ist das Ergebnis der wettbewerbspolitischen Bestrebungen der Kommission selbst und findet in der Rechtsprechung keine Grundlage. Vielmehr maß die Kommission dieser Rechtsprechung eine ihrem wettbewerbspolitischen Anliegen entsprechende Bedeutung bei, die bei näherer Betrachtung jedoch keine Entsprechung in der Wirklichkeit hat.

Der von der Kommission beschrittene Weg, die Urteile über das von den Gerichten formulierte Anliegen hinaus für ihre eigenen Zwecke zu vereinnahmen, wurde seinerzeit mit bemerkenswerter Weitsicht in seiner wesentlichen Entwicklung vorweggenommen: „Dass die Kommission geschwächt

880 *S. Voigt/I. Schmidt*, Mehr Rechtssicherheit in der europäischen Fusionskontrolle? WuW 2003, S. 906, die von einer „substanziellen Verschärfung der Fusionskontrolle“ sprechen.

wird“, so formulierte *Ulrich Immenga* bereits 2002, „ist eine voreilige Interpretation. Denn sie wird (…) diese Niederlagen in den Verhandlungen um das Reformvorhaben für ihre eigenen Entwicklungsinteressen instrumentalisieren können.“[881]

(2) Fortentwicklung der Kontrollmaßstäbe

In ihren Bestrebungen, eine effektive Kontrolle auch gegenüber solchen Entscheidungen zu gewährleisten, die auf der Grundlage weit reichender wettbewerbsökonomischer Erwägungen zustande kommen, sind die Gerichte nicht bei der Verschärfung der Kontrollpraxis stehen geblieben. Vielmehr haben sie die Auseinandersetzung mit kritischen Fällen der Kommissionspraxis zum Anlass genommen, die Prüfungsmaßstäbe im Bereich verringerter Kontrolldichte sukzessive fortzuentwickeln. Dabei haben die Gerichte jene Kontrollmaßstäbe hervorgehoben, die es ihnen erlauben, den von der Kommission angestrebten Rechtsanwendungsprinzipien eingehender Rechnung tragen zu können. Insbesondere betrifft dies die Beweisanforderungen für Feststellungen aufgrund komplexer ökonomischer Erwägungen sowie die Kontrollintensität bei Marktwirkungsprognosen. Auch die in diesem Untersuchungsabschnitt angesprochene schrittweise Übertragung der auf dem Feld der Fusionskontrolle herausgebildeten Maßstäbe auf die Anwendungsbereiche der vertraglichen Kartellregeln ist der richterlichen Intention zuzuordnen, den Herausforderungen einer bereichsübergreifenden Neuordnung der Wettbewerbsrechtsanwendung durch die Kommission zu begegnen.

Eine besonders deutliche Ausprägung dieser Vorgehensweise findet sich in der Entscheidung des Gerichtshofs in der Rechtssache *Tetra*. Entgegen der an anderer Stelle dargestellten Auffassung des Generalanwalts *Tizzano* bestätigte er die erstinstanzliche Überprüfung der Feststellungen der Kommission zu den konglomeraten Wirkungen des Zusammenschlusses Tetra Laval mit Sidel und nahm dies zum Anlass, die Maßgaben erstinstanzlicher Kontrolle gegenüber der Einbeziehung vertiefter wirtschaftswissenschaftlicher Erkenntnisse in die wettbewerbsrechtliche Beurteilung zu präzisieren: Bei der gerichtlichen Überprüfung wirtschaftlicher Bewertungen der Kommission habe das Gericht

881 *U. Immenga,* Niederlagen der Kommission in Luxemburg: Vorboten einer kartellpolitischen Wende? Betriebsberater 2002, S. 1. Zur „greater economic sophistication“ der Kommission als Reaktion auf die Rechtsprechung: *A. Strohm*, „Effizienzgesichtspunkte“ und europäische Wettbewerbspolitik, in P. Oberbender (Hrsg.), Effizienz und Wettbewerb, 2005, S. 127; *A. Christiansen*, Die Ökonomisierung der EU-Fusionskontrolle – Mehr Kosten als Nutzen? WuW 2005, S. 285.

„nicht nur die sachliche Richtigkeit der angeführten Beweise, ihre Zuverlässigkeit und ihre Kohärenz zu prüfen, sondern auch zu kontrollieren, ob diese Beweise alle relevanten Daten darstellen, die bei der Beurteilung einer komplexen Situation heranzuziehen waren, und ob sie die aus ihnen gezogenen Schlüsse zu stützen vermögen".[882]

Insbesondere der hier zum Ausdruck kommende Kontrollauftrag gegenüber dem Nachweis der von der Kommission zugrunde gelegten Annahmen über die wettbewerbliche Wirkung eröffnet dem Richter weit reichende Spielräume für die Auseinandersetzung auch mit jenen Bestandteilen der Kommissionsentscheidung, die aufgrund ihrer Komplexität einer Vollkontrolle entzogen sind.[883] Im Kontext der Ökonomisierung, in dem sowohl eine Zunahme als auch eine Vertiefung administrativer Analysen komplexer wirtschaftlicher Art zu erwarten steht, stellt dieser Maßstab einen Steuerungshebel dar, mit dem die Gerichte angesichts einer im Wandel begriffenen Rechtsanwendungspraxis die Gegengewichte der Verwaltungskontrolle nach Bedarf vergrößern können.[884]

Die Bereitschaft der Gerichte, den Bestrebungen der Kommission zu einer verstärkten ökonomischen Analyse des Einzelfalles im Sinne einer wirksamen gerichtlichen Kontrolle mit der Einführung strengerer Standards der richterlichen Prüfung auch im Bereich beschränkter Nachprüfung zu begegnen, spiegelt sich wider in der bereichsübergreifenden Anwendung der Grundsätze der *Tetra*-Rechtsprechung des Gerichtshofes, in denen dieser die Voraussetzungen dafür schafft, die Möglichkeiten zur richterlichen Überprüfung der Kommissionsentscheidungen bei begrenzter gerichtlicher Kontrolle besser auszuschöpfen. Die Gerichte haben nach der *Tetra*-Rechtsprechung des Gerichtshofes den vergleichsweise strengen Maßstab der Nachprüfung von Ermessensentscheidungen mittlerweile auch für die vertraglichen Wettbewerbsregeln übernommen.[885] Auf dessen Grundlage prüfte das Gericht etwa im Verfahren

882 EuGH, Rs. C-12/03 P, Tetra Laval, Slg. 2005, I-987, Rn. 39. Vgl. zum fortentwickelten Maßstab der Kontrolldichte in jüngerer Zeit auch EuGH, Rs. C-199/11, Otis, Urt. v. 6.11.2012, Rn. 59 und zuvor Rs. C-386/10 P, Chalkor, Rn. 54, und Rs. C-525/04 P, Spanien/Lenzing, Slg. 2007, I-9947, Rn. 56 f. dazu *W. Frenz*, Grundrechtlich geprägte Kontrolldichte im EU-Wettbewerbsrecht, EWS 2013, S. 123 ff.

883 Zuletzt in EuG, Rs. T-151/05, NVV, Slg. Slg. 2009, II-1219, Rn. 54; EuG, Rs. T-342/07, Ryanair, Slg. 2010, II-03457, Rn. 30; EuG, Rs. T-210/01, General Electric, Slg. 2005, II-05575, Rn. 63.

884 Vgl. hierzu *A. Hatje*, Kontrolldichte bei Maßnahmen der europäischen Wirtschaftsverwaltung, in J. Schwarze (Hrsg.), Verfahren und Rechtsschutz im europäischen Wirtschaftsrecht, 2010, S. 124, 130.

885 EuG T-168/01, GlaxoSmithKline, Slg. 2006, II-02969, Rn. 242, best. d. EuGH, Rs. C-501/06P, GlaxoSmithKline/Kommission, Slg. 2009, I-09291, Rn. 86 ff.; EuG,

zur Rechtssache *Microsoft* beispielsweise die Definition des Produktmarktes durch die Kommission sowie die Erforderlichkeit des von der Kommission geforderten Interoperabilitätsgrades der Betriebsysteme für die Arbeitsgruppenserver der Wettbewerber Microsofts.[886]

Einstweilen liegen noch keine Entscheidungen vor, in denen das Gericht diese Handhabe genutzt hätte, um im Bereich der Missbrauchskontrolle die Vorgehensweise der Kommission zu beanstanden. Dennoch wird man deren Verankerung über den Bereich der Fusionskontrolle hinaus als Anzeichen für das Bestreben der Rechtsprechung werten können, die Voraussetzungen für eine ausgleichende gegengewichtige Kontrolle tendenziell zunehmender Verwaltungsmacht zu schaffen.[887]

Die Tendenz zur bereichsübergreifenden Anhebung richterlicher Kontrollstandards nach Maßgabe der *Tetra*-Rechtsprechung als Reaktion der Gerichte auf die Herausforderungen richterlicher Kontrolle in einem ökonomisierten Wettbewerbsrecht wird dort besonders deutlich, wo sie in solchen Regelungszusammenhängen Geltung erlangt, in denen die gerichtliche Kontrolle in ihrer praktischen Handhabung bisher in der Gesamttendenz eher von einer gewissen Zurückhaltung gekennzeichnet war. Dieser Übergang wird anschaulich dokumentiert im Urteil des Gerichts und seiner Bestätigung durch den Gerichtshof in der Rechtssache *GlaxoSmithKline*. Die Kommission hatte die Freistellungsfähigkeit preisdifferenzierender Absprachen zum Zwecke der Parallelhandelsbeschränkungen auf dem Sektor des Arzneimittelhandels mit Blick auf die aus ihrer damaligen Sicht in jedem Fall überwiegenden wettbewerblichen Nachteile der Wettbewerbsbeschränkung abgelehnt.[888] Mit Rücksicht auf die mögliche Bedeutung der Preisdifferenzierungen für Forschung und Entwicklung unterzog das Gericht die Entscheidung der Kommission in diesem Punkt auf dem Boden der strengen Maßstäbe auch bei verringerter Kontrolldichte im Sinne des *Tetra*-Urteils einer intensiven Nachprüfung und gab der Kommission angesichts zahlreicher Defizite auf, die Freistellung neu

verb. Rs. T-44/02 OP, T-54/02 OP, T-56/02 OP, T-60/02 OP und T-61/02 OP, Dresdner Bank Rn. 63 f.; EuG, Rs. T-201/04, Microsoft, Slg. 2007, II-03601, Rn. 87, 89; EuG, Rs. T-446/05, Amann&Söhne, Slg. 2010, II-01255, Rn. 131 f.

886 EuG, Rs. T-201/04, Microsoft, Slg. 2007, II-03601, Rn. 379 u. 482.

887 Um dies zu ermöglichen fordern sich die Gerichte selbst einen Grad der Auseinandersetzung mit komplizierten ökonomischen Sachfragen ab, der daran zweifeln lässt, ob in Zukunft die höhere Sachkompetenz der anderen Unionsorgane für den Gerichtshof ein entscheidendes Kriterium für die Einschränkung seiner richterlichen Kontrolle ist. Zum Kenntnisvorsprung der Kommission als Argument für die Einschränkung der Kontrolle zur bisherigen Rechtsprechung *J. Schwarze*, Europäisches Verwaltungsrecht, 2. erw. Aufl. 2005, S. 283 f.

888 S. o., F.I.1.b).

zu prüfen.[889] Im Rechtsmittel wies der Gerichtshof die Rüge der Kommission zurück, nach der das Gericht rechtsfehlerhaft die Kontrollmaßstäbe aus der Fusionskontrolle angewendet habe, und bestätigte die Rechtsauffassung des Gerichts.[890]

Die ausgesprochen restriktive Haltung, die der Rechtsprechung in der Vergangenheit gegenüber der Freistellbarkeit bezweckter Parallelhandelsbeschränkungen zu entnehmen ist,[891] akzentuiert besonders deutlich das Bestreben der Richter, Tendenzen der Zunahme und Vertiefung ökonomischer Analyse des Sachverhalts durch die Kommission mit einer wirksamen richterlichen Kontrolle auch außerhalb der Fusionskontrolle entgegenzutreten. Durch die Übertragung dieser Standards auf den Bereich der Kartellfreistellungen werden die Voraussetzungen dafür geschaffen, zukünftig etwaige vertiefte ökonomische Analysen der Kommission zur Freistellung wettbewerblich ambivalenter zweiseitiger Verhaltensweisen auch auf dem Boden eines „marginal review" wirksam gerichtlich zu kontrollieren. Dies erscheint konsequent angesichts des besonderen Stellenwertes, den ökonomische Effizienzen bei der wettbewerbsrechtlichen Bewertung nach dem wettbewerbspolitischen Anliegen der Kommission in Zukunft haben sollen.

Angesichts der Übertragung der strengen Kontrollstandards komplexer administrativer Beurteilungen auch auf den Bereich der Effizienzuntersuchungen der Kommission verfestigt sich die an anderer Stelle geäußerte Vermutung, dass die Gerichte nur unter der Bedingung einer bereichsübergreifenden Verankerung der Effizienzeinrede offen gegenüberstanden, dass diese restriktiv gehandhabt wird, und dass die Voraussetzungen für eine im Bedarfsfall ausgleichende Verwaltungskontrolle in Gestalt strengerer Überprüfung der ökonomischen Analyse der Effizienzgewinne als Gegengewicht geschaffen werden. Hinter dieser Vorgehensweise wird die Haltung des Gerichts erkennbar, die der gegenwärtige Präsident des EuG in einem rechtswissenschaftlichen Beitrag zusammenfast: „The call for an intensification (of the standard of

889 EuG, Rs. T-168/01, GlaxoSmithKline, Slg. 2006, II-02969, Rn. 241 f.

890 EuGH, Rs. C-501/06P, GlaxoSmithKline/Kommission, Slg. 2009, I-09291, Rn. 87 ff.

891 Vgl. etwa EuGH, Rs. 246/86, Belasco, Slg. 1989, 2117, Rn. 12; EuGH, Rs. 71/74, Frubo, Slg. 1975, 563, Rn. 37 f.; EuGH, Rs. T-66/92, Herlitz, Slg. 1994, II-531, Rn. 29. EuGH, Rs. 19/77, Miller, Slg. 1978, 131, Rn. 6 f.; EuGH, Rs. C-277/87, Sandoz, Slg. 1990, I-45, Rn. 13; EuG, Rs. T-77/92, Parker Pen, Slg. 1994, II-549, Rn. 55. EuG, verb. Rs. T-25/95, T-26/95, T-30/95 bis T-32/95, T-34/95 bis T-39/95, T-42/95 bis T-46/95, T-48/95, T-50/95 bis T-65/95, T-68/95 bis T-71/95, T-87/95, T-88/95, T-103/95 und T-104/95, Zement, Slg. 2000, II-491, Rn. 1085-1088; sowie die Ausführungen des GA *L. A. Geelhoed*, Schlussanträge in der Rs. C-407/04 P, Dalmine SpA, Slg. 2007, I-829, Rn. 133 f.

review in competition cases involving complex economic assessment) cannot be ignored.“ (...) „Effective (review), here and today means in my view that one must seriously reflect on the consequences of the economics spill-over era to avoid an extension of the margin of discretion and its corollary, a reduction of the review area“.[892]

Ein Einzelaspekt der jüngeren Rechtsprechung zur Kontrolldichte im ökonomisierten Wettbewerbsrecht verdient besondere Hervorhebung: In der Folge der *Tetra*-Rechtsprechung des Gerichtshofes ergänzte das Gericht – offenbar in Reaktion auf die Beschaffenheit wettbewerblicher Analysen im more economic approach – die Kontrolldichtekonzeption um ein Element der Nachprüfung, das die Voraussetzungen für eine wirksame Verwaltungskontrolle auch gegenüber einer von den Prinzipien des more economic approach geprägten Rechtsanwendung erheblich verbessern dürfte.

In der Rechtssache *General Electric* hatte das Gericht sich mit der Rechtmäßigkeit einer Entscheidung zu befassen, in der die Kommission die Untersagung des Zusammenschlusses zwischen den Unternehmen GE und Honeywell auf dem Sektor der Luftfahrterzeugnisse unter anderem mit wettbewerbsschädlichen Wirkungen konglomerater Fusionen begründet hatte.[893] Mit Blick auf die Maßstäbe gerichtlicher Kontrolle gegenüber Kommissionsentscheidungen führt das Gericht aus, dass – obgleich die Grundsätze der begrenzten gerichtlichen Kontrolle für alle Beurteilungen wirtschaftlicher Art gelten – „eine wirksame gerichtliche Kontrolle *besonders erforderlich (ist), wenn die Kommission eine Untersuchung der voraussichtlichen Marktentwicklung vornimmt* (H. d. V.), die sich aus dem geplanten Zusammenschluss ergeben könnte“.[894] In diesen Ausführungen kommt ein Verständnis des Gerichts zum Ausdruck, wonach eine gerichtliche Überprüfung administrativer Einschätzungen zu Gegenständen komplexer ökonomischer Art umso eingehender ist, je stärker diese Einschätzungen prognostischer Natur sind. Diese Haltung ist bemerkenswert. Sie hebt sich deutlich ab von einem nach allgemeiner Auffassung geltenden Prinzip, wonach Prognosen im wirtschaftlichen Bereich seit jeher eine Domäne der Verwaltung darstellen, weshalb die gerichtliche Kontrolle administrativer Prognoseentscheidungen besonders zurückhaltend durchzuführen sei.[895]

892 *M. Jaeger*, The Standard of Review in Competition Cases Involving Complex Economic Assessments, JECLP 2011, S. 297, 309.

893 KomE 2004/134/EG, COMP/M.2220, General Electric/Honeywell, ABl. 2004, Nr. L 48, S. 1, vgl. Rn. 342 ff., 405 ff. sowie Rn. 349 ff.

894 EuG, Rs. T-210/01, GE/Honeywell, Slg. 2005, II-05575, Rn. 64 ff.

895 *A. Hatje*, Kontrolldichte bei Maßnahmen der europäischen Wirtschaftsverwaltung, in J. Schwarze (Hrsg.), Verfahren und Rechtsschutz im europäischen Wirtschaftsrecht,

Im Lichte dieses scharfen Kontrasts wird das Bestreben der Rechtsprechung erkennbar, die Voraussetzungen zu schaffen, unter denen sie den Herausforderungen des more economic approach im Wettbewerbsrecht der Union auf der Ebene gerichtlicher Verwaltungskontrolle wirksam begegnen kann: Der Einsatz weit reichender Vorhersagen über die Marktentwicklungen stellt ein Grundelement des auswirkungsbezogenen Ansatzes dar.[896] Indem das Gericht im Urteil *General Electric* die Prüfungsintensität bei verringerter Kontrolldichte davon abhängig macht, in welchem Ausmaß die Beurteilung Prognosecharakter hat, setzt es die Intensität seiner Kontrolle mit einem zentralen Aspekt der Ökonomisierung nach Art einer Verhältnisgleichung in Beziehung. Es schafft damit die Voraussetzungen für einen weiteren Mechanismus der flexiblen Steuerung der Kontrollintensität gegenüber Ermessensentscheidungen der Kommission bei Bedarf, und trägt so den Notwendigkeiten effektiven Rechtsschutzes auch gegenüber einem in der Gesamttendenz von steigenden Anforderungen komplexer ökonomischer Analyse geprägten Wettbewerbsrecht Rechnung.

Einstweilen beschränkt sich diese Rechtsprechung auf den Bereich der Fusionskontrolle. Angesichts der deutlichen Konvergenzentwicklungen, die sich in der Rechtsprechung zur gerichtlichen Kontrolle von Wettbewerbsentscheidungen der Kommission in der Vergangenheit insgesamt beobachten lassen,[897] erscheint es indes vorstellbar, dass die Gerichte den hier zum Ausdruck kommenden Zusammenhang von Kontrolldichte und Prognosecharakter zumindest dem Gedanken nach auch im Bereich der vertraglichen Wettbewerbsregeln anwenden.

2010, S. 124, 132: „Prognosen sind im wirtschaftlichen Bereich seit jeher eine Domäne der Exekutive."

896 Vgl. zu den steigenden Anforderungen an Prognoseentscheidungen im ökonomisierten Wettbewerbsrecht *J. Drexl*, Wettbewerbsverfassung, in A. von Bogdandy/J. Bast (Hrsg.), Europäisches Verfassungsrecht, 2009, S. 935 f.; *U. Schwalbe/D. Zimmer*, Kartellrecht und Ökonomie, 2011, S. 401 f., 515 ff.; *U. Immenga*, Ökonomie und Recht in der europäischen Wettbewerbspolitik, ZWeR 2006, S. 311; *D. Zimmer*, Vorzüge und Leistungsgrenzen quantitativ-ökonomischer Analysen in Fusionskontrollverfahren, in I. Brinker/D. H. Scheuing/K. Stockmann (Hrsg.), Recht und Wettbewerb, FS R. Bechtold, 2006, S. 694.

897 Vgl. im Überblick *M. Jaeger*, The Standard of Review in Competition Cases Involving Complex Economic Assessments, JECLP 2011, S. 297, 299 ff., sowohl im Hinblick auf das Konzept wirtschaftlicher Komplexität als auch auf die strengeren Kontrollmaßstäbe bzw. Beweisanforderungen im Zuge der Tetra-Rechtsprechung des EuGH.

(3) Wahrung der kompetentiellen Grenzen der Ermessensnachprüfung

Den Ansätzen, mit denen die Gerichte in der ökonomisierten Rechtsanwendung versuchen, auf dem Boden ihrer bisherigen Grundsätze einen Ausgleich zu den Tendenzen vergrößerter Verwaltungsmacht zu schaffen, sind klare vertragliche Grenzen gesetzt, die dort überschritten werden, wo die Gerichte „ihren eigenen Standpunkt (...) an die Stelle desjenigen des Organs setzen (...), das institutionell für diese Beurteilungen zuständig ist".[898] Obgleich der Gerichtshof die erneuerten Prüfungsmaßstäbe insgesamt mit den Befugnisregeln der Verträge für vereinbar hält, dokumentieren Einzelfälle in der jüngeren Zeit ein ebenso strenges Festhalten des Gerichtshofes an den prinzipiellen Befugnisbeschränkungen der Richter.

Auf einer Entwicklungsstufe des europäischen Wettbewerbsrechts, auf der rechtliche Maßstäbe hinter Maßstäben ökonomischer Art zurücktreten, kann es in Einzelfällen nicht ausbleiben, dass das Gericht – im Bestreben, Herr seiner Tätigkeit zu bleiben – komplexe ökonomische Beurteilungen der Kommission in einer Intensität überprüft, die einer – unzulässigen – Selbstvornahme ökonomischer Beurteilungen durch den Richter zumindest nahekommt. In diesem Zusammenhang ist die mitunter scharfe wissenschaftliche Kritik bezeichnend, die die allmähliche Ausdehnung der Kontrolle dieser Aspekte der Kommissionsentscheidungen begleitet.[899] Für die Aufrechterhaltung der Verwaltungskontrolle ist es deshalb ebenso wichtig, den Gefahren einer unzulässigen Einschränkung administrativer Letztentscheidungsrechte effektiv zu begegnen. Obschon der Gerichtshof der erstinstanzlichen Prüfungspraxis insgesamt zustimmend begegnet, lässt sich in der jüngeren Rechtsprechung das Bestreben feststellen, die kompetenziellen Grenzen des Gerichts herauszustellen, um der Gefahr eines Umschlagens von intensivierter gerichtlicher Fehlerkontrolle administrativer ökonomischer Bewertung in eine unbegrenzte richterliche Ermessensnachprüfung im Sinne einer eigenständigen ökonomischen Wertung von vornherein wirkungsvoll entgegenzutreten.

Ein wichtiges Dokument für das Bewusstsein des Gerichtshofes für die kompetenziellen Grenzen seiner Überprüfung ökonomischer Beurteilungen der Kommission im Wettbewerbsrecht bilden die Schlussanträge des Generalanwalts *Tizzano* in der Rechtssache *Tetra*, in denen dieser angesichts der

898 Vgl. GA *A. Tizzano*, Schlussanträge in der Rs. C-12/03 P, Tetra Laval, Slg. 2005, I-987, Rn. 86.

899 *I. S. Forrester*, "A Bush in Need of Pruning: The Luxuriant Growth of 'Light Judicial Review'", in C.-D. Ehlermann/M. Marquis (Hrsg.), European Competition Law Annual 2009: Evaluation of Evidence and its Judicial Review in Competition Cases, Oxford, 2010, S. 407 ff.

weitgehenden erstinstanzlichen Nachprüfungen der Beurteilungen der Kommission zu den Auswirkungen des konglomeraten Zusammenschlusses zwischen Tetra und Sidel einen Verstoß gegen Art. 263 Abs. 4 feststellte.[900] Wenngleich der Gerichtshof den Vorschlägen des Generalanwaltes nicht gefolgt ist, so verdeutlicht die Entscheidungspraxis des Gerichtshofs jedenfalls in vergleichbaren Zusammenhängen auch in der Gegenwart die Bereitschaft, die Kontrollpraxis des Gerichts an den vom Generalanwalt hervorgehobenen prinzipiellen Beschränkungen festzuhalten.

Ein anschauliches Beispiel hierfür aus jüngerer Zeit hierfür bildet das Verfahren in der Rechtssache *Alrosa*.[901] Gegenstand der Nichtigkeitsklage war eine Kommissionsentscheidung, die eine Verpflichtungszusage des Unternehmen de Beers nach Art. 9 VO Nr. 1/2003 für verbindlich erklärte, in dem sich dieses dazu verpflichtete, den Bezug von Rohdiamanten zu verringern und schließlich einzustellen, um einer Verbotsentscheidung nach Art. 101f. AEUV zu entgehen. Das Gericht hat den Entscheidungsinhalt nach einer weit reichenden Überprüfung der Handlungsalternativen der Kommission für offensichtlich unverhältnismäßig erklärt und den Einwand der Kommission verworfen, dass es sich um einen wirtschaftlich komplexen Sachverhalt handele.[902] Der Gerichtshof hat in der hohen Kontrolldichte des Gerichts indes eine rechtsfehlerhafte Überschreitung der richterlichen Prüfungskompetenz gesehen[903] und mithin dem Prinzip Geltung verliehen, welches es dem Richter verwehrt, seine eigene Beurteilung an die Stelle des Unionsorgans zu setzen.

Die Bereitschaft des Gerichtshofes, das Gericht auch bei einer grundsätzlich gebotenen verstärkten Nachprüfung der administrativen ökonomischen Analyse konsequent an den äußersten kompetenziellen Grenzen richterlicher Kontrolle festzuhalten, kommt schließlich auch in seiner Rechtsmittelentscheidung in der Rechtssache *Impala* zum Tragen. Dieser lag eine Freigabeentscheidung der Kommission im Kontrollverfahren zum Zusammenschluss von Sony und BMG zugrunde, gegen welche sich ein Konkurrent erfolgreich gerichtlich gewehrt hatte. Entsprechend den insgesamt gestiegenen Anforderungen an die Stichhaltigkeit der ökonomischen Analyse der Auswirkungen von Zusammenschlüssen in der Entscheidungspraxis der Rechtsprechung hatte das Gericht die Freigabeentscheidung der Kommission einer strengen

900 Schlussanträge des Generalanwalts *A. Tizzano,* Schlussanträge in der Rs. C-12/03 P, Tetra Laval, Slg. 2005, I-987, Rn. 91 ff.

901 Vgl. zum erstinstanzlichen Urteil *J. Schwarze*, Zukunftsaussichten für das europäische öffentliche Recht, 2009, S. 117 f.

902 EuG, Rs. T-170/06, Slg. 2007, II-2601, Rn. 81, 110.

903 EuGH, Rs. C-441/07 P, Alrosa, Slg. 2010, I-05949, Rn. 42; vgl. hierzu *W. Frenz/C. Ehlers*, Die Verhältnismäßigkeit im Wettbewerbsrecht, EWS 2010, S. 305.

Nachprüfung unterzogen und wegen Defiziten in der ökonomischen Begründung aufgehoben. Dem Vorbringen der Rechtsmittelführer ist der Gerichtshof zwar letztlich nicht gefolgt, dennoch ist seine Aussage zur Kontrollpraxis des Gerichts eine unzweideutige Aufforderung, die Grenzen seiner eigenen ökonomischen Beurteilung nicht zu überschreiten: „Insoweit genügt es festzustellen, dass das Gericht (...) bei seiner Prüfung des Vorliegens von offensichtlichen Beurteilungsfehlern Rechtsfehler begangen hat, und zwar sowohl hinsichtlich der Behandlung einiger Beweismittel als auch hinsichtlich der rechtlichen Kriterien für eine kollektive beherrschende Stellung, die sich aus einer stillschweigenden Koordinierung ergibt. Folglich ist, ohne dass es erforderlich wäre, (...) darüber zu befinden, ob das Gericht im angefochtenen Urteil tatsächlich seine eigene wirtschaftliche Beurteilung an die Stelle derjenigen der Kommission gesetzt hat, festzustellen, dass jedenfalls der Teil des angefochtenen Urteils Rechtsfehler aufweist, in dem das Vorbringen zum Bestehen offensichtlicher Beurteilungsfehler geprüft wird."[904]

c) Problem 3: Die faktischen Grenzen umfassender Tatsachenkontrolle

In den Bereich der umfassenden gerichtlichen Kontrolle fällt die Nachprüfung von Richtigkeit und Vollständigkeit jener Tatsachen, auf deren Grundlage die Kommission die Analyse der Wettbewerbswidrigkeit eines Verhaltens durchführt.[905] Nach dem hier zugrunde gelegten Verständnis erstreckt sich die Vollkontrolle auch auf die Feststellungen der Kommission zu schwierigen ökonomischen Sachfragen, sofern diese keine wertenden Beurteilungen im Sinne wirtschaftlicher Komplexität erfordern.[906] Im Gesamtsystem der Verwaltungskontrolle kommt dem Maßstab der umfassenden gerichtlichen Nachprüfung der behördlich ermittelten Tatsachen insbesondere dort eine hervorgehobene Bedeutung zu, wo die Gerichte über seine strenge Handhabung in der Praxis im Bedarfsfall Erfordernissen effektiven Rechtsschutzes begegnen. Zum einen betrifft dies die Überprüfung von Entscheidungen, die auf der Grundlage administrativer Beurteilungsspielräume zustande kommen, zum

904 EuGH, Rs. C-441/07 P, Alrosa, Slg. 2010, I-05949, Rn. 149 f.

905 Vgl. EuGH, Rs. C-269/90, Technische Universität München Slg. 1991, I-5469, Rn. 14, EuG Rs. T-151/05, NVV u. a./Kommission, Slg. 2009, II-1219, Rn. 163. und zuletzt etwa EuG, Rs. T-342/07, Ryanair, Slg. 2010, II-03457, Rn. 31. Vgl. auch *A. Hatje*, Kontrolldichte bei Maßnahmen der europäischen Wirtschaftsverwaltung, in J. Schwarze (Hrsg.), Verfahren und Rechtsschutz im europäischen Wirtschaftsrecht, 2010, S. 133.

906 S.o., F.II.1.a).

anderen regulieren die Gerichte mittels verschärfter Tatsachenprüfung die gesteigerten rechtsstaatlichen Schutzinteressen von Unternehmen gegenüber Verwaltungssanktionen.

Im more economic approach vervielfachen sich die entscheidungsrelevanten Tatsachen, überdies setzt ihre Ermittlung selbst anspruchsvollere ökonomische Erwägungen voraus.[907] Diese spezifische Folgeerscheinung der ökonomisierten Rechtsanwendung wirft die Frage nach den faktischen Grenzen der gerichtlichen Kontrolle auf. Es ist nur schwer vorstellbar, dass die Gerichte Entscheidungen zur Ökonomisierung mit Erwägungen zu den Grenzen ihrer Leistungsfähigkeit begründen. Andererseits ist aber nicht ausgeschlossen, dass derartige Überlegungen unterschwellig in die Entscheidungen zum more economic approach einfließen. Dass ein Zusammenhang zwischen der Intensität der Verwaltungskontrolle und dem Umfang ihrer sachlichen Kapazitäten besteht, kann kaum bestritten werden.[908] Insbesondere die „uneingeschränkte Prüfung komplizierter Verwaltungsmaßnahmen“, so wurde schon früh treffend formuliert, „stellt die Gerichte vor eine unlösbare Aufgabe“.[909]

In der Vergangenheit wurde die Rechtsprechung sowohl zur Herausbildung der Maßstäbe gerichtlicher Kontrolle von Kommissionsentscheidungen im Wettbewerbsrecht als auch zu deren Handhabung in der Entscheidungspraxis durchaus von solchen Faktoren bestimmt, die ihren Ausgangspunkt in den kapazitätsmäßigen Grenzen der richterlichen Kontrolle haben. Am deutlichsten sichtbar wird dies an der Entwicklung der Kontrollpraxis im Zusammenhang mit der Errichtung des Gerichts erster Instanz, in deren Zuge sich die gerichtliche Befassung mit der Sachebene der Rechtssachen erheblich gesteigert hat.[910] Die Bedeutung des Gerichts erster Instanz für die wirksame gerichtli-

907 Der wesentliche Grund hierfür ist die Ausweitung der ökonomischen Analyse auf die ergebnisbezogenen Wettbewerbsparameter des Sachverhalts im Rahmen der auswirkungsbezogenen Betrachtungsweise. Vgl. hierzu im Einzelnen o., E.I.2.a) und *I. Schmidt*, More economic approach vs. Justiziabilität, WuW 2005, S. 877: „ökonomische Analyse unter Berücksichtigung möglichst aller Einflussfaktoren“.

908 Diesen Zusammenhang deutet etwa *M. Jaeger*, The Standard of Review in Competition Cases Involving Complex Economic Assessments, JECLP 2011, S. 310, an, hält die den Sachschwierigkeiten geschuldeten Auswirkungen auf die Verfahrensdauer aber für ein unzulässiges Argument für die Anerkennung wirtschaftlicher Komplexität.

909 *J. Schwarze*, Abstraktion, S. 35.

910 Vgl. zum Zusammenhang den Voraussetzungen der Verfahrensordnung und der Kontrolldichte *A. Fritzsche*, Ermessen und institutionelles Gleichgewicht, 2008, S. 19, sowie *B. Vesterdorf*, The Court of First Instance of the European Communities after two Full Years in Operation, CMLRev 1992, S. 897, 912. Vgl. auch die Präambel des *Beschlusses des Rates vom 24.10.1988 zur Errichtung eines Gerichts erster Instanz der Europäischen Gemeinschaften*, ABl. 1988, Nr. L 319, S. 1: „Für Klagen,

che Kontrolle im Wettbewerbsrecht bringt Generalanwalt *Cosmas* zum Ausdruck: „Dieses Gericht hat, indem es systematisch über Klagen auf Nichtigerklärung von Entscheidungen der Kommission urteilt, (...) die gerichtliche Kontrolle dieser Entscheidungen vertieft und verstärkt und damit einen Beitrag zur Verbesserung des gemeinschaftlichen Rechtsschutzsystems (erbracht).“[911]

In seinen jüngeren fusionskontrollrechtlichen Entscheidungen zeigte das Gericht, dass es durchaus in der Lage ist, die weit reichenden ökonomischen Analysen der Kommission detailliert nachzuprüfen.[912] Dies ändert aber nichts an den prinzipiellen Begrenzungen, denen jedes rechtsförmige Verfahren im Hinblick auf den Umfang der berücksichtigungsfähigen tatsächlichen Umstände unterworfen ist. Dem more economic approach liegt ein Verständnis der Rechtsanwendung zugrunde, das zugunsten einer möglichst präzisen wettbewerbsrechtlichen Berücksichtigung der tatsächlichen wettbewerblichen Bedeutung des betreffenden Verhaltens derartige Begrenzungen in einem Maße unberücksichtigt lässt, das es erforderlich macht, sich mit den Gefahren dieses Ansatzes für die Wirksamkeit gerichtlicher Verwaltungskontrolle auseinanderzusetzen.

(1) Der funktionale Zusammenhang von Verwaltungsverfahren und Rechtsschutz im more economic approach

Der umfassenden Überprüfung der Tatsachen, auf die sich die Kommission in Wettbewerbsentscheidungen stützt, kommt eine hervorgehobene Bedeutung zu in Fällen, in denen das Gericht die administrativen Ermessensausübungen der Kommission aufgrund ihrer wirtschaftlichen Komplexität nur in einer verringerten Intensität nachprüfen kann. Dort kompensiert die besonders strenge Nachprüfung der behördlichen Sachverhaltsermittlung die Zurücknahme der Kontrolldichte im Interesse des effektiven Rechtsschutzes. „Insoweit geht aus der Rechtsprechung hervor, dass im Bereich der Fusionskontrolle, in dem die Kommission in Wirtschaftsfragen über einen Beurteilungsspielraum verfügt,

deren Entscheidung eine eingehende Prüfung komplexer Sachverhalte erfordert, ist die Einführung zweier Rechtszüge geeignet, den Rechtsschutz des einzelnen zu verbessern.“

911 GA *G. Cosmas*, Schlussanträge in der Rs. C-344/98, Masterfoods, Slg. 2000, I-11369, Rn. 54; ausführlich hierzu *A. Fritzsche*, Ermessen und institutionelles Gleichgewicht, 2008, S. 72.

912 Vgl. *M. Jaeger*, The Standard of Review in Competition Cases Involving Complex Economic Assessments, JECLP 2011, S. 303.

die Kontrolle durch das Gericht zwar auf die Nachprüfung der materiellen Richtigkeit des Sachverhalts und auf offensichtliche Beurteilungsfehler beschränkt ist, doch ist die Richtigkeit, Vollständigkeit und Belastbarkeit der einer Entscheidung zugrunde gelegten Tatsachen der gerichtlichen Prüfung zugänglich. Insbesondere so kann der Gemeinschaftsrichter nämlich überprüfen, ob die für die Wahrnehmung des Beurteilungsspielraums maßgeblichen sachlichen und rechtlichen Umstände vorgelegen haben".[913] Der so zur Geltung gebrachte *funktionale Zusammenhang von Verwaltungsverfahren und Rechtsschutz* ist heute im Rahmen eines allgemeinen Grundsatzes des europäischen Verwaltungsrechts geschützt. In ihren jüngeren Entscheidungen zur ökonomischen Analyse des Wettbewerbsrechts haben die Gerichte die Bedeutung des funktionalen Zusammenhangs von Verwaltungsverfahren und Rechtsschutz als bedeutendes Gegengewicht zu der in ihrer Gesamttendenz wachsenden Entscheidungsfreiheit der Kommission wiederholt herausgestellt.[914] Voraussetzung für eine wirksame Entfaltung dieses Ausgleichsmechanismus ist die Möglichkeit zur Durchführung einer im Bedarfsfall intensiveren Kontrolle der administrativen Sachfeststellungen. Dies zu gewährleisten erscheint angesichts einer allgemeinen Tendenz zur Verbreiterung der Tatsachenbasis als Voraussetzung einer wirtschaftlichen Betrachtung von wettbewerbsrelevanten Unternehmenshandlungen allerdings nicht ohne weiteres möglich.[915]

(2) Erfordernisse der Tatsachenkontrolle bei Sanktionen im more economic approach

Über seine allgemeine Bedeutung für den Grundsatz des effektiven Rechtsschutzes hinaus kommt der gerichtlichen Sachverhaltsüberprüfung ein besonderer Stellenwert gegenüber solchen Kommissionsentscheidungen zu, die Anknüpfungspunkte für Kartellsanktionen sind. Als strafrechtsähnliche Verwaltungssanktionen bemessen sich die Erfordernisse gerichtlicher Verwaltungs-

913 EuGH, Rs. C-12/03 P, Tetra Laval, Slg. 2005, I-987 mVa. EuGH, Rs. C-269/90, Technische Universität München, Slg. 1991, I-5469, Rn. 14.

914 Vgl. etwa EuGH, Rs. C-413/06 P, Impala, Slg. 2008 I-04951, Rn. 69.

915 Vgl. zu der erhöhten Sachverhaltsintensität der ökonomisierten Rechtsanwendung nur *T. Ackermann*, Europäisches Kartellrecht, in K. Riesenhuber (Hrsg.), Europäische Methodenlehre, 2010, S. 649: „Um den Einfluss einer bestimmten unternehmerischen Maßnahme auf das Marktergebnis im Einzelfall ex post festzustellen oder zukunftsgerichtet prognostizieren zu können, müssen Rechtsanwender wie auch Rechtsunterworfene den wirtschaftlichen Kontext der Maßnahmen naturgemäß intensiver untersuchen, als dies bei Zugrundelegung eines eher formalistischen Konzepts der Fall wäre."

kontrolle an den strengen Maßstäben der strafverfassungsrechtlichen Garantien der Union.[916] Das Vorgehen auf dem Wege einer ökonomisierten Betrachtung im Rahmen solcher Kommissionsentscheidungen, die als Anknüpfungspunkte für Kartellbußen dienen, ruft unter dem Gesichtspunkt effektiver Verwaltungskontrolle auch dann Bedenken hervor, wenn man davon ausgeht, dass in diesen Fallkonstellationen trotz des engen Entsprechungsverhältnisses von wirtschaftlicher Betrachtungsweise und wirtschaftlicher Komplexität die Gerichte auch in Zukunft in der Regel davon Abstand nehmen werden, ihre Kontrolle zugunsten administrativer Beurteilungsspielräume regelmäßig zurückzunehmen.[917]

In Anbetracht der ausgreifenden Bußgeldpraxis der Kommission in der Gegenwart muss heute umso mehr gelten, was der Richter des Gerichts erster Instanz, *Christopher Bellamy*, im Rahmen einer Fachdiskussion schon vor einiger Zeit bemerkte: „In TFI cases where companies can be fined up to 10% of turnover, the highest fine to date being 70 millions ECU and where fines of 25 or 30 millions are common, control over the facts is essential."[918] Selbst wenn faktisch bedingte Kontrolldefizite einstweilen nicht zu verzeichnen sind, so ist dennoch davon auszugehen, dass die Rechtsprechung mit besonderer Rücksicht auf die strengen Anforderungen der Strafverfahrensgarantien bestrebt sein wird, auf wettbewerbsrechtlicher Ebene einer Entwicklung entgegenzuwirken, nach der in der Rechtsanwendung in Zukunft solche Prinzipien verstärkt zum Tragen kommen, denen eine unzureichende Berücksichtigung der spezifischen Erfordernisse rechtsförmiger Verfahren inhärent ist.

(3) Angemessene Verfahrensdauer: Die Voraussetzungen zeitigen Rechtsschutzes im ökonomisierten Wettbewerbsrecht

Ausgesprochen problematisch ist die Ausdehnung der richterlichen Tatsachenkontrolle bis an die Grenzen des kapazitätsmäßigen Leistungsvermögens

916 Hierzu ausführlich nur *J. Schwarze*, Europäische Kartellbußgelder im Lichte übergeordneter Vertrags- und Verfassungsgrundsätze, EuR 2009, S. 177 ff.

917 Vgl. oben, u. *H. Schweitzer,* Judicial Review in EU Competition, in D. Geradin u. a. (Hrsg.), Research Handbook on EU Antitrust Law, 2012, Teil 3.: "With regard to Art. 101 and Art. 102 decisions, the 'more economic approach' and its particular focus on effects has sometimes been thought to increase the Commission's margin of appreciation in finding an infringement. At the same time, when fines are imposed, the courts may be required to construe any margin of discretion narrowly in order to satisfy the standards set by Art. 6 ECHR and by Art. 47 of the Charter of Fundamental Rights."

918 *C. Bellamy*, Judicial Enforcement of Competition Law, OECD Policy Roundtables 1996, S. 106.

der Gerichte im Hinblick auf die Erfordernisse des zeitigen Rechtsschutzes.[919] Wollen die Richter nicht auf die Befugnis zur umfassenden Nachprüfung verzichten, kann es bei gesteigerten Prüfungslasten und gleichbleibenden personellen Kapazitäten nicht ausbleiben, dass sich die Verfahrensdauer erhöht.[920] Dies ist zumindest dann problematisch, wenn das Rechtsschutzanliegen in seiner Verwirklichung gefährdet wird. Rechtliche und tatsächliche Gesichtspunkte der jüngeren Rechtspraxis zeigen, dass unter den gegenwärtigen Voraussetzungen bei konsequenter Umsetzung der ökonomischen Betrachtungsweise ein wirksamer zeitiger Rechtsschutz nur schwerlich zu gewährleisten sein dürfte. Das erstinstanzliche Verfahren in Wettbewerbssachen dauerte 2010 im Durchschnitt knapp vier Jahre.[921] Dabei legen die Entwicklungen der jüngeren Zeit nahe, dass die Verfahrensdauer in Zukunft in der Gesamttendenz weiter ansteigen wird.[922] Im Verbund mit dem Fehlen aufschiebender Wirkungen gegen die Entscheidung der Kommission und der zurückhaltenden Handhabung einstweiligen Rechtsschutzes[923] sind die Möglichkeiten zeitigen Rechtsschutzes offenbar von einer Qualität, die die Unternehmen eher davon abschreckt, in Streitfällen mit der Kommission eine gerichtliche Klärung anzustreben.[924]

In der Praxis ist zu beobachten, dass die Unternehmen auch im Hinblick auf die gestiegene Verfahrensdauer dazu übergehen, die Streitpunkte mit der Kommission konsensrechtlich in der Gestalt von Zusagen, Verpflichtungszusagen oder Vergleichen auszuräumen, um so die Kosten einer gerichtlichen Auseinandersetzung zu vermeiden. Die Regelung eines beschleunigten Verfahrens für eilbedürftige Wettbewerbssachen ist wegen seiner geringen gegenwärtigen praktischen Bedeutung bisher offenbar nicht geeignet, einen wirksamen Ausgleich der faktischen und rechtlichen Defizite zeitigen Rechts-

919 Grundlegend zu diesem allgemeinen Grundsatz des europäischen Verwaltungsrechts EuGH, Rs. C-282/95, Guérin automobiles, Slg. 1997, I-1503; EuG, Rs. T-213/95 Stichting, Slg. 1997, II-1739; EuGH sowie Rs. C-185/95, Baustahlgewebe, Slg. 1998, I-8417, in der sich der Gerichtshof erstmals auf Art. 6 Abs. 1 EMRK bezog.

920 Dies deutet *M. Jaeger*, The Standard of Review in Competition Cases Involving Complex Economic Assessments, JECLP 2011, insb. S. 310 u. 312 an.

921 Vgl. die Jahresberichte 2007 bis 2012 des EuGH, “Rechtsprechungsstatistiken – Gericht”, Statistik Nr. 9.

922 Vgl. die Jahresberichte 2007 bis 2012 des EuGH, “Rechtsprechungsstatistiken – Gericht”, Statistik Nr. 9.

923 Vgl. die Jahresberichte 2007 bis 2012 des EuGH, “Rechtsprechungsstatistiken – Gericht”, Statistik Nr. 13, “Verfahren des Vorläufigen Rechtsschutzes”, dazu im Einzelnen *M. Jaeger*, Eilverfahren vor dem Gericht der Europäischen Union, EuR 2013, S. 3, 25.

924 Die Gefahr, dass der Rechtsschutz so leerläuft sieht etwa *T. Brenner.*, Das Recht auf eine angemessene Verfahrensdauer in Wettbewerbsverfahren vor der Europäischen Kommission und den Europäischen Gerichten, WRP 2010, S. 357 ff.

schutzes zu schaffen. Von 2007 bis 2012 wurde nach der amtlichen Statistik keinem der (nur) sieben Anträge auf die Durchführung eines beschleunigten Verfahrens stattgegeben.[925] Insgesamt sind die Voraussetzungen zeitigen Rechtsschutzes gegenwärtig so, dass bei einer Verlängerung der Verfahrensdauer aufgrund der gewachsenen Prüfungslasten einer ökonomisierten Rechtsanwendung eine ernstzunehmende Gefahr besteht, dass das europäische Rechtsschutzsystem in diesem Punkt hinter den Anforderungen einer effektiven Verwirklichung der Rechtsschutzanliegen zurückzubleibt.

Insbesondere in Verfahren, in denen die Verfahrensdauer der ökonomischen Komplexität der Sachfragen geschuldet ist, hat der Gerichtshof die Voraussetzungen einer Verletzung des effektiven Rechtsschutzes hoch angesetzt. In der Rechtssache *Der Grüne Punkt* hatte sich der Gerichtshof im Rechtsmittel mit der Frage auseinanderzusetzen, ob ein Gerichtsverfahren gegen den Grundsatz des zeitigen Rechtsschutzes verstößt, das die Klage gegen eine Missbrauchsentscheidung auf dem Markt für Verpackungsherstellung erst fünfeinhalb Jahre nach Klageerhebung entscheidet.[926] In seiner jüngeren Rechtsprechung hat der Gerichtshof jene Maßstäbe für die Erfordernissen einer angemessenen Verfahrensdauer konkretisiert, die er in seinem Urteil in der Rechtssache *Baustahlgeweb*e erstmals angewendet hat.[927] Entsprechend seinen im *Baustahlgewebe*-Urteil aufgestellten Grundsätzen hat der Gerichtshof die Angemessenheit der Verfahrensdauer neben den auf dem Spiel stehenden Interessen und dem Verhalten der Parteien davon abhängig gemacht wie komplex die Fragestellungen im erstinstanzlichen Verfahren waren.[928] Unter dem Gesichtspunkt der Komplexität können dabei nach der Rechtsprechung „anhand eines Bündels von Gesichtspunkten“ – etwa der Notwendigkeit einer „eingehenden Prüfung von verhältnismäßig umfangreichen Dokumenten sowie von Tatsachen- und Rechtsfragen von einiger Komplexität“ – berücksichtigt werden[929],

In seinen Schlussanträgen führt der Generalanwalt hierzu aus, dass sich die Feststellung des Vorliegens einer beherrschenden Stellung oftmals als schwierig und komplex erweist, insbesondere weil wirtschaftliche Daten zu untersu-

925 Vgl. die Jahresberichte 2007 bis 2012 des EuGH, “Rechtsprechungsstatistiken – Gericht”, Statistik Nr. 14.

926 EuGH, Rs. C-385/07 P, Der Grüne Punkt, Slg. 2009, I-06155.

927 EuGH, Rs. C-185/95 P, Baustahlgewebe, Slg. 1998 I-08417, Rn. 26 ff., u. 3. Leitsatz.

928 Vgl. zu den Kriterien im Einzelnen GA *Y. Bot*, Schlussanträge in der Rs. C-385/07 P, Der Grüne Punkt, Slg. 2009, I-06155, Rn. 281 ff.

929 EuGH, Rs. C-385/07 P, Der Grüne Punkt, Slg. 2009, I-06155, Rn. 181 f.

chen sind, die für sich genommen komplex sind.[930] Das Kriterium der Komplexität in der Rechtsprechung zur angemessenen Verfahrensdauer erweist sich so als ein Merkmal, mit welchem den steigenden Anforderung an die gerichtliche Tatsachenüberprüfung im Hinblick auf die Erfordernisse der Verfahrensdauer Rechnung getragen werden kann.[931] Langwierige Gerichtsverfahren, sofern sie der Komplexität der ökonomischen Analyse des Sachverhalts geschuldet sind, stellen keine Verletzung des Grundsatzes der angemessenen Verfahrensdauer dar. An der faktischen Verringerung der Intensität zeitigen Rechtsschutzes als negative Folgeerscheinung der Ökonomisierung vermag dies indes nichts zu ändern.[932]

d) Die gerichtliche Wettbewerbskonzeption im Lichte der Erfordernisse der Justiziabilität – Die Eigengesetzlichkeiten des Rechts II

Wesentliche Herausforderungen ökonomisierter Rechtsanwendung für die wirksame gerichtliche Kontrolle von Kommissionsentscheidungen im Wettbewerbsrecht vermag die Rechtsprechung im Wege der Weiterentwicklung der Grundsätze gerichtlicher Nachprüfung und ihrer Handhabung in der Praxis zu bewältigen. Mit dem zuletzt genannten Aspekt der kapazitätsbedingten Defizite der Tatsachenkontrolle verlässt die Analyse indes den Rahmen der Rechtsprechung zur Verwaltungskontrolle und markiert so die Grenzen des Ansatzes, den gewandelten Voraussetzungen der Gewährleistung wirksamer Verwaltungskontrolle durch systemimmanente Anpassung der Grundsätze der Verwaltungskontrolle zu begegnen.

Die prinzipienhafte Entscheidung der Kommission, den Nachweis von Wettbewerbsverletzungen auf dem Boden einzelfallbezogener Wirkungsanalysen zu erbringen, könnte in ihren Auswirkungen das gegenwärtige Gefüge gerichtlicher Verwaltungskontrolle an die Grenzen seiner rechtlichen und tat-

930 GA *Y. Bot*, Schlussanträge in der Rs. C-385/07 P, Der Grüne Punkt, Slg. 2009, I-06155, Rn. 283 f. Vgl. hierzu aus jüngster Zeit auch die Schlussanträge der GA'in *E. Sharpston* vom 30. 5. 2013, Rs. C-40/12 P, in der sie eine flexible Handhabung des Grundsatzes der angemessenen Verfahrensdauer im Hinblick auf die Komplexität des Verfahrens zugrunde legt.

931 Zu den Kriterien der Angemessenheit des Verfahrens im Einzelnen, *T. Brenner,* Das Recht auf eine angemessene Verfahrensdauer in Wettbewerbsverfahren vor der Europäischen Kommission und den Europäischen Gerichten, WRP 2010, S. 358 f.

932 Aus diesem Grund kritisch gegenüber der großzügigen Handhabung dieses Arguments im Rahmen der Angemessenheitsprüfung, *T. Brenner,* Das Recht auf eine angemessene Verfahrensdauer in Wettbewerbsverfahren vor der Europäischen Kommission und den Europäischen Gerichten, WRP 2010, S. 361.

sächlichen Leistungsfähigkeit bringen. Diesbezüglichen Bedenken hinsichtlich der rechtsstaatlichen Anforderungen von Rechtsschutz und organisationsrechtlichen Verbürgungen ist bereits bei der Formulierung wettbewerbsrechtlicher Beurteilungsmaßstäbe selbst zu begegnen.

Die prinzipielle Abkehr von einer Anwendung des Merkmals der Wettbewerbsrechtsverletzung nach solchen Regeln, welche die Voraussetzungen nach formalen Kriterien formulieren und auf Rechtsfolgenseite weit reichende Vermutungswirkungen entfalten, und die gleichzeitige Hinwendung zu einem einzigen Kriterium der möglichst exakten Berücksichtigung der tatsächlichen wettbewerblichen Bedeutung eines Verhaltens, sind gleichbedeutend mit der systematischen Bedeutungsverringerung von gerichtlich nachprüfbaren Maßstäben, die in der jüngsten Literatur zugespitzt als das „Schwinden der Legalität" beschrieben wird.[933]

Tatsächlich liegt in dem Ansatz der Kommission die Gefahr einer Beeinträchtigung der Justiziabilität von Wettbewerbsentscheidungen und damit für eine Grundvoraussetzung jedes Systems gerichtlicher Verwaltungskontrolle begründet, deren Fehlen nicht im Wege systemimmanenter Anpassung der Rechtsprechungsgrundsätze zur gerichtlichen Kontrolle ausgeglichen werden kann.[934] Mit den Bedenken gegenüber der Justiziabilität der von der Kommission angestrebten wirtschaftlichen Betrachtungsweise als Grundvoraussetzung wirksamer Verwaltungskontrolle fördert die Untersuchung des more economic approach eine weitere Erscheinungsform der spezifischen rechtsstaatlichen Gefahren zutage, die von einem übertriebenen Geltungsanspruch der Ökonomie für die Eigengesetzlichkeiten des Rechts ausgehen.

In der Auseinandersetzung der Gerichte mit wettbewerbsrechtlichen Fragen den more economic approach treten Erfordernisse der Justiziabilität nicht als eigenständige Argumentationsfigur in Erscheinung. Dennoch ist davon auszugehen, dass auch dieser Aspekt der Eigengesetzlichkeiten des Rechts entscheidend ist für die sich herausbildende Haltung der Gerichte gegenüber den Ansätzen eines Vollzugs der Wettbewerbsnormen auf der Grundlage hauptsächlich ökonomischer Erwägungen: Insofern besteht jedenfalls ein auffälliger Gleichlauf zwischen den prinzipiellen wettbewerbsrechtlichen Positionierungen der Gerichte im Kontext des more economic approach und den Bedürfnis-

933 *J. H. Klement,* Das Schwinden der Legalität. Von der Doppelbewegung aus Verrechtlichung und Entrechtlichung, JöR 2013, S. 115 ff.

934 Es ist deshalb bemerkenswert, dass der Präsident des Europäischen Gerichts im Rahmen eines Fachbeitrages einem die Frage aufwirft, ob der per-se-Ansatz im europäischen Wettbewerbsrecht allmählich überwunden wird; *M. Jaeger*, The Standard of Review in Competition Cases Involving Complex Economic Assessments, JECLP 2011, S. 308: „The era of the per se approach might be coming to an end."

sen richterlicher Überprüfbarkeit administrativer Wettbewerbsentscheidungen.[935]

Im Lichte der Justiziabilität lässt sich das ergebnisoffene Wettbewerbsverständnis erklären, das es erlaubt, eine Wettbewerbsrechtsverletzung als Beeinträchtigung der Voraussetzungen des Wettbewerbs zu begreifen. Freiheit und Struktur sind wiederum diejenigen Wettbewerbsparameter, die sich innerhalb der Grenzen rechtsförmiger Verfahren am besten ermitteln lassen und deren Vorliegen einer gerichtlichen Nachprüfung in besonderem Maße zugänglich ist. Die unverändert ablehnende Haltung gegenüber dem wettbewerbsrechtlichen Beurteilungskonzept der rule of reason, welche die gegenwärtige Rechtsprechung prägt, dürfte ebenfalls zu einem guten Teil auf die Bedenken hinsichtlich der Erfordernisse gerichtlicher Überprüfbarkeit einer administrativen Anwendung der Wettbewerbsregeln zurückzuführen sein, die für die Bestimmung der Wettbewerbsrechtsverletzung ganz ohne juristische Kriterien auskommt und allein auf der Grundlage einer bilanzmäßigen Verrechnung der nach ökonomischen Maßgaben zu ermittelnden wettbewerbsfördernden und -schädigenden Kriterien durchzuführen ist. Ähnliche Gesichtspunkte dürften auch die Herausbildung eines im wesentlichen ergebnisoffenen Schutzverständnisses – oder zumindest das Festhalten daran – auch gegenüber einer wettbewerbspolitischen Gesamttendenz zur Ausrichtung der Wettbewerbsregeln auf den Schutz der Konsumentenwohlfahrt begünstigt haben. Gerade das Fehlen einer nach ökonomischen Kategorien bestimmbare Zielgröße der Verbotsnormen begünstigt die Formulierung solcher Voraussetzungen für das Vorliegen einer Wettbewerbsrechtsverletzung, die – ausgehend von Erfahrungswerten – die äußere Erscheinungsform von Verhaltensweisen in den Mittelpunkt der Beurteilungskriterien stellen.

In der grundlegenden Annahme, dass der Wettbewerb zu schützen sei, *weil* wirksamer Wettbewerb den Interessen des Verbrauchers in letzter Konsequenz am besten nütze, und nicht erst, *wenn* der Wettbewerb die Verbrau-

935 Bisher haben die Gerichte in der Regel einem Schutzgutverständnis und einer Auslegungen der Wettbewerbsrechtsverletzung den Vorzug gegeben, die es erlauben, Voraussetzungen ihres Vorliegens zu formulieren, die für Adressaten erkennbar, für die Rechtsanwendungsorgane ermittelbar und für die Gerichte überprüfbar sind. Vgl. zu der Berücksichtigung von Beweisschwierigkeiten und Erfordernissen gerichtlicher Kontrolle bei der Formulierung der Tatbestandsvoraussetzungen als überragendem Gesichtspunkt *W. Möschel*, Wettbewerb zwischen Handlungsfreiheit und Effizienzzielen, in C. Engel/W. Möschel (Hrsg.), Recht und spontane Ordnung – FS für E.-J. Mestmäcker zum achtzigsten Geburtstag, 2006, S. 360 f.; vgl. zum Zusammenhang von materiellen Beurteilungsmaßstäben und den Erfordernissen der Verwaltungskontrolle in der Rechtsprechung des Gerichtshofs zum Wettbewerbsrecht, *U. Everling*, Wettbewerbskonzeption, S. 223.

chervorteile verwirklicht, mag zwar vom Standpunkt der Wettbewerbstheorie aus gesehen eine Wertentscheidung liegen; es konnte aber dargelegt werden, dass die Gerichte wettbewerbskonzeptionelle Entscheidungen nach wie vor weniger unter wettbewerbstheoretischen als vielmehr unter pragmatischen, an den Vertragsregeln und den Vertragszielen ausgerichteten Gesichtspunkten treffen.

Eine überzeugende Begründung ergibt sich hier auch aus dem Blickwinkel der Eigengesetzlichkeiten des Rechts, von denen im vorliegenden Zusammenhang die Justiziabilität als Funktionsbedingung wirksamer Verwaltungskontrolle hervorzuheben ist. Ein auf dieser Grundannahme basierendes Verständnis von Wettbewerbsregeln kommt bei der administrativen und judikativen Anwendung dieser Regeln mit erheblich weniger ökonomischen Erwägungen aus. Für die Beurteilung eines konkreten Verhaltens reicht im Wesentlichen die Betrachtung von Verhaltens- und Strukturparametern aus. Jene Ausschnitte eines wirtschaftlichen Sachverhalts, die für die Ermittlung der Marktwirkungen herangezogen werden müssten, können so unberücksichtigt bleiben. Es besteht mithin geringerer Bedarf an wirtschaftlichen Primärdaten, und angesichts der weniger weit reichenden ökonomischen Erkenntnisziele ist der Einsatz quantitativer ökonomischer Modelle und ihr Nachweis im Einzelfall anhand ökonometrischer Methoden nicht erforderlich. Unter anderem sind dies die Merkmale, die die bisherige Betrachtungsweise vom Standpunkt der Funktionsbedingungen effektiver Verwaltungskontrolle aus gesehen vorzugswürdig erscheinen lassen.

e) Ergebnis

Die Ordnung der Rechtsanwendung nach Prinzipien der Ökonomisierung ist in unterschiedlicher Weise geeignet, das System zu beeinträchtigen, auf dessen Grundlage die Gerichte bislang eine wirksame Verwaltungskontrolle im Wettbewerbsrecht bewerkstelligt haben. Die Untersuchung zeigt die prinzipiellen Problemzonen des gegenwärtigen Systems der Verwaltungskontrolle anhand einiger im systematischen Zusammenhang dargestellter und nachgewiesener Rechtsprechungsbeispiele auf und fragt nach den Möglichkeiten einer systemimmanenten Bewältigung der zutage tretenden Herausforderungen für die wirksame Verwaltungskontrolle im Lichte der jüngeren und jüngsten Entscheidungspraxis.

Dort wo sich in der Rechtsprechung Ansätze zu einer Anpassung der bisherigen Grundsätze zur Verwaltungskontrolle noch nicht hinreichend konkretisiert haben, zieht sich die Untersuchung darauf zurück, theoretische Lösungsmöglichkeiten zu benennen. Die in dieser Studie herausgearbeiteten Möglichkeiten und Grenzen, das bisherige System der Verwaltungskontrolle an die Anforderungen einer ökonomisierten Rechtsanwendung anzupassen, bilden die Grundlage für die Beantwortung der Frage, in welchem Umfang der more economic approach mit den rechtsstaatlichen Erfordernissen wirksamer gerichtlicher Kontrolle im Wettbewerbsrecht zu vereinbaren ist.

Eine solche Beeinträchtigung betrifft zunächst das Regel-Ausnahme-Verhältnis von der grundsätzlich umfassenden Kontrolle der Entscheidung der Kommission zu den Voraussetzungen der Wettbewerbsrechtsverletzung und ihren Einschränkungen in seltenen Ausnahmefällen im Anwendungsbereich des Kartellverbots und der Missbrauchskontrolle. Diese Rechtsprechung ist so zu verstehen, dass effektiver Rechtsschutz gegenüber den Wettbewerbsentscheidungen der Kommission nur dann gewährleistet ist, wenn die Entscheidungen der Kommission zu den Voraussetzungen der Wettbewerbsrechtsverletzung dem Grundsatz nach einer umfassenden Kontrolle zugänglich sind, von dem unter bestimmten, eng begrenzten Ausnahmefällen zugunsten nur eingeschränkt überprüfbarer Spielräume der administrativen Beurteilung abgewichen werden kann.

Die Gerichte verwirklichen das schwierige Regel-Ausnahme-Verhältnis auf der Grundlage des Konzepts der wirtschaftlichen Komplexität, welches die Voraussetzungen umfasst, nach denen die Gerichte der Kommission einen Beurteilungsspielraum begrenzter gerichtlicher Überprüfbarkeit zugestehen. Die absichtsvolle Unschärfe der Anwendungsvoraussetzungen dieses Konzepts erlaubte den Gerichten in der Vergangenheit, die Kontrolle flexibel und nach Bedarf im Einzelfall zugunsten der Einschätzungsprärogative zurückzunehmen, ohne vom Grundsatz der umfassenden Kontrolle abzurücken. Die Studie legt nahe, dass das Konzept der wirtschaftlichen Komplexität in seiner gegenwärtigen Gestalt gegenüber einer ökonomisierten Rechtsanwendung nicht mehr ohne weiteres geeignet ist, dem Grundsatz der umfassenden Kontrolle der Entscheidungen der Kommission zum Kartellverbot und der Missbrauchskontrolle hinreichend Rechnung zu tragen.

Die Analyse der Rechtsprechung zu den Voraussetzungen der Rücknahme der Kontrolldichte im Rahmen des Merkmals der wirtschaftlichen Komplexität konnte veranschaulichen, dass die Marktergebnisanalyse, mittels derer die Kommission in Zukunft die Voraussetzungen der Wettbewerbsbeschränkungen ermitteln möchte, in der Regel jene Beschaffenheit der Verwaltungsentscheidung aufweisen wird, gegenüber welcher die Gerichte in der Vergangenheit ihre Kontrolle aus Gründen der wirtschaftlichen Komplexität der administrativen Beurteilung zurückgenommen haben. Die jüngere Kontrollpraxis im Bereich der Missbrauchskontrolle und des Kartellverbots zeigt, dass dort, wo eine ökonomische Betrachtungsweise an die Voraussetzungen der Wettbewerbsbeschränkung angelegt wird, sich das Gericht veranlasst sieht, der Kommission einen Spielraum der ökonomischen Beurteilung zuzuerkennen.

Die Einführung der Prinzipien einer ökonomisierten Rechtsanwendung hätte zur Folge, dass sich das Verhältnis von regelmäßiger umfassender gerichtlicher Kontrolle der Entscheidung der Kommission zu den Voraussetzungen der Wettbewerbsbeschränkung einerseits und einer Zurücknahme der Kontrolldichte in seltenen Ausnahmefällen andererseits, wie es die Rechtsprechung zur Kontrolldichte in den Anwendungsbereichen des Art. 101 Abs. 1 und 102 AEUV bisher geprägt hat, in sein Gegenteil verkehrt.

Ansätze zur Bewältigung dieses Problems bestehen zum einen in einer restriktiven Handhabung des Konzepts wirtschaftlicher Komplexität. Während die Gerichte in der Vergangenheit mitunter auch im Hinblick auf das *Ausmaß der sachspezifischen Expertise* einer zu treffenden administrativen Bewertung die Entscheidung der Kommission als „wirtschaftlich komplex" eingeordnet haben, lässt sich der bisherigen Entscheidungspraxis eine weitere Tendenz entnehmen, nach der die Gerichte eine Komplexität der wirtschaftlichen Beurteilung auch gegenüber Sachverhalten angenommen haben, in denen die Kommission eine Entscheidung *wirtschaftspolitisch wertender Natur* zu treffen hatte, die sich mit anderen Worten einer Überprüfung an den Kategorien von richtig und falsch entzieht. Durch eine konsequente Beschränkung des Konzepts wirtschaftlicher Komplexität auf dieses Verständnis ließe sich einem „luxuriant growth of light judicial review" administrativer Beurteilungen im more economic approach zumindest entgegenwirken.

Als übergeordneter rechtlicher Gesichtspunkt für ein restriktives Verständnis von den Voraussetzungen der beschränkten gerichtlichen Überprüfung ökonomischer Beurteilungen durch die Kommission kommt zudem der Grundsatz des institutionellen Gleichgewichts in Betracht, dem für die Erfordernisse einer wirksamen Kontrolle ausgreifender Verwaltungsmacht eine besondere Bedeutung zukommt. In der Anwendung des Konzepts der wirtschaftlichen Komplexität stellen die Gerichte das schwierige Gleichgewicht zwischen den in den Bereichen der Wirtschaftsverwaltung notwendigerweise ausgeprägten administrativen Einschätzungsprärogativen einerseits und den Erfordernissen ausgleichender Legalitätskontrolle andererseits her.

Mit der Einführung ökonomischer Prinzipien in die Anwendung des Wettbewerbsrechts kommt es zu einer Verschiebung des institutionellen Machtverhältnisses zulasten der Gerichte. Die Untersuchung der praktischen Umsetzung des more economic approach an anderer Stelle zeigt, dass es die Kommission jedenfalls auf der Ebene der Formulierung ökonomischer Analysemaßstäbe weitestgehend selbst in der Hand hat, jene Voraussetzungen zu schaffen, unter denen ihre Wettbewerbsentscheidung die Beschaffenheit wirtschaftlicher Komplexität und damit jener Entscheidungslage annehmen, gegenüber der sich die Gerichte nach den bisherigen Grundsätzen auf eine nur eingeschränkte Kontrolle zurückzuziehen haben. In dieser Lage sind die Gerichte nicht mehr Herr ihrer Tätigkeit und könnten sich im Sinne des institutionellen Gleichgewichts veranlasst sehen, durch eine restriktive Anwendung des Konzepts wirtschaftlicher Komplexität auf die Verschiebung des Kräfteverhältnisses ausgleichend einzuwirken.

Im Bereich jener Wettbewerbsentscheidungen, die die Grundlage für eine Kartellsanktion darstellen – dies legt die Untersuchung nahe –, bilden Erwägungen der strengen straf- und strafverfahrensrechtlichen Garantien der Unionsrechtsordnung den möglichen Ausgangspunkt für eine Differenzierung der Anwendung des Konzepts wirtschaftlicher Komplexität danach, ob die Entscheidung der Kommission regulierungsrechtlicher oder sanktionsrechtlicher Art ist. Die im Vertrag angelegte und in der Kartellrechtsverordnung verwirklichte Entscheidung für eine umfassende gerichtliche Überprüfbarkeit der Ermessensausübung der Kommission im Rahmen kartellrechtlicher Sanktionsentscheidungen stellt eine Wertung zu den Erfordernissen effektiven Rechtsschutzes dar, die bei der Überprüfung ökonomischer Analysen zu den Voraussetzungen der Wettbewerbsbeschränkungen zumindest nicht völlig unberücksichtigt bleiben dürfte.

Die Untersuchung hat ergeben, dass die jüngere und jüngste Rechtsprechung bislang keine hinreichenden Konkretisierungen im Hinblick auf die Anwendungsvoraussetzungen der beschränkten Kontrolle vorgenommen hat. Die wissenschaftlichen Beiträge zweier Richter des Gerichts erster Instanz zu den Gefahren einer ausgreifenden Anwendung beschränkter Gerichtskontrolle in jüngster Zeit dokumentieren indes ein geschärftes Problembewusstsein, das in der einen oder anderen Weise in der künftigen Entscheidungspraxis zum Ausdruck kommen dürfte.

Ein zweiter Problemkomplex aus dem Fragenkreis der Beeinträchtigung wirksamer gerichtlicher Kontrolle durch den more economic approach betrifft die Reichweite der inhaltlichen Überprüfung ökonomischer Analysen der Kommission bei eingeschränkter gerichtlicher Kontrolle. Die Studie legt dar, dass der Einsatz von Methoden der quantitativen Ökonomie zur Marktergebnisanalyse nach den bisherigen Maßstäben begrenzter Kontrolle und ihrer Handhabung in der Praxis in Gefahr steht, hinter den Erfordernissen des effektiven Rechtsschutzes zurückzubleiben. Anhand von im systematischen Zusammenhang dargestellten und nachgewiesenen Beispielen der jüngeren Entscheidungspraxis zeigt die Untersuchung, dass die Gerichte auf diese Herausforderung zunächst mit einer nennenswerten Verschärfung der Kontrollpraxis auf der Grundlage bestehender Kontrollmaßstäbe reagiert haben. So hat das Gericht im Bereich der Fusionskontrolle das Vorhaben der Kommission, Zusammenschlüsse mit Blick auf solche schädlichen Marktwirkungen zu untersagen, die außerhalb dessen liegen, was bisher wettbewerbsrechtlich berücksichtigungsfähig erschien, zum Anlass genommen, eine größere Konsistenz der ökonomischen Argumentation einzufordern.

In ihren Bestrebungen, eine effektive Kontrolle auch gegenüber solchen Entscheidungen zu gewährleisten, die auf der Grundlage weit reichender wettbewerbsökonomischer Erwägungen zustande kommen, sind die Gerichte nicht bei der Verschärfung der Kontrollpraxis stehen geblieben. Vielmehr haben sie die Auseinandersetzung mit kritischen Fällen der Kommissionspraxis zum Anlass genommen, die Prüfungsmaßstäbe im Bereich verringerter Kontrolldichte sukzessive fortzuentwickeln. Dabei haben die Gerichte jene Bestandteile der Kontrollmaßstäbe hervorgehoben, die es ihnen erlauben, der spezifischen Beschaffenheit der von der Kommission angestrebten Rechtsanwendungsprinzipien eingehender Rechnung zu tragen. Insbesondere betrifft dies die Beweisanforderungen von Feststellungen aufgrund komplexer ökonomischer Erwägungen sowie die Kontrollintensität bei Marktwirkungsprognosen.

Insgesamt dokumentiert die Entscheidungspraxis ein gewandeltes richterliches Verständnis der Anforderungen an die gerichtliche Überprüfung ökonomischer Analysen. Das Gericht scheut sich nicht, die wettbewerbstheoretischen Annahmen, welche die Kommission einer Entscheidung zugrunde legt, selbständig auf den vorliegenden Sachverhalt anzuwenden. Im Hinblick auf die Frage, inwieweit der more economic approach sich in das – gegebenenfalls anzupassende – bisherige System der gerichtlichen Kontrolle von Wettbewerbsentscheidungen der Kommission einfügt, lassen sich in der jüngeren Rechtsprechung Aussagen prinzipieller Art entnehmen. Sie ist hinsichtlich der Herausforderungen eines sich abzeichnenden Wandels der wettbewerbsrechtlichen Praxis erkennbar darauf angelegt, unter weitgehender Ausschöpfung der bisher zurückhaltend gehandhabten Prüfungsbefugnisse bei verringerter Kontrolldichte die Voraussetzungen wirksamer Verwaltungskontrolle abzusichern. Insofern stellen die Gerichte hier einen Zusammenhang zwischen Ökonomisierung und dem Ausmaß der Verwaltungskontrolle dergestalt her, dass gegenüber komplexen ökonomischen Bewertungen zwar eine nur eingeschränkte gerichtliche Überprüfbarkeit besteht, innerhalb des verbleibenden Spielraums indes die Prüfung umso strenger ausfällt, je stärker die Entscheidung der Kommission von solchen ökonomischen Erwägungen getragen ist, die außerhalb dessen liegen, was nach dem bisherigen Ansatz im rechtsförmigen Verfahren der Kommission und der Gerichte berücksichtigungsfähig erschien. Bei dieser Vorgehensweise kommt dem Gericht die auf flexible Handhabung der Kontrollmaßstäbe zum Zwecke des Austarierens der geschützten Belange von Kontrolle und Entscheidungsfreiheit angelegte Rechtsprechung zum offenkundigen Beurteilungsfehler zugute, auf dessen Grundlage sich die Herausforderungen eines ökonomisierten Wettbewerbsrechts in wesentlichen Aspekten systemimmanent bewältigen lassen.

Ob die Rechtsprechung in der Lage ist, die Anforderungen des more economic approach durch die Anpassung ihres bisherigen Kontrollsystems zu bewältigen, hängt auch davon ab, ob sie gleichzeitig die Mindestfreiräume administrativer Verwaltungsprärogative gewährleisten kann. Wenngleich der Gerichtshof den Ansatz einer intensiveren Kontrolle, den das Gericht verfolgt, bestätigt und seinerseits sogar maßgeblich fortentwickelt hat, hat er auch in jüngerer Zeit – dies wird in mehreren Entscheidungen erkennbar –, streng darüber gewacht, dass sich das Gericht mit seiner eigenen ökonomischen Beurteilung nicht an die Stelle der Verwaltung setzt. Es steht insofern nicht zu befürchten, dass die Bemühungen der Gerichte um eine ausgleichende Intensivierung inhaltlicher Kontrolle in eine unzulässige Übermacht zulasten der berechtigten Interessen administrativer Letztentscheidungen im Wettbewerbsrecht umschlagen.

Ein dritter Aspekt aus dem Fragenkreis der wirksamen Verwaltungskontrolle im ökonomisierten Wettbewerbsrecht betrifft den Bereich der umfassenden Tatsachenkontrolle. Im Gesamtsystem der Verwaltungskontrolle kommt dem Maßstab der umfassenden gerichtlichen Nachprüfung der behördlich ermittelten Tatsachen insbesondere dort eine hervorgehobene Bedeutung zu, wo die Gerichte über seine strenge Handhabung in der Praxis im Bedarfsfall gesteigerten Erfordernissen effektiven Rechtsschutzes begegnen.

Den dritten Gegenstand dieses Untersuchungsabschnitts bildet der Grundsatz der umfassenden Tatsachenkontrolle. Es konnte gezeigt werden, dass sich der Umfang der in einem nach den Prinzipien der ökonomisierten Rechtsanwendung geordneten Wettbewerbsrecht notwendigen Tatsachengrundlage der Verwaltungsentscheidung wesentlich vergrößert und deren Qualität eine anspruchsvollere Überprüfung verlangt. Im gegenwärtigen System der Verwaltungskontrolle – diese Annahme legt die Untersuchung nahe – stoßen die Gerichte an die kapazitätsmäßigen Grenzen einer umfassenden Tatsachenkontrolle. Diese faktischen Grenzen könnten die Erfordernisse wirksamer Verwaltungskontrolle in dreierlei Hinsicht besonders beeinträchtigen.

Die Möglichkeit zu einer umfassenden Überprüfung der Tatsachen, auf die sich die Kommission in Wettbewerbsentscheidungen stützt, hat eine hervorgehobene Bedeutung in Fällen, in denen das Gericht seine Kontrolle administrativer Beurteilungen aufgrund ihrer wirtschaftlichen Komplexität verringert.

Dort *kompensiert* die besonders strenge Nachprüfung der behördlichen Sachverhaltsermittlung die Zurücknahme der Kontrolldichte im Interesse effektiven Rechtsschutzes. Voraussetzung für eine wirksame Entfaltung dieses Ausgleichsmechanismus ist die Möglichkeit zur Durchführung einer im Bedarfsfall intensiveren Kontrolle der administrativen Sachfeststellungen. Dies zu gewährleisten erscheint angesichts einer allgemeinen Tendenz zur Verbreiterung der Tatsachenbasis als Voraussetzung einer wirtschaftlichen Betrachtung von wettbewerbsrelevanten Unternehmenshandlungen allerdings nicht ohne weiteres möglich.

Der wirksamen gerichtlichen Sachverhaltsüberprüfung kommt außerdem ein besonderer Stellenwert gegenüber solchen Kommissionsentscheidungen zu, die *Grundlage für Kartellsanktionen* sind. Als strafrechtsähnliche Verwaltungssanktionen bemessen sich die Erfordernisse gerichtlicher Verwaltungskontrolle an den strengen Maßstäben der strafverfassungsrechtlichen Garantien der Union. Selbst wenn faktisch bedingte Kontrolldefizite einstweilen nicht zu verzeichnen sind, so ist dennoch davon auszugehen, dass die Rechtsprechung mit besonderer Rücksicht auf die strengen Anforderungen der Strafverfahrensgarantien bestrebt sein wird, auf wettbewerbsrechtlicher Ebene einer Entwicklung entgegenzuwirken, nach der in der Rechtsanwendung in Zukunft solche Prinzipien verstärkt zum Tragen kommen, denen eine unzureichende Berücksichtigung der spezifischen Erfordernisse rechtsförmiger Verfahren inhärent ist.

Wollen die Richter nicht auf die Befugnis zur umfassenden Nachprüfung verzichten, kann es bei gesteigerten Prüfungslasten und gleichbleibenden personellen Kapazitäten nicht ausbleiben, dass sich die *Verfahrensdauer* zu Lasten der Erfordernisse des zeitigen Rechtsschutzes erhöht. Rechtliche und tatsächliche Gesichtspunkte der jüngeren Rechtspraxis zeigen, dass unter den gegenwärtigen Voraussetzungen bei konsequenter Umsetzung der ökonomischen Betrachtungsweise ein zeitiger Rechtsschutz in vielen Fällen nur schwerlich zu gewährleisten sein dürfte.

Wesentliche Herausforderungen einer ökonomisierten Rechtsanwendung für die wirksame gerichtliche Kontrolle von Kommissionsentscheidungen im Wettbewerbsrecht vermag die Rechtsprechung auf dem Wege der Weiterentwicklung der Grundsätze gerichtlicher Nachprüfung und ihrer Handhabung in der Praxis zu bewältigen. Kapazitätsbedingte Defizite der Tatsachenkontrolle bleiben auch bei der Umsetzung der aufgezeigten und zum Teil in der Entscheidungspraxis bereits angelegten Mechanismen zur Bewältigung der Anforderungen einer effektiven Kontrolle einer ökonomisierten Rechtsanwendung bestehen. Es besteht insofern ein auffälliger Gleichlauf zwischen den prinzipiellen wettbewerbsrechtlichen Positionierungen der Gerichte im Kontext des more economic approach und den Bedürfnissen richterlicher Überprüfbarkeit administrativer Wettbewerbsentscheidungen. Eine ergebnisoffene Wettbewerbskonzeption, welche die Voraussetzungen wirksamen Wettbewerbs schützt, kommt bei der administrativen und judikativen Anwendung dieser Regeln mit weniger und einfacheren ökonomischen Erwägungen aus. Für die Beurteilung eines konkreten Verhaltens reicht im Wesentlichen die Betrachtung von Verhaltens- und Strukturparametern aus, die sich zur Bildung einfach nachprüfbarer Regeln anbieten.

2. Ökonomisierung und Berechenbarkeit des Rechts

a) Einführung

Für das Wettbewerbsrecht gilt der allgemeine unionsrechtliche Grundsatz der Berechenbarkeit des Rechts, nach dem eine Regelung klar und bestimmt sein muss, damit der Rechtsunterworfene seine Rechte und Pflichten unzweideutig erkennen und sich somit rechtskonform verhalten zu können.[936] Die Gerichte sind nicht ohne weiteres bereit – darauf deutet die jüngere Rechtsprechung hin – der Einschätzung der Kommission zu folgen, dass sich durch die Auslegung und Anwendung des Wettbewerbsrechts nach ökonomischen Gesichtspunkten die Vorhersehbarkeit ihrer Rechtspraxis für die Unternehmen nicht nur nicht verringere, sondern sogar deutlich erhöhe.[937] Die Gerichte gehen vielmehr da-

936 Zum Grundsatz der Rechtssicherheit im Wettbewerbsrecht aus jüngerer Zeit EuGH, Rs. C-550/07 P, Akzo Nobel Chemicals und Akcros Chemicals/Kommission, Rn. 100. Vgl. zum allg. Rechtsgrundsatz bereits EuGH, Rs. 169/80, Gondrand und Garancini, Slg. 1981, 1931, Rn. 17 und aus jüngerer Zeit Rs. C-110/03, Belgien/Kommission, Slg. 2005, I-2801, Rn. 30; Rs. C-2/06, Kempter, Slg. 2008, I-411, Rn. 37; Rs. C-201/08, Plantanol, Slg. 2009, I-0000, Rn. 43 f. Zu den Voraussetzungen der Klarheit und Bestimmtheit Rs. C-226/08, Stadt Papenburg, Slg. 2010, I-0000, Rn. 45; ähnlich Rs. C-63/93, Duff u. a., Slg. 1996, I-569, Rn. 20; Rs. C-76/06 P, Britannia Alloys & Chemicals/Kommission, Slg. 2007, I-4405, Rn. 79. Zum Merkmal der Erkennbarkeit von Rechten und Pflichten Rs. C-158/06ROM-projecten, Slg. 2007, I-5103, Rn. 25; Rs. C-345/06, Heinrich, Slg. 2009, I-0000, Rn. 44. Ausführlich zum Grundsatz der Rechtssicherheit als verwaltungs- und verfassungsrechtliches Prinzip der Union *J. Schwarze*, Europäisches Verwaltungsrecht, 2. Aufl. 2005, S. 846 ff. Zu den bedeutenden Fallgruppen der Rechtssicherheit im Wettbewerbsrechts der Union in der Vergangenheit *J. Basedow*, Rechtssicherheit im europäischen Wirtschaftsrecht, ZEuP 1996, S. 581 ff.

937 Besonders deutlich wird diese Einschätzung zum Zusammenhang zwischen Ökonomisierung und Rechtssicherheit im Gutachten der Beratergruppe der Kommission zu Art. 82: „Requiring consistent economic arguments, grounded on established facts,

von aus, dass der more economic approach in verschiedener Hinsicht die Vorhersehbarkeit der Normanwendung nennenswert beeinträchtigen könnte.[938] Infolgedessen entfaltet das Prinzip der Berechenbarkeit in unterschiedlichen Ausformungen eine begrenzende Wirkung, die dem Vorhaben der Kommission zumindest parziell die Grundlage zu entziehen geeignet ist.[939]

In der Vergangenheit waren die Gerichte bereit, mitunter weit reichende Zugeständnisse an die praktische Durchsetzung des Wettbewerbsrechts zulasten der Rechtssicherheit zu machen. Angesichts der in der Gesamttendenz eher skeptischen Haltung der Rechtsprechung gegenüber der praktischen Durchführung des more economic approach dürfte es der Kommission schwerfallen, eine Einschränkung der Rechtssicherheit unter Verweis auf die Bedürfnisse der wettbewerbsrechtlichen Praxis zu rechtfertigen. Dies gilt umso mehr, als auf dem Boden dieses Rechtsprinzips im Bereich des Wettbewerbsrechts über seine subjektiv-rechtliche Garantiefunktion hinaus sowohl wirtschaftliche als auch integrationsspezifische Anliegen verfolgt werden.

b) Ausformungen des Prinzips der Berechenbarkeit des Rechts in der Rechtsprechung zur Ökonomisierung

(1) Die tatbestandlichen Voraussetzungen der Wettbewerbsrechtsverletzung im Lichte der Erfordernisse der Rechtssicherheit

Die Generalanwälte haben in ihren Schlussanträgen in der jüngeren Zeit wiederholt auf die Bindungswirkungen hingewiesen, die das Prinzip der Berechenbarkeit des Rechts auf der Ebene der Auslegung der Wettbewerbsnormen

(…) also *contributes to enhance the predictability* (H. d. V.) and, consequently, the effectiveness of competition policy enforcement", S. 14.

938 Kritisch zur Berechenbarkeit des more economic approach in Schrifttum und Praxis *U. Schwalbe/W. Zimmer*, Kartellrecht und Ökonomie, 2006, S. 381; *U. Böge/W. Jakobi*, Die Berücksichtigung von Effizienzen in der Fusionskontrolle, BB 2005, S. 117; *R. Bechtold*, Economic Approach und Rechtssicherheit, in J. Schwarze (Hrsg.), Recht und Ökonomie im europäischen Wettbewerbsrecht, 2006, S. 103 ff., *J. Drexl*, Die neue Gruppenfreistellungsverordnung über Technologietransfer-Vereinbarungen im Spannungsfeld von Ökonomisierung und Rechtssicherheit, GRUR Int 2004, S. 716 ff.; *ders.*, Wettbewerbsverfassung, in A. von Bogdandy/J. Bast (Hrsg.), Europäisches Verfassungsrecht, 2009, S. 933; *S. Voigt/D. Schmidt*, Mehr Rechtssicherheit in der Europäischen Fusionskontrolle, WuW 2003, S. 897-906; zur Rechtssicherheit auch kritisch das *Diskussionspapier des BKartA*, Wettbewerbsschutz und Verbraucherinteressen, 2004, insb. S. 29.

939 Vgl. zu den zahlreichen Erscheinungsformen des Prinzips der Rechtssicherheit im Unionsrecht *T. Tridimas*, The General Principles of EC law, 2. Aufl. 2006, S. 242 ff.

entfaltet. Beispielhaft sind in diesem Zusammenhang die Ausführungen der Generalanwältin *Trstenjak* in ihren Schlussanträgen zu der Rechtssache *GlaxoSmithKline*. Das gleichnamige Unternehmen hatte unter Berufung auf den more economic approach der Kommission die Auffassung vertreten, dass auch im Rahmen des Merkmals der bezweckten Wettbewerbsbeschränkung entgegen der bisherigen per-se-Anwendung zu berücksichtigen sei, in welchem Umfang von der Absprache nach Art. 101 Abs. 1 AEUV tatsächlich nachteilige Wirkungen auf die Verbraucher ausgehen. Diese Auffassung wies die Generalanwältin unter anderem mit Verweis auf die Erfordernisse der Rechtssicherheit zurück. Vielmehr seien in „diesem Zusammenhang (...) insbesondere bestehende Erfahrungen zu berücksichtigen, nach denen bestimmte Typen von Vereinbarungen aller Wahrscheinlichkeit nach negative Auswirkungen im Markt haben und die mit den Wettbewerbsvorschriften der Gemeinschaft verfolgten Ziele gefährden. Diese typisierte Vorgehensweise schafft (...) Rechtssicherheit“.[940]

Die Generalanwältin relativiert zwar in der Folge die Notwendigkeiten der Typisierung mit dem Vorbehalt einer abweichenden Beurteilung angesichts des konkreten rechtlichen und wirtschaftlichen Kontexts, in dem das zweiseitige Verhalten steht – insofern liegt auch der bisherigen Rechtsprechung die Bereitschaft zugrunde, Erwägungen der Berechenbarkeit des Kartellverbotes in dem Maße zurückzustellen, in dem dies erforderlich ist, um den wettbewerblichen Besonderheiten des Einzelfalls in einem Mindestmaß gerecht zu werden.[941] Ihre Ausführungen dürften aber jedenfalls so zu verstehen sein, dass einer umfassenden Berücksichtigung der wettbewerblichen Wirkungen von Fall zu Fall im Sinne eines Höchstmaßes an Einzelfallgerechtigkeit im Anwendungsbereich der bezweckten Wettbewerbsbeschränkung das Prinzip der Rechtssicherheit entgegensteht.

Eine ähnliche Sichtweise ist den Schlussanträgen der Generalanwältin *Kokott* zur Rechtssache *T-Mobile Netherlands* zu entnehmen, in denen sie begründet, warum das Eingreifen des Verbots der bezweckten Wettbewerbsbeschränkung nicht von den tatsächlichen negativen Auswirkungen auf den Wettbewerb im konkreten Fall abhängt: „Das Verbot von Verhaltensweisen allein wegen ihres wettbewerbswidrigen Zwecks rechtfertigt sich dadurch, dass bestimmte Formen der Kollusion zwischen Unternehmen schon ihrer Na-

940 GA'in *V. Trstenjak*, Schlussanträge in den verb. Rs. C-501/06 P, C-513/06 P, C-515/06 P und C-519/06 P, GlaxoSmithKline u. a./Kommission u.a., Slg. 2009, I-9291, Rn. 91.

941 GA'in *V. Trstenjak*, Schlussanträge in den verb. Rs. C-501/06 P, C-513/06 P, C-515/06 P und C-519/06 P, GlaxoSmithKline u. a./Kommission u.a., Slg. 2009, I-9291, Rn. 91.

tur nach als schädlich für das gute Funktionieren des normalen Wettbewerbs angesehen werden können. Solche anerkanntermaßen sozialschädlichen Verhaltensweisen per se zu untersagen (sog. `Per-se-Verbote`), schafft Rechtssicherheit und ermöglicht es allen Marktteilnehmern, ihr Verhalten entsprechend auszurichten."[942]

Der Gerichtshof folgte den Anträgen der Generalanwältinnen in beiden Fällen, ohne in seinen Urteilsbegründungen die Bedenken hinsichtlich der Berechenbarkeit selbst ausdrücklich aufzugreifen.[943] In ihren Schlussanträgen knüpfen die Generalanwältinnen aber an ein allgemeines Verständnis der Rechtsprechung an, nach dem Erfordernisse der Rechtssicherheit neben Gesichtspunkten einer pragmatischen und an den Vertragsregeln und -zielen ausgerichteten Wettbewerbskonzeption zu den wesentlichen Determinanten der Regelbildung im Wettbewerbsrecht gehören, mit welchen die Ausrichtung der Rechtsanwendung am Ziel eines Höchstmaßes der Einzelfallgerechtigkeit unter weitgehendem Verzicht auf klare Verhaltensregeln nicht zu vereinbaren ist. Diese Haltung entspricht damit einem Grundgedanken zu den Erfordernissen der Rechtssicherheit als rechtsstaatlicher Grenze für die Auslegung der Wettbewerbsregeln nach ökonomischen Gesichtspunkten, der bereits in den Anfängen des gemeinschaftlichen Wettbewerbsrechts prägnant formuliert wurde. In seinen Schlussanträgen zu einer frühen Rechtssache die Wettbewerbsvorschriften der Gemeinschaft für Kohle und Stahl betreffend, wendete sich Generalanwalt *Roemer* gegen die von den Klägern geltend gemachte Notwendigkeit einer rule of reason mit dem Argument, das „Vertragssystem (erlaube) schwerlich eine Rechtsfindung und Rechtsfortbildung derart, daß an die Stelle von Begriffen, die vielleicht formell erscheinen, ein Kriterium tritt, dessen Handhabung für den Juristen wie für den Wirtschaftler anerkanntermaßen äußerst schwierig sein würde".[944]

(2) Erfordernisse der Rechtssicherheit und steigender Datenbedarf

Als allgemeiner Grundsatz des europäischen Verwaltungsrechts bindet das Prinzip der Rechtssicherheit die Kommission darüber hinaus bei der Durch-

942 GA'in *J. Kokott*, Schlussanträge in der Rs. C-8/08, T-Mobile Netherlands, Slg. 2009, I-04529, Rn. 43.

943 EuGH, Rs. C-8/08, T-Mobile Netherlands, Slg. 2009, I-4529, Rn. 43; EuGH, verb. Rs. C-501/06 P, C-513/06 P, C-515/06 P und C-519/06 P, GlaxoSmithKline u. a./Kommission u. a., Slg. 2009, I-9291 Rn. 58 ff.

944 GA *K. Roemer*, Schlussanträge in der Rs. 13/60, Ruhrkohlen-Verkaufsgesellschaften/Hohe Behörde der EGKS („Rueff"), Slg. 1962, S. 179, 259.

führung der wettbewerblichen Analyse im konkreten Fall.[945] Jüngere Beispiele aus der Rechtsprechung sowie aus der Entscheidungspraxis der Kommission und den Leitlinien im Bereich der Missbrauchskontrolle verdeutlichen, dass im Rahmen des Merkmals der Wettbewerbsrechtsverletzung eine ökonomische Analyse, die dem Prinzip einer möglichst präzisen Erfassung der wettbewerblichen Bedeutung eines jeweiligen Verhaltens folgt, im Hinblick auf die Erfordernisse der Berechenbarkeit insofern ausgesprochen problematisch ist, als dem hohen Anspruch der Analyse nur unter Rückgriff auf solche Wirtschaftsdaten genügt werden kann, die dem betroffenen Unternehmen in vielen Fällen gar nicht zur Verfügung stehen.

In der Rechtssache *Deutsche Telekom* hatte sich das gleichnamige Unternehmen gegen eine Entscheidung der Kommission gewehrt, in der diese eine missbräuchliche Margenbeschneidung auf dem Sektor der Telekommunikationsdienstleistungen festgestellt hatte.[946] Im Rechtsmittel machte das Unternehmen einen Rechtsfehler des Gerichts bei der Beurteilung der Methode geltend, nach der die Kommission die Margenbeschneidung ermittelt hatte.[947] Die Kommission hatte den as-efficient-competitor-test auf der Grundlage der Entgelte und Kosten des beherrschenden Unternehmens berechnet, ohne die Stellung der Wettbewerber auf dem Markt gesondert in die Analyse einzubeziehen.[948] Die Telekom hatte dagegen die Auffassung vertreten, dass bei der Würdigung der maßstäblichen Leistungsfähigkeit die spezifische Lage ihrer Wettbewerber zu berücksichtigten gewesen wäre.[949]

Das Gericht sah in der Prüfung der Missbräuchlichkeit eine Würdigung komplexer wirtschaftlicher Gegebenheiten und maß im Rahmen einer beschränkten Kontrolle das Vorgehen der Kommission am Grundsatz der Berechenbarkeit:[950] „(Es) ist festzustellen, dass, auch wenn der Gemeinschaftsrich-

945 Vgl. zum allg. Grundsatz der Rechtssicherheit als Grenze der Entscheidungsfreiheit im europäischen Verwaltungsrecht *J. Schwarze*, in ders. (Hrsg.), EU-Kommentar, 2012, Art. 19, Rn. 25; sowie *ders.*, Europäisches Verwaltungsrecht, 2. erw. Aufl. 2005, S. 911 ff.

946 KomE 2003/707/EG, COMP/C-1/37.451, 37.578, 37.579 – Deutsche Telekom AG, ABl. 2003, Nr. L 263, S. 9.

947 EuGH, Rs. C-280/08 P, Deutsche Telekom, Slg. 2010, I-9555; EuG, Rs. T-271/03, Slg. 2008, II-477. Dagegen *B. Amory/A. Verheyden,* Comments on the CFI's recent ruling in Deutsche Telekom, Global Competition Policy 2008, S. 11: „Reconstruction of a new entrant's cost base is hardly insurmountable for a dominant undertaking. Dominant enterprises, by virtue of their long-standing market positions, tend to have an unparalleled knowledge of the market."

948 EuG, Rs. T-271/03, Deutsche Telekom, Slg. 2008, II-477, Rn. 183-194.

949 Vgl. zur Auffassung des Unternehmens EuGH, Rs. C-280/08 P, Deutsche Telekom, Slg. 2010, I-9555, Rn. 187 f.

950 EuG, Rs. T-271/03, Deutsche Telekom, Slg. 2008, II-477, Rn. 185.

ter bisher noch nicht ausdrücklich entschieden hat, welche Methode für den Nachweis einer (Beschneidung der Margen, d. V.) anzuwenden ist, sich doch klar aus der Rechtsprechung ergibt, dass die Missbräuchlichkeit der Preispolitik eines beherrschenden Unternehmens grundsätzlich anhand seiner eigenen Lage und damit anhand seiner eigenen Entgelte und Kosten bestimmt wird und nicht anhand der Lage der gegenwärtigen oder potenziellen Wettbewerber."[951] An späterer Stelle fügt das Gericht hinzu, „dass man mit jedem anderen Ansatz Gefahr liefe, gegen den allgemeinen Grundsatz der Rechtssicherheit zu verstoßen. Hinge nämlich die Rechtmäßigkeit der Preispolitik eines beherrschenden Unternehmens von der spezifischen Lage der Wettbewerber ab, insbesondere von ihrer Kostenstruktur, die dem beherrschenden Unternehmen im Allgemeinen nicht bekannt ist, wäre dieses nicht in der Lage, die Rechtmäßigkeit seines eigenen Verhaltens zu beurteilen".[952] Der Gerichtshof ist der erstinstanzlichen Argumentation ausdrücklich gefolgt.[953]

Den Äußerungen des Gerichts lässt sich ein allgemeiner Gedanke entnehmen, der über den Bereich des as-efficient-competitor-tests hinaus auf die Grenzen heranziehbarer Wirtschaftsdaten übertragbar ist: Ein Unternehmen kann sich in der Regel nur dann hinreichende Gewissheit über die wettbewerbsrechtliche Relevanz seines Verhaltens verschaffen, wenn es auf jene Informationen zugreifen kann, auf deren Grundlage die Kommission ihre ökonomische Analyse des Sachverhalts vornimmt. In diesen Ausführungen deutet sich ein Verständnis von den Grenzen der im Rahmen der Wettbewerbsanalyse zulässigerweise heranziehbaren Daten an, welches einer möglichst präzisen Berücksichtigung der tatsächlichen wettbewerblichen Bedeutung eines Verhaltens im Sinne des more economic approach in nennenswertem Umfang die Grundlagen entziehen dürfte. Denn der Ansatz der Kommission, den Nachweis einer wettbewerbsschädlichen Wirkung eines Verhaltens in jedem Einzelfall zu führen, beruht auf der Prämisse einer möglichst umfassenden Datengrundlage. Insbesondere um die verschiedenen Schadenstheorien, auf die sich die Kommission im Rahmen der Marktergebnisbetrachtung stützt, im

951 EuG, Rs. T-271/03, Deutsche Telekom, Slg. 2008, II-477, Rn. 188.

952 EuG, Rs. T-271/03, Deutsche Telekom, Slg. 2008, II-477, Rn. 192.

953 EuGH, Rs. C-52/09, Teliasonera, Slg. 2011, I-527, Rn. 44: „Ein solcher Ansatz ist umso mehr gerechtfertigt, als er außerdem mit dem allgemeinen Grundsatz der Rechtssicherheit im Einklang steht, da die Berücksichtigung der Kosten und Preise des beherrschenden Unternehmens es diesem erlaubt, die Rechtmäßigkeit seines eigenen Verhaltens im Hinblick auf die besondere Verantwortung zu beurteilen, die ihm, wie in Randnr. 24 des vorliegenden Urteils erwähnt, nach Art. 102 AEUV obliegt. Denn ein marktbeherrschendes Unternehmen kennt zwar seine eigenen Kosten und Entgelte, aber grundsätzlich nicht die seiner Wettbewerber." Vgl. auch EuGH, Rs. C-280/08 P, Deutsche Telekom, Slg. 2010, I-9555, Rn. 202.

Einzelfall belegen zu können, besteht ein Bedarf an primären Wirtschaftsdaten, der häufig nur unter Rückgriff auf die Marktdaten der Wettbewerber zu decken sein dürfte, die dem betroffenen Unternehmen häufig nicht zur Verfügung stehen werden.

In der vorliegenden Verfahrenskonstellation hatte sich freilich nicht die Kommission, sondern das beschiedene Unternehmen auf eine Rechtsauffassung gestützt, die von der Annahme einer erweiterten Grundlage der für die Wettbewerbsanalyse heranziehbaren Daten ausging. Die jüngere Rechtspraxis der Kommission zeigt aber, dass auch die von ihr im Rahmen der Ökonomisierung geschaffenen Analyserahmen von der Prämisse einer Tatsachengrundlage ausgehen, welche auch solche Daten einschließt, die dem wettbewerbsrechtlich adressierten Unternehmen häufig nicht zur Verfügung stehen. Besonders deutlich wird der enge Zusammenhang zwischen dem Anspruch einer „ökonomischen Punktlandung" der Rechtsanwendung und dem Umfang des Datenbedarfs in den Vorgaben der Kommission in ihrer Mitteilung zu Behinderungsmissbräuchen: „Um klären zu können, ob selbst ein hypothetischer, ebenso effizienter Wettbewerber durch das betreffende Verhalten vom Markt ausgeschlossen werden könnte, prüft die Kommission Wirtschaftsdaten zu den Kosten und Verkaufspreisen und insbesondere, ob das marktbeherrschende Unternehmen nicht kostendeckende Preise praktiziert. Dies setzt voraus, dass zuverlässige Daten zur Verfügung stehen. Wo vorhanden verwendet die Kommission Informationen über die Kosten des marktbeherrschenden Unternehmens selbst. In Ermangelung zuverlässiger Angaben zu den Kosten des marktbeherrschenden Unternehmens kann die Kommission entscheiden, *die Kostendaten von Wettbewerbern* (H. d. V.) oder aber andere vergleichbare und zuverlässige Daten zugrunde zu legen."[954]

Angesichts der in der *Deutsche Telekom*-Entscheidung in Erscheinung tretenden Erfordernisse der Berechenbarkeit ist die von der Kommission beabsichtigte Vorgehensweise problematisch. Der Kommission bliebe es zwar unbenommen, die Anwendungserläuterungen im Wege ihrer restriktiven Handhabung mit den Anforderungen der Rechtsprechung in Übereinstimmung zu bringen. Erste Erfahrungen mit der Entscheidungspraxis der Kommission im Anwendungsbereich der Mitteilung legen aber die Vermutung des Gegenteils nahe. Die Vorgehensweise der Kommission bei der ökonomischen Analyse

954 Mitteilung zu Art. 82, Rn. 25. Vgl. kritisch zu der Durchführung des as-efficient-competitor-Tests im Intel-Verfahren im Hinblick auf die Erfordernisse der Berechenbarkeit, *S. Barthelmeß,* Die Intel-Entscheidung der Europäischen Kommission, EWS 2010, S. 119: „Die Anwendung des *as efficient competitor test* der Kommission basiert damit auf einer Reihe von Elementen, von denen jedes einzelne schwierig zu ermitteln ist oder offensichtlich auch im Intel-Fall umstritten war."

der Rabattpolitik Intels vermittelt einen Eindruck davon, wie sie die Vorgaben der Mitteilung zu den heranzuziehenden Daten in Zukunft zu handhaben gedenkt.[955] Nachdem die Kommission die Missbräuchlichkeit der Rabattpolitik des Microchipherstellers Intel zunächst nach Maßgabe der bisherigen Rechtsprechungsgrundsätze zur treuefördernden Wirkung festgestellt hatte,[956] unterzog sie die Treuerabattpolitik des Unternehmens einer ökonomisierten Betrachtung auf der Grundlage ihrer Mitteilung zur Prioritätensetzung bei Behinderungsmissbräuchen, um den Befund zu untermauern. Im Mittelpunkt der ökonomischen Analyse stand dabei der erstmalige Einsatz des *as-efficient-competitor-tests* in der Fallgruppe der Treuerabatte. Unter anderem ist im Rahmen dieses Kriteriums zu ermitteln, welchen Teil seiner Nachfrage der treuegebundene Abnehmer des Marktbeherrschers bei Leistungswettbewerb auch bei einem Wettbewerber hätte decken können („bestreitbarer Teil").[957] Ihren Leitlinien entsprechend stützte sich die Kommission zur Bestimmung seines Umfangs auf betriebsinterner Kostendaten des Wettbewerbers AMD, und somit auf Informationen, die Intel nicht zur Verfügung stehen konnten.[958] In dieser Vorgehensweise verwirklicht sich exakt jene Gefahr, die es nach den Ausführungen des Gerichts in der Rechtssache *Deutsche Telekom* zu vermeiden gilt.

Der Einsatz des as-efficient-competitor-Tests in der *Intel*-Entscheidung ist darüber hinaus geeignet, ein grundsätzlicheres Defizit in der Folgerichtigkeit der wettbewerbspolitischen Argumentation der Kommission im Hinblick auf die Erfordernisse der Berechenbarkeit der Wettbewerbsregeln nach den von ihr verfolgten Prinzipien der Rechtsanwendung offenzulegen.[959] Bedenken gegenüber den Erfordernissen der Rechtssicherheit war die Kommission im Vorfeld der Veröffentlichung ihrer Mitteilung unter anderem mit Verweis auf die Aufstellung einfach zu handhabender safe-harbour-Regeln begegnet, die

955 Vgl. zum Sachverhalt o., E.II.2.

956 Vgl. Rn. 926-1001 der Entscheidung, in der die Kommission im Verfahren nach Art. 102 AEUV vom 13. Mai 2009, COMP/37-990/-Intel noch nicht im Abl., die in EuGH, Rs. 85/76, Hoffmann-La Roche, Slg. 1979, 461, Rn. 89; EuG, Rs. T-203/01, Michelin II, Slg. 2003, II-4071, Rn. 56; EuG, Rs. T-219/99, British Airways, Slg. 2003, II-5917, Rn. 244, best. d. EuGH, Rs. C-95/04 P, Slg. Slg. 2007, I-2331, Rn. 62 u. 65 entwickelten Maßstäbe anlegt.

957 Vgl. Mitteilung zu Art. 82, Rn. 42.

958 Dieses Beispiel aus der jüngeren Entscheidungspraxis der Kommission bei *D. Geradin*, The decision of the Commission of 13 May 2009 in the Intel case: where is the foreclosure and consumer harm? TILEC Discussion Paper 2010-022, European Competition Law and Practice 2010, S. 112, 119 ff.

959 Ein weiteres Beispiel für defizitäre safe-harbour-Regelungen im Rahmen des Gruppenfreistellungsrechts *J. Drexl*, Wettbewerbsverfassung, in A. von Bogdandy/J. Bast (Hrsg.), Europäisches Verfassungsrecht, 2009, S. 933 f.

es dem Marktbeherrscher ermöglichen sollen, wettbewerbsrechtlich unproblematische Verhaltensweisen auch ohne den Rückgriff auf anspruchsvolle ökonomische Untersuchungen zu identifizieren.[960] Unter anderem hat die Kommission offenbar dem as-efficient-competitor-Test die Funktion einer solchen, die Berechenbarkeit der Missbrauchskontrolle steigernden safe-harbour-Regelung zugedacht.[961] Das Beispiel Intels legt indessen die Vermutung nahe, dass dieser Test in der Praxis dem Anspruch einer safe-harbour-Regel nicht gerecht wird. Die Kommission verwendete für die Ermittlung der maßgeblichen Leistungsfähigkeit Marktdaten, die dem Unternehmen selbst zum Zeitpunkt der Durchführung seiner Rabattpolitik nicht zur Verfügung standen. Bezeichnenderweise hatte Intel selbst einen as-efficient-competitor-Test durchgeführt und war zum Ergebnis gekommen, dass für ebenso leistungsfähige Unternehmen keine Verdrängungsgefahr bestehe.

Es ist nur schwer vorstellbar, dass die betroffenen Unternehmen in Zukunft eine Geschäftspolitik auf dem Boden dieses Kriteriums betreiben, ohne den ermittelten wettbewerbsrechtlichen Status mit Hilfe weiter reichender Untersuchungen abzusichern – oder angesichts der verbleibenden rechtlichen Unsicherheit von ihrer Geschäftspolitik Abstand nehmen.[962] In Anbetracht dieser ersten Praxiserfahrung mit dem as-efficient-competitor-Test im Bereich der Rabattpolitik lässt sich nicht ohne weiteres die Funktion eines safe harbours erkennen, als den ihn die Kommission verstanden wissen möchte. Ein wettbewerbspolitisches Kalkül, wonach sich Beeinträchtigungen der Berechenbarkeit in den Bereichen ökonomisierter Wettbewerbsmaßstäbe durch den kompensierenden Einsatz von safe-harbour-Regeln rechtfertigen ließen, ginge unter diesen Voraussetzungen fehl.

960 *M. Albers*, Der more economic approach bei Verdrängungsmissbräuchen, S. 5: „Aus der Sicht der Generaldirektion tragen vor allem die vorgenannten vier Instrumente dazu bei, das Problem des Zielkonflikts auf angemessene Weise zu lösen und ein ausreichendes Maß an Rechtssicherheit zu schaffen."

961 *M. Albers*, Der more economic approach bei Verdrängungsmissbräuchen, S. 4: „Das Diskussionspapier schlägt zur künftigen Anwendung des Missbrauchsverbots von Artikel 82 EGV auf Verdrängungsmissbräuche sowohl klare und einfache als auch komplexe Regeln vor, von denen ich die wichtigsten kurz vorstellen möchte. Zu nennen ist zunächst das Instrument des sogenannten „sicheren Hafens". Liegen die Voraussetzungen für einen sicheren Hafen vor, kann missbräuchliches Verhalten des beherrschenden Unternehmens mit Sicherheit ausgeschlossen werden. Ein Beispiel dafür bildet der im Diskussionspapier vorgeschlagene „ebenso effiziente Wettbewerber" Test für Preisverhalten. Er basiert auf der Wertung, dass Preisverhalten des Marktbeherrschers solange nicht missbräuchlich ist, solange ein ebenso effizienter Wettbewerber ihm standhalten kann."

962 *S. Hirsbrunner*, Sicherer Hafen oder Bermudadreieck? EuZW 2006, S. 583.

(3) Zunahme diskretionärer Handlungsspielräume und Berechenbarkeit

Neben den problematischen rechtlichen Implikationen des gesteigerten Datenbedarfs geht der von der Kommission formulierte Anspruch, der wettbewerbsrechtlichen Beurteilung eine möglichst präzise Aussage über die tatsächliche Beeinträchtigung der Konsumentenwohlfahrt zugrunde zu legen, mit der Notwendigkeit zu umfangreichen administrativen Auswahl- und Bewertungsentscheidungen einher.

Administrative Entscheidungsfreiräume in der Normanwendung sind ein notwendiger Bestandteil des Wirtschaftsrechts und infolgedessen im Grundsatz mit den Erfordernissen der Rechtssicherheit vereinbar.[963] Die Erkennbarkeit des Rechts ist gewahrt, wenn ein verständiger Wirtschaftsteilnehmer unter Beachtung der sich aus der Rechts- und Verwaltungspraxis ergebenden Anhaltspunkte im Zweifelsfall unter Hinzuziehung kundigen Rechtsrats die für ihn geltende Rechtslage vorhersehen kann.[964] Art und Ausmaß der sich im Gefolge der Ökonomisierung ergebenden Handlungsspielräume der Kommission gehen über das bisher Bekannte indes weit hinaus.

Ausgehend vom Beispiel der Mitteilung zu den Behinderungsmissbräuchen treten prinzipielle Defizite der Berechenbarkeit des more economic approach in Erscheinung, die mit der Rechtsprechung, die sich zur Problematik der administrativen Spielräume und zur Rechtssicherheit im Wettbewerbsrecht herausgebildet hat, nur schwer zu vereinbaren sind. Diese Erscheinungsform ökonomisierter Rechtsanwendung ist zumindest dann mit den Erfordernissen der Rechtssicherheit nicht vereinbar, wenn die Verwaltung keine hinreichend klaren Maßstäbe bereitstellt, um deren Anwendung zu konkretisieren. Sie kann sich hierbei zunächst auf die Rechtsprechung stützen. Die Gerichte haben in der Vergangenheit einen Zusammenhang zwischen dem Grad der Rechtssicherheit und der Weite des Entscheidungsspielraums dahingehend gesehen, dass die Rechtssicherheit umso stärker abnimmt, je größer der behördliche Entscheidungsspielraum wird.[965] Die Gerichte erkannten so in zahlreichen Fällen den Leitlinien der Kommission eine ermessenskonkretisierende Funktion zu, auf deren Grundlage sogar in Fällen hoher Unbestimmtheit der Regelung selbst die Erfordernisse der Rechtssicherheit als gewährleistet gelten konnten.[966]

963 Vgl. zu den Anforderungen moderner Wirtschaftsverwaltung o., D.I.2.

964 EuG, Rs. T-279/02, Degussa, Slg. 2006, II-897, Rn. 83.

965 Etwa EuG, Rs. T-43/02, Jungbunzlauer, Slg. 2006, II-3435, Rn. 80 f.

966 Vgl. etwa EuG, Rs. T-279/02, Degussa, Slg. 2006, II-897, Rn. 66 ff.: Rechtlich nicht determinierte Handlungsspielräume, hierzu auch *J. Basedow*, Rechtssicherheit im

Die Gestaltung des Analyserahmens für Verdrängungsmissbräuche in der Mitteilung der Kommission zu Art. 102 AEUV bildet einen guten Anschauungsfall für den untergeordneten Stellenwert nachvollziehbarer Handlungsanweisungen im ökonomisierten Wettbewerbsrecht und die hieraus resultierenden Beeinträchtigungen grundlegender subjektiv-rechtlicher Verbürgungen der Rechtssicherheit. Ein eindeutiges Negativbeispiel bildet etwa der Analyserahmen, den die Kommission für die wettbewerbsrechtliche Beurteilung in der Fallgruppe der preisbezogenen Behinderungsmissbräuche formuliert. Die Erläuterungen werden deshalb so ausführlich zitiert, weil nur im Zusammenhang die Regelungstechnik deutlich wird, die die Kommission hier zum Einsatz bringt.

Die Kommission wählt ein stufenweises Vorgehen der Analyse, bei dem sie die Wahl der Methode bzw. der anzuwendenden Kriterien von der Güte der Faktenlage sowie der ökonomischen Aussagekraft im jeweiligen Fall abhängig macht: „Die Feststellung eines voraussichtlichen Schadens für den Verbraucher kann auf der Grundlage qualitativer und, wann immer möglich und zweckmäßig, auch anhand quantitativer Beweismittel erfolgen. (...) Dabei befasst sich die Kommission mit wettbewerbswidriger Marktverschließung entweder auf der Zwischenstufe oder auf der Stufe der Endverbraucher oder auf beiden Stufen. (...) Bei der (…) Prüfung (...) müssen nach Auffassung der Kommission im Allgemeinen folgende Faktoren berücksichtigt werden." Es folgen zahlreiche verhaltens-, struktur- und ergebnisbezogene Kriterien, zu deren Anwendung die Kommission im Anschluss ausführt: „Für jeden einzelnen Fall nimmt die Kommission eine Analyse der (…) genannten allgemeinen Faktoren vor und berücksichtigt dabei ebenfalls die besonderen Faktoren, die in den folgenden Abschnitten zu den verschiedenen Formen des Behinderungsmissbrauchs erläutert werden, sowie alle weiteren geeigneten Faktoren. (...) In bestimmten Fällen kann die Kommission auf eine eingehende Untersuchung verzichten und dennoch zu dem Schluss kommen, dass das fragliche Verhalten wahrscheinlich den Verbrauchern schaden wird."[967]

Diese Vorgaben sind Ausdruck einer der Mitteilung insgesamt zugrunde liegenden Regelungstechnik, nach der im Hinblick auf ein- und dieselbe Fallgruppe zahlreiche Analysemethoden alternativ oder kumulativ herangezogen werden können. Wann welche Parameter herangezogen werden, ist nicht festgelegt. Vielmehr entscheidet die Kommission diskretionär. Dabei sind die Maßstäbe, nach denen die Kommission ihr Ermessen ausüben möchte, ausgesprochen allgemein gehalten. So ist ein Faktor nach Auffassung der Kommis-

europäischen Wirtschaftsrecht – Ein allgemeiner Rechtsgrundsatz im Lichte der wettbewerbsrechtlichen Rechtsprechung, ZEuP 1996, S. 570, 574.

967 Mitteilung zu Art. 82, Rn. 22.

sion zu berücksichtigen, wann immer dies *möglich, geeignet, erforderlich angemessen, zweckmäßig oder vernünftig* erscheint.[968] Da das Hauptanliegen der Analyserahmen in der weitestmöglichen Annäherung der wettbewerbsrechtlichen Entscheidung an die tatsächliche wettbewerbliche Bedeutung einer Verhaltensweise liegt, ist davon auszugehen, dass diese Ermessenskriterien ihren Bezugspunkt in Erwägungen der ökonomischen Güte der jeweiligen Faktoren im konkreten Fall haben.[969] Angesichts dieser Regelungstechnik der Einzelfallanwendung ist nur schwer vorstellbar, dass marktbeherrschende Unternehmen selbst mit Hilfe gegebenenfalls externen ökonomischen Sachverstands stets in der Lage sein könnten, in der rechtlichen Selbsteinschätzung das Ausmaß an Sicherheit zu erreichen, das es ihnen erlaubt, auch mit neuen oder modifizierten Strategien am Markt zu partizipieren, ohne das erhebliche Risiko einer Normüberschreitung einzugehen.[970]

In diesem Zusammenhang ist hervorzuheben, dass das in der Mitteilung in Erscheinung tretende Defizit an Berechenbarkeit nicht in erster Linie dem Übergangszustand eines Politikwechsels zuzuschreiben ist. Obgleich nicht ausgeschlossen werden kann, dass die Kommission in der künftigen Entscheidungspraxis von ihren potenziell weit reichenden Möglichkeiten zur flexiblen, am konkreten Sachverhalt ausgerichteten Gestaltung des jeweiligen Analyseprogramms eher konservativ Gebrauch machen wird, um eine gewisse Kontinuität in der Anwendungspraxis zu erreichen, ist die hier beschriebene Rechtsunsicherheit dem Grunde nach struktureller Natur. Es entspricht gerade den Einsichten der Kommission in die Erfordernisse einer ständigen Fortentwicklung der Analysekriterien und ihrer Programmierung unter Einbeziehung neuer tatsächlicher Erscheinungsformen des Wettbewerbs und seiner Beeinträchtigung sowie der entsprechenden wirtschaftswissenschaftlichen Erkenntnisse, diese Spielräume im Interesse einer möglichst realistischen Beurteilung der wettbewerblichen Bedeutung eines Verhaltens voll auszuschöpfen.

Unter dem Gesichtspunkt der Folgerichtigkeit ihrer wettbewerbspolitischen Argumentation verdient auch der Verweis der Kommission auf die Möglichkeit der Unternehmen, sich auf dem Wege sachkundiger rechtlicher und ökonomischer Beratung Klarheit über die Reichweite der Wettbewerbsregeln zu verschaffen, eine kritische Hervorhebung. Die Kommission stützt sich hierbei

968 Vgl. Mitteilung zu Art. 82, z.B. Rn. 8, 27 ff.

969 Kritisch zur Regelungstechnik der Mitteilung auch *M. Dreher/M. Adam,* The more economic approach to Art. 82 and the legal process, ZWeR 2007, S. 268f, ("stepwise approach") und *S. Hirsbrunner,* Sicherer Hafen oder Bermudadreieck? EuZW 2006, S. 583 („Spiel mit zahllosen Variablen").

970 Zweifel auch bei *S. Hirsbrunner*, Sicherer Hafen oder Bermudadreieck?, EuZW 2006, S. 587.

auf die Rechtsprechung, welche die Berechenbarkeit des Wettbewerbsrechts auch nach den Kapazitäten der betroffenen Unternehmen bemisst, sich durch das Hinzuziehen kundiger Rechtsberatung die notwendigen Kenntnisse über die Anforderungen zu verschaffen, die die Norm an sie stellt.[971] Tatsächlich kommt diesem Gesichtspunkt insofern eine erhebliche Bedeutung zu, als die Gerichte auf dem Feld der Wettbewerbssachen die Möglichkeiten der Unternehmen, sich die erforderlichen Sach- und Rechtskenntnisse zu beschaffen, regelmäßig als hoch eingeschätzt haben.[972] Es erscheint indes zweifelhaft, ob die bisherige Rechtsprechungspraxis auf die spezifischen Herausforderungen übertragbar ist, die der more economic approach an die Sach- und Rechtskundigkeit der Unternehmen stellt.

Der Mitteilung zur künftigen Beurteilung von Behinderungsmissbräuchen liegt über weite Strecken eine Regelungstechnik zugrunde, nach der sowohl die Auswahl der von der Kommission heranziehbaren Parameter als auch der Methoden ihrer Ermittlung grundsätzlich unbeschränkt sind. Die Gestaltung des im Einzelfall anzuwendenden Analyseprogramms soll sich erkennbar und in erster Linie an der ökonomischen Güte der Analyseergebnisse bemessen, weshalb sich seine diskretionäre Gestaltung im Wesentlichen nach den Geboten der Zweckmäßigkeit, Vernünftigkeit und Angemessenheit richtet.[973]

Angesichts der ausgesprochenen Unbestimmtheit dieser ermessensstrukturierenden Kriterien erscheint es nur schwer vorstellbar, dass die Adressaten der Missbrauchskontrolle – und sei es mit Hilfe externen Sachverstands – in der Lage sein könnten, auf der Grundlage dieses Analyserahmens das Untersuchungsprogramm der Kommission im konkreten Fall sowie deren ökonomische Beurteilung vorwegzunehmen.[974] Insofern wird der Verweis der Kommission auf die Rechtsprechung zur Bedeutung des externen Sachverstandes den tatsächlichen Anforderungen an die rechtliche Selbsteinschätzung in Wirklichkeit nur schwerlich gerecht.

Auch wenn man die Möglichkeiten des Rechtsschutzes als Aspekt der (nachträglichen) Rechtssicherheit verstehen möchte,[975] fällt die Bewertung der sich hier abzeichnenden Praxis ökonomisierter Rechtsanwendung nicht we-

971 Vgl. hierzu *S. Pelka*, Rechtssicherheit im europäischen Kartellverfahren?, 2009, S. 64f, 104 f.

972 Vgl. etwa EuG, Rs. T-279/02, Degussa/Kommission, Slg. 2006, II-897, Rn. 83, und dazu *S. Pelka*, Rechtssicherheit im europäischen Kartellverfahren?, 2009, S. 64 ff., 104 ff.

973 Vgl. nur Mitteilung zu Art. 82, etwa Rn. 8, 27 ff.

974 Vgl. hierzu auch *S. Hirsbrunner*, Sicherer Hafen oder Bermudadreieck?, EuZW 2006, S. 587, m. w. N.

975 Vgl. hierzu insbesondere *S. Voigt/I. Schmidt*, Mehr Rechtssicherheit in der Europäischen Fusionskontrolle?, WuW 2003, S. 897, 900 f.

sentlich positiver aus. Entsprechend der an anderer Stelle als problematisch beschriebenen Rechtsprechung zu den Voraussetzungen verringerter Kontrolldichte dürften die *Auswahl* von heranziehbaren Beurteilungskriterien und deren *Bewertung* in den Anwendungsbereich der nur begrenzt nachprüfbaren Spielräume administrativer Ermessensausübung im Sinne wirtschaftlicher Komplexität der Verwaltungsentscheidung fallen.[976] Bezeichnenderweise erkannte das Gericht der Kommission bei Auswahl und Anwendung der Methoden zur Berechnung der missbräuchlichen Margenbeschneidung einen Spielraum zu, dessen inhaltliche Überprüfung im Wesentlichen auf das Fehlen offensichtlicher Beurteilungsfehler beschränkt ist.[977] Unter diesen Voraussetzungen ist eine Verstetigung der Analysemaßstäbe der Kommission durch die Gerichte im Interesse erhöhter Berechenbarkeit nicht zu erwarten.

c) Abwägung von rechtsstaatlichen und praktischen Belangen im Wettbewerbsrecht am Beispiel des Grundsatzes der Rechtssicherheit

Beim Prinzip der Rechtssicherheit, so beschreibt der derzeitige Vorsitzende Richter des Gerichtshofs *Skouris* die Grenzen des Grundsatzes, handelt es sich nicht um ein absolutes Prinzip, „sondern um ein solches, das mit den anderen in Frage stehenden Rechtsgrundsätzen und Interessen abgewogen werden" soll.[978] Die im Zusammenhang mit dem more economic approach ergangene Rechtsprechung zu den Erfordernissen der Berechenbarkeit des Rechts selbst bietet einstweilen wenig Anschauung zu der Frage, zugunsten welcher Interessen die Gerichte Belange der Rechtssicherheit im ökonomisierten Wettbewerbsrecht zurückzustellen bereit sind.[979]

Dieser Untersuchungspunkt gibt indessen Gelegenheit – ausgehend vom Beispiel der Rechtssicherheit – auf prinzipieller Ebene die Frage nach den

976 Vgl. o., F.II.1.a).

977 Vgl. o., F.II.1.a).

978 Zur Abwägungen von Rechtssicherheit mit anderen allgemeinen Rechtsprinzipien GA *M. Lagrange*, Schlussanträge zu Rs. 13/61, Bosch; EugH, Rs. 161/111, SNUPAT, Slg. 1961, 172. Das Erfordernis des Ausgleichs auch in EuGH, verb. Rs. 14 u. 16/60 u. a., Meroni u. a./Hohe Behörde der EGKS, Slg. 1961, S. 365.

979 Allein die GA'in *J. Kokott* deutet auf die Grenzen hin, die eine zugunsten der Rechtssicherheit vom Einzelfall abstrahierende Betrachtung im Sinne einer per-se-Regel in den Belangen der Einzelfallgerechtigkeit findet; vgl. Schlussanträge in der Rs. C-8/08, T-Mobile Netherlands, Slg. 2009, I-4529, Rn. 44: „Sicherlich darf der Begriff der abgestimmten Verhaltensweise mit wettbewerbswidrigem Zweck nicht übermäßig weit ausgelegt werden, bedenkt man die einschneidenden Folgen, denen sich die betroffenen Unternehmen im Fall eines Verstoßes gegen Art. 81 Abs. 1 EG aussetzen können."

Voraussetzungen aufzugreifen, unter denen die Gerichte gewillt sind, rechtsstaatliche Erfordernisse bei der Durchsetzung des Wettbewerbsrechts hintanzustellen. Unter diesem Gesichtspunkt weist der wettbewerbspolitische Ansatz der Kommission eine Besonderheit gegenüber anderen wettbewerbsrechtlichen Regelungsvorhaben von rechtsstaatlicher Relevanz auf, der m. E. eine Schlüsselbedeutung für die Haltung der Rechtsprechung gegenüber dem more economic approach zukommt. Diese Besonderheit hat ihren Ausgangspunkt in der in zahlreichen Einzelausprägungen festzustellenden Diskrepanz zwischen den Gerichten einerseits und der Kommission andererseits bei der sachlichen Einschätzung der praktischen Durchführbarkeit der von der Kommission angestrebten ökonomischen Betrachtungsweise. Von der Verbesserung der Rechtsdurchsetzung, die sich die Kommission von ihrem Ansatz verspricht, sind die Gerichte angesichts zutage tretender Defizite in der Praxis offenbar nicht überzeugt. Vielmehr geht die Rechtsprechung davon aus, dass der more economic approach – jedenfalls in Einzelaspekten – eine nennenswerte Beeinträchtigung der praktischen Wirksamkeit darstellt. Dies führt, wie an anderer Stelle bereits dargelegt, zu einer paradoxen Situation: Die Kommission, die in ihrer Eigenschaft als oberste Wettbewerbsbehörde der Union kraft ihres institutionellen Auftrags zur weitestmöglichen Gewährleistung einer wirksamen Rechtsdurchsetzung berufen ist, verfolgt ein wettbewerbspolitisches Vorhaben, welches das Gegenteil des Beabsichtigten bewirken könnte.[980]

Die nachfolgenden Beispiele aus der wettbewerbsrechtlichen Praxis der Unionsorgane veranschaulichen, wie dieser Umstand in der gerichtlichen Auseinandersetzung mit den rechtsstaatlichen Bedenken gegenüber dem more economic approach zu berücksichtigen ist. In verwandten Problembereichen wettbewerbsrechtlicher Rechtsprechung haben sich bestimmte Argumentationsmuster verfestigt, auf deren Grundlage die Gerichte die Geltungsansprüche sowohl der Rechtssicherheit im Besonderen als auch der rechtsstaatlichen Verbürgungen im Wettbewerbsrecht im Allgemeinen in der Vergangenheit typischerweise einzuschränken bereit waren. Es sind dies in erster Linie solche Überlegungen, die an die Bedürfnisse einer wirksamen Durchsetzung des Wettbewerbsrechts anknüpfen.[981] In dieser Hinsicht ist die Rechtsprechung

980 Vgl. zum Bestreben der Kommission, ihre Befugnisse auf dem Feld des Wettbewerbsrechts im Sinne der größtmöglichen Wirksamkeit des Kartellrechts auszuschöpfen, mit zahlreichen Beispielen *S. Völcker,* Allmacht der Kommission?, in U. Immenga/T. Körber (Hrsg.), Die Kommission zwischen Gestaltungsmacht und Rechtsbindung, 2012, S. 156 ff.

981 *E. Steindorff,* Die Durchsetzung des Wettbewerbsrechts in der EWG – Wirksamkeit und Rechtsstaatlichkeit, in: Europa-Union, Landesverb. Baden-Württemberg (Veranst.), Aufgaben der Wettbewerbspolitik im Gemeinsamen Markt, 1963, S. 47 ff.

zum Wettbewerbsrecht in vielen Fällen das Produkt der Abwägung der bisweilen gegenläufigen Belange von Rechtsstaatlichkeit und Wirksamkeit, wobei ein besonderes Bestreben der Gerichte erkennbar ist, praktische Bedürfnisse wirksamer Rechtsdurchsetzung auch in solchen Regelungsbereichen zur Geltung zu bringen, die von einer besonderen rechtsstaatlichen Sensibilität gekennzeichnet sind. In zahlreichen Fällen waren die Gerichte deshalb bereit, die Erfordernisse der Rechtssicherheit zugunsten der wirksamen Durchsetzung des Wettbewerbsrechts zurückzustellen.[982]

Beispielhaft ist die Rechtsprechung im Zusammenhang mit der Bußgeldpraxis der Kommission bei Kartellrechtsverstößen.[983] Die Union verfügt heute über ein umfassendes Sanktionssystem zur Durchsetzung des Wettbewerbsrechts, in dessen Mittelpunkt die Befugnis der Kommission steht, Bußgelder gegen Unternehmen zu verhängen, die einen Kartellrechtsverstoß begangen haben.[984] Eine Besonderheit dieses Regelungssystems besteht darin, dass die Einzelheiten der Bußgeldfestsetzung nicht rechtssatzmäßig festgeschrieben sind, sondern von der Kommission unterhalb der Schwelle normativer Verbindlichkeit durch Leitlinien festgelegt werden.[985] Die jüngere Sanktionspraxis der Kommission ist von einer deutlichen Anhebung des Bußgeldniveaus gekennzeichnet, in deren Folge eine erhöhte gerichtliche Befassung mit der rechtsstaatlichen Zulässigkeit eingesetzt hat.[986] Unter anderem werden hier Bedenken hinsichtlich der Vereinbarkeit mit dem Grundsatz der Bestimmtheit der Strafe als besonders strenger Ableitung des Prinzips der Rechtssicherheit im Hinblick auf den strafrechtsähnlichen Charakter der europäischen Verwaltungssanktionen geltend gemacht.[987] Die Rechtsprechung hat die Anwendbar-

982 Vgl. zu Erwägungen der Wirksamkeit des Kartellrechts als maßgeblicher Determinante der Rechtsprechung in der Vergangenheit *U. Everling*, Das Europäische Gemeinschaftsrecht im Spannungsfeld von Politik und Wirtschaft, in ders. (Hrsg.), Das Europäische Gemeinschaftsrecht im Spannungsfeld von Politik und Wirtschaft, 1981, Fn. 24.

983 Vgl. zu den rechtsstaatlichen Bedenken nur *J. Schwarze*, Europäisches Verwaltungsrecht, 2. Aufl. 2005, LXI; *ders.*, Europäische Kartellbußgelder im Lichte übergeordneter Vertrags- und Verfassungsgrundsätze, EuR 2009, S. 177 ff.; *ders.*, Rechtsstaatliche Grenzen der gesetzlichen und richterlichen Qualifikation von Verwaltungsfunktionen im europäischen Gemeinschaftsrecht, EuZW 2003, S. 261 ff.

984 Vgl. eine Darstellung im Überblick bei *J. Schwarze*, Europäisches Wirtschaftsrecht, 2007, S. 118 ff.

985 Leitlinien für das Verfahren zur Festsetzung von Geldbußen gemäß Artikel 23 Absatz 2 Buchstabe a) der Verordnung (EG) Nr. 1/2003, Abl. 2006, Nr. C 210, S. 2-5.

986 Vgl. hierzu mit zahlreichen Rechtsprechungsbeispielen *J. Schwarze*, Europäische Kartellbußgelder im Lichte übergeordneter Vertrags- und Verfassungsgrundsätze, EuR 2009, S. 177 ff.

987 Vgl. hierzu *J. Schwarze*, Europäisches Verwaltungsrecht, 2. erw. Aufl. 2005, S. LXI f.

keit des strafrechtlichen Bestimmtheitsgebots auf dem Gebiet der Kartellbußen bejaht,[988] im Ergebnis einen Verstoß gegen den Bestimmtheitsgrundsatz jedoch regelmäßig abgelehnt.[989] Den Ausschlag gaben Erwägungen der praktischen Wirksamkeit der Wettbewerbsregeln, welche die Kommission nach Auffassung der Gerichte berechtigen, die Höhe der Geldbußen den praktischen Erfordernissen der Wettbewerbspolitik der Union anzupassen.[990] Diesen Erfordernissen ist nur Genüge getan, wenn die Handlungsspielräume der Kommission groß genug sind, um einen Abschreckungseffekt zu bewirken. Dies ist erst dann gewährleistet, wenn die Unternehmen nicht in der Lage sind, anhand eines festen Bemessungskatalogs die Höhe der Bußgelder im Voraus zu berechnen und diese so in ihre Unternehmensplanung betriebswirtschaftlich einzukalkulieren.[991] Im Zusammenhang mit der Rechtsprechung zur Bußgeldpraxis der Kommission wird die grundlegende Bedeutung der wirksamen Entfaltung des Unionsrechts als begrenzender Aspekt selbst solcher rechtsstaatlichen Belange erkennbar, die angesichts ihrer Nähe zu den strafrechtlichen Garantien der Union in qualifizierter Weise geschützt sind.

Ein weiteres Beispiel für das Bestreben der Gerichte, die Wirksamkeit der Kartellrechtsdurchsetzung auch in rechtsstaatlich sensiblen Bereichen zur Geltung zu bringen, bildet die Rechtsprechung zur Reichweite des Auskunftsverweigerungsrechts für Unternehmen im Kartellverfahren der Kommission. So hat etwa das Gericht in der Rechtssache *Mannesmann Röhrenwerke*[992] ein generelles Auskunftsverweigerungsrecht im Hinblick auf die Aufklärungsinteressen der Kommission verneint, andererseits die Auskunftsberechtigung der Kommission aber im Interesse der Wahrung der Verteidigungsrechte auf jene konkreten Tatsachen und Schriftstücke beschränkt, die erforderlich sind, um

988 Vgl. etwa EuGH, Rs. C-117/83, *Könnecke/Balm*, Slg. 1984, 3291, Rn. 11.

989 Zur Geltung des Bestimmtheitsgebotes im Anwendungsbereich der Kartellbußen, *J. Schwarze*, Europäische Kartellbußgelder im Lichte übergeordneter Vertrags- und Verfassungsgrundsätze, EuR 2009, S. 177, 180 f.

990 EuGH, verb. Rs. 100-103/80, Musique diffusion française/Kommission („Pioneer“), Slg. 1983, S. 1825, Rn. 105 ff.; EuG, Rs. T-12/89, Solvay/Kommission, Slg. 1992, II-907, Rn. 309 ff.; EuG, Rs. T-14/89, Montedipe/Kommission, Slg. 1992, II-1155, Rn. 346; EuG, verb. Rs. T-202/98, T-204/98, T-207/98, British Sugar/Kommission, Slg. 2001, II-2035, Rn. 133 ff.; EuGH, verb. Rs. C-189/02 P, C-202/02 P, C-205/02 P bis C-208/02 P und C-213/02 P, Dansk Rørindustri u. a./Kommission, Slg. 2005, I-5425, EuGH, Rs. C-397/03 P, Archer Daniels Midland/Kommission, Slg. 2006, I-4429, Rn. 21. Vgl. zur Bedeutung der praktischen Wirksamkeit in der Rechtsprechung zu den rechtsstaatlichen Erfordernissen der Bußgeldleitlinien *J. Schwarze*, Europäisches Wirtschaftsrecht, 2007, S. 120 f. m. w. Bsp. aus der Rechtsprechung.

991 Vgl. J. *Schwarze/A. Weitbrecht*, Grundzüge des europäischen Kartellverfahrensrechts, 2004, S. 178.

992 EuG, Rs. T-112/98, Mannesmannröhrenwerke, Slg. 2001, II-729 ff.

aufgrund eines nicht nur vagen Verdachts den Nachweis der Zuwiderhandlung erbringen zu können. Bleibe die Kommission hinter diesen Anforderungen zurück, dürfe das betroffene Unternehmen die Aussage verweigern.[993]

Auch die jüngere Rechtsprechung zur Reichweite des Anwaltsgeheimnisses in Kartellverfahren der Kommission steht exemplarisch für die Bereitschaft der Gerichte, rechtsstaatliche Belange im Interesse der praktischen Bedürfnisse des kartellrechtlichen Ermittlungsverfahrens zurückzustellen.[994] Im Rechtsmittel zur Rechtssache *Akzo Nobel* bestätigte der Gerichtshof die Praxis der Kommission, nach der sich der grundrechtlich verbürgte Schutz der Korrespondenz zwischen Rechtsanwalt und Mandant grundsätzlich nicht auf die konzerninterne Kommunikation zwischen dem Unternehmen und seinem Syndikusanwalt erstreckt.[995] Dies ist vor allem in solchen Fällen im Hinblick auf die Verteidigungsrechte der Unternehmen und die Bedürfnisse der Rechtssicherheit nicht unproblematisch, in denen nach einschlägigem nationalem Recht die Korrespondenz mit Syndikusanwälten geschützt ist.[996]

Im Bereich der Ermittlungsbefugnisse dokumentiert außerdem die Rechtsprechung zur Verwertbarkeit von Zufallsfunden den hohen Stellenwert, den die Gerichte den praktischen Bedürfnissen der Kartellrechtsdurchsetzung einräumen. So haben sie entgegen dem eindeutigen Wortlaut der einschlägigen Regelungen zu Verwertungsbeschränkungen im Fusionskontroll- und Kartellverfahrensrecht[997] die Vorgehensweise der Kommission gebilligt, auf der Grundlage von Anhaltspunkten, die sie bei Geltendmachung ihrer Ermittlungsbefugnisse gegenüber einem Unternehmen für das Vorliegen eines anderen Wettbewerbsverstoßes gewonnen haben, im Rahmen eines neuen Verfahrens gegen das Unternehmen zu verwenden.[998]

993 Vgl. hierzu ausführlich *J. Schwarze/A. Weitbrecht,* Grundzüge des europäischen Kartellverfahrensrechts, 2004, S. 99 f, m. w. N.

994 Vgl. ausdrücklich zu der großen praktischen Bedeutung dieser Rechtsfrage für die künftige Anwendung und Durchsetzung des europäischen Wettbewerbsrechts GA' in *J. Kokott* eingangs ihrer Schlussanträge zu der Rs. C-550/07 P, Akzo Nobel Chemicals u. Akcros, Slg. 2010, I-8301.

995 EuGH, Rs. C-550/07-P, Akzo Nobel Chemicals u. Akcros, Slg. 2010, I-8301, Rn. 40 ff.

996 Vgl. *S. Völcker*, Allmacht der Kommission?, in U. Immenga/T. Körber (Hrsg.), Die Kommission zwischen Ge-staltungsmacht und Rechtsbindung, 2012, S. 159 , und das Vorbringen der Unternehmen in EuGH, Rs. C-550/07-P, Akzo Nobel Chemicals u. Akcros, Slg. 2010, I-8301, Rn. 98 ff.

997 Vgl. Art. 28 Abs. 1 VO Nr. 1/2003; Art. 17 Abs. 1 VO Nr. 139/2004, nach denen bei der Anwendung der Verordnung erlangte Kenntnisse nur zu dem mit der Auskunft, Ermittlung oder Anhörung verfolgten Zweck verwertet werden dürfen.

998 Vgl. EuGH, Rs. 85/87, Dow Benelux, Slg. 1989, 313, Rn. 19; EuG, verb. Rs. T-305/94, LVM u.a., Slg. 1999, II-931, Rn. 18; hierzu *S. Völcker,* Allmacht der Kom-

Auf dem Feld des materiellen Wettbewerbsrechts werden Belange wirksamer Kartellrechtsdurchsetzung etwa in den Grundsätzen zum einheitlichen, fortgesetzten und komplexen Kartellverstoß verwirklicht.[999] Diese schaffen die Voraussetzungen, nach denen die Kommission Unternehmen auch dann für den Verstoß eines größeren Tatkomplexes insgesamt verantwortlich machen kann, wenn sich deren Teilnahme nur für bestimmte Produkte oder Gebiete im Rahmen des Gesamtkartells nachweisen lässt.[1000]

Als ein Beispiel für die Notwendigkeit weit reichenden Zugeständnisse an die praktischen Bedürfnisse der Kartellrechtsdurchsetzung im Zweifel auch zulasten der Rechtssicherheit, kann der Einsatz sogenannter „Comfort Letters" im System der Administrativausnahme angeführt werden.[1001] Angesichts der zahlenmäßig nicht zu bewältigenden Freistellungsanträge von Unternehmen nach Art. 101 Abs. 3 AEUV war die Kommission dazu übergegangen, den anmeldenden Unternehmen auf dem Wege informeller Verwaltungsschreiben die wettbewerbsrechtliche Unbedenklichkeit ihrer Vereinbarung zu attestieren.[1002] Diese Verfahrensweise war für die Unternehmen mit nennenswerten Unwägbarkeiten hinsichtlich der Frage verbunden, inwieweit die Kommission sich im Streitfall an Verwaltungsschreiben der Generaldirektion Wettbewerb und damit auch an einer solchen Praxis festhalten lassen muss, die sie nicht als Kollegialorgan beschlossen hat.[1003]

Im Rahmen des reformierten Wettbewerbsrechts dokumentiert etwa die Einführung der Legalausnahme ein weitgehendes Zurücktreten der Interessen der Unternehmen an der Berechenbarkeit ihres marktrelevanten Handelns zugunsten entgegenstehender Interessen der Wirksamkeit des dezentralisierten

mission?, in U. Immenga/T. Körber (Hrsg.), Die Kommission zwischen Gestaltungsmacht und Rechtsbindung, 2012, S. 159.

999 Vgl. EuGH, Rs. C-49/92 P, Anic Partecipazioni, Slg. 1999, I-4125.

1000 Vgl. *S. Völcker,* Allmacht der Kommission?, in U. Immenga/T. Körber (Hrsg.), Die Kommission zwischen Ge-staltungsmacht und Rechtsbindung, 2012, S. 161, m. w. N.

1001 Zu den Problemen der Rechtssicherheit schon bei der Praxis der Comfort Letters, *R. Bechtold*, more economic approach und Rechtssicherheit, in J. Schwarze (Hrsg.), Recht und Ökonomie im Europäischen Wettbewerbsrecht, 2006, S. 103, 106; *F. Rittner*, Lage und Entwicklung des Europäischen Wettbewerbsrechts, 10 Thesen, in J. Schwarze (Hrsg.), Neuere Entwicklungen auf dem Gebiet des europäischen Wettbewerbsrechts, 1999, S. 43 f.

1002 Vgl. zu dieser Praxis im Einzelnen o., D.I.3.a) sowie *J. Schwarze/A. Weitbrecht*, Grundzüge des europäischen Kartellverfahrensrechts, 2004, S. 29.

1003 Kritisch zu dieser Praxis *F. Rittner*, Lage und Entwicklung des europäischen Wettbewerbsrechts, 10 Thesen, in J. Schwarze (Hrsg.), Neuere Entwicklungen auf dem Gebiet des europäischen Kartellrechts, 1999, S. 43 f.; *R. Bechtold*, Neuere Entwicklungen auf dem Gebiet des Kartellrechts, in J. Schwarze (Hrsg.), Europäisches Wettbewerbsrecht im Zeichen der Globalisierung, 2002, S. 143, 145.

Kartellrechts. Neben dem Wegfall des Verwaltungsaufwandes zur Bewältigung der Freistellungsanträge besteht die bedeutendste praktische Konsequenz dieser Neuregelung darin, dass die Unternehmen das Risiko der rechtlichen Beurteilung ihres Verhaltens nunmehr selbst tragen,[1004] weshalb dieser Aspekt der Kartellreform seinerzeit als unzulässige Verkürzung der Rechtssicherheit kritisiert wurde.[1005] Im Hinblick auf die hervorgehobene Bedeutung praktischer Belange der Kartellrechtsdurchsetzung hat der Gesetzgeber indessen an der Einführung der Legalausnahme festgehalten.

Ungeachtet aller Unterschiede der jeweiligen Interessenkonstellationen im Detail zeigen die genannten Entscheidungen und Regelungen in unterschiedlichen Erscheinungsformen die Abwägung der divergierenden Belange von Rechtsstaatlichkeit und Wirksamkeit als maßgebliche Determinante der Entfaltung des Wettbewerbsrechts der Union. Ausgehend vom Beispiel der Einschränkbarkeit des Prinzips der Rechtssicherheit im Wettbewerbsrecht treten so spezifische Defizite des more economic approach zutage, die in der gerichtlichen Auseinandersetzung auch gegenüber bislang nicht praktisch in Erscheinung getretenen rechtsstaatlichen Fragen der Ökonomisierung den Ausschlag geben könnten.

Im Gesamtzusammenhang der Untersuchung lässt sich dieser Befund zu einem Schlüsselproblem der Bewertung des more economic approach unter Gesichtspunkten der Rechtsstaatlichkeit verallgemeinern: In einer Rechtsprechung, deren formierende Idee die Abwägung zwischen Belangen der Rechtsstaatlichkeit und den Bedürfnissen der praktischen Wirksamkeit ist, bestehen grundsätzliche rechtsstaatliche Zweifel an einem wettbewerbspolitischen Ansatz, der in verschiedener Hinsicht grundsätzliche rechtliche Verbürgungen der Unionsrechtsordnung zu beeinträchtigen geeignet ist, ohne auf der anderen Seite den praktischen Belangen der Wettbewerbspolitik Rechnung zu tra-

1004 Vgl. hierzu *J. Schwarze/A. Weitbrecht*, Grundzüge des europäischen Kartellverfahrensrechts, 2004, S. 38 f. Das Risiko der Selbstveranlagung trifft die Unternehmen auch im Anwendungsbereich des Art. 102. Indes sind die praktischen Konsequenzen gering, da Einzelfreistellungen unter Art. 102 auch bisher nicht möglich waren und die Möglichkeit zur Beantragung von Negativattesten von den Unternehmen nur äußerst selten genutzt wurde; vgl. *J. Schwarze/A. Weitbrecht,* Grundzüge des europäischen Kartellverfahrensrechts, 2004, S. 38, Fn. 70.

1005 Vgl. *U. Immenga*, Eine Wende der gemeinschaftlichen Kartellpolitik?, EuZW 1999, S. 609 ff.; *E.-J. Mestmäcker*, Versuch einer kartellpolitischen Wende in der EU. Zum Weißbuch der Kommission über die Modernisierung der Vorschriften zur Anwendung der Art. 85 und 86 EGV a. f. EuZW 1999, S. 523 ff.; *A. Deringer*, Stellungnahme zum Weißbuch der Europäischen Kommission über die Modernisierung der Vorschriften zur Anwendung der Art. 85 f., EuZW 2000, 5 ff.

gen, der vielmehr im Gegenteil auch im Hinblick auf grundlegende Erfordernisse der Praktikabilität Bedenken hervorruft.

d) Die Ökonomisierung im Lichte der spezifischen Funktionen der Rechtssicherheit im Wettbewerbsrecht der Union

Neben den allgemeinen subjektiv-rechtlichen Verbürgungen erfüllt das Prinzip der Rechtssicherheit nach der Rechtsprechung weitere verfassungs- und vertragsrechtlich abgesicherte Funktionen, deren unzureichende Berücksichtigung für die Haltung der Gerichte gegenüber einer verstärkt wirtschaftlichen Betrachtungsweise im Wettbewerbsrecht der Union mitentscheidend sein dürfte.

(1) Verwaltungssanktionen und die Berechenbarkeit des Rechts

Im Bereich der vertraglichen Kartellvorschriften bestehen gegenüber solchen Aspekten der Ökonomisierung, die in Entscheidungen einfließen, welche die Grundlage für Kartellsanktionen darstellen, erhöhte Anforderungen an die Berechenbarkeit, welche einen wesentlichen Bestandteil der straf- und verfahrensrechtlichen Garantiebestimmungen der Europäischen Union bildet.[1006] Auch unter diesem Gesichtspunkt stellt sich das Verhältnis von Ökonomisierung und Sanktion als rechtsstaatlich problematisch dar. Die besondere Relevanz der Ökonomisierung der Rechtsanwendung für die rechtsstaatlichen Garantien der Unternehmen zeigt sich etwa in einer jüngeren Entscheidung, in der es um die Beurteilung von Treuerabatten geht. Die Kommission hatte gegen den Mikrochiphersteller Intel eine Geldbuße in Höhe von 1,6 Milliarden Euro verhängt[1007] und sich dabei, wie an anderer Stelle dargestellt, auf solche

1006 Vgl. *S. Hirsbrunner*, Sicherer Hafen oder Bermudadreieck? EuZW 2006, S. 583; *M. Dreher/M. Adam* im Hinblick auf Art. 102, The more economic approach to Art. 82 and the legal process, ZWeR 2006, S. 206.

1007 Entscheidung der Kommission im Verfahren nach Art. 102 AEUV vom 13. Mai 2009, COMP/37-990 Intel, noch nicht im Abl. veröffentlicht. Die Kommission hat ihre Entscheidung unter dem Eindruck der sich bereits seinerzeit abzeichnenden Skepsis der Rechtsprechung an der auswirkungsorientierten Betrachtungsweise in der Missbrauchskontrolle zwar letzten Endes auf die Ergebnisse einer formalisierten Betrachtungsweise nach den Maßstäben der Rechtsprechung gestützt. In einer ergänzenden Untersuchung der Rabatte Intels hat sie indes jene Maßstäbe der wettbewerblichen und wettbewerbsrechtlichen Untersuchung angelegt, die sie im Rahmen ihres neuen Ansatzes entwickelt hatte. Vgl. hierzu im Einzelnen o., E.II.2. und *D.*

ökonomischen Erwägungen gestützt, die von Microsoft nicht hätten berücksichtigt werden können, da dem Unternehmen die notwendigen Wirtschaftsdaten nicht zur Verfügung standen.[1008] Dies widerspricht den im Schrifttum formulierten Erfordernissen der Berechenbarkeit im Anwendungsbereich der Sanktion, nach denen jedenfalls bei solchen wettbewerbsrechtlichen Tatbeständen, die Anknüpfungspunkt für Bußgelder sind, die Grenzen des Erlaubten von vornherein klar sein müssen.[1009]

Tatsächlich besteht in dieser Hinsicht erheblicher Klärungsbedarf. Wenn man davon ausgeht, dass ein nach Prinzipien der Ökonomisierung gestaltetes Wettbewerbsrecht grundsätzlich hinter jenen Anforderungen zurückbleibt, die an die Anwendungsvoraussetzungen sanktionsbewehrter Verbotsnormen zu stellen sind, wäre ein Regelungsansatz denkbar, der das wettbewerbspolitische Konzept der wirtschaftlichen Betrachtung für Kartellverfahren, die in eine Bußgeldentscheidung münden, von vornherein ausschließt.[1010] Voraussetzung wäre hierfür eine prinzipienhafte, nach klaren, gerichtlich nachvollziehbaren Kriterien bewerkstelligte Unterscheidung zwischen den Bereichen der Verwaltungsregulierung und der Verwaltungssanktion.[1011]

Diese Überlegungen finden weder in der Rechtsprechung noch in der Politik der Kommission Anklang; sie markieren aber das Ausmaß des Klärungsbedarfs, der im Zusammenhang von Ökonomisierung und Sanktion besteht.[1012] Bislang hat die Kommission den spezifischen rechtsstaatlichen Er-

Geradin, The Intel case: where is the foreclosure and consumer harm? TILEC Discussion Paper 2010/22.

1008 S. o., F.II.2.b).

1009 *A. Hatje*, Kontrolldichte bei Maßnahmen der europäischen Wirtschaftsverwaltung, in J. Schwarze (Hrsg.), Verfahren und Rechtsschutz im Europäischen Wirtschaftsrecht, 2010, S. 131; *W. Möschel*, Wettbewerb zwischen Handlungsfreiheiten und Effizienzzielen, in C. Engel/W. Möschel (Hrsg.), Recht und spontane Ordnung – FS für E.-J. Mestmäcker zum achtzigsten Geburtstag, 2006, S. 360 f.; *M. Dreher/M. Adam* im Hinblick auf Art. 102, The more economic approach to Art. 82 and the legal process, ZWeR 2006, S. 206.

1010 Dies deutet an *N. Forwood*, The Commission's „more economic approach“ – implications for the role of the EU Courts, the Treatment of Economic Evidence and the Scope of Judicial Review, in C.-D. Ehlermann/M. Marquis (Hrsg.), Evaluation of Evidence and its Judicial Review in Competition Cases, European Competition Law annual, 2009, S. 255-271.

1011 *N. Forwood*, The Commission's „more economic approach“ – implications for the role of the EU Courts, the Treatment of Economic Evidence and the Scope of Judicial Review, in C.-D. Ehlermann/M. Marquis (Hrsg.), Evaluation of Evidence and its Judicial Review in Competition Cases, European Competition Law annual, 2009, S. 255 ff.

1012 Vgl. hierzu *G.-K. de Bronett*, Der „More economic approach“ bei der Anwendung des europäischen Kartellverwaltungsrechts und Kartellstrafrechts, EWS 2013, S. 1

fordernissen des Kartellsanktionsrechts im more economic approach offenbar wenig Beachtung geschenkt. Dies wiegt deshalb umso schwerer, als sich die Kommission bei der Ausübung ihrer Sanktionsbefugnisse in der Praxis nicht etwa auf eine restriktive Handhabung zurückzieht, sondern diese Befugnisse vielmehr, insbesondere im Hinblick auf das Niveau, das die Bußgelder in der Gegenwart erreicht haben, in einer Weise ausschöpft, die ihrerseits mitunter auf der Grenze dessen liegen, was rechtsstaatlich zulässig erscheint.[1013]

Der hier zutage tretende Mangel an Abstimmung der wettbewerbspolitischen Programme von Ökonomisierung und Sanktion steht beispielhaft für ein prinzipielles Defizit der Politik der Ökonomisierung, das aus der unzureichenden Berücksichtigung der Regelungsanliegen anderer Bereiche der Wettbewerbspolitik der Union resultiert. Dies gilt insbesondere für das Anliegen, die Voraussetzungen für die zivilrechtliche Durchsetzung von Wettbewerbsrechtsverstößen zu verbessern sowie für das Bemühen, eine gleichmäßige Durchsetzung des Kartellrechts im System der dezentralen Anwendung zu gewährleisten. Die Wahrung des Systemzusammenhangs, die eingangs als Voraussetzung für das Gelingen des more economic approach formuliert wurde, wird – jedenfalls im Hinblick auf die bisherigen praktischen Umsetzungen der ökonomisierten Betrachtungsweise – nur schwerlich gewährleistet.

(2) Erfordernisse der Rechtssicherheit im Kontext der Legalausnahme vom Kartellverbot

Im Anwendungsbereich des Art. 101 Abs. 3 AEUV treffen die Defizite der Berechenbarkeit eines ökonomisierten Wettbewerbsrechts auf einen Regelungszusammenhang, in dem die Voraussetzungen für eine sichere Einschätzung der wettbewerbsrechtlichen Relevanz seines eigenen Verhaltens für die Adressaten des Kartellverbots in jüngerer Zeit seinerseits insofern nennenswert beeinträchtigt wurden, als das Vorliegen der Freistellungsvoraussetzungen nun nicht mehr administrativ festgestellt wird, sondern von den Unternehmen selbst zu ermitteln ist.[1014] Zu den gravierendsten Einwänden gegen das System der Legalausnahme gehörten Bedenken gegenüber den Erfordernissen der Rechtssicherheit. Wenngleich die Anwendung der Freistellungsvoraussetzungen für bestimmte Vereinbarungen durch ausführliche rechts-

ff. Die Anwendung des Kartellrechts „nach wirtschaftlichen Effizienzkriterien hat in strafrechtlichen Kartellsanktionsverfahren (...) keinen Platz.“

1013 Vg. nur *J. Schwarze,* Europäisches Wirtschaftsrecht, 2007, S. 121.

1014 Vgl. zu diesem Aspekt der Modernisierung des Kartellverfahrensrechts im Einzelnen o., D.I.3.a).

satzmäßige Festlegungen in Form von Gruppenfreistellungsverordnungen wesentlich erleichtert wurde, besteht das grundsätzliche Problem der unsicheren Selbstveranlagung fort.[1015]

Mit den Freistellungsleitlinien hat die Kommission administrative Vorgaben für die zukünftige Durchführung der allgemeinen Freistellungsvoraussetzungen aufgestellt, die entsprechend dem Ansatz einer verstärkt ökonomischen Betrachtungsweise den Unternehmen nennenswert höhere Anstrengungen bezüglich der Analyse der tatsächlichen wettbewerbsfördernden Wirkungen in Gestalt ökonomischer Effizienzen zur Geltendmachung der Effizienzeinrede abverlangen, als dies bisher der Fall war.[1016] Die Kommission bedient sich zur Aufstellung dieses Analyserahmens entsprechend ihren Prinzipien der ökonomisierten Rechtsanwendung einer Regelungstechnik, deren Hauptmerkmale einerseits der Verzicht auf klare, einfach zu handhabende Regeln für Würdigung der positiven Wirkungen einer Absprache[1017] und andererseits die Vorgabe zahlreicher, nicht abschließend bestimmter, kumulativ oder alternativ zur Anwendung kommender ökonomischer Kriterien sind.[1018] Die Freistellungsleitlinien sind mithin vergleichbaren Bedenken hinsichtlich der Erfordernisse von Klarheit und Bestimmtheit ausgesetzt, wie die Analyserahmen, die die Kommission zur zukünftigen Anwendung des Art. 102 AEUV auf Behinderungsmissbräuche in ihrer Mitteilung festgelegt hat.[1019] Dement-

1015 Kritisch zu den unsicheren Voraussetzungen in jüngerer Zeit, *M. Piergiovanni/P. D' Elia*, Self-Assessment of Agreements under Article 81 EC: Is There a Need for More Commission Guidance, Global Competition Policy, 2008, Bd. 2. Auch die in VO Nr. 1/2003 geregelten Instrumente, mit deren Hilfe die Kommission Unsicherheiten hinsichtlich der Anwendungsvoraussetzungen des Freistellungsrechts ausräumen könnte, bieten in der Praxis keine Erleichterung für die Unternehmen. Bis in die jüngere Vergangenheit hat die Kommission davon abgesehen, hiervon Gebrauch zu machen; vgl. *N. Petit*, The Guidelines on the Application of Art. 81 III EC – A Critical Review, IEJE Working Paper No. 4/2009, S. 4. Vgl. zu diesen Instrumenten im Einzelnen, *S. Pelka*, Rechtssicherheit im europäischen Kartellverfahren?, 2009, S. 204 ff.

1016 Vgl. zu den Beispielen der Ökonomisierung in den Leitlinien zu Art. 81 Abs. 3 o., B. II. 1.

1017 Dies wird ersichtlich aus einem Vergleich mit solchen Leitlinien in vergleichbaren Zusammenhängen, in denen solche Maßgaben zum Einsatz kommen. Ein gutes Beispiel bilden die Leitlinien zur Anwendbarkeit des Art. 81 EGV auf Vereinbarungen über horizontale Zusammenarbeit, ABl. 2001, Nr. C 3, S. 2-33, ersetzt durch die Leitlinien zur Anwendbarkeit von Artikel 101 AEUV auf Vereinbarungen über horizontale Zusammenarbeit, ABl. 2011, Nr. C 11, S. 1-72. Darin verwendet die Kommission Marktanteilsschwellenregelungen um unterschwellige Vereinbarungen ohne weiteres vom Verbot auszuschließen.

1018 Vgl. Leitlinien zu Art. 81 Abs. 3, zur Weitergabe von Einsparungen an Verbraucher, Rn. 95 ff., und zur Weitergabe dynamischer Effizienzen an den Verbraucher, Rn. 102 ff.

1019 S. o., F.II.2.b).

sprechend kritisch werden die Leitlinien zu Art. 101 Abs. 3 AEUV in der Literatur im Hinblick auf das Prinzip der Rechtssicherheit betrachtet.[1020] Vor diesem Hintergrund ist zu bezweifeln, ob ein more economic approach in der Gestalt, die er in den Freistellungsleitlinien gefunden hat, im Verbund mit dem Konzept der Legalausnahme es den Unternehmen in einem Maße ermöglicht, ihr eigenes Verhalten wettbewerbsrechtlich zu beurteilen, welches in der Gesamtbetrachtung noch den Erfordernissen der Rechtssicherheit genügt.

Der Fall *GlaxoSmithKline* ist geeignet, die Herausforderungen der Selbstveranlagung in einem ökonomisierten Freistellungsrecht nach der Einführung der Legalausnahme zu illustrieren. Die Kommission hatte den Antrag des gleichnamigen Pharmaherstellers abgelehnt, seine Praxis der Durchsetzung von vertraglichen Preisdifferenzierungsklauseln gegenüber seinen Abnehmern zum Zwecke der Verhinderung des Parallelhandels nach Art. 101 Abs. 3 AEUV freizustellen.[1021] Das Gericht hat die Nichtigkeitsklage des Unternehmens, die sich sowohl gegen die Verbotsentscheidung als auch gegen die Freistellungsversagung der Kommission richtete, zum Anlass genommen, den sich wettbewerbspolitisch abzeichnenden Ansatz der Kommission zur Einführung eines more economic approach „ohne viel Federlesens" zu übernehmen.[1022] Dies äußerte sich neben der Forderung eines Verbraucherschadens als Voraussetzung für die Annahme einer bezweckten Wettbewerbsbeschränkung und der Einbeziehung marktergebnisbezogener Wettbewerbsparameter in den Beurteilungsmaßstab des wirtschaftlichen Kontexts vor allem in der Untersuchung der Vereinbarung auf das Vorliegen wettbewerbsfördernder Auswirkungen nach Art. 101 Abs. 3 AEUV.[1023]

Auch wenn die Ausführungen des Gerichts zur Beschaffenheit der ökonomischer Analyse, die erforderlich ist, um das Vorliegen überwiegender ökonomischer Effizienzen erfolgreich darzulegen, nicht ohne weiteres mit den Vorstellung der Kommission übereinstimmen dürften,[1024] so vermitteln sie

1020 *N. Petit*, The Guidelines on the Application of Art. 81 III EC – A Critical Review, IEJE Working Paper No. 4/2009, S. 4.

1021 Vgl. hierzu F.I.3.b).

1022 Diese Einschätzung bei *A. Fritzsche,* Ermessen und institutionelles Gleichgewicht, S. 92. Vgl. zu den Elementen der ökonomisierten Betrachtung in der Entscheidung des Gerichts o., F.I.3.a),b).

1023 Vgl. hierzu o., F.II.2.b).

1024 So geht die Kommission, entgegen der Auffassung des Gerichts, offenbar davon aus, dass binnenmarktbeschränkenden Verhaltensweisen die Einrede überwiegender ökonomischer Effizienzen prinzipiell verschlossen bleibt; vgl. etwa die Leitlinien zu Art. 81 Abs. 3, Rn. 13. Diese Einschätzung auch bei *J. Drexl*, Wettbewerbsverfassung, in A. von Bogdandy/J. Bast (Hrsg.), Europäisches Verfassungsrecht, 2009, S.

doch zumindest eine grundsätzliche Vorstellung von den nennenswerten praktischen Unsicherheiten, denen ein Unternehmen im Zuge der Selbstveranlagung auf dem Boden eines ökonomisierten Kartellverbotes ausgesetzt sein dürfte: Der Pharmahersteller hat die Politik der Preisdifferenzierung mit jenen Rückstellungen gerechtfertigt, die er zur Investition in Forschung und Entwicklung benötigt. Das Gericht hat dieses (beachtliche[1025]) Argument aufgenommen und der Kommission aufgegeben, im Wege der Neubescheidung eine Abwägung der Erwägungen dynamischer Effizienz mit den Beeinträchtigungen des Parallelhandels vorzunehmen. Nach neuer Rechtslage hätte das Unternehmen diese Abwägung im Rahmen der Rn. 92ff. der Leitlinien zu Art. 101 Abs. 3 AEUV der Kommission selbst vorzunehmen. Danach ist eine sorgfältige Untersuchung zum Umfang der Weitergabe der Effizienzgewinne an den Verbraucher erforderlich, wenn eine Vereinbarung sowohl erhebliche wettbewerbswidrige als auch erhebliche wettbewerbsfördernde Auswirkungen aufweist.[1026] Hierzu stellt die Kommission einen Analyserahmen auf, bei dessen Anwendung sie berücksichtigt, „dass es in vielen Fällen schwierig ist, den Anteil der Weitergabe von Vorteilen an die Verbraucher und andere Formen der Beteiligung der Verbraucher genau zu berechnen. Die Unternehmen müssen aber ihre Behauptungen substantiieren, indem sie verfügbare Angaben und Schätzungen vorlegen, die den Gegebenheiten ihres Falles Rechnung tragen“.[1027] Insbesondere im Hinblick auf die dynamischen Effizienzen, wie sie hier in Gestalt von Forschung und Entwicklung vorliegen, ist eine Quantifizierung praktisch ausgeschlossen.[1028] Der Hinweis darauf, dass das Unternehmen „verfügbare Angaben und Schätzungen“ vorzulegen hat, die seine Behauptungen substantiieren, dürfte kein hinreichend klares Normprogramm darstellen, auf dessen Grundlage das Unternehmen zu einer sicheren rechtlichen Einschätzung gelangt, die es in die Lage versetzt, wirtschaftlich weit reichende Geschäftsverbindungen einzugehen.[1029]

Der more economic approach, dies zeigt das vorliegende Beispiel deutlich, gelangt hier an die Grenzen der rechtsstaatlichen und wirtschaftlichen Erfor-

956, sowie *N. Petit*, The Guidelines on the Application of Art. 81 III EC – A Critical Review, IEJE Working Paper No. 4/2009, S. 4.

1025 Vgl. *S. Balzter*, Pharma-Forschung im Rückwärtsgang, FAZ, 11. Januar 2013, S. 19.

1026 Leitlinien zu Art. 81 Abs. 3, Rn. 92.

1027 Leitlinien zu Art. 81 Abs. 3, Rn. 94.

1028 Vgl. *N. Petit*, The Guidelines on the Application of Art. 81 III EC – A Critical Review, IEJE Working Paper No. 4/2009, S. 4.

1029 Vgl. *N. Petit*, The Guidelines on the Application of Art. 81 III EC – A Critical Review, IEJE Working Paper No. 4/2009, S. 4.

dernisse der Rechtssicherheit.[1030] Die unmittelbare Konsequenz dieser Unsicherheit besteht darin, dass sich Unternehmen angesichts der Gefahr rückwirkender Nichtigkeit gem. Art. 101 Abs. 2 AEUV[1031] im Zweifel auch gegen den Abschluss solcher Vereinbarungen entscheiden werden, die insofern wettbewerbsrechtlich unproblematisch sind, als sie in Wirklichkeit überwiegend wettbewerbsfördernde Auswirkungen zeitigen[1032]. Hiermit sind die spezifischen Funktionen der Rechtsicherheit im Wirtschaftsverkehr angesprochen, die Gegenstand der folgenden Überlegung bilden.

(3) Erfordernisse der Berechenbarkeit und der Schutzzweck des Wettbewerbsrechts

Rechtssicherheit ist eine wesentliche Voraussetzung für den Erfolg wirtschaftlicher Betätigung und damit für die Steigerung der Wirtschaftsleistung in der Union, die als Ziel der Verträge festgeschrieben ist. So ist ökonomische Prosperität nicht zuletzt auch abhängig vom Grad der in einer Rechtsordnung garantierten Rechtssicherheit, die bereits eine Grundvoraussetzung für die Investitionsbereitschaft von Unternehmen bildet – „Gutes Recht ist neben gutem Geld konstitutiv."[1033] In dem Maße, in dem die Unwägbarkeiten einer wirt-

1030 Ein Vergleich mit der erst zu einem wesentlich späteren Zeitpunkt in der Entwicklung des ökonomischen Ansatzes veröffentlichten Mitteilung zur Anwendung des Art. 102 auf Behinderungsmissbräuche deutet darauf hin, dass die Kommission sich den Zweifeln an den Möglichkeiten eines quantitativen Ansatzes nicht verschließt. Soweit die Kommission im Anwendungsbereich der Mitteilung das Vorliegen eines Verbraucherschadens voraussetzt, weist sie darauf hin, dass die „Feststellung eines voraussichtlichen Schadens für den Verbraucher (...) auf der Grundlage qualitativer und, wann immer möglich und zweckmäßig, auch anhand quantitativer Beweismittel erfolgen" kann. Hiermit rückt die Kommission erkennbar vom Prinzip der umfassenden Quantifizierung zugunsten der praktikableren und für den Normadressaten berechenbareren Betrachtungsweise ab. Dieses Beispiel bei *N. Petit*, The Guidelines on the Application of Art. 81 III EC – A Critical Review, IEJE Working Paper No. 4/2009, S. 4.

1031 Vgl. zu den spezifischen Gefahren mangelnder Berechenbarkeit des ökonomisierten Wettbewerbsrechts im Hinblick auf Dauerschuldverhältnisse *J. Drexl*, Wettbewerbskonzeption, A. von Bogdandy/J. Bast (Hrsg.), Europäisches Verfassungsrecht, S. 934.

1032 Vgl. *N. Petit*, The Guidelines on the Application of Art. 81 III EC – A Critical Review, IEJE Working Paper No. 4/2009, S. 3.

1033 *W. Möschel*, Wettbewerb zwischen Handlungsfreiheiten und Effizienzzielen, in C. Engel/W. Möschel (Hrsg.), Recht und spontane Ordnung – FS für E.-J. Mestmäcker zum achtzigsten Geburtstag, 2006, S. 360. Vgl. zur Rechtssicherheit als „Eckpfeiler des Wirtschaftsrechts" *J. Schwarze*, Europäisches Wirtschaftsrecht, 2007, S. 374; *J. Drexl*, Wettbewerbsverfassung, S. 934.

schaftlichen Betrachtung die Unternehmen von wettbewerbsfördemdem Marktverhalten abschrecken, werden nicht nur die entgegenstehenden Erfordernisse der Berechenbarkeit, verstanden als den subjektiven rechtsstaatlichen Gewährleistungen des Einzelnen, sondern darüber hinaus auch die Voraussetzungen wirksamen Wettbewerbs als zentralem Schutzanliegen des Wettbewerbsrechts der Union beeinträchtigt.

Die Auswirkungen fehlender Rechtssicherheit auf die Verwirklichung wirksamen Wettbewerbs sind – soweit erkennbar – nicht Gegenstand der gegenwärtigen Rechtsprechung. *Nicolas Forwood* allerdings, Richter des Gerichts erster Instanz, macht in einem wissenschaftlichen Beitrag über die wettbewerbspolitischen Ziele der Union darauf aufmerksam, dass der Erfolg des Systems der Kartellrechtsdurchsetzung nicht in erster Linie von den behördlich oder privat sanktionierten Kartellrechtsverletzungen abhängt, sondern von den Auswirkungen, welche die Regeln und deren Handhabung auf das Verhalten der Normadressaten haben: „The optimal result, for the economy and thus consumer welfare as a whole, can only be achieved, however, if businesses are able, with reasonable accuracy, to determine the limits of what competition law permits, and in particular to predict what the enforcer (whether competition authority or competition judge) will do in a given situation. To the extent that they cannot do so, and in consequence are frightened away from potentially pro-competitive business practices that they might otherwise have wished to adopt, the potential benefits of a `more economic approach` risk being significantly curtailed, or even negated. (...) From this perspective, *the interests of competition policy coincide with those of other general principles of Community law, in particular legal certainty* (H.d.V).“[1034]

Diese Ausführungen dokumentieren – neben einem ausgeprägten Bewusstsein des Richters für die zentrale Bedeutung der Rechtssicherheit für Wirtschaft und Wettbewerb – auch sehr deutliche Zweifel daran, ob diese Funktion der Berechenbarkeit im more economic approach hinreichend Berücksichtigung findet. Wenngleich es sich hierbei im Grunde nicht um eine rechtliche, sondern um eine wirtschaftliche Argumentation handelt, ist es angesichts der hervorgehobenen Bedeutung wirtschaftlicher Zielsetzungen in der Unionsrechtsordnung nicht ausgeschlossen, dass derartige Erwägungen in der Recht-

1034 *N. Forwood*, The Commission's „more economic approach“ – implications for the role of the EU Courts, the Treatment of Economic Evidence and the Scope of Judicial Review, in C.-D. Ehlermann/M. Marquis (Hrsg.), Evaluation of Evidence and its Judicial Review in Competition Cases, European Competition Law annual 2009, S. 255, 259.

sprechung zu Rechtsproblemen der Ökonomisierung – zumindest in Grenzfällen – zum Tragen kommen könnten.[1035]

(4) Einheitliche Rechtsanwendung im dezentralisierten System der Kartellrechtsdurchsetzung

Beeinträchtigungen der Rechtssicherheit durch die Ökonomisierung wiegen dort besonders schwer, wo sie mit einer Beeinträchtigung der spezifischen Funktionsprinzipien des Unionsrechts einhergehen. Über ihre subjektiv-rechtlichen Verbürgungen hinaus schafft die Berechenbarkeit des Rechts die Voraussetzungen für seine einheitliche Auslegung und Anwendung durch Union und Mitgliedstaaten und spielt damit eine überragende Rolle für das Erreichen der integrationsspezifischen Ziele der Union.[1036] Die Bedeutung dieses Prinzips, so *Vasilios Skouris*, der gegenwärtige Präsident des Gerichtshofes, in einem Fachbeitrag, liege in der „Notwendigkeit einer Klarheit und Präzision der Gemeinschaftsrechtsnormen, die in 22 offiziellen Sprachen verfasst werden und darauf ausgerichtet sind, in 27 verschiedene Rechtstraditionen integriert zu werden, bis zum Ziel der einheitlichen Auslegung und Anwendung sowie den effet utile des Gemeinschaftsrechts. (...) Diese Suche nach Einheitlichkeit in der Anwendung des Gemeinschaftsrechts muss als ein essenzieller Faktor der Rechtssicherheit im Rahmen der Europäischen Union betrachtet werden".[1037] Diesem Leitgedanken entsprechend war die Rechtsprechung stets

1035 Vgl. zu den nach wie vor bestehenden Gefahren einer uneinheitlichen Anwendung des Wettbewerbsrechts auf der Grundlage der VO 1/2003 *A. Kellerhals*, Wirtschaftsrecht und europäische Integration, S. 452: „Trotz der bis heute von der Kommission ergriffenen Maßnahmen konnten die Bedenken darüber, ob durch eine stärkere Einbindung von nationalen Behörden und Gerichten in die Anwendung von Art. 81 die Rechtssicherheit und Kohärenz in diesem zentralen Bereich leiden könnte, nicht vollständig ausgeräumt werden."

1036 Vgl. *V. Skouris*, Aspekte der Rechtssicherheit in der jüngeren Rechtsprechung der Europäischen Gemeinschaften, in G. Manssen/M. Jachmann/C. Gröpl (Hrsg.), Nach geltendem Verfassungsrecht, für Udo Steiner zum 70. Geburtstag, 2009, S. 779: „Das Gebot der Normklarheit dient mithin nicht nur der rechtsstaatlichen Fundierung, sondern auch dem Integrationsanliegen des Gemeinschaftsrechts, das auf die Verwendung präziser vollzugsfähiger Begriffe angewiesen ist."; sowie *J. Basedow*, Rechtssicherheit im europäischen Wirtschaftsrecht, ZEuP 1996, S. 570, 574 ff.; ders., Konsumentenwohlfahrt und Effizienz – Neue Leitbilder der Wettbewerbspolitik? WuW 2007, S. 715.

1037 *V. Skouris*, Aspekte der Rechtssicherheit in der jüngeren Rechtsprechung der Europäischen Gemeinschaften, in G. Manssen/M. Jachmann/C. Gröpl (Hrsg.), Nach geltendem Verfassungsrecht, für Udo Steiner zum 70. Geburtstag, 2009, S. 779. Besonders prägnant formuliert GA *J. Gand* „Es geht darum, durch die Einheit des angebemüht, ein Mindestmaß an Berechenbarkeit vor allem dort zu gewährleisten, wo Belange der Einheitlichkeit einen besonderen Stellenwert einnehmen.[1038]

Die Einführung einer wirtschaftlichen Betrachtungsweise erfolgt in einem größeren Regelungszusammenhang, in dem die Beachtung der Erfordernisse einer weitestgehend gleichmäßigen Verwirklichung der wettbewerbsrechtlichen Verbotsregelungen insofern von hervorgehobener Bedeutung ist, als sich im Zuge der Dezentralisierung die Hauptlast der Rechtsanwendung in Kartell- und Missbrauchsverfahren von der Kommission auf die mitgliedstaatlichen Kartellstellen verlagert hat.[1039] Diese Neuregelung ist das Resultat einer Abwägung, bei der zugunsten der Sicherung bzw. Wiederherstellung der Leistungsfähigkeit der Kommission im Interesse wirksamer Kartellrechtsdurchsetzung Erfordernisse der einheitlichen Anwendung des Wettbewerbsrechts in dem Maße zurückgestellt wurden, in dem sich eine gleichmäßige Anwendung der Kartell- und Missbrauchsvorschriften durch 27 verschiedene Mitgliedstaaten und die Kommission aus praktischen Gründen weniger gut gewährleisten lässt als im Rahmen des bisherigen faktischen Anwendungsmonopols der Kommission.[1040]

Das Bewusstsein des Gesetzgebers für die gesteigerten Gefahren zersplitterter Rechtsanwendung dokumentieren zahlreiche Regelungen, die darauf abzielen, eine möglichst gleichmäßige Anwendung der Verbotsnormen auch im Mehrebenensystem bestmöglich zu gewährleisten.[1041] Von eben diesem Ansinnen zeugen zudem die Schlussanträge einiger Generalanwälte, die auf die Notwendigkeit hinzuweisen pflegen, bei der Erörterung von Rechtsfragen des Kartellrechts den Erfordernissen der Einheitlichkeit im neuen Systemzusammenhang hinreichend Rechnung zu tragen.[1042]

wendeten Rechts die Rechtssicherheit zu gewährleisten.“, Schlussanträge in der Rs. C-9/69, Sayag u. a./Leduc u. a., Slg. 1969, S. 329, 339.

1038 Vgl. *V. Skouris*, Aspekte der Rechtssicherheit in der jüngeren Rechtsprechung der Europäischen Gemeinschaften, in G. Manssen/M. Jachmann/C. Gröpl (Hrsg.), Nach geltendem Verfassungsrecht, für Udo Steiner zum 70. Geburtstag, 2009, S. 779 mit Beispielen aus der Rechtsprechung.

1039 Vgl. dazu o., D.I.3.a).

1040 Vgl. nur *U. Immenga*, Coherence: a sacrifice to decentralisation? in C.-D. Ehlermann (Hrsg.), European competition Law Annual 2000, S. 353, 355.

1041 In den Worten der Generalanwältin *J. Kokott* „zieht sich das Ziel der einheitlichen Anwendung von Art. 81 EG und 82 EG auch wie ein roter Faden durch die Verordnung Nr. 1/2003“, Schlussanträge in der Rs. C-8/08, T-Mobile Netherlands, Slg. 2009, I-4529, Rn. 86.

1042 Vgl. etwa GA'in *J. Kokott*, Schlussanträge in der Rs. C-8/08, T-Mobile Netherlands, Slg. 2009, I-4529, Rn. 3, nach der die Fragen zu den Voraussetzungen des Vorliegens einer abgestimmten Verhaltensweise mit wettbewerbswidrigem Zweck und den unionsrechtlichen Anforderungen an das Beweismaß im mitgliedstaatlichen Verfahren „von nicht zu unterschätzender Bedeutung (sind) für die wirksame Durchsetzung

Ob der more economic approach diesen Erfordernissen gerecht wird, ist – wie folgende Überlegungen zeigen – ausgesprochen zweifelhaft. Im System dezentralisierter Rechtsanwendung sind konkrete Vorgaben in Form von Leitlinien und Bekanntmachungen unabdingbarer Bestandteil für die Gewährleistung wettbewerbsrechtlicher Kohärenz.[1043] Es ist fraglich, ob die Leitlinienpolitik der Kommission in ihrer gegenwärtigen Ausgestaltung diese Aufgabe bewältigen kann. Ausdruck einer weitverbreiteten Auffassung sind etwa die Bedenken *Hirsbrunners*: „Wer einen Blick in die verschiedenen Leitlinien wirft, wird nicht ernsthaft glauben, dass Rechtsanwender in verschiedenen Mitgliedstaaten aufgrund dieser Richtlinien zu denselben Ergebnissen gelangen."[1044] Auch wenn die mitgliedstaatlichen Kartellstellen unterschiedslos dazu übergehen sollten, die Voraussetzungen der Wettbewerbsrechtsverletzung nach Maßgabe der Kommissionsleitlinien zu ermitteln,[1045] ist unter den gegenwärtigen Voraussetzungen schwer vorstellbar, dass sich auf deren Grundlage eine vergleichbare Entscheidungspraxis herausbildet.

Eine wichtige Ursache für die mangelnde Berechenbarkeit liegt in der bereits an anderer Stelle dargestellten, an den Prinzipien des more economic approach ausgerichteten Regelungstechnik der Kommission bei der Aufstellung der Analyserahmen.[1046] In ihren jüngeren Leitlinien geht die Kommission da-

des Wettbewerbsrechts der Gemeinschaft in dem neuen, dezentralen System, das durch die Modernisierung des Kartellverfahrensrechts mit der Verordnung (EG) Nr. 1/2003 eingeführt wurde. Bei ihrer Beantwortung sollten die Gefahren bedacht werden, die eine Aufweichung der Wettbewerbsregeln des EG-Vertrags für den europäischen Binnenmarkt, aber auch für den europäischen Verbraucher nach sich ziehen würde". Kritisch zu den Erfordernissen einheitlicher Rechtsanwendung im more economic approach *A. Kellerhals*, Wirtschaftsrecht und europäische Integration, S. 450 ff.; *A. Fritzsche*, Ermessen und institutionelles Gleichgewicht, 2008, S. 201; *J. Basedow*, Konsumentenwohlfahrt und Effizienz, WuW 2007, S. 29.

1043 Vgl. zur Bedeutung der Leitlinien das Weißbuch der Kommission zur Modernisierung, Rn. 86: „Diese Instrumente eignen sich insbesondere für die Auslegung von Vorschriften wirtschaftlicher Art, weil sie es erlauben, einer Gesamtheit von Beurteilungskriterien, die für die wettbewerbliche Prüfung von Bedeutung sind, Rechnung zu tragen. Selbst wenn Bekanntmachungen und Leitlinien für die innerstaatlichen Instanzen nicht verbindlich sind, dürften sie einen wertvollen Beitrag zur kohärenten Anwendung des Gemeinschaftsrechts leisten, da Einzelentscheidungen der Kommission ihren Inhalt bestätigen werden."; vgl. auch *J. Schwarze*, Abstraktion, S. 61, mit dem Beispiel der „Bagatellbekanntmachung" (Bekanntmachung vom 27. Mai 1970 über Vereinbarungen, Beschlüsse und aufeinander abgestimmte Verhaltensweisen von geringer Bedeutung, die nicht unter Artikel 85 Absatz 1 EWG fallen", Abl. 1970, Nr. C 64, S. 1).

1044 *S. Hirsbrunner*, Sicherer Hafen oder Bermudadreieck?, EuZW 2006, S. 584.

1045 Eine echte Bindungswirkung verneint EuGH, Rs. C-360/09, Pfleiderer, Slg. 2011, I-5161, Rn. 21.

1046 Vgl. o., F.II.2.b).

zu über, ökonomische Beurteilungskriterien als Anwendungsvariablen zu formulieren, die alternativ oder kumulativ herangezogen werden – je nach Bedarf und unter den Gesichtspunkten der zu erwartenden ökonomischen Qualität ihres Einsatzes. Ebenfalls zum Zwecke einer realistischeren Beurteilung wettbewerblicher Vorgänge sind die Leitlinien darauf angelegt, gewandelte Wettbewerbsverhältnisse oder fortschreitende wirtschaftswissenschaftliche Erkenntnisse fortlaufend in die wettbewerbsrechtliche Praxis einzubeziehen.[1047] Unter diesen Voraussetzungen ist nicht vorhersehbar, welche der – bezeichnenderweise nicht einmal abschließend formulierten – Anwendungsvariablen die Kommission im konkreten Fall in die Analyse einstellt.[1048]

Im Rahmen der Neuregelung der Kartelldurchsetzung wurden zwar die Voraussetzungen dafür geschaffen, die Kommission bei Unsicherheiten mit dem konkreten Fall zu befassen.[1049] Angesichts des rechtspolitischen Kalküls der Kartellrechtsreform, in deren Mittelpunkt die Wiederherstellung der Leistungsfähigkeit der Kommission steht, müssen diese Regelungen aber so verstanden werden, dass die Kommission nur in problematischen Einzelfällen, in Ausnahme zur regelmäßigen mitgliedstaatlichen Anwendungslast befasst werden soll.[1050] Die Unsicherheiten, die sich aus der gegenwärtigen Regelungstechnik der wirtschaftlichen Betrachtungsweise in den Leitlinien ergeben – auch im Hinblick auf die von der Kommission erstrebte dynamische inhaltliche Fortentwicklung in der Zeit –, sind aber weniger Ausnahmeerscheinungen ansonsten klarer Anwendungsvoraussetzungen als vielmehr Defizite systematischer Art, die in dem Maße zunehmen dürften, in dem der more economic approach Eingang in die Rechtsanwendung findet. Auf diese können die Kohärenzinstrumente der Verordnung nicht angewendet werden, ohne dem Zweck der Gesamtregelung zuwiderzulaufen.[1051]

1047 *F. W. Bulst*, Mehr Licht – Zur Anwendung des Art. 82 EG auf Behinderungsmissbräuche, RabelsZ 2009, S. 706.

1048 Dieser Schluss wurde im Hinblick auf die subjektiv-rechtlichen Erfordernisse der Berechenbarkeit des more economic approach gegenüber den Unternehmen gezogen, s.o., F.II.2.b). Es ist nicht ersichtlich, warum die Beurteilung der Vorhersehbarkeit im Hinblick auf die mitgliedstaatlichen Kartellstellen grundsätzlich anders ausfallen sollte.

1049 Vgl. im Einzelnen *S. Pelka*, Rechtssicherheit im europäischen Kartellverfahren? 2009, S. 234 ff.

1050 Vgl. zur Kompetenzverteilung zwischen mitgliedstaatlichen Behörden und der Kommission im Netzwerk der Kartellbehörden *J. Schwarze/A. Weitbrecht,* Grundzüge des europäischen Kartellverfahrensrechts, 2004, S. 25.

1051 *S. Hirsbrunner*, Sicherer Hafen oder Bermudadreieck? EuZW 2006, S. 583.

e) Die Wettbewerbskonzeption der Rechtsprechung im Lichte der Erfordernisse der Berechenbarkeit des Rechts – Die Eigengesetzlichkeiten des Rechts III

Die vergleichsweise geringere Berechenbarkeit einer an den Prinzipien des more economic approach ausgerichteten Rechtspraxis ist nicht nur geeignet, die subjektiv-rechtlichen Verbürgungen zu missachten, die das Prinzip der Rechtssicherheit Unternehmen gegenüber belastenden Normen insbesondere dort garantiert, wo diese Anknüpfungspunkt für strafrechtsähnliche Rechtsfolgen sind. Vielmehr gerät mit der Berechenbarkeit auch eine der wesentlichen Voraussetzungen einheitlicher Rechtsanwendung als integrationsspezifischer Funktionsbedingung eines dezentralisierten Systems der Kartellrechtsdurchsetzung in Gefahr. Gleichmäßige Rechtsanwendung wird im Wettbewerbsrecht jedoch nicht ausschließlich vom Prinzip der Einheitlichkeit geschützt. Vielmehr ist sie ebenfalls unverzichtbare Voraussetzung für die Gewährleistung unverfälschten Wettbewerbs und damit der wirksamen Durchsetzung des Schutzzwecks der Wettbewerbsregeln selbst. Neben diesen unionsrechtlichen Dimensionen der Beeinträchtigung ist auf die wirtschaftlichen Kosten eines Verlusts an Rechtssicherheit hinzuweisen, welche die gesamtwirtschaftliche Wohlfahrt beeinträchtigt und damit einem der Hauptanliegen der Unionsverträge zuwiderläuft.

Die hier vorgenommene Einschätzung lässt sich der gegenwärtigen Rechtsprechung zu der Vereinbarkeit von Ökonomisierung und Berechenbarkeit – jedenfalls einstweilen – nicht ohne weiteres entnehmen. Auch hier gilt, dass das Verständnis der Gerichte sich erst aus einer Vielzahl von Entscheidungen ergibt. In Anbetracht des in den dargestellten und nachgewiesenen Entscheidungen zutage tretenden unbedingten Bestrebens der Gerichte, angesichts einer wettbewerbspolitischen Gesamttendenz der Ökonomisierung des Wettbewerbsrechts grundlegende Eigengesetzlichkeiten rechtlicher Normierung zu bewahren, dürfte die Haltung der Gerichte zu den Erfordernissen der Rechtssicherheit aber im Grundsatz der bisherigen Linie entsprechen, die Generalanwalt *Roemer* in seinen Schlussanträgen zu der frühen Rechtssache *Rueff* besonders deutlich zum Ausdruck gebracht hat.[1052] Die Kläger hatten für die Abkehr vom bisherigen Verständnis der Wettbewerbsregeln des EGKS-Vertrages aus Gründen der wettbewerbspolitischen Überlegenheit eines anderen Regelungskonzepts vor dem Hintergrund gewandelter wirtschaftlicher Verhältnisse argumentiert. Der Generalanwalt ist dieser Sichtweise mit der

1052 EuGH, Rs. 13/60, Ruhrkohlen-Verkaufsgesellschaften/Hohe Behörde der EGKS („Rueff"), Slg. 1962, S. 179 ff.

Erwägung entgegengetreten, dass die Berücksichtigung ökonomischer Wertungen „eine Aufgabe der Auslegung und Anwendung bestehender Normen ist, die dort ihre Grenze haben muß, wo die Kritik an den geltenden Texten beginnt. Mit diesem Vorbehalt kann die (...) Aufforderung zu einer mutigen und zukunftsorientierten Rechtsdeutung Gehör beanspruchen, ohne daß ein wesentliches Fundament der Gemeinschaftsordnung, auf das diese so wenig wie jede andere Rechtsordnung verzichten kann, erschüttert wird, die Idee der Rechtssicherheit nämlich“.[1053]

3. Ergebnis

Die Studie konnte anhand von Beispielen aus der jüngeren Rechtsprechung darlegen, dass die Erfordernisse der Berechenbarkeit des Rechts der Ökonomisierung des Wettbewerbsrechts in unterschiedlichen Ausbildungen entgegenstehen. Zum einen – dies wird vor allem von Seiten der Generalanwälte hervorgehoben – steht dieser Aspekt des Prinzips der Rechtssicherheit einem Normverständnis entgegen, nach dem der Tatbestand der Wettbewerbsrechtsverletzung nicht mehr durch klar formulierte Verhaltensformen, sondern durch die Auswirkungen bestimmt wird, die ein unternehmerisches Verhalten im Einzelfall auf den Markt hat. Hier deutet sich eine Haltung an, nach der einfach identifizierbare Verhaltensregeln eine unverzichtbare Voraussetzung für die konsequente Verfolgung schwerwiegender Wettbewerbsrechtsverletzungen darstellen, an der die Rechtsprechung auch angesichts einer Gesamttendenz zur verstärkten wettbewerbsrechtlichen Berücksichtigung der tatsächlichen Qualität unternehmerischer Verhaltensweisen festhalten möchte.

Zum anderen haben die Gerichte selbst den Grundsatz der Rechtssicherheit gegenüber solchen Analysemaßstäben in Stellung gebracht, für deren Einsatz die Kommission auf Wirtschaftsdaten zurückgreifen muss, die dem betroffenen Unternehmen in der Regel nicht oder nur teilweise zur Verfügung stehen. Hinter diesem eindeutigen Diktum kommt ein allgemeines Prinzip zum Tragen, das – wenn die Gerichte die eingeschlagenen Richtung weiterverfolgen – eine wesentliche rechtsstaatliche Grenze des more economic approach markiert. Denn die Mindestvoraussetzung für das Vorhaben, in Zukunft im Wege der quantitativen Analyse die verbraucherschädlichen Wirkungen einer Verhaltensweise festzustellen, besteht in der weit reichenden Einbeziehung auch solcher Wirtschaftsdaten, auf die das betroffene Unternehmen in aller Regel

1053 GA *K. Roemer*, Rs. 13/60, Ruhrkohlen-Verkaufsgesellschaften/Hohe Behörde der EGKS („Rueff“), Slg. 1962, S. 243.

keinen Zugriff haben dürfte. Rechenmodelle, die auch solche Daten benötigen, werden durch die dargestellte Rechtsprechung in ihrer Zukunftsfähigkeit in Frage gestellt.

Schließlich wurden anhand der bisherigen Rechtsprechung zum Fragenkreis der Berechenbarkeit im Hinblick auf gesetzlich nicht determinierte Handlungsspielräume nennenswerte Defizite der Rechtssicherheit identifiziert, die sich aus der Regelungstechnik ergeben, aus der die Kommission im ökonomisierten Wettbewerbsrecht die Analysemaßstäbe zur Ermittlung wettbewerbsschädigender Auswirkungen unternehmerischer Verhaltensweisen im Einzelfall ableitet. Die ökonomischen Kriterien, die die Kommission anwenden möchte, werden nach Art eines nicht abschließenden Katalogs von kumulativ oder alternativ heranziehbaren Anwendungsvariabeln formuliert, wobei sich die Kommission für die Auswahl der Kriterien allein an Kategorien der ökonomischen Güte bindet. Diese dem Wesen des more economic approach eigene Regelungstechnik bietet den Unternehmen keine hinreichende Sicherheit bei der wettbewerbsrechtlichen Einschätzung ihres Marktverhaltens.

Anhand der Analyse der jüngeren Rechtspraxis der Kommission konnte des Weiteren dargelegt werden, dass die safe-harbour-Regelungen, welche die Kommission mit der Absicht eingeführt hat, die Unsicherheiten der rechtlichen Selbsteinschätzung auf ein Mindestmaß zu begrenzen, im Ergebnis offenbar nicht die Berechenbarkeit erhöhen. Insgesamt erweist sich das Prinzip der rule of reason, das mit dieser Regelungstechnik verwirklicht werden soll, als nicht geeignet, die gesetzlich nicht determinierten Handlungsspielräume der Kommission auf eine mit den Erfordernissen der Rechtssicherheit zu vereinbarende Weise auszufüllen. Die in der Gesamttendenz kritische Haltung der Gerichte und Generalanwälte gegenüber der Berechenbarkeit eines more economic approach im Wettbewerbsrecht zeigt, dass diese die sachliche Prämisse der Kommission von der Ökonometrie als Garant für das Zustandekommen berechenbarer Entscheidungen im Rahmen rechtsförmiger Verfahren nicht teilen.

Als allgemeiner Grundsatz des europäischen Verwaltungs- und Verfassungsrechts wird die Reichweite der Rechtssicherheit von anderen Prinzipien gleichen Ranges begrenzt. Die Untersuchung legt indes nahe, dass eine Rechtfertigung der Verringerung der Berechenbarkeit durch den Ansatz der Kommission von den Gerichten regelmäßig nicht anerkannt werden dürfte. Zahlreiche Beispiele aus der Rechtsprechung zur Vereinbarkeit wettbewerbsrechtlicher Auslegungs- und Anwendungskonzepte mit rechtsstaatlichen Garantien weisen die Erfordernisse der wirksamen Durchsetzung der europäischen Wettbewerbsordnung als den zentralen Legitimationsgrund für die Einschränkung rechtsstaatlicher Garantien aus.

Die Untersuchung zur praktischen Wirksamkeit eines am more economic approach ausgerichteten Wettbewerbsrechts konnte aber darlegen, dass die Rechtsprechung – dies gilt insbesondere für die Generalanwälte – wesentliche Voraussetzungen der praktikablen Durchführung der Ökonomisierung als nicht gegeben ansieht. Dies führt zu der bemerkenswerten Konstellation, dass die Kommission den Zweifeln an der Rechtssicherheit eines nach ihren Vorstellungen geordneten Wettbewerbsrechts noch nicht einmal die Erfordernisse der praktischen Bedürfnisse der Wettbewerbsverwaltung entgegenhalten kann.

Das Prinzip der Berechenbarkeit erfüllt im Wettbewerbsrecht eine Funktion, die weit über die Gewährleistung subjektiv-rechtlicher Verbürgungen der Vorhersehbarkeit hoheitlichen Handelns hinausgeht. Die Rechtsprechung zu diesen Funktionen, das ergibt die Untersuchung, steht der Verwirklichung des wettbewerbspolitischen Konzepts der Kommission entgegen. Dies betrifft zum einen die Wettbewerbsentscheidungen sanktionsrechtlicher Natur. Die Untersuchung weist auf ein Spannungsverhältnis hin zwischen den strafrechtlichen Garantien des Bestimmtheitsgebots und den wettbewerbsrechtlichen Beurteilungsmaßstäben sowie ihrer Anwendung auf den Einzelfall nach im Wege der ökonomischen Analyse zu ermittelnden Zielgrößen.

Während in der Entscheidungspraxis der Gerichte derartige Bedenken bislang nicht konkretisiert sind, dokumentieren die wissenschaftlichen Beiträge von Richtern des Gerichts deutliche Zweifel hinsichtlich der Vereinbarkeit des more economic approach mit dem Regelungssystem des Kartellsanktionsrechts. Ebenso wenig erscheint der Ansatz der Kommission mit dem Stellenwert vereinbar, den das Prinzip der Berechenbarkeit im Verständnis der Gerichte für die erfolgreiche Entfaltung eines wirksamen Wettbewerbs hat. Wiederum in fachliterarischen Ausführungen kommt das Bedenken einzelner Richter deutlich zum Ausdruck, dass die Unsicherheit hinsichtlich der wettbewerbsrechtlichen Zulässigkeit ihres Marktverhaltens die Unternehmen dazu veranlassen könnte, auch von solchen Geschäftspraktiken Abstand zu nehmen, die in Wirklichkeit wettbewerbsrechtlich unbedenklich sind. Im System der dezentralisierten Anwendung des Kartellrechts – dies legt die Untersuchung dar – führen nicht hinreichend anwendungssichere Beurteilungsmaßstäbe zu einer unterschiedlichen Anwendungspraxis in den einzelnen mitgliedstaatlichen Kartellstellen und damit zu einer Verzerrung des Wettbewerbs durch das Wettbewerbsrecht selbst. Die spezifische Funktion, welche die Berechenbarkeit für die Herstellung und Wahrung einer einheitlichen Rechtsanwendung hat, dürfte von den Gerichten in Zukunft gegenüber Bestrebungen der Ökonomisierung ausgesprochen oder unausgesprochen zu Geltung gebracht werden. Dies jedenfalls legen die deutlichen Ausführungen mehrerer Generalanwälte zur Bedeutung einer einheitlichen Rechtsanwendung im Kontext von Fragestellungen der Ökonomisierung nahe. Zuletzt konnte die Untersuchung die problematische kumulierende Wirkung von Legalausnahme und Ökonomisierung im Bereich des Freistellungsrechts gemäß Art. 101 Abs. 3 AEUV anhand der jüngeren Entscheidungspraxis des Gerichts darlegen.

Eine Untersuchung der Wettbewerbskonzeption der Rechtsprechung in Zeiten des more economic approach im Lichte der Erfordernisse der Berechenbarkeit fördert einen bemerkenswerten Gleichlauf zutage zwischen wettbewerbskonzeptioneller Positionierung und Erfordernissen der Berechenbarkeit. Damit wird einmal mehr dokumentiert, dass die Eigengesetzlichkeiten des Rechts – hier in Gestalt des Prinzips der Berechenbarkeit – die formierende Idee der Wettbewerbskonzeption der Rechtsprechung darstellen.

III. Umsetzung des more economic approach durch Bekanntmachungen

1. Einleitung

Neben jene rechtsstaatlichen Begrenzungen, die sich aus der Wettbewerbskonzeption und den Erfordernissen allgemeiner verwaltungs- und verfassungsrechtlicher Grundsätze der Unionsrechtsordnung für die Einführung eines verstärkt wirtschaftlichen Ansatzes in das europäische Wettbewerbsrecht durch die Kommission ergeben, treten solche Rechtsprinzipien, die die rechtssatzmäßige Festlegung von administrativen Rechtsauslegungs- und Rechtsanwendungskonzepten unterhalb der Schwelle normativer Verbindlichkeit betreffen. Im Wettbewerbsrecht macht die Kommission von dieser Möglichkeit in Gestalt von Leitlinien, Mitteilungen und Bekanntmachungen umfangreichen Gebrauch.[1054]

Diese Leitlinienpolitik, die im Zuge der Untersuchung in ihren unterschiedlichen Erscheinungsformen bereits illustriert wurde, ist einerseits Ausdruck einer allgemeinen Praxis des verwaltungspolitischen Handelns der Kommission bei der Umsetzung und Konkretisierung vertraglicher und gesetzlicher Vorgaben, die unter prinzipiellen Gesichtspunkten der rechtsstaatlichen Einbindung der Verwaltung in der Unionsrechtsordnung problematisch ist und daher zu einem Fragenkreis rechnet, der über die von der Untersuchung bezeichneten Gegenstände des wissenschaftlichen Erkenntnisinteresses hinaus-

1054 Vgl. zu den gegenwärtig veröffentlichten Leitlinien im Einzelnen die Aufstellung der *DG Wettbewerb* auf der Internetseite der Kommission unter http://ec.europa.eu/competition/publications/legislation_en.html.

geht.[1055] Andererseits erreicht die Leitlinienpolitik, mittels derer die Kommission es unternimmt, die Prinzipien einer ökonomischen Betrachtungsweise in der wettbewerbsrechtlichen Praxis zu verwirklichen, sowohl in quantitativer als auch in qualitativer Hinsicht eine neue Dimension, welcher im Rahmen der Untersuchung Rechnung zu tragen ist. Erstmals in der Geschichte des europäischen Wettbewerbsrechts bedient sich die Kommission dieser Handlungsform in diesem Ausmaß und in der Absicht, zentrale Wertungen der Rechtsprechung zum Schutzzweck sowie zu den tatbestandlichen Voraussetzungen der jeweiligen Wettbewerbsnorm und ihrer Anwendung im konkreten Fall zugunsten eines nach ihren eigenen wettbewerbspolitischen Vorstellungen gestalteten Normverständnisses zu überwinden. Im Hinblick auf diese Entwicklungen ist die Kritik Ausdruck allgemeiner rechtsstaatlicher Bedenken, dass die Kommission nicht nur „die Grundlinien der Handhabung ihrer materiellen Einschätzungsprärogative oder ihres Ermessens in Verfahrens- und Entscheidungsfragen bei der Anwendung des EU-Kartellrechts“ niederlegt, sondern diese in der Praxis vielmehr die einzige Grundlage für die Anwendung des Wettbewerbsrechts darstellen.[1056] Nach einer weitergehenden Meinung diffundieren die Leitlinienregelungen der Kommission ungehindert in die grundrechtlich geschützte Gestaltungsfreiheit der Unternehmen.[1057]

Dieser Befund ist insofern problematisch, als der Kommission eine allgmeine Befugnis zur Normierung wettbewerbsrechtlicher Inhalte nicht zusteht.[1058] Infolgedessen erzeugt die Kommission durch die Veröffentlichung von Leitlinien nach ständiger Rechtsprechung zwar lediglich Wirkungen der Selbstbindung,[1059] auf deren Grundlage die Gerichte nachprüfen, ob die

1055 Vgl. zum übergeordneten Fragenkreis der rechtlichen Beurteilung von Soft Law in der Unionsrechtsordnung *J. Schwarze*, Soft Law im Recht der Europäischen Union, EuR 2011, S. 3 ff. sowie mit einer ausführlichen Rechtsprechungsanalyse *L. Senden*, Soft Law in European Community Law, Oxford 2004.

1056 *M. Stopper*, Instrumente europäischer Wettbewerbspolitik, 2007, S. 46; äußerst kritisch zu der Mitteilung der Kommission zu Behinderungsmissbräuchen *W. Weiß*, After Lisbon, can the European Commission continue to replay on “soft legislation” in its enforcement practice?, Journal of European competition law & practice 2011, S. 441 ff.; *ders.*, Eine unerledigte Agenda: Lissabon und der Vollzug des EU Wettbewerbsrechts, EWS 2011, S. 1. Zur Kritik an der Reichweite der Regelungen in der Mitteilung der Kommission zu Art. 82 EGV *U. Immenga*, Grenzen der Rechtsauslegung – Das Diskussionspapier der EG-Kommission zu Art. 82 EG, EuZW 2006, S. 481; *N. Petit*, The Guidelines on the Application of Art. 81 III EC – A Critical Review, IEJE Working Paper No. 4/2009, S. 6 f.

1057 *M. Stopper*, Instrumente der europäischen Wettbewerbspolitik, 2007, S. 55.

1058 In Ausnahme zu diesem Grundsatz stehen etwa die Befugnisse zum Erlass von Gruppenfreistellungsverordnungen gem. Art. 101 Abs. 3 AEUV, s.o., D.I.3.b).

1059 Vgl. EuG, Rs. T-73/04, Carbone-Lorraine, Slg. 2008, II-2661, Rn. 70; EuGH, Rs. C-189/02P, C-205/02 P bis C-208/02 P und C-213/02 P, Dansk Rørindustrie u.a., Slg.

Kommission im Einzelfall eine Entscheidung erlässt, die innerhalb des Rahmens liegt, den sie sich durch ihre leitlinienmäßigen Vorgaben selbst gesteckt hat.[1060] Sie können darüber hinaus „aus sich heraus und für sich allein keine verbindliche Rechtswirkung erzeugen".[1061] Die Gerichte selbst sind nicht an die Vorgaben der Kommission gebunden;[1062] insofern gilt auch für das Kommissionshandeln im Rahmen dieser Handlungsform der Grundsatz, dass die Kommission der Auslegung der Gerichte nicht vorgreifen darf.[1063] Ebensowenig sind die Mitgliedstaaten an die leitlinienmäßigen Festlegungen der Kommission gebunden.[1064]

2005, I-5425, Rn. 209; EuGH, Rs. C-171/00 P, Libéros, Slg. 2002, I-451, Rn. 35. Vgl. zur Selbstbindung der Verwaltung im Recht der Europäischen Union allg. *J. Schwarze*, Rechtsstaatliche Grundsätze für das Verwaltungshandeln in der Rechtsprechung des Europäischen Gerichtshofs, in: N. Colneric/D. Edward/J.-P. Puissochet/D. Ruiz-Jarabo Colomer (Hrsg.), Une communauté de droit, FS G. C. Rodriguez Iglesias, 2003, S. 147, 152 f.; *C. Crones*, Selbstbindung der Verwaltung im Europäischen Gemeinschaftsrecht, Diss., 1997.

1060 Vgl. etwa EuGH, Rs. C-397/03 P, ADM, Slg. 2003, I-0362, Rn. 93; Rs. C-510/06 P, ADM II, Slg. 2009, I-01843, Rn. 77; EuGH, Rs. C-189 u.a. /02 P, Dansk Rørindustri, Slg. 2005, I-5425, Rn. 188, im Hinblick auf die Selbstbindung der Kommission an ihre Leitlinien zur Festsetzung von Bußgeldern. Vgl. in jüngster Zeit EuG, Rs. T-146/09, Parker ITR Srl, Parker-Hannifin Corp, Urt. v. 17.5.2013, in dem das Gericht eine Entscheidung der Kommission zu einem Kartell auf dem Markt für Marineschläuche mit der Begründung teilweise für nichtig erklärte, dass sich die Kommission bei der Ermäßigung der Geldbuße des gleichnamigen Unternehmens nicht an ihre eigenen Leitlinien gehalten hat, Rn. 236 ff. Im Einzelnen *J. Schwarze*, Europäisches Verwaltungsrecht, 2. Aufl. 2005, LXX f.

1061 EuG, Rs. T-185/05, Italien/Kommission, Slg. 2008, II-3207, Rn. 41, 45; EuGH, Rs. C-443/97, Spanien/Kommission, Slg. 2000, I-2415, Rn. 33 f.

1062 Der Gerichthof betrachtet die Leitlinien vielmer als nützlichen Orientierungspunkt, vgl. EuGH, Rs. C-310/99, Italien/Kommission, Slg. 2002, I-2289, Rn. 52.

1063 Vgl. zur fehlenden Verbindlichkeit der Leitlinien für den Gerichtshof in jüngerer Zeit GA *J. Mazák*, Schlussanträge in der Rs. C-52/09, Teliasonera, Slg. 2011, I-527, Rn. 21. Vgl. zum Verständnis der Kommission auch die Leitlinien zur Bewertung horizontaler Zusammenschlüsse gemäß der Ratsverordnung über die Kontrolle von Unternehmenszusammenschlüssen (2004/C 31/03), wonach die Darlegungen der Kommission „unbeschadet jeglicher Auslegung (ergehen), die vom Gerichtshof oder dem Gericht erster Instanz der Europäischen Gemeinschaften vorgenommen werden".

1064 Vgl. EuGH, Rs. C-226/11, Expedia Inc./ Autorité de la Concurrence u.a., Urt. v. 13.12.2012, noch nicht in der amtl. Slg. Erstmals hat der Gerichtshof hier die allgemeine Aussage getroffen, dass „(e)ine Bekanntmachung der Kommission wie die De-minimis-Bekanntmachung" (für) die Mitgliedstaaten nicht verbindlich (ist), Rn. 29. In vorherigen Verfahren hatte der Gerichtshof diese Aussage auf die jeweils streitgegenständlichen Leitlinien beschränkt, vgl. EuGH, Rs. C-360/09, Pfleiderer, Slg. 2011, I-05161, Rn. 21; Rs. C-520/09 P, Arkema, Slg. 2011, I-08901, Rn. 88. Die teilweise vertretene Auffassung von einer Bindungswirkung der Kommissionsleitlinien auf der Grundlage der vertraglichen Verpflichtung zur loyalen Zusammen-

Die fehlende Normqualität ändert indes nichts an der überragenden tatsächlichen Bedeutung, die den Leitlinien sowohl für die Normadressaten als auch für die Kartellstellen der Mitgliedstaaten zukommt.[1065] In der Praxis sind die Rechtsanwender nämlich ersichtlich in erster Linie bestrebt, den Vorgaben der Kommission zu genügen.[1066] Insbesondere im Hinblick auf die jüngere Generation der Kommissionsleitlinien wird deshalb die Frage aufgeworfen, ob nicht trotz der fehlenden allgemeinen Verbindlichkeit die Maßstäbe organisationsrechtlicher Prinzipien für legislatives Handeln in der Rechtsordnung der Union anzulegen sind.[1067]

Gerade aufgrund der fehlenden allgemeinen normativen Verbindlichkeit fehlt es außerdem an den Voraussetzungen für eine selbständige gerichtliche Überprüfung gem. Art. 263 AEUV.[1068] Eine echte Normenkontrolle, losgelöst vom Einzelfall, findet infolgedessen nach bisheriger Rechtsprechung nicht statt.[1069] Nur für den Fall, dass die Leitlinien der Kommission über bloße Erläuterungen hinausgehen und damit den Rahmen der ihr zukommenden Rechtsnatur verlassen, hat der Gerichtshof das Vorliegen einer angreifbaren Handlung bejaht.[1070] Im Hinblick auf die Leitlinien der Kommission im Wettbewerbsrecht hat der Gerichtshof allerdings soweit ersichtlich derartige Fest-

arbeit, wie sie zum Teil nach wie vor vertreten wird, lässt sich nach dieser Entscheidung nicht aufrechterhalten, vgl. auch *J. K. Grune*, Anmerkung zu EuGH Expedia Inc./Autorité de la concurrence, EuZW 2013, S. 113, 116.

1065 Vgl. nur *A. Weitbrecht*, Europäisches Kartellrecht 2000/2001, EuZW 2002, S. 581, dem zufolge die Bedeutung der Leitlinien für die Kartellrechtspraxis „wohl kaum zu hoch eingeschätzt werden (kann)".

1066 Vgl. etwa *R. Bechtold,* Faktische Rechtssätze aus Brüssel – Zur Bedeutung von Bekanntmachungen, Leitlinien und Mitteilungen der Kommission für die Auslegung europäischen und deutschen Kartellrechts, in: Müller, G./Osterloh, E./Stein, T. (Hrsg.) Festschrift für Günter Hirsch zum 65. Geburtstag, München 2008, S. 223 ff.

1067 Vgl. hierzu insbesondere *W. Weiß,* After Lisbon, can the European Commission continue to replay on "soft legislation" in its enforcement practice?, Journal of European competition law & practice 2011, S. 441 ff.; *ders*., Eine unerledigte Agenda: Lissabon und der Vollzug des EU Wettbewerbsrechts, EWS 2011, S. 1.

1068 Vgl. *M. Stopper*, Instrumente der europäischen Wettbewerbspolitik, S. 119: „Nicht trotz, sondern gerade wegen ihrer formellen Schwäche" ist die Wirkung der Leitlinien so groß." Vgl. auch *U. Immenga,* Ökonomie und Recht in der europäischen Wettbewerbspolitik, ZWeR 2006, S. 365 nach dem Leitlinien haben keinen normativen Charakter, jedoch letztlich in der Rechtsanwendung die Wirkung von Normen haben. Zur faktischen Bedeutung der Leitlinien, *T. Ackermann,* Europäisches Kartellrecht, in K. Riesenhuber (Hrsg.), Europäische Methodenlehre, 2010, S. 637 f.

1069 Vgl. aus jüngerer Zeit EuG, Rs. T-258/06, Bundesrepublik Deutschland/Kommission, Slg. 2010, II-02027, Rn. 162.

1070 Vgl. EuGH, Rs. C-325/91, Frankreich/Kommission, Slg. 1993, I-3283, Rn. 23; Rs. C-57/95, Frankreich/Kommission, Slg. 1997, I-1627, Rn. 23, hierzu *W. Frenz,* Mitteilungen, Bekanntmachungen und Leitlinien nach dem Vertrag von Lissabon, WRP 2010, S. 224, 230 f.

legungen nicht erkannt. Die Grundentscheidung des Rechtsschutzsystems in Verbindung mit einer als zurückhaltend zu beschreibenden Rechtsprechung hat sich in der Vergangenheit besonders im Hinblick auf solche Leitlinien als problematisch erwiesen, in denen die Vorgaben der Kommission zumindest an die Grenzen dessen stoßen, was mit der Rechtsprechung zu Inhalt und Reichweite der wettbewerbsrechtlichen Verbots- und Untersagungstatbestände noch zu vereinbaren ist.[1071]

Den hier zum Tragen kommenden Bedenken steht die hervorragende Bedeutung gegenüber, die dem administrativen Handeln in dieser Form im Wettbewerbsrecht der Union zukommt. Heute haben die zahlreichen Leitlinien der Kommission besonders im Zusammenhang des europäischen Systems der Wettbewerbsrechtsdurchsetzung eine tragende Funktion erlangt. Die Ausgestaltung der kartellrechtlichen Praxis durch Leitlinien ergibt sich, wie eingangs beschrieben, einerseits aus den Besonderheiten des Wettbewerbs als Gegenstand der Normierung und andererseits aus den integrationsspezifischen Besonderheiten der Unionsrechtsordnung. Die Leitlinien erlauben es der Kommission, Festlegungen für die administrative Durchführung des Wettbewerbsrechts im Voraus auf abstrahierender Ebene in für sich verbindlicher Weise festzulegen.[1072] Sie tragen zudem wesentlich zur Konkretisierung der jeweiligen Verbots- und Untersagungsvoraussetzungen bei, wodurch zum einen den Erfordernissen der Berechenbarkeit des Rechts und zum anderen den Anforderungen an eine einheitliche Durchsetzung der Kartellrechtsregeln im europäischen Regelungsverbund in besonderer Weise Rechnung getragen werden kann.[1073] In der Vergangenheit hat die Kommission solche Ausle-

1071 Vgl. bspw. die einschränkende Anwendung der Freistellungsmöglichkeiten auf „ökonomische" Effizienzen in den Freistellungsleitlinien s. o., E.II.1, sowie die Einschränkung der Missbrauchskontrolle auf verbraucherschädigende Verhaltensweisen in der Mitteilung zur Missbrauchskontrolle s.o., E.II.2. *M. Stopper*, Instrumente der europäischen Wettbewerbspolitik, 2007, S. 55, geht davon aus, dass die gegenwärtigen Leitlinien der Kommission ungerechtfertigt in die Gestaltungsfreiheiten ihrer Adressaten diffundieren.

1072 Zur Selbstbindung der Verwaltung *J. Schwarze*, Rechtsstaatliche Grundsätze für das Verwaltungshandeln in der Rechtsprechung des Europäischen Gerichtshofs, in N. Colneric/D. Edward/J.-P. Puissochet/D. Ruiz-Jarabo Colomer (Hrsg.), Une communauté de droit, FS für R. Iglesias, 2003, S. 147, 152 f. und *C. Crones*, Selbstbindung der Verwaltung im Europäischen Gemeinschaftsrecht, 1997.

1073 EuGH, Rs. C-310/99, Italien/Kommission, Slg. 2002, I-2289, Rn. 52; vgl. hierzu *J. Schwarze*, Soft Law im Recht der Europäischen Union, EuR 2011, S. 8; *T. Ackermann,* Europäisches Kartellrecht, in K. Riesenhuber (Hrsg.), Europäische Methodenlehre, 2010, S. 638.

gungs- und Anwendungsvorgaben mithilfe von Leitlinien festgelegt, die die Praktikabilität der Rechtsdurchsetzung nennenswert verbessert haben.[1074]

Im Anwendungsbereich der vertraglichen Kartellregeln hat der Rückgriff auf die Instrumente abstrahierender Festlegung von administrativen Auslegungs- und Anwendungskonzepten durch die Reform des Kartellverfahrensrechts in dem Maß an Bedeutung gewonnen, in dem durch die Einführung von Legalausnahme und Dezentralisierung der Rechtsdurchsetzung die Erfordernisse der Rechtssicherheit und Kohärenz zugenommen haben.[1075] Beispielhaft für das Bewusstsein des Gesetzgebers für den besonderen Stellenwert einer durch Leitlinien gestalteten Rechtspraxis im modernisierten Wettbewerbsrecht ist auch der ausdrückliche Auftrag an die Kommission, Leitlinien für die Berücksichtigung ökonomischer Effizienzen zu erstellen, wie er aus dem *29. Erwägungsgrund* der neuen Fusionskontrollverordnung hervorgeht.[1076] Die Rechtsprechung hat den Einsatz von Leitlinien und Mitteilungen als Instrumente zur Durchsetzung des europäischen Wettbewerbsrechts in weitem Umfang zugelassen und deren Bedeutung für die Ausfüllung gesetzlich nicht determinierter Handlungsspielräume der Verwaltung anerkannt.[1077] Heute ist eine effektive Rechtsdurchsetzung ohne den Rückgriff auf diese Handlungsform praktisch nicht vorstellbar.

1074 Zu nennen sind in diesem Zusammenhang die Leitlinien zu dem Begriff der Beeinträchtigung des zwischenstaatlichen Handels in den Artikeln 81 und 82 des Vertrags, ABl. 2004 C 101/82; die Bekanntmachung über die Definition des relevanten Marktes im Sinne des Wettbewerbsrechts der Gemeinschaft, ABl. 1997 C 372/1; die Bekanntmachung über Vereinbarungen von geringer Bedeutung, die den Wettbewerb gem. Artikel 81 Abs. 1 des Vertrags zur Gründung der Europäischen Gemeinschaft nicht spürbar beschränken, ABl. 2001 C 368/13. Hierzu *T. Ackermann,* Europäisches Kartellrecht, in K. Riesenhuber (Hrsg.), Europäische Methodenlehre, 2010, S. 637. Zur Bedeutung abstrahierender Auslegungskonzepte der Kommission in Gestalt von Leitlinien für die Herstellung und Wahrung angemessener Wettbewerbsverhältnisse bereits *J. Schwarze*, Abstraktion, S. 59.

1075 Zur großen faktischen Bedeutung der Leitlinien für die mitgliedstaatlichen Kartellstellen vgl. *M. Stopper*, Instrumente der europäischen Wettbewerbspolitik, S. 119; *U. Immenga,* Ökonomie und Recht in der europäischen Wettbewerbspolitik, ZWeR 2006, S. 365; *T. Ackermann,* Europäisches Kartellrecht, in K. Riesenhuber (Hrsg.), Europäische Methodenlehre, 2010, S. 637 f.

1076 Vgl. o., F.I.3.b).

1077 Vgl. etwa EuGH, Rs. C-189 u.a. /02 P, Dansk Rørindustri, Slg. 2005, I-5425, Rn. 170 zur Funktion der Bußgeldleitlinien: „Die der Kommission durch die Artikel 85 Absatz 1 EG-Vertrag und 86 EG-Vertrag (jetzt Artikel 82 EG) übertragene Überwachungsaufgabe umfasst nämlich nicht nur die Pflicht, einzelne Zuwiderhandlungen zu ermitteln und zu ahnden, sondern auch den Auftrag, eine allgemeine Politik mit dem Ziel zu verfolgen, die im Vertrag niedergelegten Grundsätze auf das Wettbewerbsrecht anzuwenden und das Verhalten der Unternehmen in diesem Sinne zu lenken.“

2. Die Leitlinienpolitik der Kommission zum more economic approach in der Rechtsprechung

Ausgehend von einer formalen Betrachtungsweise der Leitlinien und Bekanntmachungen, in deren Mittelpunkt die fehlende allgemeine Rechtsverbindlichkeit steht, ist die Rechtsprechung zur – nur in Ausnahmefällen – gegebenen gerichtlichen Angreifbarkeit konsequent. Angesichts der besonderen inhaltlichen Qualität der gegenwärtigen Leitlinienpolitik der Kommission besteht indes ein wachsendes Bedürfnis nach inhaltlicher gerichtlicher Kontrolle der Kommissionsvorgaben.[1078] Es stellt sich die Frage, ob die Gerichte die inhaltliche Auseinandersetzung mit dem more economic approach zum Anlass nehmen, die Voraussetzungen der rechtsstaatlichen Einbindung der Kommission bei der Anwendung dieser – für die Umsetzung ihrer Politik zentralen – Handlungsform den tatsächlichen Erfordernissen anzupassen. Insbesondere ist hier denkbar, dass die Gerichte künftig einen strengeren Maßstab bei der Frage anlegen, ob sich die Vorgaben der Kommission noch als bloße Erläuterung qualifizieren lassen, oder aber – bei materieller Betrachtung – selbst inhaltliche Festlegungen treffen, die den Rahmen dieser Handlungsform verlassen und damit im Wege der Nichtigkeitsklage angreifbar sind.

Einzelbeispiele aus der jüngeren Rechtsprechungspraxis veranschaulichen indes, dass die Haltung der Gerichte in der Auseinandersetzung mit dem gegenwärtigen Leitlinienwesen der Kommission – nicht zuletzt aufgrund ihrer zentralen Funktion in der wettbewerbsrechtlichen Praxis – trotz der genannten Bedenken im Wesentlichen in Kontinuität zur bisherigen Rechtsprechung steht.

In den Schlussanträgen der Generalanwältin *Kokott* zu der Rechtssache *British Airways* kommt eine Haltung gegenüber den Leitlinien der Kommission zum Ausdruck, die in Kontinuität steht mit den bisherigen Anforderungen, die die Gerichte an die Gestaltung ihrer Verwaltungspraxis mittels administrativer rechtssatzmäßiger Festlegungen unterhalb der Schwelle der normativen Verbindlichkeit stellen. Das Unternehmen hatte im Rechtsmittel seine Rechtsauffassung wiederholt auf die Ansätze der Kommission gestützt.[1079] Generalanwältin *Kokott* begründet ihre Haltung folgendermaßen: „In diesem Zusammenhang spielt es übrigens keine Rolle, wie die Kommission ihre Wettbewerbspolitik im Hinblick auf Artikel 82 EG für die Zukunft auszurichten gedenkt. Denn zum einen können etwaige neue Akzente in der Handhabung von

1078 Vgl. etwa *W. Frenz,* Mitteilungen, Bekanntmachungen und Leitlinien nach dem Vertrag von Lissabon, WRP 2010, S. 224, 230 f.

1079 GA'in *J. Kokott*, Schlussanträge in der Rs. C-95/04 P, British Airways, Slg. 2007, I-2331, Rn. 26.

Artikel 82 EG nur für künftige Entscheidungen der Kommission von Belang sein (...). Und zum anderen müsste sich die Kommission auch im Falle einer Änderung ihrer Verwaltungspraxis weiterhin in dem Rahmen bewegen, den ihr Artikel 82 EG in der Auslegung des Gerichtshofes vorgibt."[1080] In diesen Ausführungen, denen sich Generalanwalt *Mazák* in seinen Schlussanträgen zu der Rechtssache *Tomra* anschließt[1081], aktualisieren sich wesentliche Rechtsprechungsgrundsätze zu der rechtsstaatlichen Einbindung der Kommission beim Handeln im Wege von Leitlinien nun auch im Zusammenhang mit dem more economic approach: Die Kommission darf der Rechtsprechung in der Auslegung nicht vorgreifen.

Das heißt indes nicht, dass die Kommission keinen Spielraum hätte, durch die Erläuterung von Anwendungskonzepten solche Akzente zu setzen, die auch von den Gerichten berücksichtigt würden. Die Generalanwältin, die dem von den Klägern in der Sache geltend gemachten verbraucherwohlfahrtsbezogenen Normverständnis uneingeschränkt entgegentritt, nimmt den Verweis auf die Leitlinien verständlicherweise nicht zum Anlass für deren Überprüfung am Maßstab des geltenden Rechts, schon um der Kommission in der Interpretation ihrer Leitlinien nicht vorzugreifen. Der Hinweis auf die Grenzen administrativer Regelungen in Form von Leitlinien, die sich aus dem Auslegungsmonopol des Gerichtshofs ergeben, lässt aber keinen Zweifel daran, dass aus der Sicht der Generalanwältin die Vorgaben in der Mitteilung zur zukünftigen Behandlung von Behinderungsmissbräuchen wettbewerbsrechtliche Implikationen haben, deren Vereinbarkeit mit den Grundsätzen der Rechtsprechung nicht ohne Weiteres gegeben ist.

Äußerungen des Gerichtshofs aus jüngster Zeit zeigen aber auch, dass jenseits des Festhaltens an den prinzipiellen Maßstäben für die rechtsstaatliche Einbindung der Kommission beim Handeln in Form von Leitlinien eine gewisse Bereitschaft besteht, den abstrahierenden Regelungskonzepten der

1080 GA'in *J. Kokott*, Schlussanträge in der Rs. C-95/04 P, British Airways, Slg. 2007, I-2331, Rn. 28 und Schlussanträge vom 14. April 2011 in der Rs. C-110/10 P, Solvay, noch nicht in der amtl. Slg., Rn. 18ff, vgl. hierzu *T. Ackermann*, Europäisches Kartellrecht, in K. Riesenhuber (Hrsg.), Europäische Methodenlehre, 2010, S. 638.

1081 GA *J. Mazák*, Schlussanträge in der Rs. EuGH, Urteil vom 19. April 2012, Rs. C-549/10 P, Tomra, noch nicht in der amtl. Slg., Rn. 36 f. mit Verweis auf die Schlussanträge der GA'in *J. Kokott* in den Rs. C-95/04 P, British Airways, Slg. 2007, I-2331, Rn. 28 und vom 14. April 2011, Rs. C-109/10 P, Solvay, noch nicht in der amtl. Slg., Rn. 21. Der Gerichtshof verweist ebenso darauf, dass die Leitlinien der Kommission für das vorliegende Verfahren zeitlich nicht anwendbar sind, EuGH, Urteil vom 19. April 2012, Rs. C-549/10 P, Tomra, Rn. 81. Interessanterweise sieht er indes vom Hinweis auf die Bindung der Kommission an die Rechtsprechung auch bei der Verfassung der Leitlinien ab.

Kommission im Rahmen des geltenden Rechts Rechnung zu tragen. Dies vermag die Entscheidung des Gerichtshofs in der Rechtssache *Tomra* zu illustrieren, in der er sich mit einer Rechtsauffassung der Klägerin auseinanderzusetzen hatte, nach der die Missbräuchlichkeit bestimmter Rabattgewährungen durch eine Analyse der Preis-Kosten-Entwicklung auf dem betreffenden Markt zu ermitteln sei. Dieser Auffassung ist der Gerichtshof auf dem Boden der bisherigen Rechtsprechung mit dem Hinweis entgegengetreten, daran könne „auch das Vorbringen der Rechtsmittelführerinnen nichts ändern, dass die Erläuterungen der Kommission (...) eine vergleichende Analyse der Preise und der Kosten vorsähen. Wie nämlich der Generalanwalt (...) ausführt, sind die im Jahr 2009 veröffentlichten Erläuterungen für die rechtliche Beurteilung einer Entscheidung wie der streitigen, die im Jahr 2006 erlassen wurde, nicht einschlägig".[1082] Der Gerichtshof sieht bemerkenswerterweise davon ab, die vom Generalanwalt in diesem Zusammenhang hervorgehobenen Grenzen der Neubestimmung der wettbewerbsrechtlichen Beurteilungsmaßstäbe durch die Leitlinien in seinen Verweis mit aufzunehmen.

Sofern die Gerichte tatsächlich einmal Bedenken hinsichtlich der Vereinbarkeit der leitlinienmäßigen Festlegungen der Kommission mit geltendem Recht haben, vermeiden sie eine konfrontative Strategie. Einen deutlichen Anschauungsfall für diese Vorgehensweise im Zusammenhang mit den Bußgeldleitlinien der Kommission bietet die Entscheidung des Gerichtshofs in der Rechtssache *Archer Daniel Midlands II.*[1083] Das gleichnamige Unternehmen hatte sich gegen ein Urteil des Gerichts gewehrt, welches die von der Kommission verhängte Geldbuße der Höhe nach bestätigte.[1084] Die Kommission hatte den festgelegten Grundbetrag der Geldbuße nicht verringert, obwohl das Unternehmen nach dem Eingreifen der Kommission von der inkriminierten Verhaltensweise Abstand genommen hatte. Aus Abschnitt 3 der heranziehbaren Leitlinien geht hingegen hervor, dass der von der Kommission festgelegte Grundbetrag der Geldbuße in diesem Fall verringert wird.[1085] Deshalb hatte das Unternehmen in dem bestätigenden Urteil des Gerichts einen Rechtsfehler gesehen. Der Gerichtshof ist dieser Ansicht – trotz des insoweit eindeutigen Wortlauts – nicht gefolgt und hat die Auffassung der Rechtsmittelführerin zu-

1082 EuGH, Rs. C-549/10 P, Tomra, noch nicht in der amtl. Slg., Rn. 81.

1083 EuGH, Rs. C-510/06 P, ADM II, Slg. 2009, I-01843, Rn. 144-150. Vgl. dagegen, EuG, Rs. T-11/05, Wieland-Werke, Urt. v. 19.5.2010, noch nicht in der amtl. Slg., Rn. 228-231.

1084 EuG, Rs. T-329/01, ADM I, Slg. 2006, II-03255.

1085 Vgl. Abschnitt 3 der Leitlinien für das Verfahren zur Festsetzung von Geldbußen ABl. Nr. C 9 vom 14.01.1998, S. 3 ff; abgedruckt bei *J. Schwarze/A. Weitbrecht*, Grundzüge des europäischen Kartellverfahrensrechts, Anhang Nr. 11.

rückgewiesen, wonach die Beendigung des Kartells automatisch zu einer Verringerung des Grundbetrags der Geldbuße nach den Vorgaben der Leitlinien führen müsse. Vielmehr sei angesichts der Erfordernisse der praktischen Wirksamkeit „festzustellen, dass die Zuerkennung einer solchen Verringerung des Grundbetrags der Geldbuße notwendig an die Umstände des Einzelfalls gebunden ist, die die Kommission veranlassen können, einem Unternehmen, das Partei einer rechtswidrigen Vereinbarung ist, diese Verringerung nicht zu gewähren.“[1086] Der Gerichtshof hat hier davon abgesehen, die Nichtigkeit der betreffenden Leitlinienregelung wegen der Unvereinbarkeit mit dem Grundsatz der praktischen Wirksamkeit zu prüfen, und einer Vorgehensweise den Vorzug gegeben, nach der auch einer offensichtlich rechtswidrigen Regelung in den Leitlinien im Wege restriktiver Auslegung zu begegnen ist.

Wenngleich es hier an Erfahrungen in der Entscheidungspraxis zum more economic approach fehlt, finden sich dennoch Hinweise zu dieser Vorgehensweise bei der Bewältigung der Leitlinienpraxis der Kommission in den Ausführungen von Richtern des Gerichts im Rahmen von wissenschaftlichen Beiträgen. Nach der Bedeutung befragt, die die Vorgaben der Kommission zur Feststellung bestimmter Marktwirkungen als Voraussetzung des Nachweises einer Wettbewerbsbeschränkung in der Zukunft für die Normanwender haben, antwortet etwa der Richter des Gerichts erster Instanz *Azizi* im Rahmen einer Fachdiskussion: „Die Kommission (spricht) in ihren Leitlinien beispielsweise von Auswirkungen auf den Markt, *soweit diese messbar sind.* (…) Hat die Kommission hier in Wahrheit nicht auch nur gemeint, soweit eine hinreichende Wahrscheinlichkeit besteht, soweit es hinreichend plausibel ist? (…) Das ist jetzt freilich eine *wohlwollende an den praktischen Möglichkeiten* (H. d. V.) orientierte Interpretation der Kommissionsleitlinie.“[1087] Diese Ausführungen, obschon sie nicht ohne Weiteres auf die Haltung des Richtergremiums verallgemeinerbar sind, illustrieren doch ein Bewusstsein für andere Bewältigungsstrategien als die umfassende oder teilweise Nichtigerklärung solcher Aspekte ökonomischer Auslegungs- und Anwendungskonzepte in der Mitteilung der Kommission, die mit der Rechtsprechung nicht vereinbar sind. Indem sich die Gerichte darauf zurückziehen, derartige Kommissionsregelungen lediglich einer vertragskonformen Auslegung zu unterziehen, wählen sie eine Herangehensweise, die es ihnen gleichzeitig erlaubt, die von ihnen als

1086 EuGH, Rs. C-510/06 P, ADM II, Slg. 2009, I-01843, Rn. 148.

1087 *J. Azizi*, Neueste Entwicklungen in der Rechtsprechung des Gerichts erster Instanz, in C. Baudenbacher (Hrsg.), Neueste Entwicklungen im europäischen und internationalen Kartellrecht: Elftes St. Gallener Internationales Kartellrechtsforum 2004, Basel 2005, S. 35, 72, in den Protokollen zur Diskussion im Anschluss an seinen Vortrag.

wünschenswert erkannten Bestandteile des Kommissionsansatzes zu bewahren, ohne andererseits die Deutungshoheit gegenüber der wettbewerbsrechtlichen Praxis der Union aufzugeben.

Durch einen anderen Aspekt der gerichtlichen Handhabung leitlinienmäßig geregelter Sachverhalte in der Praxis wird diese institutionell angelegte Deutungshoheit gegenwärtig indes geschwächt. So verfolgt insbesondere das Gericht nicht nur in vereinzelten Fällen eine Praxis der Maßstabbildung gegenüber neu auftretenden wettbewerbsrechtlichen Fragestellungen, bei denen offenbar die normativen Vorgaben nicht immer ausreichend neben den in den Leitlinien verankerten Maßstäben der Kommission zur Geltung kommen. Die Entscheidung des Gerichts in der Rechtssache *Ryanair* bildet ein deutliches Beispiel für die Neigung der Gerichte, die Leitlinien der Kommission in Wahrheit als den eigentlichen Prüfungsmaßstab zugrunde zu legen:[1088] Das gleichnamige Unternehmen hatte sich in seiner Nichtigkeitsklage gegen eine Untersagungsentscheidung der Kommission zu dem Zusammenschluss mit der Fluggesellschaft Aer Lingus unter anderem mit dem Einwand verteidigt, dass das neue Unternehmen jedenfalls ökonomische Effizienzen erzeuge, die zugunsten der Verbraucher stärker ins Gewicht fielen als die Abnahme der Wettbewerbsintensität auf dem betreffenden Markt.[1089] In Ermangelung vorangegangener Entscheidungen zur Effizienzeinrede hat das Gericht die Ausführungen der Kommissionsentscheidung zum Vorbringen des Unternehmens an einem Maßstab überprüft, der sich erkennbar in erster Linie an den Voraussetzungen orientiert, die die Kommission in ihren Leitlinien zur Anwendung der Fusionskontrolle auf horizontale Zusammenschlüsse entwickelt hat. Das Gericht prüft hier die Effizienzanalyse der Kommission nicht nach Maßgabe der Verträge, sondern allein nach Maßgabe der Leitlinien der Kommission sowie der Erläuterungen.[1090]

Die Entscheidung des Gerichts für diese Vorgehensweise, die im Hinblick auf die Rechtsprinzipien der Gewaltenteilung und des Vorbehalts des Gesetzes durchaus kritikwürdig erscheint,[1091] offenbart gleichzeitig, dass die Gerichte in einem nicht geringen Maße auf die Herausbildung konkreter wettbewerbsrechtlicher Maßstäbe durch die Kommission zunehmend dort angewiesen sind, wo vertiefte wirtschaftswissenschaftliche Erkenntnisse die Differen-

1088 EuG, Rs. T-432/07, Ryanair, Slg. 2010, II-03457.

1089 Vgl. zum Vortrag der Klägerin EuG, Rs. T-432/07, Ryanair, Slg. 2010, II-03457, Rn. 394 ff.

1090 Vgl. zu weiteren Beispielen *T. Hennig,* Come fly with me – Der Fall Ryanair/Aerlingus, ZWeR 2011, S. 461.

1091 Krit. auch *T. Hennig,* Come fly with me – Der Fall Ryanair/Aerlingus, ZWeR 2011, S. 461.

zierung wettbewerbsrechtlicher Regeln in einem Ausmaß zeitgemäß und erforderlich erscheinen lassen, welches durch die Entscheidungspraxis der Gerichte nicht zu bewerkstelligen ist.

In ihren Schlussanträgen zu der Rechtssache *British Airways* formuliert Generalanwältin *Kokott* erstmals das Prinzip, wonach ansonsten missbräuchliche Verhaltensweisen beim Vorliegen überwiegender oder ausgleichender ökonomischer Effizienzen von der Verbotsfolge befreit sind: „Entscheidend ist, (...) ob die für den Wettbewerb nachteilige Verdrängungswirkung von Rabatten oder Prämien durch Effizienzvorteile ausgeglichen oder gar übertroffen werden kann, die auch dem Verbraucher erkennbar zugute kommen."[1092] Für die Begründung ihrer Rechtsauffassung rekurriert die Generalanwältin nicht auf die bisherige Rechtsprechung oder auf einen Analogieschluss zu Art. 101 Abs. 3 AEUV. Vielmehr verweist sie lediglich auf die Leitlinien der Kommission, die die Berücksichtigung ökonomischer Effizienzen vorsehen, und auf den einschlägigen Erwägungsgrund in der Fusionskontrolle.[1093] Bei materieller Betrachtung scheint die Einführung der Effizienzeinrede in die Leitlinien der Kommission als die wesentliche Legitimationsgrundlage für die Fortentwicklung der Rechtsprechung zu der Berücksichtigung ökonomischer Effizienzen.

3. Ergebnis

Die Kommission verwirklicht ihre Politik der Ökonomisierung im Wesentlichen in der Form von Leitlinien. Trotz ihres Bemühens, ihr wettbewerbspolitisches Anliegen in den Leitlinien nur in solchen Formen zum Ausdruck zu bringen, die nicht in Gefahr stehen, den Auslegungen der Gerichte zuwiderzulaufen, finden sich in ihrer Leitlinienpolitik zahlreiche Beispiele für solche Vorgaben, die nicht ohne Weiteres mit dem geltenden Recht zu vereinbaren sind. Die ersten Auseinandersetzungen der Gerichte mit den ökonomischen Leitlinien der Kommission deuten auf eine Haltung der Gerichte zu der rechtsstaatlichen Einbindung der Kommission bei der Durchführung des Wettbewerbsrechts in dieser Handlungsform hin, die im Wesentlichen von Kontinutität geprägt ist. Insbesondere lässt sich einstweilen keine besondere Bereitschaft der Gerichte erkennen, die Leitlinienvorgaben der Kommission

1092 GA'in *J. Kokott*, Schlussanträge in der Rs. C-95/04 P, British Airways, Slg. 2007, I-2331, Rn. 59.

1093 GA'in *J. Kokott*, Schlussanträge in der Rs. C-95/04 P, British Airways, Slg. 2007, I-2331, Fn. 63.

als eine unzulässige Festlegung normativer Inhalte zu bewerten, die über die bloße Erläuterung bestehenden Rechts hinausginge.

Die Entscheidungspraxis belegt im Gegenteil den besonderen Stellenwert, den sie den Leitlinien zur erfolgreichen Entfaltung eines Wettbewerbsrechts zuerkennen, das vertiefte wirtschaftswissenschaftliche Erkenntnisse nicht unberücksichtigt lässt. Bedenken bestehen dort, wo die Gerichte die leitlinienmäßigen Vorgaben der Kommission nicht bloß als Orientierungspunkte für die Auslegung des materiellen Wettbewerbsrechts heranziehen, sondern diese offenbar in Wahrheit als einzigen Maßstab für die wettbewerbsrechtliche Beurteilung heranziehen. Diese Vorgehensweise wertet die Bedeutung der Leitlinien zu Vorgaben mit Normcharakter auf, zu deren Einführung die Kommission nicht legitimiert ist. Dies ist umso kritischer zu bewerten, als die Kommission offenbar das bedenkliche Rechtsverständnis von der Reichweite der Bindung der Leitlinienvorgaben vertritt, wonach diese in jenen Punkten allgemeine Rechtsverbindlichkeit erlangen, in denen der Gerichtshof unter Zugrundelegung der Leitlinie entschieden hat.

Dort wo Erläuterungen in den Leitlinen mit vertraglichen oder gesetzlichen Vorgaben nicht ohne Weiteres vereinbar sind, ziehen die Gerichte mitunter eine Lösung im Wege der gesetzeskonformen Auslegung einer konfrontativen Strategie der Nichtigerklärung vor. Dies erlaubt ihnen, eigene wettbewerbsrechtliche Wertungen in die Kommissionsmaßstäbe zu integrieren, ohne diese als solche in Frage zu stellen.

Teil 3: Gesamtergebnis

G. Résumée

Mit dem more economic approach unternimmt es die Kommission, eine wettbewerbspolitische Programmatik zu verwirklichen, die auf einem Verständnis von den materiellen Wettbewerbsregeln der Union beruht, welches sowohl im Hinblick auf die gesetzliche Schutzbestimmung und die tatbestandlichen Voraussetzungen ihres Eingreifens als auch auf die Prinzipien ihrer Anwendung im Einzelfall den Boden der bisherigen wettbewerbsrechtlichen Praxis verlässt. Neben der politischen Entscheidung, die Konsumentenwohlfahrt zur maßgeblichen Zielgröße des Wettbewerbsrechts zu machen, beruht der Ansatz der Kommission auf dem Leitgedanken, die größtmögliche Deckungsgleichheit zwischen der wettbewerbsökonomischen Bewertung und der wettbewerbsrechtlichen Beurteilung im Einzelfall herzustellen. Um die ökonomische Wertung möglichst uneingeschränkt zur Geltung zu bringen, bedient sich die Kommission neuer Techniken zur Regelung des Wettbewerbsrechts. Die Einführung dieser Regelungstechniken markiert den Übergang von einer ergebnisoffenen zu einer ergebnisorientierten Schutzkonzeption, die es der erlaubt, den Tatbestand der Wettbewerbsrechtsverletzung auswirkungsbezogen zu formulieren. Der Nachweis der Tatbestandsmäßigkeit wird damit von der Feststellung der Auswirkungen einer Wettbewerbsbeeinträchtigung abhängig gemacht. Insgesamt erlauben diese Techniken den weitgehenden Verzicht auf Vermutungsregeln und Pauschalisierungen, kurz: den Verzicht auf die normative Wirkung der Wettbewerbsregeln, und damit die Verwirklichung des Schutzzwecks im Einzelfall in der Gestalt einer ökonomischen Punktlandung.

Dies ist der Befund einer Realanalyse der wettbewerbsrechtlichen Implikationen des more economic approach, deren rechtswissenschaftliche Herausforderung zum einen darin bestand, die programmatischen Verlautbarungen der Kommission durch eine wertende Betrachtungsweise in die Form des Rechts zu übersetzen. Zum anderen handelt es sich beim more economic approach nicht um ein festgefügtes, in seinen wesentlichen Regelungsanliegen in sich geschlossenes wettbewerbspolitisches Konzept. Vielmehr ist dieser Ansatz in seiner gegenwärtigen Gestalt das vorläufige Ergebnis einer schrittweisen Konkretisierung und Verknüpfung unterschiedlicher Leitgedanken der durchaus noch weitere als die bisher in Erscheinung getretenen Daseinsformen in sich trägt. Aus diesem Grund kann die Realanalyse über die soeben aufgezeigten Prinzipien hinaus nur als Momentaufnahme einer im Ablauf befindlichen Entwicklung verstanden werden.

Eine weitere Herausforderung der Realanalyse lag in der Herausarbeitung der spezifischen Eigenschaften der Ökonomisierung nach dem Ansatz der Kommission. Anders als die von der Kommission und ihren Vertretern durch die Verwendung der Begriffspaare von *legalistic- und economic-approach, form- und effects-based* sowie *per-se- und rule of reason*-bezogener Anwendung nahegelegt konnte gezeigt werden, dass an diesen Kategorien gemessen keine strenge Gegensätzlichkeit von altem und neuem Ansatz besteht. Vielmehr hielt auch die bisherige Rechtspraxis solche wettbewerbsrechtlichen Beurteilungsmaßstäbe bereit, die geeignet sind, mittels einer sorgfältigen ökonomischen Analyse des Einzelfalls den besonderen Wirkungsweisen wettbewerbsrechtlich relevanten Verhaltens Rechnung zu tragen. Auch was den Schutzzweck anbelangt hat die bisherige Rechtspraxis den Schutz des wirksamen Wettbewerbs mitunter zugunsten der Interessen der Verbraucherwohlfahrt zurückgestellt. Dennoch konnte die Untersuchung darlegen, dass es sich bei den bisherigen Erscheinungsformen eines ökonomisierten Wettbewerbsrechts nicht um Vorläufer des more economic approach handelt.

Die Untersuchung nach Umfang und Grenzen der bisherigen Umsetzung der Programmatik in die Praxis zeigt, dass die Kommission bei der Verwirklichung ihres politischen Vorhabens einen Zwischenstand erreicht hat: In sämtlichen Bereichen des Rechts privater Wettbewerbsbeschränkungen konnte die Kommission wettbewerbsrechtliche Beurteilungsmaßstäbe und solche Kriterien der ökonomischen Analyse verankern, die ihren politischen Vorstellungen entsprechen. Andererseits finden sich sowohl im Hinblick auf einzelne Regelungsgegenstände als auch in den prinzipiellen wettbewerbskonzeptionellen Aussagen der Leitlinien solche Inhalte, die dem bisherigen Verständnis zuzuordnen sind. Zum einen manifestiert sich hier ein deutliches Zurückbleiben der praktischen Umsetzung hinter dem selbstgesteckten wettbewerbspolitischen Anspruch. Dies dürfte auch dem Umstand geschuldet sein, dass sich in der Phase der Umsetzung Widerstände auch von Seiten der Gerichte formiert haben, die die Kommission nicht unberücksichtigt lassen konnte. Zudem scheint das Festhalten der Kommission an prinzipiellen Aspekten der bisherigen Programmatik darin begründet zu sein, dass sie wichtige Bestandteile der Ökonomisierung in den Leitlinien formal unterhalb der Schwelle der Rechtsauslegung ansiedelt und absichtsvoll davon absieht, sich auf übergeordneter Ebene allzu deutlich mit der Rechtsprechung in Konflikt zu setzen. Trotz dieser Vorgehensweise müsste man wohl „unglaublich naiv sein" – wie treffend formuliert wurde[1094] – würde man annehmen, dass die Kommission sich vom more economic approach verabschiedet habe. Auch die Entscheidungspraxis der Kommission ist von dem Bestreben gekennzeichnet, das Programm des more economic approach weitestgehend zu verwirklichen, ohne den Widerspruch oder Widerstand der Gerichte zu provozieren.

Was sich in den wettbewerbspolitischen Verlautbarungen der Kommission nicht selten als Großentwurf darstellt, hat in solchen Einzelausbildungen Eingang in die wettbewerbsrechtliche Praxis gefunden, die zum Teil nennenswert hinter dem ursprünglichen wettbewerbspolitischen Gestaltungsanspruch zurückbleiben. Dennoch trägt diese Kommissionspraxis das Potential in sich das Wettbewerbsrecht der Union in einem Ausmaß zu verändern, das es geboten erscheinen lässt, die rechtsstaatlichen Grenzen des more economic approach im Lichte der Rechtsprechung zu untersuchen.

Die jüngere und jüngste Entscheidungspraxis der Gerichte dokumentiert vielfältige Aus-einandersetzungen mit dem Ansatz der Kommission. In mehreren hier untersuchten Problembereichen hat sich die Rechtsprechung aber noch nicht hinreichend konkretisiert, so dass noch kein abschließendes Fazit formuliert werden kann. Darum gelten die hier vorgenommenen Einschätzungen freilich unter dem Vorbehalt, dass sich in der Rechtsprechung die Theorie nur nach und nach „aus einzelnen Pinselstrichen“ (Generalanwalt *Gand, s. o.*) zusammensetzen und aus dem Vergleich der Entscheidungen ableiten lässt. Die Analyse zur Haltung der Rechtsprechung, ergibt bei näherem Zusehen ein einigermaßen komplexes Bild, das hier nur in seinen wichtigsten Aussagen noch einmal resümiert werden soll:

Dem Bestreben der Kommission, den Wettbewerbsregeln eine neue Schutzbestimmung in der Gestalt der Verbraucherwohlfahrt zuzuweisen, ist der Gerichtshof nicht gefolgt. Ebenso wenig, dies zeigt bereits eine breitere Entscheidungspraxis, hat der Gerichtshof Auslegungen anerkannt, die das Merkmal der Wettbewerbsbeschränkung auf die Schädigung der Konsumentenwohlfahrt verkürzen. Im gleichen Zuge hat er sich gegen solche wettbewerbsrechtlichen Beurteilungsmaßstäbe ausgesprochen, die für die Beurteilung einer Wettbewerbsbeschränkung ausschließlich oder überwiegend auf solche Wettbewerbsparameter abstellen, welche die Marktwirkungen eines Verhaltens abbilden. Demgegenüber hat sich der Gerichtshof jene Auslegungskonzepte der Kommission zu eigen gemacht, welche die Berücksichtigung ökonomischer Effizienzen in Form der Effizienzeinrede auch in solchen Bereichen zulassen, in denen dies nach geltendem Recht nicht vorgesehen

1094 *G. Monti,* Article 82 EC: What Future for the Effects-Based Approach? EJCLP 2010, S. 5.

war. Auf der Ebene der Rechtsanwendungskonzepte hat der Gerichtshof solche Darlegungsmethoden abgelehnt, die den Nachweis der Tatbestandsmäßigkeit nicht vom Eingreifen weit reichender Vermutungsregeln, sondern von der Feststellung der konkreten Auswirkungen eines Verhaltens mittels Analysemethoden der quantitativen Ökonomie abhängig machen. Demgegenüber haben das Gericht und einige Generalanwälte einem auf dem more economic approach beruhenden Normverständnis deutlich größeren Raum zugestanden. Unwidersprochen bleibt bislang eine Entscheidung des Gerichts, mit der es das Vorliegen eines Verbraucherschadens in der Fusionskontrolle als Voraussetzung der Untersagung anerkannt hat. Im Bereich der Missbrauchskontrolle hat außerdem eine Entscheidung des Gerichts Geltung, mit der es einem Test der Kommission in der Fallgruppe der Produktkopplung gefolgt ist, in dessen Mittelpunkt die Marktauswirkungen stehen.

Die Analyse der wesentlichen Entscheidungsgründe legt jene Determinanten der gerichtlichen Wettbewerbskonzeption offen, auf deren Grundlage der Gerichtshof die rechtliche Einbindung ökonomischer Auslegungs- und Anwendungskonzepte bewerkstelligt. Angesichts der dezidiert wettbewerbstheoretischen Grundierung der Kommissionsprogrammatik stellte sich die Frage, ob der Gerichtshof seinerseits dem more economic approach auf der Ebene theoretischer Maßgaben entgegentritt. Hier liefert die Untersuchung einen klaren Befund: Die Gerichte suchen die Bezugspunkte ihrer Argumentation ausschließlich im Rahmen des Rechts. Der Umstand allein, dass die Kommission sich mit ihrem Ansatz zu einer wohlfahrtsökonomischen Wettbewerbstheorie bekennt, bietet noch keine Entscheidungsgrundlage für die Gerichte. Wesentliche Rechtsprobleme der Ökonomisierung bewältigt der Gerichtshof unter Rückgriff auf die Auslegungstechniken des gesetzlichen Schutzzwecks sowie der Systematik, und er aktualisiert auf diese Weise die Rechtsbindungen der rule of law. Mit dem konsequenten Rückgriff auf die gesetzlichen Grenzen der Auslegung tritt der Gerichtshof zugleich auf grundsätzlicher Ebene einem Normverständnis entgegen, das im Interesse der Einführung wettbewerbspolitisch als wünschenswert erachteter Maßstäbe den Eigengehalt bestehender Wettbewerbsnormen systematisch unberücksichtigt lässt. Neben Erwägungen der rule of law treten die Erfordernisse der praktischen Wirksamkeit als bestimmende Größen der gerichtlichen Wettbewerbskonzeption gegenüber dem more economic approach.

Erwägungen der Praktikabilität bilden ein Schlüsselelement in der Haltung der Gerichte zum Ansatz der Kommission. Mit der ökonomischen Betrachtungsweise verlangt die Kommission sowohl sich als auch den mitgliedstaatlichen Kartellstellen sowie dem privaten Rechtsanwender deutlich mehr ab als die bisherige Praxis. Die Kommission geht dennoch von der sachlichen Prämisse aus, dass sich durch die Ausrichtung der Rechtspraxis an ökonomischen Prinzipien die praktische Wirksamkeit des Wettbewerbsrechts erhöht. In der Praxis jedoch ist zu beobachten, dass die Kommission mit diesem Verständnis überzogene Ansprüche an die Möglichkeiten des Einsatzes wirtschaftswissenschaftlicher Erkenntnisse und Erkenntnismethoden im rechtsförmigen Verfahren stellt, womit das Anliegen der Kommission leicht in das Gegenteil des Beabsichtigten umschlagen kann. Infolgedessen fordert die Kommission den Gerichtshof zum ersten Mal in der Geschichte des Wettbewerbsrechts mit einem Rechtsverständnis heraus, das systematisch hinter den praktischen Bedürfnissen der administrativen Rechtsdurchsetzung in einem Ausmaß zurückbleibt, das mit dem Grundsatz der praktischen Wirksamkeit nicht mehr vereinbar erscheint. Vor allem von Seiten der Generalanwaltschaft wurde der Grundsatz der praktischen Wirksamkeit sowohl zur Ablehnung einer tatbestandlichen Verengung auf die Konsumentenwohlfahrt als auch auf die Einführung einer Auswirkungsanalyse im Einzelfall in Stellung gebracht. Diese Bedenken betreffen zudem die erfolgreiche Entfaltung der Wettbewerbsrechtsordnung im System der dezentralen Anwendung sowie der privaten Rechtsdurchsetzung und somit zweier Regelungsgegenstände im gegenwärtigen wettbewerbsrechtlichen Kontext des more economic approach, denen die Rechtsprechung einen erheblichen Stellenwert zuerkennt.

Sowohl im Hinblick auf das Normverständnis der Rechtsprechung zu den Schutzgegenständen des Wettbewerbsrechts und den Voraussetzungen der Wettbewerbsbeschränkungen sowie ihrer Ermittlung im Einzelfall als hinsichtlich jener Gesichtspunkte, von denen sich der Gerichtshof bei der Bewältigung von Rechtsproblemen im Zusammenhang mit dem more economic approach leiten lässt, ergibt die Analyse der Rechtsprechung das Bild einer weitgehenden Kontinuität. Die Gerichte halten im Wesentlichen an ihren bisherigen wettbewerbsrechtlichen Beurteilungsmaßstäben und den Prinzipien ihrer Anwendung auf den Einzelfall in dem Bestreben fest, den Belangen der rule of law und der wirksamen Durchsetzung des Wettbewerbsrechts weitestgehend Geltung zu verschaffen. In der Gestalt einer pragmatischen, an den Vertragsregeln und Vertragszielen orientierten Wettbewerbskonzeption der Rechtsprechung sind dem more economic approach deutliche rechtsstaatliche Grenzen gesetzt. Dass der Gerichtshof den Schutz des wirksamen Wettbewerbs weniger als eine in den Gründungsverträgen verankerte, ordnungspolitische Wertentscheidung betrachtet, die er in seiner Wettbewerbskonzeption nachvollzieht, als vielmehr als ein Zugeständnis an die Notwendigkeiten der Praktikabilität der Rechtsdurchsetzung, zeigt sich dort besonders deutlich, wo er den Schutz des wirksamen Wettbewerbs zugunsten der Interessen der Verbraucherwohlfahrt deshalb zurückstellt, weil er insoweit keine Bedenken gegenüber den Erfordernissen der praktischen Wirksamkeit sieht. Paradigmatisch hierfür steht die im Grundsatz uneingeschränkte bereichsübergreifende Anerkennung der Effizienzeinrede.

Durch die Ausweitung rechtserheblicher Tatsachen sowie die ausgreifenden Heranziehung solcher Bewertungskriterien, die sich einer juristischen Handhabung entziehen und somit Räume administrativer Entscheidungsfreiheiten nach Maßgabe ökonomischer Gesetzmäßigkeiten eröffnen, kommt es im schwierigen Gleichgewicht der Erfordernisse administrativer Gestaltungsfreiheit und Einschätzungsprärogativen einerseits und der Erfordernisse wirksamer Verwaltungskontrolle durch die Gerichte andererseits zu einer Verschiebung der Gewichte zulasten der Gerichte. Diese Entwicklung ist in dem Maße rechtsstaatlich bedenklich hinsichtlich der subjektiv-rechtlichen Garantien effektiven Rechtsschutzes und im Hinblick auf die organisationsrechtlichen Verfassungsprinzipien des institutionellen Gleichgewichts, in dem die Gerichte nicht in der Lage sind, durch die systemimmanente Anpassung des Systems der Verwaltungskontrolle diese spezifischen Herausforderungen der Ökonomisierung zu bewältigen.

Die Untersuchung zeigt, dass die Gerichte bereits nennenswerte Ansätze entwickelt haben, um einer Übermacht der Verwaltung in Zeiten zunehmend komplexer werdender ökonomischer Analysen zu begegnen. An ihre Grenzen stoßen solche Bewältigungsstrategien dort, wo die Verwaltungsmacht ihren Ursprung in der defizitären Justiziabilität der wettbewerbsrechtlichen Normen selbst hat. Wo nicht einmal ein Mindestmaß verrechtlichter Maßstäbe zur Verfügung steht, kann eine ausreichende Legalitätskontrolle nicht stattfinden. Besonders bedenklich erscheint in dieser Hinsicht die Regelungstechnik, welche die Kommission bei der Formulierung ihrer Analyserahmen in den entsprechenden Leitlinien zur Anwendung bringt und deren Merkmal es ist, ökonomische Beurteilungskriterien nach Art nicht abschließender Kataloge aufzuführen, die allein nach Maßgabe der ökonomischen Güte im Einzelfall kumulativ oder alternativ zum Einsatz kommen. Außer ganz allgemeinen Prinzipien der Verhältnismäßigkeit und Widerspruchsfreiheit bietet dieser Regelungsrahmen schwerlich ausreichend juristische Maßstäbe, an denen die Gerichte die Kommission festhalten könnten. Wenn der Gerichtshof schließlich solche wettbewerbsrechtlichen Beurteilungsmaßstäbe ablehnt, die eigentlich nur mittels derartiger Analyserahmen zu handhaben sind, dürfte dies auch mit den Gefahren zu erklären sein, die die Einführung nur unzureichend justiziabler Beurteilungsmaßstäbe für die Voraussetzungen der wirksamen Verwaltungskontrolle im Wettbewerbsrecht birgt.

Die Rechtsprechung der jüngeren Zeit dokumentiert zudem erhebliche Bedenken hinsichtlich der Vereinbarkeit des more economic approach mit dem

Grundsatz der Berechenbarkeit des Rechts. Auch in dieser Hinsicht teilen die Gerichte und Generalanwälte erkennbar nicht die Einschätzung der Kommission von der Ökonomie als exakter Wissenschaft, welche die vergleichsweise klaren Anwendungsvoraussetzungen der bisherigen Rechtspraxis ersetzen könnte. Zudem gebietet dieser Grundsatz nach Auffassung des Gerichtshofes, dass zur Ermittlung der Wettbewerbsbeschränkung nur solche Wirtschaftsdaten zugrunde gelegt werden dürfen, die den betroffenen Unternehmen zu Verfügung stehen. Nicht wenige Analysemethoden, die die Kommission heute zur Ermittlung der Marktwirkungen einsetzen möchte, dürften ihr in Zukunft nicht mehr zur Verfügung stehen.

Der more economic approach zielt auf eine Neubestimmung des Verhältnisses von Recht und Ökonomie im Wettbewerbsrecht. Es kann deshalb nicht verwundern, dass ein Schwerpunkt der sich abzeichnenden rechtsstaatlichen Bedenken hinsichtlich der hinreichenden Berücksichtigung der Prinzipien der Berechenbarkeit, der praktischen Wirksamkeit und der Justiziabilität des Wettbewerbsrechts liegt. Denn diese Prinzipien bilden die Eigengesetzlichkeiten des Rechts, welche von einem Ansatz in prinzipieller Weise herausgefordert werden, der darauf abzielt, die normativen Wertungen der Wettbewerbsregeln zugunsten ökonomischer Wertungen zurückzudrängen. Die Rechtsprechung hat in dem Bemühen, den Primat des Rechts in der wettbewerbsrechtlichen Praxis der Union zu bewahren, diesen Eigengesetzlichkeiten dort zur Geltung verholfen, wo der Ansatz der Kommission die grundlegenden Funktionsvoraussetzungen des Rechts nicht hinreichend berücksichtigt.

Besonders problematisch ist der more economic approach dort, wo er in solchen Regelungszusammenhängen des europäischen Wettbewerbsrechts zum Tragen kommt, die besondere Regelungsanliegen verwirklichen. Dies gilt sowohl für die Bereiche des Kartell*sanktions*rechts und der *privaten* Rechtsdurchsetzung als auch im Hinblick auf die *Legalausnahme* im Freistellungsrecht und das System der *dezentralisierten* behördlichen Rechtsdurchsetzung: In zahlreichen Einzelpunkten wurde deutlich, dass die Kommission den spezifischen Anforderungen, die sich hieraus ergeben, bei der Entwicklung ihres ökonomischen Ansatzes offensichtlich nicht hinreichend Rechnung getragen hat. Hervorzuheben sind in diesem Zusammenhang vor allem die gesteigerten rechtsstaatlichen Anforderungen an das Verwaltungshandeln sowie seiner gerichtlichen Kontrolle im Bereich des Kartellsanktionsrechts in Form der strafverfassungsrechtlichen Verbürgungen der Unionsrechtsordnung. Gemessen an dem Grundgedanken, dass sich eine Neuregelung nur dann bewähren wird, wenn der Systemzusammenhang der einzelnen Rechtsebenen und Normen gewahrt bleibt, ist der more economic approach in der Gestalt, in der er bisher im Regelungszusammenhang des Kartellsanktionsrechts zur Geltung kommt, ausgesprochen problematisch.

Die Kommission verwirklicht ihre Politik zu einem erheblichen Teil in der Form von Leitlinien. Trotz ihres Bemühens, ihr wettbewerbspolitisches Anliegen in den Leitlinien nur in solchen Formen zum Ausdruck zu bringen, die nicht in Gefahr stehen, den Auslegungen der Gerichte zuwiderzulaufen, finden sich in ihrer Leitlinienpolitik zahlreiche Beispiele für solche Vorgaben, die nicht ohne Weiteres mit dem geltenden Recht zu vereinbaren sind. Beispiele aus der jüngeren gerichtlichen Entscheidungspraxis deuten indes auf eine nicht allzu kritische Haltung der Gerichte gegenüber dieser Vorgehensweise hin.

H. Bewertung und Ausblick

Die sich, mitunter erst in Ansätzen, abzeichnende Haltung der Rechtsprechung gegenüber den dargestellten Erscheinungsformen des more economic approach ist sowohl in der Begründung als auch dem Ergebnis nach weitestgehend positiv zu bewerten.

Die Kommission hat die Tragweite und Tragfähigkeit eines ökonomisch akzentuierten Ansatzes offenbar überschätzt, während die Gerichte der vermeintlichen „Alleskönnerschaft" der Ökonomie gegenüber eine kritische Distanz gewahrt haben. Vielmehr haben die Gerichte insgesamt an einer Einschätzung der Möglichkeiten und Grenzen der Einbeziehung wirtschaftswissenschaftlicher Methoden und Erkenntnisse im Rahmen von Verwaltung- und Gerichtsverfahren festgehalten, die als wirklichkeitsnah und pragmatisch bezeichnet werden kann.

Dort, wo im Namen des more economic approach Normverständnisse geltend gemacht wurden, die sich eigentlich nur dann verwirklichen lassen, wenn man ein Mindestmaß rechtlicher Bindungswirkungen der Wettbewerbsnormen prinzipiell verneint, hat der Gerichtshof die Mechanismen der rechtsstaatlichen Bindung administrativen Handelns konsequent in seiner Wirkung herausgehoben und damit den Primat des Rechts vor einer starken politischen Gesamttendenz zu überzogenen Geltungsansprüchen der Ökonomie einstweilen erfolgreich abgesichert.

Seine in nennenswerten Einzelpunkten als nicht hinreichend streng zu bewertende Haltung gegenüber jüngeren Erscheinungsformen der Leitlinienpolitik der Kommission fordert allerdings Kritik heraus. Trotz – oder gerade wegen – der besonderen Funktion, die das Handeln in Form von Leitlinien für eine erfolgreiche Entfaltung der europäischen Wettbewerbsrechtsordnung zweifellos hat, erscheint es notwendig, die Kommission konsequent in jene Schranken zu weisen, die ihr durch das institutionelle Gefüge der Union im Wettbewerbsrecht gesetzt sind: quasi-gesetzgeberische Ambitionen, wie sie in der praktizierten Leitlinienpolitik erkennbar werden, gehen über ihre legitimen Befugnisse hinaus.

Indem der Gerichtshof solche wettbewerbsrechtlichen Beurteilungsmaßstäbe konsequent verteidigt hat, die in einem Mindestmaß auf juristisch nachvollziehbaren Kriterien beruhen, hat er jedenfalls sichergestellt, bei der Verwaltungskontrolle auch in Zukunft Herr seiner Tätigkeit zu bleiben. Damit hat er jene Voraussetzungen geschaffen, die, wie die gegenwärtige Auseinandersetzung der Gerichte mit dem more economic approach zeigt, notwendig sind, um die rechtsstaatliche Einbindung der europäischen Wirtschaftsverwaltung wirksam zu behaupten.

Die Untersuchung zeigt allerdings auch, dass Ökonomie und Recht – durchaus auch aus der Sicht der Gerichte – keinesfalls in einem Alternativverhältnis stehen. Die Haltung der Rechtsprechung insgesamt überzeugt dadurch, dass sie jene Aspekte der Kommissionspolitik in das geltende Recht übernimmt, die mit den rechtsstaatlichen Gewährleistungen der Unionsrechtsordnung und den Maßgaben der Praktikabilität vereinbar sind. Die an anderer Stelle aufgeworfene Frage, ob es sich bei dem more economic approach der Kommission lediglich um eine Dekadenfigur handelt, ist damit beantwortet. Denn, die ständige Herausforderung der geltenden wettbewerbsrechtlichen Maßstäbe auf der Grundlage vertiefter Erkenntnissen der Ökonomie ist dem Regelungsgegenstand des Wettbewerbsrechts und den Voraussetzungen seiner institutionellen Durchführung inhärent.

Literaturverzeichnis

Ackermann, T., Die Zukunft vertikaler Vertriebsvereinbarungen im EG-Kartellrecht, EuZW 1997, S. 271 ff.

Ackermann, T., Art. 85 Abs. 1 EGV und die rule of reason: Zur Konzeption der Verhinderung, Einschränkung oder Verfälschung des Wettbewerbs, Köln 1997

Ackermann, T., Die neuen EG-Wettbewerbsregeln für vertikale Beschränkungen: Ein Wegweiser durch die geplante Gruppenfreistellungsverordnung und die geplanten Leitlinien der Kommission, EuZW 1999, S. 741 ff.

Ackermann, T., Europäisches Kartellrecht, in: K. Riesenhuber (Hrsg.), Europäische Methodenlehre: Handbuch für Ausbildung und Praxis, Berlin 2006, S. 512 ff.

Akman, P., "Consumer Welfare" and Article 82 EC: Practice and rhetoric, World Competition: Law and Economics Review 2009, S. 71 ff.

Albers, M., Der „*more economic approach*" bei Verdrängungsmissbräuchen: Zum Stand der Überlegungen der Europäischen Kommission, Beitrag zu einem in Hamburg gehaltenen Kartellrechtssymposium, 2006, abrufbar im Internet unter http://ec.europa.eu/competition/antitrust/art82/albers.pdf

Alemanno, A/Ramondino, M., The ECJ France Télécom/Wanadoo judgement: „To recoup or not to recoup? That „was" the question for a predatory price finding under Article 82 EC, European Law Reporter 2009, S. 202 ff.

Amory B./Verheyden A., Comments on the CFI's recent ruling in Deutsche Telekom, Global Competition Policy 2008, S. 11 ff.

Andriychuk, O., Can We Protect Competition without Protecting Consumers?, CLR 2009, S. 77 ff.

Azizi, J., Aufgaben und Grenzen der europäischen Gerichtsbarkeit, in: S. Griller (Hrsg.), Europäische Wirtschaftsverfassung de lege lata und ferenda, 2007, S. 92 ff.

Azizi, J., Neueste Entwicklungen in der Rechtsprechung des Gerichts erster Instanz, in: Carl Baudenbacher (Hrsg.), Neueste Entwicklungen im europäischen und internationalen Kartellrecht: Elftes St. Gallener Internationales Kartellrechtsforum 2004, Basel 2005, S. 35 ff.

Bär-Bouyssière, B., „Tetra Laval" und der wettbewerbspolitische Paradigmenwechsel: Die gerichtliche Kontrolle wettbewerbstheoretischer Ansätze am Beispiel der Fusionskontrolle, in: Jürgen Schwarze (Hrsg.), Recht und Ökonomie im europäischen Wettbewerbsrecht, Baden-Baden 2006, S. 85 ff.

Bär-Bouyssière, B., Protektionistische Gefahren der US-Fusionskontrolle, Diss., Baden-Baden 1996

Barthelmeß, S., Die Intel-Entscheidung der Europäischen Kommission: Der erste Test des „as-efficient-competitor"-Tests, EWS 2010, S. 117 ff.

Basedow, J., Entwicklungslinien des europäischen Rechts der Wettbewerbsbeschränkungen: Von der Dezentralisierung über die Ökonomisierung zur privaten Durchsetzung, in: Augenhofer, S. (Hrsg.), Die Europäisierung des Kartell- und Lauterkeitsrechts, Tübingen 2009, S. 1 ff.

Basedow, J., Incentives and disincentives for the private enforcement of EC competition law, in: Eger, T. u. a. (Hrsg.), Internationalisierung des Rechts und seine ökonomische Analyse. Festschrift für Hans-Bernd Schäfer zum 65. Geburtstag, Wiesbaden 2008, S. 499 ff.

Basedow, J., Konsumentenwohlfahrt und Effizienz: Neue Leitbilder der Wettbewerbspolitik?, WuW 2007, S. 712 ff.

Basedow, J., Rechtssicherheit im europäischen Wirtschaftsrecht – Ein allgemeiner Rechtsgrundsatz im Lichte der wettbewerbsrechtlichen Rechtsprechung, ZEuP 1996, S. 570 ff.

Basedow, J./Wurmnest, W. (Hrsg.), Structure and Effects in EU Competition Law: Studies on exclusionary conduct and state aid, Alphen aan den Rijn 2011

Baudenbacher, C., The CFI's Microsoft judgment: three seconds that changed the IT world, ELR 2007, S. 342 ff.

Bechtold, R., Die Bedeutung der kartellrechtlichen Bekanntmachungen und Leitlinien der Kommission für die Anwendung nationalen Kartellrechts, in: Schwarze, J. (Hrsg.), Das Verhältnis von nationalem Recht und Europarecht im Wandel der Zeit, Band I, Baden-Baden 2012, S. 261 ff.

Bechtold, R., Abwägung zwischen wettbewerblichen Vor- und Nachteilen eines Zusammenschlusses in der europäischen Fusionskontrolle, EuZW 1996, S. 389 ff.

Bechtold, R., Economic Approach und Rechtssicherheit, in: Schwarze, J. (Hrsg.), Recht und Ökonomie im europäischen Wettbewerbsrecht, Baden-Baden 2006, S. 103ff.

Bechtold, R., Faktische Rechtssätze aus Brüssel – Zur Bedeutung von Bekanntmachungen, Leitlinien und Mitteilungen der Kommission für die Auslegung europäischen und deutschen Kartellrechts, in: Müller, G./Osterloh, E./Stein, T. (Hrsg.) Festschrift für Günter Hirsch zum 65. Geburtstag, München 2008, S. 223 ff.

Bechtold, R., Maßstäbe der „Selbstveranlagung" nach Art. 81 Abs. 3 EG, WuW 2003, S. 343

Bechtold, R., Neuere Entwicklungen auf dem Gebiet des Kartellrechts, in: Schwarze, J. (Hrsg.), Europäisches Wettbewerbsrecht im Zeichen der Globalisierung, Baden-Baden 2002, S. 143 ff.

Bechtold, R., Neuere Entwicklungen im Bereich der Fusionskontrolle der EG, in: Schwarze, J. (Hrsg.), Europäisches Wettbewerbsrecht im Wandel, Baden-Baden 2001, S. 109 ff.

Behrens, P., Abschied vom more economic approach?, in: Bechtold, S./Jickeli, J./Rohe, M. (Hrsg.), Recht, Ordnung und Wettbewerb, Festschrift zum 70. Geburtstag von Wernhard Möschel, Baden-Baden 2011, S. 115 ff.

Behrens, P., Die ökonomischen Grundlagen des Rechts: Politische Ökonomie als rationale Jurisprudenz, Tübingen 1986

Behrens, P., Ökonomische Effizienz im Kontext des Wettbewerbsrechts der EG, in: Behrens, P/Braun, E./Nowak, C. (Hrsg.), Europäisches Wettbewerbsrecht nach der Reform: Forum Wissenschaft und Praxis zum Internationalen Wirtschaftsrecht, Baden-Baden 2006, S. 13 ff.

Behrens, P., Parallelhandelsbeschränkungen und Konsumentenwohlfahrt – Zur neueren Rechtsprechung von EuG und EuGH, ZWeR 2008, S. 20 ff.

Behrens, P./Braun, E./Nowak, C. (Hrsg), Europäisches Wettbewerbsrecht nach der Reform: Forum Wissenschaft und Praxis zum Internationalen Wirtschaftsrecht, Baden-Baden 2006

Bellamy, C., Judicial Enforcement of Competition Law, OECD, Policy Roundtables, 1996, abrufbar auf der Internetseite der OECD unter http://www.ecd.org/dataoecd/34/41/1919985.pdf

Bogdandy, A. von/Bast, J. (Hrsg.), Europäisches Verfassungsrecht: Theoretische und dogmatische Grundzüge, Dordrecht/Heidelberg/London/New York 2009

Böge, U., Baustellen im nationalen und europäischen Wettbewerbsbereich, in: Monti, M. u. a. (Hrsg.), Economic law and justice in times of globalisation, Festschrift for Carl Baudenbacher, Bern/Baden-Baden/Wien 2007, S. 283 ff.

Böge, U., Reform der Europäischen Fusionskontrolle, WuW 2004, S. 138 ff.

Böhm, F., Das Problem der privaten Macht, in: Ders. (Hrsg.), Reden und Schriften, 1960, S. 29 ff.

Böllhoff, C., Das Rechtsmittelverfahren vor dem Gerichtshof der Europäischen Gemeinschaften: Verfahren, Prüfungsumfang und Kontrolldichte, Diss., Baden-Baden 2001

Bonin, A. von, Vertikale und konglomerate Zusammenschlüsse nach dem Urteil GE/Kommission: Ein einheitlicher Standard für die Analyse nicht-horizontaler Fusionen durch die EU-Kommission, WuW 2006, S. 466 ff.

Bork, R. H., The Antitrust Paradox: A Policy at War with Itself, New York 1978

Bornkamm, J., Die Freistellung vom Kartellverbot nach dem Systemwechsel: Beurteilungs- und Gestaltungsspielräume im System der Legalausnahme, in: Monti, M. u. a. (Hrsg.), Economic law and justice in times of globalisation, Festschrift for Carl Baudenbacher, Bern/Baden-Baden/Wien 2007, S. 299 ff.

Brauser-Jung, G., Der Schutz des Wettbewerbs in der EU-Wirtschaftsverfassung: Ein Beitrag zum System des unverfälschten Wettbewerbs im primären Unions- und Gemeinschaftsrecht, in: Kluth, W./Müller, M./Peilert, A. (Hrsg.): Wirtschaft – Verwaltung – Recht, Festschrift für Rolf Stober zum 65. Geburtstag am 11. Juni 2008, Köln/München 2008, S. 43 ff.

Brenner, T., Das Recht auf eine angemessene Verfahrensdauer in Wettbewerbsverfahren vor der Europäischen Kommission und den Europäischen Gerichten, WRP 2010, S. 357 ff.

Brinker, I., Praktische Probleme der Marktabgrenzung aus rechtlicher Sicht – Von der Bedeutung ökonometrischer Modelle für die Fusionskontrolle, in: Schwarze, J. (Hrsg.), Recht und Ökonomie im europäischen Wettbewerbsrecht, Baden-Baden 2006, S. 41 ff.

Brinker, I., Rechtseinheit und einheitliche Rechtsdurchsetzung am Beispiel des Kartellrechts, in: Schwarze, J. (Hrsg.), Europäische Rechtseinheit durch einheitliche Rechtsdurchsetzung: Vorträge der Fachgruppe für Europarecht auf der 26. Tagung der Gesellschaft für Rechtsvergleichung vom 24.-27. September 1997 in Graz, EuR 1998 Beiheft 1, S. 95 ff.

Brinker, I., Verfahrensgrundrechte für Unternehmen, in: Schwarze, J. (Hrsg.), Wirtschaftsverfassungsrechtliche Garantien für Unternehmen im europäischen Binnenmarkt, Baden-Baden 2001, S. 177 ff.

Brinker, I., Vertikale Wettbewerbsbeschränkungen: Anmerkungen zum neuen Regelungsansatz der Kommission, in: Schwarze, J. (Hrsg.), Neuere Entwicklungen auf dem Gebiet des europäischen Wettbewerbsrechts, Baden-Baden 1999, S. 59 ff.

Brinker, I./Scheuing, D. H./Stockmann, K., Recht und Wettbewerb: Festschrift für Rainer Bechtold zum 65. Geburtstag, München 2006

Brömmelmeyer, C., Parallelimporte von Arzneimitteln: Die Entscheidungsmöglichkeiten des EuGH in der Rechtssache Lélos, EWS 2008, S. 318 ff.

Bronett, G.-K. de-, Der „More economic approach“ bei der Anwendung des europäischen Kartellverwaltungsrechts und Kartellstrafrechts, EWS 2013, S. 1 ff.

Bueren, E., Der „New economic approach“ der Kommission für horizontale und vertikale Wettbewerbsbeschränkungen, wrp 2004, S. 567 ff.

Bulst, F. W., Mehr Licht – Zur Anwendung des Art. 82 EG auf Behinderungsmissbräche, RabelsZ 2009, S. 703 ff.

Bundeskartellamt, Diskussionspapier, Konglomerate Zusammenschlüsse in der Fusionskontrolle, 2006, abrufbar auf der Internetseite des BKartA, unter http://www.bundeskartellamt.de/wDeutsch/download/pdf/Diskussionsbeitraege/060830_AK_Kartellrecht.pdf

Bundeskartellamt, Diskussionspapier, Private Kartellrechtsdurchsetzung, 2005, abrufbar auf der Internetseite des BKartA, unter http://www.bundeskartellamt.de/wDeutsch/download/pdf/Diskussionsbeitraege/05_Proftag.pdf

Bundeskartellamt, Diskussionspapier, Wettbewerbsschutz und Verbraucherinteressen im Lichte neuerer ökonomischer Methoden, 2004, abrufbar auf der Internetseite des BKartA unter, http://www.bundeskartellamt.de/wDeutsch/download/pdf/Diskussionsbeitraege/04_AKK.pdf

Chiriţă, A., Undistorted, (un)fair competition, consumer welfare and the interpretation of Article 102 TFEU, World Competition: law and economics review 2010, S. 417 ff.

Christiansen, A., Die „Ökonomisierung“ der EU-Fusionskontrolle: Mehr Kosten als Nutzen?, WuW 2005, S. 285 ff.

Christiansen, A./Kerber, W., Competition policy with optimally differentiated rules instead of „per se rules vs rule of reason“, Journal of competition law and economics 2006, S. 215 ff.

Clark, J. M., Competition and Objektive of Government Policy, in E.H. Chamberlin (Hrsg.), Monopoly and Competition and their Regulation, 1954, S. 317 ff.

Classen, C.-D., in T. Oppermann/C.-D. Classen/M. Nettesheim (Hrsg.), Europarecht, 5. Aufl. 2011, 359 ff.

Cooke, J. D., Changing Responsibilities and Relationships for Community and National Courts: the Implications of the White Paper, Vortrag im Rahmen der CELS conference on „The Modernisation of European Competition Law: The Next Ten Years“, CELS Cambridge and Linklaters & Alliance, 1999

Crones, C., Selbstbindung der Verwaltung im Europäischen Gemeinschaftsrecht: Eine Analyse der Rechtsprechung von EuGH und EuG zur ermessensbeschränkenden Wirkung von Gleichheitssatz und Vertrauensschutzprinzip auf Gemeinschaftsebene vor rechtsvergleichendem Hintergrund, Diss., Baden-Baden 1997

Deringer, A., 15 Jahre EWG-Wettbewerbspolitik – Ein kritischer Rückblick, Zeitschrift für Unternehmens- und Gesellschaftsrecht 1978, S. 219 ff.

Deringer, A., Stellungnahme zum Weißbuch der Europäischen Kommission über die Modernisierung der Vorschriften zur Anwendung der Art. 85 und 86 EG-Vertrag (Art. 81 und 82 EG), EuZW 2000, S. 5 ff.

Dittrich, A., Aktuelle Luxemburger Rechtsprechung zum EU-Kartellrecht: 2. Speyerer Kartellrechtsforum 2010, EWS 2011, S. 1 ff.

Divivier, D., Die Reichweite der Befugnis mitgliedstaatlicher Gerichte und Wettbewerbsbehörden zur Anwendung des EU-Kartellrechts, Zugleich eine Untersuchung des Gesamtsystems der dezentralen Durchsetzung der Art. 101, 102 AEUV im System der VO 1/2003, Baden-Baden 2014

Drauz, G., An efficiency defence for mergers: Putting an intricate puzzle together, ZWeR 2003, S. 254 ff.

Drauz, G./König, M., The GE/Honeywell judgement: Conglomerate mergers and beyond, ZWeR 2006, S. 107 ff.

Dreher, M., Die Zukunft der Missbrauchsaufsicht in einem ökonomisierten Kartellrecht, WuW 2008, S. 23 ff.

Dreher, M./Adam, M., The more economic approach to Art. 82 EG and the legal process, ZWeR 2006, S. 259 ff.

Drexl, J., Wettbewerbsverfassung – zwischen Reformvertrag und Ökonomisierung, in: von Bogdandy, A/Bast, J. (Hrsg.) Europäisches Verfassungsrecht, Berlin 2009, S. 905 ff.

Drexl, J., Zur Schadensersatzberechtigung unmittelbarer und mittelbarer Abnehmer im europäischen Kartelldeliktsrecht, in A. Heldrich u. a. (Hrsg.), FS C.-W. Canaris, 2007, Bd. I, S. 1339 ff.

Drexl, J., Die neue Gruppenfreistellungsverordnung über Technologietransfer-Vereinbarungen im Spannungsfeld von Ökonomisierung und Rechtssicherheit, in: Festschrift für Rudolf Kraßer zum 70. Geburtstag: Gewerblicher Rechtsschutz und Urheberrecht, Internationaler Teil, München 2004, S. 716 ff.

EAGCP, Report, An economic approach to Article 82, July 2005, abrufbar im Internet unter http://ec.europa.eu/dgs/competition/economist/eagcp_july_21_05.pdf

Ehlermann, C.-D., The Contribution of EC Competition Policy to the Single Market, CMLRev 1992, S. 257 ff.

Ehlermann, C.-D., The modernization of EC antitrust policy: A legal and cultural revolution, CMLRev 2000, S. 1 ff.

Ehlermann C.-D./Atanasiu I., The Modernisation of EC Antitrust Law: Consequences for the Future Role and Function of the EC Courts, ECLR 2002, S. 72 ff.

Ehlermann, C.-D./Ratliff, J., Mario Monti's Legacy for Competition Policy in Article 82, CPI 2005, S. 79 ff.

Ehlermann, C.-D./Völcker, S., Kein blauer Himmel mehr über Fusionsverboten der Kommission, EuZW 2003, S. 1

Ehricke, U., Die Doppelmacht der Kommission in Wettbewerbssachen – ein Plädoyer für die Etablierung einer eigenständigen und unabhängigen EG-Wettbewerbsbehörde, Kommentar WuW 2008, S. 411

Eilmansberger, T., How to distinguish good from bad competition under Article 82 EC; in search of clearer and more coherent standards for anti-competitive abuses, CMLRev 2005, S. 129 ff.

Eilmansberger, T., The relationship between rights and remedies in EC law; In search of the missing link, CMLRev 2004, S. 1199 ff.

Eilmansberger, T., Verbraucherwohlfahrt, Effizienzen und ökonomische Analyse – Neue Paradigmen im europäischen Kartellrecht?, ZWeR 2009, S. 437 ff.

Ellger, R., in U. Immenga/E.-J. Mestmäcker (Hrsg.), Europäisches Kartellrecht, 2012, Art. 101 Abs. 3 AEUV

Emmerich, V., Anmerkungen zu der „neuen“ Wettbewerbspolitik der Europäischen Kommission, WRP 2000, S. 858 ff.

Emmerich, V., Kartellrecht: Ein Studienbuch, 10. Aufl., München 2006

Eucken, W., Grundsätze der Wirtschaftspolitik, 7. Auflage, Bern/Tübingen 1952

Evans, D. S./Padilla, J., Excessive prices using economics to define administrable legal rules, JCLE 2005, S. 97 ff.

Everling, U., 50 Jahre Gerichtshof der Europäischen Gemeinschaften, DVBl 2002, S. 1293 ff.

Everling, U., Der Gerichtshof als Entscheidungsinstanz – Probleme der europäischen Rechtsprechung aus richterlicher Sicht, in: Schwarze, J. (Hrsg.), Der Europäische Gerichtshof als Verfassungsgericht und Rechtsschutzinstanz: Referate und Diskussionsberichte der Tagung des Arbeitskreises Europäische Integration e. V. in Hamburg vom 2. bis 4. Juni 1983, Baden-Baden 1983, S. 137 ff.

Everling, U., Rechtsanwendungs- und Auslegungsgrundsätze des Gerichtshofs der Europäischen Gemeinschaften, in: Ders. (Hrsg.), Unterwegs zur Europäischen Union: Ausgewählte Aufsätze 1985-2000, Baden-Baden 2001, S. 291 ff.

Everling, U., Wirtschaftsfreiheit im europäischen Binnenmarkt: Anspruch und Realität, in: Schwarze, J. (Hrsg.), Wirtschaftsverfassungsrechtliche Garantien für Unternehmen im europäischen Binnenmarkt, Baden-Baden 2001, S. 11 ff.

Everling, U., Zur Begründung der Urteile des Gerichtshofs der Europäischen Gemeinschaften, EuR 1994, S. 127 ff.

Everling, U., Zur richterlichen Kontrolle der Tatsachenfeststellungen und der Beweiswürdigung durch die Kommission in Wettbewerbssachen, in: Ders. (Hrsg.), Unterwegs zur Europäischen Union: Ausgewählte Aufsätze 1985-2000, Baden-Baden 2001, S. 291 ff.

Everling, U., Zur Wettbewerbskonzeption in der neueren Rechtsprechung des Gerichtshofs der Europäischen Gemeinschaften, in: Ders. (Hrsg.), Unterwegs zur Europäischen Union: Ausgewählte Aufsätze 1985-2000, Baden-Baden 2001, S. 212 ff.

Everling, U., Das Europäische Gemeinschaftsrecht im Spannungsfeld zwischen Politik und Wirtschaft: Ausgewählte Aufsätze 1964-1984, Baden-Baden 1985

Everling, U., Die Entwicklung der Europäischen Gemeinschaft zur Wirtschafts- und Währungsunion: Ihre Bedeutung für die Verfassungsordnung der Mitgliedstaaten, NJW 1971, S. 1481 ff.

Everling, U., Die Errichtung eines Gerichts erster Instanz der Europäischen Gemeinschaften, in: Schwarze, J. (Hrsg.): Fortentwicklung des Rechtsschutzes in der Europäischen Gemeinschaft, Baden-Baden 1987, S. 39 ff.

Everling, U., Die Rechtsprechung des Europäischen Gerichtshofs über Wettbewerbsfragen, in: Gröner, H. (Hrsg.), Wettbewerbsfragen der Europäischen Gemeinschaft, Berlin 1990, S. 35 ff.

Everling, U., Probleme atypischer Rechts- und Handlungsformen bei der Auslegung des europäischen Gemeinschaftsrechts, 1987 in: Bieber, R./Ress, G. (Hrsg.): Die Dynamik des Europäischen Gemeinschaftsrechts. Die Auslegung des Europäischen Gemeinschaftsrechts im Lichte nachfolgender Praxis der Mitgliedstaaten und der EG-Organe, Baden-Baden 1987, S. 417 ff.

Everling, U., Rechtsschutz im europäischen Wirtschaftsrecht auf der Grundlage der Konventsregelungen, in: Schwarze, J. (Hrsg.), Der Verfassungsentwurf des Europäischen Konvents: Verfassungsrechtliche Grundstrukturen und wirtschaftsverfassungsrechtliches Konzept, Baden-Baden 2004, S. 363 ff.

Everling, U., Richterliche Rechtsfortbildung in der Europäischen Gemeinschaft, JZ 2000, S. 217 ff.

Everling, U., Wirtschaftsverfassung und Richterrecht in der Europäischen Union, in: Immenga, U. u. a. (Hrsg.), Festschrift für Ernst-Joachim Mestmäcker zum siebzigsten Geburtstag, Baden-Baden 1996, S. 365 ff.

Everling, U., Zur Funktion des Gerichtshofs der Europäischen Gemeinschaften als Verwaltungsgericht, in: Bender, B. u. a. (Hrsg.): Rechtsstaat zwischen Sozialgestaltung und Rechtsschutz, Festschrift für Konrad Redeker zum 70. Geburtstag, München 1993, S. 293 ff.

Everling, U., Zur neueren EuGH-Rechtsprechung zum Wettbewerbsrecht, EUR 1982, S. 301 ff.

Fejo, J., How does the ECJ cite its previous jugdments in competition law cases, M. Johansson/N. Wahl/U. Bernitz (Hrsg.), A European for all seasons, Liber Amicorum in Honour of Sven Norberg, 2006, S. 195 ff.

Forrester, I. S., A Bush in Need of Pruning: The Luxuriant Growth of "Light Judicial Review", in C.-D. Ehlermann/M. Marquis (Hrsg.), European Competition Law Annual 2009, Evaluation of Evidence and its Judicial Review in Competition Cases, Oxford u. a., 2010, S. 407 ff.

Forrester, I. S., The Modernization of EC Antitrust Policy – Compatibility, Efficiency, Legal Security, in: Ehlermann, C.-D./Atanasiu, I. (Hrsg.), European Competition Law Annual 2000: The Modernisation of EC Antitrust Policy, Oxford 2001, S. 75 ff.

Forwood, N., The Commission's „more economic approach" – implications for the role of the EU Courts, the Treatment of Economic Evidence and the Scope of Judicial Review, in: C.-D. Ehlermann/M. Marquis (Hrsg.), European Competition Law Annual 2009, Evaluation of Evidence and its Judicial Review in Competition Cases, S. 255 ff.

Frenz, W., Mitteilungen, Bekanntmachungen und Leitlinien nach dem Vertrag von Lissabon, wrp 2010, S. 224 ff.

Frenz, W., Grundrechtlich geprägte Kontrolldichte im EU-Wettbewerbsrecht, EWS 2013, S. 123 ff.

Frenz, W./Ehlenz, C., Die Verhältnismäßigkeit im Wettbewerbsrecht – „Alrosa", EWS 2010, S. 305 ff.

Frenz, W./Lülsdorf, T., Aktuelles Kartellverfahrensrecht, EWS 2013, S. 171 ff.

Friederiszick, H. W., Marktabgrenzung und Marktmacht, in: Schwarze, J. (Hrsg.), Recht und Ökonomie im Europäischen Wettbewerbsrecht, Baden-Baden 2006, S. 29 ff.

Fritzsche, A., Die neuen Regeln über horizontale Kooperation im europäischen Wettbewerbsrecht, EuZW 2011, S. 208 ff.

Fritzsche, A., Discretion, scope of judicial review and institutional balance in European law, CMLRev 2010, S. 361 ff.

Fritzsche, A., Ermessen und institutionelles Gleichgewicht: Die Kompetenzteilung zwischen Europäischer Kommission und Gericht erster Instanz bei der Anwendung von Art. 81 EG, Köln 2008, in: FIW Schriftenreihe, 2008

Fuchs, A., Effizienzorientierung im Wettbewerbs- und Kartellrecht?, in: H. Fleischer/D. Zimmer (Hrsg.), Effizienz als Regelungsziel im Handels- und Wirtschaftsrecht, 2008, S. 69 ff.

Fuchs, A., Neue Entwicklungen beim Konzept der Wettbewerbsbeschränkung in Art. 81 Abs. 1 EG, ZWeR 2007, S. 369

Fuß, E.-W., (Hrsg.), Der Beitrag des Gerichtshofes der Europäischen Gemeinschaften zur Verwirklichung des gemeinsamen Marktes: Referate und Diskussionsberichte der Tagung des Arbeitskreises Europäische Integration e. V. in Würzburg, 21.-23. Februar 1980, Baden-Baden 1981

Fuß, E.-W., Die europäischen Gemeinschaften und der Rechtsstaatsgedanke, Heule 1967

Geradin, D., Is the Guidance Paper on the Commission's Enforcement Priorities in Applying Article 102 TFEU to Abusive Exclusionary Conduct Useful?, TILEC Working Paper Series, 2010

Geradin, D., The Decision of the Commission of 13 May 2009 in the Intel Case: Where is the Foreclosure and Consumer Harm?, TILEC Discussion Paper Series, 2010

Gerber, D. J., The Future of Article 82: Dissecting the Conflict, in: Ehlermann, C.-D./Marquis, M. (Hrsg.), European Competition Law Annual 2007: A Reformed Approach to Article 82 EC, Oxford 2008, S. 37 ff.

Gerber, D. J., Two forms of modernization in European competition law, Fordham international law journal 2007/08, S. 1235 ff.

Gerbrandy, A., T-Mobile Netherlands, CMLRev 2010, S. 1199 ff.

Groeben, H. von der, Aufbaujahre der Europäischen Gemeinschaft: Das Ringen um den Gemeinsamen Markt und die Politische Union (1958-1966), Baden-Baden 1982

Groeben, H. von der, Der Einfluß liberaler Vorstellungen auf die Gründungsverträge der Europäischen Gemeinschaften, in: Ders. (Hrsg.), Die Europäische Gemeinschaft und die Herausforderungen unserer Zeit, 1987, S. 183 ff.

Groeben, H. von der, EG-Wettbewerbsregeln und Wettbewerbspolitik als Instrumente der europäischen Integration, in FiW Schriftenreihe 75: Wettbewerbsordnung im Spannungsfeld von Wirtschafts- und Rechtswissenschaft, Festschrift für Gunther Hartmann, Köln u. a. 1976, S. 105 ff.

Groeben, H. von der, Wettbewerbspolitik in der Europäischen Wirtschaftsgemeinschaft, WuW 1961, S. 390 ff.

Groeben, H. von der /Schwarze, J. (Hrsg.), EU-/EG-Vertrag, Bd. 2, 6. Aufl., Baden-Baden 2003

Gröner, H. (Hrsg.), Wettbewerbsfragen der Europäischen Gemeinschaft, Berlin 1990

Gundel, J., Rechtsschutz gegen Kommissions-Mitteilungen zur Auslegung des Gemeinschaftsrechts, EuR 1998, S. 90 ff.

Gündisch, J., Allgemeine Rechtsgrundsätze in der Rechtsprechung des Europäischen Gerichtshofs, in: Schwarze, J. (Hrsg.), Das Wirtschaftsrecht des Gemeinsamen Marktes in der aktuellen Rechtsentwicklung: Referate und Diskussionsberichte der Tagung des Instituts für Integrationsforschung der Stiftung Europa-Kolleg Hamburg am 3./4. Dezember 1982, Baden-Baden 1983, S. 97 ff.

Gündisch, J., Rechtsschutz gegenüber der europäischen Wirtschaftsverwaltung, in: J. Schwarze (Hrsg.), Die rechtsstaatliche Einbindung der europäischen Wirtschaftsverwaltung, EuR Beiheft 2/2002, S. 29 ff.

Hatje, A., (Hrsg.), Das Binnenmarktrecht als Daueraufgabe, Baden-Baden 2002, Europarecht Beiheft 1/2002

Hatje, A., Kontrolldichte bei Maßnahmen der europäischen Wirtschaftsverwaltung; in: Schwarze, J. (Hrsg.), Verfahren und Rechtsschutz im Europäischen Wirtschaftsrecht, Baden-Baden 2010, S. 124 ff.

Haucap, J., The more economic approach to State aid control: A new institutional economic perspective: Comment, in D. Schmidtchen u. a. (Hrsg.), The more economic approach to European competition law, 2007, S. 345 ff.

Hayek, F. A. von, Die Anmaßung von Wissen, in W. Kerber (Hrsg.), Die Anmaßung von Wissen, 1996, S. 14 ff.

Heinemann, A., Die Relevanz des „more economic approach" für das Recht des geistigen Eigentums, GRUR 2008, S. 949 ff.

Heitzer, B., Zu Bedeutung und Grenzen der Wirtschaftswissenschaften: Wettbewerb als originäres Ziel oder als Instrument, Abrufbar im Internet unter http://www.studien-vereinigung.de/downloads/forum-kartellrecht/mea-orientierungen-haucap.pdf

Hellwig, M., Wirtschaftspolitik als Rechtsanwendung: Zum Verhältnis von Jurisprudenz und Ökonomie in der Wettbewerbspolitik, Bonn 2007

Hennig, T., Come fly with me – Der Fall Ryanair/Aer lingus, Urteilsbesprechung, ZWeR 2011, S. 443 ff.

Hesse, K., Grundzüge des Verfassungsrechts der Bundesrepublik Deutschland, 20., neubearb. Aufl., Heidelberg 1995

Hirsbrunner, S., Neue Durchführungsbestimmungen und Mitteilungen zur EG-Fusionskontrolle, EuZW 1998, S. 613 ff.

Hirsbrunner, S./Köckritz, C., Rebalancing EC Merger Control: The ECJ's Judgement in Case C-413/06 P (Bertelsmann and Sony), Competition Policy International 2008, S. 12 ff.

Hirsbrunner, S./Schädle, A., Sicherer Hafen oder Bermudadreieck?,: Wohin geht die Reise bei der Neuorientierung der Praxis der Europäischen Kommission gegenüber Missbräuchen marktbeherrschender Unternehmen i. S. des Art. 82 EG?, EuZW 2006, S. 583 ff.

Hofer, P. /Williams, M. /Wu, L., Empirische Methoden in der europäischen Fusionskontrolle, WuW 2005, S. 155 ff.

Hofmann, M./Bremer, F., Relationship between anti-competitive practices by „object" and „effect" and the requisite standard of proof: T-Mobile Netherlands and others/raad van bestuur van de nederlandse mededingingautoriteit, ECJ (third chamber), judgement of 4 june 2009, case C-8/08, ELR 2009, S. 238 ff.

Hoppmann, E., Wirtschaftsordnung und Wettbewerb, Baden-Baden 1988

Hoppmann, E., Zum Problem einer wirtschaftspolitisch praktikablen Definition des Wettbewerbs, in: Schneider, H. K. (Hrsg.): Grundlagen der Wettbewerbspolitik, Berlin 1968, S. 9 ff.

Hossenfelder, S., Verwaltungskooperation im Netzwerk der Europäischen Wettbewerbsbehörden (ECN), in: J. P. Terhechte (Hrsg.), Internationales Kartell- und Fusionskontrollverfahrensrecht, 2008

Immenga, U., Coherence: A Sacrifice to Decentralization, in Ehlermann, C.-D./Atanasiu, I. (Hrsg.), European Competition Law Annual 2000: The Modernisation of EC Antitrust Policy, Oxford 2001, S. 353 ff.

Immenga, U., Der „more economic approach" als Wettbewerbspolitik, WuW 2006, S. 463

Immenga, U., Der SIEC-Test der europäischen Fusionskontrolle als Kompetenzfrage, in: Engel, C. u. a. (Hrsg.), Recht und spontane Ordnung, Festschrift für Ernst-Joachim Mestmäcker zum achtzigsten Geburtstag, Baden-Baden 2006, S. 269 ff.

Immenga, U., Die Wettbewerbspolitik der Kommission und ihr Richter, EuZW 2010, S. 601

Immenga, U., Eine Wende in der gemeinschaftlichen Kartellpolitik?, EuZW 1999, S. 609

Immenga, U., Grenzen der Rechtsauslegung – Das Diskussionspapier der EG-Kommission zu Art. 82 EG, EuZW 2006, S. 481

Immenga, U., Leitlinien als Instrument europäischer Wettbewerbspolitik: Referat im Rahmen der Vortragsreihe „Rechtsfragen der Europäischen Integration“, Bonn 2008

Immenga, U., Ökonomie und Recht in der europäischen Wettbewerbspolitik, ZWeR 2006, S. 346 ff.

Immenga, U./Körber, T., Die Kommission zwischen Gestaltungsmacht und Rechtsbindung, Baden-Baden 2012

Immenga, U./Mestmäcker, E.-J. (Hrsg.), Kommentar zum EG-Wettbewerbsrecht, Band 1 und 2, München 1997

Inderst, R./Schwalbe, U., Effekte verschiedener Rabattformen – Überlegungen zu einem ökonomisch fundierten Ansatz, ZWeR 2009, S. 65 ff.

Ipsen, H. P., Europäisches Gemeinschaftsrecht in Einzelstudien, Baden-Baden 1984

Jacobs, F. G., Advocates General and Judges in the European Court of Justice, in O'Kefee u. a. (Hrsg.), Judicial Review in International Perspective, FS G. Slynn, 2000, S. 18 ff.

Jacobs, F. G., The evolution of the European legal order, CMLRev 2004, S. 303 ff.

Jacqué, J.-P., The principle of institutional balance, CMLRev 2004, S. 383 ff.

Jaeger, M., Standard of review in competition cases: Can the General Court increase coherence in the European Union judicial system?, in: Baumé, T. (Hrsg.), Today's multilayered legal order: Current issues and perspectices, liber amicorum in honour of Arjen W.H. Meij, Zutphen/Paris 2011, S. 115 ff.

Jaeger, M., The Standard of Review in Competition Cases Involving Complex Economic Assessments: Towards the Marginalisation of the Marginal Review?, Journal of European Competition Law & Practice 2011, S. 295 ff.

Jaeger, M., Eilverfahren vor dem Gericht der Europäischen Union, EuR 2013, S. 3 ff.

Jones, C. A., After the Green Paper: The Third Devolution in European Competition Law and Private Enforcement, CLR, 2006, S. 1 ff.

Jones, C. A., The second devolution of European competition law: The political economy of antitrust enforcement under a „more economic approach“, in: Schmidtchen, D/Albert, M./Voigt, S. (Hrsg.), The more economic approach to European competition law, Tübingen 2007, S. 65 ff.

Kadelbach, S., Die rechtsstaatliche Einbindung der europäischen Wirtschaftsverwaltung, EuR Beiheft 2/2002, S. 7 ff.

Kallaugher, J./Sher, B., Rebates Revisited: Anti-Competitive Effects and Exclusionary Abuse Under Art. 82, ECLR 2004, S. 263 ff.

Kerber, W., Die Fusionskontrollpraxis und die Wettbewerbskonzeption der EG, Bayreuth 1994

Kerber, W., „Rules vs. standards" or standards as delegation of authority for making (optimally differentiated) rules, in: Eger, T. u. a. (Hrsg.), Internationalisierung des Rechts und seine ökonomische Analyse, Festschrift für Hans-Bernd Schäfer zum 65. Geburtstag, Wiesbaden 2008, S. 489 ff.

Kerber, W., Die europäische Fusionskontrollpraxis und die Wettbewerbskonzeption der EG: Zwei Analysen zur Entwicklung des europäischen Wettbewerbsrechts, Bayreuth 1994

Kerber, W., Zur Wettbewerbskonzeption im europäischen Wettbewerbsrecht, in: Gröner, H./Schüller, A. (Hrsg.), Die europäische Integration als ordnungspolitische Aufgabe, Stuttgart 1993, S. 279 ff.

Killick, J./Komninos, A., Schizophrenia in the Commission's Article 82 Guidance Paper: Formalism Alongside Increased Recourse to Economic Analysis, Global Competition Policy 2009, S. 4 ff.

Kingston, S., Urteilsanmerkung zu EuGH, Rs. C-468/06 bis C-478/06, Sot. Lelos, CMLRev 2009, S. 683 ff.

Kirchner, C., Das Missbrauchsverbot des Art. 102 AEUV: Sinnfälligkeit eines stärker ökonomischen Ansatzes? EuR Beiheft 2 2011, S. 103 ff.

Kirchner, C., Fusionskontrolle und Konsumentenwohlfahrt: Eine rechtswissenschaftliche und ökonomische Auseinandersetzung, ZHR 2009, S. 775 ff.

Kirchner, C., Goals of antitrust and competition law revisited, in: Schmidtchen, D./Albert, M./Voigt, S. (Hrsg.), The more economic approach to European competition law, Tübingen 2007, S. 7 ff.

Kjolbye, L., The New Commission Guidelines on the Application of Article 81(3): An Economic Approach to Article 81 EC, ECLRev 2004, S. 566 ff.

Knauff, M., Europäisches Soft Law als Gegenstand des Vorabentscheidungsverfahrens, EuR 2011, S. 735 ff.

Koch N., in: E. Grabitz (Hrsg.), Kommentar zum EWG-Vertrag 1990, Art. 85

Kokorris, I., Merger Simulation: A Crystal Ball for Assessing Mergers, World Competition 2005, S. 327 ff.

Körber, T., GlaxoSmithKline – Parallelhandel mit Medikamenten zwischen Binnenmarktziel, Konsumentenwohlfahrt und Innovationswettbewerb: Anmerkung zur Entscheidung des EuG v. 27.9.2006 - Rs T-168/01, ZWeR 2007, S. 515 ff.

Körber, T., Wettbewerb in dynamischen Märkten zwischen Innovationsschutz und Machtmissbrauch: Zum Microsoft-Urteil des EuG vom 17.9.2007, WuW 2007, S. 1209 ff.

Kroes, N., Damages Actions for Breaches of EU Competition Rules: Realities and Potentials, Rede anlässl. der Konferenz „La reparation du prejudice cause par une pratique anti-concurentielle en France et à l'étranger: bilan et perspectives", Cour de Cassation, Paris, 17. Oktober 2005

Kroes, N., European Competition Policy – Delivering Better Markets and Better Choices, Rede anlässl. des European Consumer and Competition Day, London, 15. September 2005 abrufbar auf der Internetseite der Kommission unter http://ec.europa.eu/competition/speeches/text/sp2007_11_en.pdf

Kroes, N., Preliminary Thoughts on Policy Review of Article 82, 2005, abrufbar auf der Internetseite der Kommission unter http://europa.eu/rapid/press-release_SPEECH-05-537 _en. htm

Lange, K. W./Pries, T., Möglichkeiten und Grenzen der Missbrauchskontrolle von Kopplungsgeschäften: Der Fall Microsoft, EWS 2008, S. 1 ff.

Lenaerts, K., Some thoughts on evidence and procedure in European Community competition law, Fordham international law journal 2007, S. 1463 ff.

Lenaerts, K./Gerard, D., Decentralisation of EC Competition Law Enforcement: Judges in the Frontline, World competition: law and economics review 2004, S. 313 ff.

Lenz, C. O., Das Amt des Generalanwalts am Europäischen Gerichtshof, in: *Due, O./Lutter, M./Schwarze, J.* (Hrsg.), Festschrift für Ulrich Everling, Bd. 1, Baden-Baden 1995, S. 719 ff.

Lenz, C. O., Die Stellung des Einzelnen in den Grundlagen des Europäischen Gemeinschaftsrechts, in: Colneric, N. u. a. (Hrsg.), Une communauté de droit: Festschrift für Gil Carlos Rodríguez Iglesias, Berlin 2003, S. 363 ff.

Loewenthal, P.-J., The defence of "objective justification" in the application of article 82 EC, World competition: law and economics review 2005, S. 455 ff.

Lowe, P., The design of competition policy institutions for the 21st century – the experience of the European Commission and DG Competition, Competition policy newsletter 2008, S. 1 ff.

Lübbig, T., Die Reform der EU-kartellrechtlichen Regeln über die horizontale Zusammenarbeit, EWS 2011, S. 1 ff.

Marsden, P., Checks and Balances – EU Competition Law and the Rule of Law, Competition Law International 2009, S. 24 ff.

Mayer, C., Keine Bonusmeilen für Reisevermittler – eine Bruchlandung für den «more economic approach»?, Besprechung Britisch Airways plc/Kommission, EuGH vom 15. März 2007, C-95/04 P, ELR 2007, S. 211 ff.

Mayer, C., Zwischen Innovation und Preisvorteil: Die Beschränkung des Parallelhandels mit Arzneimitteln ist nicht zwingend unzulässig, oder etwa doch?, ELR 2007, S. 12 ff.

Mestmäcker, E.-J., Die Interdependenz von Recht und Ökonomie in der Wettbewerbspolitik, in: Zukunftsperspektiven der Wettbewerbspolitik: Colloquium anlässlich des 30-jährigen Bestehens der Monopolkommission am 5. November 2004 in der Humboldt-Universität zu Berlin / Monopolkommission, Baden-Baden 2005, S. 19 ff.

Mestmäcker, E.-J., Europäisches Wettbewerbsrecht, München 1974

Mestmäcker, E.-J., The EC Commission's modernization of competition policy: A challenge to the Community's constitution, in: Ders. (Hrsg.), Wirtschaft und Verfassung in der Europäischen Union: Beiträge zu Recht, Theorie und Politik der europäischen Integration, Baden-Baden 2003, S. 218 ff.

Mestmäcker, E.-J., Versuch einer kartellpolitischen Wende in der EU: Zum Weißbuch der Kommission über die Modernisierung der Vorschriften zur Anwendung der Art. 85 und 86 EGV a. F. (Art. 81 und 82 EGV n. F.), EuZW 1999, S. 523 ff.

Monopolkommission, Kartellpolitische Wende in der Europäischen Union?: Zum Weißbuch der Kommission vom 28. April 1999, Sondergutachten der Monopolkommission gemäß § 44 Abs. 1 Satz 4 GWB, Baden-Baden 1999

Monopolkommission, Folgeprobleme der europäischen Kartellverfahrensreform: Sondergutachten der Monopolkommission gemäß § 44 Abs. 1 Satz 4 GWB, Baden-Baden 2002

Monopolkommission, Weniger Staat, mehr Wettbewerb. Hauptgutachten XVII gemäß § 44 Abs. 1 Satz 1 GWB, Baden-Baden 2008

Montag, F., Das GE/Honeywell-Urteil des EuG: Absage an Konglomerate und vertikale Effekte in der europäischen Fusionskontrolle?, in: FS R. Bechtold, 2006, S. 339 ff.

Montag, F., Effizienz und Wettbewerb in der rechtlichen Praxis am Beispiel der europäischen Fusionskontrolle, in: P. Oberbender (Hrsg.), Effizienzen und Wettbewerb, Berlin 2005, S. 109 ff.

Montag, F., The Future of „Dominance" under the Merger Control Regulation and Art. 82 EC, in: Baudenbacher, C. (Hrsg.), Neueste Entwicklungen im europäischen und internationalen Kartellrecht: Elftes St. Galler Internationales Kartellrechtsforum 2004, Basel u. a. 2005, S. 275 ff.

Monti, G., Article 82 EC: What Future for the Effects-Based Approach? EJCLP 2010, S. 1 ff.

Monti, G., Article 81 EC and Public Policy, CMLRev 2002, *S.* 1057 ff.

Monti, M., European Competition Policy for the 21st Century, Rede anlässl. der Conference on International Antitrust Law and Policy, Fordham Corporate Law Institute 2000

Monti, M., Perspectives of European Competition Law – a Survey, in: FiW (Hrsg.), Zukunft der Wettbewerbsordnung und des Kartellrechts, 2001, S. 9 ff.

Monti, M., The Future for Competition Policy in the European Union, Rede in der Merchant Taylor's Hall, London, 9. Juli 2001

Möschel, W., Behördliche oder privatrechtliche Durchsetzung des Kartellrechts?, WuW 2007, S. 483 ff.

Möschel, W., Wettbewerb zwischen Handlungsfreiheiten und Effizienzzielen, in: Engel, C./Möschel, W. (Hrsg.), Recht und spontane Ordnung – Festschrift für Ernst-Joachim Mestmäcker zum achtzigsten Geburtstag, Baden-Baden 2006, S. 355 ff.

Motta M., Competition Policy, Theorie and Practice, Cambridge 2009

Nass, K. O., Eine Institution im Wandel: Die Europäische Kommission, in: Immenga, U./Möschel, W./Reuter, D. (Hrsg.), Festschrift für Ernst-Joachim Mestmäcker: Zum siebzigsten Geburtstag, Baden-Baden 1996, S. 411 ff.

Nettesheim, M., Der Grundsatz der einheitlichen Wirksamkeit des Gemeinschaftsrechts, in: Randelzhofer, A./Scholz, R./Wilke, D. (Hrsg.), Gedächtnisschrift für Eberhard Grabitz, München 1995, S. 447 ff.

Nihoul P., Choice vs. Efficiency? Journal of European Competition Law & Practice 2012, S. 1.

Nitsche, R., Wettbewerbsökonomische Analyse der Auswirkungen von Fusionen, in: Schwarze, J. (Hrsg.), Recht und Ökonomie im europäischen Wettbewerbsrecht, Baden-Baden 2006, S. 53 ff.

Oberbender, P. (Hrsg.), Effizienz und Wettbewerb, Berlin 2005

Peeperkorn, L. / Viertiö, K., Implementing an effects-based approach to Article 82, Competition Policy Newsletter 2009, S. 17 ff.

Pelka, S. C., Rechtssicherheit im europäischen Kartellverfahren? VO 1/2003, Unternehmerische Selbstbeurteilung und die Vorhersehbarkeit der Rechtslage, Diss., Baden-Baden 2009

Petit, N., From Formalism to Effects? The Commission's Communication on Enforcement Priorities in Applying Article 82 EC, World Competition 2009, S. 485 ff.

Petit, N., The Guidelines on the Application of Art. 81 III EC – A Critical Review, IEJE Working Paper No. 4/2009, abrufbar im Internet unter http://papers.ssrn.com/sol3/papers.cfm?abstract_id=1428558

Pflanz, M., Economic analysis and judicial review: The CFI on GE/Honeywell, ZWeR 2006, S. 139 ff.

Posner, R. A., Antitrust Law: An Economic Perspective, Chicago 1976

Potacs, M., Effet utile als Auslegungsgrundsatz, EuR 2009, S. 465 ff.

Raitio, J., The principle of legal certainty in EC law, Dordrecht 2003

Reindl, A., Information Exchanges Among Competitors: The Commission Takes a New Look, Competition Policy International 2010, S. 1 ff.

Rittner, F., Kartellpolitik und Gewaltenteilung in der EG, EuZW 2000, S. 129

Rittner, F., Kommentar: Der – unverfälschte – Wettbewerb: Grundlage und Ziel der EG, WuW 2007, S. 967

Rittner, F., Lage und Entwicklung des europäischen Wettbewerbsrechts: 10 Thesen mit kurzer Begründung, in: Schwarze, J. (Hrsg.), Neuere Entwicklungen auf dem Gebiet des europäischen Wettbewerbsrechts, Baden-Baden 1999, S. 43 ff.

Rittner, F., Wettbewerbsrecht und Ökonomie, in: Schwarze, J. (Hrsg.), Recht und Ökonomie im europäischen Wettbewerbsrecht, Baden-Baden 2006, S. 17 ff.

Röller, L.-H., Der ökonomische Ansatz in der europäischen Wettbewerbspolitik, in: Monopolkommission (Hrsg.), Zukunftsperspektiven der Wettbewerbspolitik: Colloquium anlässlich des 30-jährigen Bestehens der Monopolkommission am 5. November 2004 in der Humboldt-Universität zu Berlin, Baden-Baden 2005, S. 37 ff.

Röller, L.-H./Buigues, P. A., The Office of the Chief Competition Economist at the European Commission, 2005, abrufbar auf der Internetseite der Kommission unter http://ec.europa.eu/dgs/competition/economist/officechiefecon_ec.pdf

Röller, L.-H./Strohm, A., Ökonomische Analyse des Begriffs „Significant Impediment to Effective Competition", abrufbar auf der Internetseite der Kommission unter http://ec.europa.eu/dgs/competition/economist/muenchner_kommentar.pdf

Roth, W.-H., The „more economic approach" and the rule of law, in: Schmidtchen, D./Albert, M./Voigt, S. (Hrsg.), The more economic approach to European competition law, Tübingen 2007, S. 37 ff.

Roth, W.-H., Möglichkeiten und Grenzen eines einheitlichen Binnenmarktes für Arzneimittel, EuR Beiheft 2/2007, S. 9 ff.

Rousseva, E., Abuse of Dominant Position Defences – Objective Justification and Article 82 EC in the Era of Modernisation, in: Amato, G./Ehlermann, C.-D. (Hrsg.), EC Competition Law – A Critical Assessment, Oxford/Portland 2007, S. 377 ff.

Rousseva, E./Peeperkorn, L., Article 102 TFEU: Exclusive Dealing and Rebates, Journal of European Competition Law & Practice, 2011, S. 36 ff.

Ruffert, M., Zur Leistungsfähigkeit der Wirtschaftsverfassung, AöR 2009, S. 197 ff.

Schmidt, I., More economic approach versus Justiziabilität, WuW 2005, S. 877 ff.

Schmidt, I., More economic approach: Ein wettbewerbspolitischer Fortschritt?, in: Brinker, I. u. a. (Hrsg.), Recht und Wettbewerb: Festschrift für Rainer Bechtold zum 65. Geburtstag, München 2006, S. 409 ff.

Schmidt, I./Rittaler, J., A critical evaluation of the Chicago School of Antitrust Analysis, 1989, S. 26 ff.

Schmidt, K., Die kartellrechtliche „Schutzobjektdiskussion" als Problem interdisziplinärer Wissenschaft – Rückblick auf einen Grundlagenbeitrag nach 25 Jahren, in: Möschel, W. u. a. (Hrsg.), Marktwirtschaft und Rechtsordnung: Festschrift zum 70. Geburtstag von Prof. Dr. Erich Hoppmann, Baden-Baden 1994, S. 373 ff.

Schmidt, K., Negativattest und comfort letter: Das Europakartellrecht als Lehrmeister des nationalen Rechts gegen Wettbewerbsbeschränkungen; eine Skizze im Rückblick auf den „Aral"-Fall, in: Baur, J. F. u. a. (Hrsg.), Europarecht, Energierecht, Wirtschaftsrecht: Festschrift für Bodo Börner zum 70. Geburtstag, Köln u. a. 1992, S. 789 ff.

Schmidtchen, D., Vor- und Nachteile des MEA, in P. Oberbender (Hrsg.), Effizienzen und Wettbewerb, 2005, S. 9 ff.

Schmidtchen, D., Der „More Economic Approach" in der europäischen Wettbewerbspolitik – ein Konzept mit Zukunft, in: Eger, T. u. a. (Hrsg.), Internationalisierung des Rechts und seine ökonomische Analyse: Festschrift für Hans-Bernd Schäfer zum 65. Geburtstag, Wiesbaden 2008, S. 473 ff.

Schmidtchen, D., Fehlurteile über den „more economic approach" in der Wettbewerbspolitik, WuW 2006, S. 707 ff.

Schmidtchen, D./Albert, M./Voigt, S. (Hrsg.), The more economic approach to European competition law, Tübingen 2007

Schroeder, D., Informationsaustausch zwischen Wettbewerbern, WuW 2009, S. 718 ff.

Schröter, H., in H. von der Groeben/J. Schwarze (Hrsg.), Art. 81 Abs. 1 EGV

Schröter, H., Aktuelle Probleme der Anwendung von Art. 81 EG, in: Baudenbacher, C. (Hrsg.), Neueste Entwicklungen im europäischen und internationalen Kartellrecht – Siebentes St. Galler Internationales Kartellrechtsforum 2000, Basel u. a. 2000, S. 23 ff.

Schröter, H., Das Wettbewerbskonzept des Verfassungsentwurfs, in: Schwarze, J. (Hrsg.), Der Verfassungsentwurf des Europäischen Konvents: Verfassungsrechtliche Grundstrukturen und wirtschaftsverfassungsrechtliches Konzept, Baden-Baden 2004, S. 233 ff.

Schuhmacher, F., Die stärker ökonomisch orientierte Anwendung der Wettbewerbsregeln, in: Griller, S. (Hrsg.), Die europäische Wirtschaftsverfassung: de lege lata et ferenda; Verhandlungen des 6. Österreichischen Europarechtstages Wien, 29. und 30.9.2006, Wien u. a. 2007, S. 193 ff.

Schuhmacher, F., Predatory Pricing und Verlustausgleich, WBl 2009, S. 273 ff.

Schütz, J., Gruppenfreistellungsverordnungen im System der unmittelbaren und integralen Anwendung des Art. 81 EGV, in: I. Brinker/H. D. Scheuing/K. Stockmann (Hrsg.), Recht und Wettbewerb, Festschrift für R. Bechtold, 2006, S. 455 ff.

Schwalbe, U./Zimmer, D. (Hrsg.), Kartellrecht und Ökonomie: Moderne ökonomische Ansätze in der europäischen und deutschen Zusammenschlusskontrolle, Frankfurt a. M. 2006

Schwarze, J., Balancing EU Integration and National Interests in the Case-Law of the Court of Justice, in: The Court of Justice and the Construction of Europe: Analyses and Perspectives on Sixty Years of Case-law, 2013, S. 257 ff.

Schwarze, J., Zwischen Tradition und Zukunft: Die Rolle allgemeiner Rechtsgrundsätze im Recht der europäischen Union, DVBl 2011, S. 721 ff.

Schwarze, J., Recht und Ökonomie im europäischen Wettbewerbsrecht, in: Ders. (Hrsg.), Recht und Ökonomie im europäischen Wettbewerbsrecht, 2006, S. 9 ff.

Schwarze, J., Die Befugnis zur Abstraktion im europäischen Gemeinschaftsrecht: Eine Untersuchung zur Rechtsprechung des Europäischen Gerichtshofes, Baden-Baden 1976

Schwarze, J., (Hrsg.), EU-Kommentar, 3. Aufl., Baden-Baden 2012

Schwarze, J., Europäisches Wirtschaftsrecht: Grundlagen, Gestaltungsformen, Grenzen, Baden-Baden 2007

Schwarze, J., Strenge richterliche Verfahrenskontrolle bei weitem administrativem Ermessen – Anmerkung zur Entscheidungspraxis der Gemeinschaftsgerichte auf dem Gebiet des Europäischen Wirtschaftsrechts, in: Fischer, P. u. a. (Hrsg.), Die Welt im Spannungsfeld zwischen Regionalisierung und Globalisierung: Festschrift für Heribert Franz Köck, Wien 2009, S. 321 ff.

Schwarze, J. (Hrsg.), Die rechtsstaatliche Einbindung der europäischen Wirtschaftsverwaltung: Tagung vom 19. – 22. September 2001, Hamburg, EuR Beiheft 2/2002

Schwarze, J., (Hrsg.), Europäisches Wettbewerbsrecht im Wandel, Baden-Baden 2001

Schwarze, J., Das wirtschaftsverfassungsrechtliche Konzept des Verfassungsentwurfs des Europäischen Konvents: Zugleich eine Untersuchung der Grundprobleme des europäischen Wirtschaftsrechts, EuZW 2004, S. 135 ff.

Schwarze, J., Der funktionale Zusammenhang von Verwaltungsverfahrensrecht und verwaltungsgerichtlichem Rechtsschutz, Berlin 1974

Schwarze, J., Der Schutz des geistigen Eigentums im europäischen Wettbewerbsrecht: Anmerkungen zur jüngsten Entscheidungspraxis, EuZW 2002, S. 75 ff.

Schwarze, J., Europäische Kartellbußgelder im Lichte übergeordneter Vertrags- und Verfassungsgrundsätze, EUR 2009, S. 171 ff.

Schwarze, J., Europäisches Verwaltungsrecht: Entstehung und Entwicklung im Rahmen der Europäischen Gemeinschaft, 2. erw. Aufl., Baden-Baden 2005

Schwarze, J. (Hrsg.), Neuere Entwicklungen auf dem Gebiet des europäischen Wettbewerbsrechts, Baden-Baden 1999

Schwarze, J., Rechtsstaatliche Grenzen der gesetzlichen und richterlichen Qualifikation von Verwaltungsfunktionen im europäischen Gemeinschaftsrecht, EuZW 2003, S. 261 ff.

Schwarze, J., Soft Law im Recht der Europäischen Union, EUR 2011, S. 3 ff.

Schwarze, J., Rechtsstaatliche Grundsätze für das Verwaltungshandeln in der Rechtsprechung des Europäischen Gerichtshofs, in: N. Colneric/D. Edward/J.-P. Puissochet/D. Ruiz-Jarabo Colomer (Hrsg.), Une communauté de droit, FS G. C. Rodriguez Iglesias, 2003, S. 147 ff.

Schwarze, J., Verfahren und Rechtsschutz im europäischen Wirtschaftsrecht, DVBL 2010, S. 1325 ff.

Schwarze, J./Becker, U. (Hrsg.), Arzneimittel im Europäischen Binnenmarkt, EuR Beiheft 2/2007

Schwarze, J./Schermers, H. G. (Hrsg.), Structure and dimensions of European Community Policy: Contributions to an international colloquium held in Florence on 11 – 13 June 1987, Baden-Baden 1988

Schwarze, J./Weitbrecht, A., Grundzüge des europäischen Kartellverfahrensrechts: Die Verordnung (EG) Nr. 1/2003, Baden-Baden 2004

Schweda, M., Die Bindungswirkung von Bekanntmachungen und Leitlinien der Europäischen Kommission, WuW 2004, S. 1133ff.

Schweitzer, H., Judicial Review in EU Competition, in: Geradin D. u. a. (Hrsg.), Research Handbook on EU Antitrust Law, 2012

Scott, J., In legal limbo: Post-legislative guidance as a challenge for European administrative law, CMLRev 2011, S. 329 ff.

Seehafer, A., Die Verwendung ökonomischer Modelle in der Fusionskontrollverordnung aus juristischer Perspektive, WuW 2009, S. 728 ff.

Senden, L., Soft Law in European Community Law, Oxford 2004

Simson, W. von, Das Recht in der EG, in: E.-J. Mestmäcker u. a. (Hrsg.), Eine Ordnungspolitik für Europa, FS für H. von der Groeben, 1987, S. 391 ff.

Simson, W. von, The concept of competition in the European Community, in: Schwarze, J./Schermers, H. G. (Hrsg.), Structure and dimensions of European Community Policy: Contributions to an international colloquium held in Florence on 11 – 13 June 1987, Baden-Baden 1988, S. 139 ff.

Skouris, V., Aspekte der Rechtssicherheit in der jüngeren Rechtsprechung des Gerichtshofs der Europäischen Gemeinschaften, in: Manssen, G./Jachmann, M./Gröpl, C. (Hrsg.), Nach geltendem Verfassungsrecht: Festschrift für Udo Steiner zum 70. Geburtstag, Stuttgart u. a. 2009, S. 779 ff.

Skouris, V., Die Kontrolle der europäischen Wirtschaftsverwaltung durch die Rechtsprechung des Europäischen Gerichtshofes, EuR Beiheft 2/2002, S. 71 ff.

Slot, P. J., A view from the mountain: 40 years of developments in EC competition law, CMLRev 2004, S. 443 ff.

Stefan, O. A., European competition soft law in European Courts: A matter of hard principles?, ELJ 2008, S. 753 ff.

Steffens, O./Arnold, B., Die Entscheidung GlaxoSmithKline AEVE des EuGH – Missbrauch marktbeherrschender Stellung durch Verhinderung von Parallelexporten von Arzneimitteln?: Anmerkung zur Entscheidung des EuGH v. 16.9.2008 – verb. Rs. C-468/06, ZWeR 2008, S. 427 ff.

Steindorff, E., Die Durchsetzung des Wettbewerbsrechts in der EWG – Wirksamkeit und Rechtsstaatlichkeit, in: Europa-Union, Landesverband Baden-Württemberg (Veranst.), Aufgaben der Wettbewerbspolitik im Gemeinsamen Markt, eine Vortragsfolge mit Diskussion, am 30. und 31. Mai 1963 in Stuttgart, Heft 14 der Schriftenreihe der Europa-Union Deutschland 1963, S. 47 ff.

Stopper, M., Instrumente europäischer Wettbewerbspolitik, Baden-Baden 2007

Stopper, M., Leitlinien für Horizontalvereinbarungen: Ende des Regel-Ausnahme-Prinzips von Art. 81 EG?, EuZW 2001, S. 426 ff.

Temple Lang, J., Decentralised application of Community competition law, World Competition 1999, S. 3 ff.

Temple Lang, J., The Impact of the New Court of First Instance in EEC Antitrust and Trade Cases, Fordham ILJ 1988, S. 578 ff.

Temple Lang, J./O'Donoghue, R., Defining Legitimate Competition: How to Clarify Pricing Abuses under Article 82, Fordham International Law Journal 2002, S. 83 ff.

Thalmann, P., Der Fall Microsoft als Exerzierfeld eines „more economic approach"? Zum Urteil des Gerichts erster Instanz vom 17.9.2007, WBl 2008, S. 153 ff.

Thomas, S., Die Bindungswirkung von Mitteilungen, Bekanntmachungen und Leitlinien der EG-Kommission, EUR 2009, S. 423 ff.

Tridimas, T., The general principles of EU law, 2. Aufl., Oxford u. a. 2006

Van Den Bergh, R.-J., The „more economic approach" and the pluralist tradition of European competition law, in: Schmidtchen, D./Albert, M./Voigt, S. (Hrsg.), The more economic approach to European competition law, Tübingen 2007, S. 27 ff.

Van den Bergh, R.-J./Camesasca, P. D., European Competition Law and Economics, 2006, S. 272 ff.

Väth, A., Die Wettbewerbskonzeption des Europäischen Gerichtshofs: Eine wettbewerbstheoretische Analyse der Rechtsprechung des höchsten europäischen Gerichts anhand ausgewählter Entscheidungen, Diss., Bayreuth 1987

Vesterdorf, B., The Court of First Instance of the European Communities after two full Years in Operation, CMLRev 1992, S. 897 ff.

Vesterdorf, B., Judicial Review in EC Competition Law: Reflections on the Role of the Community Courts in the EC System of Competition Law Enforcement, CPI 2005, S. 2 ff.

Vesterdorf, B., Standard of proof in merger cases: reflections in the light of recent case law of the community courts, European Competition Journal 2005, S. 3 ff.

Vickers, J., Abuse of Market Power, Rede anlässl. der 31st Conference of the European Association for Research in Industrial Economics, 2004, S. 21 ff.

Voigt, S., „More economic" does not necessarily mean "better" – perils and pitfalls of the "more economic approach" as recommended by the European Commission: Comment, in: Schmidtchen, D./Albert, M./Voigt, S. (eds), The more economic approach to European competition law, Tübingen 2007, S. 97 ff.

Voigt, S./Schmidt, A., Mehr Rechtssicherheit in der Europäischen Fusionskontrolle? Der Entwurf der Europäischen Kommission über die Kontrolle horizontaler Unternehmenszusammenschlüsse, WuW 2003, S. 897 ff.

Völcker, S., Mind The Gap: Unilateral Effects Analysis Arrives in EC Merger Control, ECLR 2004, S. 395 ff.

Völcker, S., Allmacht der Kommission? Anmerkungen aus anwaltlicher Sicht zur Divergenz von Kommissionsbefugnissen und gerichtlicher Kontrolle im Bereich der Kartellrechtsanwendung, in: Immenga, U./Körber, T. (Hrsg.), Die Kommission zwischen Gestaltungsmacht und Rechtsbindung, Baden-Baden 2012, S. 153 ff.

Vormizeele, P. V. van, Die Bewährung der Kartellrechtsreform durch die VO 1/2003 aus Unternehmenssicht, in: Schwarze, J. (Hrsg.), Rechtsschutz und Wettbewerb in der neueren europäischen Rechtsentwicklung, Baden-Baden 2010, S. 11 ff.

Waelbroeck, D., Michelin II: A per se rule against rebates by dominant companies?, JCLE 2005, S. 149 ff.

Walker, M., The Potential for Significant Inaccuracies in Merger Simulation Models, JCLE 2005, S. 473 ff.

Walker, M./Calcagno, C., Excessive pricing: Towards clarity and economic coherence, JCLE 2010, S. 891 ff.

Weber, M., Die protestantische Ethik und der Geist des Kapitalismus, Tübingen 1986

Weiß, W., After Lisbon, can the European Commission continue to replay on "soft legislation" in its enforcement practice?, Journal of European competition law & practice 2011, S. 441 ff.

Weiß, W., Eine unerledigte Agenda: Lissabon und der Vollzug des EU Wettbewerbsrechts, EWS 2011, S. 1

Weitbrecht, A., Europäisches Kartellrecht 2000/2001, EuZW 2002, 581 ff.

Weitbrecht, A., From Freiburg to Chicago and beyond: The first 50 years of European Competition Law, ECLR 2008, S. 81 ff.

Weitbrecht, A./Gavil, A., The challenges of economic proof in a decentralized and privatized European competition policy system: lessons from the American experience, Journal of Competition Law & Economics 2008, S. 177 ff.

Weizsäcker, C. C. von, Konsumentenwohlfahrt und Wettbewerbsfreiheit: Über den tieferen Sinn des „Economic Approach“, WuW 2007, S. 1078 ff.

Whish, R./Cosma, H. A., Soft Law in the Field of EU Competition Policy, EBLR 2003, S. 25 ff.

Williamson O. E., Economics as an Antitrust Defense: The Welfare Trade-offs, American Economic Review 1968, S. 18 ff.

Wils, W., Principles of European antitrust enforcement, Oxford/Portland 2005

Witt, A. C., From Airtours to Ryanair: Is the more economic approach to EU merger law really about more economics?, CMLRev 2012, S. 217 ff.

Wolf, M., Effizienzen und europäische Zusammenschlusskontrolle – die wettbewerbsrechtliche Integrationsfähigkeit einer "efficiency defence" am Beispiel horizontaler Zusammenschlüsse: zugleich ein Beitrag zur kritischen Präzisierung eines "more economic approach", Baden-Baden 2009

Wurmnest, W., Schadensersatz wegen Verletzung des EU-Kartellrechts – Grundfragen und Entwicklungslinien, in: O. Remien (Hrsg.), Schadensersatz im europäischen Privat- und Wirtschaftsrecht, Tübingen 2011, S. 27 ff.

Wurmnest, W., Einseitige Beschränkungen des Parallelhandels durch marktbeherrschende Arzneimittelhersteller im Binnenmarkt – Innovationsschutz oder kartellrechtswidrige Marktabschottung?, RabelsZ 2009, S. 962 ff.

Wurmnest, W., Marktmacht und Verdrängungsmissbrauch: Eine rechtsvergleichende Neubestimmung des Verhältnisses von Recht und Ökonomik in der Missbrauchsaufsicht über marktbeherrschende Unternehmen, Tübingen 2010

Zäch, R., Freedom to Compete and the More Economic Approach – Limits Imposed by Law, International Review of Intelectual Property and Competition Law 2009, S. 623 ff.

Zäch, R./Künzler, A., Efficiency or freedom to compete?: Towards an axiomatic theory of competition law, ZWeR 2009, S. 269 ff.

Zäch, R./Künzler, A., Freedom to Compete or Consume Welfare: The Goal of Competition Law according to Constitutional Law, in: R. Zäch u. a. (Hrsg.), The Development of Competition Law, 2010, S. 61 ff.

Zimmer, D., Der rechtliche Rahmen für die Implementierung moderner ökonomischer Ansätze, WuW 2007, S. 1198 ff.

Zimmer, D., Vorzüge und Leistungsgrenzen quantitativ-ökonomischer Analysen in Fusionskontrollverfahren: Das Beispiel Oracle, People Soft, in: Brinker, I. u. a. (Hrsg.), Recht und Wettbewerb: Festschrift für Rainer Bechtold zum 65. Geburtstag, München 2006, S. 677 ff.

Zimmer, D./Schwalbe, U., Kartellrecht und Ökonomie, Moderne ökonomische Ansätze in der europäischen und deutschen Zusammenschlusskontrolle, Frankfurt am Main 2011

FSC
www.fsc.org
MIX
Papier | Fördert gute Waldnutzung
FSC® C083411

Kolibri 360 GmbH
Ferdinand-Jühlke-Straße 7
99095 Erfurt, Deutschland
produktsicherheit@kolibri360.de